EXCEL & POWERPOINT 2010

제대로 이해하고 활용하는

엑셀과 파워포인트 2010

박경환 · 홍순구 · 신행자 지음

생능출판

국립중앙도서관 출판시도서목록(CIP)

엑셀과 파워포인트 2010 / 박경환, 홍순구, 신행자 공저.
-- 파주 : 생능출판사, 2013
p. ; cm

ISBN 978-89-7050-785-9 93000 : ₩23000

MS 엑셀[Excel]
파워포인트(소프트웨어)[Power Point] 2010...

005.5-KDC5
005.3-DDC21 CIP2013014547

머 리 말

오늘날 지식기반사회에서 정보를 가공하고 활용하는 능력이 우리 삶의 필수요건이 되고 있다. 컴퓨터 전문가가 아닌 일반인이 정보를 효과적으로 가공하려면 컴퓨터 소프트웨어의 도움이 필요하다. 마이크로소프트사의 엑셀(Excel)과 파워포인트(PowerPoint)는 그러한 소프트웨어 중 사용이 쉬우면서도 가장 보편적으로 사용되는 도구 중 하나이다.

엑셀은 스프레드시트 프로그램이다. 엑셀을 사용하면 표 양식으로 데이터를 수집하고, 처리하고, 분석하여 차트로 표현하는 등 보다 풍부한 정보를 바탕으로 비즈니스 결정을 내리기 위한 다양한 작업을 수행할 수 있다.

한편 파워포인트는 프레젠테이션 소프트웨어이다. 파워포인트를 사용하면 프레젠테이션 문서를 효과적으로 작성하고 발표할 수 있게 하며, 공동 작업을 하는 데 도움을 얻을 수 있다. 그리고 파워포인트는 엑셀과 함께 마이크로소프트 오피스 시스템 중 하나이다.

대학에서 다년간 컴퓨터 분야를 강의한 저자들은 이러한 엑셀과 파워포인트를 쉽게 익힐 수 있는 교재의 필요성에 동감하여 이 책을 내놓게 되었다. 이 책은 엑셀과 파워포인트를 배우려는 독자들이 기본 기능부터 고급기능까지 단계적으로 쉽게 학습할 수 있는 데 주안점을 두고 기획되었다.

첫째, 엑셀과 파워포인트에 대해 단계별 실습을 통한 실전 능력 배양에 초점을 맞추었다. 이를 위해 실습 진행 단계를 도식적으로 표현하여 쉽게 따라하면서 그 결과를 컴퓨터에서 바로 확인할 수 있게 하였다.

둘째, 엑셀은 엑셀답게, 파워포인트는 파워포인트답게 활용할 수 있도록 노력하였다. 엑셀과 파워포인트의 활용분야에서 실질적으로 활용하는 기능을 중심으로 내용을 구성하였다.

마지막으로 초보자나 옆에서 코치해주는 사람이 없다고 하더라도 누구나 쉽게 따라할 수 있도록 구성하였다. 특히 대학에서 한 학기 강의 교재로 활용할 수 있도록 그 내용과 분량을 맞추어 집필하였다.

이 책을 집필하는 동안 힘이 되어준 가족과 책이 완성되기까지 애써주신 생능출판사 사장님과 관계자 여러분께 다시 한 번 감사드린다. 끝으로 이 책이 엑셀과 파워포인트를 학습하려는 모든 분에게 좋은 활용서가 되길 진심으로 바란다.

2013년 8월

박경환, 홍순구, 신행자

차 례

PART 01 EXCEL 2010

P R E F A C E

PREFACE

PREFACE

PREFACE

01 PART EXCEL 2010

01 CHAPTER

엑셀 2010 알아보기

Section 1. 엑셀 2010 쓰임새

Section 2. 엑셀 2010의 기본 화면 구성

Section 3. 엑셀 리본 탭 살펴보기

01 CHAPTER

엑셀 2010 알아보기

스프레드시트는 "펼쳐진 종이"라는 뜻으로 원래 미국에서 경리 업무 및 회계처리에서 사용되던 일정한 양식의 계산용지를 지칭하던 용어였다. 스프레드시트 프로그램은 이러한 양식을 함수 등을 이용해서 컴퓨터로 계산할 수 있도록 만든 프로그램이다. 최초의 스프레드시트 프로그램은 1978년 애플에서 개인용 컴퓨터 사용자를 위해 개발한 비지칼크(VisiCalk)였다. 이후 로터스 1-2-3, 엑셀 등이 개발되었다.

Section 1. 엑셀의 쓰임새

수치가 많이 포함된 문서작성, 시각적인 차트작성, 대량의 데이터에 대한 분석작업 등 엑셀을 이용해서 할 수 있는 작업은 무궁무진하다. 엑셀로 할 수 있는 대표적인 작업을 몇 가지 살펴보자.

문서 작성과 표 계산

문서를 작성할 때 보통 워드 프로세서를 사용한다. 하지만 표를 많이 포함하고 있는 문서를 만들 때는 엑셀의 자동 완성, 자동 채우기 기능을 사용하는 것이 편리하다. 특히, 수치 계산이나 복잡한 수식을 포함한 문서라면 엑셀을 사용하는 것이 문서 작성 시간도 줄일 수 있고 정확도도 높일 수 있다.

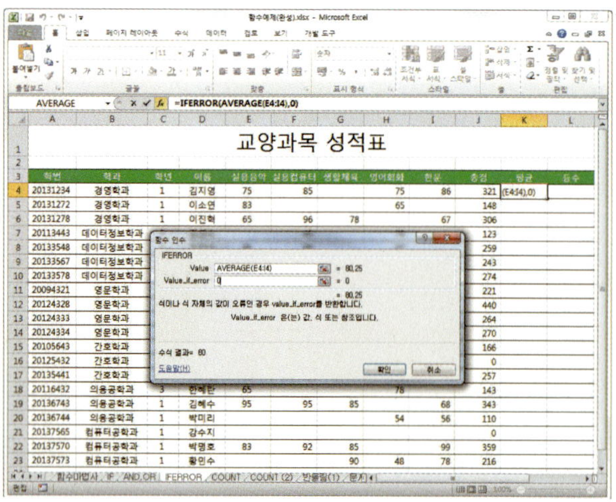

차트 작성과 도형 그리기

차트는 실적 비교, 기간별 데이터 변화 추이, 점유율 등을 효과적으로 표현할 수 있는 도구이다. 엑셀은 막대그래프, 원 그래프, 꺾은선 그래프 등 다양한 차트를 제공한다. 엑셀에서 제공하는 차트 기능은 데이터 성격과 목적에 따라 어떤 형태의 차트라도 쉽게 작성할 수 있다. 특히 엑셀 2010에서는 차트 서식 갤러리가 준비되어 있어 디자이너의 손길이 느껴지는 감각적인 차트를 손쉽게 만들 수 있고 스파크라인 기능이 추가되어 간단한 추세를 좀 더 쉽게 확인할 수 있다.

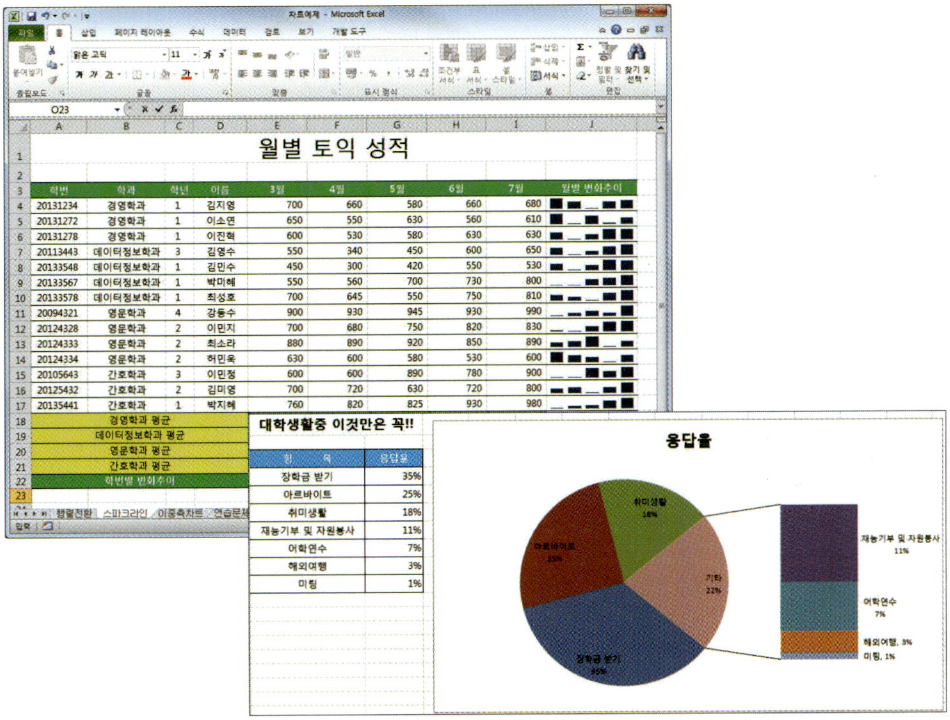

데이터 목록의 관리와 데이터 분석

엑셀을 이용하면 데이터를 항목별로 수천, 수만 개 입력할 수 있고, 이렇게 입력된 데이터를 손쉽게 정리할 수 있을 뿐만 아니라, 원하는 순서대로 줄을 세우거나, 커피 필터처럼 우리가 원하는 데이터만 쏙쏙 뽑아내고, 간단한 형태로 요약, 분석할 수도 있다. 또한 시나리오 작성, 목표값 찾기, 해 찾기 기능과 같은 가상 분석 기능을 통해 분석하고자 하는 결과를 자동으로 계산할 수 있다.

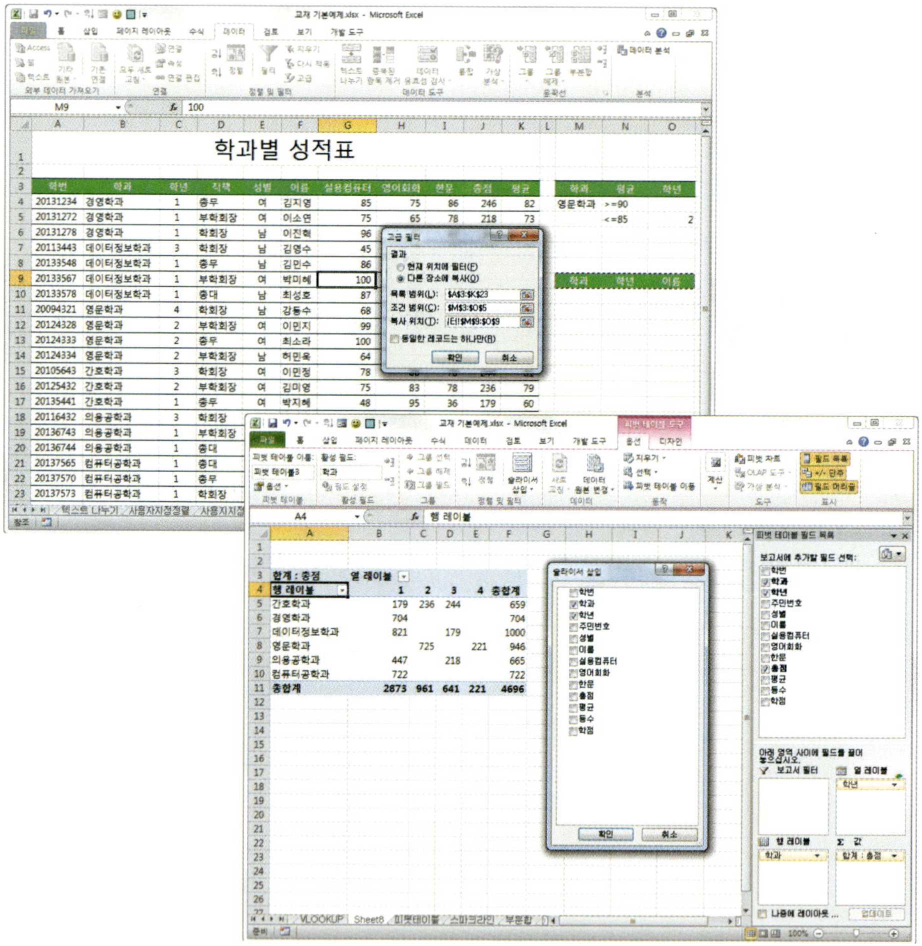

반복 작업을 자동화

엑셀 매크로 기능을 이용하면 반복 작업을 녹음시키는 것과 같이 기록해두고 마우스 클릭 한 번으로 반복 작업을 끝낼 수 있다.

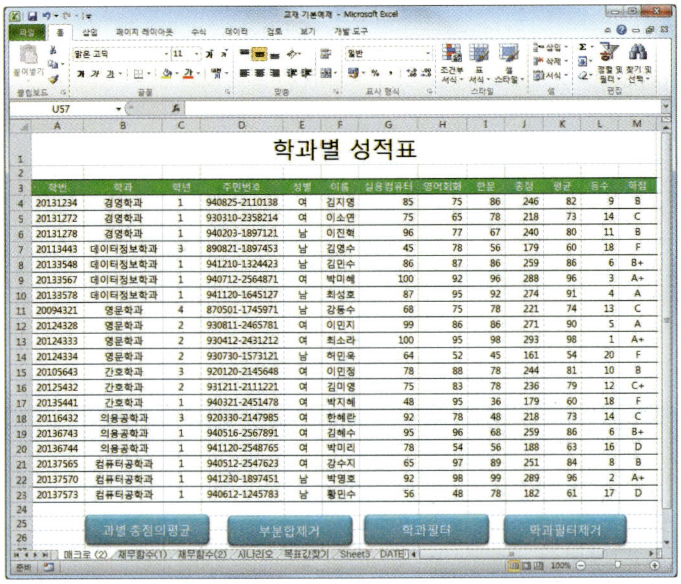

학번	학과	학년	주민번호	성별	이름	실용컴퓨터	영어회화	한문	총점	평균	등수	학점
20131234	경영학과	1	940825-2110138	여	김지영	85	75	86	246	82	9	B
20131272	경영학과	1	930310-2358214	여	이소연	75	65	78	218	73	14	C
20131278	경영학과	1	940203-1897121	남	이진혁	96	77	67	240	80	11	B
20113443	데이터정보학과	3	890821-1897453	남	김영수	45	78	56	179	60	18	F
20133548	데이터정보학과	1	941210-1324423	남	김민수	86	87	86	259	86	6	B+
20133567	데이터정보학과	1	940712-2564871	여	박미혜	100	92	96	288	96	3	A+
20133578	데이터정보학과	1	941120-1645127	남	최성호	87	95	92	274	91	4	A
20094321	영문학과	4	870501-1745971	남	강동수	68	75	78	221	74	13	C
20124328	영문학과	2	930811-2465781	여	이민지	99	86	86	271	90	5	A
20124333	영문학과	2	930412-2431212	여	최소라	100	95	98	293	98	1	A+
20124334	영문학과	2	930730-1573121	남	허민욱	64	52	45	161	54	20	F
20105643	간호학과	3	920120-2145648	여	이민정	78	88	78	244	81	10	B
20125432	간호학과	2	931211-2111221	여	김미영	75	83	78	236	79	12	C+
20135441	간호학과	1	940321-2451478	여	박지혜	48	95	36	179	60	18	F
20116432	의용공학과	3	920330-2147985	여	한혜란	92	78	48	218	73	14	C
20136743	의용공학과	1	940516-2567891	여	김혜수	95	96	68	259	86	6	B+
20136744	의용공학과	1	941120-2548765	여	박미리	78	54	56	188	63	16	D
20137565	컴퓨터공학과	1	940512-2547623	여	강수지	65	97	89	251	84	8	B
20137570	컴퓨터공학과	1	941230-1897451	남	박명호	92	98	99	289	96	2	A+
20137573	컴퓨터공학과	1	940612-1245783	남	황민수	56	48	78	182	61	17	D

Section 2. 엑셀 2010의 기본 화면 구성

엑셀을 실행하면 나타나는 기본 화면이다. 엑셀 2010은 리본 메뉴를 비롯하여 엑셀만의 독특한 구성 요소인 워크시트, 셀, 수식 입력줄 등으로 구성되어 있다. 어느 프로그램이나 사용하는 프로그램과 친숙해지기 위해서는 우선 프로그램의 화면 구성 요소를 파악해야 한다. 엑셀의 화면 구성을 이해하는 것이 프로그램을 잘 사용하는 지름길이므로 잘 알아 두도록 하자.

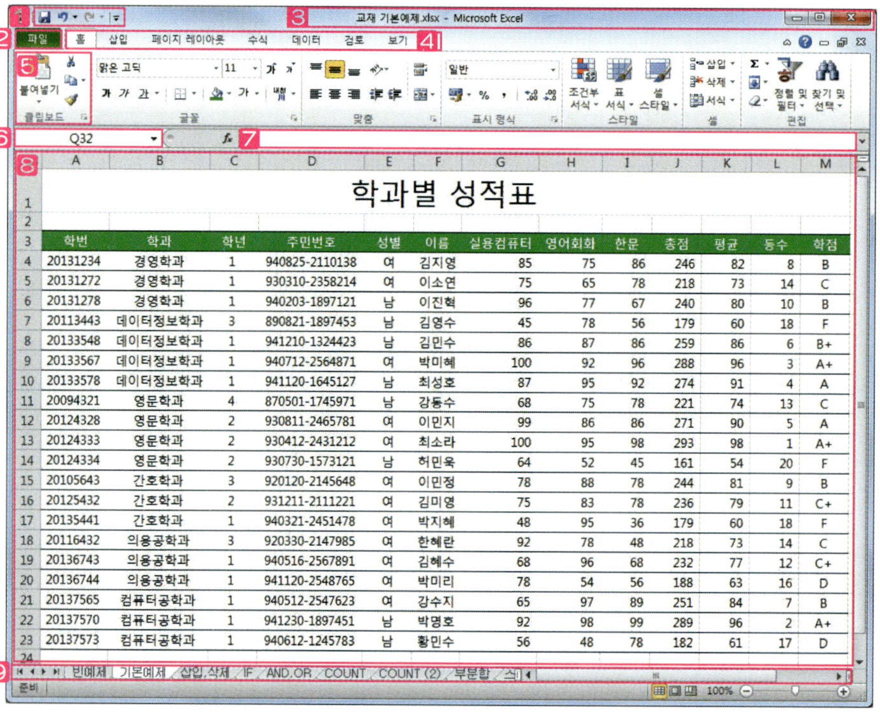

① 빠른 실행 도구 모음

자주 사용하는 기능을 빠르게 실행할 수 있도록 모아 두었다. 리본 탭 위나 아래로 옮길 수 있다.

② 파일 탭

파일을 관리하는 메뉴가 모여 있으며 파일속성 정보, 저장, 공유, 인쇄 및 옵션 관련 설정을 수행할 수 있다.

③ 제목 표시줄과 창 조절 단추

현재 열려있는 문서의 제목과 프로그램 이름이 표시된다. 창 조절 단추를 통해서 창의 크기를 조정할 수 있다.

④ 기능별 탭 모음, 리본

엑셀 기능을 주제별로 나눠 탭에 담았다. 탭 전체를 리본이라고 부른다. 엑셀의 핵심 작업을 나타내는 기본 탭 7개와 상황에 따라 표시되는 상황 탭이 있다.

⑤ 기능별 주제 분류, 그룹

리본은 탭 집합이고, 탭은 그룹으로 나누어져 있다. 관련 있는 기능을 묶어 놓았으므로 각 기능을 익힐 때 어느 그룹에 소속되어 있는지 확인해두면 기억하기 편하다.

⑥ 이름상자

셀 주소와 셀 또는 개체 이름, 수식이나 함수 목록이 나타난다.

⑦ 수식 입력줄

선택한 셀에 입력된 내용이나 수식을 보여준다. 셀 내용을 직접 입력하거나 수정할 수 있다.

⑧ 워크시트

실질적으로 작업을 하는 공간으로 셀과 행 머리글, 열 머리글로 나누어져 있다. 셀은 워크시트에서 행과 열이 만나는 격자 형태의 칸으로 데이터나 수식들을 입력할 수 있는 공간이다. 행 머리글은 행 번호가 표시되는 곳으로 1행부터 1,048,576행까지 표시되고, 열 머리글은 열 이름이 표시되는 곳으로 A열부터 XFD열까지 16,384개의 열이 표시된다.

⑨ 워크시트 구성요소

워크시트를 삽입, 삭제, 이동할 수 있는 공간으로 화면을 다른 시트가 보이도록 옮길 수 있는 시트 이동 단추와 포함된 시트의 이름이 표시되는 시트 탭, 새 워크시트를 쉽게 삽입할 수 있는 워크시트 삽입 단추로 나누어져 있다. 하나의 파일에 최대 255개의 워크시트를 포함할 수 있다.

Section 3. 엑셀 리본 탭 살펴보기

엑셀 2010에서는 기존 메뉴와 도구 모음, 작업 창을 대체하는 새로운 사용자 인터페이스인 리본을 도입했다. 텍스트가 아닌 아이콘 형식 메뉴라 더 쉽게 명령을 실행할 수 있고, 탭 형식으로 배치되어 더 빠르게 명령을 찾을 수 있다.

7가지 리본 탭

엑셀 2010에서 자주 사용하는 명령은 리본 메뉴에 표시된다. 리본 메뉴는 [홈], [삽입], [페이지 레이아웃], [수식], [데이터], [검토], [보기]의 7가지 기본 탭과 [개발도구] 탭으로 구성되어 있다. 각 탭을 클릭하면 작업 내용에 따라 실행할 수 있는 아이콘과 레이블로 표시된 명령 버튼이 나타나고, 명령 버튼은 기능별 그룹으로 나타난다.

① 홈

입력한 데이터에 대하여 글꼴, 맞춤, 표시형식, 스타일 등 서식을 설정하기 위한 명령 도구와 셀 삽입과 셀 삭제 등 셀 관련 명령 도구, 자동합계와 정렬과 필터 등 데이터와 관련된 명령 도구 등이 있으며 엑셀에서 가장 기본적인 탭이다.

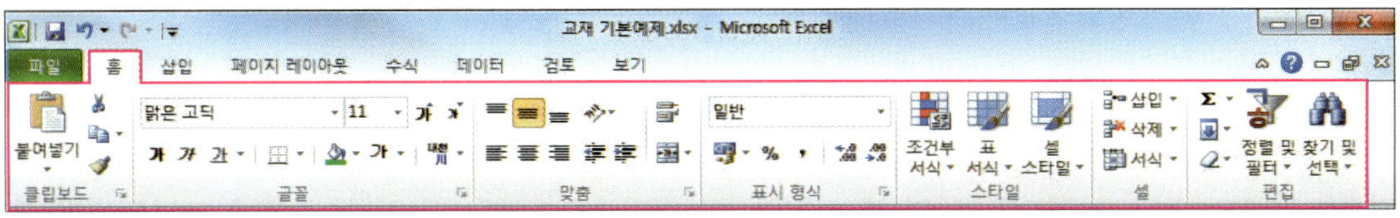

② 삽입

그림, 클립아트, 도형, 스마트 아트와 차트 등의 개체를 삽입할 수 있는 탭으로 워크시트 작업을 보다 효율적으로 수행할 수 있도록 한다.

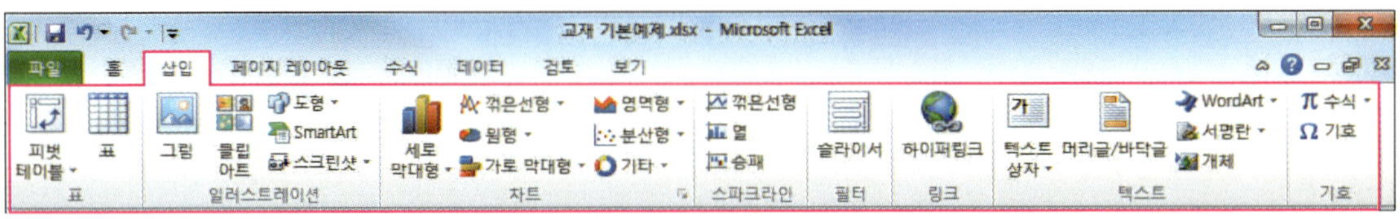

③ 페이지 레이아웃

엑셀에서 작업한 워크시트에 다양한 테마를 설정할 수 있는 기능과 작업한 워크시트의 여백과 용지 방향 등을 설정하는 페이지 설정기능, 워크시트의 크기 조정과 시트 관련 옵션 기능이 배치되어 있다.

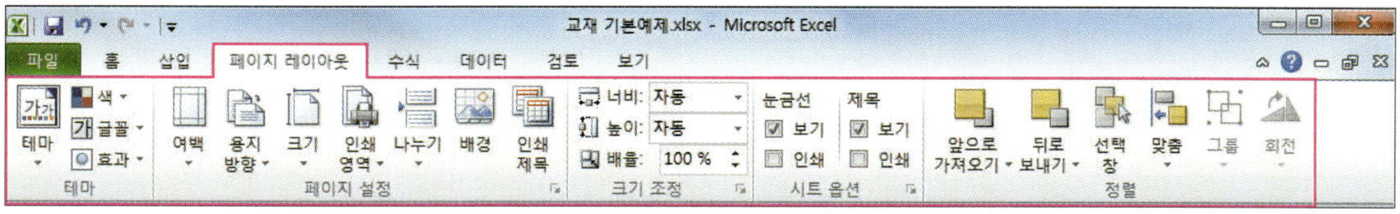

④ 수식

엑셀에서 사용하는 다양한 함수를 손쉽게 입력할 수 있는 함수 마법사를 호출하는 함수 삽입 버튼과 통계 함수나, 수학삼각함수, 날짜 함수, 재무 및 회계 관련 함수, 논리 함수 등의 함수 라이브러리와 수식 분석과 계산 관련 메뉴가 있다.

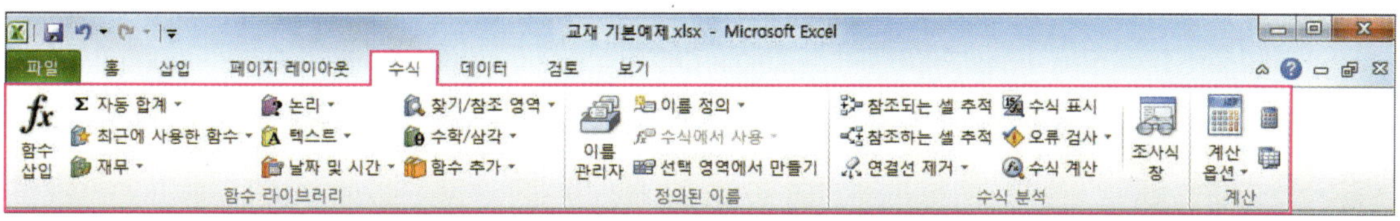

⑤ 데이터

데이터의 정렬 및 필터와 관련된 도구와 데이터의 유효성 관련검사 도구, 관련 데이터의 부분합과 윤곽선을 표시하는 도구가 배치되어 있다.

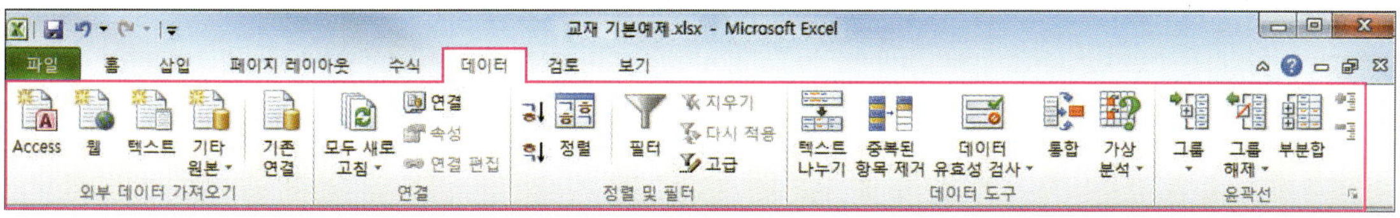

⑥ 검토

입력된 데이터를 검토하고 교정하는 메뉴이며, 시트 및 문서 보호나 공유 기능이 배치되어 있다.

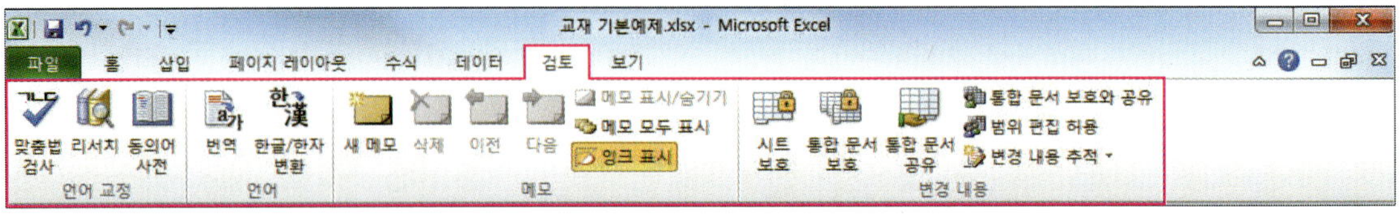

⑦ 보기

워크시트의 페이지 출력 형태를 미리 보는 기능과 엑셀화면을 확대하거나 축소해서 보는 기능, 데이터의 내용이 많은 경우 창으로 나누어 보는 기능, 매크로 기능이 배치되어 있다.

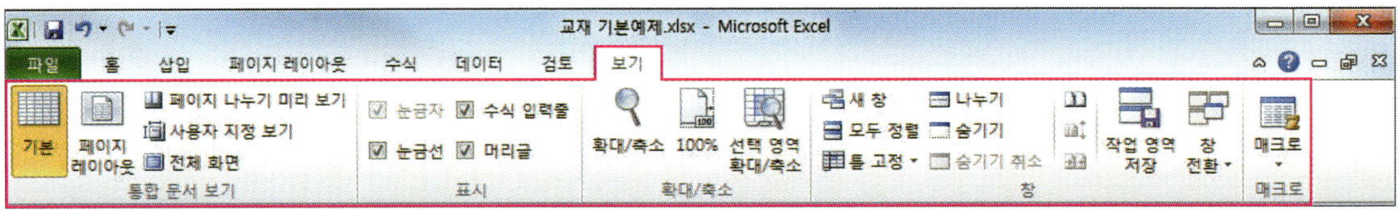

⑧ 개발도구

매크로와 컨트롤 관련 작업을 수행하기 위한 리본 메뉴로 엑셀 2010의 기본 리본 메뉴에는 숨겨져 있으나 엑셀 옵션 설정으로 표시할 수 있다.

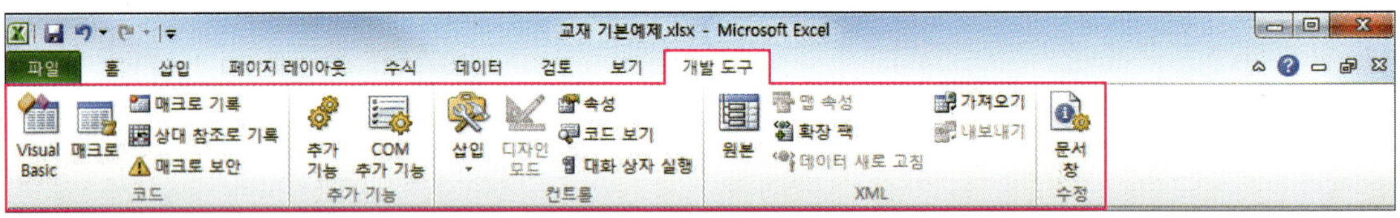

상황 탭

엑셀 2010에서 자주 사용하는 명령은 기본 탭에 표시된다. 하지만 사용자가 작업하는 상황에 따라 나타나는 탭이 있다. 이것을 상황 탭이라 부르는데, 상황 탭은 사용자가 작업하는 상황에 필요한 명령 모음이 나타나기도 하고 사라지기도 한다. 표, 차트, 그림, 도형, 스마트아트 등을 선택하였을 때 나타나는 [표 도구], [차트 도구], [그림 도구], [그리기 도구], [SmartArt 도구] 탭 등이 있다. 다음 그림은 차트 도구에 관한 예이다. 차트를 선택했을 때 차트 편집에 적용되는 기능이다.

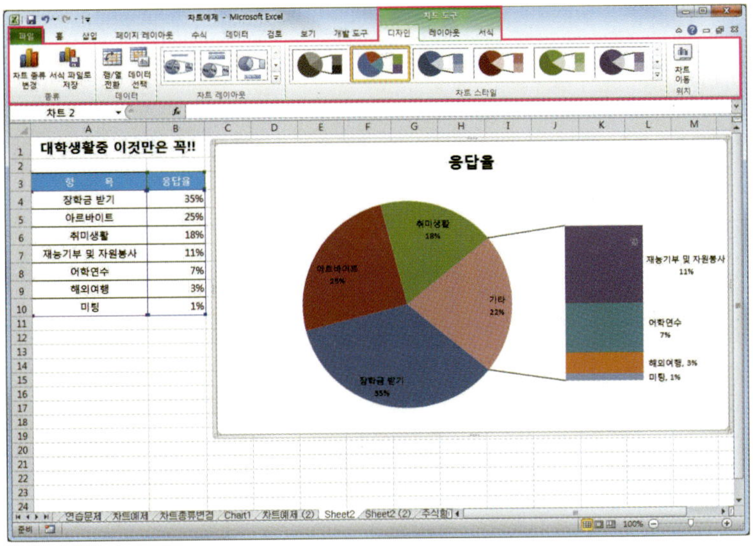

02 CHAPTER

데이터의 입력과 편집

CHAPTER 02

데이터의 입력과 편집

모든 일의 시작은 재료이다. 결과물을 만들기 위해 어떤 재료를 사용해야 하고, 해당 재료는 어떤 특징이 있는지 미리 파악해야 한다. 엑셀도 마찬가지다. 해당 문서를 만들 때 필요한 데이터가 무엇이고, 해당 데이터는 어떤 특징을 갖고 있으며, 어떻게 입력해야 하는지를 아는 것이 바로 엑셀 문서 작성의 시작이다.

Section 1. 엑셀의 작업 구조

엑셀의 뿌리는 경리/회계 업무에서 사용하던 계산 용지에서 찾을 수 있다. 따라서 엑셀은 계산 용지 모음에 해당하는 회계장부와 유사한 구조로 되어 있다. 회계 장부와 비교하면서 엑셀 작업 구조를 살펴보자.

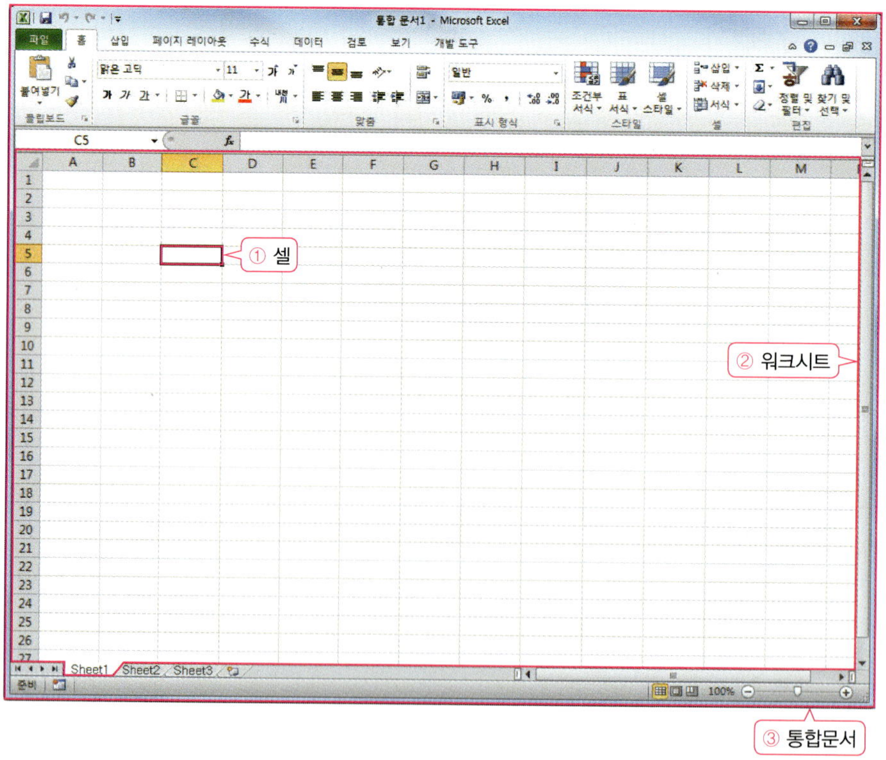

① 셀(최소 데이터 저장소)

엑셀을 실행하면 모눈종이 형태의 직사각형이 넓게 펼쳐진다. 모눈 하나는 데이터를 입력할 수 있는 최소공간으로 '셀(Cell)'이라고 부른다. 각 셀에는 고유한 주소가 붙는데 이것을 셀 주소라고 한다. 셀 주소는 열 머리글과 행 머리글을 조합해서 만들어진다. 예를 들면, C열과 5행이 만나는 셀 주소는 'C5'가 된다.

② 워크시트(셀들의 묶음)

엑셀을 시작하면 나타나는 작업 용지로 가로와 세로의 구분선이 있는 작업영역을 말한다. 워크시트는 행과, 열로 구성되어 있는 표로 행과 열이 교차하여 만들어진 각 셀에 자료를 입력할 수 있다. 기본적으로 3개의 워크시트가 존재하지만 상황에 따라 추가하거나 삭제할 수 있고, 엑셀 옵션 설정을 이용해서 기본적으로 생성되는 워크시트의 수를 바꿀 수도 있다.

③ 통합문서(엑셀로 만든 파일)

엑셀 2010의 문서 파일은 .xlsx라는 확장자를 갖는데 이것은 1개 이상의 워크시트(Worksheet)로 구성되어 있다.

Section 2. 빠른 실행 도구 모음 편집하기

빠른 실행 도구 모음은 자주 사용하는 명령을 빠르게 실행할 수 있도록 모아 놓은 메뉴이다. 기본적으로 저장, 실행취소, 다시 실행 명령이 있으며 사용자 편의 따라 명령을 추가하거나 삭제할 수 있다. 빠른 실행 도구 모음과 리본 메뉴를 사용자의 작업 스타일에 맞게 편집하면 작업 시간을 단축할 수 있다.

빠른 실행 도구 모음 편집하기

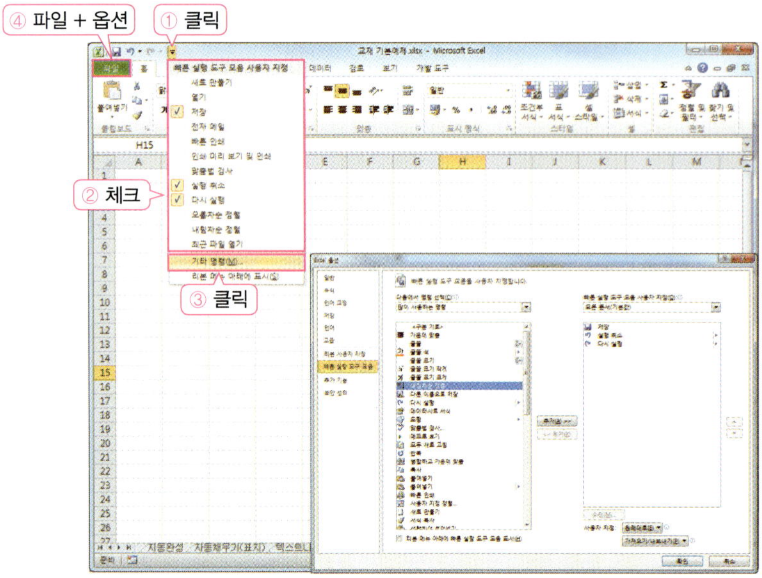

빠른 실행 도구 모음에 추가하기

1. ① [빠른 실행 도구 모음]의 [빠른 실행 도구 모음 사용자 지정 ▾]을 클릭해서 ② 추가할 명령들을 체크하거나, ③ [기타 명령]을 클릭해서 명령을 추가한다. ④ [파일]-[옵션]을 클릭하고, 「Excel 옵션」 대화상자의 [빠른 실행 도구 모음] 메뉴에서도 편집 가능하다.

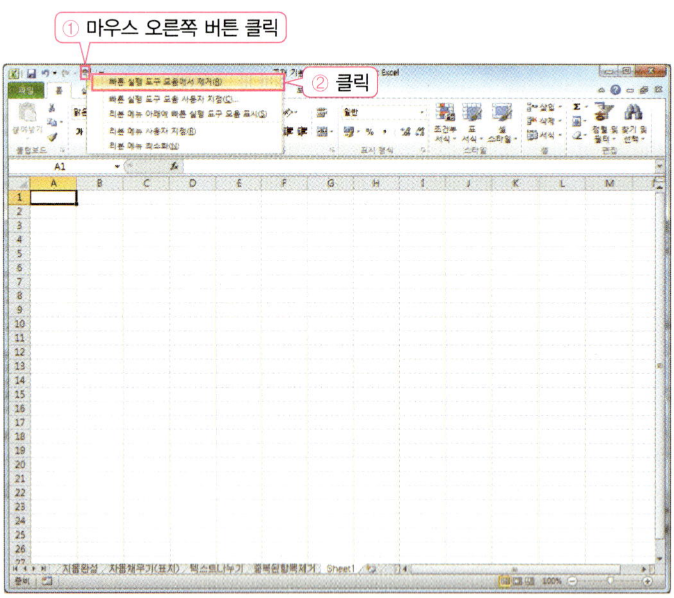

빠른 실행 도구 모음에서 삭제하기

1. ① 제거할 명령에서 마우스 오른쪽 버튼을 누른 다음 ② [빠른 실행 도구 모음에서 제거]를 클릭한다.

Section 3. 셀 선택하기

데이터를 입력하는 기본 작업은 모두 셀 단위로 이루어진다. 이번 절에서는 셀을 선택하는 방법과 셀 사이를 이동하는 방법을 알아보자.

셀 선택하기

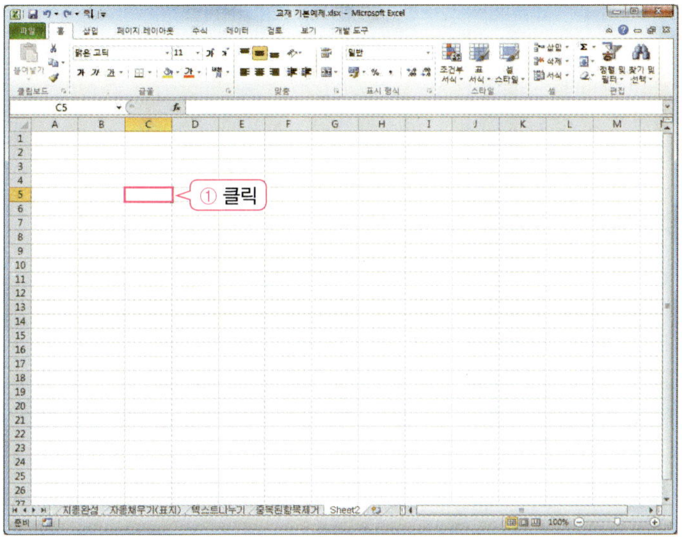

하나의 셀 선택과 이동하기

1. 셀을 선택하는 가장 기본적인 방법은 마우스를 이용하는 것이다. ① 하나의 셀을 선택할 때는 선택하고자 하는 셀을 클릭하면 된다. 이때 선택된 셀은 두꺼운 검은색 선으로 표시되고 키보드로 내용을 입력한 후 Enter↵키를 누르면 셀에 내용이 입력된다.

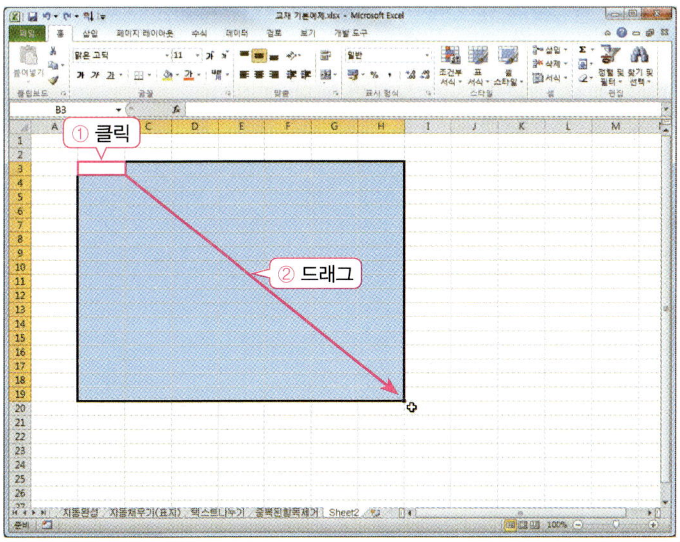

여러 개의 셀 선택하기

2. 여러 개의 셀을 선택할 때는 ① 셀을 클릭하고 ② 드래그하면 된다.

3. 특정 행이나 열전체를 선택하려면 ① 행 머리글 또는 ② 열 머리글을 클릭한다.

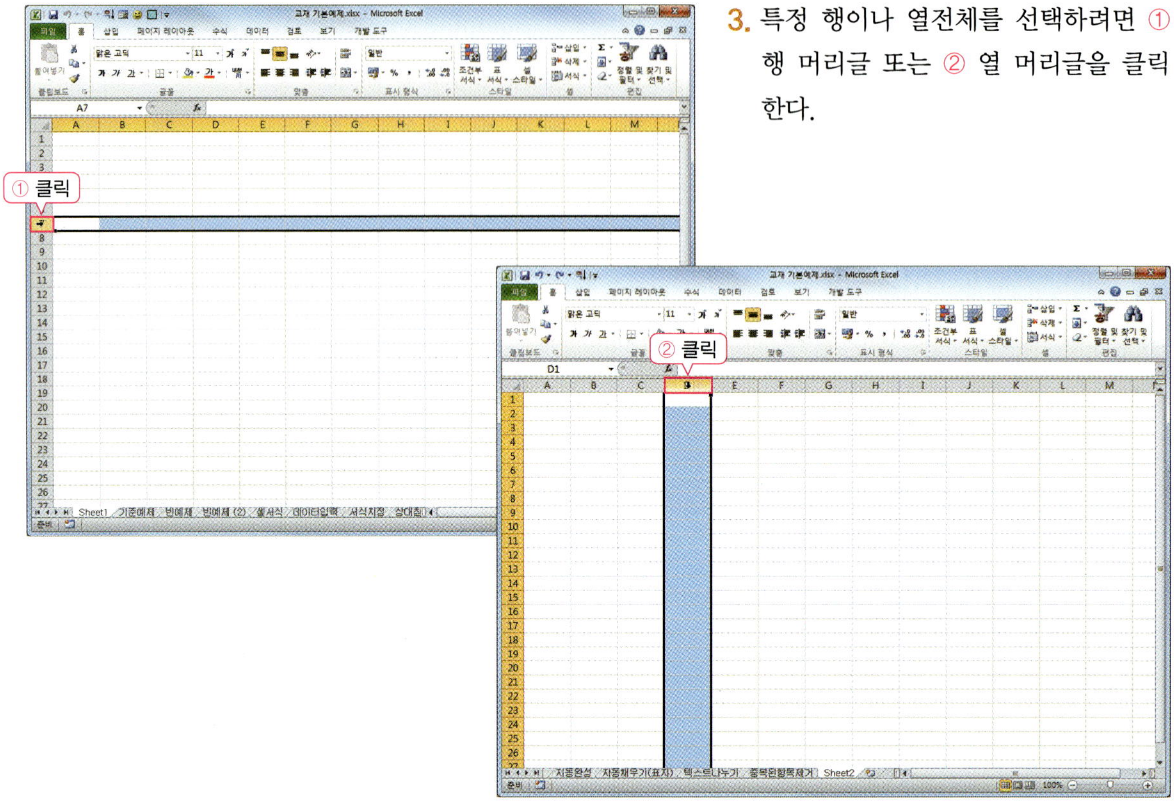

4. 연속되지 않는 부분을 지정할 때는 ① Ctrl을 누른 상태에서 클릭하거나 드래그하면 된다.

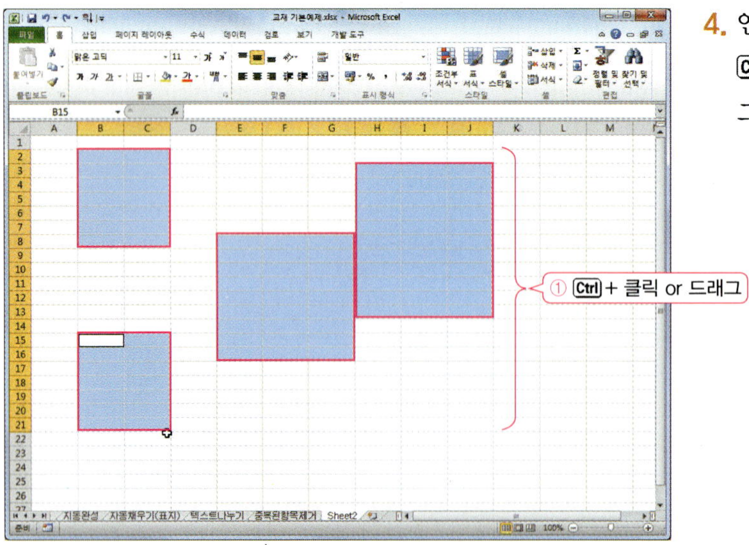

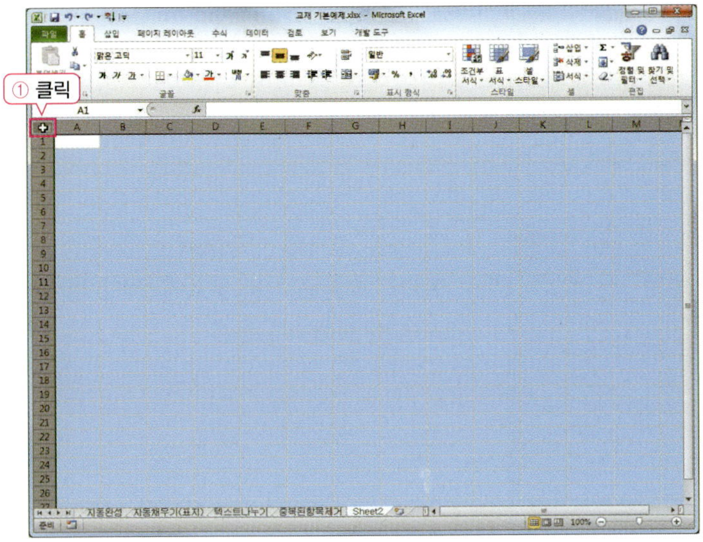

5. ① 행 머리글과 열 머리글이 만나는 지점을 마우스로 클릭하면 워크시트 전체에 블록이 설정된다.

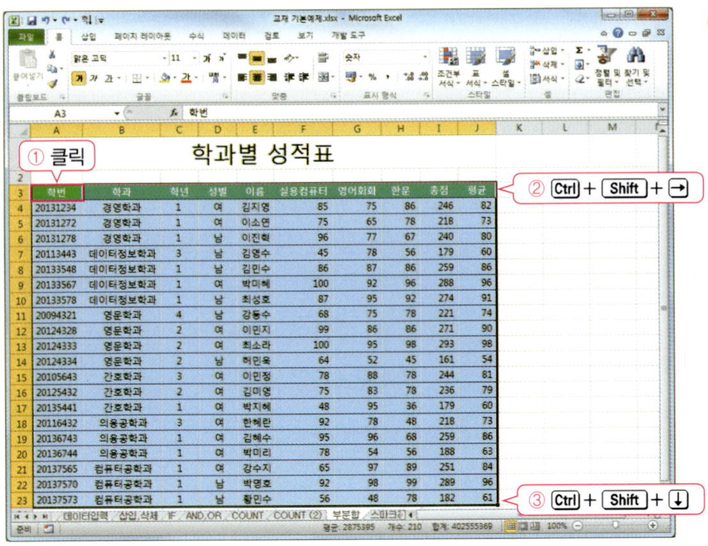

6. 데이터가 입력된 부분 전체를 블록 설정하기 위해서는 ① 왼쪽 위(예제의 경우 A3셀)를 클릭하고 ② Ctrl+Shift+→ 키를 누른 다음, ③ Ctrl+Shift+↓키를 누르면 된다.

이름 상자를 이용해서 셀 선택하기

이름 상자는 셀 주소를 표시하는 역할을 하지만, 특정 셀이나 셀 영역으로 한 번에 이동할 수 있게 도와준다.

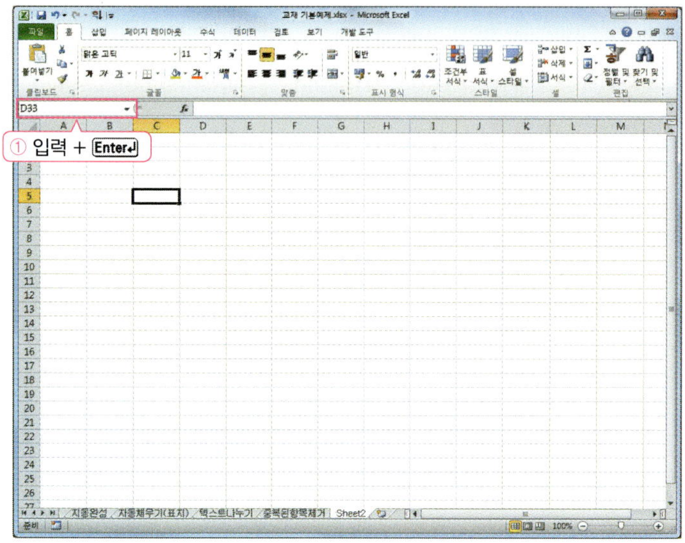

1. ① 이름 상자에 이동하려는 셀 주소를 입력하고 Enter↵키를 누르면, 해당 셀 주소로 한 번에 이동한다.

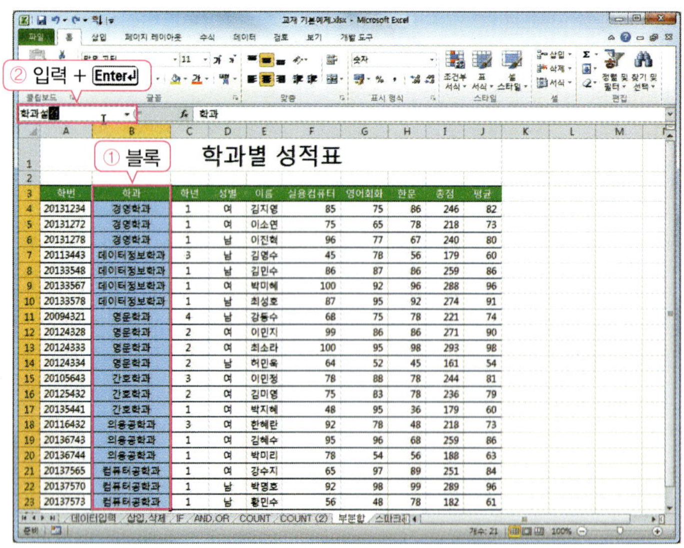

2. 자주 사용하는 셀 블록의 경우 이름상자에 등록시켜서 사용하면 편리하다. ① 등록시킬 셀들을 블록 설정하고, ② 이름 상자에 등록시킬 이름을 입력한 후 Enter↵키를 누른다.

Section 4. 데이터 입력하기

숫자 입력하기

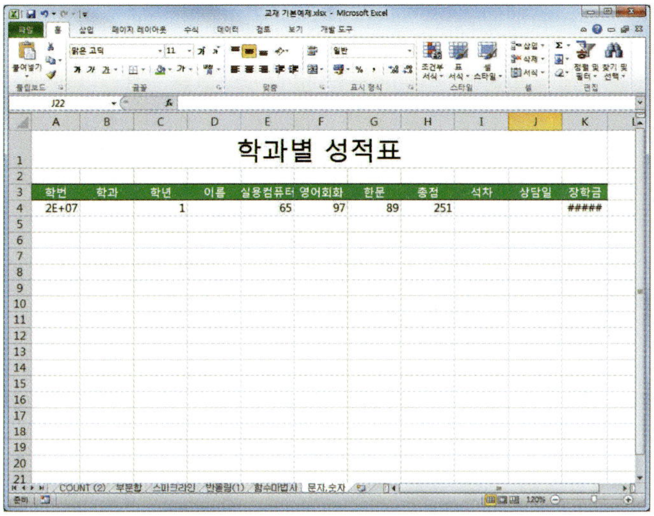

숫자는 0부터 9까지 아라비아 숫자를 말한다. 숫자는 +, −, 콤마(,), %를 붙여 입력할 수 있다. 숫자 데이터는 기본적으로 오른쪽으로 정렬된다. 열 너비보다 길이가 긴 숫자를 입력하면 열 너비는 자동으로 늘어난다. 숫자 길이보다 열 너비를 짧게 줄이면, 서식이 없는 숫자 데이터는 지수 형태로 표시되고, 서식이 지정된 숫자 데이터는 ####으로 표시된다. 지수형태로 표시되거나 ####으로 표시된 셀은 너비를 늘여주면 올바르게 표시된다.

문자 입력하기

문자 데이터는 영문, 한글, 한자, 특수문자 등을 말하며, 숫자와 문자가 혼합된 데이터는 문자 데이터로 취급된다. 문자 데이터는 기본적으로 왼쪽으로 정렬된다. 열 너비보다 긴 문자는 오른쪽 셀이 비어 있을 경우에는 오른쪽 셀에 이어서 표시되고, 오른쪽 셀에 데이터가 있는 경우에는 긴 만큼의 나머지 데이터가 숨겨져서 표시된다.

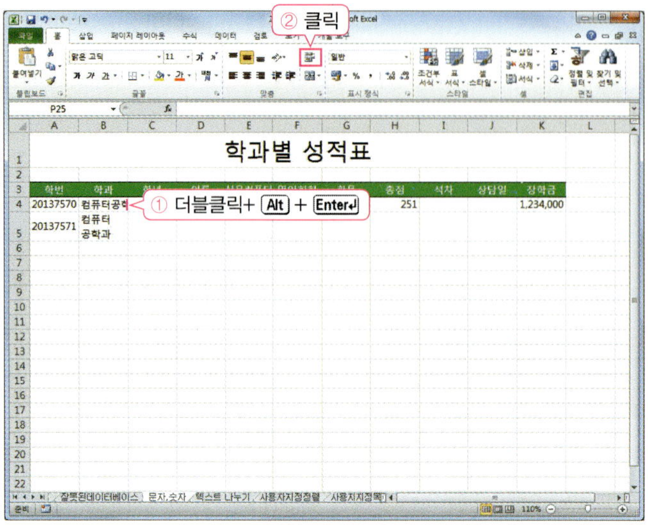

1. 그림과 같이 B4셀에 "컴퓨터공학과"라는 내용을 넣었을 때 글자 수가 많아서 C4셀까지 넘어간다. C4셀에 아무 내용이 없다면 관계없지만 내용이 있을 경우 B4셀의 내용이 가려진다. 이럴 경우 만약 한 셀에 두 줄로 입력하려면, ① 원하는 부분에서 더블클릭한 다음 Alt 키를 누른 상태에서 Enter 키를 누르거나 ② [홈] 탭의 [맞춤] 그룹에서 [텍스트 줄바꿈]을 선택하면 자동으로 줄 바꿈이 된다.

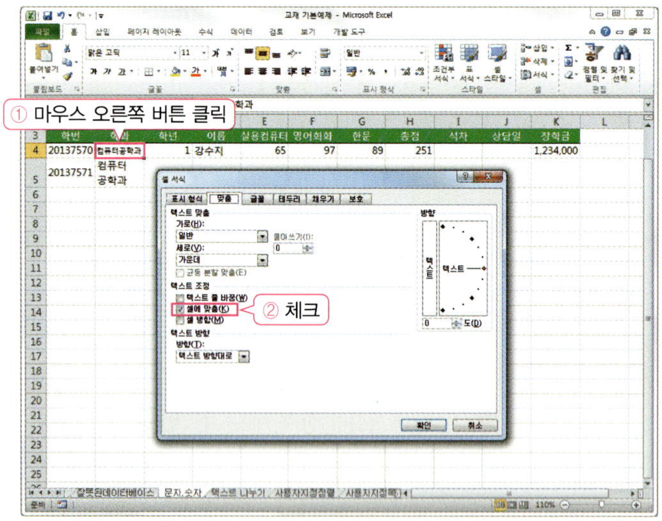

2. 그리고 그림과 같이 ① 선택된 셀에서 마우스 오른쪽 버튼을 클릭하면 나타나는 「셀 서식」 대화상자의 ② [맞춤] 탭에서 [텍스트 조정]-[셀에 맞춤]을 체크하면 셀 크기로 글자가 자동으로 작아진다.

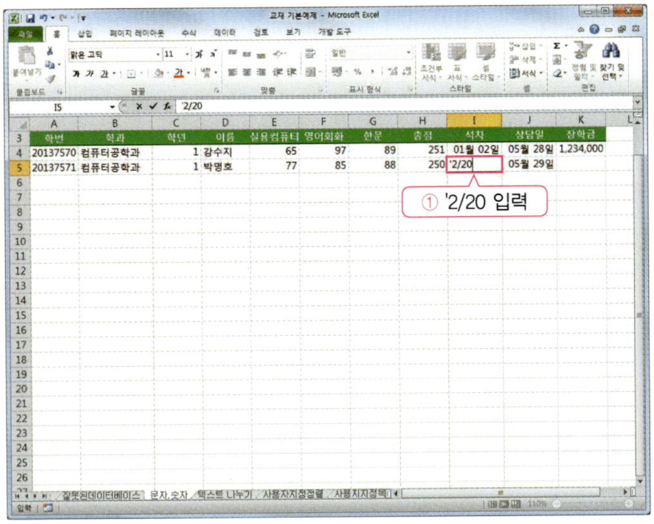

3. 석차란에 전체 인원중에 석차를 표시하고 싶다고 가정할 때 20명 중 2등일 경우 2/20으로 표시하고 싶다. 하지만 엑셀에서 슬래시(/)기호를 사용하면 자동으로 날짜 형식으로 입력이 된다. 이때는 ① 입력할 셀에서 어파스트로피(') 기호를 입력한 후 '2/20'이라고 입력하면 석차를 입력할 수 있다.

한자와 특수 문자 입력하기

한자를 입력하려면 원하는 글자를 한글로 입력한 후 한자 키를 눌러 변환해야 한다. 한 글자씩 바꿀 때는 한 글자씩 입력하면서 바꾸거나 바꿀 글자에 블록을 씌운 다음 한자 키를 누르면 된다. 단어별로 한자를 바꿀 수도 있다. 단어 중 아무 위치나 더블클릭한 후 한자 키를 누르면 추천 단어가 나타나고 그중에서 선택하면 된다. 만약 추천 단어 중에 만족하는 글자가 없다면 한자씩 바꾸면 된다.

다양한 특수 문자는 [삽입] 탭의 [기호] 그룹에서 [기호]를 클릭하고「기호」대화상자에서 입력할 수 있다.

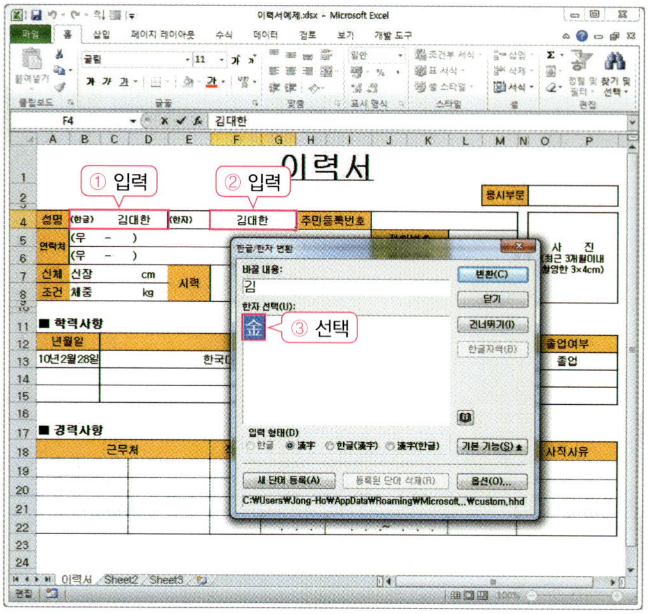

1. ① C4셀에 '김대한'을 입력한다. ② F4셀에는 '김대한'을 입력하고 더블클릭한 다음 ③ 한자 키를 눌러 목록에서 '金'을 선택한다. 이때 '김대한'이라는 단어가 한자 사전에 등록되어 있으면 단어 단위로 변경시킬 수 있다.

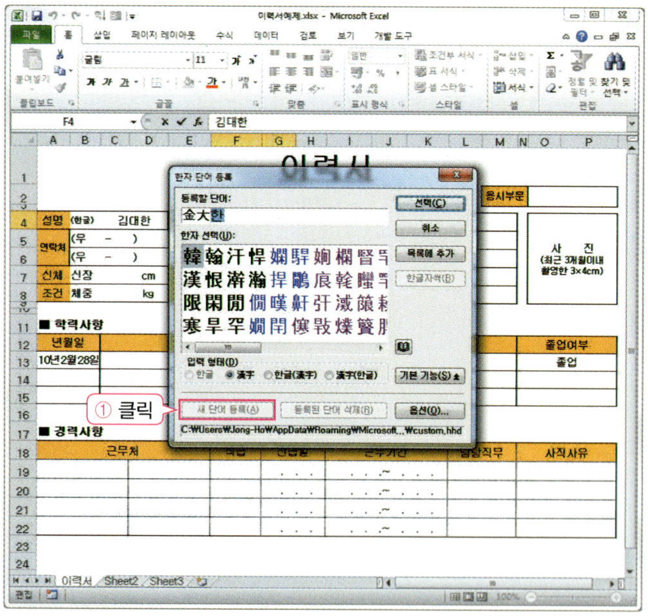

2. 자주 사용하는 단어의 경우 한자 사전에 등록할 수 있다. ① 한자 사전에 등록할 단어를 입력한 다음 한자키를 누르고 「한글/한자 변환」 대화상자에서 [고급기능]-[새 단어 등록]을 클릭한 다음 단어를 등록할 수 있다.

기호는 [삽입] 탭의 [기호] 그룹에서 [기호]를 선택하면 삽입할 수 있다.

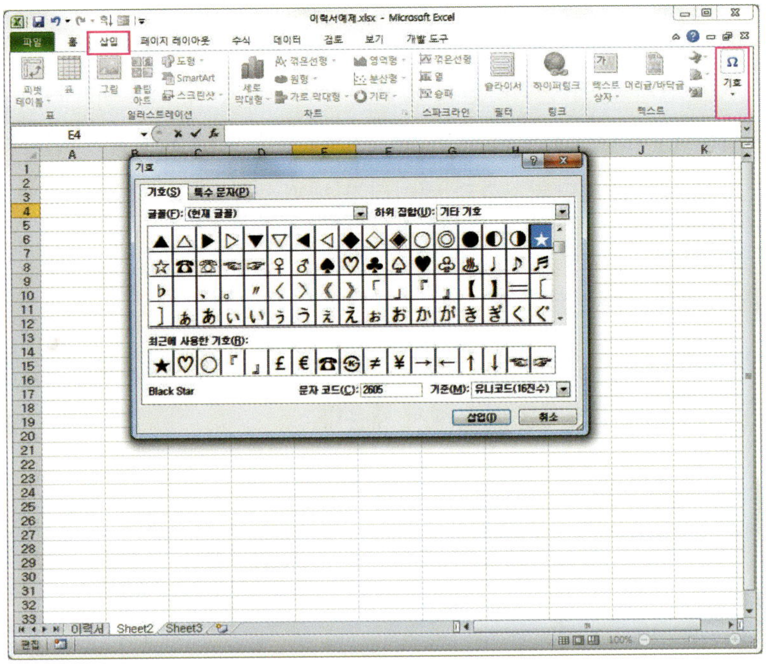

수식 입력하기

엑셀에서는 수식을 데이터로 이용할 수 있다. 수식을 입력하려면 등호(=)를 입력하고, 계산할 숫자를 입력하거나 숫자가 입력되어 있는 셀을 클릭한 후, 연산자를 입력한다. 즉, 등호(=), 피연산자, 연산자의 순서로 입력하여 수식을 구성한다.

Section 5. 자동 채우기 핸들

자동 채우기 핸들을 이용하면 연속해서 데이터를 복사할 수 있다. 단순히 동일한 데이터를 복사하는 경우도 있지만, 일정한 증가 값이나 더하면서 입력할 수도 있다. 채우기 핸들은 셀 포인터 오른쪽 아래 검정색 점을 말하는데, 마우스 포인터를 위치시키면 큰 십자가(✚)가 작은 십자가(+)로 바뀐다. 이때 작은 십자가를 드래그하면, 해당위치까지 데이터가 채워진다.

셀 데이터 내용 복사해서 자동 채우기

셀에 있는 데이터를 복사해서 다음 셀에 자동으로 채울 수 있다. 복사하고자 하는 셀의 오른쪽 하단의 채우기 핸들을 이용하여 문자나 숫자를 복사해서 채운다.

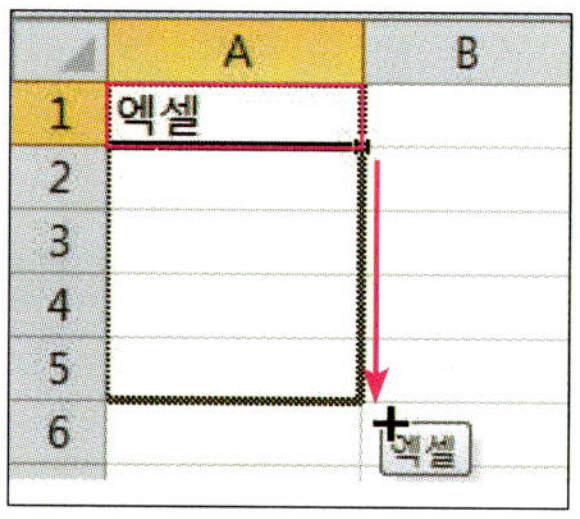

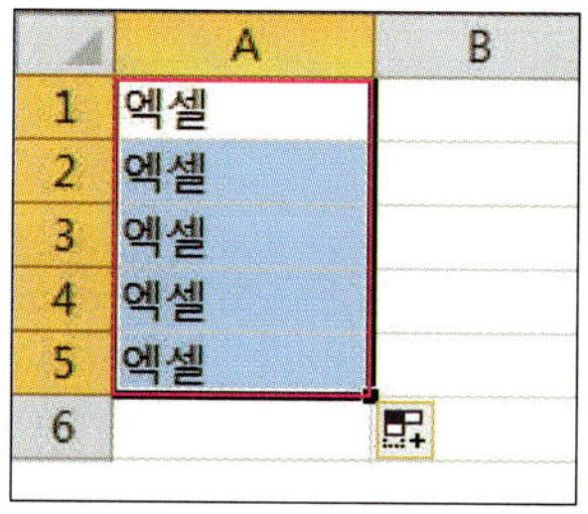

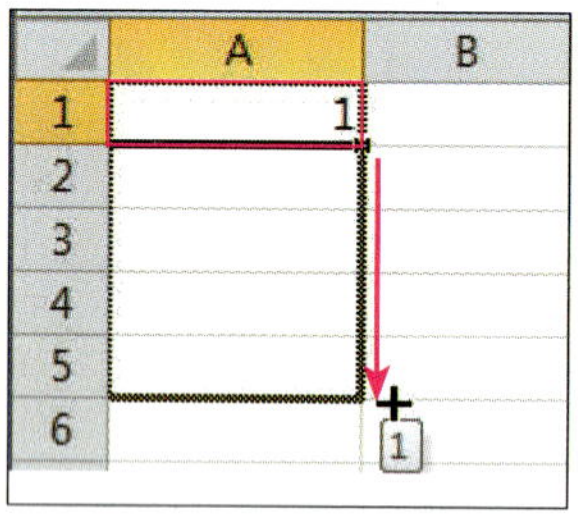

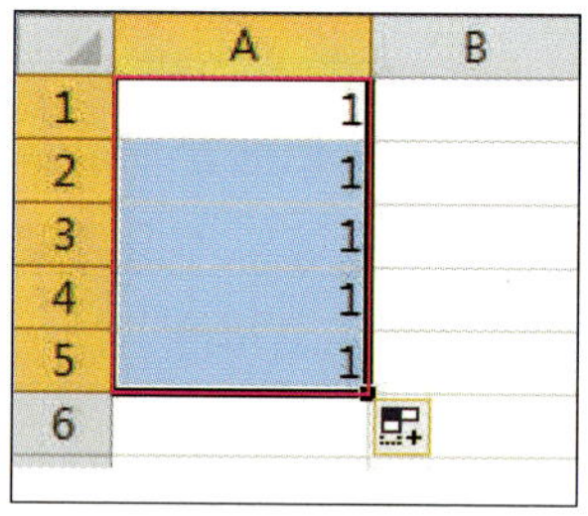

일정한 규칙에 따라 변화하는 연속 데이터 입력

숫자 데이터를 1씩 자동으로 증가시키고자 한다면 Ctrl 키를 누른 다음 채우기 핸들을 드래그한다.

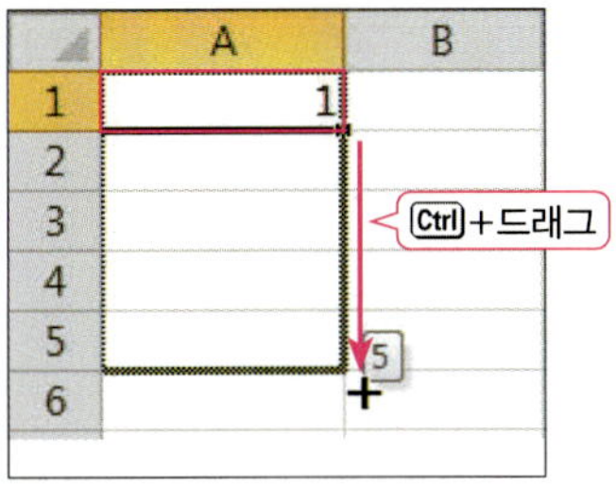

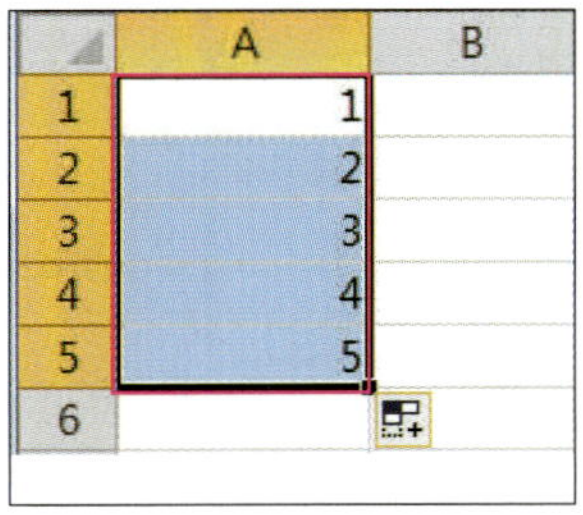

문자와 숫자가 혼합된 데이터는 연속 데이터로 취급하여 포함된 숫자를 증가시키면서 채운다. 단, 숫자가 여러 개 나올 경우 맨 뒤에 있는 숫자만 증가시킨다. 그리고 숫자만 증가시킬 때와 반대로 Ctrl 키를 누른 다음 드래그하면 셀의 내용이 복사된다.

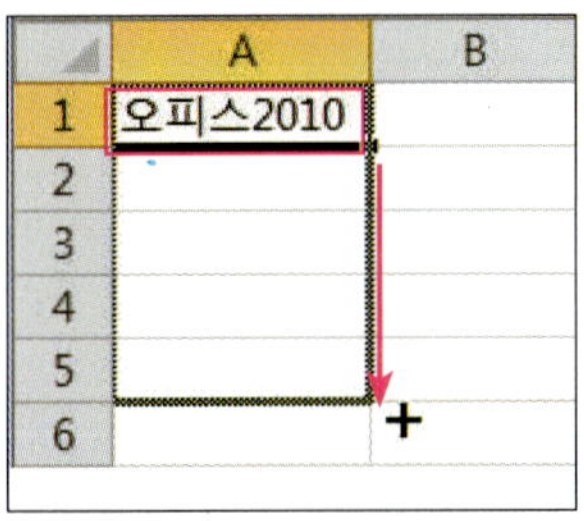

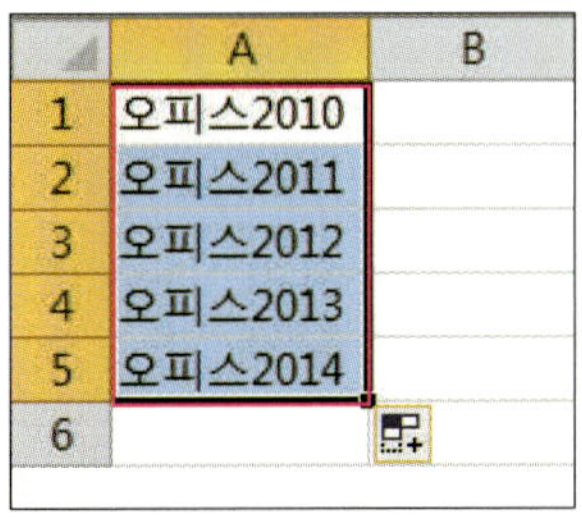

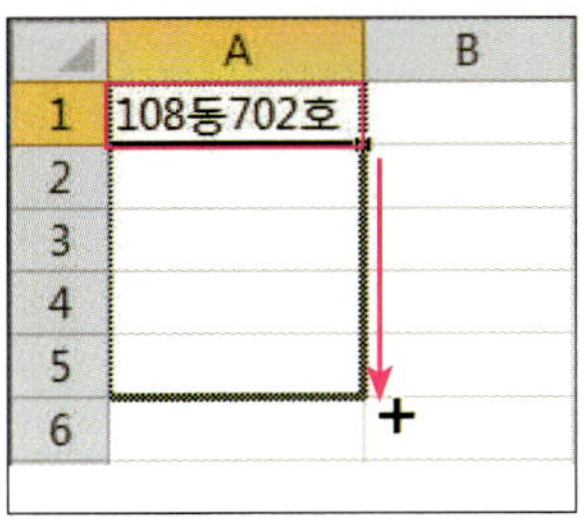

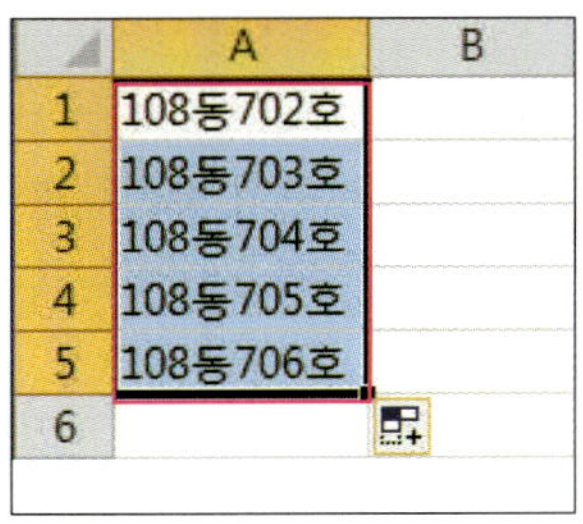

특정 간격을 가진 숫자를 자동 채우기하면 간격만큼씩 증가되면서 채운다. 이 경우도 Ctrl키를 누른 다음 드래그하면 셀의 내용이 복사된다.

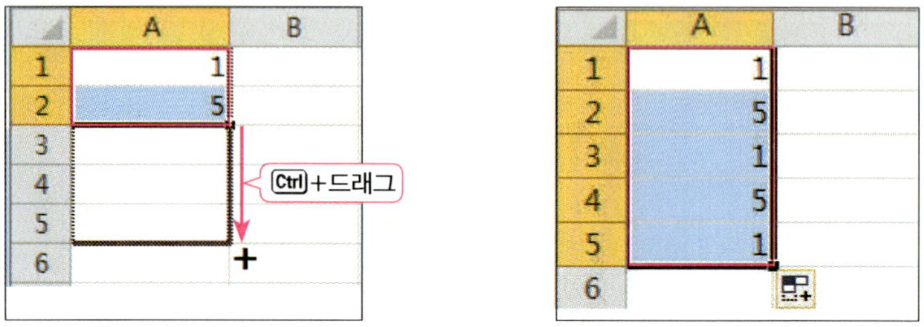

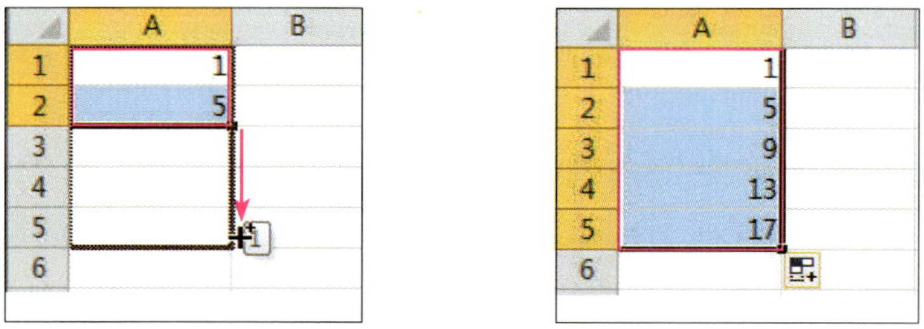

사용자 지정 목록에 등록되어 있는 문자일 경우 특정 문자가 반복해서 복사된다.

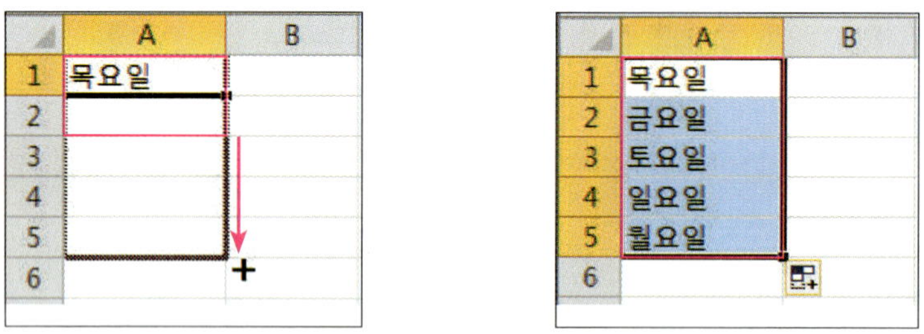

사용자 지정 목록을 이용한 자동 채우기

일반적으로 우리가 많이 사용하는 '요일'의 경우 자동 채우기를 하면 다음 요일이 자동으로 입력된다. '월'의 경우에도 '12월' 다음에는 '13월'이 입력되는 것이 아니라 다시 '1월'이 입력된다. 이것은 요일이나 월의 경우 사용자 지정목록에 등록되어 있기 때문이다. 이렇게 자주 사용하는 반복 데이터의 경우 사용자 지정 목록에 등록해 두면, 채우기 핸들을 사용해서 연속으로 데이터를 채울 수 있다.

Ex **실습예제**

'학과별 성적표' 테이블의 '시험장소' 열에 '제1강의실~제4강의실'이 자동으로 입력되도록 사용자 지정목록에 등록시키고 자동 채우기를 해 보자.

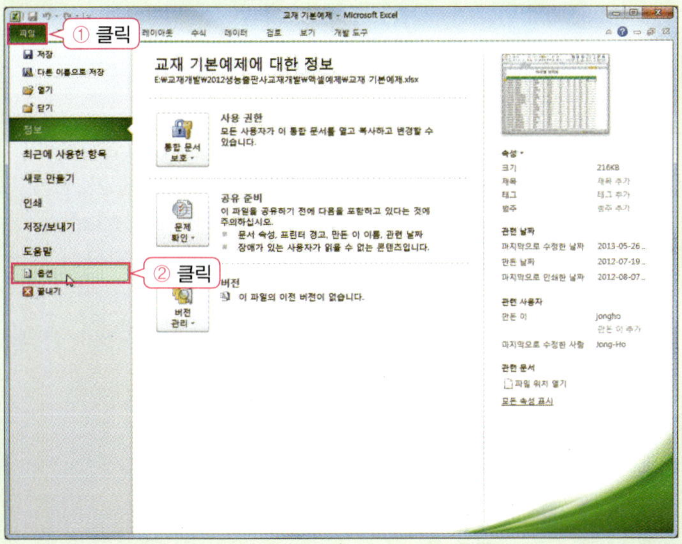

1. ① [파일] 탭을 클릭한 다음 ② [옵션]을 클릭한다.

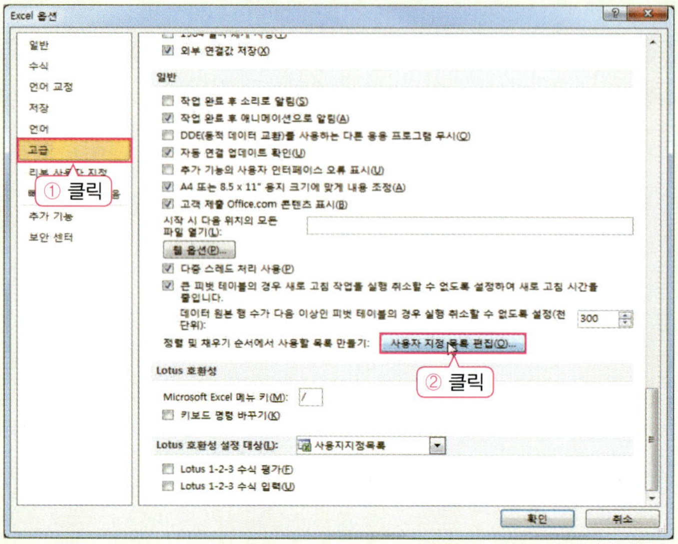

2. 「Excel 옵션」 대화상자에서 ① [고급]–② [사용자 지정 목록 편집]을 클릭한다.

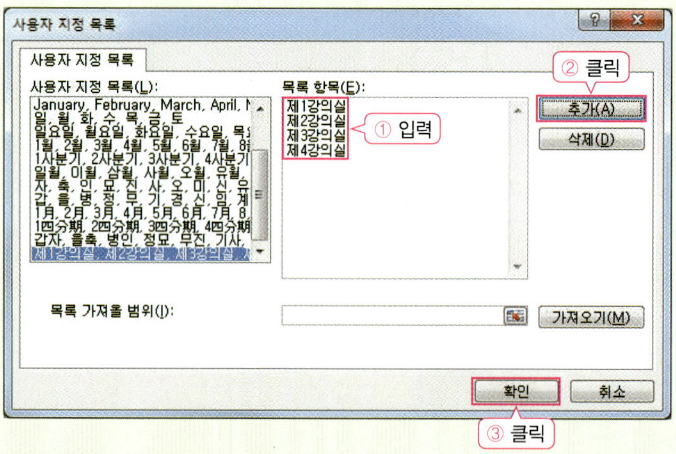

3. 「사용자 지정 목록」 대화상자에서 ① [목록 항목]에 '제1강의실, 제2강의실, 제3강의실, 제4강의실'을 입력하고, ② [추가]를 누른 다음 ③ [확인]을 클릭한다.

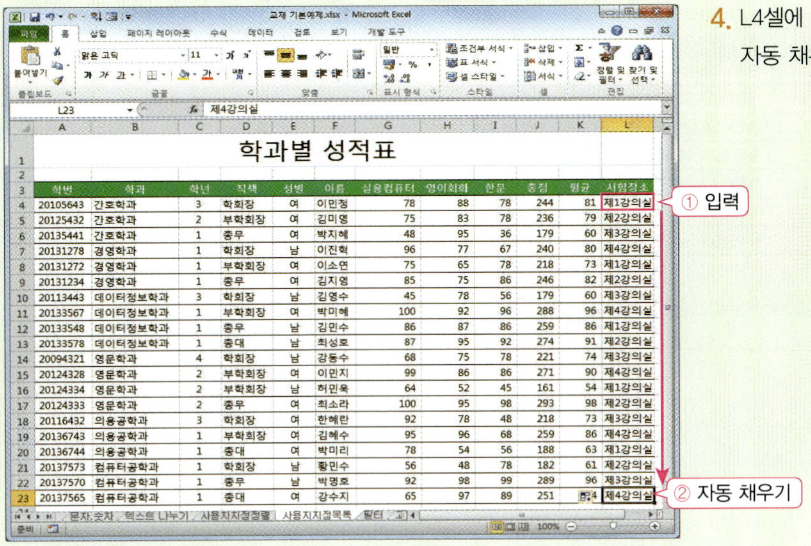

4. L4셀에 ① '제1강의실'을 입력하고, ② 자동 채우기한다.

Section 6. 워크시트 관리

엑셀의 데이터 입력과 처리 단위인 셀이 모여서 이루어진 하나의 작은 공간을 워크시트라고 한다. 엑셀을 실행하면 기본적으로 3개의 워크시트가 제공되며 필요에 따라 추가하거나 삭제할 수 있고 이동이나 복사를 할 수 있다. 여기에서는 사용자의 필요에 따라 워크시트를 관리하는 방법에 대하여 알아본다.

워크시트 이름 바꾸기

엑셀에서 기본 제공하는 3개의 워크시트에는 'Sheet1', 'Sheet2', 'Sheet3'의 이름이 붙어 있고 새로운 시트가 추가되면 번호가 하나씩 자동으로 증가한다. 이와 같은 워크시트의 이름은 3가지의 방법으로 사용자가 원하는 이름으로 변경할 수 있다. 워크시트의 이름을 문서의 내용에 맞게 정해주면 내용을 찾기가 훨씬 유리하지 않겠는가?

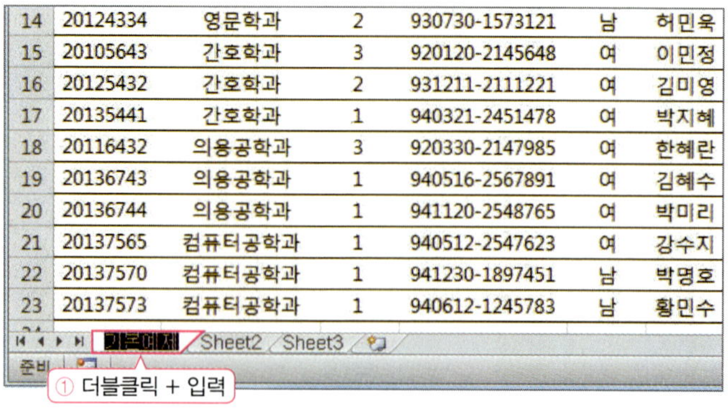

1. 첫 번째 방법은 이름을 변경하려는 ① 시트의 탭을 더블클릭해서 변경하는 방법이다.

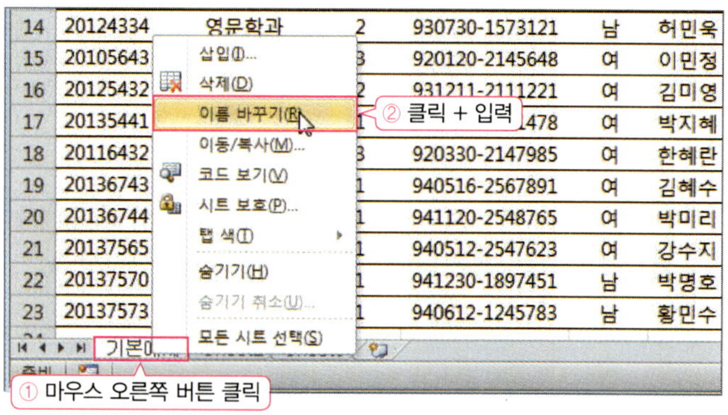

2. 시트의 이름을 변경하는 두 번째 방법은 바로가기 메뉴를 이용하는 것이다. ① 시트에서 마우스 오른쪽 버튼을 클릭하여 나타나는 ② 팝업 메뉴의 [이름 바꾸기]를 선택하면 시트 탭의 이름 부분이 블록 지정되면서 이름을 변경할 수 있는 상태가 된다.

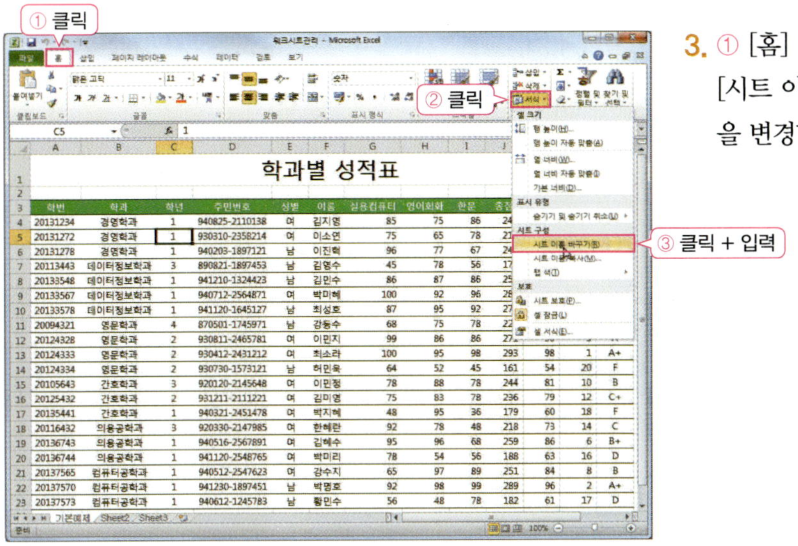

3. ① [홈] 탭의 [셀] 그룹에서 ② [서식]-③ [시트 이름 바꾸기]를 선택하여 시트 이름을 변경할 수도 있다.

새로운 워크시트 삽입하기

엑셀이 기본 제공하는 3개의 워크시트 외에 추가로 워크시트가 필요하다면 필요한 만큼 추가할 수 있다.

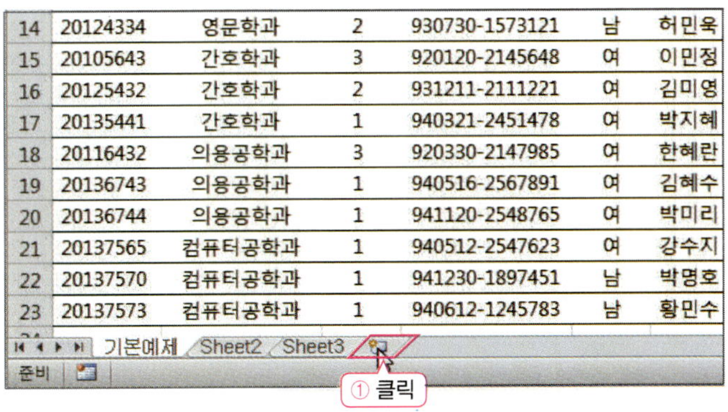

1. 워크시트를 삽입하는 가장 간편한 방법은 [워크시트 삽입]을 이용하는 것이다. [sheet3]의 옆에 있는 ① [워크시트 삽입]을 누른다.

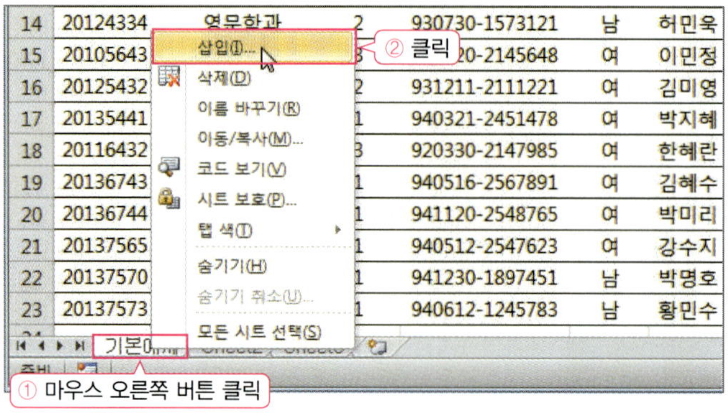

2. 시트에서 ① 마우스 오른쪽 버튼을 누르고 ② [삽입]을 클릭한다.

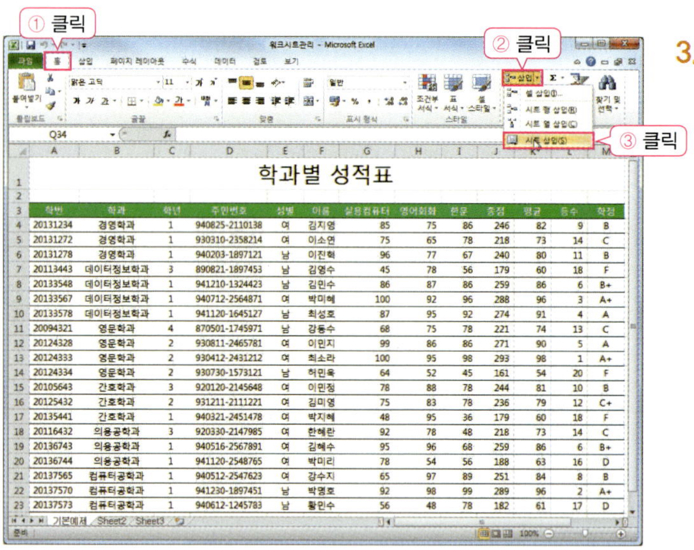

3. ① [홈] 탭의 [셀] 그룹에서 ② [삽입]-③ [시트 삽입]을 클릭한다.

필요 없는 워크시트 삭제하기

워크시트가 필요 없다면 삭제할 수 있다.

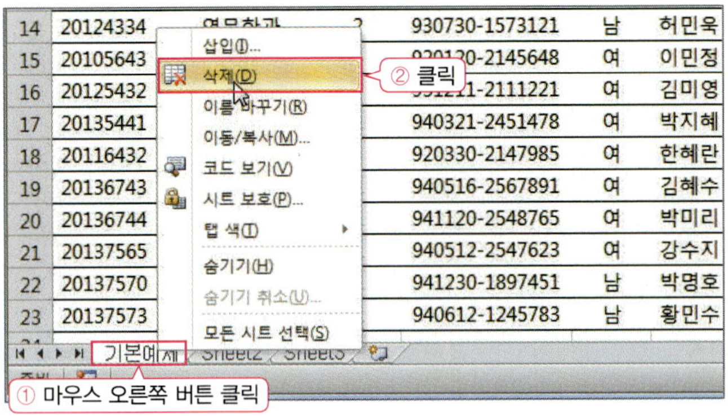

1. ① 시트에서 마우스 오른쪽 버튼을 누르고 ② [삭제]를 클릭한다.

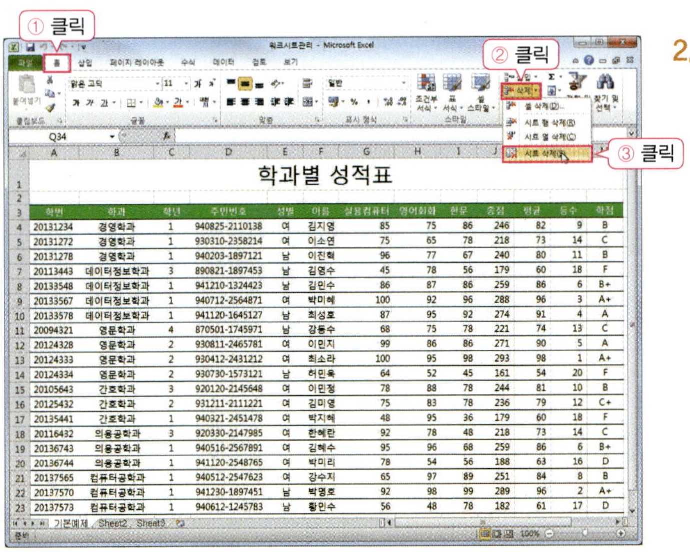

2. ① [홈] 탭의 [셀] 그룹에서 ② [삭제]-③ [시트 삭제]를 클릭한다.

워크시트 이동하기와 복사하기

워크시트는 [이동/복사] 메뉴나 마우스 드래그를 이용해서 필요한 위치로 이동하거나 복사할 수 있다.

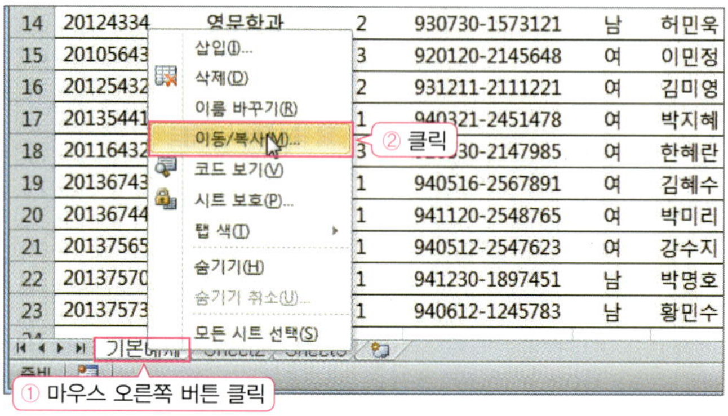

1. [이동/복사] 메뉴를 이용해서 워크시트를 원하는 위치로 이동할 때는 ① 이동하고자 하는 워크시트 탭에서 마우스 오른쪽 버튼을 누른 다음 ② [이동/복사]를 선택한다.

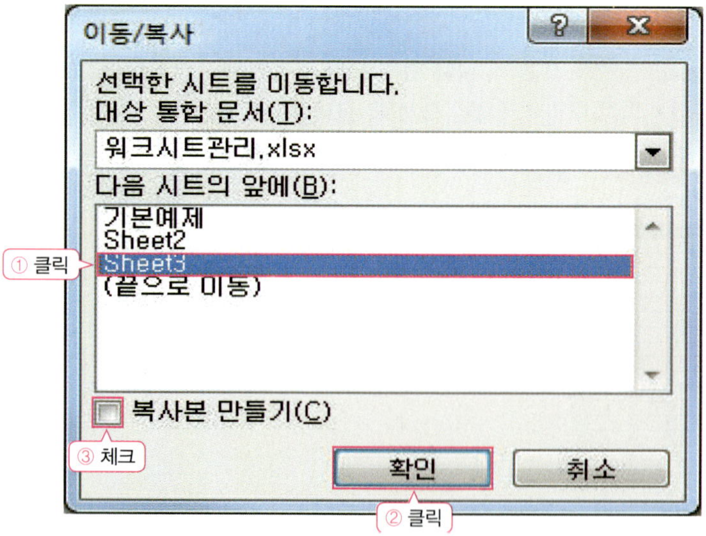

2. ① 「이동/복사」 대화상자에서 시트를 이동할 위치를 클릭하고 ② [확인]을 클릭한다. 엑셀에서 워크시트의 이동/복사 시에는 항상 클릭한 시트 앞에 삽입된다. 예를 들어 Sheet2와 Sheet3 사이에 시트를 이동시키려면 Sheet3을 클릭하고 [확인]을 클릭한다. ③ 복사할 때는 「이동/복사」 대화상자에서 화면 하단의 [복사본 만들기]를 체크하면 된다.

3. 그림과 같이 워크시트가 이동된다.

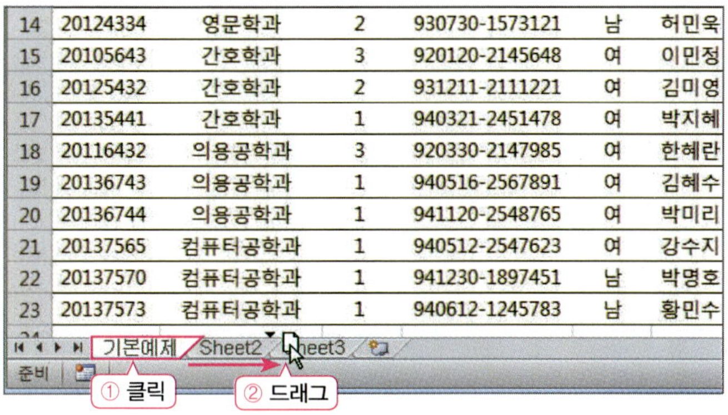

4. 마우스 드래그를 이용해서 워크시트를 원하는 위치로 이동할 때는 ① 이동하고자 하는 워크시트 탭을 클릭하고, ② 원하는 위치로 드래그한다. 복사하고자 할 때에는 Ctrl 키를 누른 상태에서 드래그하면 된다.

여러 워크시트 선택하기

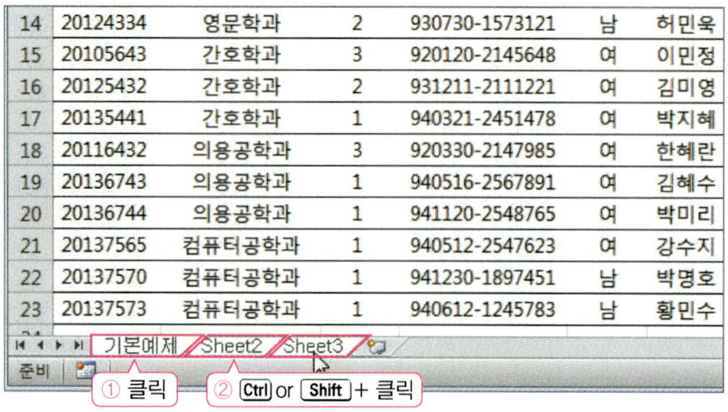

1. ① 하나의 시트를 클릭한 후, ② 그 다음 시트를 선택할 때는 Ctrl 또는 Shift 키를 누른 상태에서 클릭한다. 제목 표시줄 부분에 문서 제목 옆에 [그룹]이라는 글자가 나타난다.

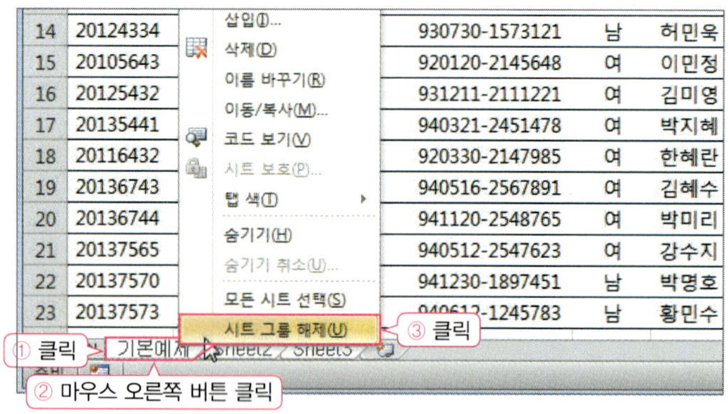

2. 시트가 그룹화되었으면 그룹핑된 시트를 해제하기 위해서는 ① 하나의 시트를 클릭하거나 ② 시트 탭에서 마우스 오른쪽 버튼을 눌러 표시된 팝업 메뉴에서 ③ [시트 그룹 해제]를 클릭하면 된다.

Section 7. 행 · 열 관리

열 너비, 행 높이 조절하기

엑셀을 시작하거나 새 통합 문서를 열면 열의 너비와 행의 높이가 일정한 크기로 정해진 문서가 나타난다. 하지만, 데이터의 길이에 따라 이 크기를 조절할 수 있다. 아래와 같은 '학과별 성적표' 테이블의 열 너비를 데이터 내용에 맞게 조절해 보자.

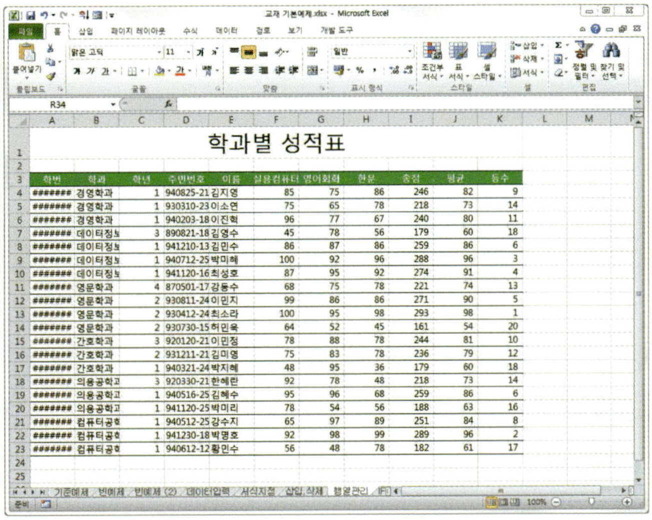

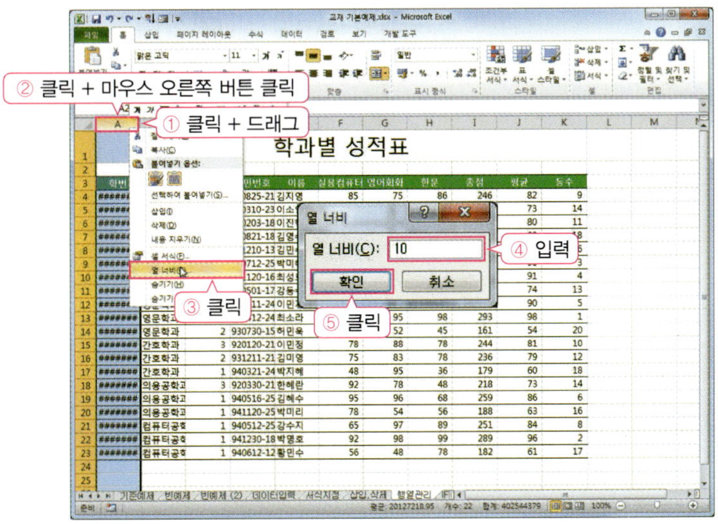

1. 하나의 열 너비를 조절하고자 한다면 ① 너비를 조절하고자 하는 열의 경계선을 클릭한 다음 원하는 넓이만큼 드래그하거나, ② 너비 조절을 하고자 하는 열 이름을 클릭한 다음 마우스 오른쪽 버튼을 눌러 ③ [열 너비] 메뉴를 선택한 다음 ④ 원하는 열 너비를 직접 입력하고 ⑤ [확인]을 클릭한다.

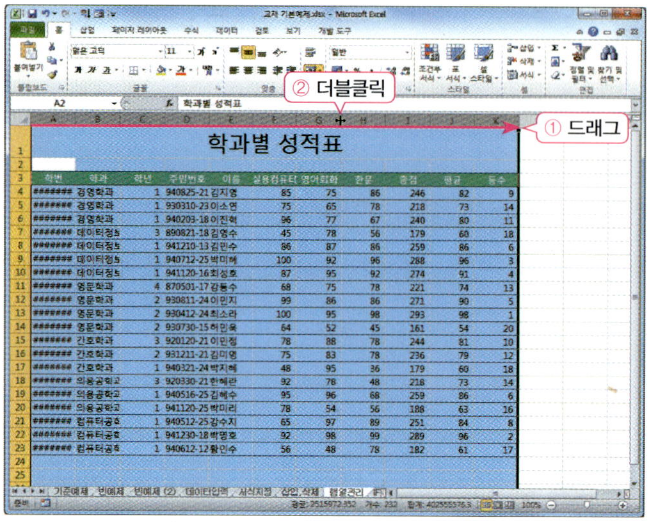

2. 여러 셀의 열 너비를 글자의 길이에 맞게 자동으로 조절하고 싶을 때는 조절하고자 하는 ① 열 이름을 마우스로 드래그한 다음 ② 임의의 열과 열사이 경계선을 더블클릭한다. 행 높이 조절도 동일한 방법으로 할 수 있다.

행 · 열 삽입/삭제

행이나 열에 데이터를 추가할 경우 행이나 열을 삽입한 후 데이터를 추가할 수 있다. 이때 엑셀의 경우 기본적으로 행, 열 모두 커서가 위치한 곳의 앞에 삽입된다. 삭제의 경우 원하는 행이나 열을 클릭하거나 블록 설정한 후 삭제할 수 있다.

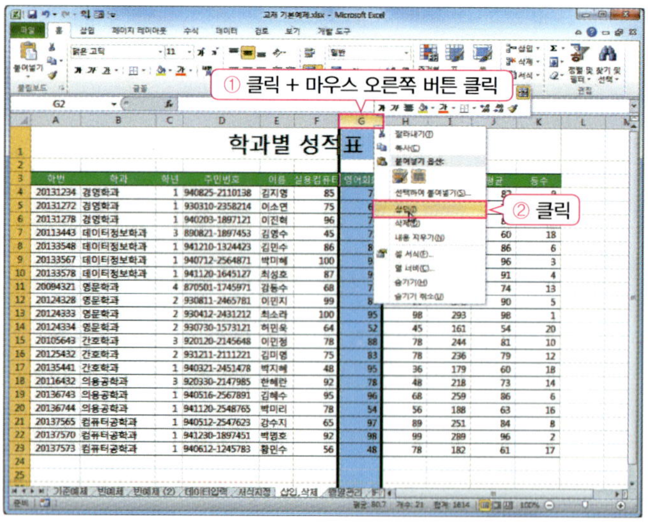

1. F열과 G열 사이에 새로운 열을 삽입하고자 할 때는 ① G열을 클릭한 다음 마우스 오른쪽 버튼을 누르고 ② [삽입]을 클릭한다.

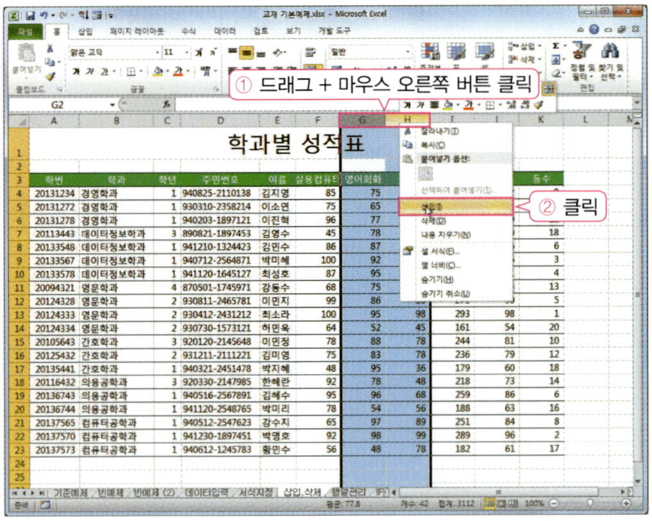

2. F열과 G열 사이에 2개의 열을 삽입하고자 할 때에는 ① G, H열을 드래그한 다음 마우스 오른쪽 버튼을 누르고, ② [삽입]을 클릭한다.

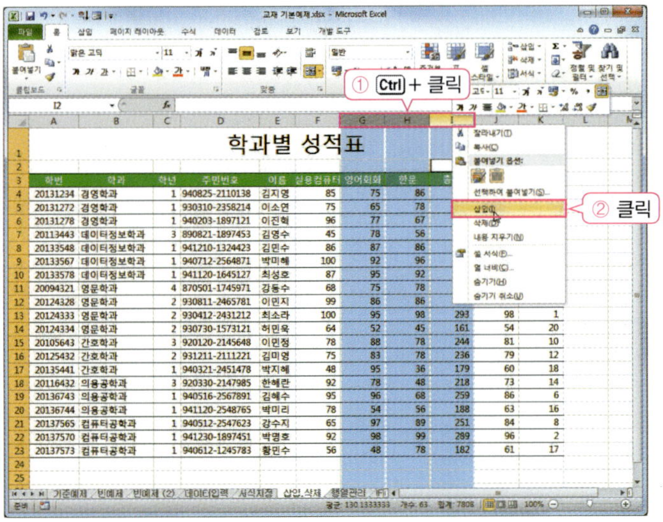

3. F열과 G열, G열과 H열, H열과 I열 사이에 각각 한 열을 삽입하고자 할 때에는 ① Ctrl키를 누른 상태에서 G열, H열, I열을 각각 클릭한 다음 마우스 오른쪽 버튼을 누르고, ② [삽입]을 클릭한다.

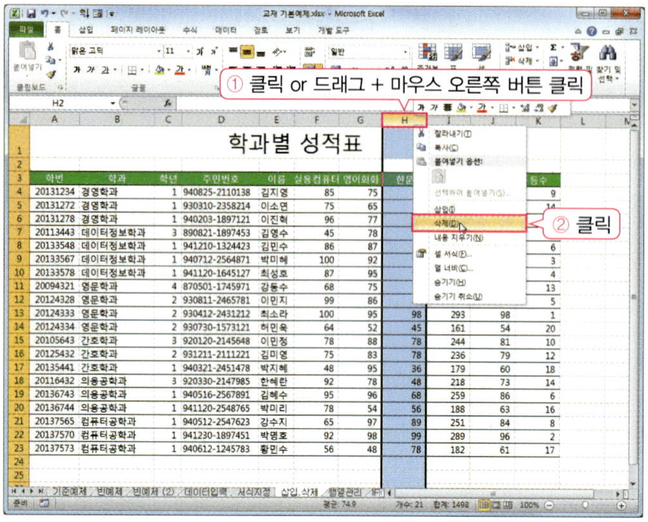

4. 열을 삭제할 때는 ① 삭제할 열을 클릭하거나 드래그해서 선택한 다음 마우스 오른쪽 버튼을 누르고 ② [삭제]를 클릭한다.

행 · 열 숨기기

현재의 행이나 열이 표시될 필요가 없을 경우 삭제하는 것이 아니라 잠깐 숨길 수 있다.

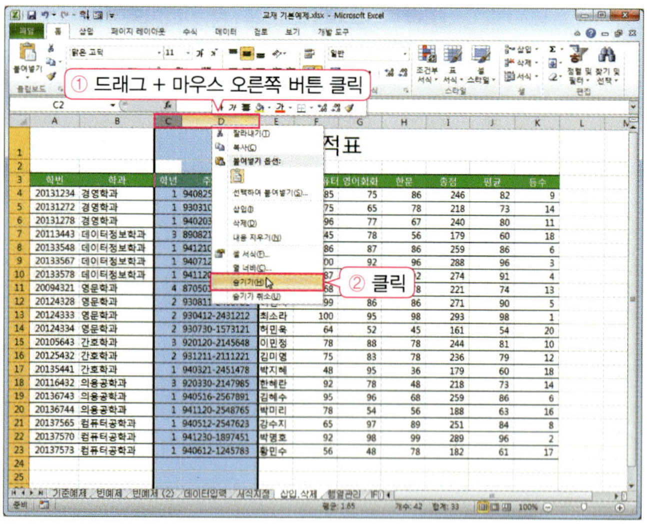

1. 만약, '학과별 성적표' 테이블에서 C열 '학년'과 D열 '주민번호' 열을 숨기고자 한다면 ① 숨길 열을 드래그한 다음 마우스 오른쪽 버튼을 누르고 ② [숨기기]를 클릭한다.

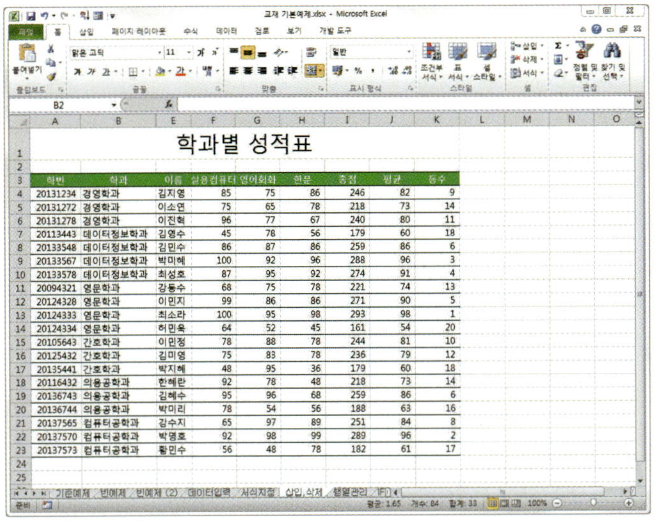

2. 그림에 보면 B열과 E열 사이에 C열과 D열이 숨겨져 있음을 알 수 있다. 만약 삭제된 열이라면 E, F열이 C, D열로 변경될 것이다.

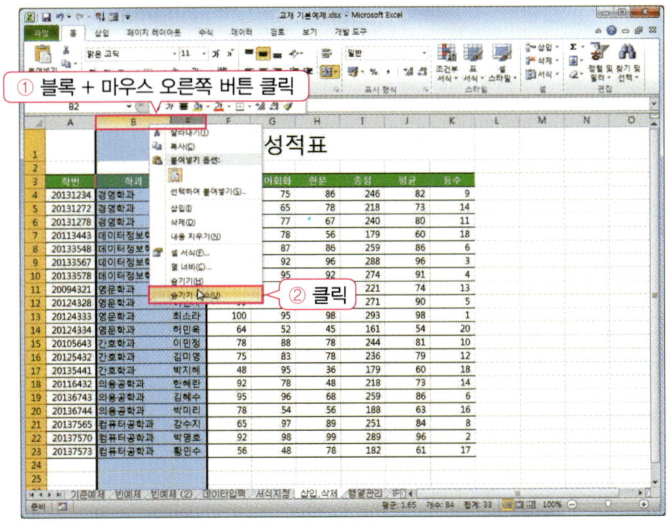

3. 다시 숨겨진 행이나 열을 나타내고 싶으면 ① 숨겨진 좌 · 우 열에 블록을 씌운 다음 마우스 오른쪽 버튼을 누른 다음 ② [숨기기 취소]를 클릭한다.

연습문제

EXERCISE

연습문제 1

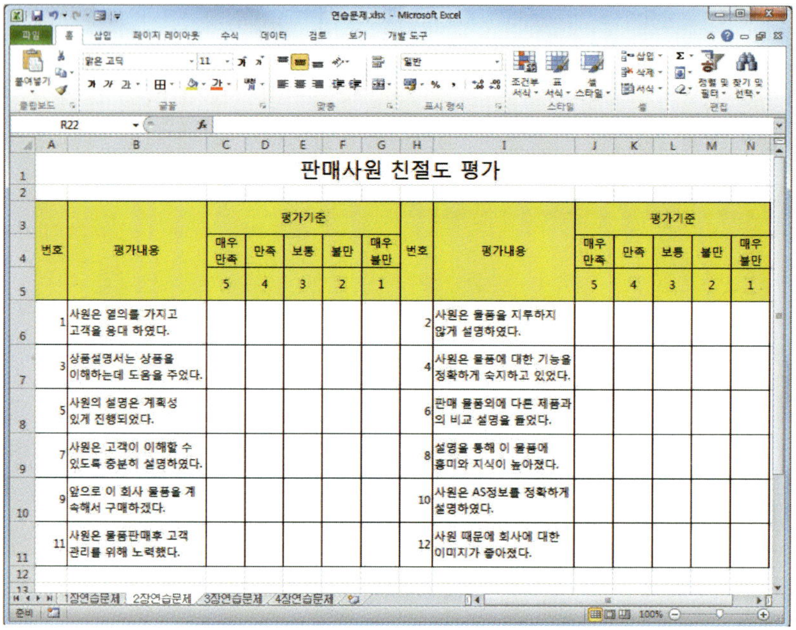

1. '번호'는 자동 채우기를 이용해서 데이터를 입력하시오.
2. '평가기준'은 자동 채우기와 사용자 지정 목록으로 채우기를 이용해서 데이터를 입력하시오.
3. 나머지 데이터를 입력하시오.

03 CHAPTER

깔끔한 문서 작성을 위한 서식 사용

Section 1. 셀 서식

Section 2. 조건부 서식

03 CHAPTER

깔끔한 문서 작성을 위한 서식 사용

우리가 문서를 작성을 하는 것은 우리가 보기 위함도 있겠지만 대부분 남에게 보이기 위한 것이다. 다른 사람에게 보이기 위한 문서는 한눈에 이해될 수 있도록 깔끔하게 정리되어야 하는 것은 기본이고, 중요한 내용은 눈에 띄도록 만들어야 한다. 이러한 편집 작업을 엑셀에서는 셀 서식 편집이라고 부른다. 셀 서식은 입력한 데이터를 이해하기 쉽고 보기 좋게 화면에 표시할 때 사용한다. 제목을 본문보다 강조하기 위해 글꼴, 글꼴 크기, 글꼴 색을 바꾸는 것, 금액을 표시할 때 세 자리마다 쉼표를 넣고 '₩' 표시를 넣어 더 읽기 편하게 하는 것, 표 안쪽은 실선으로 바깥쪽은 두꺼운 선으로 바꾸고, 셀 색과 무늬를 지정해서 입력한 데이터를 화면에 어떻게 보이게 할지를 결정하는 것이다. 엑셀 문서는 보고용이나 공용문서인 경우가 많다. 따라서 누가 보더라도 내용이 알기 쉽게 정리되어 있어야 한다. 글꼴, 테두리, 맞춤, 표시 형식 등을 이용해서 문서를 좀 더 깔끔하게 정리할 수 있다.

Section 1. 셀 서식

서식 지정

서식이란 서류를 꾸미는 방식을 의미한다. 자주 바꿔야 하는 셀 서식은 [홈] 리본메뉴에서 대부분 찾을 수 있다. [홈] 탭을 이용해서 글꼴, 맞춤, 표시형식과 관련한 서식을 지정할 수 있다. [홈] 탭에 나타나지 않는 셀 서식은 [글꼴], [맞춤], [표시 형식] 그룹에 있는「셀 서식」대화상자 표시 단추 [ ]를 누르거나 마우스 오른쪽 버튼을 클릭해서 셀 서식을 선택한다.

● 표시형식

셀 내용을 어떻게 표시할지를 지정하는 기능으로 12가지 세부 항목으로 나뉜다.

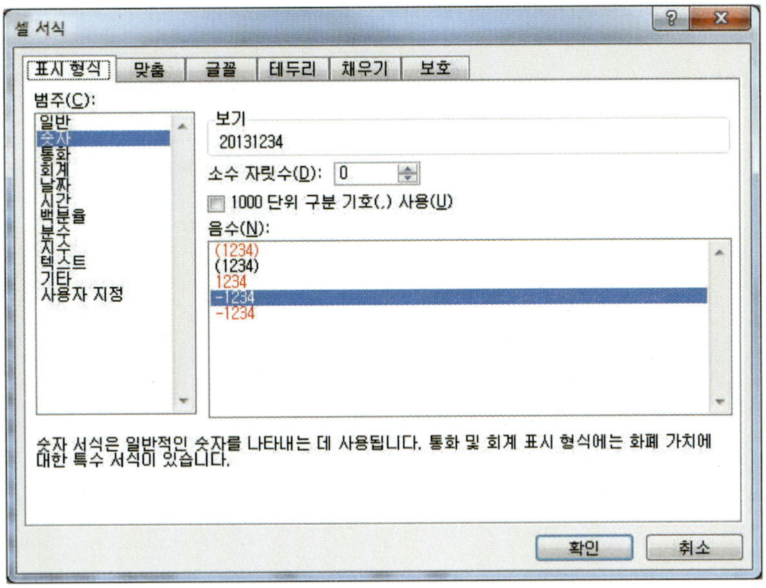

- 일반 : 입력된 데이터 형태를 그대로 표시한다.
- 숫자 : 소수 자릿수, 천 단위 콤마 표시, 음수 표현 형식을 지정할 수 있다. 날짜 형식 데이터를 숫자 형식으로 지정하면 정수 값으로 표현된다.
- 통화 : 천 단위 콤마 표시, 통화 기호 삽입, 음수 표현 형식을 지정할 수 있다.
- 회계 : 소수 자리수 지정, 통화 기호를 삽입할 수 있다.
- 날짜 : 엑셀에서 제공하는 날짜 표현 형식을 선택한다. 적당한 형식이 없을 때는 사용자 지정에서 만들어 사용할 수 있다.
- 시간 : 엑셀에서 제공하는 시간 표현 형식을 선택한다. 적당한 형식이 없을 때는 사용자 지정에서 만들어 사용한다.
- 백분율 : 소수 자릿수 지정, 수치 데이터 뒤에 백분율(%) 기호를 삽입할 수 있다.
- 분수 : 소수를 분수 형식으로 나타낸다.
- 지수 : 수치 데이터를 지수 형식으로 표현하며, 소수 자릿수를 지정할 수 있다.
- 텍스트 : 수치 데이터를 문자열 형식으로 지정한다.
- 기타 : 우편번호, 전화번호 등 특수한 데이터의 서식을 지정할 수 있다.
- 사용자 지정 : 엑셀이 제공하는 서식 중 원하는 표시 형식이 없을 경우, 사용자가 임의로 표시 형식을 지정할 수 있다. 다만 표시 형식을 지정할 때는 엑셀에서 제공하는 서식 코드를 조합해서 등록해야 한다.

맞춤

입력한 셀 데이터의 방향과 가로, 세로 맞춤, 텍스트 조정 등을 지정할 수 있다.

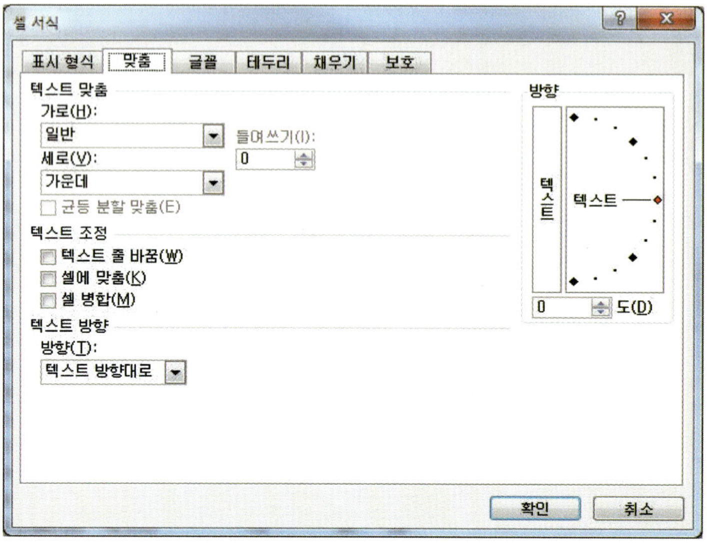

글꼴

셀 서식의 글꼴을 이용하면 다양한 [글꼴], [글꼴 스타일], [크기] 등을 지정할 수 있다. 통합 문서의 글꼴과 크기는 Excel 옵션에서 설정할 수 있다.

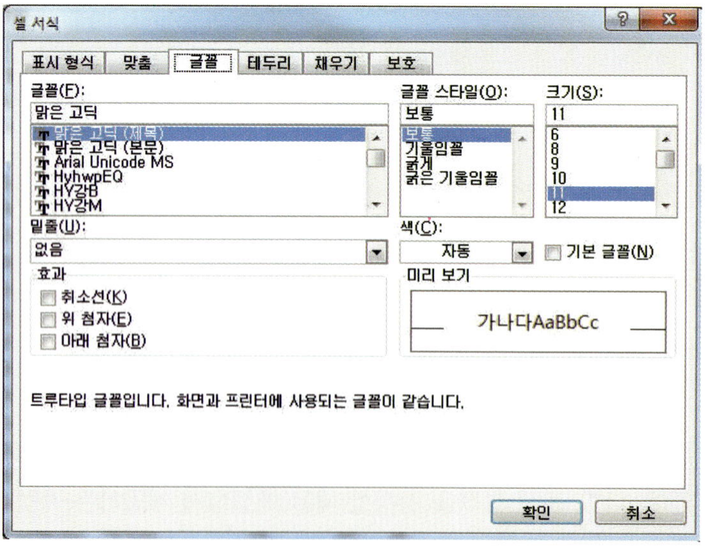

테두리

지정한 범위에 윤곽선을 그리려면 셀 서식의 [테두리] 선택하여 다양하게 할 수 있다.

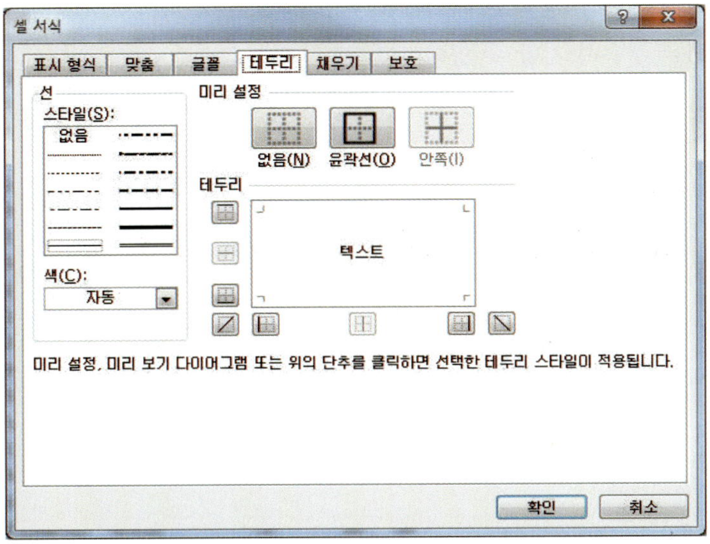

채우기

셀에 음영색(바탕색)을 지정하거나 무늬를 지정할 때 사용한다.

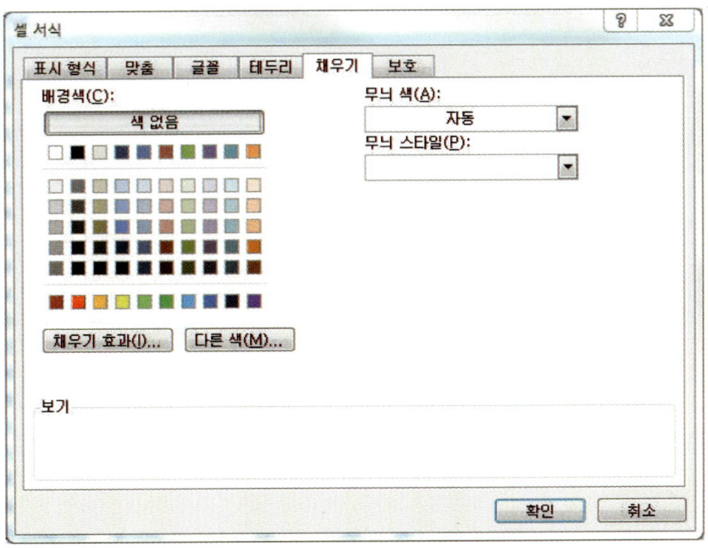

● **보호**

「셀 서식」 대화상자의 보호 기능은 독립적으로는 사용할 수 없고, 워크시트가 보호되어 있을 때만 기능을 발휘한다. 보호 기능을 사용하면 테이블을 다른 사람이 수정하는 것을 방지하고, 사용자의 실수로 잘못된 입력을 하는 것을 방지할 수 있다.

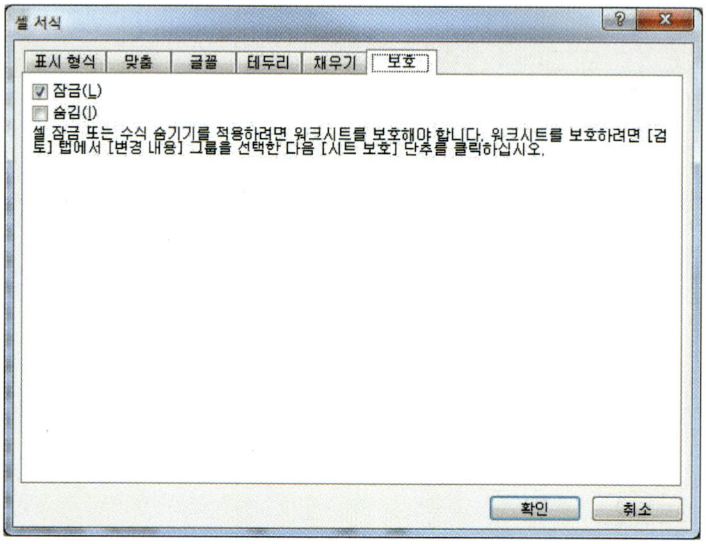

Ex 실습예제

아래 그림은 기본적인 데이터는 입력했으나 제목이 없다. 제목을 입력하기 위해서 테이블 전체를 아래로 이동하고 제목을 작성해 보자.

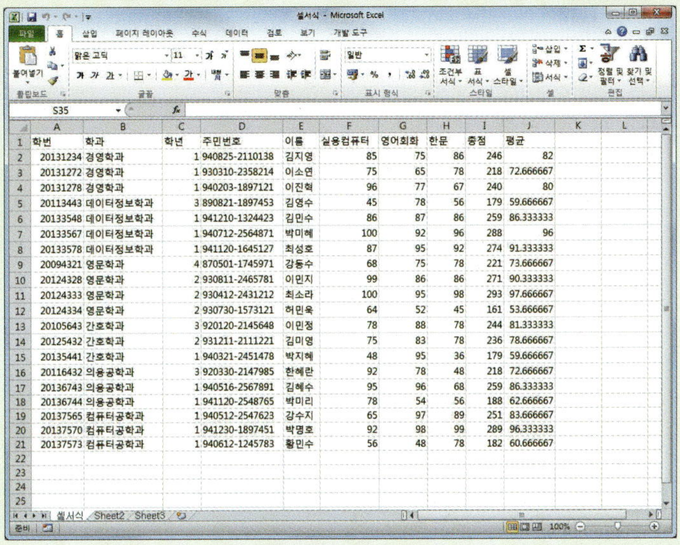

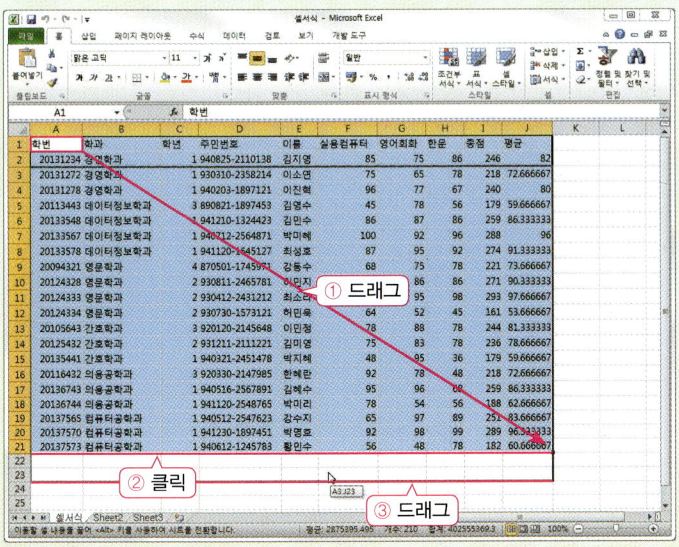

1. 기본 데이터 테이블 전체를 이동해야 하므로 ① 테이블 전체를 선택하고 ② 마우스 포인터를 선택한 블록의 테두리에 클릭한 다음 ③ 원하는 위치로 드래그한다. 원하는 위치가 A3셀부터 J23셀까지라는 태그가 나타난다.

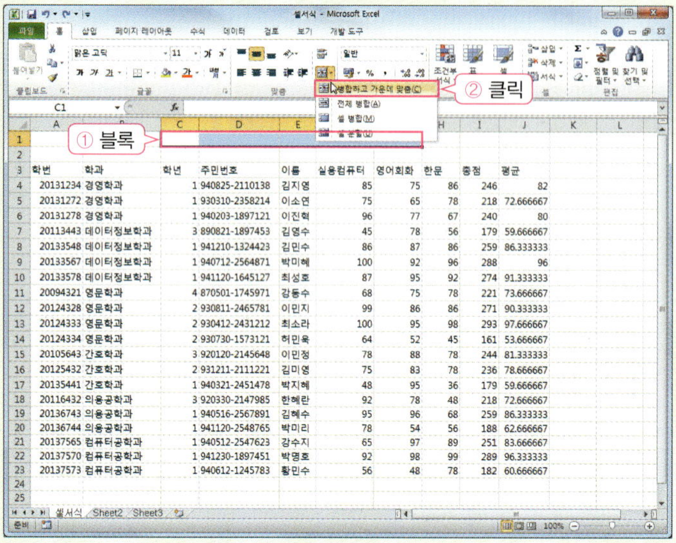

2. 제목을 입력하기 위해 ① C1~G1셀을 선택하고, ② 도구 모음의 [병합하고 가운데 맞춤]아이콘을 클릭해서 셀을 병합한다. 병합된 셀을 해제하려면 [병합하고 가운데 맞춤]아이콘을 한 번 더 클릭한다.

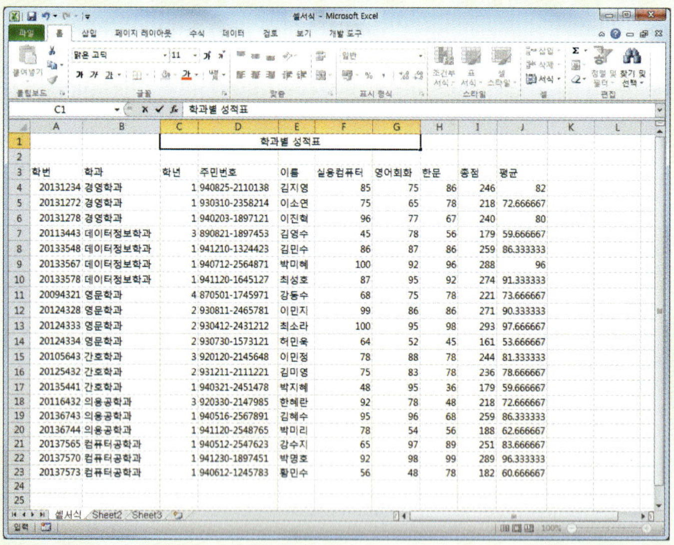

3. 그림과 같이 제목을 입력한다.

실습예제

이전의 테이블에서 제목의 글자 크기를 조정하고, 테이블 테두리 모양과 배경색 넣기, 글꼴의 크기, 문단 모양 등을 변경해보자.

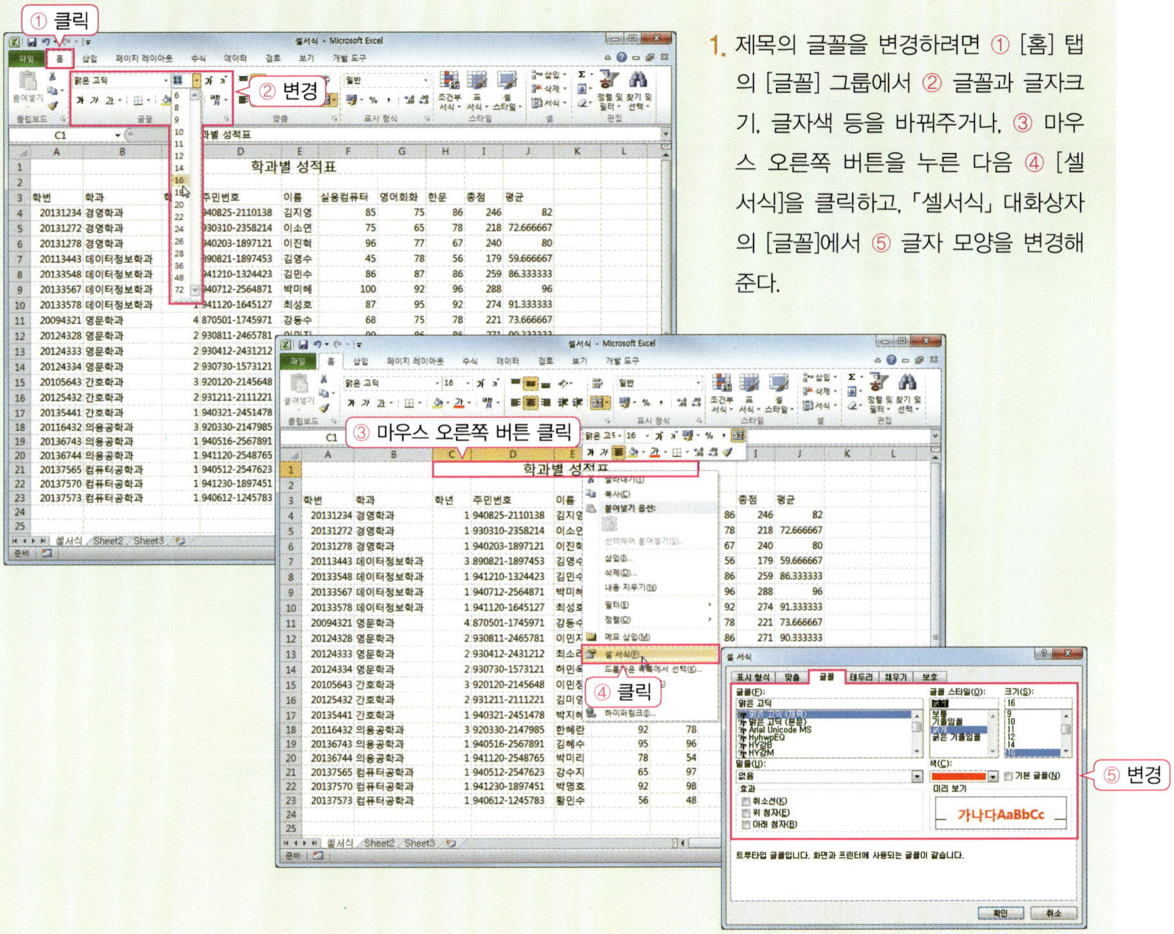

1. 제목의 글꼴을 변경하려면 ① [홈] 탭의 [글꼴] 그룹에서 ② 글꼴과 글자크기, 글자색 등을 바꿔주거나, ③ 마우스 오른쪽 버튼을 누른 다음 ④ [셀 서식]을 클릭하고, 「셀서식」 대화상자의 [글꼴]에서 ⑤ 글자 모양을 변경해 준다.

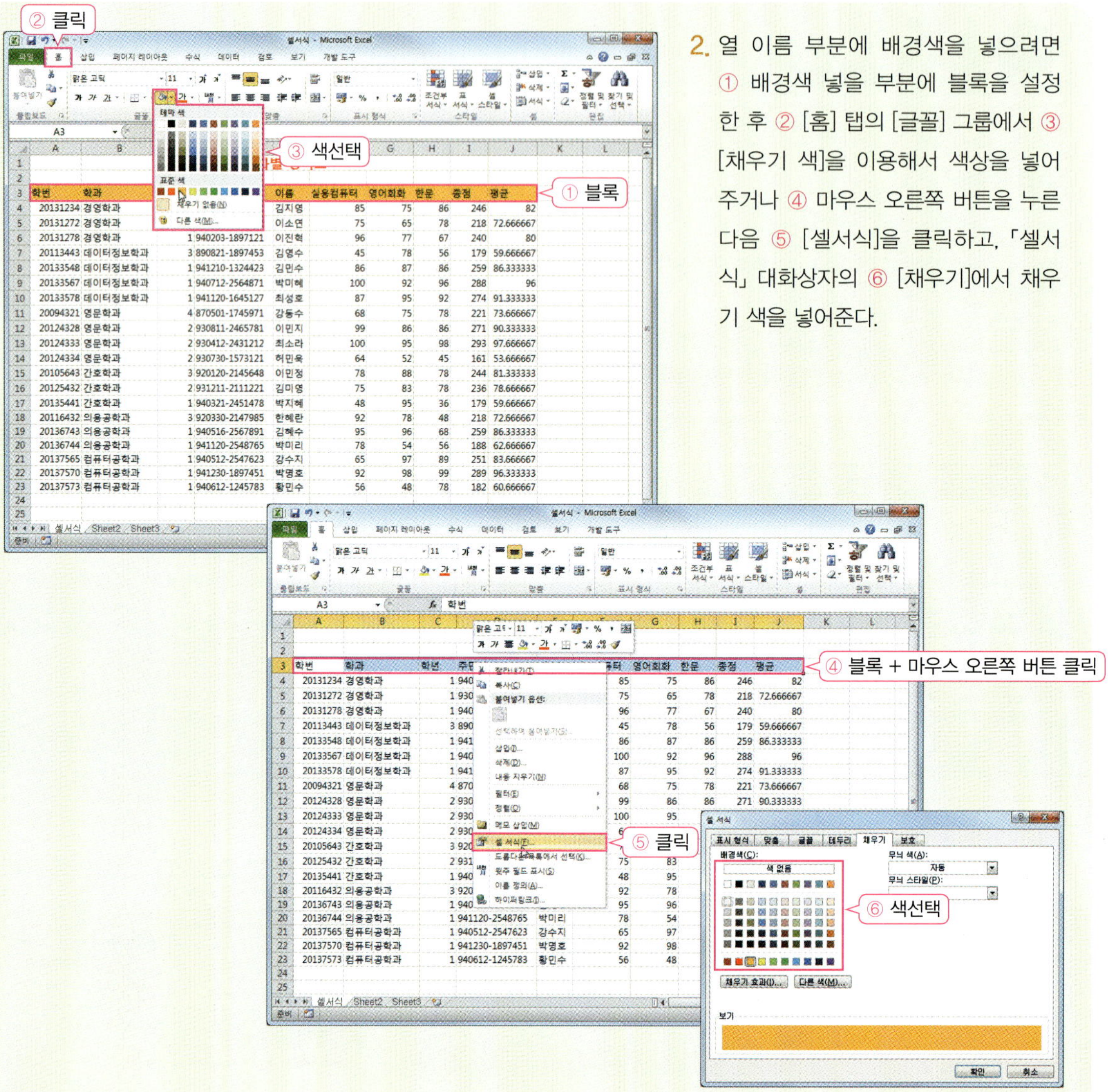

2. 열 이름 부분에 배경색을 넣으려면 ① 배경색 넣을 부분에 블록을 설정한 후 ② [홈] 탭의 [글꼴] 그룹에서 ③ [채우기 색]을 이용해서 색상을 넣어주거나 ④ 마우스 오른쪽 버튼을 누른 다음 ⑤ [셀서식]을 클릭하고, 「셀서식」 대화상자의 ⑥ [채우기]에서 채우기 색을 넣어준다.

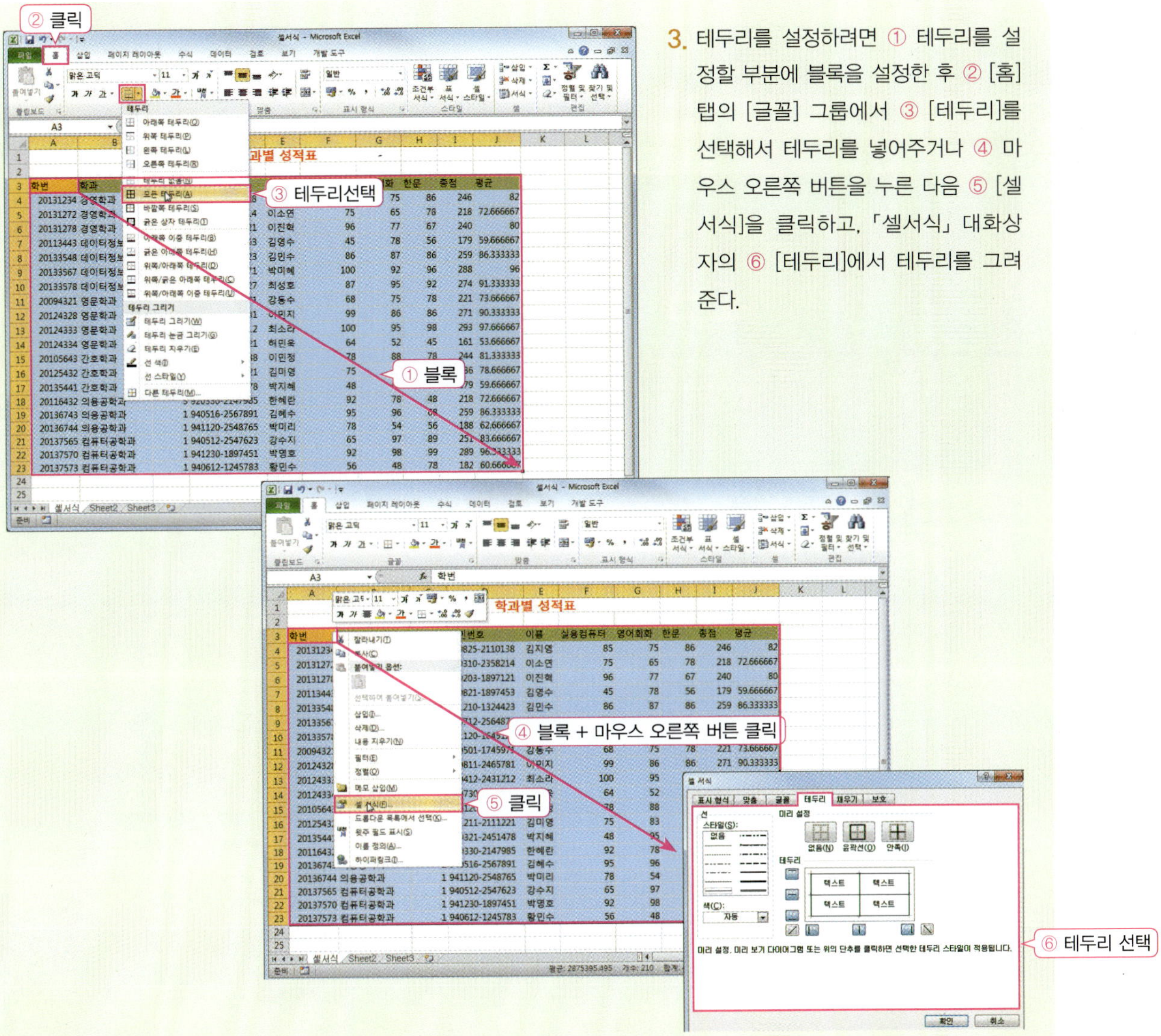

3. 테두리를 설정하려면 ① 테두리를 설정할 부분에 블록을 설정한 후 ② [홈] 탭의 [글꼴] 그룹에서 ③ [테두리]를 선택해서 테두리를 넣어주거나 ④ 마우스 오른쪽 버튼을 누른 다음 ⑤ [셀 서식]을 클릭하고, 「셀서식」 대화상자의 ⑥ [테두리]에서 테두리를 그려준다.

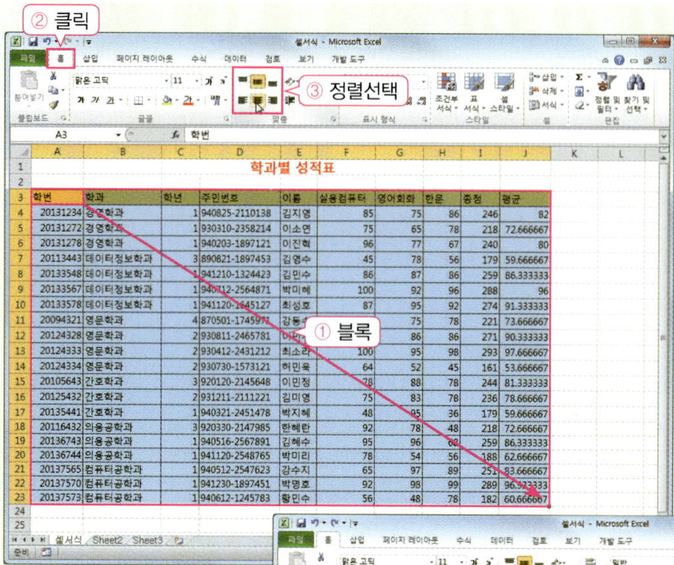

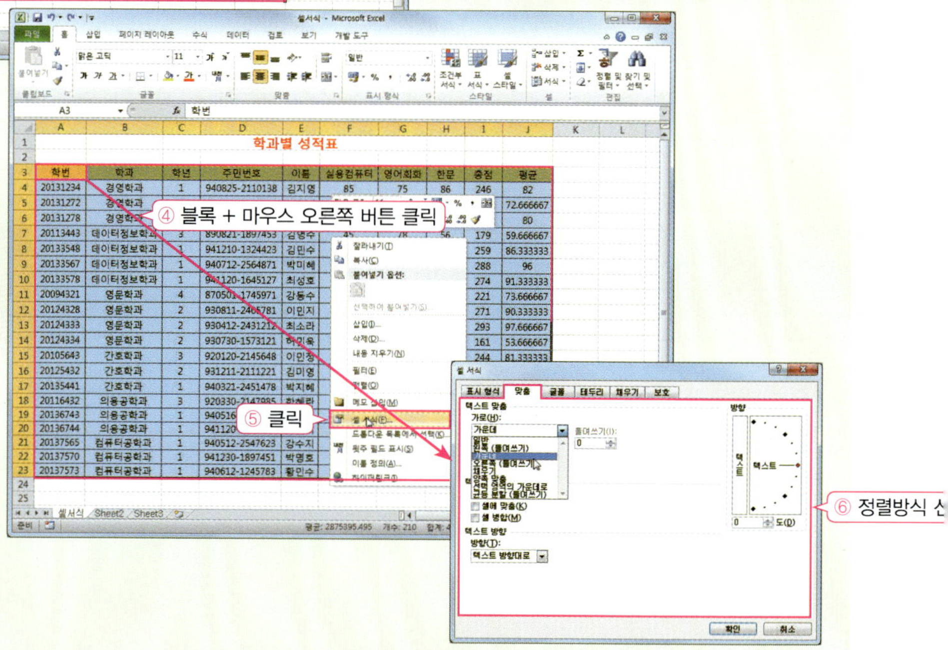

4. 테이블 안의 내용들을 가운데 정렬하려면 ① 정렬할 부분에 블록을 설정한 후 ② [홈] 탭의 [맞춤] 그룹에서 ③ [가운데 정렬]을 클릭하거나, ④ 마우스 오른쪽 버튼을 누른 다음 ⑤ [셀 서식]을 클릭하고, 「셀서식」 대화상자의 ⑥ [맞춤]에서 [가로:가운데]를 선택한다.

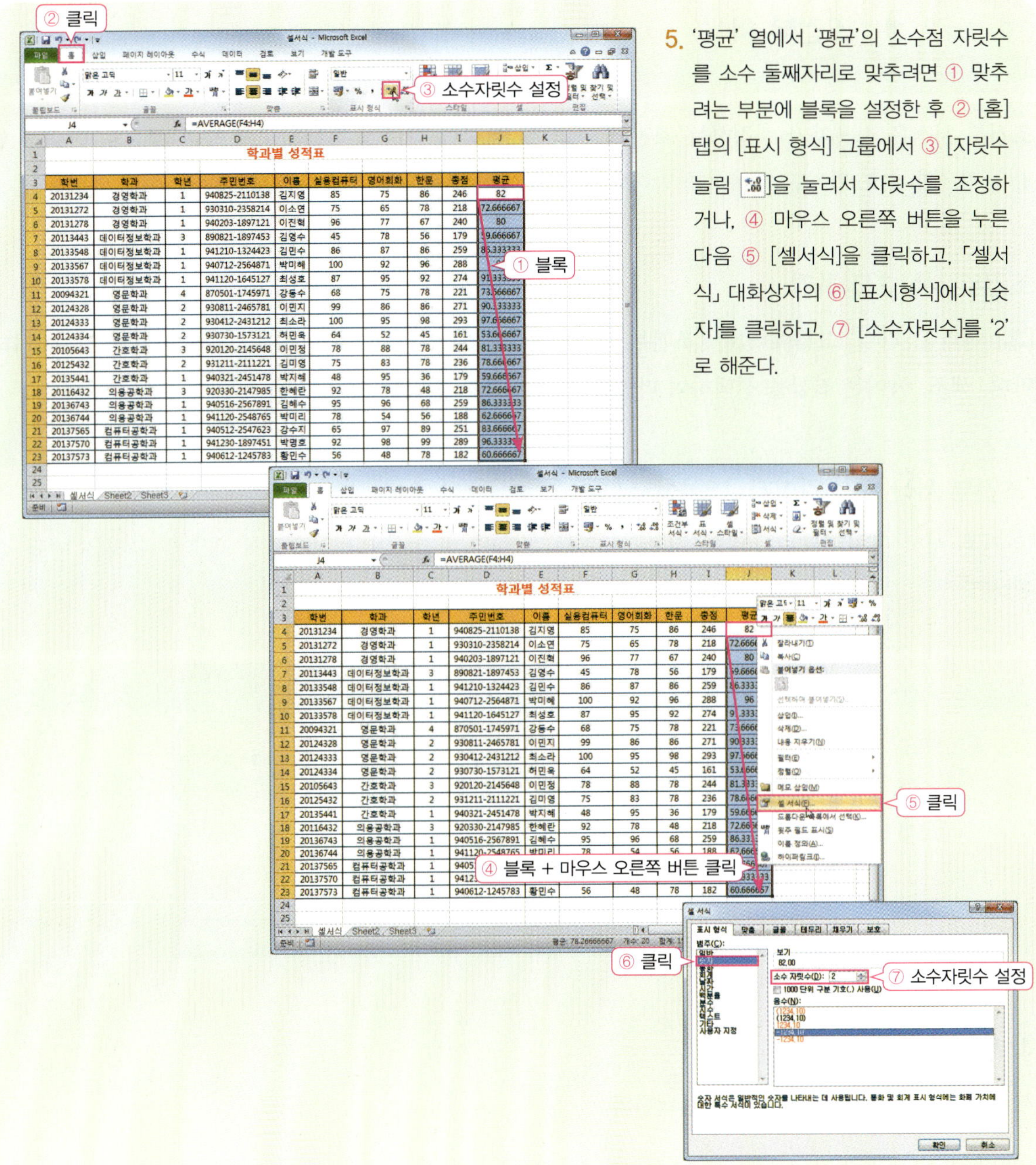

5. '평균' 열에서 '평균'의 소수점 자릿수를 소수 둘째자리로 맞추려면 ① 맞추려는 부분에 블록을 설정한 후 ② [홈] 탭의 [표시 형식] 그룹에서 ③ [자릿수 늘림 [.00]]을 눌러서 자릿수를 조정하거나, ④ 마우스 오른쪽 버튼을 누른 다음 ⑤ [셀서식]을 클릭하고, 「셀서식」 대화상자의 ⑥ [표시형식]에서 [숫자]를 클릭하고, ⑦ [소수자릿수]를 '2'로 해준다.

Section 2. 조건부 서식

조건부 서식은 사용자가 지정하는 조건에 따라 셀 서식이 다르게 적용되도록 하는 것으로 단순히 셀 값을 강조할 수도 있지만 데이터를 막대나 색조나 아이콘 등으로 시각화해서 보여줄 수도 있다.

조건부 서식 지정하기

[홈] 탭의 [스타일] 그룹에 있는 [조건부 서식] 목록 안에 있는 셀 강조 규칙, 상위/하위 규칙, 데이터 막대, 색조, 아이콘 집합을 선택하여 다양한 서식과 조건을 만들 수 있다.

「조건부 서식 규칙 관리자」 대화상자

「조건부 서식 규칙 관리자」 대화상자에서 규칙 목록을 편집하거나 삭제해서 새로운 규칙을 만들 수 있다.

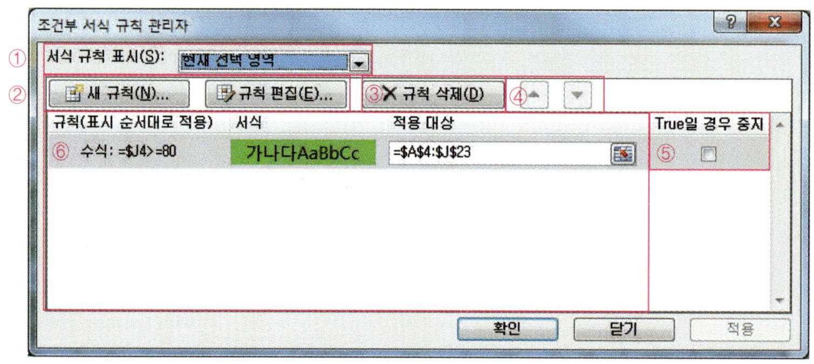

① 서식 규칙 표시

서식 규칙을 설정해 놓은 대상을 선택한다.

② 새 규칙과 규칙 편집

조건부 서식 규칙을 새롭게 지정하고 「서식 설정 규칙 편집」 대화상자에서 이미 정의해 놓은 규칙의 조건을 수정하거나 다른 유형의 규칙으로 변경한다.

③ 규칙 삭제

규칙 목록 상자에 나타나 있는 규칙을 삭제한다.

④ ▲▼

선택한 규칙의 우선순위를 위쪽이나 아래쪽으로 옮긴다.

⑤ True일 경우 중지

여러 개의 조건부 서식 규칙을 지원하지 않는 엑셀 2007 이전 버전과의 호환성을 위해 True일 경우 중지를 체크해 두면 엑셀 이전 버전으로 저장 시 규칙 평가를 중지한다.

⑥ 규칙목록

조건부 서식의 규칙 목록이 표시되며 나열한 순서대로 우선순위가 부여된다.

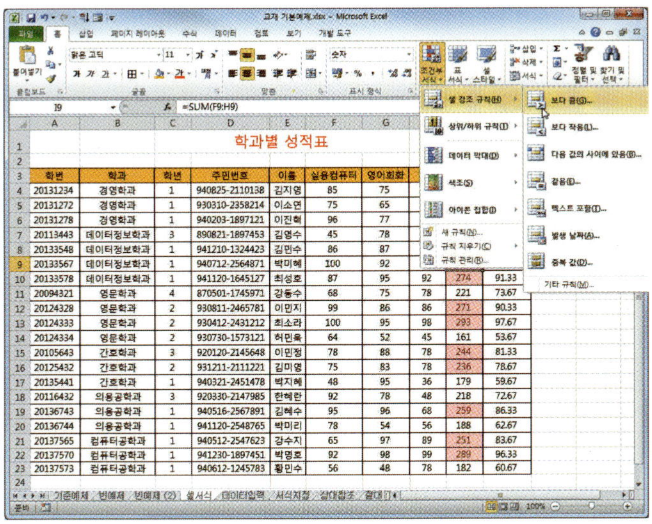

셀 강조 규칙

조건에 맞는 셀을 강조해서 표시할 수 있다. 예를 들면, 평균 점수가 80점 이상인 학생을 노란색으로 표시하거나, 성별이 남자인 셀의 글꼴 스타일을 굵게 표시할 수 있다.

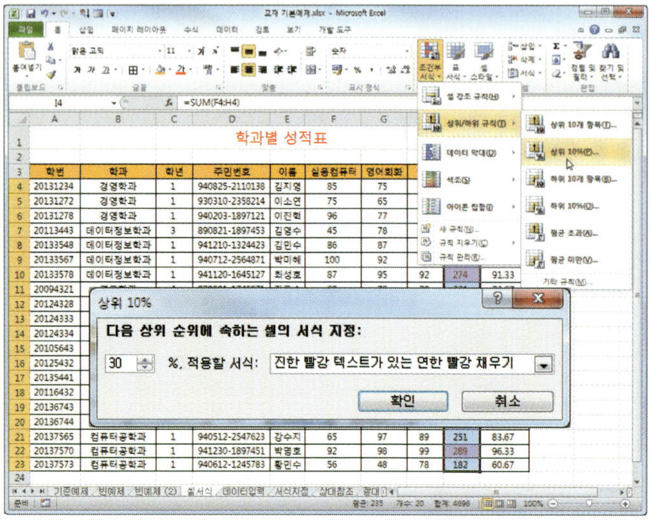

상위/하위 규칙

지정한 데이터 범위의 셀 값을 기준으로 상위 값 또는 하위 값을 찾아 셀 서식을 지정할 수 있다.

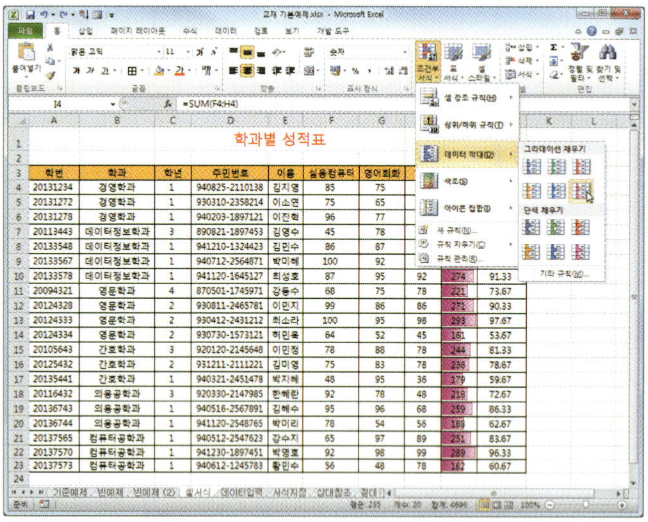

데이터 막대

특정 셀 값을 다른 셀과 비교하여 데이터 막대 길이로 표시할 수 있다. 많은 양의 데이터에서 최댓값의 막대는 길게 표시하고 최솟값의 막대는 짧게 표시한다. 막대 길이를 가지고 셀 값을 비교하는 데 유용하다.

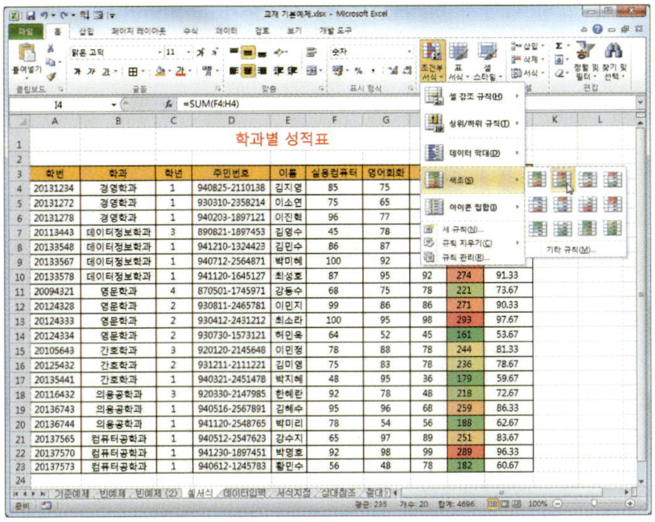

색조

데이터 분포와 변화를 2~3가지 색조를 이용해서 비교할 수 있다. 색조는 지정한 범위의 셀 값에 따라 최솟값과 최댓값의 두 가지 색 또는 최대, 중간, 최소의 세 가지 색으로 지정할 수 있다. 색조를 통하여 셀 서식을 강조한다.

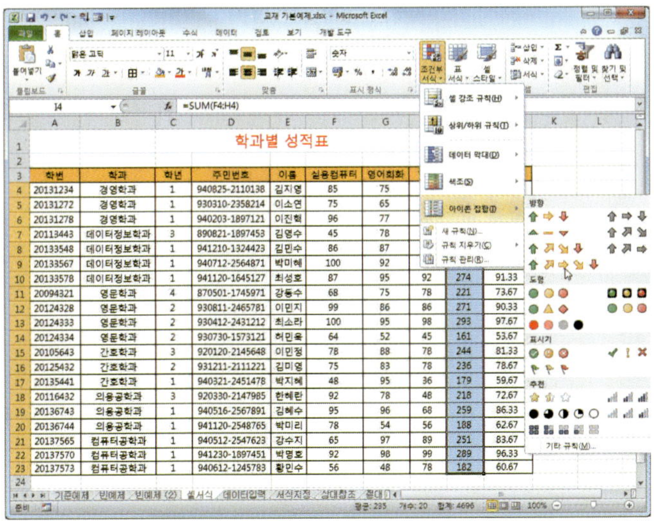

아이콘 집합

임계값을 3~5개로 정해서 값의 범위에 따라 3~5개 범주의 아이콘이 셀에 표시되도록 할 수 있다. 예를 들어 아이콘의 집합을 세 가지 화살표로 선택하였다면 상위 값 범위에는 초록색 화살표, 중간 값 범위에는 노란색 화살표, 하위 값 범위에는 빨간색 화살표로 표시하여 특정 임계값 범위에 있음을 표시한다.

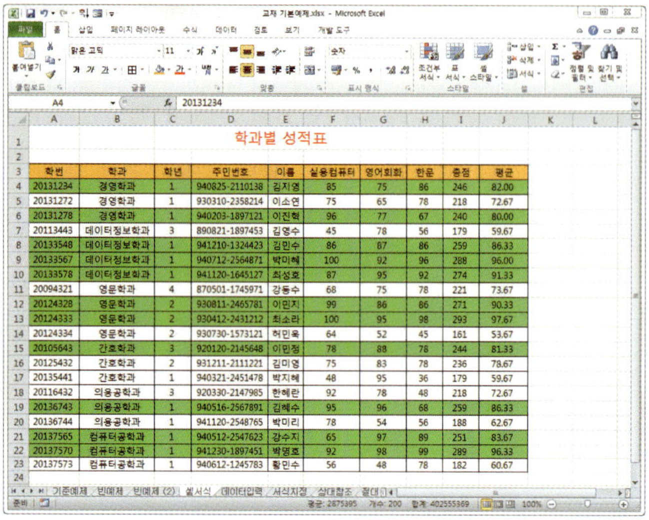

논리 수식을 사용한 셀 강조

조건을 지정하여 그 조건을 만족하는 경우 셀 서식을 강조할 수 있다. 하지만 특정 셀이 조건을 만족하였을 경우 그 셀에 포함되어 있는 행 전체에 셀 서식을 적용하고 싶을 때는 논리 수식을 사용해서 조건부 서식을 지정해야 한다.

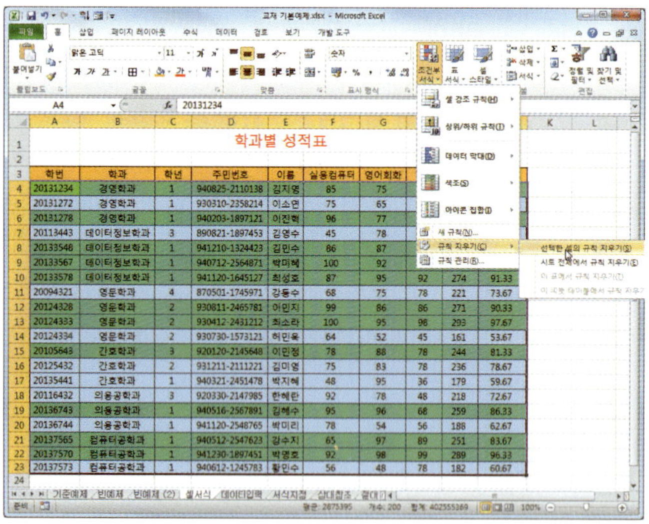

조건부 서식 삭제하기

조건부 서식이 적용된 셀을 범위로 지정하고 [조건부 서식]-[규칙 지우기]-[선택한 셀의 규칙 지우기] 또는 [시트 전체에서 규칙 지우기]를 선택한다.

Ex **실습예제**

'학과별 성적표'테이블에서 논리 수식을 사용한 조건부 서식을 이용해서 평균이 80점 이상인 학생만 셀 서식을 지정해 보자.

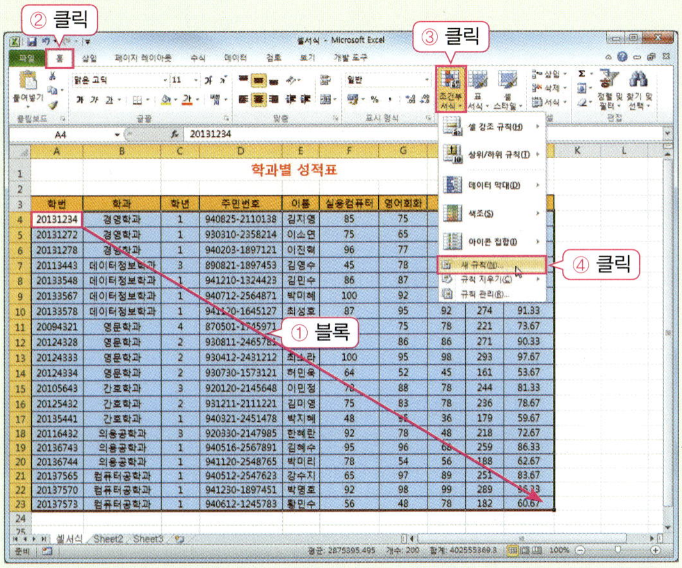

1. ① 조건부 서식을 지정할 부분에 블록을 설정하고, ② [홈] 탭의 [스타일] 그룹에서 ③ [조건부 서식]-④ [새 규칙]을 클릭한다.

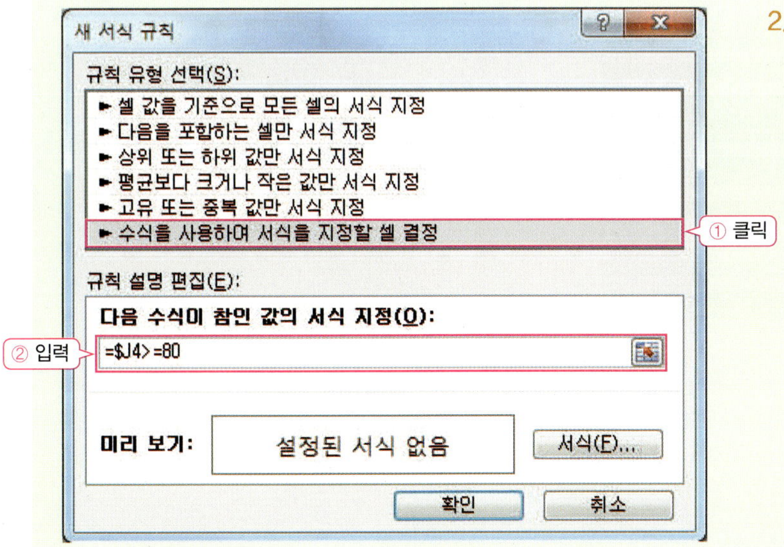

2. 「새 서식 규칙」대화상자의 [규칙 유형 선택]에서 ① [수식을 사용하여 서식을 지정할 셀 결정]을 클릭하고 ② [다음 수식이 참인 값의 서식 지정]에 '=$J4>=80'를 입력한다.

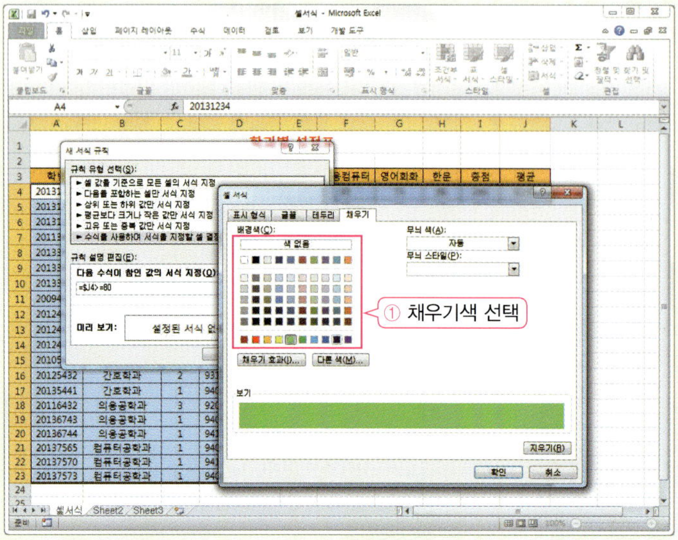

3. ① 조건이 참일 경우 어떤 표시를 할 것인지 지정한다.

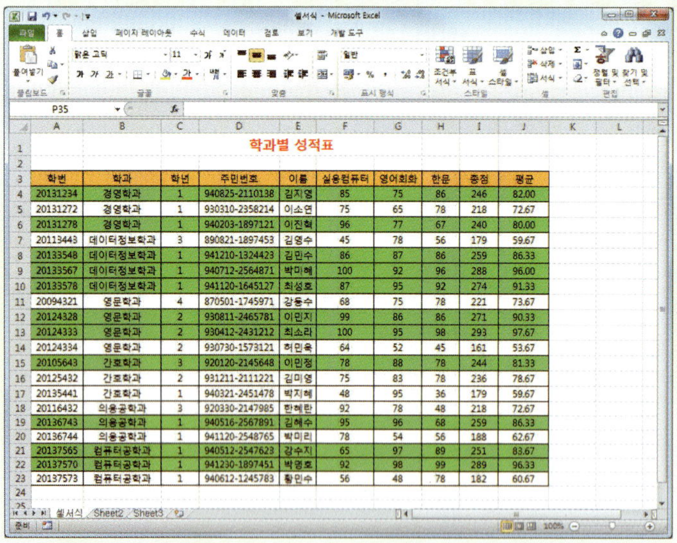

4. 최종 서식 지정이 완성된 결과이다.

연습문제

EXERCISE

연습문제 ❶

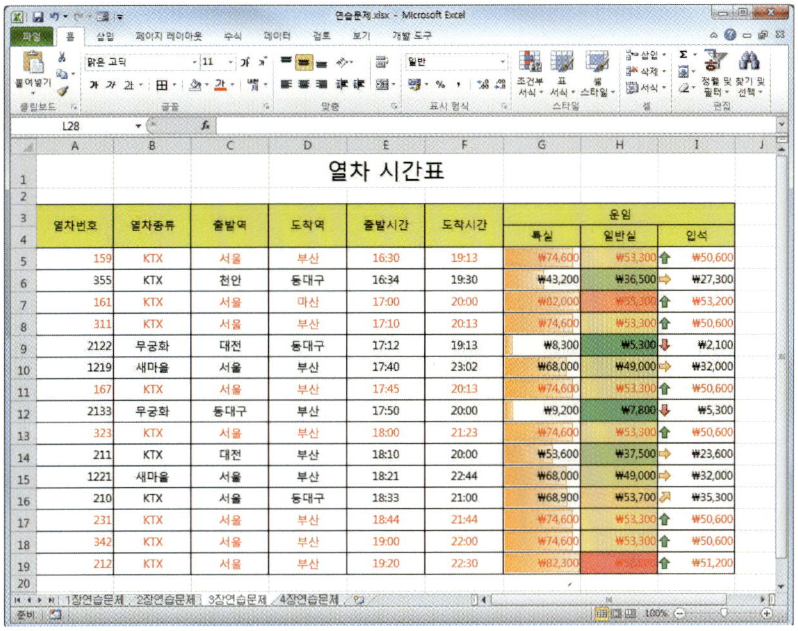

열차 시간표

열차번호	열차종류	출발역	도착역	출발시간	도착시간	운임		
						특실	일반실	입석
159	KTX	서울	부산	16:30	19:13	₩74,600	₩53,300	₩50,600
355	KTX	천안	동대구	16:34	19:30	₩43,200	₩36,500	₩27,300
161	KTX	서울	마산	17:00	20:00	₩82,000	₩55,300	₩53,200
311	KTX	서울	부산	17:10	20:13	₩74,600	₩53,300	₩50,600
2122	무궁화	대전	동대구	17:12	19:13	₩8,300	₩5,300	₩2,100
1219	새마을	서울	부산	17:40	23:02	₩68,000	₩49,000	₩32,000
167	KTX	서울	부산	17:45	20:13	₩74,600	₩53,300	₩50,600
2133	무궁화	동대구	부산	17:50	20:00	₩9,200	₩7,800	₩5,300
323	KTX	서울	부산	18:00	21:23	₩74,600	₩53,300	₩50,600
211	KTX	대전	부산	18:10	20:00	₩53,600	₩37,500	₩23,600
1221	새마을	서울	부산	18:21	22:44	₩68,000	₩49,000	₩32,000
210	KTX	서울	동대구	18:33	21:00	₩68,900	₩53,700	₩35,300
231	KTX	서울	부산	18:44	21:44	₩74,600	₩53,300	₩50,600
342	KTX	서울	부산	19:00	22:00	₩74,600	₩53,300	₩50,600
212	KTX	서울	부산	19:20	22:30	₩82,300	[illegible]	₩51,200

1. A3:I19셀에 검정 실선 테두리 선을 그리시오.
   A3:I4, B5:F19셀을 가운데 정렬하시오.
2. G5:I19셀에 1000단위 구분기호를 입력하고, '₩'를 넣으시오.
   E5:F19셀을 시간 형식으로 변경하시오.
3. G5:G19셀에 '단색 채우기 : 주황 데이터 막대'를 삽입하시오.
   H5:H19셀에 '빨강–노랑–녹색 색조'를 삽입하시오.
   I5:I19셀에 '5방향 화살표(컬러)'를 삽입하시오.
4. 논리 수식을 사용하여 '특실 요금'이 '70000' 이상인 행의 글자색을 빨강으로 바꾸시오.

04 CHAPTER

복잡한 계산을 빠르게 수행하는 수식 사용

CHAPTER 04

복잡한 계산을 빠르게 수행하는 수식 사용

엑셀의 기능 중에는 데이터를 입력하여 문서를 작성하는 기능도 있지만, 엑셀을 사용하는 가장 큰 이유는 복잡한 계산을 쉽고 편하게 하기 위해서이다. 엑셀을 이용하여 계산할 때 단순한 계산은 수식을 이용하고 좀 더 복잡한 계산은 함수를 이용한다. 이번 장에서는 간단한 수식 입력방법을 살펴보고, 셀 참조 방법도 알아본다. 이에 추가하여 자동 합계 기능을 이용한 계산 방법도 살펴본다.

Section 1. 수식의 기본 구조 이해하기

수식의 기본 구조

수식은 다음과 같은 형식으로 구성되어 있다.

= 피연산자 연산자 피연산자

- 등호(=) : 수식을 시작한다는 기호이다. 수식을 시작할 때는 반드시 있어야 한다. 등호가 없다면 계산과 상관없는 텍스트가 된다.
- 피연산자 : 숫자 또는 숫자 데이터가 입력되는 셀이다.
- 연산자 : '+', '–', '*', '/' 등이 있으며, 크게 산술, 문자, 비교 연산자 등으로 구분된다.

피연산자의 사용

수식 사용에 있어 피연산자로 숫자를 사용할 수도 있고, 셀 주소를 사용할 수도 있고 셀 주소와 숫자를 혼합해서 사용할 수도 있다. 하지만, 셀의 내용이 변경되거나 자동 채우기를 위해서는 피연산자로 셀 주소를 사용하는 것이 편리하다.

	A	B	C	D	E	F	G	H
1	학번	학과	학년	이름	실용컴퓨터	영어회화	한문	총점
2	20131234	경영학과	1	김지영	85	75	86	=85+75+86
3	20131272	경영학과	1	이소연	75	65	78	=E3+F3+G3
4	20131278	경영학과	1	이진혁	96	77	67	=E4+F4+67

연산자의 종류와 의미

연산자는 크게 산술 연산자와 문자 연산자, 비교 연산자 그리고 참조 연산자로 나누어진다. 연산자의 종류와 의미, 사용 예를 간략하게 정리하면 다음과 같다.

연산자 범주	종류	의미	사용 예	결과
산술 연산자	+	더하기	=8+4	12
	–	빼기	=8–4	4
	*	곱하기	=8*4	32
	/	나누기	=8/4	2
	%	백분율	=8*25%	2
	^	지수	=8^4	4096
문자연결 연산자	&	두 개의 문자열 결합	="무한"&"도전"	무한도전
비교 연산자	=	같다	=8=4	FALSE
	>	크다(초과)	=8>4	TRUE
	<	작다(미만)	=8<4	FALSE
	>=	크거나 같다(이상)	=8>=4	TRUE
	<=	작거나 같다(이하)	=8<=4	FALSE
	<>	같지 않다	=8<>4	TRUE
참조 연산자	:	하나의 범위로 지정된 영역을 참조	A1:A8	
	,	둘 이상의 범위로 지정된 영역을 참조	A1:A8, B1:B8	

하나의 수식에서 여러 연산자를 사용한 경우, 연산자의 우선순위는 "산술 연산자→문자연결 연산자→비교 연산자" 순이다.

수식 작성하기

엑셀을 이용한 수식 계산에서 가장 많이 사용하는 방법은 숫자가 입력되어 있는 셀을 마우스를 이용해서 클릭하는 방법이다. 셀 주소를 직접 입력하는 방법과 숫자 데이터를 직접 입력하는 방법도 있지만, 셀 주소를 직접 입력하는 방법은 불편할 뿐만 아니라 오타의 위험도 가지고 있다. 그리고 데이터를 직접 입력하는 방법은 엑셀을 사용하는 가장 큰 이유 중에 하나인 자동 채우기 기능을 사용할 수 없는 단점을 가지고 있다.

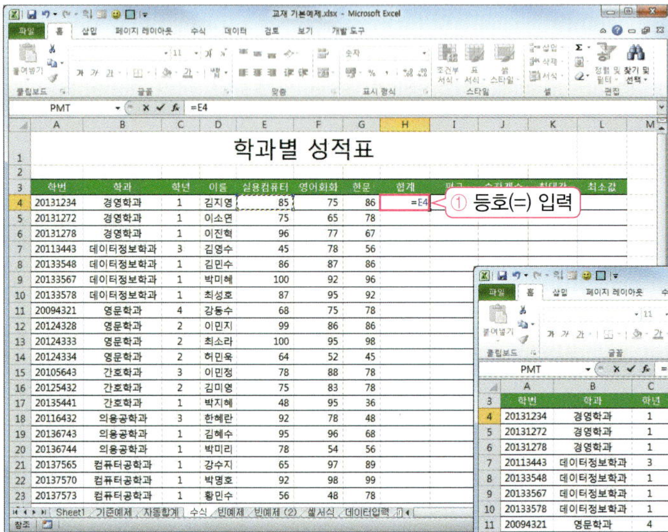

1, 수식 계산에 있어 셀을 마우스를 이용해서 클릭하는 방법은 먼저 ① 등호(=)를 입력한 다음 피연산자 셀인 E4셀을 클릭하고, 연산자를 입력한 다음 계속해서 피연산자를 입력한다.

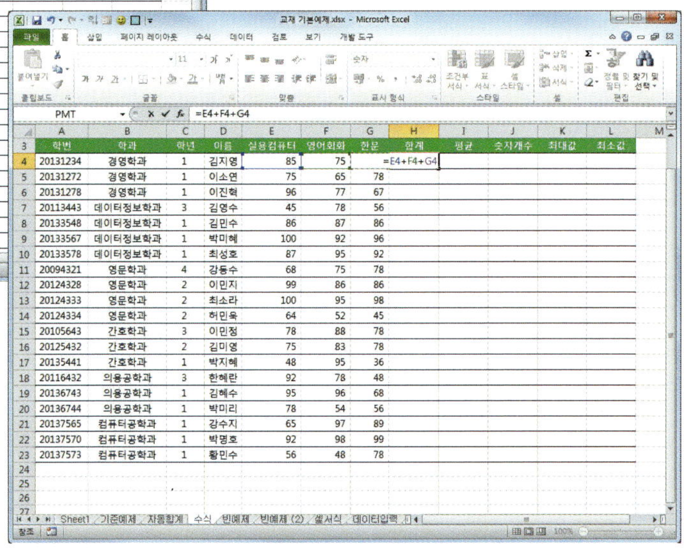

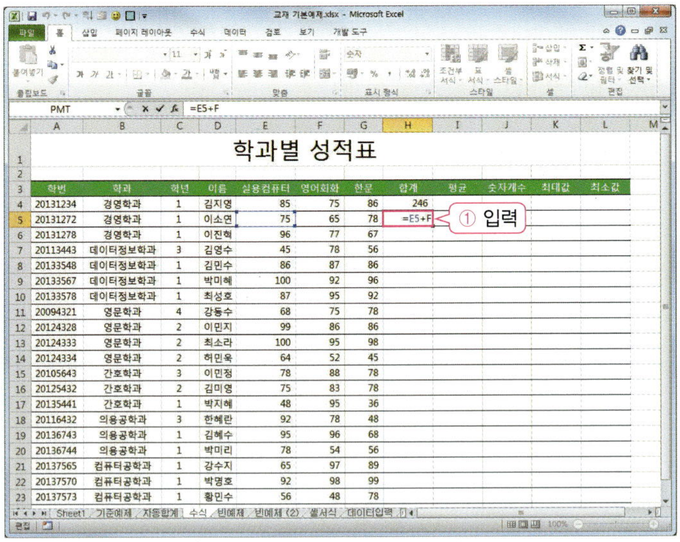

2. 키보드를 이용해서 셀 주소를 직접 입력하는 방법은 ① 등호(=)를 입력한 다음, 피연산자 셀인 E5셀을 키보드를 이용해서 직접 입력하고, 연산자를 입력한 다음 계속해서 피연산자를 입력한다.

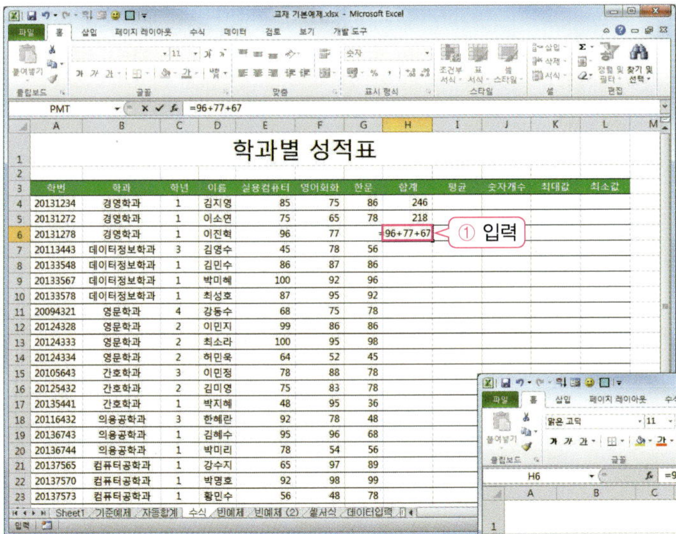

3. 숫자 데이터를 직접 입력하는 방법은 ① 등호(=)를 입력한 다음, 피연산자 셀인 E6셀의 값 "96"을 키보드를 이용해서 직접 입력하고, 연산자를 입력한 다음 계속해서 피연산자를 입력한다. 숫자 데이터를 직접 입력하는 방법은 자동 채우기를 적용할 수 없는 단점을 가지고 있다.

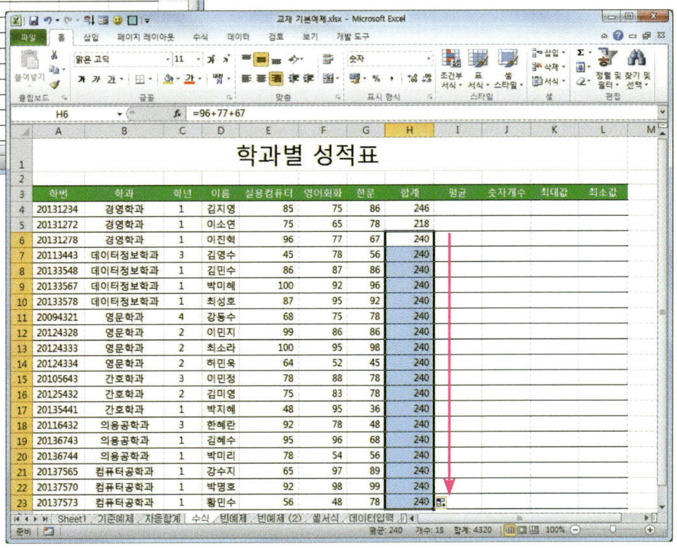

Section 2. 자동 합계

자동 합계 사용하기

자동 합계는 [홈] 탭의 [편집] 그룹과 [수식] 탭의 [함수 라이브러리] 그룹에 있다. 자동 합계를 클릭하면 셀의 합계를 구하는 SUM 함수식이 자동으로 입력되는데 이때 계산할 범위로는 왼쪽과 위쪽 중에 연속적으로 더 많이 입력되어 있는 부분이 선택된다. 셀의 범위가 계산할 영역이 맞으면, Enter↵키를 클릭하고, 계산할 범위가 아니면 범위를 다시 지정해주면 된다. 합계 외에도 평균, 숫자개수, 최댓값, 최솟값을 구할 수 있다.

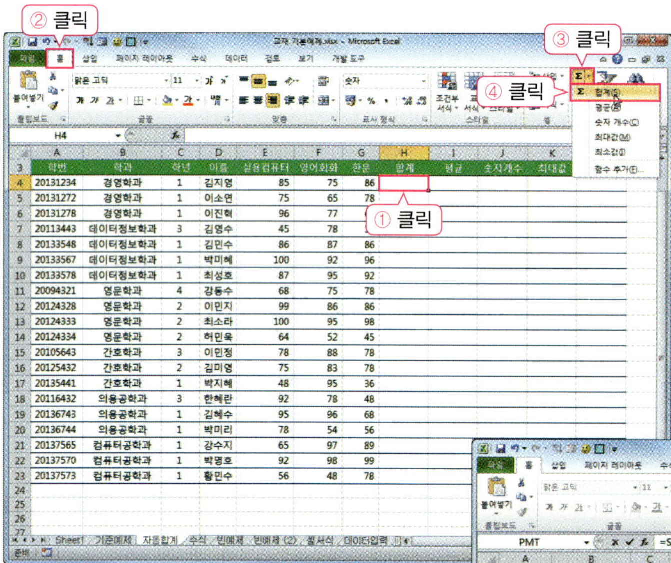

합계 구하기

1. ① H4셀을 클릭하고, ② [홈] 탭의 [편집] 그룹에서 ③ [자동합계Σ ▾]를 클릭하거나, [자동합계Σ ▾]를 드롭다운해서 ④ [합계]를 클릭한다. 이때 합을 구하고자 하는 범위인 'E4:G4' 범위가 맞는지 확인하고 Enter↵키를 누른다.

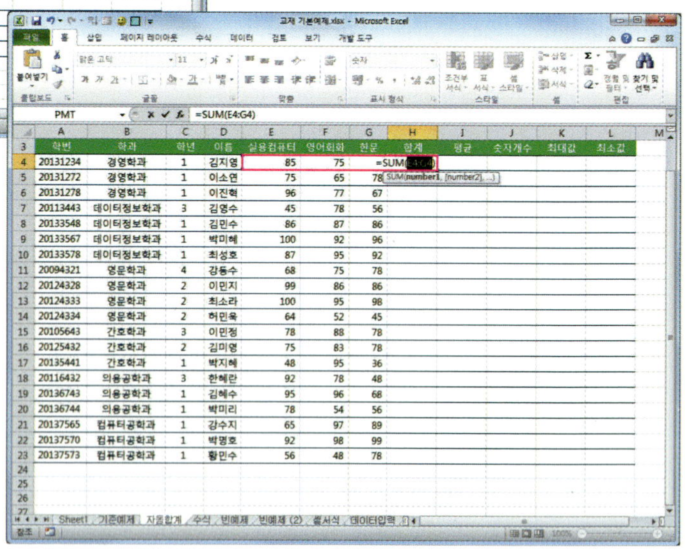

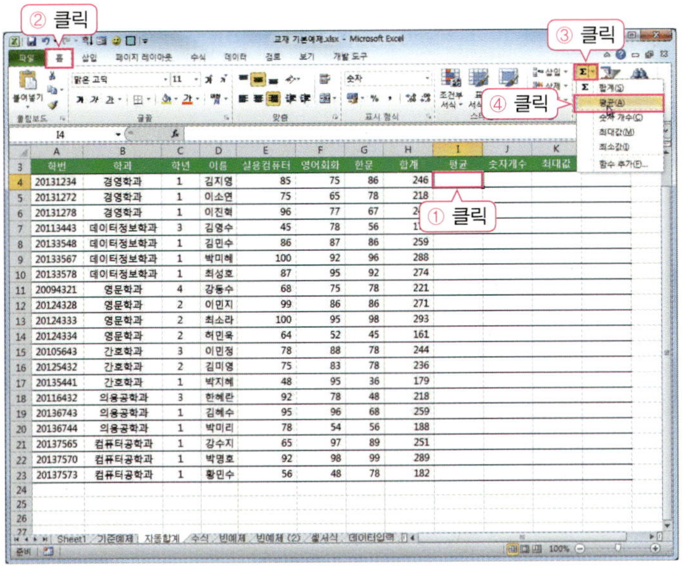

평균 구하기

1. ① I4셀을 클릭하고, ② [홈] 탭의 [편집] 그룹에서 ③ [자동합계Σ▾]를 드롭다운해서 ④ [평균]을 클릭한다.

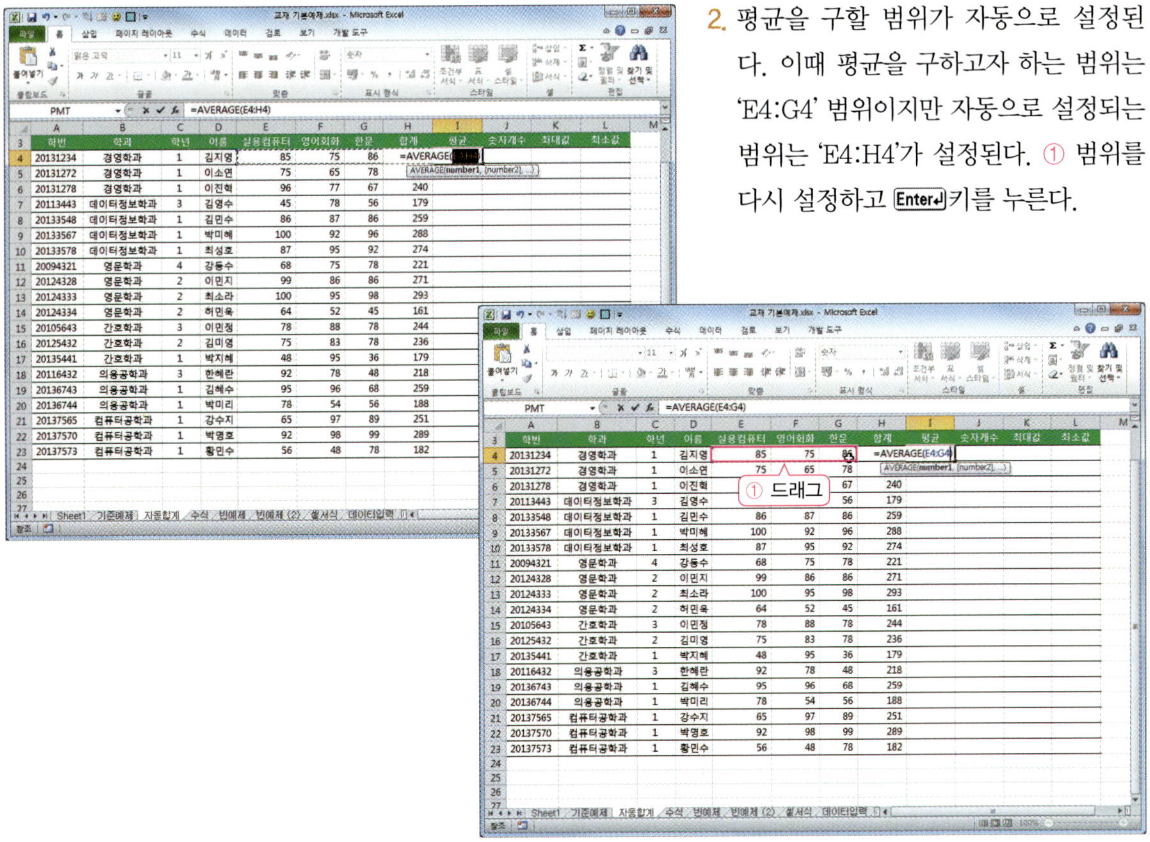

2. 평균을 구할 범위가 자동으로 설정된다. 이때 평균을 구하고자 하는 범위는 'E4:G4' 범위이지만 자동으로 설정되는 범위는 'E4:H4'가 설정된다. ① 범위를 다시 설정하고 Enter↵키를 누른다.

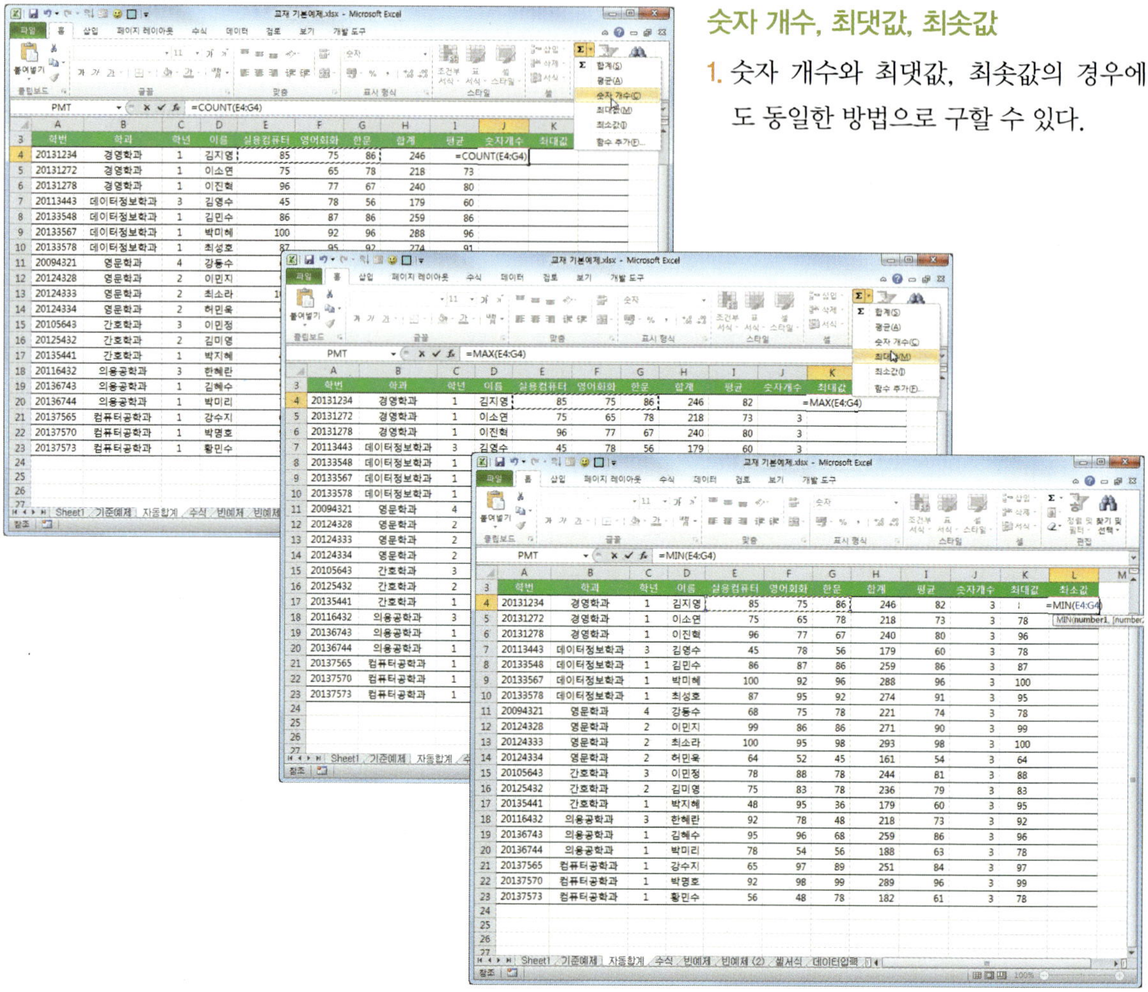

숫자 개수, 최댓값, 최솟값

1. 숫자 개수와 최댓값, 최솟값의 경우에도 동일한 방법으로 구할 수 있다.

Section 3. 셀 참조

수식을 입력할 때, 피연산자로 숫자를 직접 입력하지 않고 숫자가 입력된 셀 주소를 사용하는 것을 셀 참조라고 한다. 이번 절에서는 셀 주소의 유형에 따라 수식을 복사했을 때 피연산자의 셀 주소가 바뀌기도 하고 고정되기도 하는 셀 참조의 유형과 사용법을 알아보자.

상대 참조

가장 일반적인 셀 참조 유형이다. 상대참조는 말 그대로 '결과 셀의 위치에 따라 참조할 수식이 있는 셀의 위치를 바꾼다.'는 의미이다. 따라서 수식을 복사하면 셀 참조의 행 · 열값이 바뀌게 된다. 주로 피연산자가 되는 셀이 나란히 같은 방향으로 되어 있는 표에서는 상대참조 형태로 수식을 사용한다.

	A	B	C	D	E	F	G	H
1	학번	학과	학년	이름	실용컴퓨터	영어회화	한문	총점
2	20131234	경영학과	1	김지영	85	75	86	246
3	20131272	경영학과	1	이소연	75	65	78	218
4	20131278	경영학과	1	이진혁	96	77	67	240
5	20113443	데이터정보학과	3	김영수	45	78	56	179
6	20133548	데이터정보학과	1	김민수	86	87	86	259
7	20133567	데이터정보학과	1	박미혜	100	92	96	288
8	20133578	데이터정보학과	1	최성호	87	95	92	274
9	20094321	영문학과	4	강동수	68	75	78	221

아래 그림과 같이 자동 채우기를 이용해서 셀 참조를 복사하면 결과 셀의 위치에 따라 참조할 수식의 위치가 바뀐다. 셀에서 결과 값이 아닌 수식으로 표시되게 하려면 [수식]탭–[수식분석]그룹–[수식 표시]를 선택한다.

	A	B	C	D	E	F	G	H
1	학번	학과	학년	이름	실용컴퓨터	영어회화	한문	총점
2	20131234	경영학과	1	김지영	85	75	86	=E2+F2+G2
3	20131272	경영학과	1	이소연	75	65	78	=E3+F3+G3
4	20131278	경영학과	1	이진혁	96	77	67	=E4+F4+G4
5	20113443	데이터정보학과	3	김영수	45	78	56	=E5+F5+G5
6	20133548	데이터정보학과	1	김민수	86	87	86	=E6+F6+G6
7	20133567	데이터정보학과	1	박미혜	100	92	96	=E7+F7+G7
8	20133578	데이터정보학과	1	최성호	87	95	92	=E8+F8+G8
9	20094321	영문학과	4	강동수	68	75	78	=E9+F9+G9

절대 참조

절대 참조는 행 · 열 값 앞에 $ 기호를 붙여준다. 절대 참조는 말 그대로 '결과 셀의 위치가 바뀌더라도 참조할 수식이 있는 셀의 위치는 바뀌지 않는다.'는 의미이다. 따라서 수식을 복사하면, 결과 셀의 위치가 바뀌어도 참조 셀 주소의 행 · 열값이 바뀌지 않는다. 주로 피연산자가 되는 셀의 참조 위치를 고정시켜야 할 경우에 사용한다.

직원별 2014년 연봉

인상률	8%	
		(단위:만원)
사 원	2013년연봉	2014년연봉
독고탁	2,500	=B7+B7*B3
이미연	3,200	
김미리	2,300	
정동태	5,600	
견미리	3,000	

직원별 2014년 연봉

인상률	8%	
		(단위:만원)
사 원	2013년연봉	2014년연봉
독고탁	2,500	2700
이미연	3,200	3200
김미리	2,300	2300
정동태	5,600	#VALUE!
견미리	3,000	7503000

위의 예제에서 상대 참조를 사용하고 자동 채우기 기능을 사용하면 '독고탁'의 연봉은 정확하게 나오나, '이미연'으로 옮겨가면 연봉을 계산하는 범위가 달라져서 엉뚱한 결과 값을 얻거나 에러를 발생하게 된다.

이 경우 아래와 같이 절대 참조형태를 취해주면 정상적인 값을 얻게 된다.

직원별 2014년 연봉

인상률	8%	
		(단위:만원)
사 원	2013년연봉	2014년연봉
독고탁	2,500	=B7+B7*$B$3
이미연	3,200	
김미리	2,300	
정동태	5,600	
견미리	3,000	

직원별 2014년 연봉

인상률	8%	
		(단위:만원)
사 원	2013년연봉	2014년연봉
독고탁	2,500	2700
이미연	3,200	3456
김미리	2,300	2484
정동태	5,600	6048
견미리	3,000	3240

혼합 참조

혼합 참조는 행 · 열 값 중 한쪽에만 $가 붙어 있는 형태이다. $가 붙어 있는 쪽의 값은 수식을 복사해도 경로가 셀의 위치에 관계없이 값이 변경되지 않는다. 한 방향으로만 수식을 복사하는 경우에는 절대 참조를 사용하지만, 양쪽 방향으로 수식을 복사해야 하는 경우 혼합 참조를 사용한다.

	소비자가격 / 인하율	100,000	200,000	300,000	400,000	500,000
할인가격표	6%	94,000	188,000	282,000	376,000	470,000
	8%	92,000	184,000	276,000	368,000	460,000
	10%	90,000	180,000	=F$2-F$2*$C5	360,000	450,000
	12%	88,000	176,000	264,000	352,000	440,000
	14%	86,000	172,000	258,000	344,000	430,000
	16%	84,000	168,000	252,000	336,000	420,000

참고

상대참조와 절대참조의 전환

셀 이름을 입력하고 F4를 누르면 상대 참조 → 절대 참조 → 혼합 참조 순으로 변경된다.

A1 →(F4) $A$1 →(F4) A$1 →(F4) $A1 →(F4) ……

실습예제

'잠실 M파크 아파트 분양'테이블에서 상대참조와 절대참조를 이용해서 '계약면적'과 '형 환산'을 입력해보자.

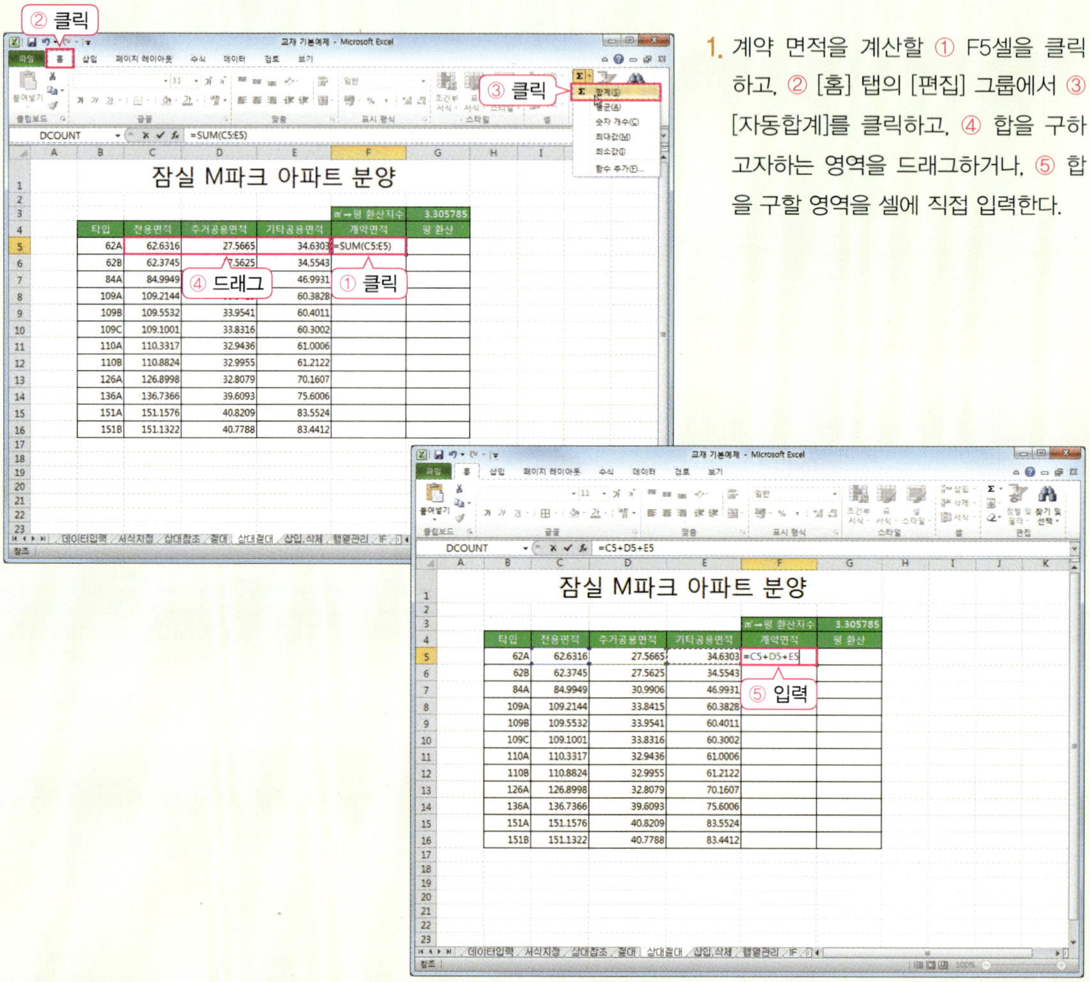

1. 계약 면적을 계산할 ① F5셀을 클릭하고, ② [홈] 탭의 [편집] 그룹에서 ③ [자동합계]를 클릭하고, ④ 합을 구하고자하는 영역을 드래그하거나, ⑤ 합을 구할 영역을 셀에 직접 입력한다.

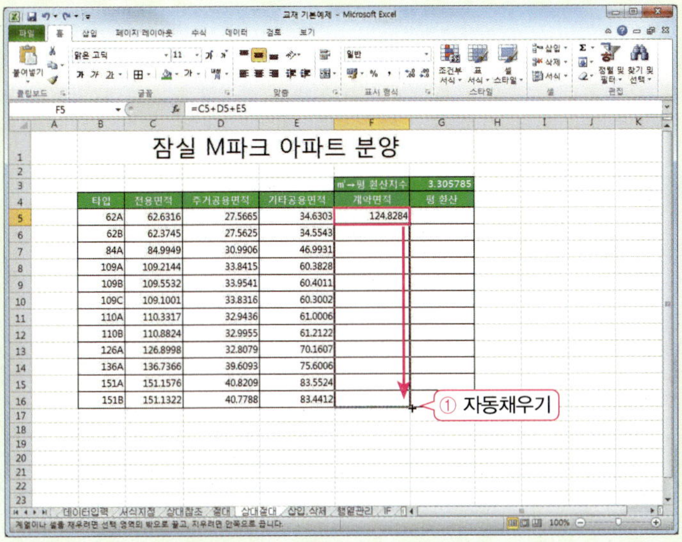

2. ① 입력한 F5셀을 F16셀까지 자동 채우기를 한다.

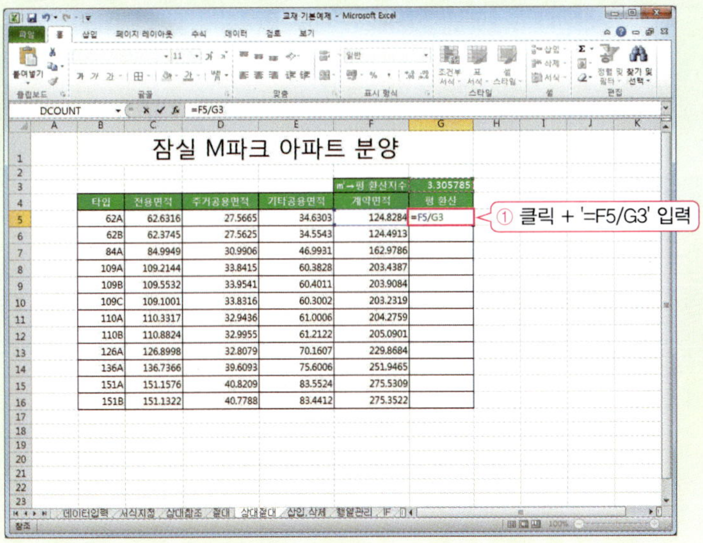

3. '평 환산'을 입력하기 위해 ① G5셀을 클릭하고, '=F5/G3'을 입력한다.

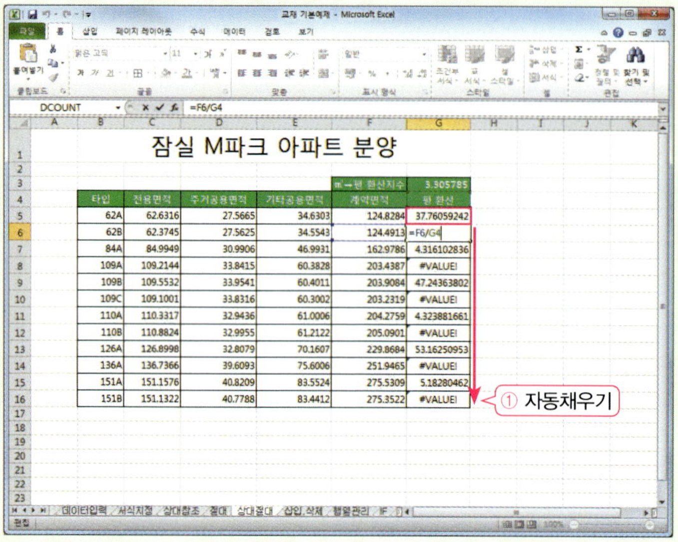

4. ① 입력한 G5셀을 G16셀까지 자동 채우기를 한다. 엑셀에서 자동 채우기를 이용해서 수식을 복사하면 기본적으로 상대참조 형식으로 값이 복사된다. 그래서 그림에서 보는 바와 같이 원하는 결과를 얻지 못한다.

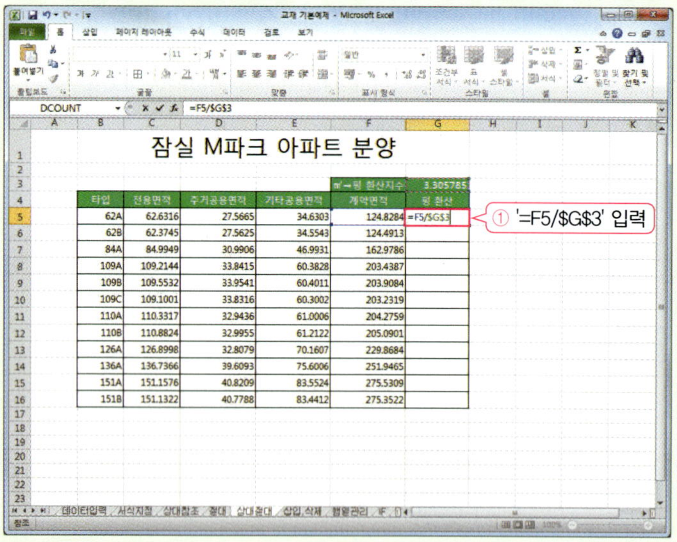

5. 수식을 복사시에 절대참조 형식으로 값을 복사하기 위해 ① 계산식을 입력하고 F4키를 눌러 수식을 '=F5/$G$3' 형태로 변경한다.

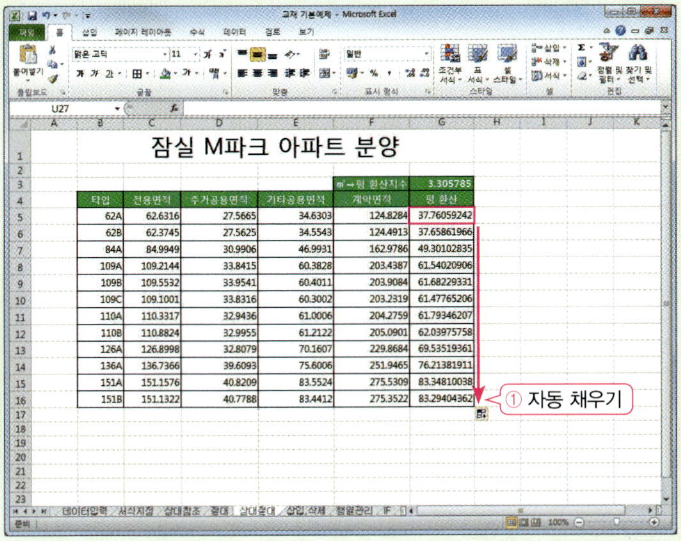

6. ① 입력한 G5셀을 G16셀까지 자동 채우기를 한다.

연습문제

EXERCISE

연습문제 ❶

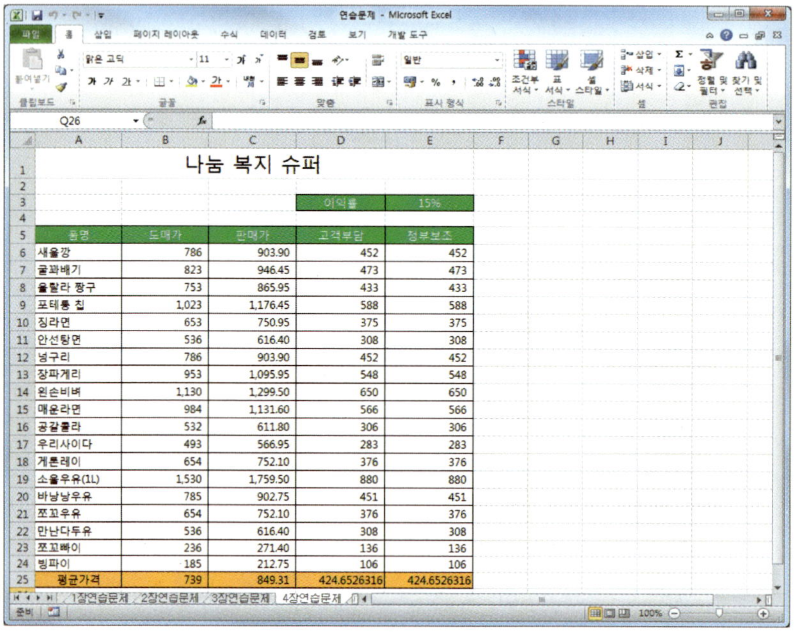

나눔 복지 슈퍼

이익률	15%

품명	도매가	판매가	고객부담	정부보조
새울깡	786	903.90	452	452
굴꽈배기	823	946.45	473	473
울랄라 짱구	753	865.95	433	433
포테통 칩	1,023	1,176.45	588	588
징라면	653	750.95	375	375
안선탕면	536	616.40	308	308
넝구리	786	903.90	452	452
장파게리	953	1,095.95	548	548
왼손비벼	1,130	1,299.50	650	650
매운라면	984	1,131.60	566	566
공갈쿨라	532	611.80	306	306
우리사이다	493	566.95	283	283
게톤레이	654	752.10	376	376
소울우유(1L)	1,530	1,759.50	880	880
바낭낭우유	785	902.75	451	451
쪼꼬우유	654	752.10	376	376
만난다두유	536	616.40	308	308
쪼꼬빠이	236	271.40	136	136
빙파이	185	212.75	106	106
평균가격	739	849.31	424.6526316	424.6526316

1. 판매가는 '도매가+도매가＊이익률'의 수식으로 구한다. 여기서 이익률은 절대 참조를 이용한다.
2. 고객부담과 정부보조는 '판매가＊50%'의 수식으로 구한다. 상대참조를 이용해서 D6셀의 가격만 입력한 후 자동 채우기를 이용해서 나머지 데이터를 구한다.
3. 평균가격은 자동합계도구의 평균을 이용해서 구한다.

05 CHAPTER

작업시간을 확 줄여주는 함수 사용

05 CHAPTER

작업시간을 확 줄여주는 함수 사용

함수란 반복적이고 복잡한 일련의 계산과정을 엑셀에서 미리 정해진 수식(예약어)에 의해 연산되도록 작성한 하나의 약속이다.

수학을 매우 싫어하는 사람은 함수라는 이름만 들어도 머리가 아플지도 모른다. 하지만 너무 겁내지 말자. 함수는 단지 약속된 수식일 뿐이다. 일반 연산 '1+2'에서 '+'라는 기호가 '1'과 '2'의 값을 서로 더하라는 세계적인 공통의 약속이라면 엑셀에서는 함수인 '=SUM(1,2)'을 사용하는 것이 '1'과 '2'의 합계를 구하라는 약속이다.

실제 실무에서 사용하는 계산이 다양한 만큼 엑셀에서 함수의 종류 또한 매우 다양하다. 단순한 합계를 계산하는 함수에서 어려운 각종 공식까지, 함수의 종류는 약 300여 종류가 있다.

그렇다고 사용자가 모든 함수를 외울 필요는 없다. 특히 전문 분야에 해당하는 수학/삼각 함수나 공학 함수 중에는 우리가 평생에 한 번도 접할 일이 없는 함수들도 많다. 자주 사용하고 꼭 외워야 할 함수들은 사용법을 익히고 익숙해져야겠지만 대부분의 어려운 함수들은 책을 보면 해결할 수 있다. 이 장에서는 우리가 실무에서 주로 사용하는 함수들에 대해서 알아보고자 한다. 또, 책에서 다루지 않은 함수들은 도움말을 이용하면 충분히 해결될 수 있을 것이다.

Section 1. 함수 사용법

함수식은 함수 마법사를 사용하거나, 셀에 직접 수식을 입력해 작성할 수 있다. 일반적으로 사용에 익숙하지 않은 함수나, 인수가 많은 함수는 함수 마법사를 사용하여 함수를 작성할 수도 있고 메뉴의 함수 그룹을 사용할 수도 있다. 그리고 사용에 익숙한 함수의 경우에는 직접 셀이나 수식 입력줄에 함수식을 입력한다.

함수의 구성요소

함수는 다음과 같은 형식으로 구성되어 있다.

= 함수 이름(인수 1, 인수 2, 인수 3, ……, 인수 n)

- 등호(=) : 수식을 시작한다는 기호이다. 함수도 일종의 수식이다.
- 함수 이름 : 계산 방식을 뜻하는 함수의 이름을 표시한다. 모든 함수 이름은 영문자이다.
- 괄호 : 함수의 시작과 끝을 알려준다.
- 인수 : 함수에 따라서 인수의 개수가 달라진다. 인수를 정확하게 지정해야 함수가 올바르게 작동한다. 인수가 하나도 없는 함수도 있는데, 이때에도 ()는 반드시 입력해야 한다.

함수의 종류

엑셀 함수는 아래 표와 같이 12가지의 범주로 나눌 수 있다. 엑셀 함수에는 기본적인 함수부터 분야별 전문가가 사용할 수 있는 전문 함수까지 총 300개 이상이 포함되어 있다. 모든 함수의 사용법을 알고 있다면 작업 시간은 훨씬 빨라질 것이다. 하지만 300개가 넘는 함수를 모두 외우기는 힘들다. 그래서 본 교재에서는 실무에서 자주 사용되는 함수인 재무, 날짜/시간, 수학/삼각, 통계, 찾기/참조영역, 텍스트, 논리 함수 위주로 설명한다. 나머지 함수들은 도움말 기능을 이용한다.

함수 범주	포함되는 함수
재무	이자율과 수익률 계산과 같이 재무와 관련된 함수
	PMT(), PPMT(), RATE(), PV(), etc.
날짜/시간	날짜나 시간을 계산하는 함수
	DATE(), DAY(), NOW(), MONTH(), etc.
수학/삼각	사칙연산과 반올림 등 계산과 사인, 코사인 등의 값을 계산하는 함수
	SUM(), PRODUCT(), ROUND(), RAND(), etc.
통계	평균, 편차 등 데이터 값을 통계적으로 분석할 수 있는 함수
	AVERAGE(), AVERAGEIF(), COUNT(), COUNTIF(), etc.
찾기/참조영역	특정한 값을 기준으로 관련 데이터를 찾을 수 있는 함수
	LOOKUP(), HLOOKUP(), VLOOKUP(), etc.
데이터베이스	데이터베이스를 이용하여 분석할 수 있는 함수
	DAVERAGE(), DMAX(), DPRODUCT(), etc.
텍스트	문자 데이터 처리를 위한 함수
	LEFT(), MID(), RIGHT(), etc.
논리	조건에 따라 참, 거짓으로 값을 처리하는 함수
	AND(), IF(), IFERROR(), OR(), etc.
정보	셀에 입력된 데이터의 정보를 알려 주는 함수
	CELL(), INFO(), ISBLANK(), etc.

공학	이진수나 십진수와 같이 공학 계산을 위해 필요한 함수
	BESSELK(), BIN2DEC(), BIN2OCT(), etc.
큐브	SQL Server와 연동을 위한 함수
	CUBEKPIMEMBER(), CUBESET(), etc.
Compatibility	Excel 2007 및 이전 버전과의 호환성을 위해 제공되는 함수
	CHIDIST(), CHITEST(), etc.

함수 직접 입력하기

함수식을 직접 입력할 수도 있다. 함수식을 직접 입력하면 입력한 함수명과 비슷한 함수 목록을 보여주면서 자동으로 함수명을 완성시켜주는 수식 자동 완성 기능을 이용할 수 있다.

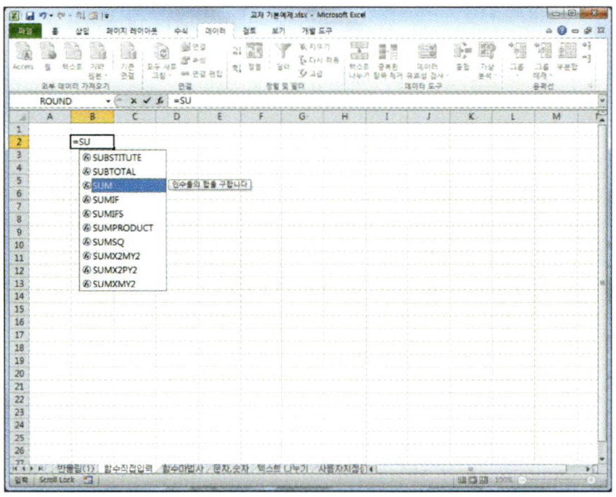

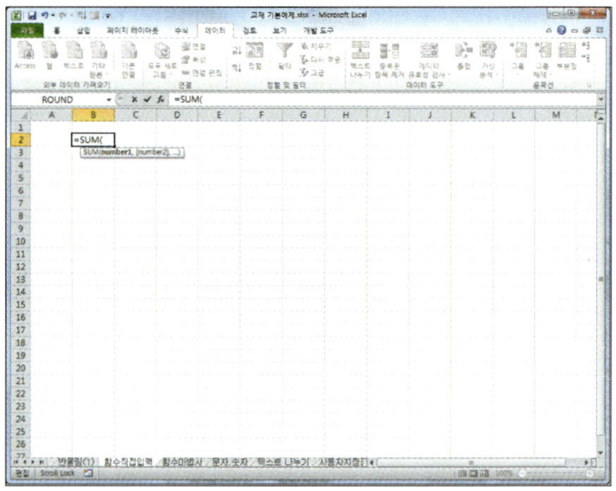

함수 도움말 사용하기

엑셀 함수는 종류가 매우 많기 때문에 모든 함수의 형식을 기억하여 사용하기는 매우 어렵다. 엑셀에서 함수 도움말을 사용하면 매우 편리하게 함수를 배우고 익힐 수 있다. 간단하게 함수 도움말을 호출하는 방법은 다음과 같다.

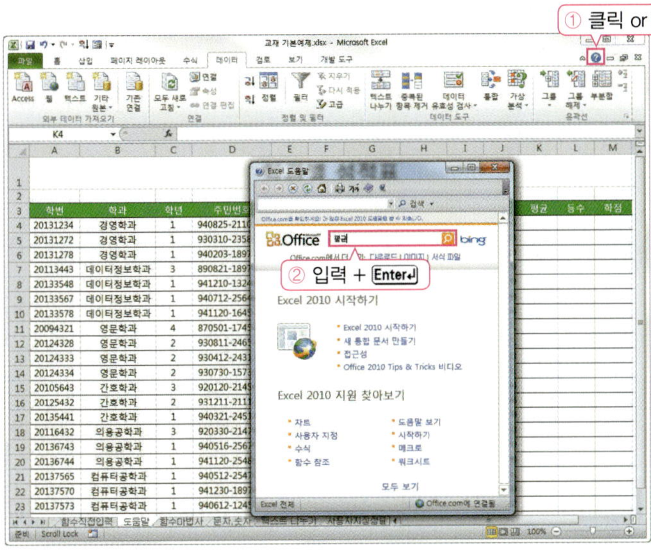

1. ① 오른쪽 상단에 있는 도움말 버튼을 클릭하거나 F1키를 누르면 'Excel 도움말' 창이 나타난다. ② 다음으로 검색창에 '평균'을 입력하고 Enter↵키를 누른다.

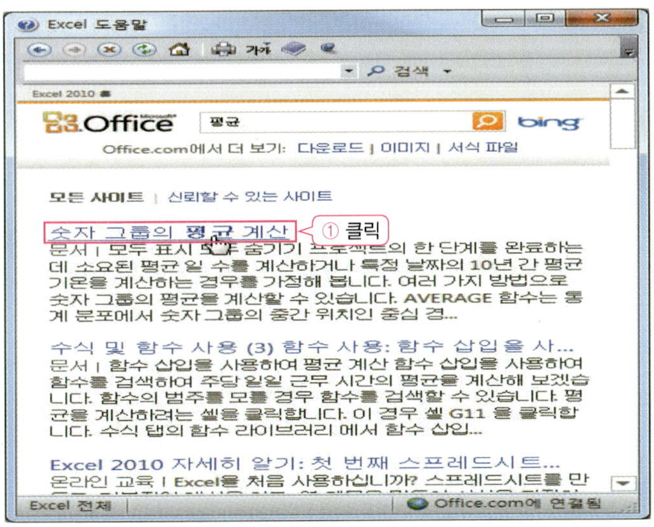

2. 검색한 단어와 관련된 기능에 대한 검색 결과가 나타나면 ① 찾고자 하는 내용을 클릭한다.

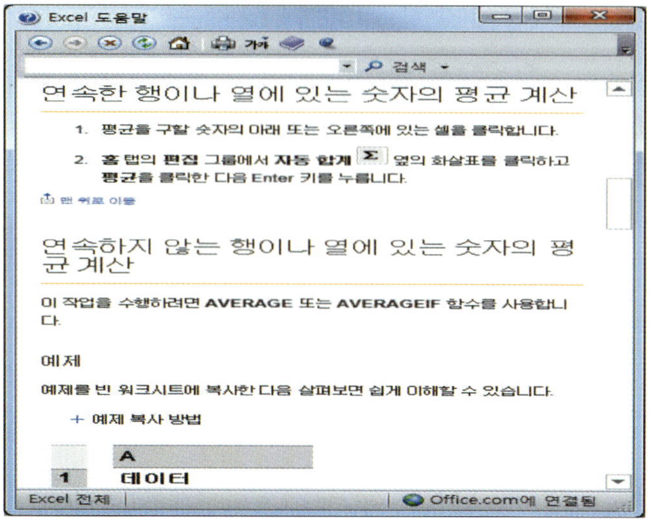

3. 도움말에 나타난 예제를 포함한 함수 정보를 파악하고 사용한다.

함수 마법사 사용하기

함수 마법사는 함수 범주를 선택하고 원하는 함수 이름을 찾아 함수를 삽입하는 방법이다. 함수명과 함수 안에 입력하는 인수 형식을 일일이 외우고 있지 않아도 쓸 수 있다.

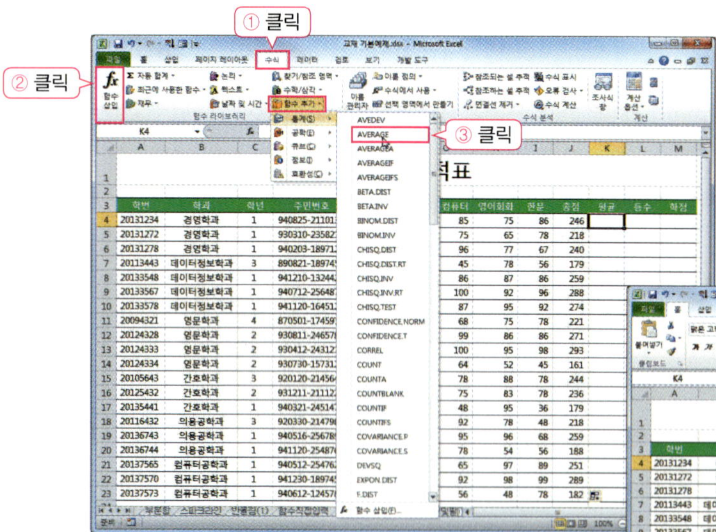

1. 함수 마법사는 ① [수식] 탭의 [함수 라이브러리] 그룹에 있는 ② [함수 삽입]이나 ③ 개별 함수 범주에서 함수를 클릭하거나 ④ 수식 입력 줄에 있는 함수 삽입 아이콘 f_x을 클릭한다.

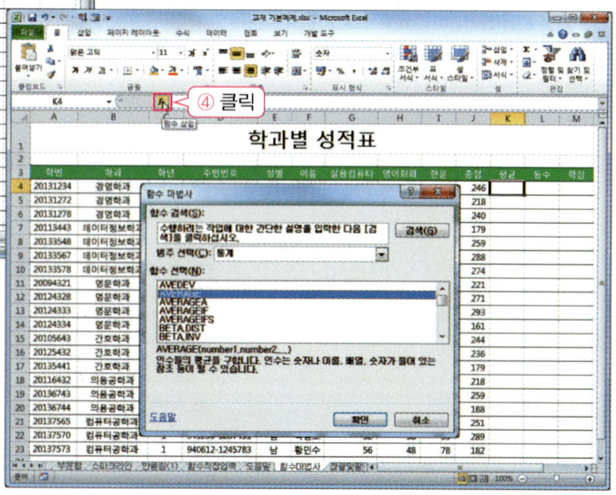

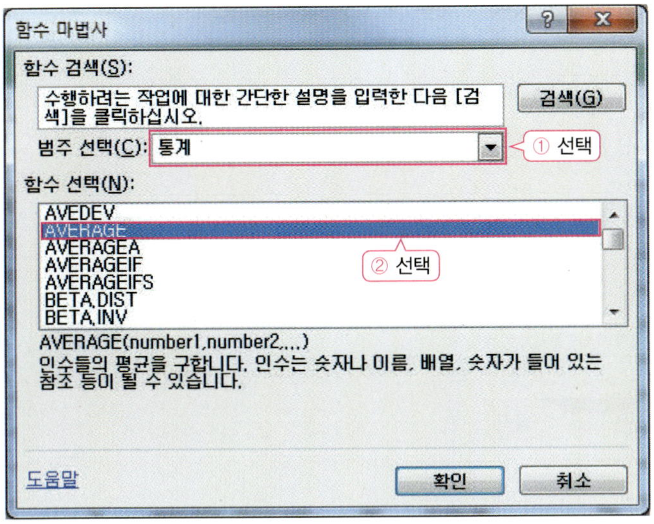

2. 「함수 마법사」 대화상자가 실행되면, 먼저 사용할 함수의 ① 범주를 선택한 후 ② [함수 선택] 목록에서 필요한 함수 이름을 선택하거나 [최근에 사용한 함수]에서 함수 이름을 선택한다.

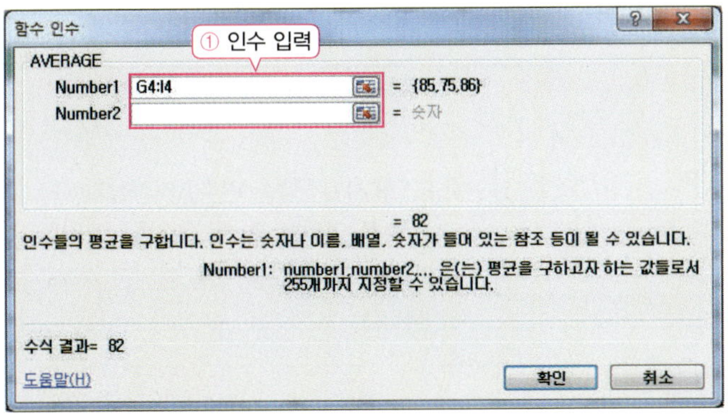

3. 「함수 마법사」 대화상자에서 사용할 함수 이름을 선택하면, 해당 함수의 인수 입력창이 열리고 ① 여기에 인수를 입력한다. 인수 입력창의 하단에는 해당 함수에서 사용할 인수에 대한 설명이 표시되므로, 함수식을 쉽게 작성할 수 있다.

Ex 실습예제

'학과별 성적표' 테이블에서 함수 마법사를 이용해서 총점과 평균을 입력해보자.

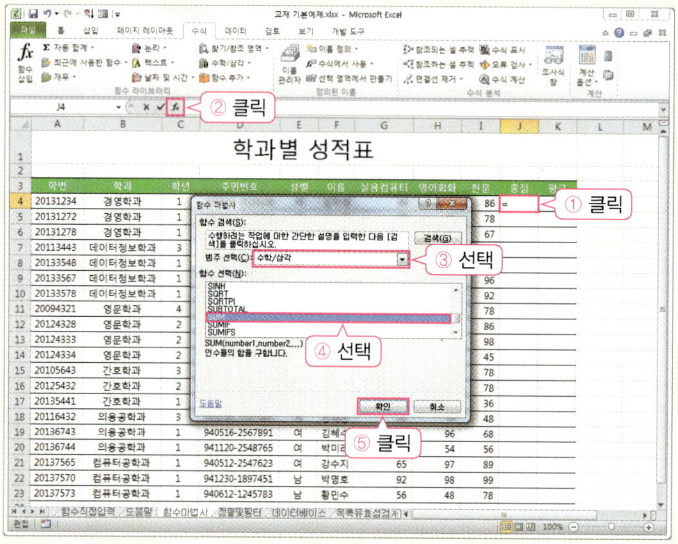

1. ① J4셀에 커서를 위치시키고 ② [함수 삽입]-③ [수학/삼각]-④ [SUM]을 선택한 후 ⑤ [확인]을 클릭한다.

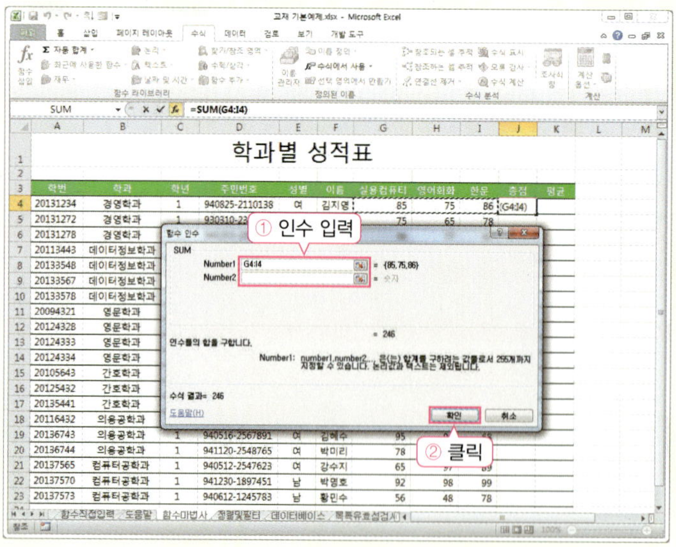

2. ① 표시된 「함수 인수」 대화상자에서 인수를 입력한 후 ② [확인]을 클릭한다. 인수는 총점을 구할 범위인 'G4:I4' 셀이다.

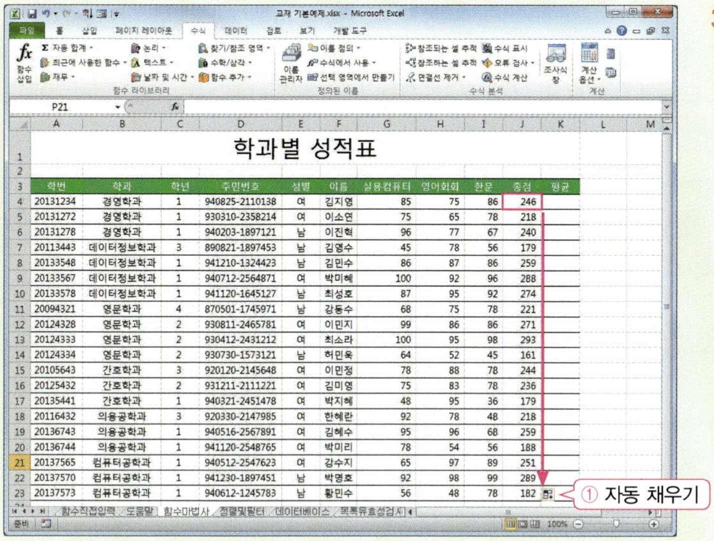

3. ① 입력한 J4셀을 J23셀까지 자동 채우기를 한다.

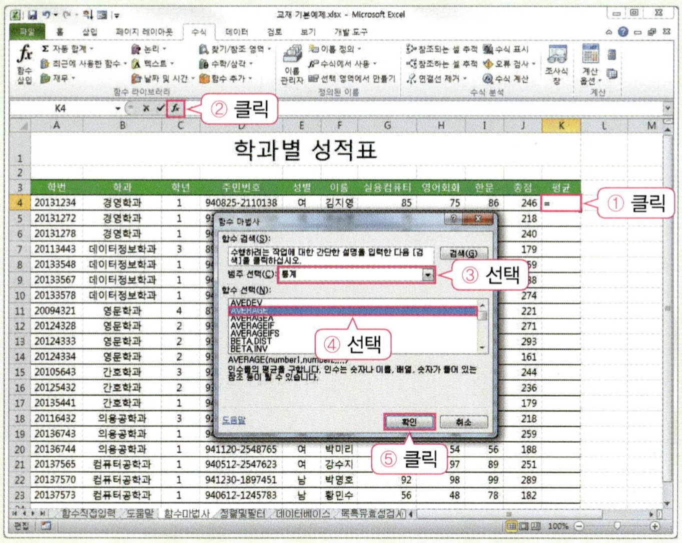

4. ① K4셀에 커서를 위치시키고 ② [함수삽입]–③ [통계]–④ [AVERAGE]를 선택한 후 ⑤ [확인]을 클릭한다.

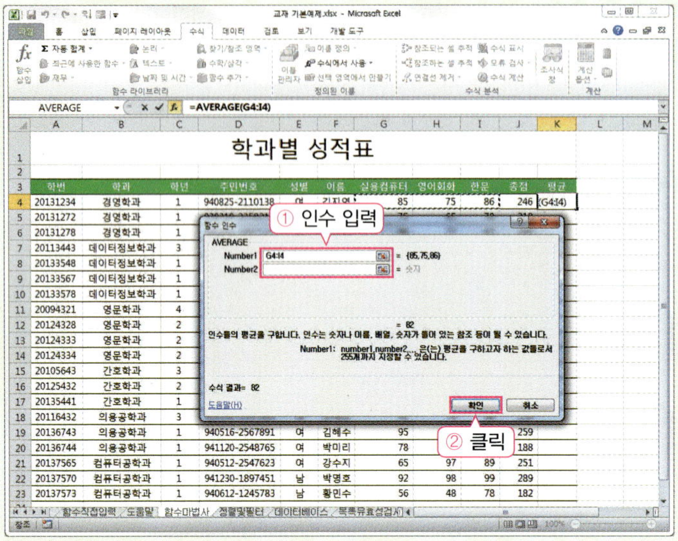

5. ① 표시된 「함수 인수」 대화상자에서 인수를 입력한 후 ② [확인]을 클릭한다. 인수는 평균을 구할 범위인 'G4:I4' 셀이다. 기존에 설정되어 있는 범위는 총점까지 포함된 범위이므로 주의해서 살펴보고 정확한 범위를 지정해 준다.

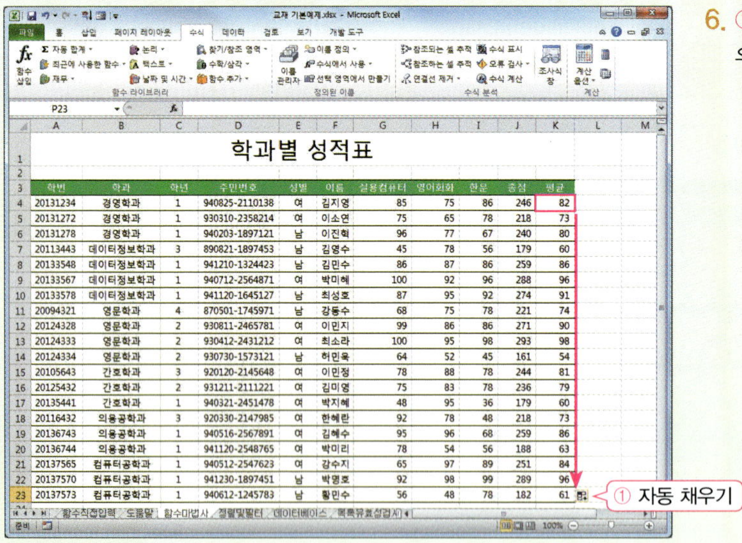

6. ① 입력한 K4셀을 K23셀까지 자동 채우기를 한다.

Section 2. 논리 함수

논리 함수는 논리적인 판단을 위해 사용되는 함수이다. 논리적 조건이 참(True)인지 거짓(False)인지 판단하여 그 결과값을 반환하는 함수로 여러 조건에 따라 값을 판단해야 하는 경우에 많이 사용된다.

함수	함수 설명
AND()	모든 인수가 True인 경우에만 True 반환
OR()	하나 이상의 인수가 True인 경우 True 반환
IF()	논리 검사를 수행하여 True나 False에 해당하는 값을 반환
TRUE()	논리값 True 반환
FALSE()	논리값 False 반환
IFERROR()	식이나 식 자체의 값이 오류인 경우 사용자가 지정한 값을 반환

만약에 어떤 조건이 만족한다면 IF 함수

조건식을 평가하여 값이 TRUE이면 참일 경우의 지정값, FALSE이면 거짓일 경우의 지정값을 나타낸다. 함수 형식은 =IF(조건식, 참일 경우의 값, 거짓일 경우의 값)이다. IF 함수는 7개까지 중첩해서 사용할 수 있다.

의미		논리 검사를 수행해서 "True"인 경우 참일 경우의 지정값, "False"일 경우 거짓일 경우의 지정값을 반환
구문		= IF(logical_test, value_if_true, value_if_false)
인수	logical_test	True나 False로 판정될 값이나 식
	value_if_true	logical_test 결과가 true일 때 돌려주는 값
	value_if_false	logical_test 결과가 false일 때 돌려주는 값

실습예제

'학과별 성적표' 테이블에서 평균점수를 이용해서 진급여부를 판단해 보자. 평균이 80점 이상일 경우는 "진급", 80점 미만일 경우에는 "유급"을 표시해보자.

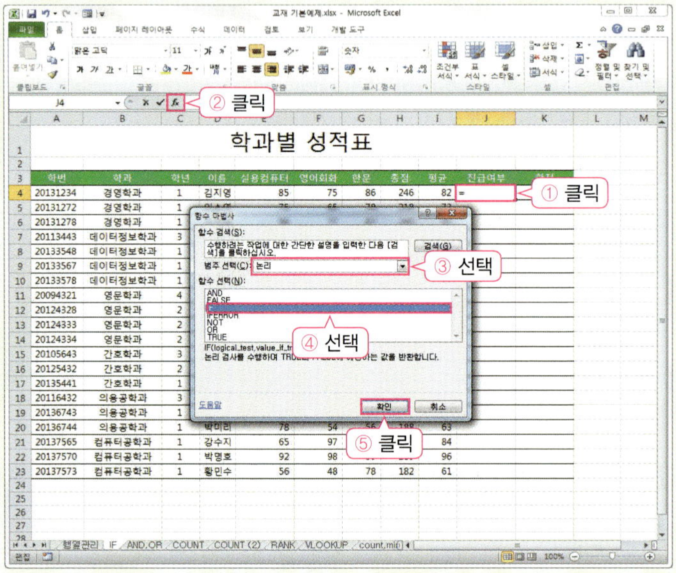

1. ① J4셀에 커서를 위치시키고 ② [함수삽입]-③ [논리]-④ [IF]를 선택한 후 ⑤ [확인]을 클릭한다.

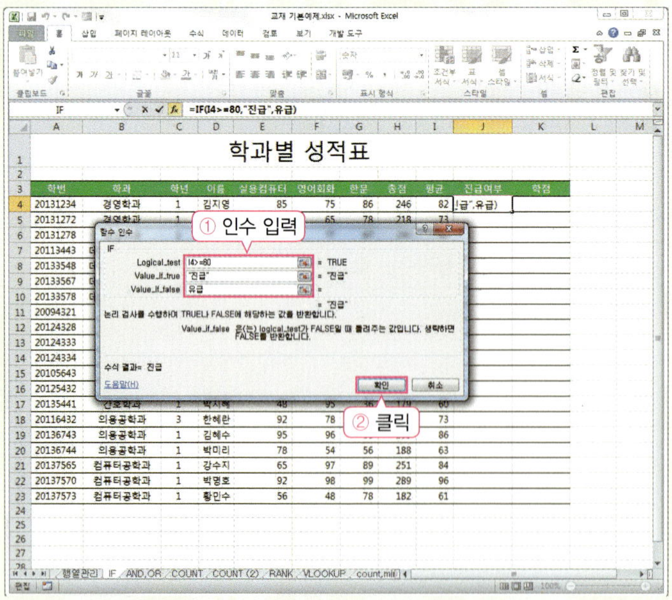

2. 표시된 「함수 인수」 대화상자에서 인수를 입력한다. ① 첫 번째 인수는 평균이 80점 이상인지 논리검사를 해야 하므로 'I4>=80', 두 번째, 세 번째 인수에 각각 '진급', '유급'을 입력하고 ② [확인]을 클릭한다.

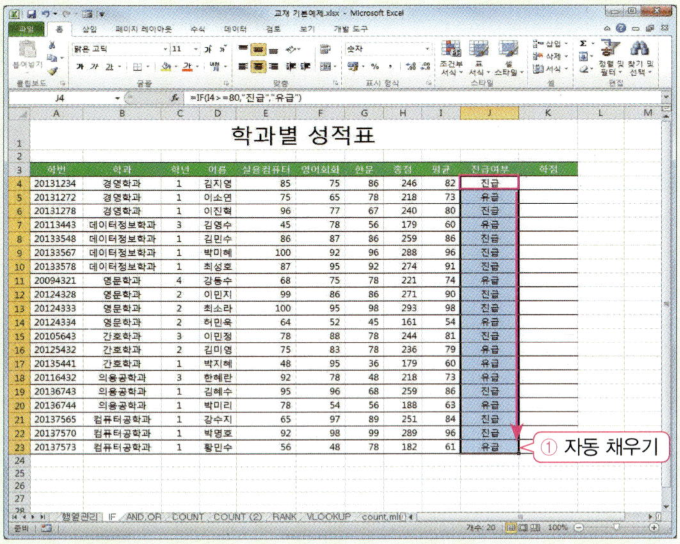

3. ① 입력한 J4셀을 J23셀까지 자동 채우기를 한다.

Ex 실습예제

'학과별 성적표' 테이블에서 평균 점수를 이용해서 학점에 데이터를 입력해보자. 평균이 90점 이상일 경우는 'A', 80점 이상일 경우에는 'B', 70점 이상일 경우에는 'C', 60점 이상일 경우에는 'D' 그 이하일 때는 'F'를 표시해보자.

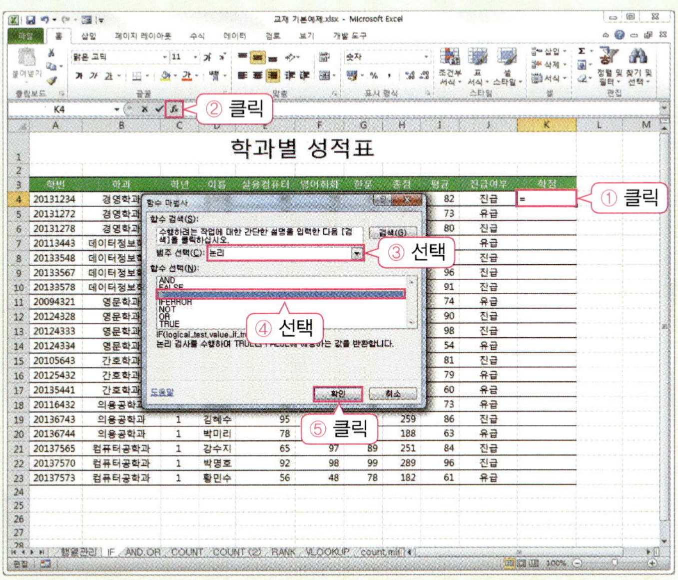

1. ① K4셀에 커서를 위치시키고 ② [함수삽입]–③ [논리]–④ [IF]를 선택 후 ⑤ [확인]을 클릭한다.

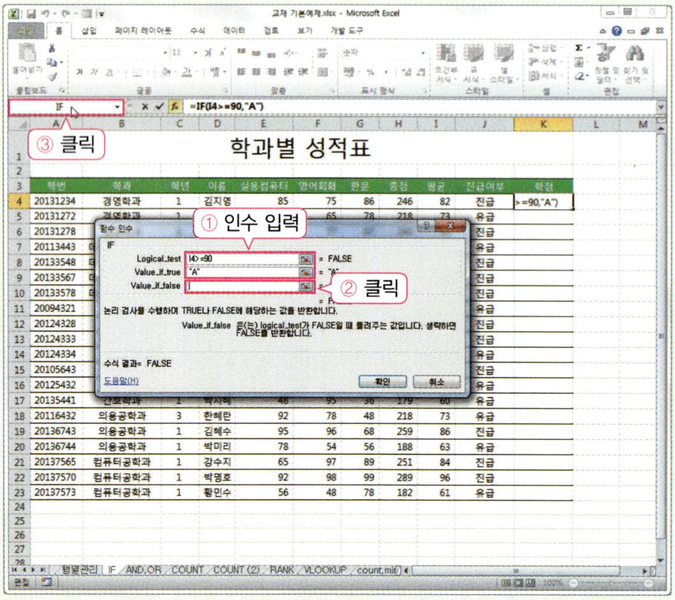

2. 표시된 「함수 인수」 대화상자에서 인수를 입력한다. ① 첫 번째 인수는 평균이 90점 이상인지 논리검사를 해야 하므로 'I4>=90', 두 번째 인수에 'A'를 입력하면 된다. 그러나 세 번째 인수의 경우 90점 이상이 아닐 경우 다양한 경우가 존재하므로 ② 세 번째 인수에서 IF 함수를 하나 더 추가해준다. ③ IF를 추가하는 방법은 이름상자의 [IF]를 클릭한다.

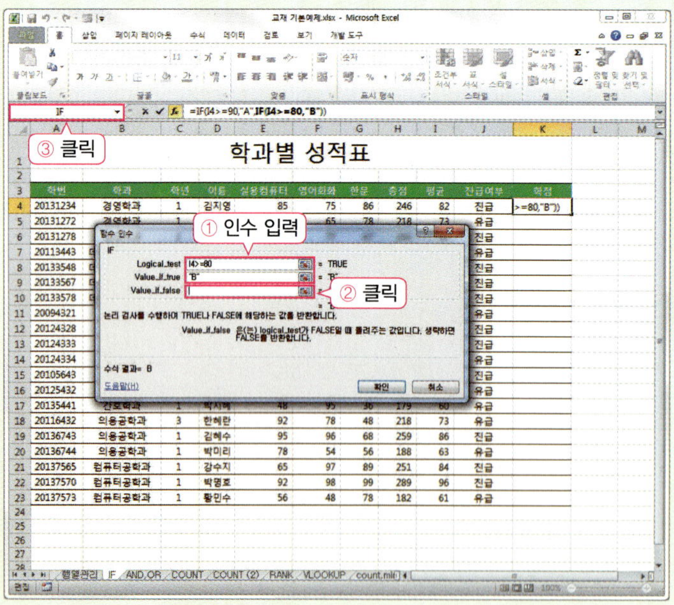

3. 추가된 IF 함수에서 ① 첫 번째 인수에 'I4>=90'를 입력하고 두 번째 인수에 'B'를 입력하면 된다. 그러나 세 번째 인수의 경우 아직 다양한 경우의 수가 존재하므로 ② 세 번째 인수에서 ③ IF 함수를 하나 더 추가해준다. 이와 같은 방법으로 'C'까지 입력해준다.

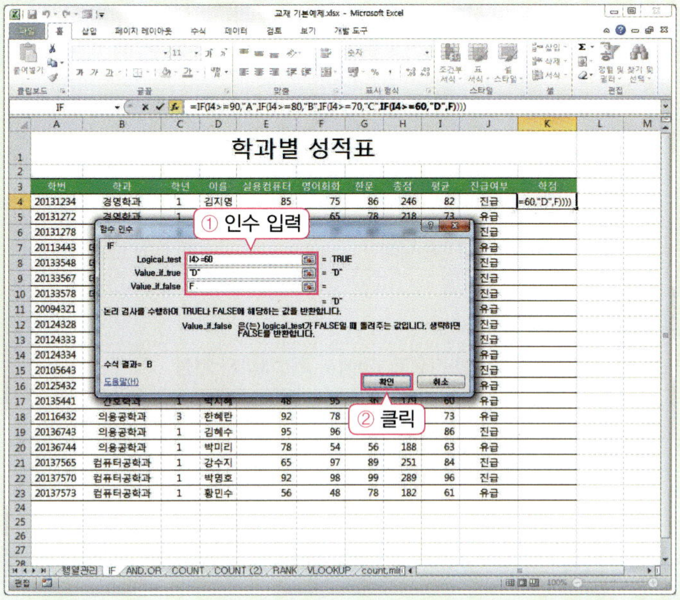

4. 끝으로 추가된 IF 함수에서 ① 첫 번째 인수에 'I4>=60'를 입력하고 두 번째 인수에 'D'를 세 번째 인수에 'F'를 입력하고 ② [확인]을 클릭한다.

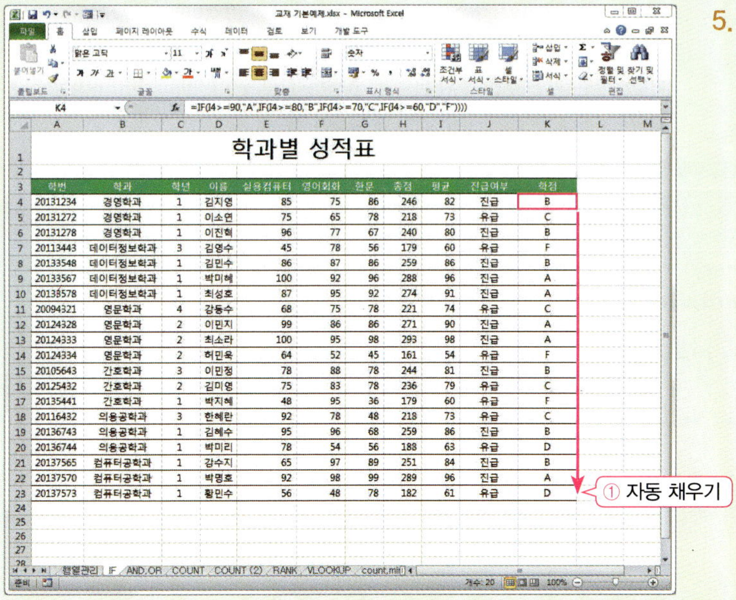

5. ① 입력한 K4셀을 K23셀까지 자동 채우기를 한다.

모두, 둘 중 하나 AND, OR 함수

두 가지 이상의 조건식을 평가하여 두 가지 이상의 조건식이 모두 만족할 경우를 구하려면 AND 함수, 두 가지 이상의 조건 중에 한 가지 이상 만족할 경우를 구하려면 OR 함수를 사용한다.

의미	AND	인수가 모두 True이면 True 반환
	OR	하나 이상의 인수가 True이면 True 반환
구문		= OR(logical1, logical2) = AND(logical1, logical2)
인수	logical1, logical2	True 또는 False 값을 가지는 조건으로 1개에서 255개까지 지정

실습예제

'학과별 성적표' 테이블에서 점수를 이용해서 진급여부를 판단해 보자. 실용컴퓨터, 영어회화, 한문 모두 70점 이상일 경우는 '진급', 그렇지 않을 경우에는 '유급'을 표시해보자.

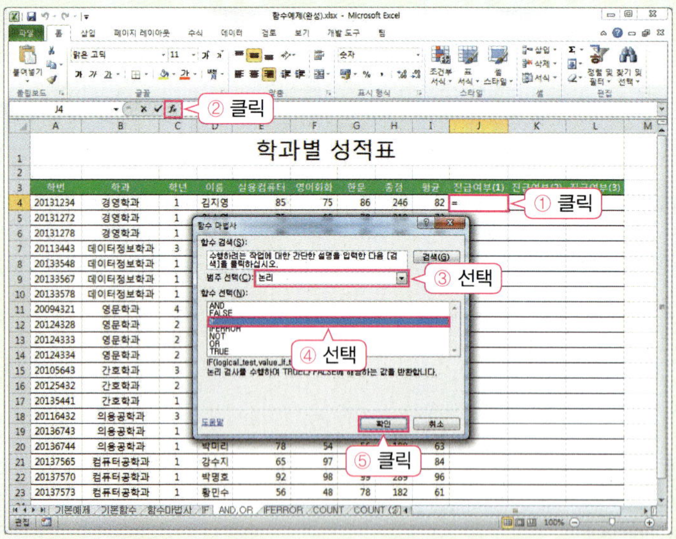

1. ① J4셀에 커서를 위치시키고 ② [함수삽입]-③ [논리]-④ [IF]를 선택한 후 ⑤ [확인]을 클릭한다.

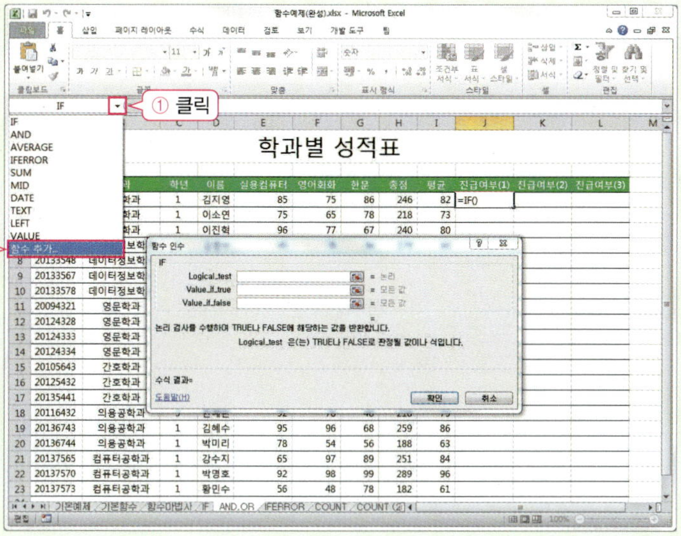

2. 표시된 「함수 인수」 대화상자에서 인수를 입력한다. 인수 입력 시에 실용컴퓨터, 영어회화, 한문을 모두 확인해야 하기 때문에 IF 함수의 인수만으로는 해결할 수 없다. 그래서 ① 화면 왼쪽 상단 이름 상자의 ▼을 누르고 ② [함수 추가]-[논리]-[AND] 함수를 추가하여 중첩해서 사용한다. 이때 IF 함수를 누르지 않도록 주의하고 최근 사용한 함수 중에 AND 함수가 있으면 바로 사용하면 된다.

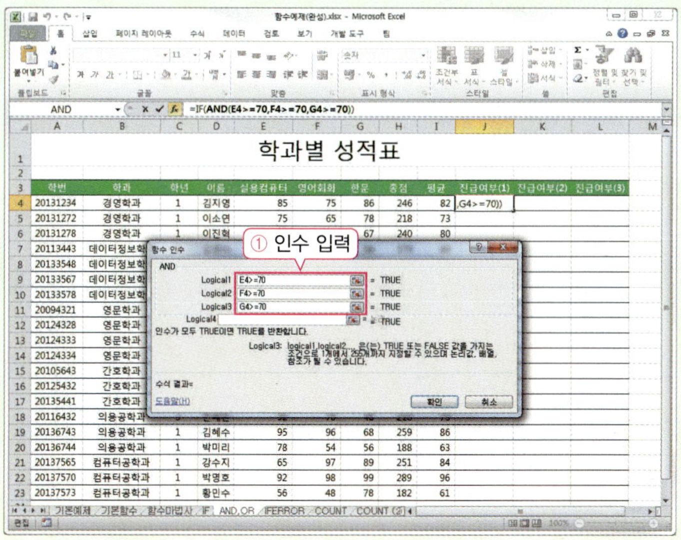

3. ① 추가된 AND 함수에서 원하는 세 가지 조건을 입력한다.

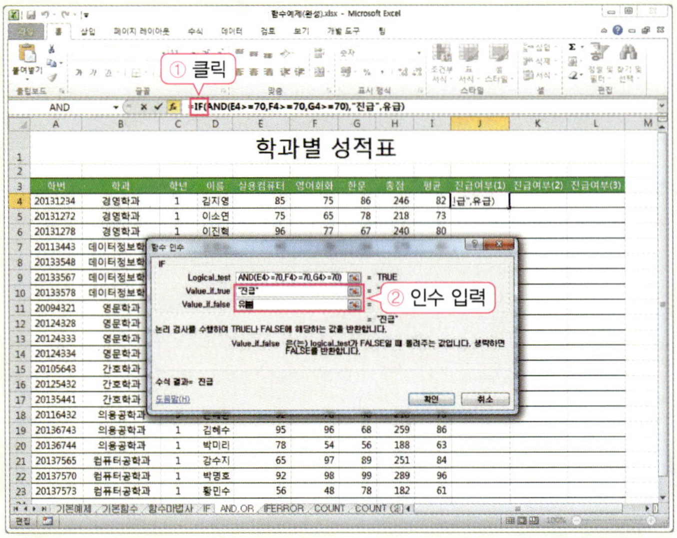

4. 조건을 입력한 후 바로 [확인]을 클릭하지 말고 이전에 사용하던 IF 함수로 다시 돌아가기 위해 ① 수식 입력 줄에서 IF 함수를 클릭한다. ② 조건을 만족할 때와 만족하지 않을 때의 결과를 입력한다.

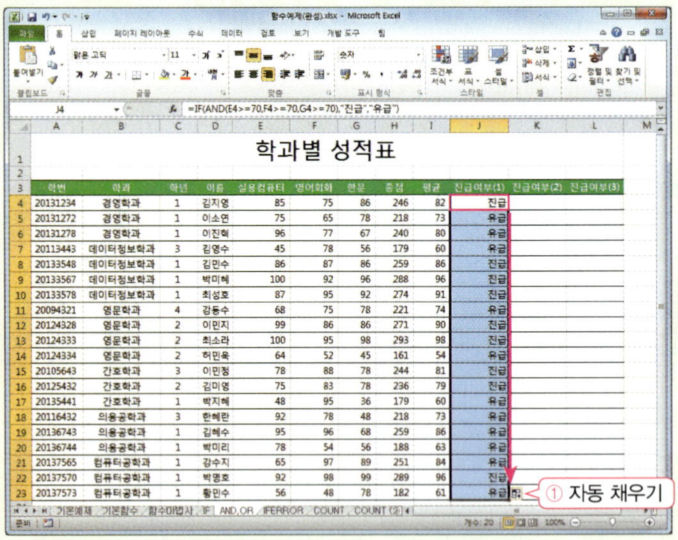

5. ① 입력한 J4셀을 J23셀까지 자동 채우기를 한다.

계산에 에러가 발생하면 IFERROR 함수로 해결

값이나 식 등을 검사하여 에러가 발생할 경우 지정된 값을 반환한다.

의미		식이나 식 자체의 값이 오류인 경우 value_if_error 반환
구문		= IFERROR(value, value_if_error)
인수	value	값, 식 또는 참조. 즉, 오류를 검사할 인수
	value_if_error	값, 식 또는 참조에 에러가 발생할 경우 반환하는 내용 즉, 수식에서 오류가 발생할 경우에 반환하는 값

Ex 실습예제

'교양과목 성적표' 테이블에서 교양과목의 평균을 구한다. 이럴 경우, 수강과목이 없는 '김미영', '강수지'는 '#DIV/0!'가 발생한다. IFERROR 함수를 이용해서 에러가 발생할 경우 '0'을 입력시켜 보자.

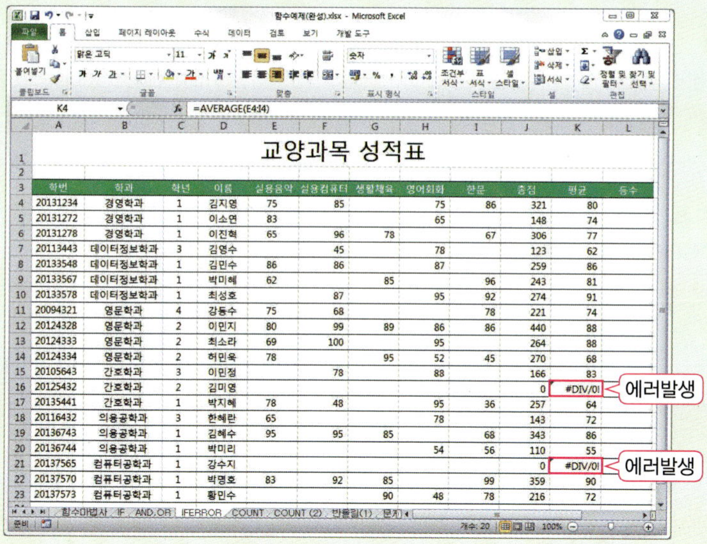

1. 그림과 같이 K4셀에서 평균을 구하고 자동 채우기를 하면 평균구할 때 0으로 나눌 수 없기 때문에 K16셀과 K21셀에서 에러가 발생한다. 이럴 경우 IFERROR 함수를 사용하면 해결할 수 있다.

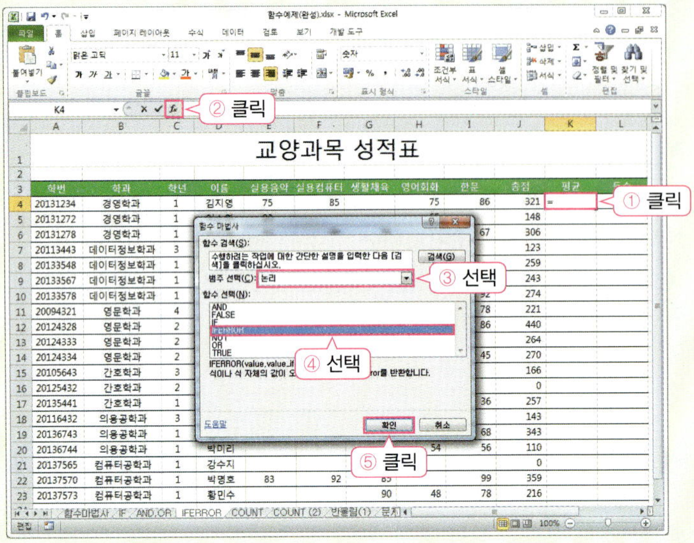

2. ① K4셀에 커서를 위치시키고 ② [함수삽입]-③ [논리]-④ [IFERROR]를 선택한 후 ⑤ [확인]을 클릭한다.

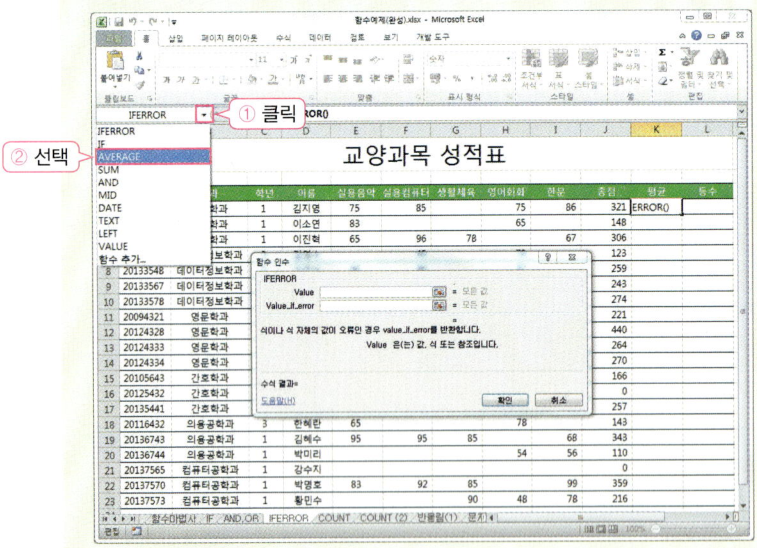

3. 표시된 「함수 인수」 대화상자에서 인수를 입력한다. 인수 입력 시에 평균을 구해야 하기 때문에 IFERROR 함수의 인수만으로는 해결할 수 없다. 그래서 ① 화면 왼쪽 상단 이름 상자의 ▼을 눌러 ② AVERAGE 함수를 추가하여 중첩해서 사용한다. 이때 IFERROR 함수를 누르지 않도록 주의한다. 최근 사용한 함수에 AVERAGE 함수가 존재하지 않을 경우 [함수 추가]-[통계]-[AVERAGE]를 선택한다.

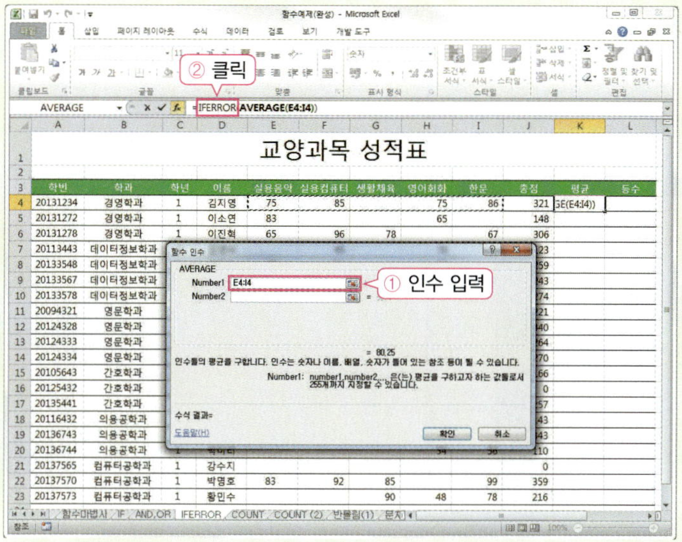

4. 추가된 AVERAGE 함수에서 ① 평균을 구할 범위를 입력한 후, 바로 [확인]을 클릭하지 말고 이전에 사용하던 IFERROR 함수로 다시 돌아가기 위해 ② 수식 입력 줄에서 IFERROR 함수를 클릭한다.

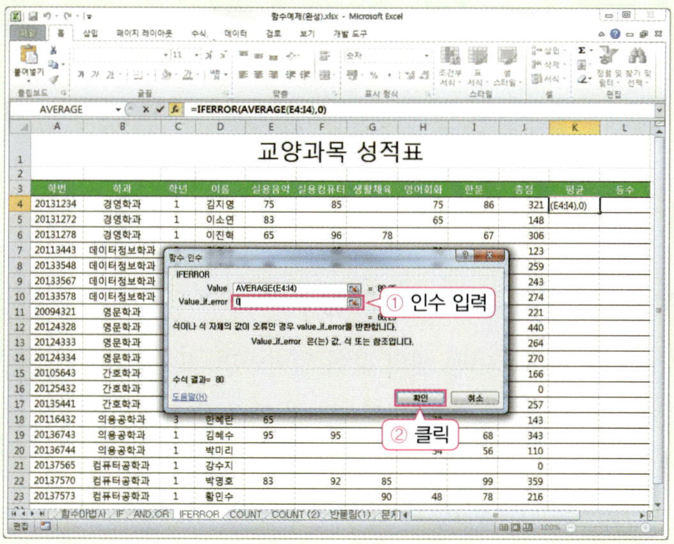

5. ① 마지막으로 에러가 발생했을 때 출력할 메시지를 입력한 후 ② [확인]을 클릭한다. 본 예제에서는 에러가 발생하면 '0'을 출력한다.

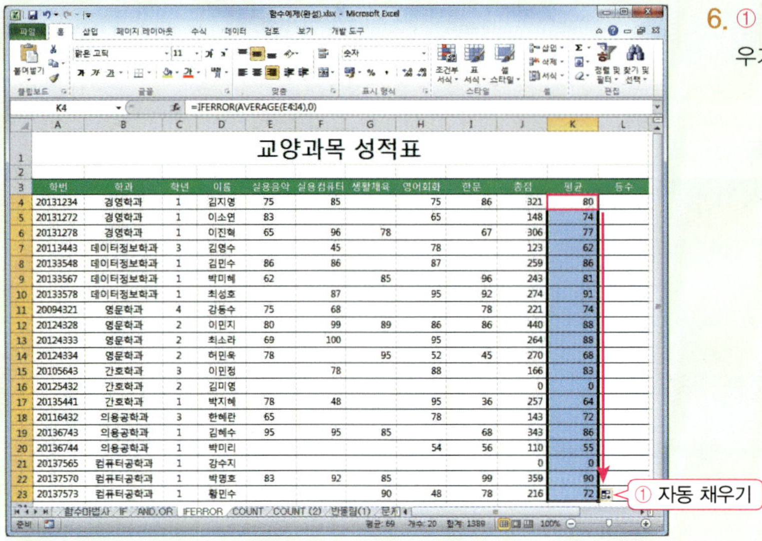

6. ① 입력한 K4셀을 K23셀까지 자동 채우기를 한다.

Section 3. 텍스트 함수

텍스트 함수는 문자열에서 글자 일부만 추출하거나 서로 다른 문자열을 조합하고 셀 서식을 지정할 때 사용할 수 있다. 문자열 같은 텍스트와 관련한 작업이라면 어디에나 쓸 수 있는 유용한 함수이다.

왼쪽, 오른쪽, 가운데에서 글자를 가져오는 LEFT, RIGHT, MID 함수

지금까지 논리 함수를 사용하면서 조건식을 입력할 때, 어떤 셀의 값이 얼마이면, 또는 얼마 이상이나 이하라는 조건식을 가지고 판단했다. 그런데 특정 셀의 값이 아니라, 셀 값 가운데에서도 글자가 어떤 의미인가를 판단해야 하는 경우, 텍스트 함수를 사용하면 편리하다.

LEFT 함수는 왼쪽에서 지정한 개수만큼 글자를 가져오고, RIGHT 함수는 오른쪽에서 지정한 개수만큼, MID 함수는 지정한 중간 글자부터 지정한 개수만큼 가져올 수 있는 함수이다. IF 함수와 함께 사용하면 유용한 결과를 낼 수 있다.

의미		텍스트 문자열의 왼쪽, 오른쪽, 혹은 원하는 위치에서 문자열을 추출하는 함수들이다.
구문		= LEFT(text, num_chars) = RIGHT(text, num_chars) = MID(text, start_num, num_chars)
인수	text	추출할 문자가 들어 있는 텍스트 문자열
	num_chars	추출한 문자의 수(생략하면 1로 간주되고, 문자열의 길이보다 길면 텍스트 전체를 추출한다.)
	start_num	추출할 문자열의 시작위치로 기본 첫 문자는 1이다.

Ex 실습예제

'대한슈퍼 제품 가격표' 테이블에서 제품코드를 이용해서 제품명, 생산지, 포장단위를 입력하시오.

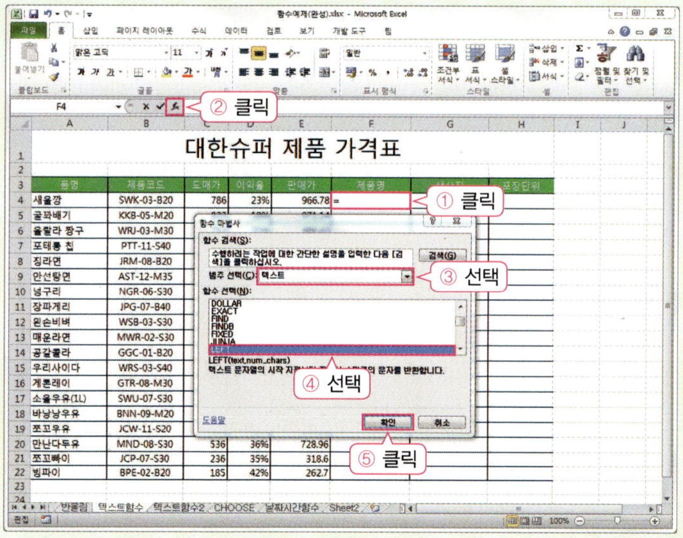

LEFT 함수 사용하기

1. ① F4셀에 커서를 위치시키고 ② [함수삽입]–③ [텍스트]–④ [LEFT]를 선택한 후 ⑤ [확인]을 클릭한다.

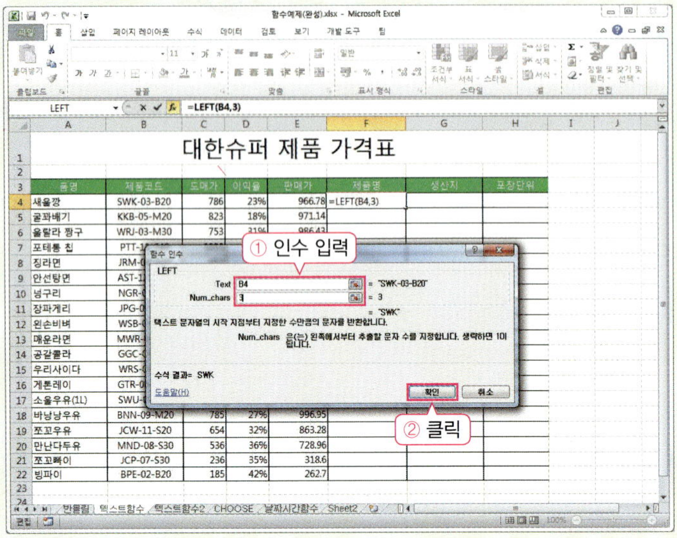

2. ① Text 인수란에 제품코드가 입력되어 있는 B4셀을 지정하고, Num_chars 인수란에 가져올 문자의 개수 '3'을 입력한 후 ② [확인]을 클릭한다.

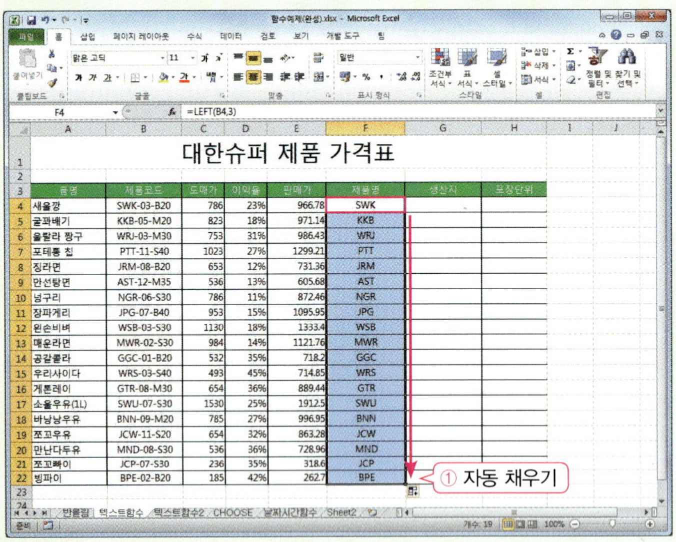

3. ① 입력한 F4셀을 F22셀까지 자동 채우기를 한다.

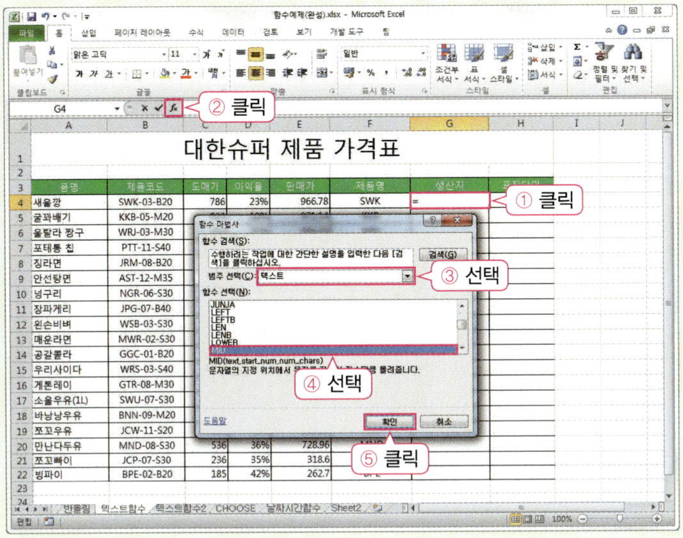

MID 함수 사용하기

1. ① G4셀에 커서를 위치시키고 ② [함수삽입]-③ [텍스트]-④ [MID]를 선택한 후 ⑤ [확인]을 클릭한다.

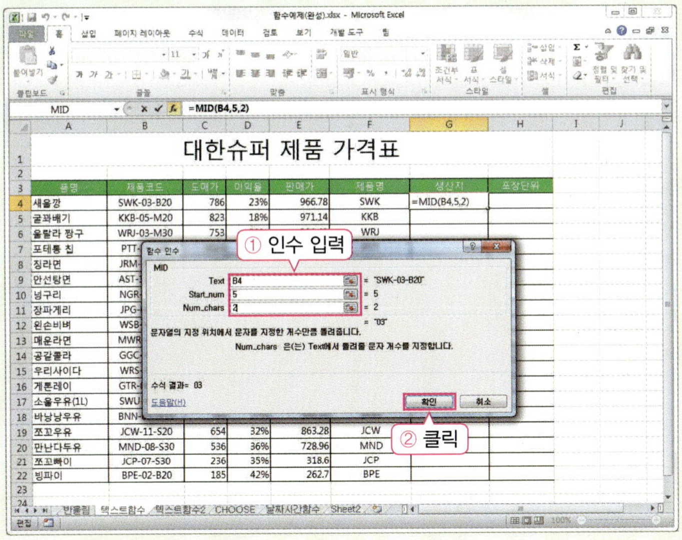

2. ① Text 인수란에 제품코드가 입력되어 있는 B4셀을 지정하고, Start_num 인수란에는 추출하고자하는 문자의 시작 위치인 '5'를 입력하고 Num_chars 인수란에 가져올 문자의 개수 '2'를 입력한 후 ② [확인]을 클릭한다.

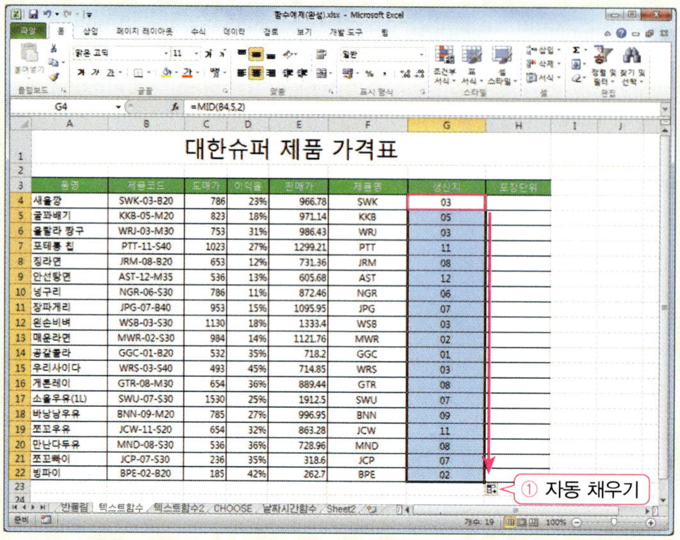

3. ① 입력한 G4셀을 G22셀까지 자동 채우기를 한다.

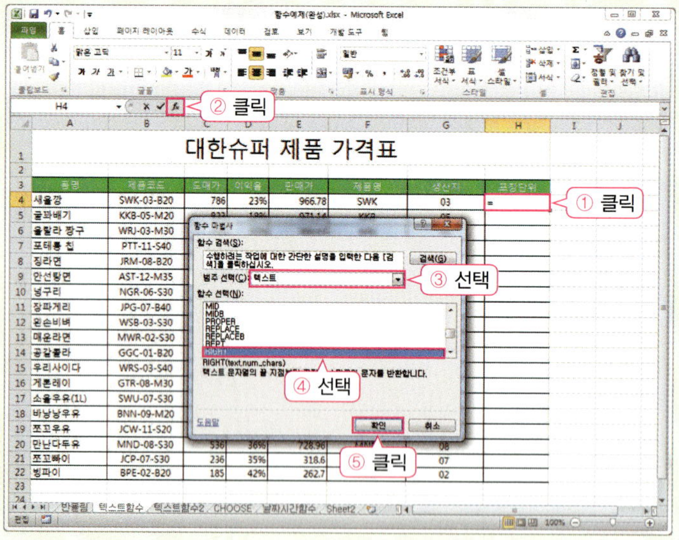

RIGHT 함수 사용하기

1. ① H4셀에 커서를 위치시키고 ② [함수삽입]–③ [텍스트]–④ [RIGHT]를 선택한 후 ⑤ [확인]을 클릭한다.

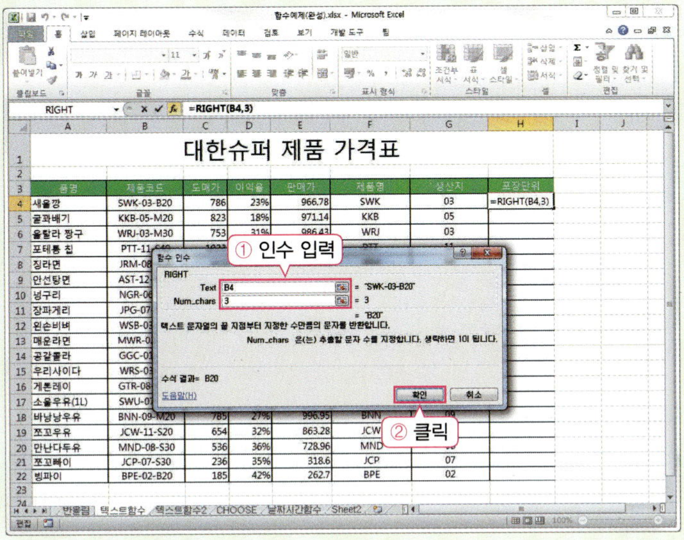

2. ① Text 인수란에 제품코드가 입력되어 있는 B4셀을 지정하고, Num_chars 인수란에 가져올 문자의 개수 '3'을 입력한 후 ② [확인]을 클릭한다.

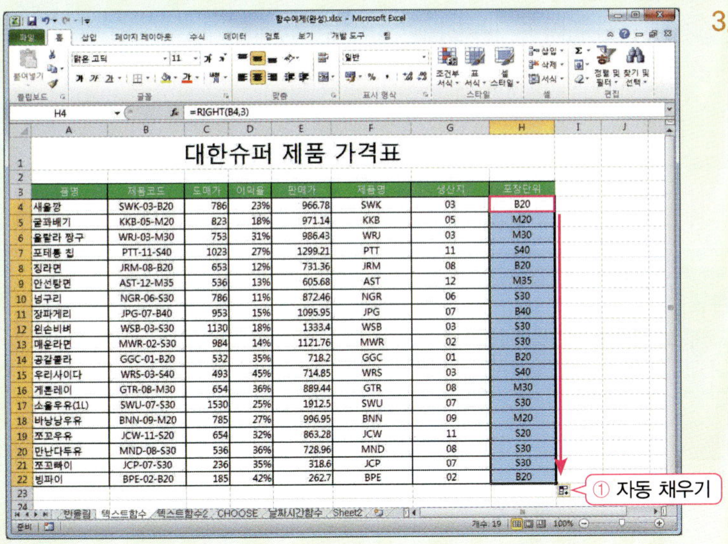

3. ① 입력한 H4셀을 H22셀까지 자동 채우기를 한다.

Ex 실습예제

'학과별 성적표' 테이블에서 주민등록번호를 이용해서 성별을 판단해 보자. 주민등록번호 14자리(–포함) 중 8번째 자리가 1일 경우에는 '남', 2일 경우에는 '여'를 표시해보자.

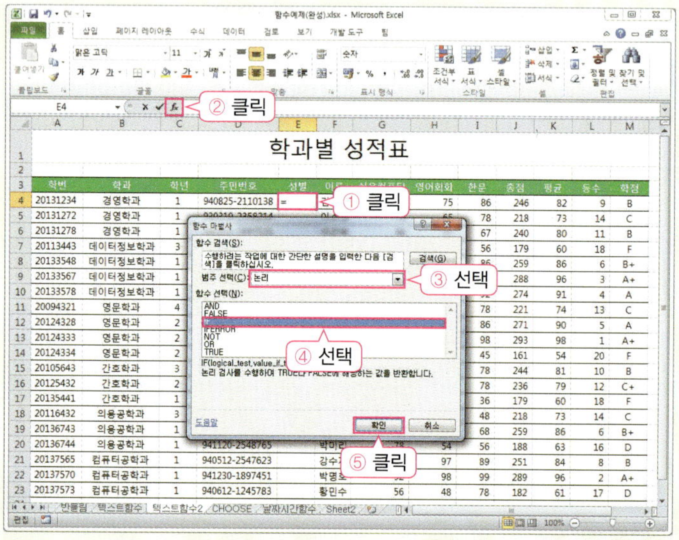

1. ① E4셀에 커서를 위치시키고 ② [함수삽입]–③ [논리]–④ [IF]를 선택한 후 ⑤ [확인]을 클릭한다.

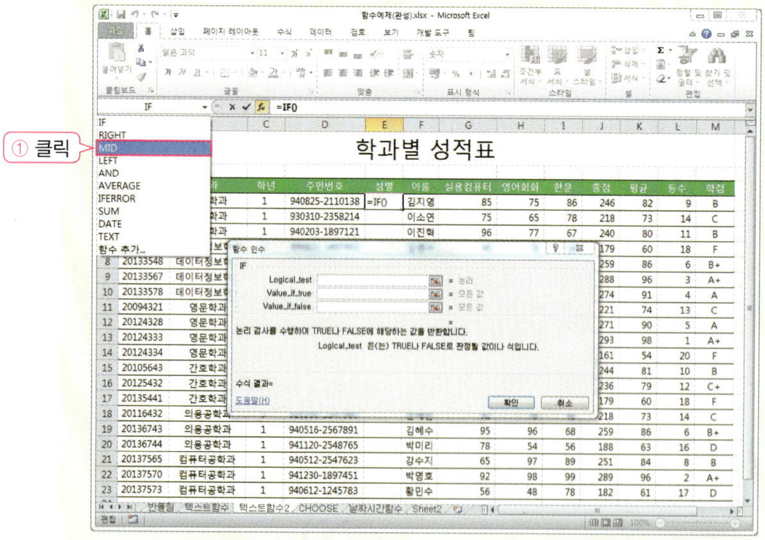

2. IF 함수 조건에 D4셀의 8번째 숫자를 사용할 것이기 때문에 ① MID 함수를 중첩한다.

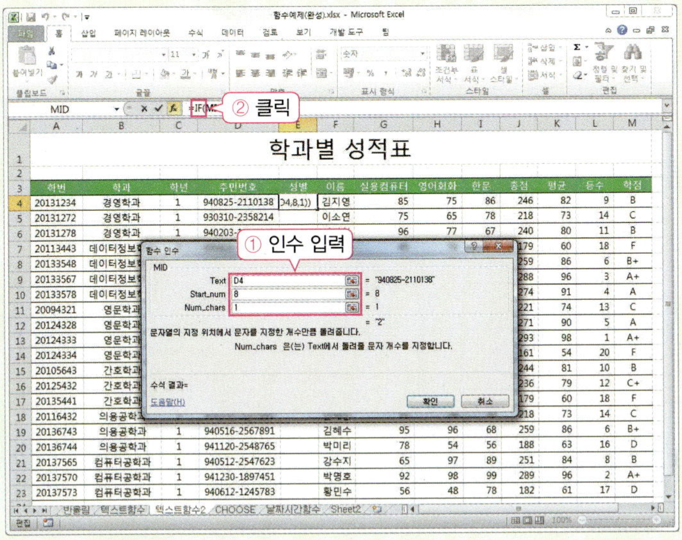

3. 추가된 MID 함수에서 원하는 값을 추출하기 위한 인수를 입력한다. ① 인수는 숫자를 추출하려는 셀, 가지고 오려는 첫 번째 자리 수, 가지고 올 개수를 조건으로 입력한다. 조건을 입력한 후 바로 [확인]을 클릭하지 말고 ② 이전에 사용하던 IF 함수로 다시 돌아간다.

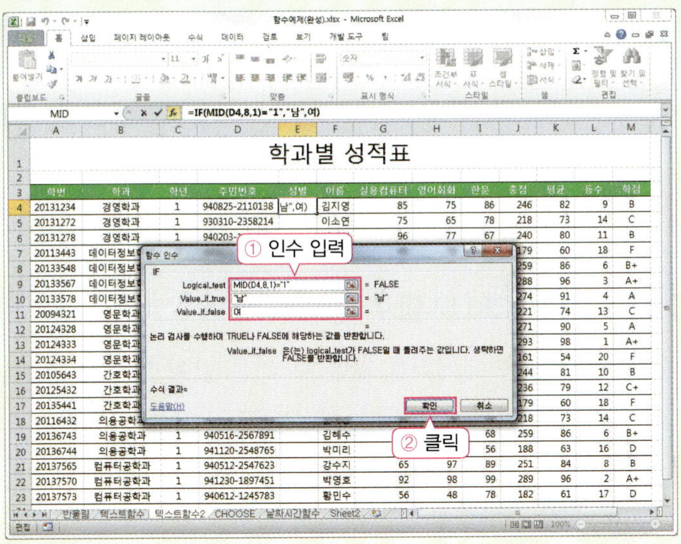

4. 3의 결과에 조건을 추가로 입력하고 ① 조건에 만족할 때와 만족하지 않을 때의 결과를 입력한 후 ② [확인]을 클릭한다.

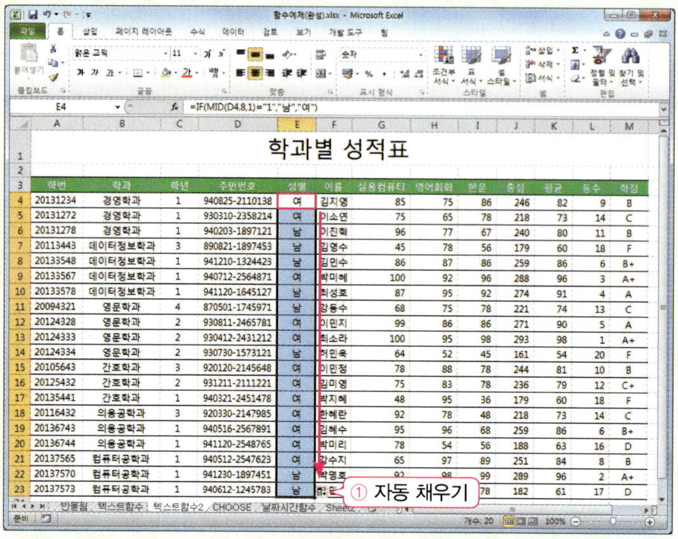

5. ① 입력한 E4셀을 E23셀까지 자동 채우기를 한다.

Section 4. 찾기/참조 함수

찾기/참조 함수는 배열이나 셀 범위를 참조하여 특정한 값을 찾아주거나 특정한 셀에 입력된 값을 가져오거나 셀의 주소에서 필요한 정보를 가져오는 함수이다.

목록에서 원하는 값을 찾아오는 VLOOKUP, HLOOKUP 함수

기준표 범위의 첫 번째 열 또는 행에서 기준 값과 같은 데이터를 찾은 후 기준 값이 있는 행 또는 열에서 지정된 열 번호 또는 행 번호 위치에 있는 데이터를 입력한다. VLOOKUP 함수는 목록 범위의 첫 번째 열에서 Vertical(세로) 방향으로 검색하면서 원하는 값을 추출하는 함수이고, HLOOKUP 함수는 목록 범위의 첫 번째 행에서 Horizontal(가로) 방향으로 검색하면서 원하는 값을 추출하는 함수이다.

의미		배열의 첫 행이나 열에서 값을 검색해서, 지정한 열의 같은 행이나 지정한 행의 같은 열에서 원하는 데이터를 추출하는 함수
구문		=VLOOKUP(lookup_value, table_array, col_index_num, range_lookup) =HLOOKUP(lookup_value, table_array, row_index_num, range_lookup)
인수	lookup_value	표 또는 범위의 첫행이나 열에서 찾으려는 값
	table_array	데이터를 검색하고 추출하려는 표나 셀 범위
	col_index_num	Table_array 내의 열 번호나 행 번호로 값을 추출할 열이나 행을 지정
	range_lookup	논리값으로 근사값을 찾으려면 TRUE(1)나 생략하고, 정확하게 일치하는 값을 찾으려면 FALSE(0)로 지정

Ex 실습예제

'학과별 성적표' 테이블에서 VLOOKUP 함수와 배열 테이블, 평균을 이용해서 학점을 입력해 보자.

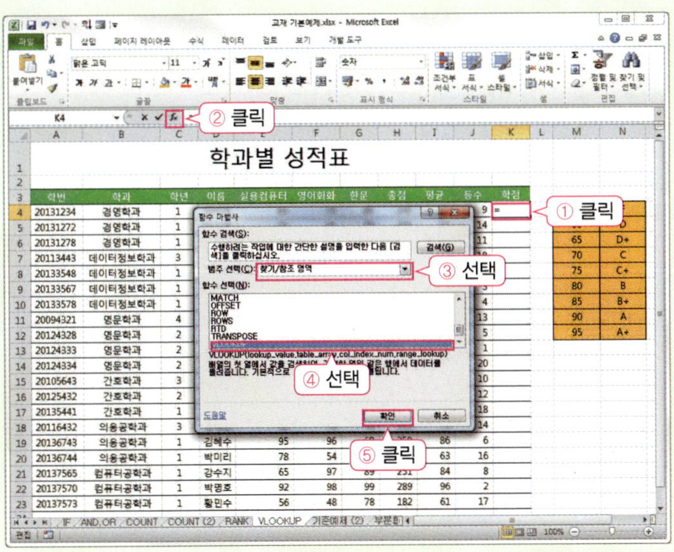

1. ① K4셀에 커서를 위치시키고 ② [함수삽입]- ③ [찾기/참조영역]-④ [VLOOKUP]을 선택한 후 ⑤ [확인]을 클릭한다.

   ※ 학점을 결정하는 테이블은 오름차순으로 정렬해 두어야 한다.

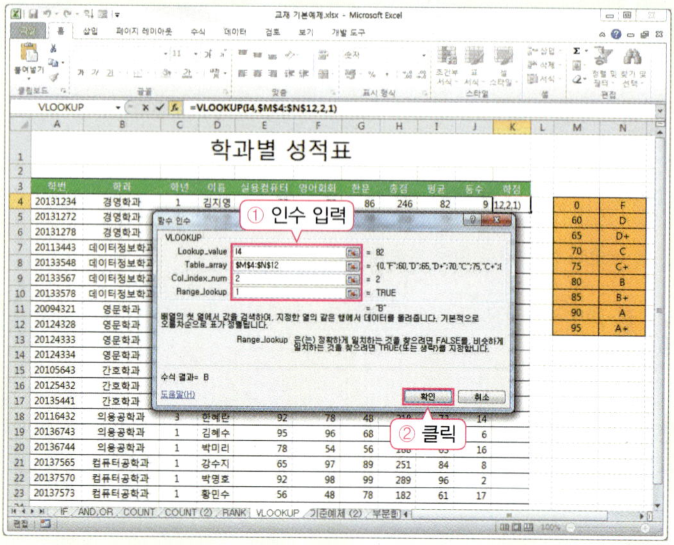

2. ① 검색할 값(Lookup_value)은 평균이므로 I4셀이고, 배열 테이블을 이용한다. 배열 테이블 선택 시 절대참조를 취해 주는 것을 꼭 잊지 말아야 한다. 추출할 열은 두 번째 열에서 학점을 추출하므로 '2'이고, 해당 범위를 만족하는 근사값을 검색하므로 'TRUE'나 '1'을 입력한 후 ② [확인]을 클릭한다.

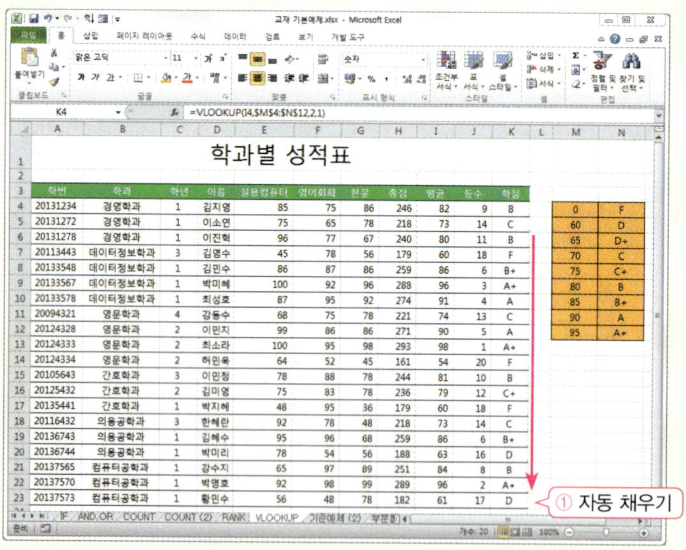

3. ① 입력한 K4셀을 K23셀까지 자동 채우기를 한 후, 결과가 제대로 나오는지 확인한다.

Section 5. 통계 함수

대표적인 통계 함수에는 지정한 범위 내에서 숫자가 들어있는 셀의 개수를 구하는 COUNT 함수, 지정한 범위 내에서 데이터가 비어있지 않은 셀의 개수를 구하는 COUNTA, 지정한 범위 내에서 공백인 셀 즉, 아무런 데이터가 입력되지 않은 셀의 개수를 구하는 COUNTBLANK 함수, 지정한 범위 내에서 최댓값 혹은 최솟값을 구하는 MAX, MIN 함수가 있다. 또한 지정한 범위 내에서 다른 수와의 상대적인 크기를 비교하여 어떤 수의 순위를 구하는 RANK 함수가 있다. 이전 버전까지는 RANK 함수로 사용되었지만 2010버전에서는 RANK.EQ와 RANK.AVG 두 개의 함수로 세분화되었다.

지정한 범위 내에서 숫자 개수를 세는 COUNT, 비어있지 않은 셀의 개수를 세는 COUNTA, 공백을 세는 COUNTBLANK

지정된 범위 내에서 셀의 개수를 구하는 함수이다.

의미		숫자가 들어 있는 셀 개수를 세는 함수 비어있지 않은 셀의 개수를 세는 함수 공백인 셀의 개수를 세는 함수
구문		=COUNT(value1, value2, …) =COUNTA(value1, value2, …) =COUNTBLANK(range)
인수	value1, value2	데이터가 들어있는 셀 또는 셀의 범위
	range	

Ex 실습예제

'학과별 성적표' 테이블에서 COUNT, COUNTA, COUNTBLANK 함수를 이용하여 셀의 개수를 구해보자.

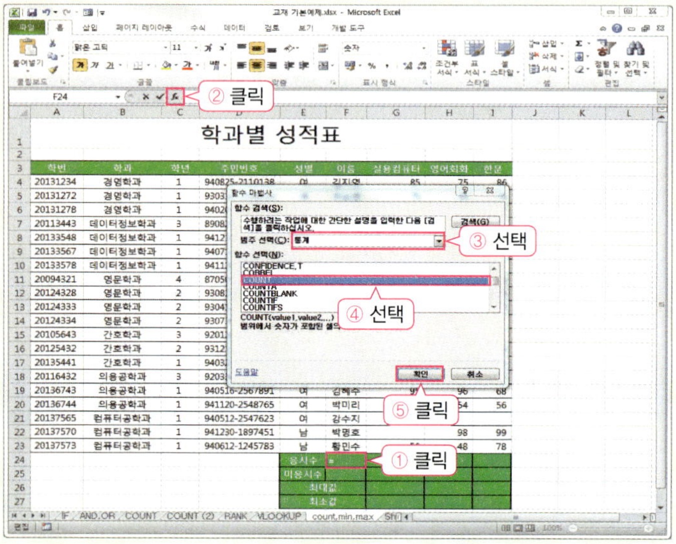

COUNT 함수

1. ① F24셀에 커서를 위치시키고 ② [함수삽입]-③ [통계]-④ [COUNT]를 선택한 후 ⑤ [확인]을 클릭한다.

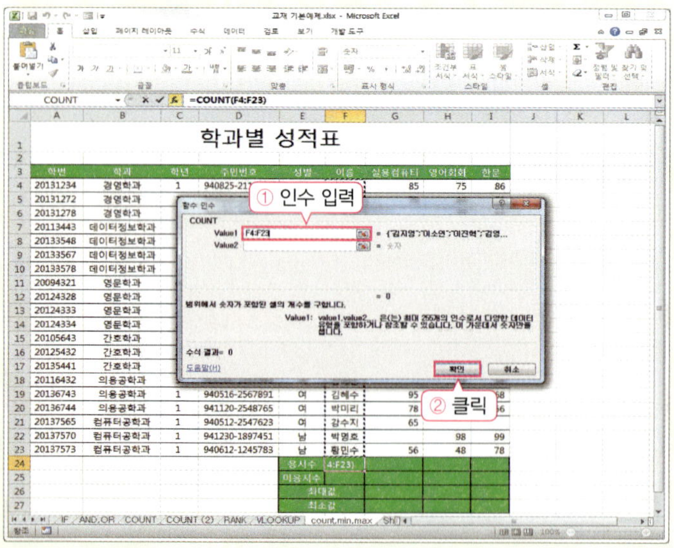

2. ① Value1 인수란 입력은 숫자 개수를 구하고자 하는 범위로 'F4:F23'셀을 선택한 후 ② [확인]을 클릭한다.

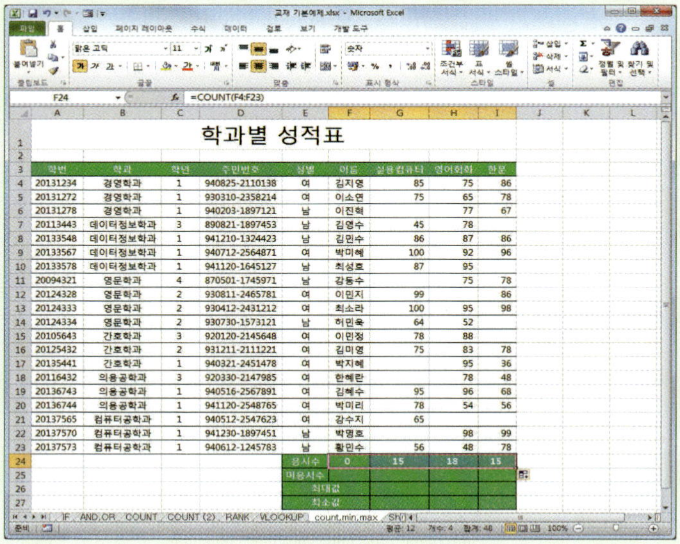

3. 그림과 같이 결과가 나타나는데 F24셀의 경우 결과가 '0'이 나왔다. 이유는 COUNT 함수는 숫자가 들어 있는 셀의 개수를 구하는 함수이기 때문이다. 자동 채우기 결과 나머지 셀들은 정상적인 결과가 나왔다.

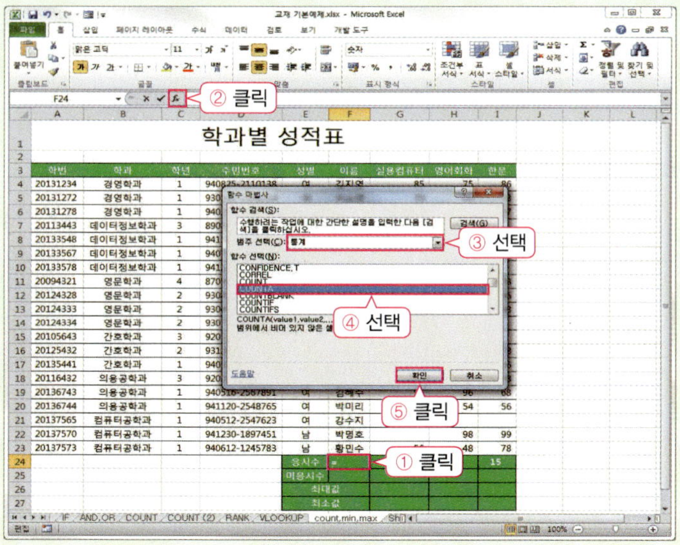

COUNTA 함수

1. 텍스트가 들어 있는 셀의 경우 COUNTA 함수를 이용해서 구할 수 있다. ① F24셀에 커서를 위치시키고 ② [함수삽입]–③ [통계]–④ [COUNTA]를 선택한 후 ⑤ [확인]을 클릭한다.

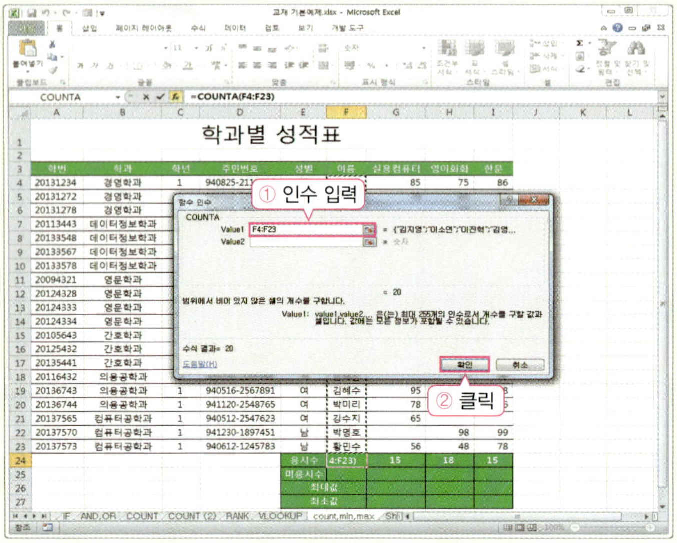

2. ① Value1 인수란의 입력은 비어있지 않은 셀 개수를 구하고자 하는 범위로 'F4:F23'셀을 선택한 후 ② [확인]을 클릭한다.

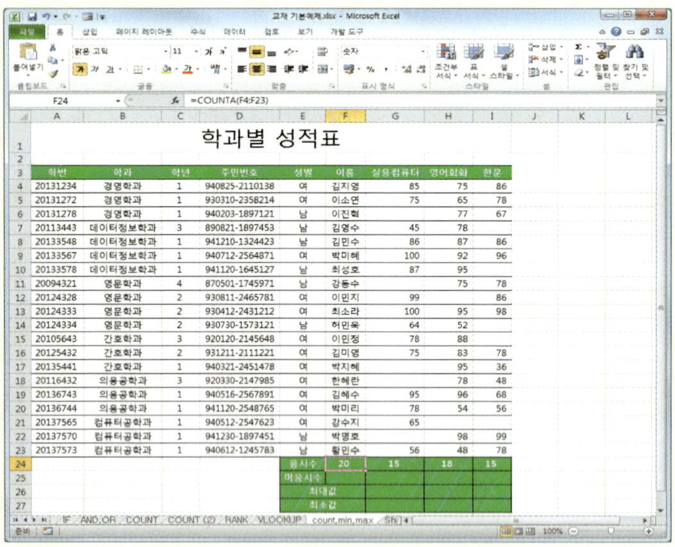

3. 그림과 같이 결과가 나타나는데 F24 셀의 경우에도 결과가 정상적으로 나왔다.

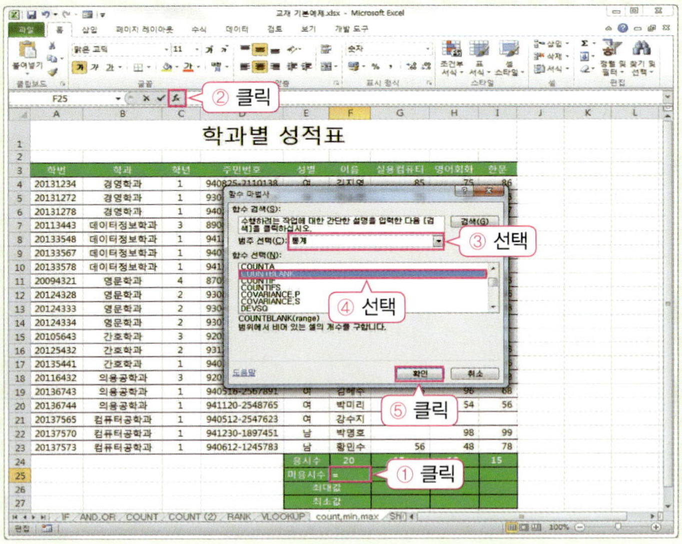

COUNTBLANK 함수

1. 비어 있는 셀의 경우 COUNTBLANK 함수를 이용해서 구할 수 있다. ① F25 셀에 커서를 위치시키고 ② [함수삽입]-③ [통계]-④ [COUNTBLANK]를 선택한 후 ⑤ [확인]을 클릭한다.

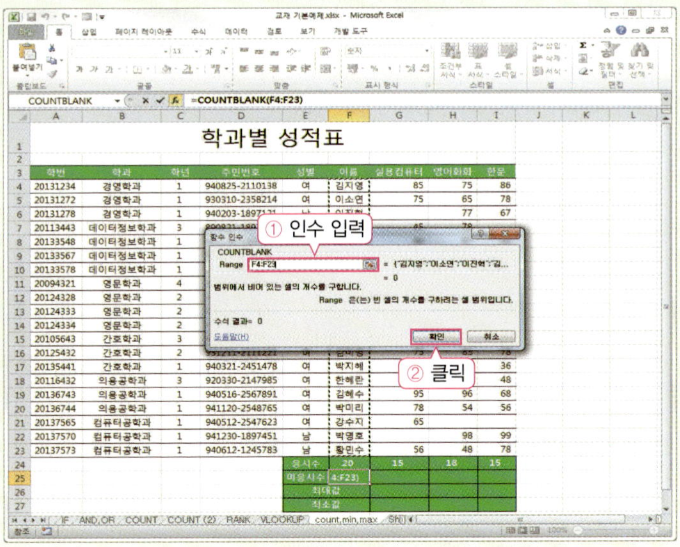

2. ① Range 인수란 입력은 비어있는 셀의 개수를 구하고자 하는 범위로 'F4:F23'셀을 선택한 후 ② [확인]을 클릭한다.

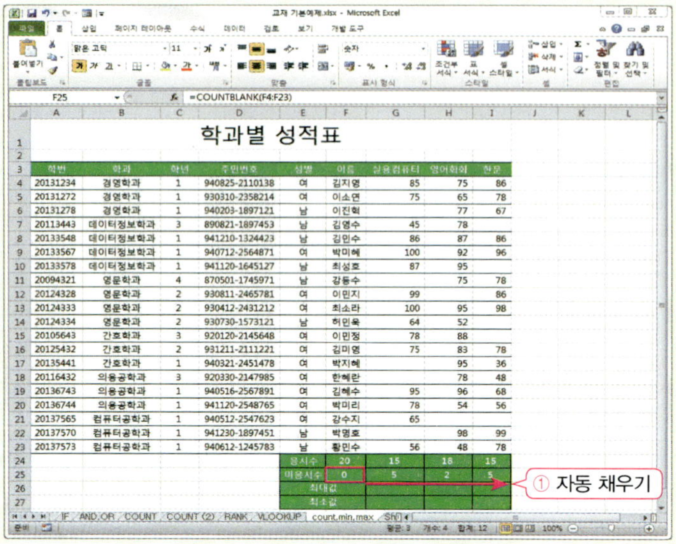

3. 그림과 같이 결과가 나타나는데 F25 셀의 경우 결과가 정상적으로 나왔다. ① 자동 채우기 결과 나머지 셀들도 정상적인 결과가 나왔다.

지정한 범위 내에서 최댓값을 구하는 MAX, 최솟값을 구하는 MIN

지정된 범위의 수치 데이터 중에서 최댓값과 최솟값을 구하는 함수이다.

의미		지정한 범위 내에서 최댓값(최솟값)을 구하는 함수
구문		=MAX(value 1, value 2, …) =MIN(value 1, value 2, …)
인수	value1, value2	최댓값(최솟값)을 구하려는 범위로 숫자가 들어있는 셀 또는 셀의 범위

실습예제

'학과별 성적표' 테이블에서 최댓값을 구해보자.

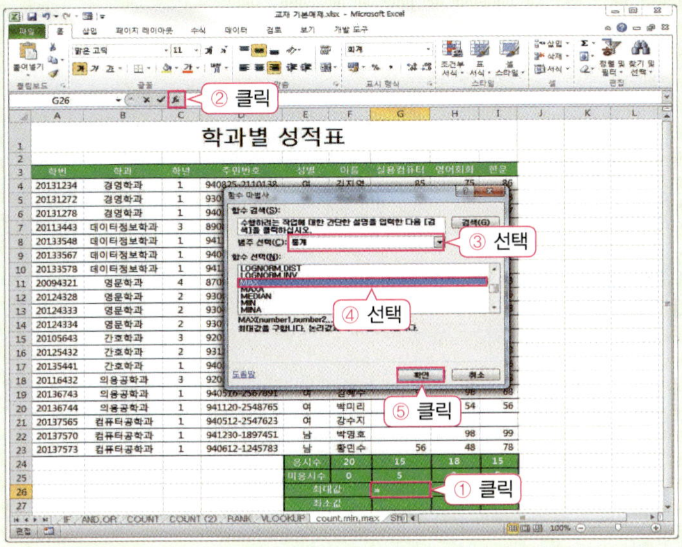

1. ① G26셀에 커서를 위치시키고 ② [함수삽입]-③ [통계]-④ [MAX]를 선택한 후 ⑤ [확인]을 클릭한다.

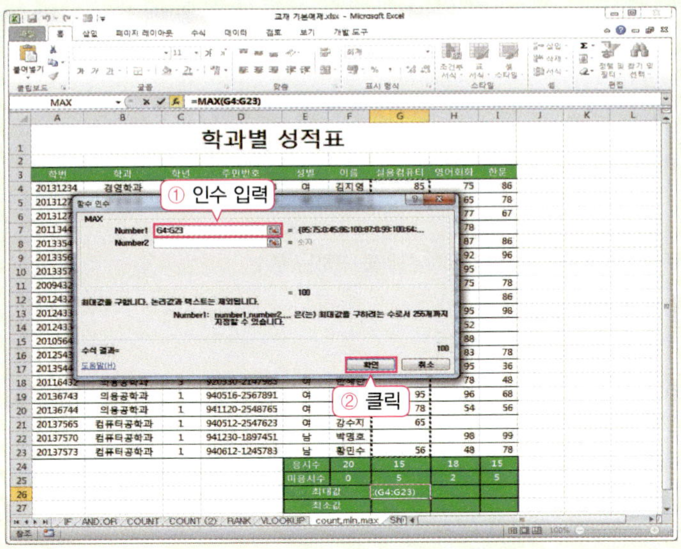

2. ① Number1 인수란 입력은 최댓값을 구하고자 하는 범위로 'G4:G23'셀을 선택한 후 ② [확인]을 클릭한다.

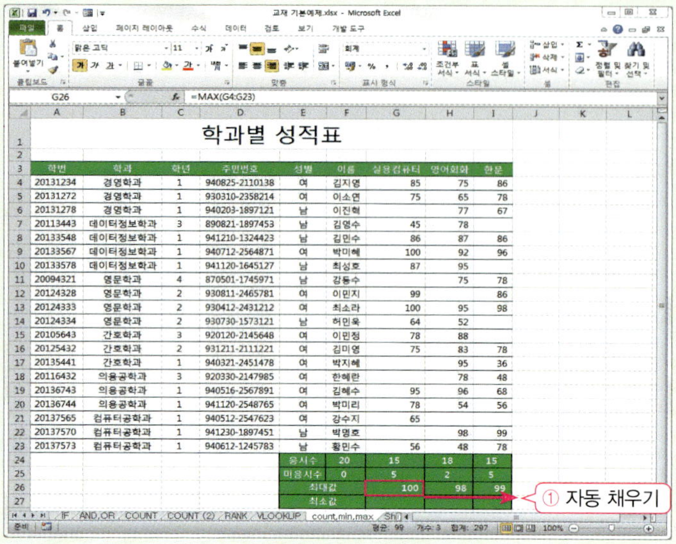

3. 그림과 같이 결과가 나왔다.
최솟값의 경우에도 동일한 방법으로 구할 수 있다.

순위를 매기는 함수 RANK.EQ, RANK.AVG 함수

수치 데이터의 순위를 매기려면 데이터를 내림차순이나 오름차순으로 정렬한 후 1번부터 순번을 매기면 된다. 그러나 중간에 데이터가 추가되거나 삭제되면 다시 정렬을 하고 순번을 매겨야 한다. 이런 경우, RANK 함수를 이용하면 번거로움을 쉽게 줄일 수 있다. RANK 함수는 RANK.EQ와 RANK.AVG 함수가 있다. RANK.EQ 함수는 중복된 수가 있으면 같은 순위를 부여하고, RANK.AVG 함수는 중복된 수가 있으면 평균 순위를 부여한다.

<table>
<tr><td colspan="2">의미</td><td>수 목록 내에서 지정한 수의 크기 순위를 구하는 함수</td></tr>
<tr><td colspan="2">구문</td><td>=RANK.EQ(number, ref, order)
=RANK.AVG(number, ref, order)</td></tr>
<tr><td rowspan="3">인수</td><td>number</td><td>순위를 구하고자 하는 수</td></tr>
<tr><td>ref</td><td>수 목록의 배열 또는 셀 주소
수 이외의 값은 제외</td></tr>
<tr><td>order</td><td>순위를 정할 방법을 지정하는 수
– 0이나 생략하면 내림차순
– 0 이외의 값을 지정하면 오름차순</td></tr>
</table>

Ex 실습예제

'학과별 성적표' 테이블에서 총점을 이용해서 등수를 입력해보자.

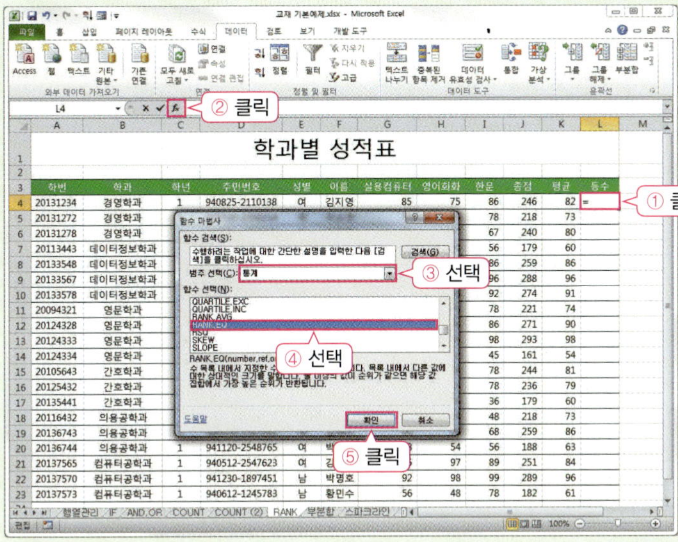

1. ① L4셀에 커서를 위치시키고 ② [함수 삽입]–③ [통계]–④ [RANK.EQ]를 선택한 후 ⑤ [확인]을 클릭한다.

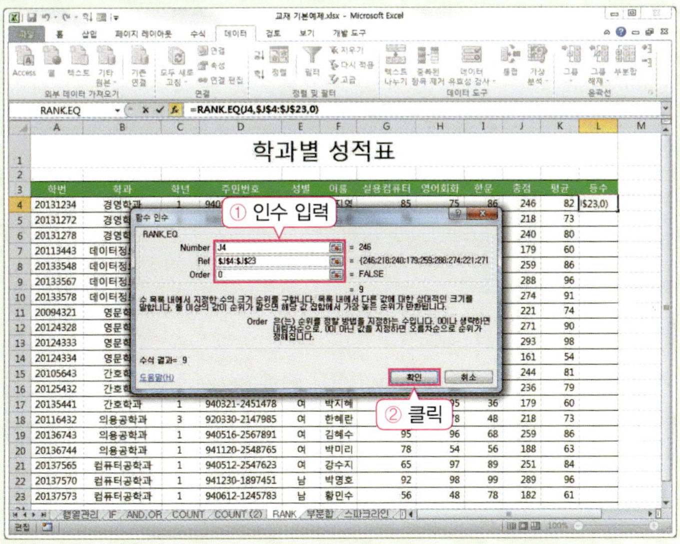

2. ① 첫 번째 인수는 순위를 구할 총점인 J4셀이고, 두 번째 인수는 총점인 J4셀에서 J23셀 범위 전부이다. 이때 절댓값을 꼭 취해준다. 내림차순으로 순위를 구할 것이므로 세 번째 인수에는 '0'을 입력하거나 생략하고 ② [확인]을 클릭한다.

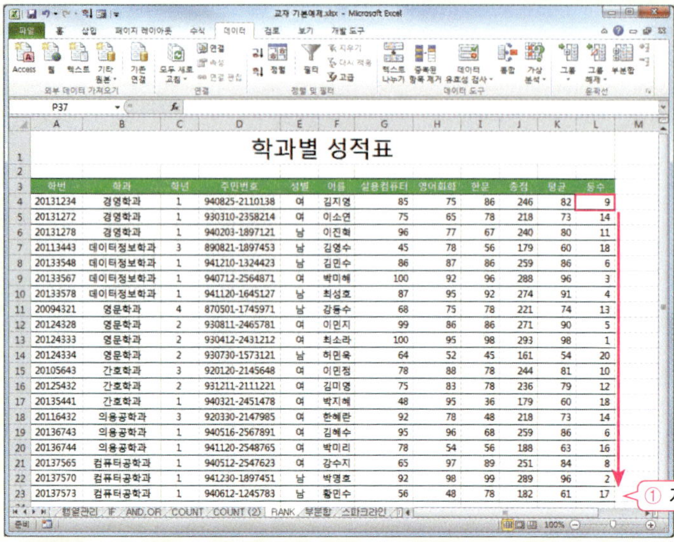

학과별 성적표

학번	학과	학년	주민번호	성별	이름	실용컴퓨터	영어회화	한문	총점	평균	등수
20131234	경영학과	1	940825-2110138	여	김지영	85	75	86	246	82	9
20131272	경영학과	1	930310-2358214	여	이소연	75	65	78	218	73	14
20131278	경영학과	1	940203-1897121	남	이진혁	96	77	67	240	80	11
20113443	데이터정보학과	3	890821-1897453	남	김영수	45	78	56	179	60	18
20133548	데이터정보학과	1	941210-1324423	남	김민수	86	87	86	259	86	6
20133567	데이터정보학과	1	940712-2564871	여	박미혜	100	92	96	288	96	3
20133578	데이터정보학과	1	941120-1645127	남	최성호	87	95	92	274	91	4
20094321	영문학과	4	870501-1745971	남	강동수	68	75	78	221	74	13
20124328	영문학과	2	930811-2465781	여	이민지	99	86	86	271	90	5
20124333	영문학과	2	930412-2431212	여	최소라	100	95	98	293	98	1
20124334	영문학과	2	930730-1573121	남	허민욱	64	52	45	161	54	20
20105643	간호학과	3	920120-2145648	여	이민정	78	88	78	244	81	10
20125432	간호학과	2	931211-2111221	여	김미영	75	83	78	236	79	12
20135441	간호학과	1	940321-2451478	여	박지혜	48	95	36	179	60	18
20116432	의용공학과	3	920330-2147985	여	한혜란	92	78	48	218	73	14
20136743	의용공학과	1	940516-2567891	여	김혜수	95	96	68	259	86	6
20136744	의용공학과	1	941120-2548765	여	박미리	78	54	56	188	63	16
20137565	컴퓨터공학과	1	940512-2547623	여	강수지	65	97	89	251	84	8
20137570	컴퓨터공학과	1	941230-1897451	남	박영호	92	98	99	289	96	2
20137573	컴퓨터공학과	1	940612-1245783	남	황민수	56	48	78	182	61	17

3. ① 입력한 L4셀을 L23셀까지 자동 채우기를 한 후 결과가 제대로 나오는지 확인한다.

Section 6. 조건에 따른 계산 함수

조건에 따른 개수 세기와 더하기, 평균내기 함수 COUNTIF, SUMIF, AVERAGEIF

COUNTIF 함수는 조건에 맞는 셀 개수를 구하는 함수이다.

의미		설정한 범위 내에서 주어진 조건에 맞는 셀의 개수를 계산하는 함수
구문		=COUNTIF(range, criteria)
인수	range	조건에 맞는 셀의 수를 구하려는 셀의 범위
	criteria	개수를 계산하려는 셀의 조건

SUMIF 함수는 지정한 조건에 맞을 경우에만 더하고, AVERAGEIF 함수는 지정한 조건에 맞을 경우에만 평균을 구한다.

의미		설정한 범위 내에서 주어진 조건에 의해 지정된 셀들의 합이나 평균을 구하는 함수
구문		=SUMIF(range, criteria, sum_range) =AVERAGEIF(range, criteria, average_range,)
인수	range	조건에 맞는 셀의 수를 구하려는 셀의 범위
	criteria	개수를 계산하려는 셀의 조건
	sum_range average_range	합이나 평균을 구할 셀의 범위. 생략하면 range를 사용

Ex 실습예제

'학과별 성적표' 테이블에서 학과별 인원수를 구해보자.

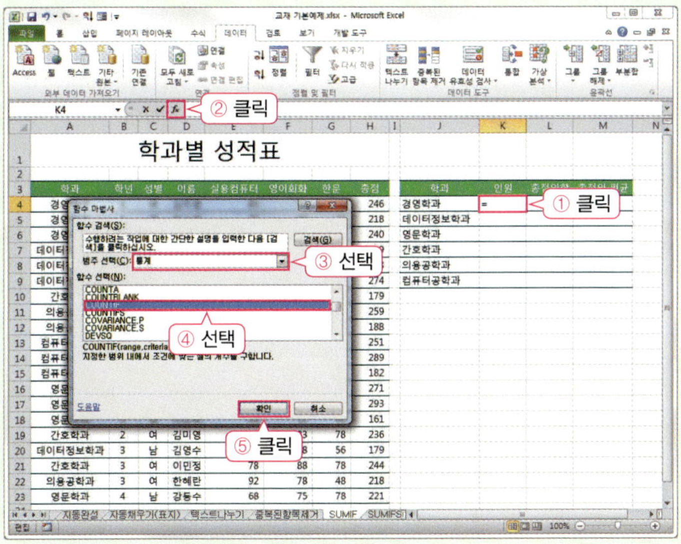

1. ① K4셀에 커서를 위치시키고 ② [함수삽입]-③ [통계]-④ [COUNTIF]를 선택한 후 ⑤ [확인]을 클릭한다.

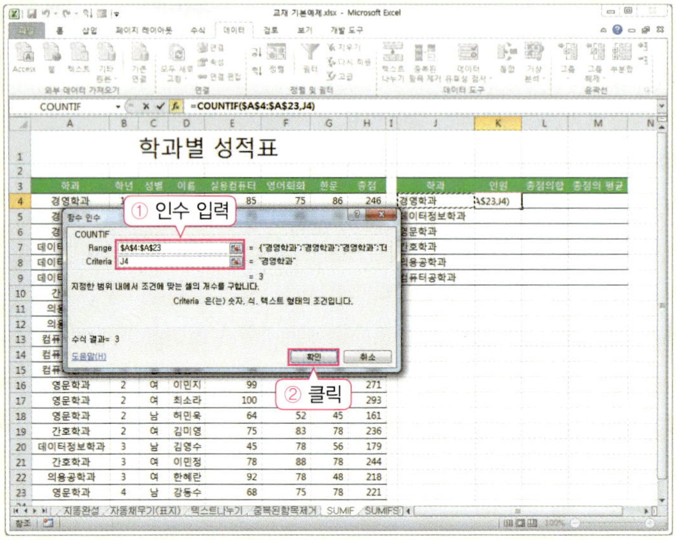

2. ① Range 인수란은 학과를 찾고자 하는 필드로 'A4:A23'셀이 여기에 해당된다. 우리는 '경영학과' 인원수를 구하고 다른 과는 자동 채우기를 통해서 구하게 된다. [Range] 범위 설정 시 절댓값을 꼭 취해준다. Criteria 인수란은 찾고자하는 값으로 J4셀을 클릭해 준 다음 ② [확인]을 클릭한다.

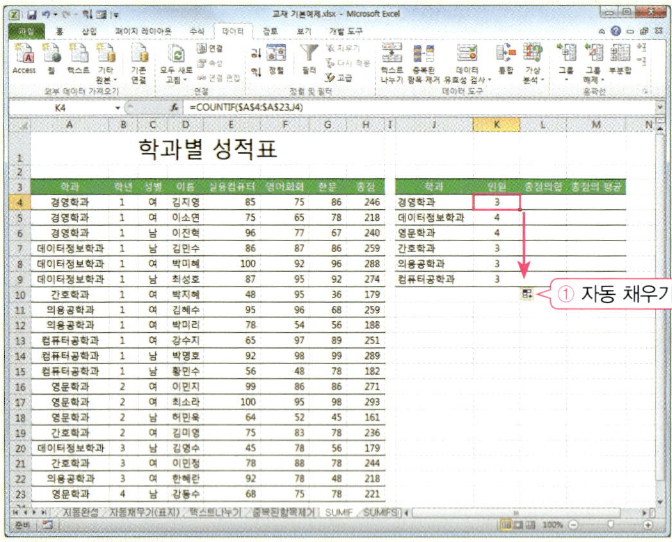

3. ① 입력한 K4셀을 K9셀까지 자동 채우기를 한 후 결과가 제대로 나오는지 확인한다.

Ex **실습예제**

'학과별 성적표' 테이블에서 학과별 총점의 합을 구해보자.

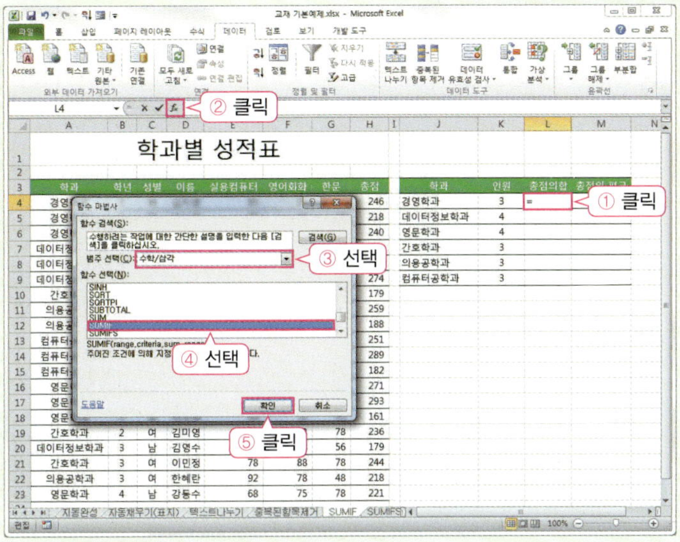

1. ① L4셀에 커서를 위치시키고 ② [함수삽입]-③ [수학/삼각]-④ [SUMIF]를 선택한 후 ⑤ [확인]을 클릭한다.

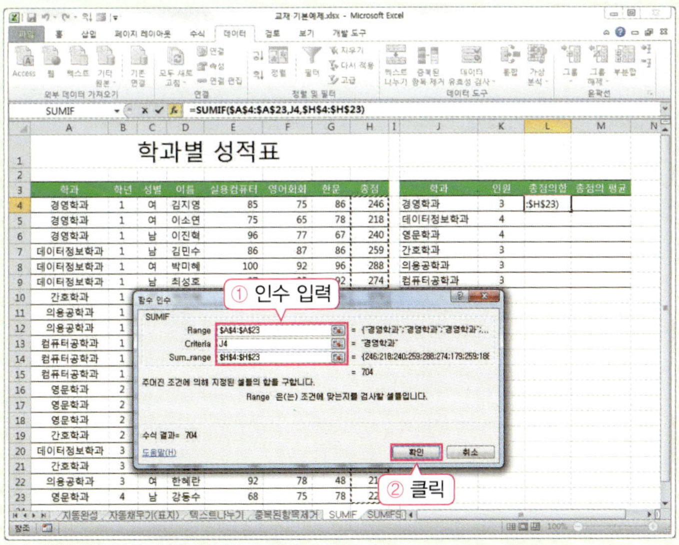

2. ① Range 인수란은 학과를 찾고자 하는 필드로 'A4:A23'셀이 여기에 해당된다. 우리는 '경영학과' 인원수를 구하고 다른 과는 자동 채우기를 통해서 구하게 된다. 단, 범위 설정시 절댓값을 꼭 취해준다. Criteria 인수란은 찾고자하는 값으로 J4셀을 클릭해준다. Sum_range 인수란은 합을 구하는 실제 셀들로 'H4:H24' 셀을 선택한 후 ② [확인]을 클릭한다. 여기서도 절댓값을 취해주는 것을 잊지 말자.

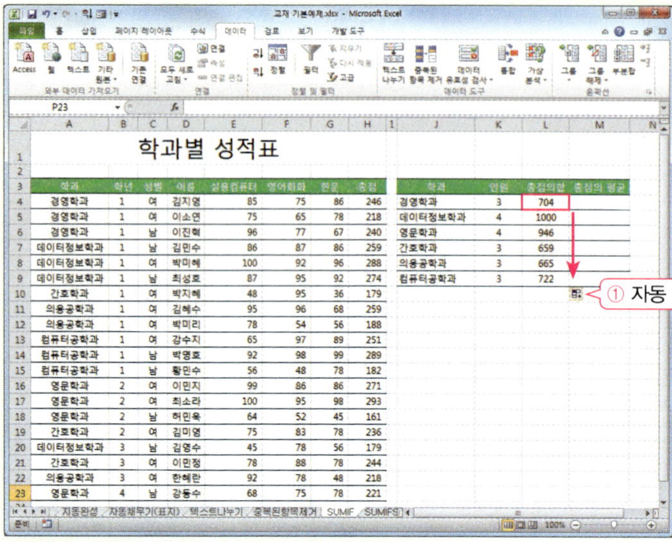

3. ① 입력한 L4셀을 L9셀까지 자동 채우기를 한 후 결과가 제대로 나오는지 확인한다.

실습예제

'학과별 성적표' 테이블에서 학과별 총점의 평균을 구해보자.

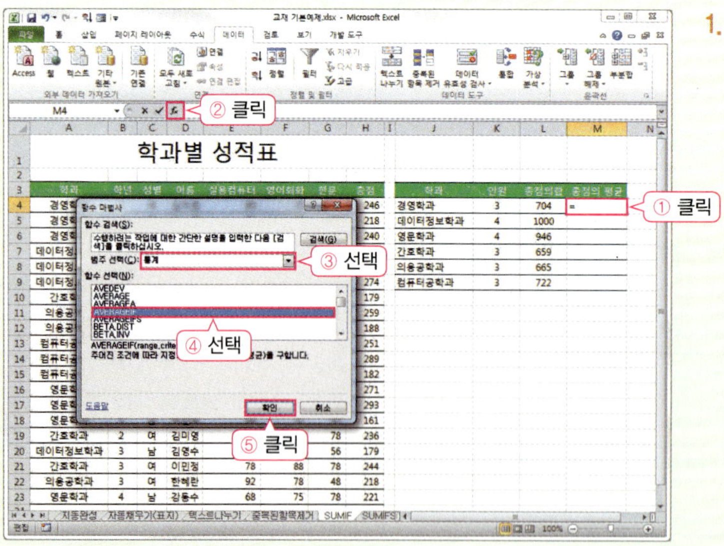

1. ① M4셀에 커서를 위치시키고 ② [함수삽입]-③ [통계]-④ [AVERAGIF]를 선택한 후 ⑤ [확인]을 클릭한다.

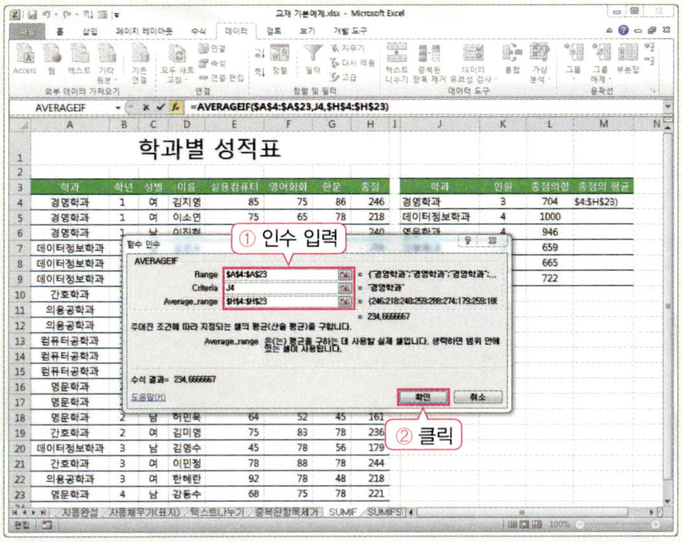

2. ① Range 인수란은 학과를 찾고자 하는 필드로 'A4:A23'셀이 여기에 해당된다. 우리는 '경영학과' 인원수를 구하고 다른 과는 자동 채우기를 통해서 구하게 된다. 단, 범위 설정시 절댓값을 꼭 취해준다. Criteria 인수란은 찾고자하는 값으로 J4셀을 클릭해준다. Averange_range 인수란은 평균을 구하는 실제 셀들로 'H4:H23'셀을 선택한 후 ② [확인]을 클릭한다. 여기서도 절댓값을 취해주는 것을 잊지 말자.

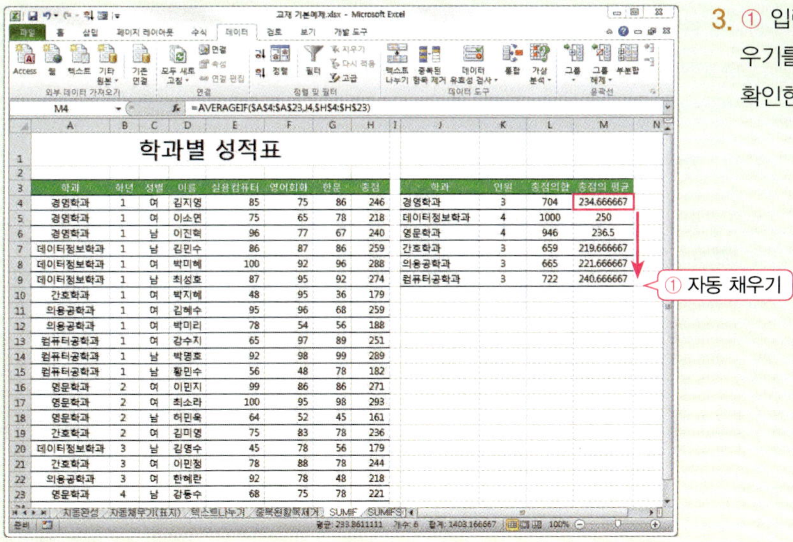

3. ① 입력한 M4셀을 M9셀까지 자동 채우기를 한 후 결과가 제대로 나오는지 확인한다.

여러 개의 조건에 따른 개수 세기와 더하기, 평균내기 함수 COUNTIFS, SUMIFS, AVERAGEIFS

COUNTIFS 함수는 범위 내에서 여러 개의 주어진 조건에 맞는 셀 개수를 구하는 함수이다.

의미		설정한 범위 내에서 주어진 여러 개의 조건에 맞는 셀의 개수를 계산하는 함수
구문		=COUNTIFS(criteria_range1, criteria1, criteria_range2, criteria2..)
인수	criteria_range	조건에 맞는 셀의 수를 구하려는 셀의 범위 1~127개까지 가능하다.
	criteria	개수를 계산하려는 셀의 조건 1~127개까지 가능하다.

SUMIFS 함수는 다수의 지정한 조건에 맞을 경우에만 더하고 AVERAGEIFS 함수는 다수의 지정한 조건에 맞을 경우에만 평균을 구한다. 여기에서 주의해야 할 사항은 SUMIF나 AVERAGEIF 함수와 다르게 Sum_range, Average_range가 range앞에 나온다는 점이다. 이것은 다수의 range와 criteria가 나오기 때문에 첫 번째로 보낸 것이다.

의미		설정한 범위 내에서 주어진 조건에 의해 지정된 셀들의 합이나 평균을 구하는 함수
구문		=SUMIFS(sum_range, criteria_range1, criteria1, criteria_range2, criteria2..) =AVERAGEIFS(average_range, criteria_range1, criteria1, criteria_range2, criteria2..)
인수	sum_range average_range	합이나 평균을 구할 실제 셀들의 범위
	criteria_range	조건에 맞는 셀의 수를 구하려는 셀의 범위 1~127개까지 가능하다.
	criteria	합이나 평균을 계산하려는 셀의 조건 1~127개까지 가능하다.

Ex 실습예제

'학과별 성적표' 테이블에서 학년별, 성별 인원수를 구해보자.

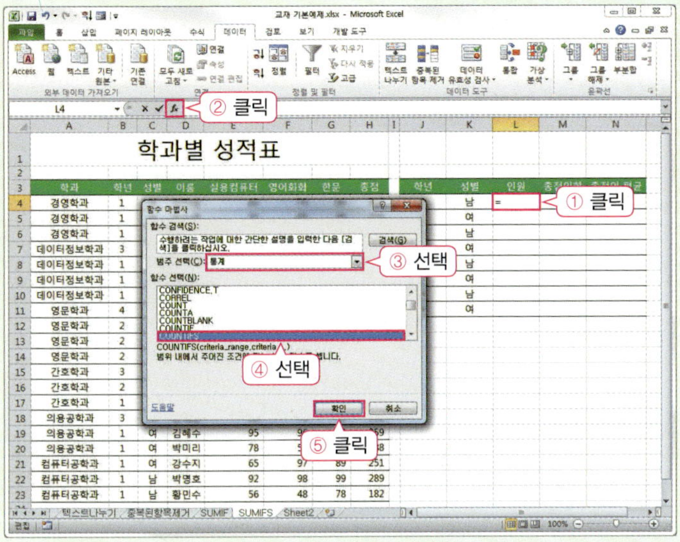

1. ① L4셀에 커서를 위치시키고 ② [함수삽입]–③ [통계]–④ [COUNTIFS]를 선택한 후 ⑤ [확인]을 클릭한다.

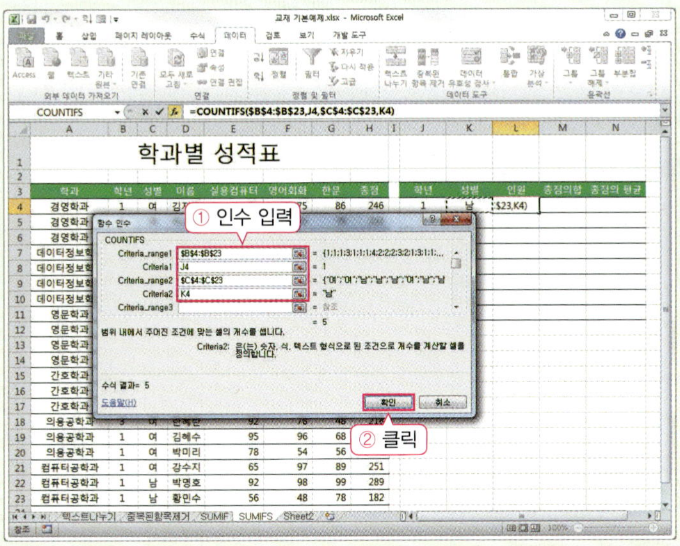

2. ① {Criteria_range1} 인수란은 학년을 찾고자 하는 필드로 'B4:B23'셀이 여기에 해당된다. 절댓값을 취해주는 것을 잊지 말자. {Criteria1} 인수란은 찾고자 하는 값으로 J4셀을 클릭해준다. {Criteria_range2} 인수란은 성별을 찾고자 하는 필드로 'C4:C23'셀이 여기에 해당된다. 여기서도 절댓값을 취해주는 것을 잊지 말자. {Criteria2} 인수란은 찾고자 하는 값으로 K4셀을 클릭해주고 ② [확인]을 클릭한다.

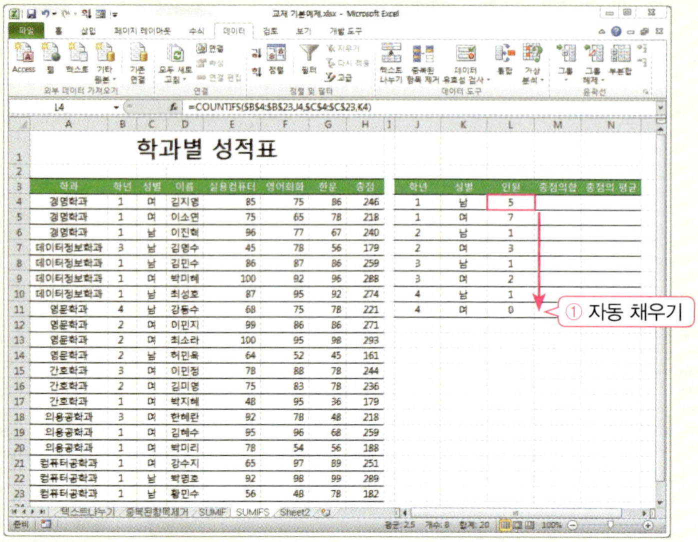

3. ① 입력한 L4셀을 L11셀까지 자동 채우기를 한 후 결과가 제대로 나오는지 확인한다.

Ex 실습예제

'학과별 성적표' 테이블에서 학년별, 성별 총점의 합을 구해보자.

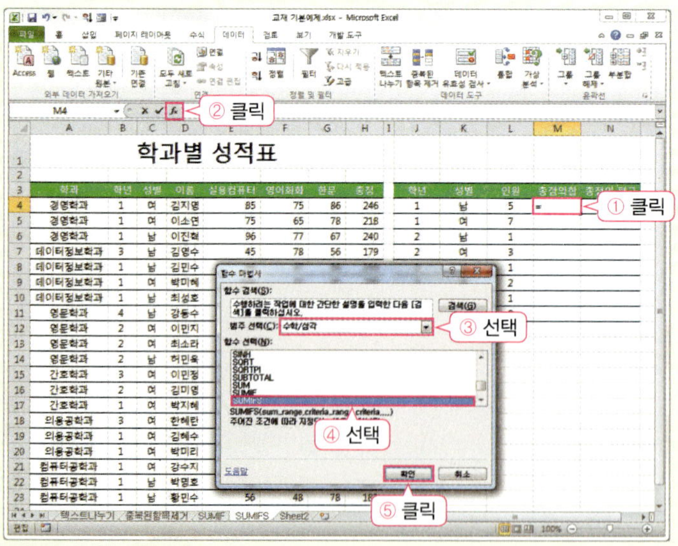

1. ① M4셀에 커서를 위치시키고 ② [함수삽입]-③ [수학/삼각]-④ [SUMIFS]를 선택한 후 ⑤ [확인]을 클릭한다.

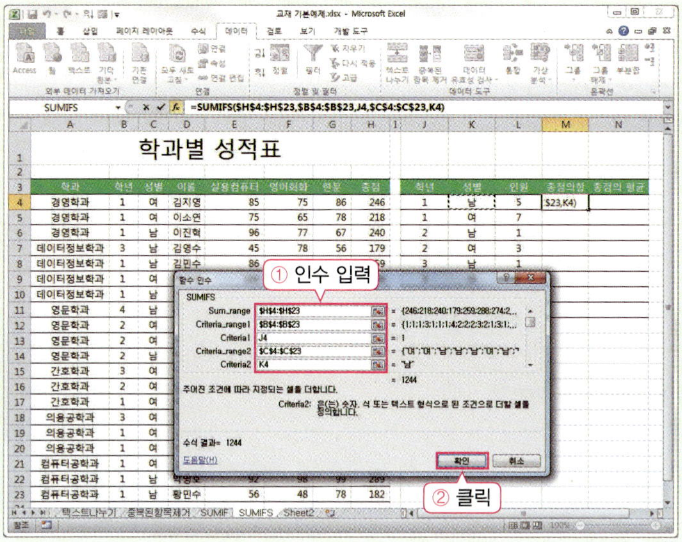

2. ① {Sum_range} 인수란은 합을 구하는 실제 셀들로 'H4:H23'셀이 해당된다. {Criteria_range1} 인수란은 학년을 찾고자 하는 필드로 'B4:B23'셀이 여기에 해당된다. {Criteria1} 인수란은 학년에서 찾고자하는 값으로 J4셀을 클릭해준다. {Criteria_range2} 인수란은 성별을 찾고자 하는 필드로 'C4:C23'셀이 여기에 해당된다. {Criteria2} 인수란은 성별을 찾고자하는 값으로 K4셀을 클릭해주고, ② [확인]을 클릭한다. 이때, {Sum_range}, {Criteria_range1}, {Criteria_range2} 영역은 절댓값을 취해준다.

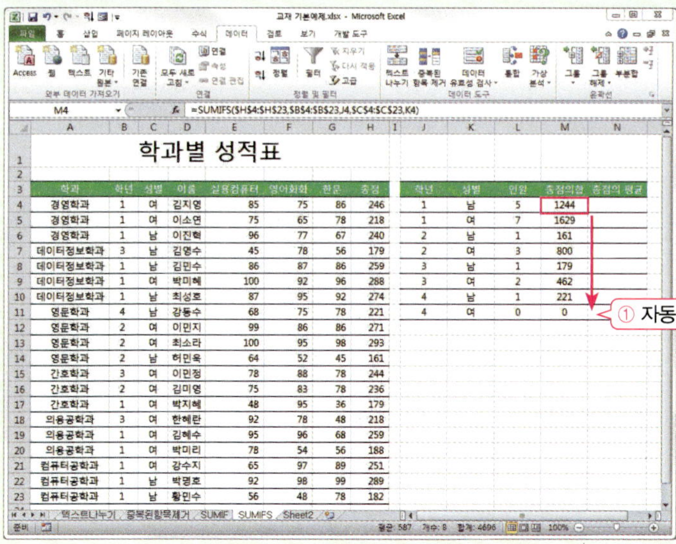

3. ① 입력한 M4셀을 M11셀까지 자동 채우기를 한 후 결과가 제대로 나오는지 확인한다.

참고

SUMIFS

SUMIFS 함수는 2003 이전 버전에서는 존재하지 않았던 함수이다. 기존의 SUMIF의 경우 [Range], [Criteria], [Sum_range] 순으로 인수가 들어갔지만, SUMIFS 함수의 경우 [Range]와 [Criteria] 인수가 많은 수의 존재가 가능함으로 편의상 [Sum_range], [Range], [Criteria] 순으로 인수가 바뀌었다.

Ex

실습예제

'학과별 성적표' 테이블에서 학년별, 성별 총점의 평균을 구해보자.

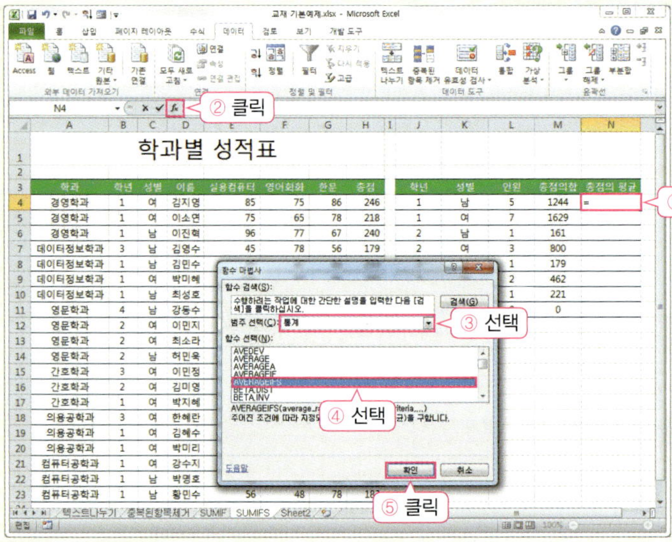

1. ① N4셀에 커서를 위치시키고 ② [함수삽입]–③ [통계]–④ [AVERAGEIFS]를 선택한 후 ⑤ [확인]을 클릭한다.

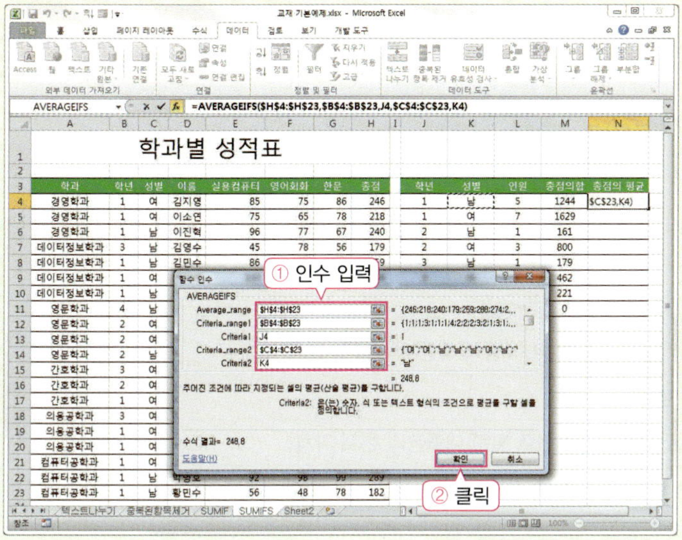

2. ① {Average_range} 인수란은 평균을 구하는 실제 셀들로 'H4:H23'셀이 해당된다. {Range1} 인수란은 학년을 찾고자 하는 필드로 'B4:B23'셀이 여기에 해당된다. {Criteria1} 인수란은 학년에서 찾고자 하는 값으로 J4셀을 클릭해준다. {Range2} 인수란은 성별을 찾고자 하는 필드로 'C4:C23'셀이 여기에 해당된다. {Criteria2} 인수란은 성별을 찾고자 하는 값으로 K4셀을 클릭해주고 ② [확인]을 클릭한다. 이때, {Average_range}, {Criteria_range1}, {Criteria_range2}영역은 절댓값을 취해준다.

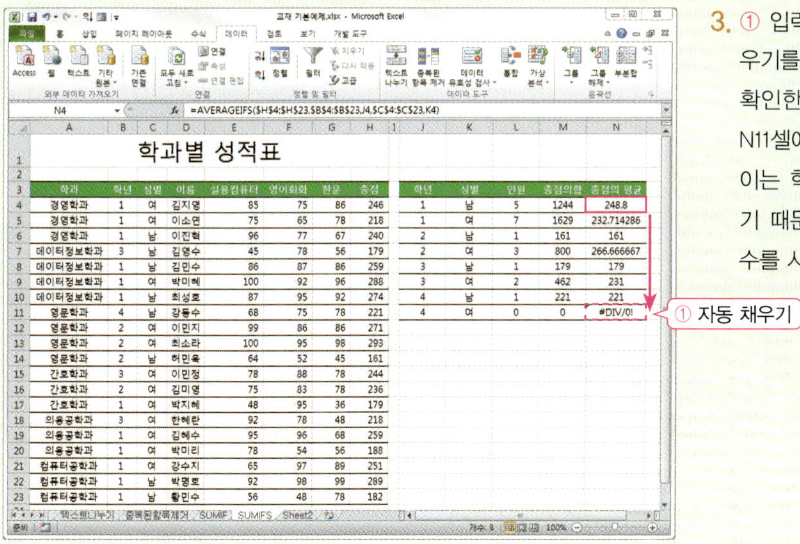

3. ① 입력한 N4셀을 N11셀까지 자동 채우기를 한 후 결과가 제대로 나오는지 확인한다. 그림에서 보는 바와 같이 N11셀에서 '#DIV/0'에러가 발생한다. 이는 학생 중에서 4학년 여학생이 없기 때문이다. 이 문제는 IFERROR 함수를 사용하면 쉽게 해결된다.

Section 7. 재무 함수

대출이나 적금 가입 후 납입금액을 계산하는 PMT 함수

의미		PMT는 고정 이율과 고정 기간 상황에서의 대출금 또는 적금에 대한 납입금을 쉽게 구할 수 있는 함수이다.
구문		=PMT(rate,nper,pv,fv,type)
인수	rate	대출 이율로 소수점 표시 방식 혹은 백분율로 표시
	nper	총 상환횟수
	pv	present value의 약자로 빌린 대출금의 현재 가치
	fv	future value의 약자로 현재의 납입금액으로 미래에 받을 금액
	type	0일 경우 월말 기준, 1일 경우 월초 기준

Ex 실습예제

'은행별 대출상품 이율 비교' 테이블에서 은행에서 대출을 받았을 때 월 납입액을 구해보자.

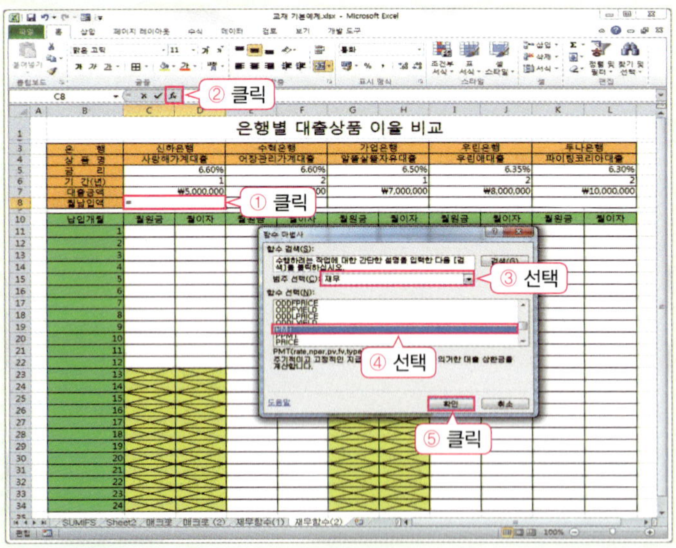

1. ① C8셀에 커서를 위치시키고 ② [함수삽입]-③ [재무]-④ [PMT]를 선택한 후 ⑤ [확인]을 클릭한다.

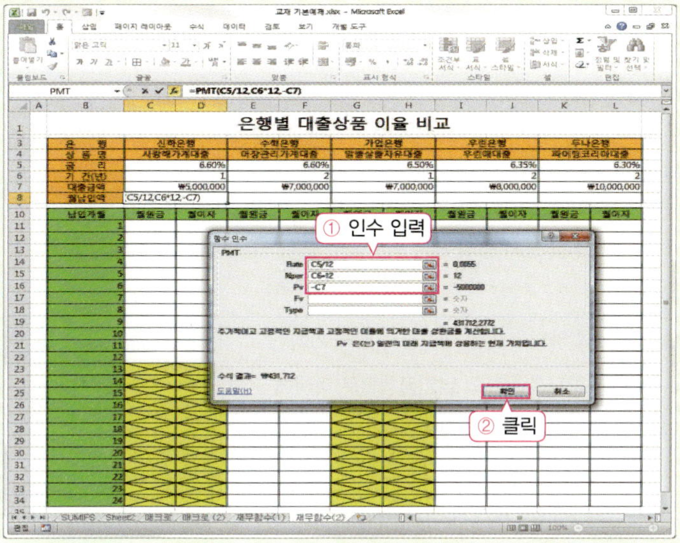

2. 이율에 해당하는 ① {Rate} 인수란에는 월이율로 계산해주기 위해 'C5/12', 총 납입기간인 {Nper} 인수란에는 매월 납입하므로 'C6*12'를 입력한다. 대출을 받았으므로 미래 지급액에 상응하는 현재 가치를 나타내는 {Pv} 인수란에 '–C7'을 입력한 후 ② [확인]을 클릭한다. '–'를 입력한 이유는 계산 결과에서 '–'를 없애기 위해서이다.

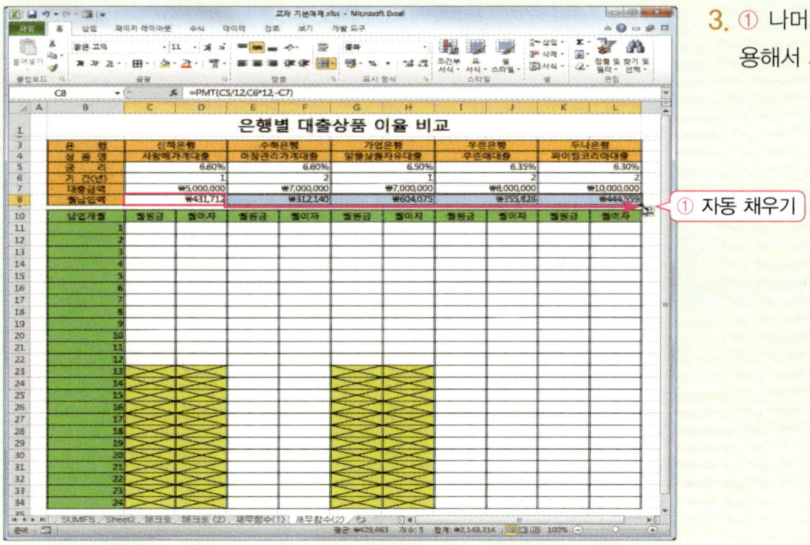

3. ① 나머지 은행들은 자동 채우기를 이용해서 계산한다.

대출금에서 원금과 이자 납입액을 계산하는 PPMT, IPMT 함수

구분		내용
의미		PPMT : 매월 납입해야 하는 금액 중에서 원금에 해당하는 금액을 나타내는 함수 IPMT : 매월 납입해야 하는 금액 중에서 이자에 해당하는 금액을 나타내는 함수
구문		=PPMT(rate,per,nper,pv,fv,type) =IPMT(rate,per,nper,pv,fv,type)
인수	rate	대출 이율로 소수점 표시 방식 혹은 백분율로 표시
	nper	총 상환횟수
	pv	present value의 약자로 빌린 대출금의 현재 가치
	fv	future value의 약자로 현재의 납입금액으로 미래에 받을 금액
	type	0일 경우 월말 기준, 1일 경우 월초 기준

실습예제

'은행별 대출상품 이율 비교' 테이블에서 은행에서 대출을 받았을 때 월 납입액 중 원금을 구해보자.

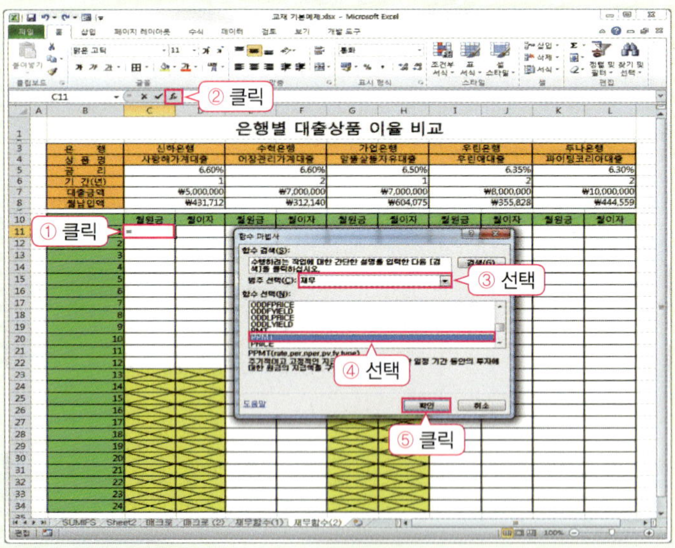

1. ① C11셀에 커서를 위치시키고 ② [함수삽입]-③ [재무]-④ [PPMT]를 선택한 후 ⑤ [확인] 클릭한다.

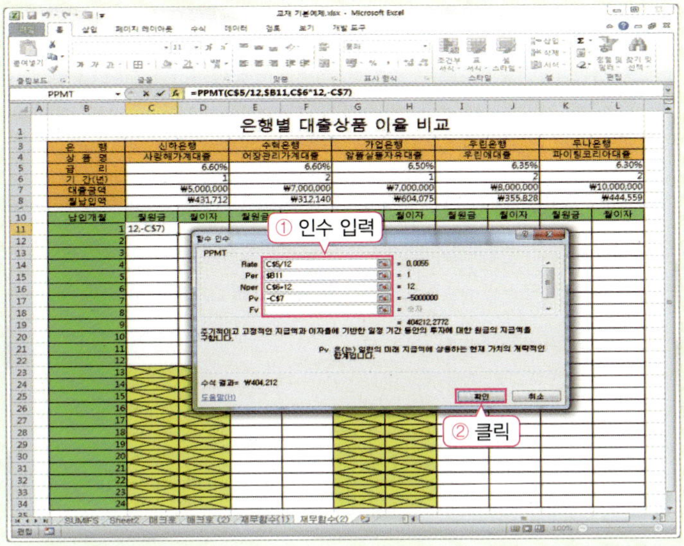

2. 이율에 해당하는 ① [Rate]에는 월 이율로 계산해주기 위해 'C$5/12', [Per]에는 1회차인 '$B11', 총 납입기간인 [Nper]에는 매월 납입하므로 'C$6*12'를 입력한다. 대출을 받았으므로 미래 지급액에 상응하는 현재 가치를 나타내는 [Pv]에 '–C$7'을 입력한 후 ② [확인]을 클릭한다.

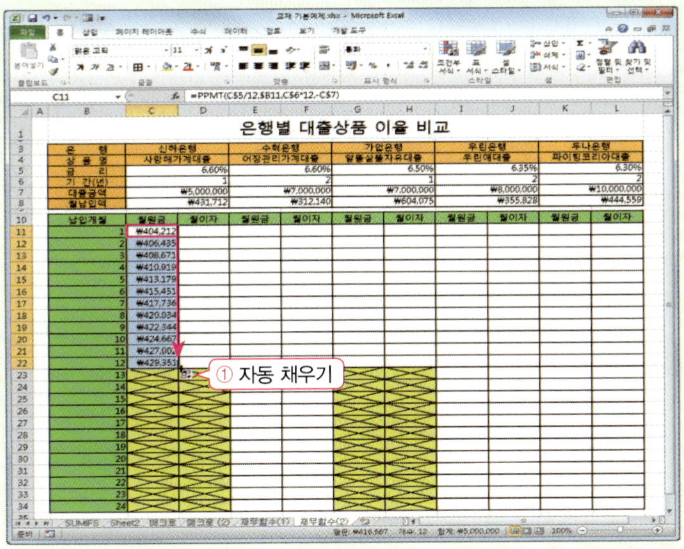

3. 그림과 같이 결과가 나왔다. ① C11셀을 C22셀까지 자동 채우기를 한 후 결과가 제대로 나오는지 확인한다. C11셀은 자동 채우기를 위해 혼합참조 내용에 유의하여 수식을 입력한다.

실습예제

'은행별 대출상품 이율 비교' 테이블에서 은행에서 대출을 받았을 때 월 납입액 중 이자를 구해보자.

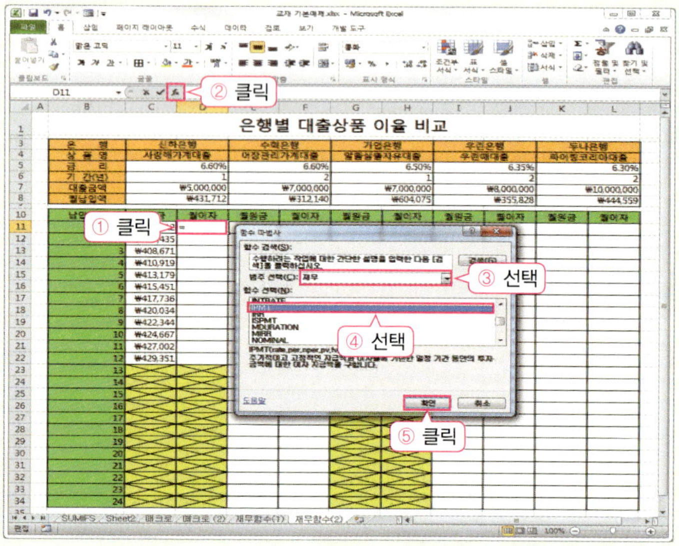

1. ① D11셀에 커서를 위치시키고 ② [함수삽입]-③ [재무]-④ [IPMT]를 선택한 후 ⑤ [확인]을 클릭한다.

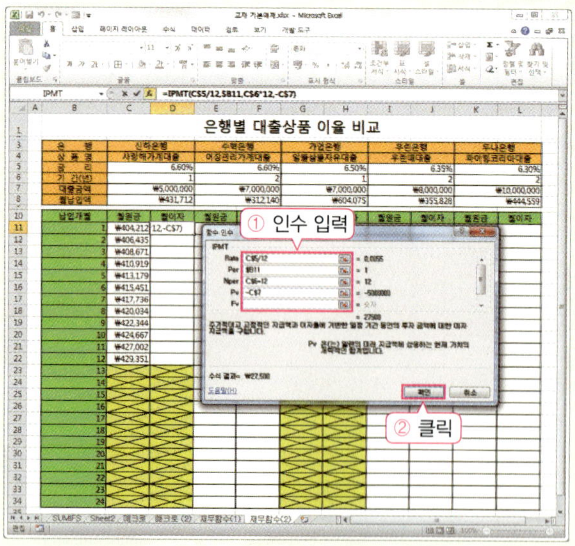

2. 이율에 해당하는 ① {Rate} 인수란에는 월이율로 계산해주기 위해 'C$5/12', {Per} 인수란에는 1회차인 '$B11', 총 납입기간인 {Nper} 인수란에는 매월 납입하므로 'C$6*12'를 입력한다. 대출을 받았으므로 미래 지급액에 상응하는 현재 가치를 나타내는 {Pv} 인수란에 '-C$7'을 입력한 후 ② [확인]을 클릭한다.

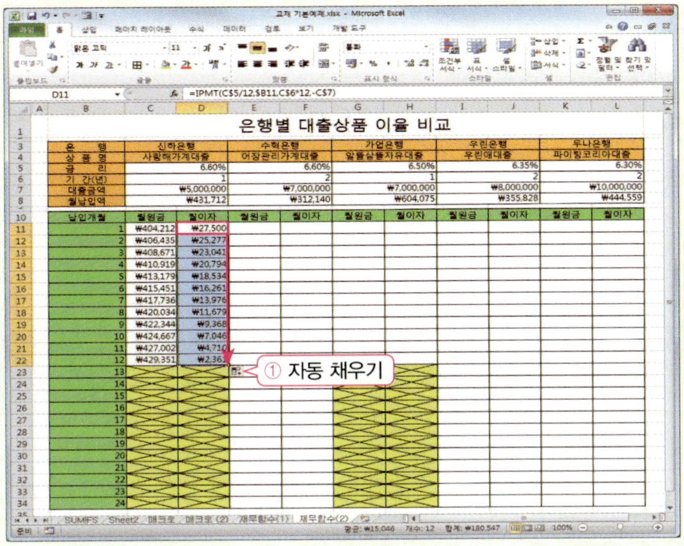

3. 그림과 같이 결과가 나왔다. ① D11셀을 D22셀까지 자동 채우기를 한 후 결과가 제대로 나오는지 확인한다.

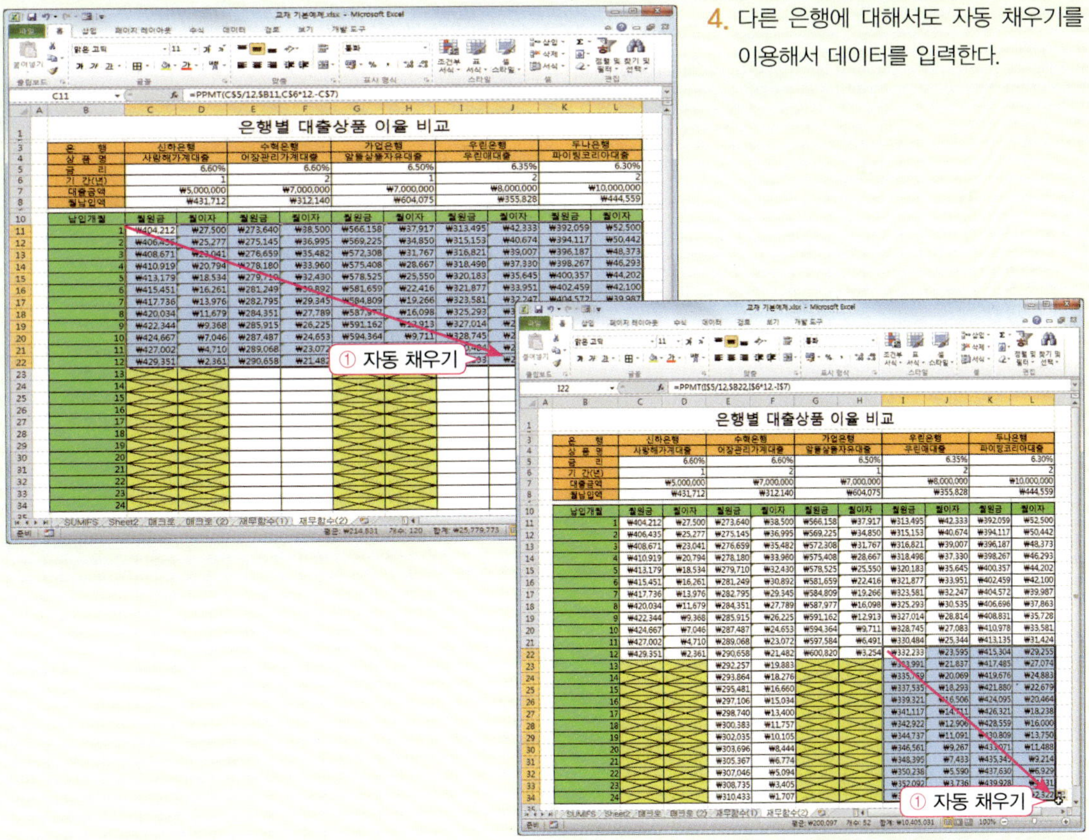

4. 다른 은행에 대해서도 자동 채우기를 이용해서 데이터를 입력한다.

Section 8. 날짜/시간 함수

날짜 및 시간 함수는 셀에 날짜를 입력하거나 두 날짜 사이의 연수, 월수, 일수를 계산할 때 쓸 수 있는 함수이다. 날짜 함수를 알아두면 날짜 계산은 물론 날짜를 입력할 때 생기는 번거로움을 많이 줄일 수 있다.

컴퓨터 시스템상의 현재 날짜를 표시하는 TODAY, 컴퓨터 시스템상의 현재 날짜와 시간까지 표시하는 NOW

셀에 컴퓨터 시스템상의 날짜(날짜, 시간)를 삽입하는 함수이다.

의미		컴퓨터 시스템 상의 날짜(날짜와 시간)를 삽입하는 함수
구문		=TODAY() =NOW()
인수	없음	TODAY 함수와 NOW 함수는 인수가 없는 함수이지만, 괄호를 생략할 수 없고 빈 괄호를 입력한다.

Ex 실습예제

TODAY함수와 NOW함수를 이용해서 날짜를 삽입해보자.

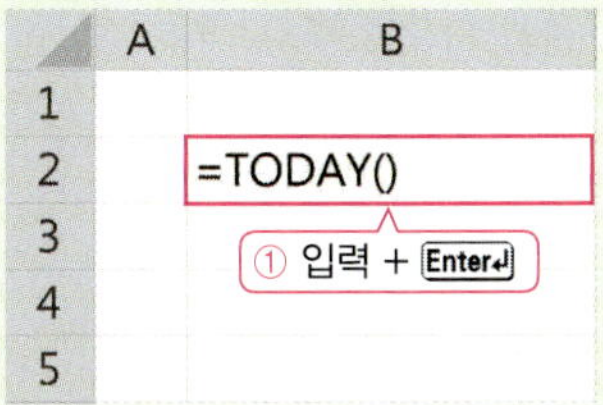

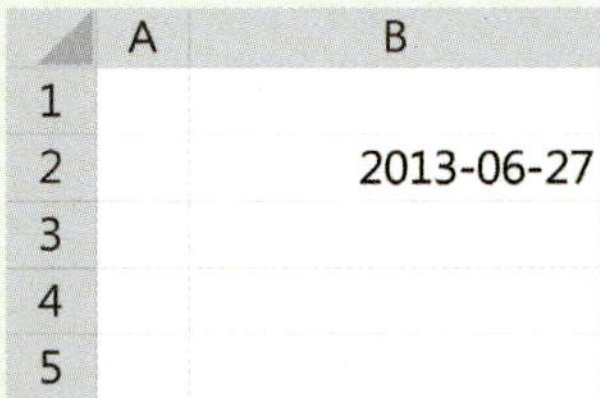

1. ① B2셀에 '=today()' 입력하고, Enter↵키를 누른다. 인수가 없는 함수이지만 괄호를 생략할 수 없다.

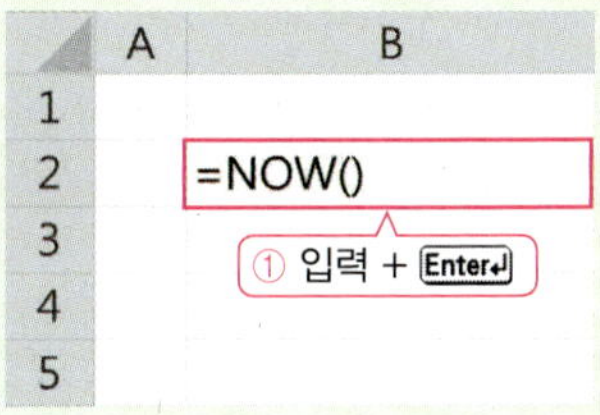

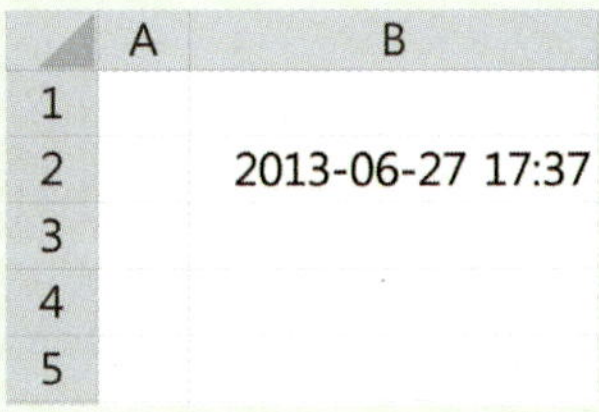

2. ① B2셀에 '=now()' 입력하고, Enter↵ 키를 누른다. 인수가 없는 함수이지만 괄호를 생략할 수 없다.

년, 월, 일을 입력하는 YEAR, MONTH, DAY 함수

다른 셀에 입력되어 있는 날짜 데이터 중에서 '연, 월, 일'에 해당하는 데이터만 추출하는 함수이다.

의미		다른 셀에 입력되어 있는 날짜 데이터 중에서 연, 월, 일을 추출하는 함수
구문		=YEAR(serial_number) =MONTH(serial_number) =DAY(serial_number)
인수	serial_number	날짜 데이터가 입력되어 있는 셀 주소

실습예제

YEAR, MONTH, DAY 함수를 이용해서 날짜 데이터에서 연, 월, 일을 추출해보자.

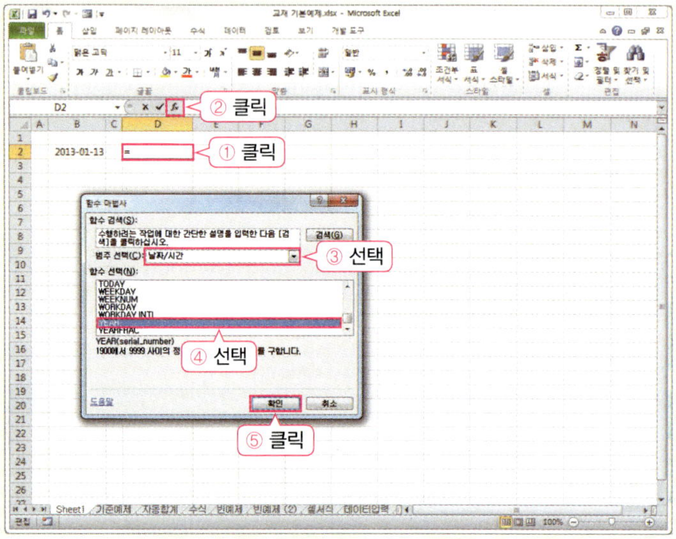

1. ① D2셀에 커서를 위치시키고 ② [함수삽입]-③ [날짜/시간]-④ [YEAR]를 선택한 후 ⑤ [확인]을 클릭한다.

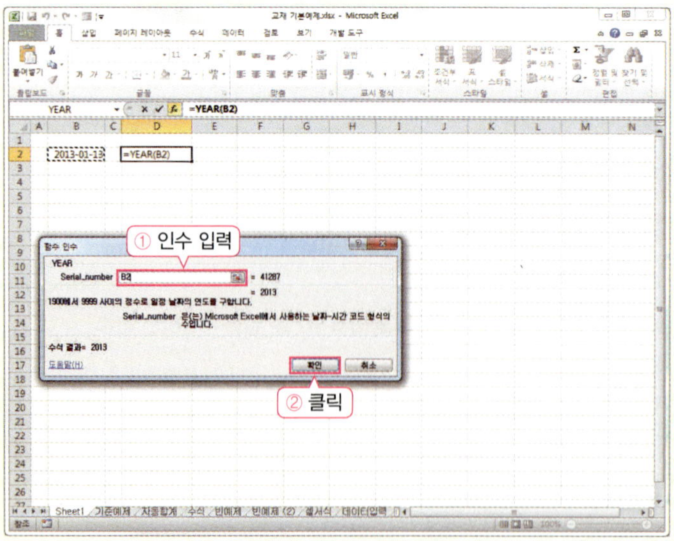

2. ① {Serial_number} 인수란에는 연도를 추출할 셀인 B2셀을 입력하고 ② [확인]을 클릭한다.

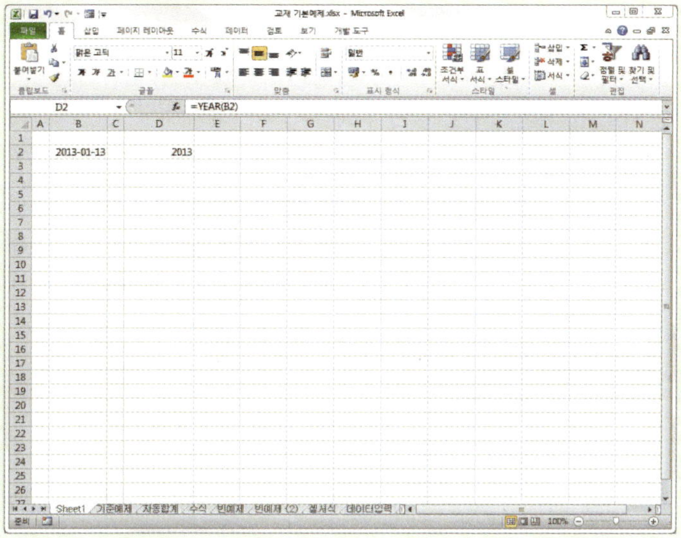

3. 그림과 같이 B2셀에서 연도만 추출하였다. 동일한 방법으로 MONTH, DAY 함수를 이용해서 월, 일을 추출해 보자.

두 날짜 사이의 연, 월, 일 경과 일수를 구하는 DATEDIF 함수

두 날짜 사이의 차이를 연도 수나 개월 수, 일수로 표현하는 함수로 이 함수의 경우 함수마법사에 등록되어 있지 않아서 직접 입력해서 사용해야 한다.

의미		두 날짜 사이의 차이를 연, 월, 일수로 표현하는 함수
구문		=DATEDIF(start_date, end_date, "option")
인수	start_date	알고자하는 기간의 시작날짜가 들어있는 셀 주소
	end_date	알고자하는 기간의 종료날짜가 들어있는 셀 주소
	option	y : 두 날짜의 사이에 경과된 연 수 ym : 경과된 년 수를 제외한 개월 수 md : 경과된 년 수와 개월 수를 제외한 일수

Ex 실습예제

DATEDIF 함수를 이용해서 입사년월일과 현재일 두 날짜 사이에 경과된 근무 년, 월, 일수를 구해보자.

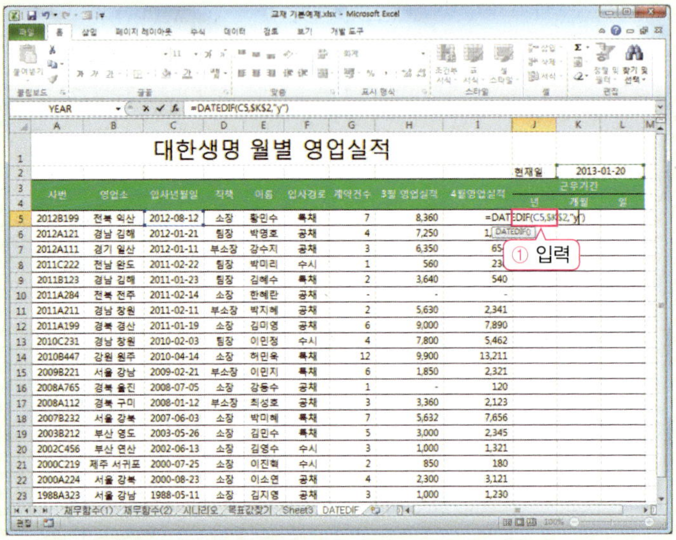

1. ① 추출될 년도가 들어갈 J5셀을 클릭한 다음 '=DATEDIF(C5, $K$2, "y")'를 입력한 다음 Enter↵키를 누른다. 여기서 'C5'셀은 {Start_date} 인수에 해당되고, '$K$2'셀은 {End-date} 인수에 해당되고 "y"는 연도를 추출하는 옵션이다.

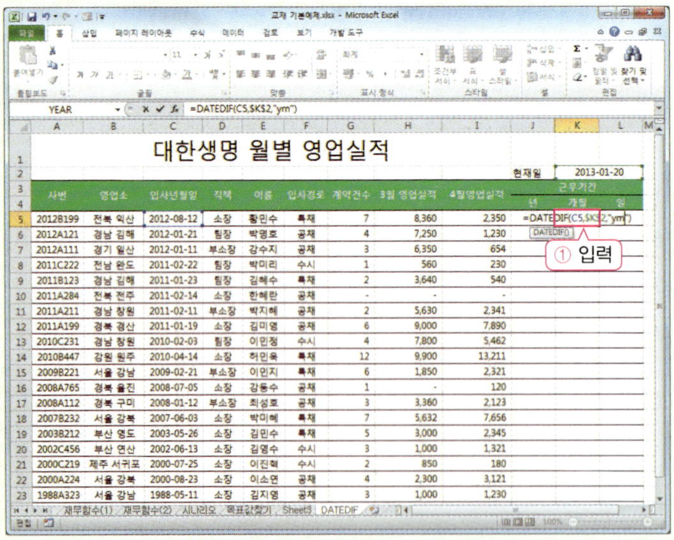

2. ① 추출될 월수가 들어갈 K5셀을 클릭한 다음 '=DATEDIF(C5, $K$2, "ym")'를 입력한 다음 Enter↵키를 누른다. 여기서 'C5'셀은 {Start_date} 인수에 해당되고, '$K$2'셀은 {End-date} 인수에 해당되고 "ym"은 경과된 연수를 제외한 월수를 추출하는 옵션이다.

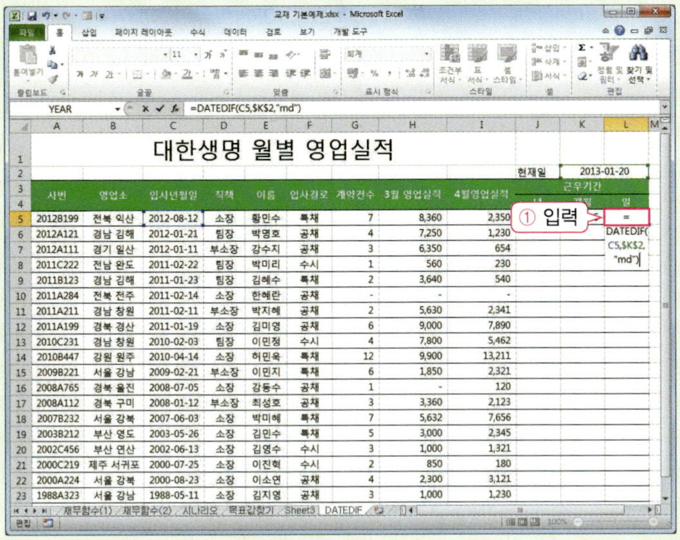

3. ① 추출될 일수가 들어갈 L5셀을 클릭한 다음 '=DATEDIF(C5, $K$2, "md")'를 입력한 다음 Enter↵키를 누른다. 여기서 'C5'셀은 {Start_date} 인수에 해당되고, '$K$2'셀은 {End-date} 인수에 해당되고 "md"은 경과된 년, 월 수를 제외한 일수를 추출하는 옵션이다.

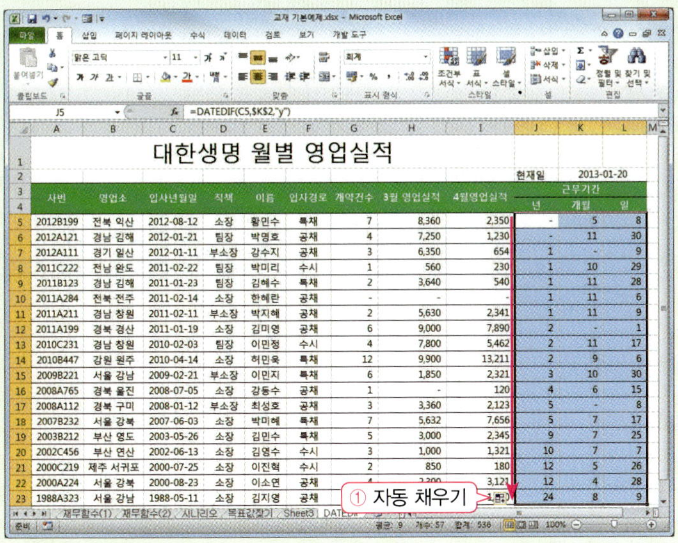

4. 결과가 추출되었다. ① 나머지 셀들은 자동 채우기를 한 후 결과가 제대로 나오는지 확인한다.

연습문제

EXERCISE

연습문제 ❶

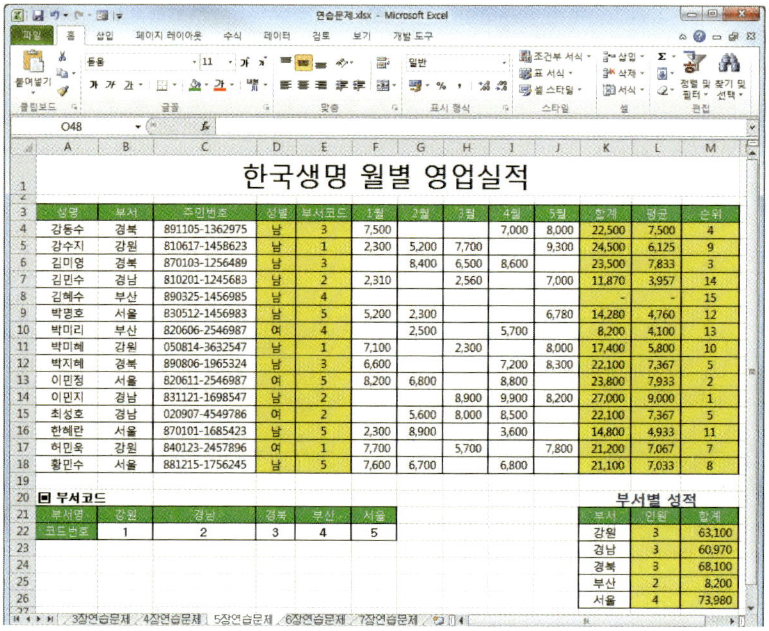

연습문제.xlsx - Microsoft Excel

한국생명 월별 영업실적

성명	부서	주민번호	성별	부서코드	1월	2월	3월	4월	5월	합계	평균	순위
강동수	경북	891105-1362975	남	3	7,500			7,000	8,000	22,500	7,500	4
강수지	강원	810617-1458623	남	1	2,300	5,200	7,700		9,300	24,500	6,125	9
김미영	경북	870103-1256489	남	3		8,400	6,500	8,600		23,500	7,833	3
김민수	경남	810201-1245683	남	2	2,310		2,560		7,000	11,870	3,957	14
김혜수	부산	890325-1456985	남	4						-	-	15
박명호	서울	830512-1456983	남	5	5,200	2,300			6,780	14,280	4,760	12
박미리	부산	820606-2546987	여	4		2,500		5,700		8,200	4,100	13
박미혜	강원	050814-3632547	남	1	7,100		2,300		8,000	17,400	5,800	10
박지혜	경북	890806-1965324	남	3	6,600			7,200	8,300	22,100	7,367	5
이민정	서울	820611-2546987	여	5	8,200	6,800		8,800		23,800	7,933	2
이민지	경남	831121-1698547	남	2			8,900	9,900	8,200	27,000	9,000	1
최성호	경남	020907-4549786	여	2		5,600	8,000	8,500		22,100	7,367	5
한혜란	서울	870101-1685423	남	5	2,300	8,900		3,600		14,800	4,933	11
허민욱	강원	840123-2457896	여	1	7,700		5,700		7,800	21,200	7,067	7
황민수	서울	881215-1756245	남	5	7,600	6,700		6,800		21,100	7,033	8

■ 부서코드

부서명	강원	경남	경북	부산	서울
코드번호	1	2	3	4	5

부서별 성적

부서	인원	합계
강원	3	63,100
경남	3	60,970
경북	3	68,100
부산	2	8,200
서울	4	73,980

1. 합계는 SUM 함수를 이용하여 구하고, 평균은 IFERROR 함수와 AVERAGE 함수를 이용해서, 합계가 0일 경우 평균에 0이나 -로 표시하시오.
2. RANK.EQ 함수를 사용하여 평균에 대한 순위를 구하시오.
3. IF, OR, MID 함수를 이용해서 성별에 주민번호 8번째 자리가 1이나 3이면 '남', 그렇지 않으면 '여'를 넣으시오.
4. 부서코드는 HLOOKUP 함수와 부서코드표를 이용해서 구하시오.
5. 부서별 인원은 COUNTIF 함수, 부서별 매출합계는 SUMIF 함수를 사용하여 구하시오.

06 CHAPTER

수치 데이터의 흐름을 한눈에 보여주는 차트와 스파크라인 만들기

CHAPTER 06

수치 데이터의 흐름을 한눈에 보여주는 차트와 스파크라인 만들기

텍스트 데이터는 내용 정리를 아무리 잘 해도 한줄 한줄 읽어보지 않으면 내용을 한번에 파악하기 어렵고 표의 경우에도 데이터 내용을 자세히 읽어보지 않으면 직관적으로 이해하기 어렵다. 하지만, 차트는 데이터가 담고 있는 내용을 그래픽으로 표현하기 때문에 데이터의 분포나 내용을 한눈에 파악하기 쉽다. 이 장에서는 수치 데이터를 좀 더 쉽게 알아보기 위한 차트와 스파크라인 작성법을 알아본다.

Section 1. 엑셀에서 제공하는 차트의 종류

엑셀에서 제공하는 차트의 종류는 총 11가지이며, 데이터 내용에 따라 적합한 차트가 있으므로 각 차트의 특징을 잘 알고 있어야 한다.

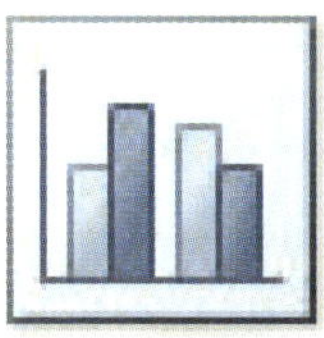

세로 막대형

시간의 경과에 따른 데이터 변동을 표시하거나 각 항목 간의 데이터를 비교하여 증가 또는 감소를 표시할 때 사용한다. 2차원/3차원 세로 막대, 원통, 원뿔, 피라미드형 차트가 있다.

꺾은선형

일정한 기간 동안에 데이터가 변하는 추이를 선으로 표시한 차트로 2개 이상의 데이터를 비교하며, 데이터의 변화 추이를 비교할 때 주로 사용된다. 2차원 꺾은선형과 3차원 꺾은선형 차트가 있으며, 상황에 따라 막대 차트와 혼합해서 사용하기도 한다.

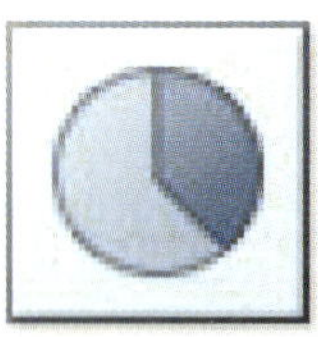

원형

데이터 전체에서 각 항목의 크기와 비율을 나타내는 차트로 데이터 계열이 하나일 때만 사용할 수 있다. 2차원 원형과 3차원 원형이 있다.

가로 막대형

세로 막대형 차트와 표현만 달리한 차트로 각 계열의 항목 값을 비교할 때 사용된다. 2차원/3차원 가로 막대, 원통, 원뿔, 피라미드형 차트가 있다.

영역형

시간의 흐름에 따른 데이터의 변화를 강조할 때 사용하는 차트로, 항목별로 값의 합계를 표시함으로써 전체와 부분간의 관계를 쉽게 알 수 있다.

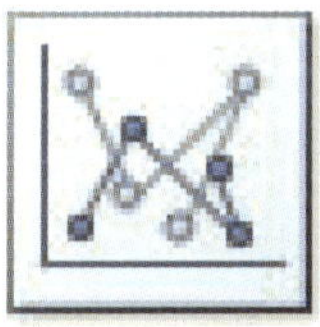

분산형

X, Y 좌표에 표식을 나타내어 데이터의 불규칙한 간격이나 분포를 나타낼 때 사용한다. 주로 과학, 통계 및 공학 데이터와 같이 숫자 값을 표시하고 비교하는 데 유용하다.

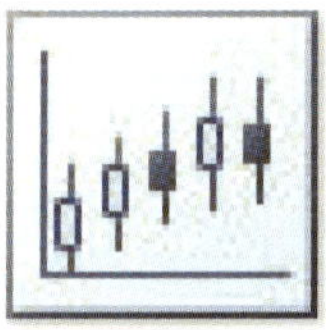

주식형

특정 순서로 있는 데이터를 차트로 나타낼 때 사용한다. 주식 가격과 거래량의 추이를 나타낼 때 유용하게 사용할 수 있다. 엑셀에서 주식 차트를 만들려면 차트에 맞게 데이터를 정확한 순서로 배열해야 한다.

표면형

두 데이터 집합 간의 최적 조합을 찾을 때 유용하다. 주로 지도에서 색과 무늬를 다르게 표시한 지형 지도를 그릴 때 사용한다.

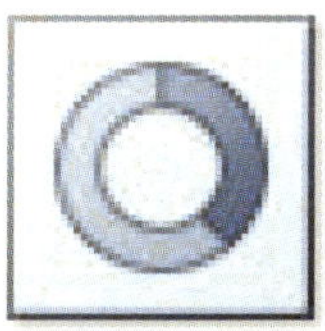

도넛형

전체에 대한 각 부분의 관계를 보여줄 때 사용한다. 하지만 원형차트와 달리 데이터 계열이 2개 이상 포함될 수 있다.

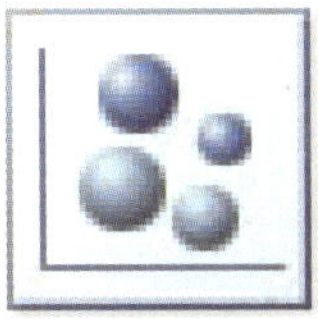

거품형

데이터 값의 차트 내 해당 위치만 나타내는 것뿐만 아니라 규모까지도 동시에 나타낼 때 사용한다. X, Y 좌표에서 3번째 변수인 데이터 표식의 값을 이용하여 분포 위치와 거품의 크기를 비교하는 데 이용하는 차트이다.

방사형

X,Y형 그래프에서와 같이 2개의 항목별 해당 값을 비교하는 것이 아니라 항목별 비교 대상이 여러 개가 있는 데이터에서 여러 항목을 비교할 때 사용한다. 즉 방사형 차트에서는 여러 개의 축이 존재한다.

Section 2. 차트 만들기

엑셀 2010은 이전 버전에서 제공하던 차트 마법사를 더 이상 제공하지 않는다. 그렇다고 걱정할 필요는 없다. 차트 마법사 대신 차트 관련 메뉴가 초보자도 쉽게 작성할 수 있도록 구성되어 있어 빠르고 편리하게 차트를 작성할 수 있게 되었다.

단축키로 기본 차트 삽입하기

차트로 표현할 데이터를 선택하고, Alt+F1 키를 누르면 기본차트인 묶은 세로 막대형 차트가 만들어지고, F11 키를 누르면, 새로운 워크시트가 생성되면서 묶은 세로 막대형 차트가 만들어진다.

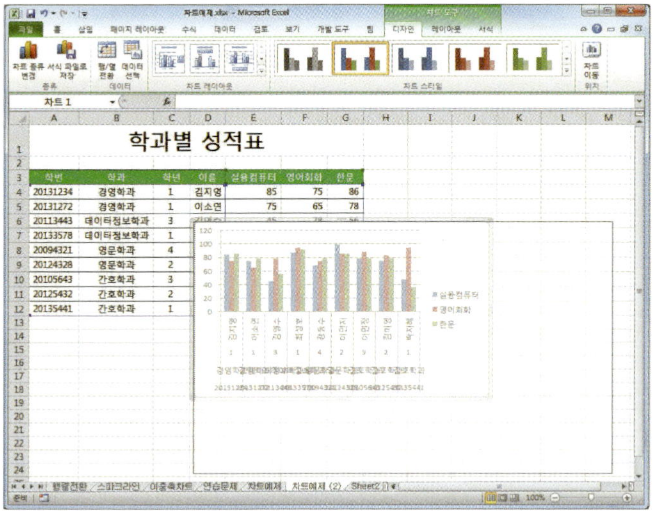

1. '학과별 성적표' 테이블 안의 임의의 셀을 하나 선택한 후 Alt+F1키를 누르면, 워크시트의 가운데에 기본 차트인 묶은 세로 막대형 차트가 삽입된다. 삽입된 차트는 차트 영역부분을 클릭한 후 드래그하여 위치를 이동할 수도 있고, 크기 조절점을 이용해서 크기를 조절할 수도 있다.

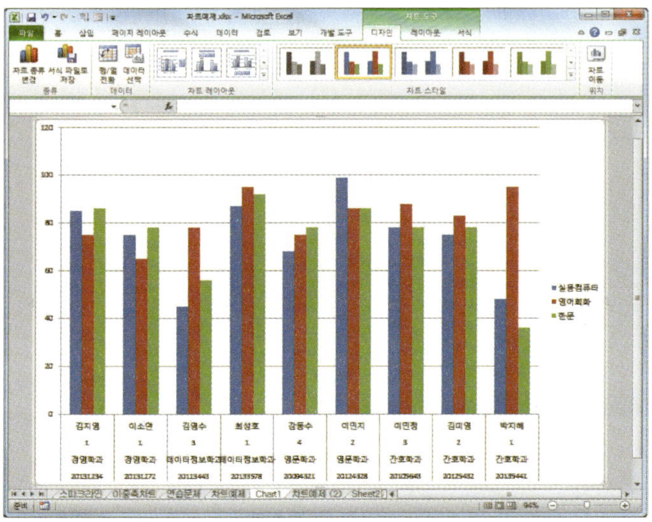

2. '학과별 성적표' 테이블 안의 임의의 셀을 하나 선택한 후 F11키를 누르면, 새로운 워크시트가 하나 삽입되면서 차트가 삽입되며, 기본차트인 묶은 세로 막대형 차트가 작성된다.

범위를 지정하고 차트 삽입하기

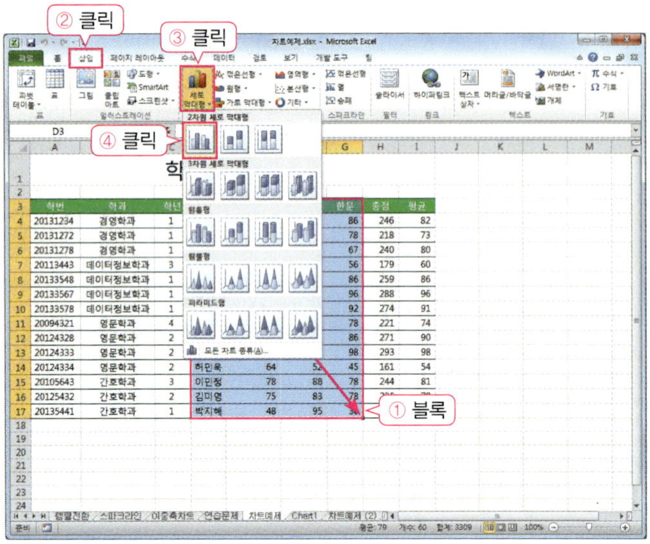

1. '학과별 성적표' 테이블에서 먼저 ① '이름', '실용컴퓨터', '영어회화', '한문'을 범위로 지정하고, ② [삽입] 탭의 [차트] 그룹에 있는 ③ [세로 막대형] 아이콘을 선택하여 펼쳐지는 목록에서 ④ [3차원 묶은 세로 막대형]을 클릭한다.

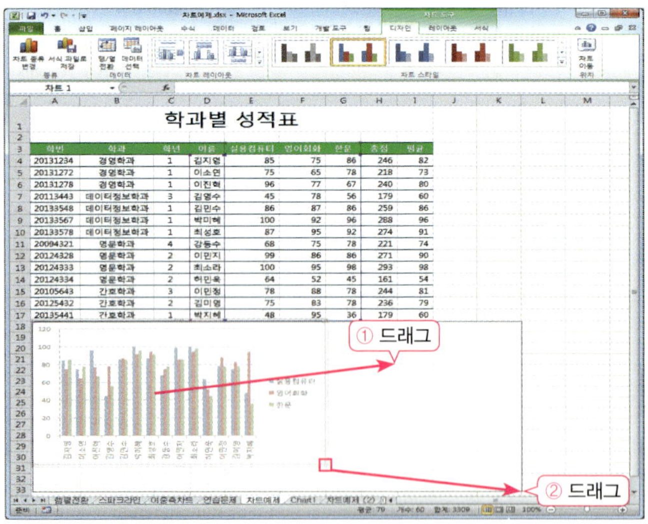

2. 다음과 같이 묶은 세로 막대형 차트가 만들어지고 [디자인], [레이아웃], [서식] 탭 등 3개의 차트 관련 메뉴가 생성된다. 삽입된 차트는 ① 차트 영역부분을 클릭한 후 드래그하여 위치를 이동할 수도 있고, ② 크기 조절점을 이용해서 크기를 조절할 수도 있다.

차트 도구 사용하기

차트를 선택하면 리본 메뉴에 상황 탭인 [차트 도구]–[디자인]탭이 나타난다.

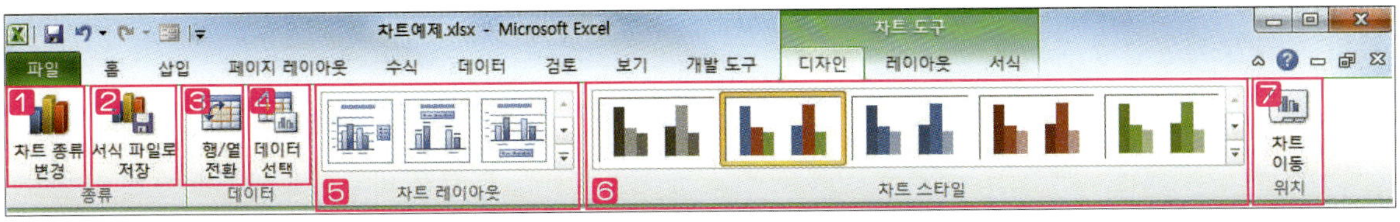

① 차트 종류 변경

현재의 차트에서 다른 종류의 차트로 변경할 때 사용한다.

② 서식 파일로 저장

현재 차트에 적용된 서식을 서식 파일로 저장해서 앞으로 만들 차트에 적용할 때 사용한다.

③ 행/열 전환

차트의 가로축과 세로축을 변경할 때 사용한다.

④ 데이터 선택

차트에 반영할 데이터 영역을 지정할 때 사용한다.

⑤ 차트 레이아웃

레이아웃 탭에서 적용할 속성들을 조합해서 빠르게 적용할 때 사용한다.

⑥ 빠른 차트 스타일 적용

차트 스타일을 빠르게 적용할 때 사용한다.

⑦ 차트 이동

차트를 다른 시트로 이동할 때 사용한다.

차트 종류 변경하기

엑셀에서는 기존에 만들어진 차트를 다른 형태의 차트로 변형시키거나, 단일 데이터 계열에 대해서 다른 차트로 변경할 수 있다. 그럼 기존의 막대차트를 꺾은선형 차트로 변경 시켜보자. 그리고 실용컴퓨터 계열만 꺾은선형 차트로 변경시켜보자.

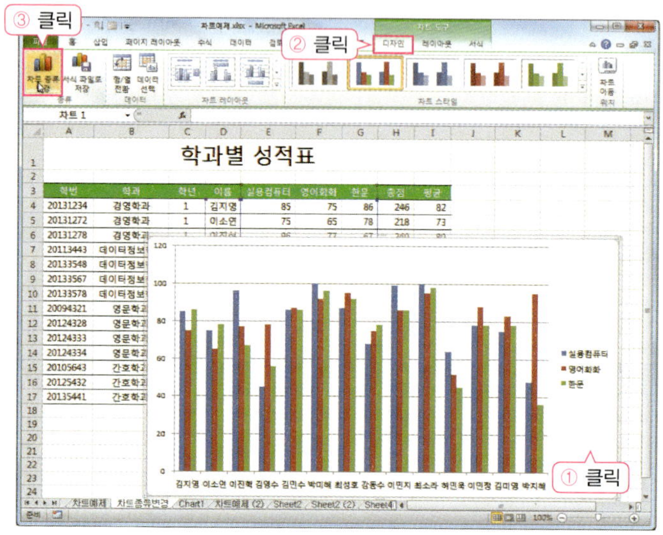

1. ① 종류를 바꾸고자 하는 차트의 차트영역 클릭한 후, ② [디자인] 탭의 [종류] 그룹에서 ③ [차트 종류 변경]을 클릭한다.

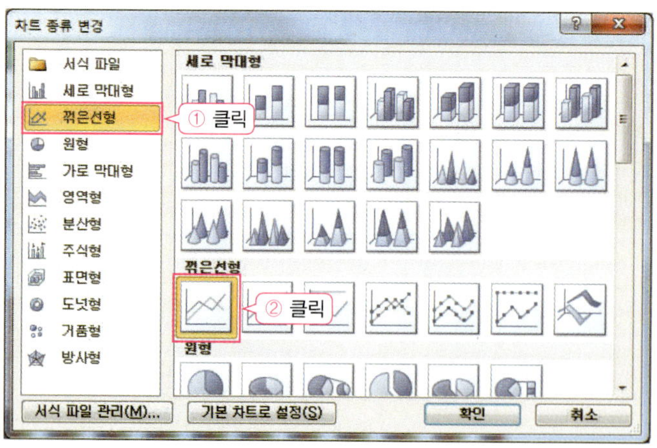

2. 「차트 종류 변경」 대화상자에서 ① [꺾은선형]–② [꺾은선형]을 클릭한다.

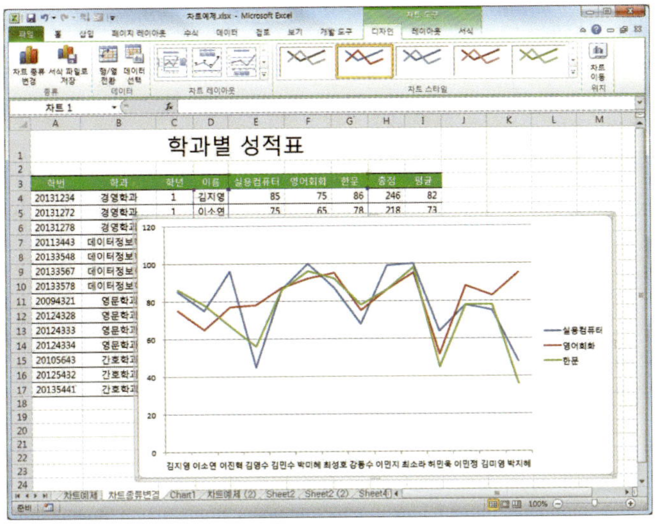

3. 그림과 같이 차트의 종류가 꺾은선형 차트로 변경된다.

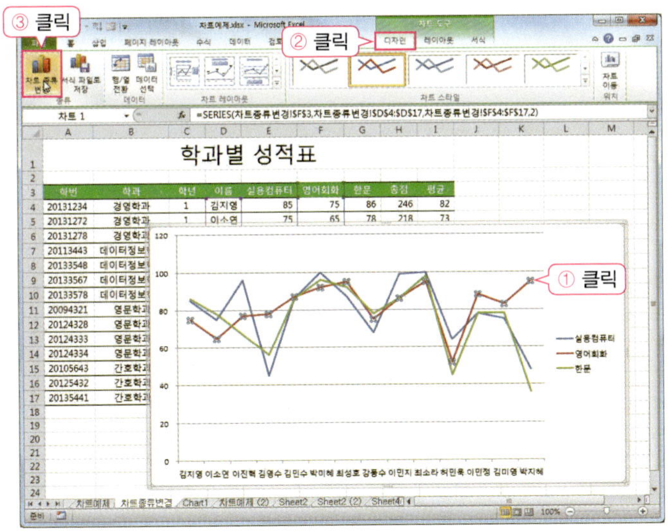

4. 이번에는 [계열:영어회화] 차트만 묶은 세로 막대형 차트로 변경시켜보자.
먼저 ① 변경시킬 [계열:영어회화]를 클릭하고, ② [디자인] 탭의 [종류] 그룹에서 ③ [차트 종류 변경]을 클릭한다.

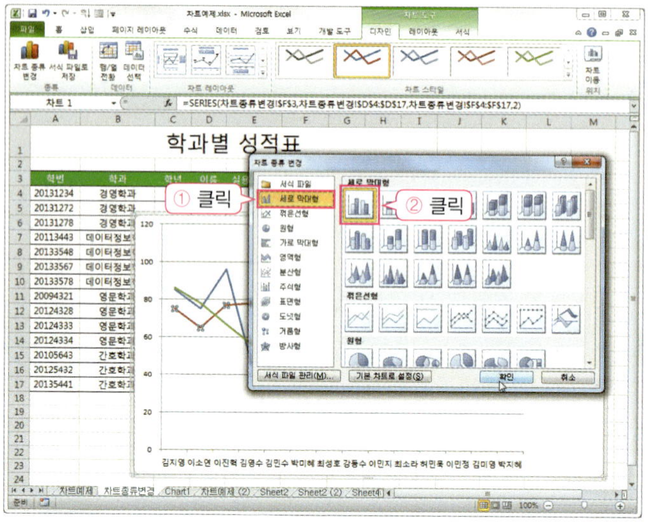

5. 「차트 종류 변경」 대화상자에서 ① [세로 막대형]-② [묶은 세로 막대형]을 클릭한다.

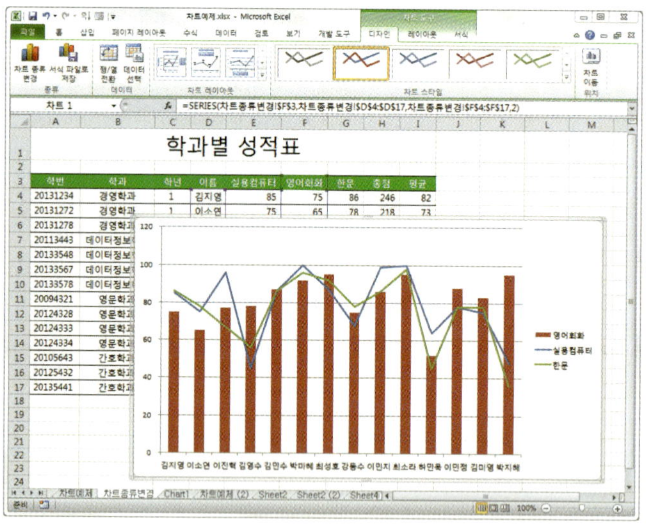

6. 그림과 같이 [계열:영어회화] 차트만 막대 그래프로 변경된다.

차트 행/열 전환하기

차트를 작성하면 기본적으로 행 제목들이 X축이 되고, 열 제목들이 각각의 계열이 된다. 하지만 사용자의 요구에 따라 간단하게 X축과 계열을 바꿀 수 있다. 다음의 데이터를 이용해서 꺾은선형 차트를 그리고 행과 열을 전환해 보자.

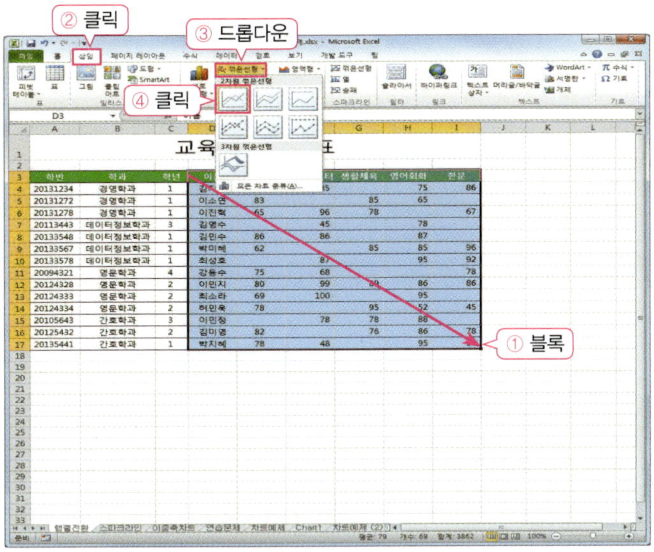

1. ① 차트를 그릴 영역에 블록을 설정하고, ② [삽입] 탭의 [차트] 그룹에서 ③ [꺾은선형]을 드롭다운해서 ④ [꺾은선형]을 클릭한다.

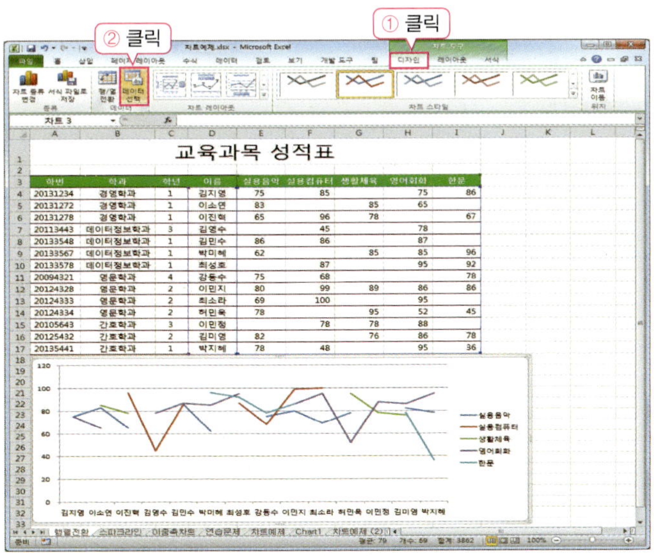

2. 그림과 같이 꺾은선형 차트가 완성되었다. 기존의 X축인 행 제목과 계열인 열 제목을 바꾸려면, ① [디자인] 탭의 [데이터] 그룹에서 ② [행/열전환]을 클릭하면 된다.

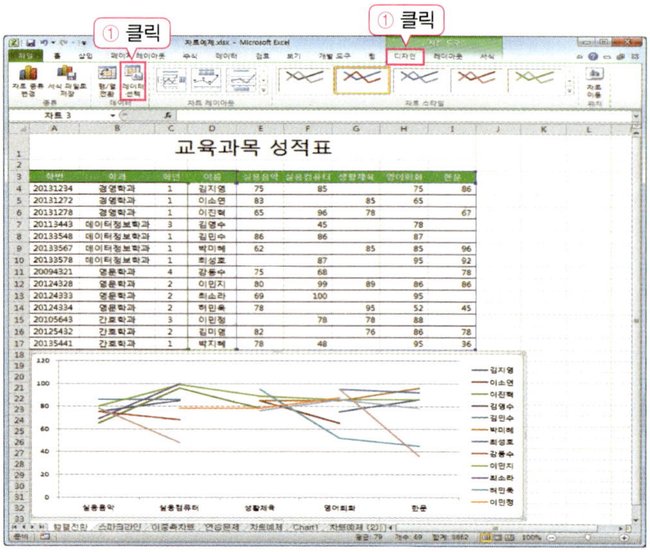

3. 그림과 같이 행과 열이 서로 전환되었다. 하지만, 빈 셀로 인해 차트들이 연결되지 못하고 서로 떨어져 있다. 떨어져 있는 셀들을 연결시킬 때는 ① [디자인] 탭의 [데이터] 그룹에서 ② [데이터선택]을 클릭한다.

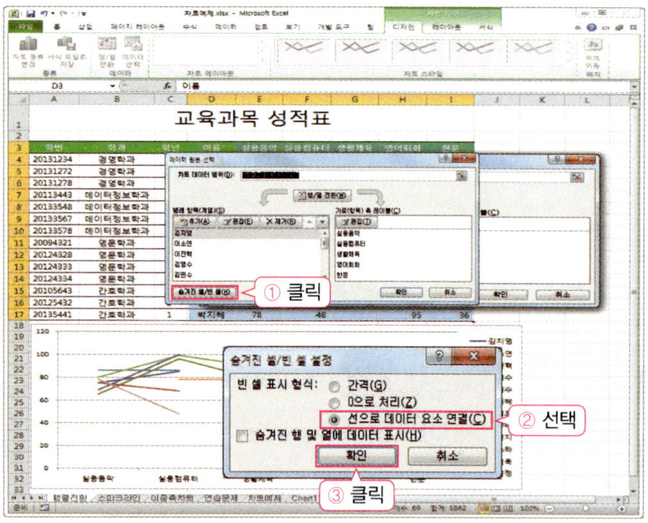

4. 「데이터 원본 선택」 대화상자가 나타나고, 대화상자에서 아래쪽의 ① [숨겨진 셀/빈 셀]을 클릭한다. 「숨겨진 셀/빈 셀 설정」 대화상자에서 ② [선으로 데이터 요소 연결]을 선택하고 ③ [확인]을 클릭한다.

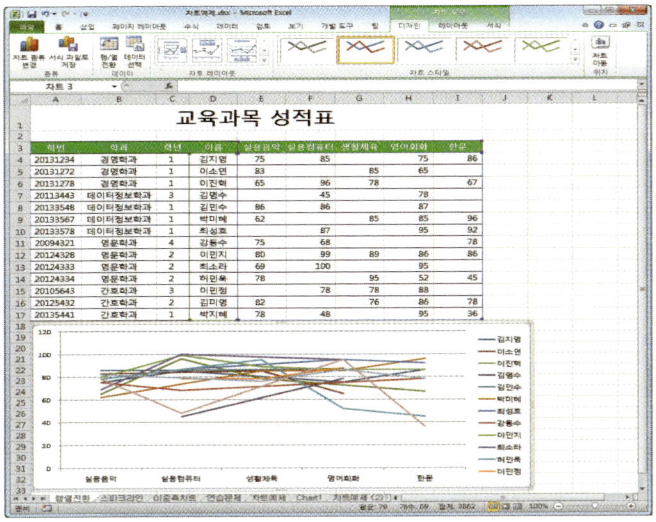

5. 그림과 같이 행과 열이 전환되고, 빈 셀이 연결된 꺾은선형 차트가 완성되었다.

Section 3. 차트 편집하기

데이터만 준비되면 기본적인 형태의 차트는 쉽게 삽입할 수 있다. 여기에서는 이렇게 삽입된 차트를 레이아웃을 비롯한 여러 가지 꾸미기 방법을 이용해서 편집해 본다.

① 현재 선택 영역 그룹

드롭다운해서 차트의 각 요소를 선택할 수 있으며, 선택 영역 서식을 이용해서 선택된 각 요소에 대한 서식을 수정할 수 있다.

② 삽입 그룹

그림과 도형, 텍스트 상자를 삽입할 때 사용한다.

③ 레이블 그룹

차트 제목, 축 제목, 범례 등을 삽입하고 수정할 때 사용한다.

④ 축 그룹

가로축과 세로축, 눈금선을 삽입하거나 수정할 때 사용한다.

⑤ 배경 그룹

그림 영역에 대해서 편집할 때 사용한다.

⑥ 분석 그룹

차트의 데이터 계열을 분석할 때 사용한다.

⑦ 속성 그룹

차트의 이름을 지정할 때 사용한다.

차트 제목과 축 제목 달기

차트 제목은 전체 차트가 무엇을 나타내는지를 말하며, 축 제목의 각축의 의미를 나타낸다.

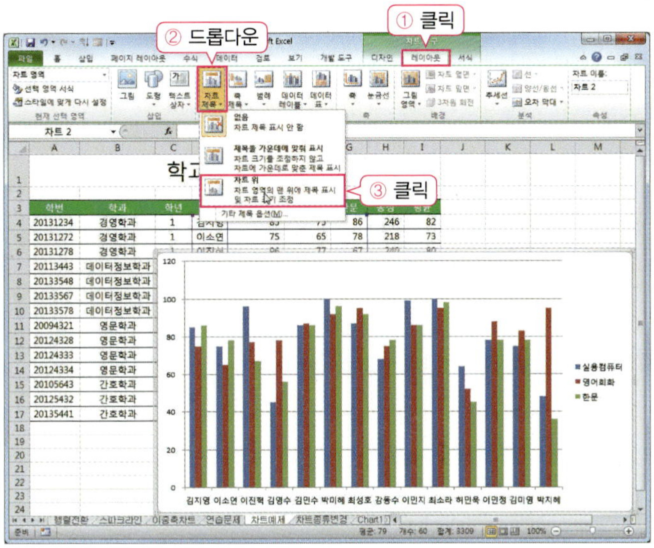

차트 제목 달기

1. ① [레이아웃] 탭의 [레이블] 그룹에서 ② [차트 제목]을 드롭다운하여 ③ [차트 위]를 클릭한다.

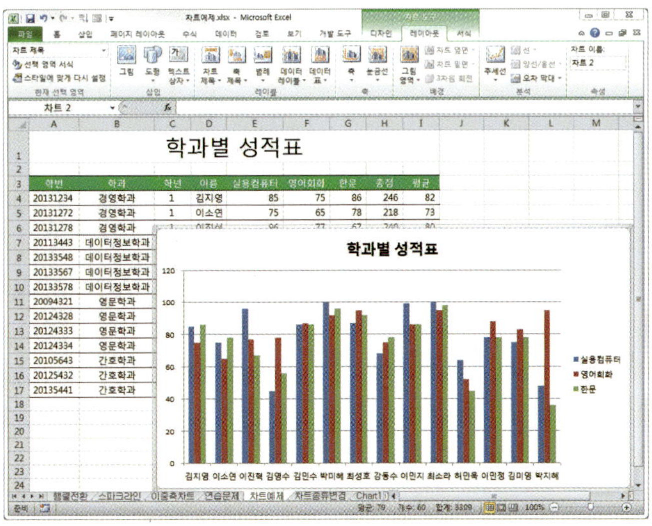

2. 그림과 같이 차트 내부에 차트의 제목이 삽입되고, 제목을 클릭해서 차트 제목을 변경할 수 있다.

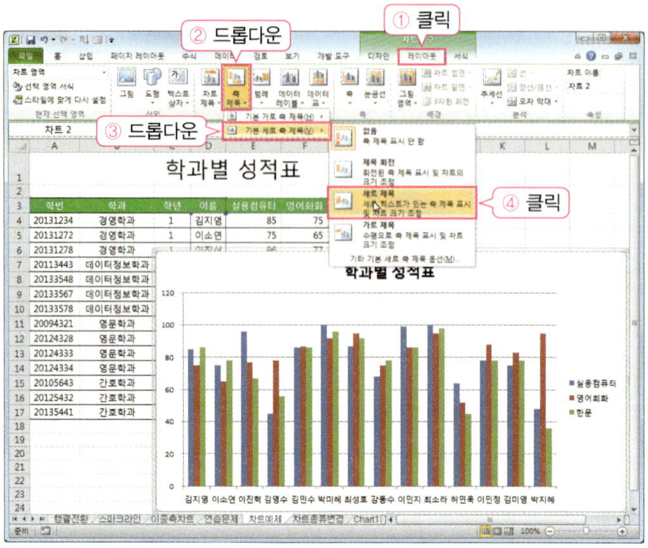

세로 축 제목 달기

1. ① [레이아웃] 탭의 [레이블] 그룹에서 ② [축 제목]을 드롭다운하여 ③ [기본 세로 축 제목]-④ [세로 제목]을 클릭한다.

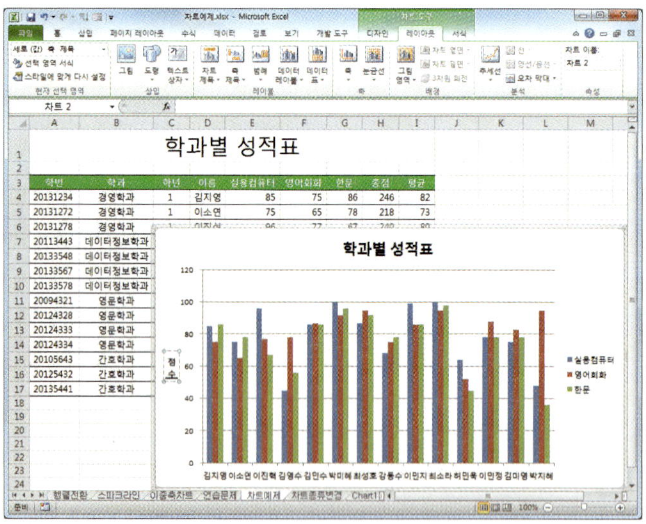

2. 그림과 같이 차트 내부에 차트의 세로 축 제목이 삽입되고, 세로 축 제목을 클릭해서 세로 축 제목을 변경할 수 있다.

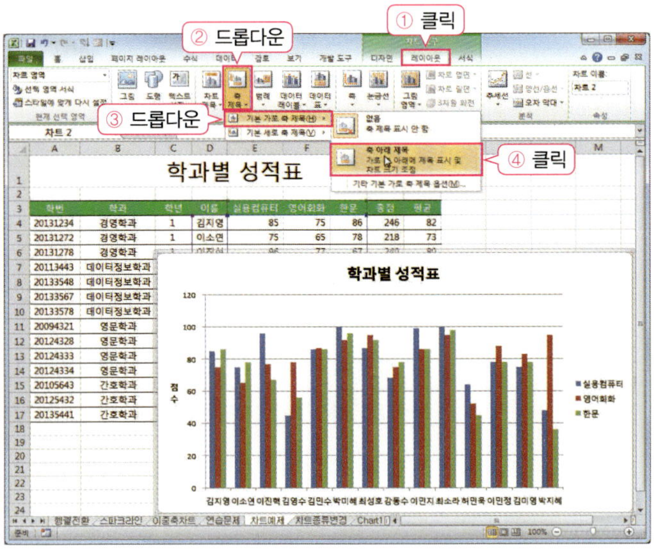

가로 축 제목 달기

1. ① [레이아웃] 탭의 [레이블] 그룹에서 ② [축 제목]을 드롭다운하여 ③ [기본 가로 축 제목]-④ [축 아래 제목]을 클릭한다.

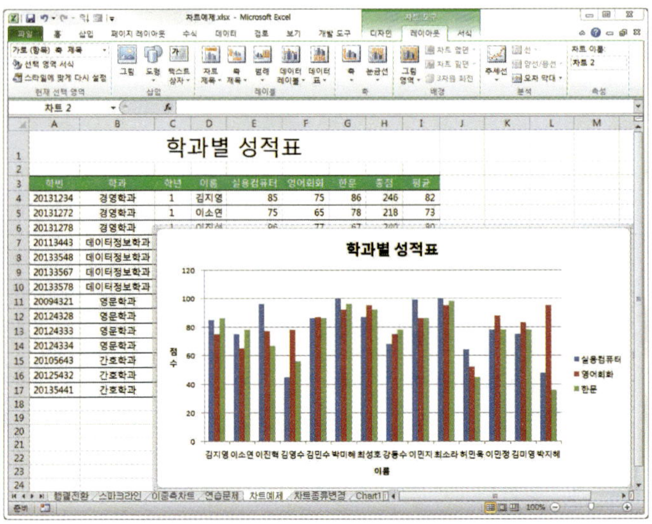

2. 그림과 같이 차트 내부에 차트의 가로 축 제목이 삽입되고, 가로 축 제목을 클릭해서 가로 축 제목을 변경할 수 있다.

데이터 레이블과 데이터 표 표시하기

데이터 레이블이란 각 데이터에 대해 실제 값을 표시해주는 것이다. 따라서, 차트 내에서 각 계열의 정확한 값을 알고 싶을 때 사용한다. 데이터 표는 차트 내에 원본 데이터를 넣어주는 기능이다. 이 기능 또한 차트 내에서 원본 데이터의 정확한 값을 쉽게 알 수 있다.

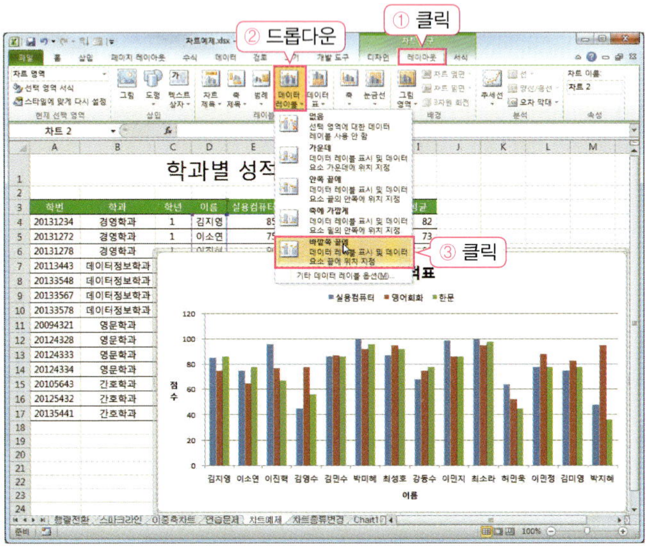

데이터 레이블 표시

1. ① [레이아웃] 탭의 [레이블] 그룹에서 ② [데이터 레이블]을 드롭다운하여 ③ [바깥쪽 끝에]를 클릭한다.

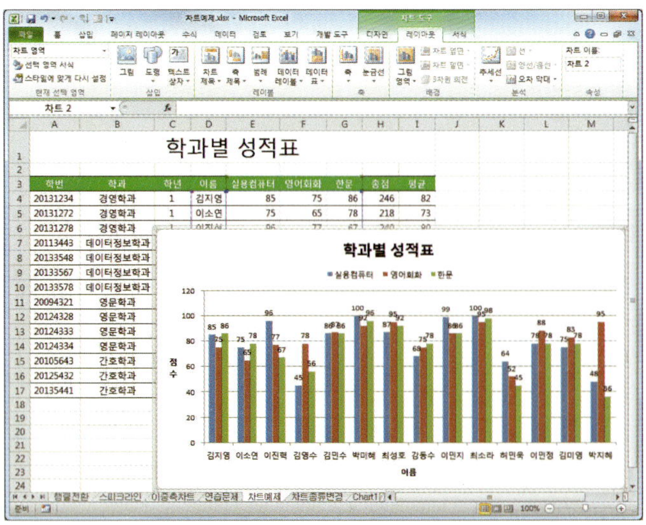

2. 그림과 같이 차트의 각 계열에 정확한 데이터 값이 삽입된다.

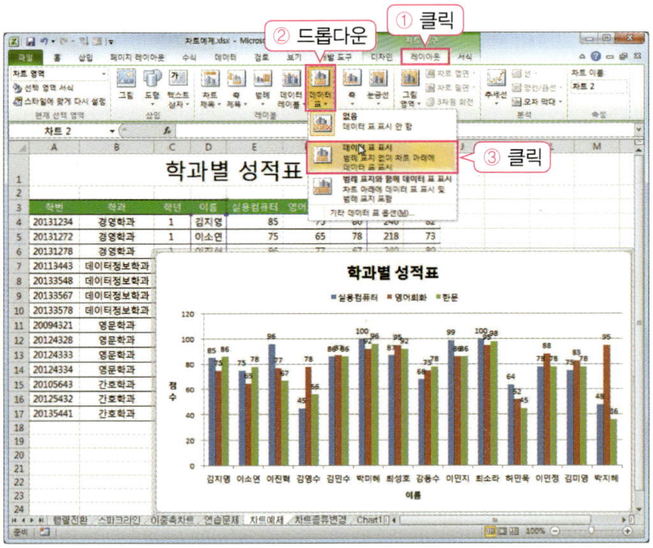

데이터 표 표시

1. ① [레이아웃] 탭의 [레이블] 그룹에서 ② [데이터 표]를 드롭다운하여 ③ [데이터 표 표시]를 클릭한다.

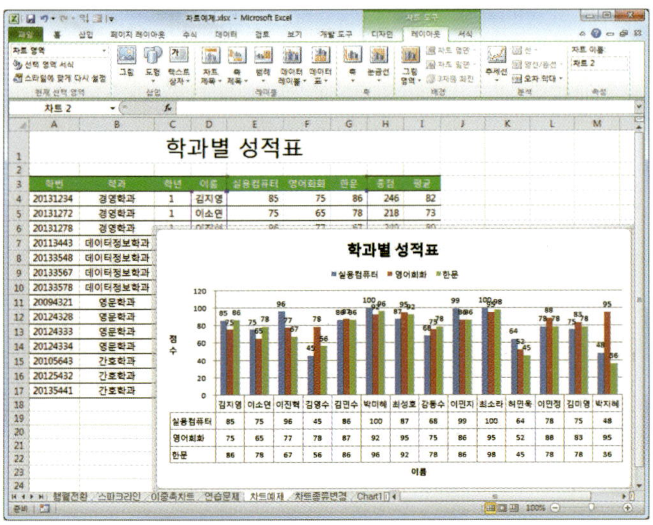

2. 그림과 같이 차트의 원본 데이터가 차트 밑에 삽입된다.

Section 4. 용도별 차트 만들기

차트는 작성한 데이터의 종류와 작성 목적에 따라 다양한 형태로 만들 수 있다. 차트를 작성하는 가장 큰 목적은 숫자로 된 데이터의 경향이나 비율 등을 좀 더 쉽게 분석하기 위함이다. 따라서 분석하려는 데이터의 성격과 분석 목적에 맞는 차트를 선택해야 한다.

원형 대 가로 막대형 차트 만들기

Ex 실습예제

대학교 신입생들에게 대학생활 중 가장 해보고 싶은 것을 물은 다음, 설문 결과를 원형 차트로 만들려고 한다. 항목이 많아지면 결과가 한눈에 들어오지 않는다. 이럴 때는 비율이 낮은 항목을 빼서 원형 대 막대형 차트로 만들어주는 것이 좋다.

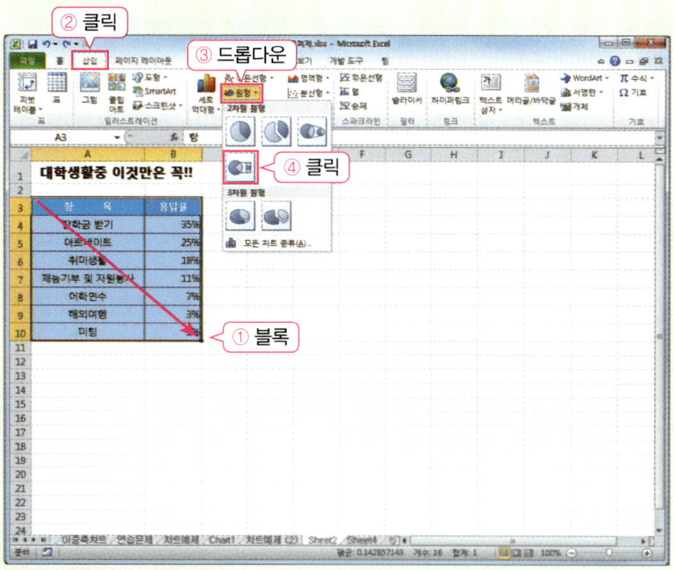

차트 삽입

1. ① 데이터의 범위를 지정하고 ② [삽입] 탭의 [차트] 그룹에서 ③ [원형]을 드롭다운해서 ④ [원형 대 가로 막대형]을 선택한다

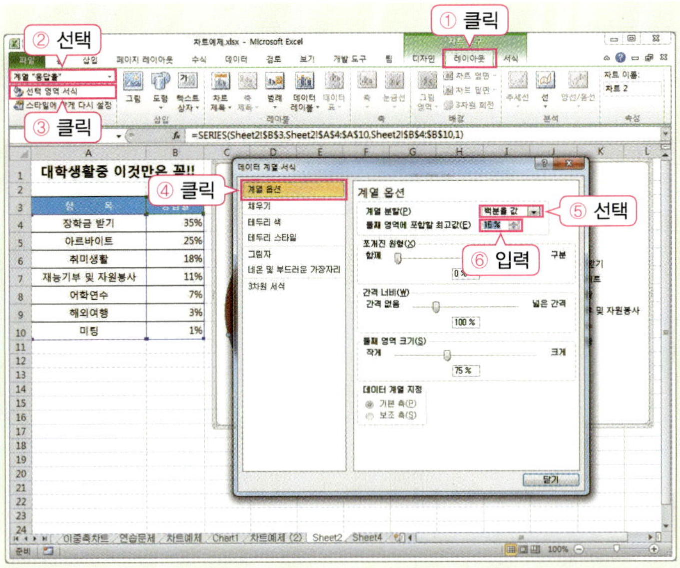

차트 위치와 크기 조절, 서식 변경

2. 차트를 드래그해서 적당한 위치로 옮기고 차트 크기도 조절한다. 원형 차트에 들어갈 부분과 막대 차트에 들어갈 부분을 조절하기 위해 차트를 클릭하고, ① [레이아웃] 탭의 [현재 선택영역]에서 ② [계열:응답률]을 선택한 후 ③ [선택 영역 서식]을 클릭한다. 「데이터 계열 서식」 대화상자에서 ④ [계열 옵션]-⑤ [계열 분할]-[백분율 값]을 선택하고 ⑥ [둘째 영역에 포함할 최곳값]에 "15%"를 입력한다.

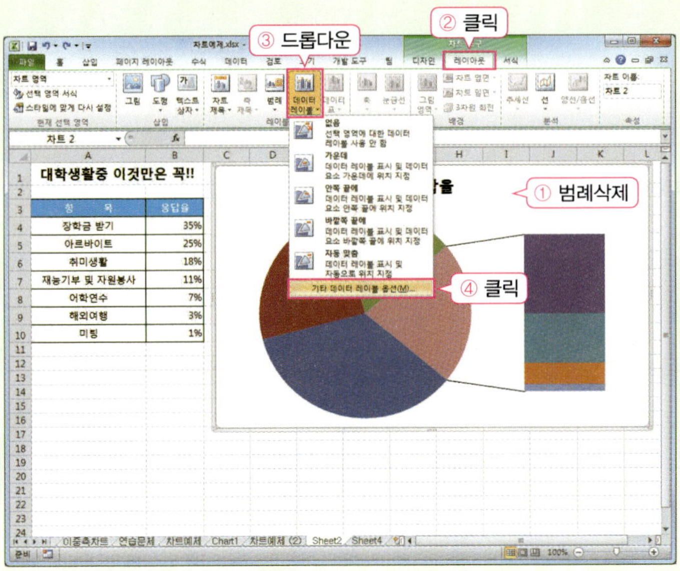

범례 삭제

3. ① 범례를 클릭하고 Delete 키를 눌러 삭제하고 ② [레이아웃] 탭을 클릭하고 [레이블] 그룹에서 ③ [데이터 레이블]을 선택한 후 ④ [기타 데이터 레이블 옵션]을 선택한다.

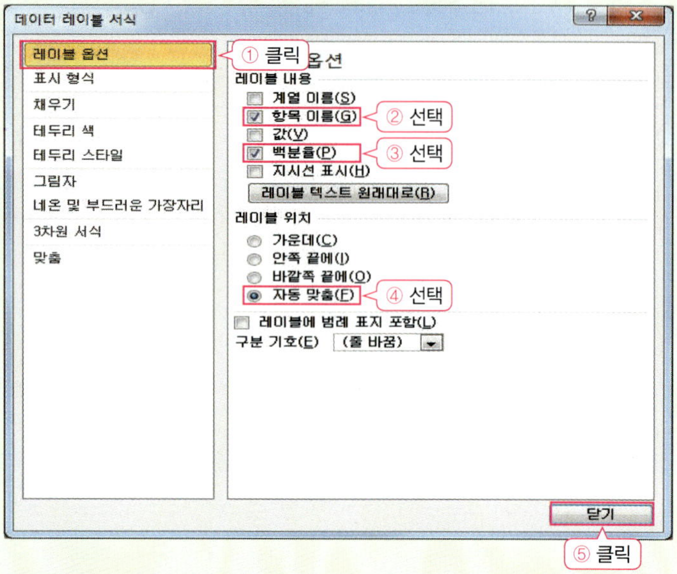

레이블 옵션 조정

4. 「데이터 레이블 서식」 대화상자에서 ① [레이블 옵션]을 선택한 다음 [레이블 내용]에서 ② [항목이름], ③ [백분율]을 체크하고, ④ 레이블 위치는 [자동 맞춤]으로 선택한 다음 ⑤ [닫기]를 클릭한다.

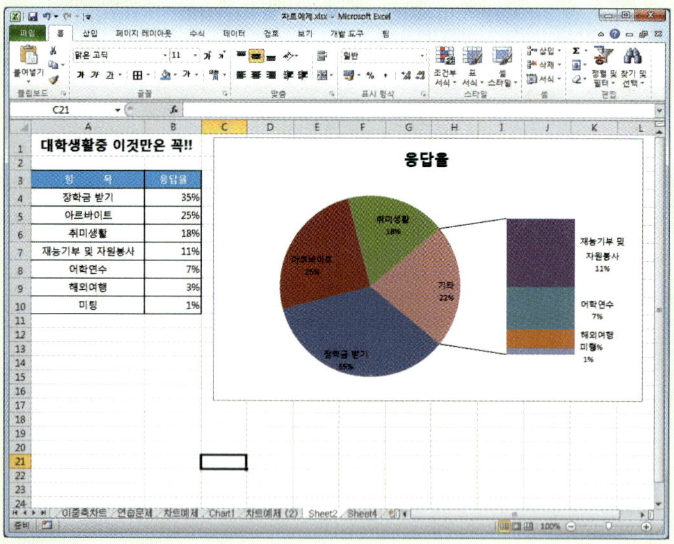

5. 원형 대 가로 막대형 차트가 완성되었다.

이중축 차트 만들기

특정 데이터 계열이 다른 데이터 계열의 값과 비교해서 크게 차이가 날 때 이 계열은 그래프들 간의 시각적인 값 비교가 어렵게 된다. 이때는 특정 데이터 계열을 위한 새로운 축이 필요하다. 축이 2개인 차트 가 바로 이중축 차트이다. 이중축 차트를 이용함으로써 데이터 크기와 단위가 서로 다른 종류의 데이터를 하나의 차트에 표현할 수 있다.

실습예제

자동차 판매에 관한 막대 차트를 만든다고 가정해보자. 판매 금액과 판매 대수를 동시 차트에 나타내려면 수치 차이가 너무 많이 나서 판매 대수는 거의 알아볼 수 없는 상태가 된다. 이럴 때는 이중축 차트를 이용하면 쉽게 해결된다.

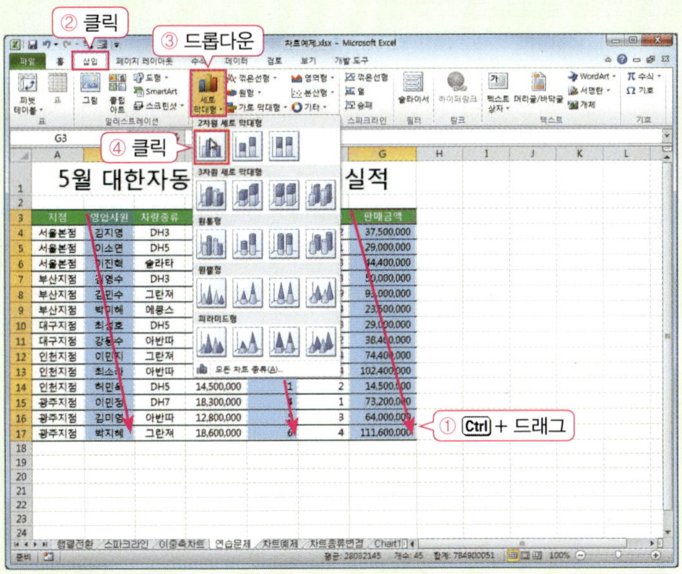

차트 삽입

1. ① 차트를 그릴 부분인 '영업사원', '판매대수', '판매금액'에 블록을 설정하고 ② [삽입] 탭의 [차트] 그룹에서 ③ [세로 막대형]을 드롭다운해서 [2차원 세로 막대형] ④ [묶은 세로 막대형]을 클릭한다.

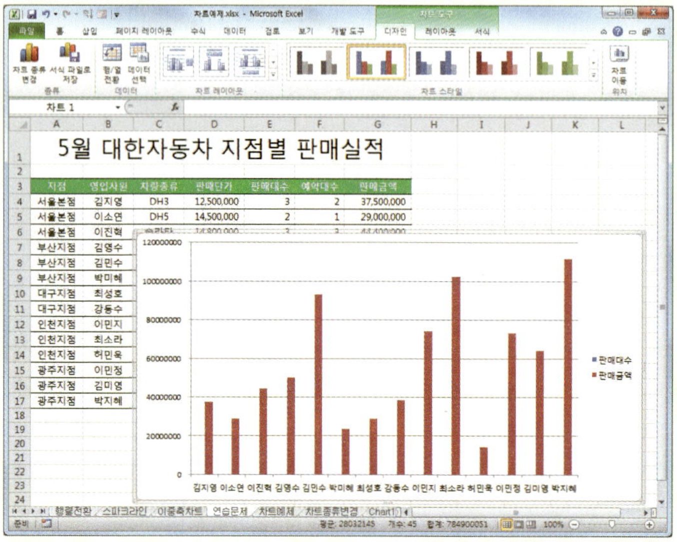

2. 판매 금액과 판매 대수의 수치 차이 때문에 판매 대수가 차트에 나타나지 않는다.

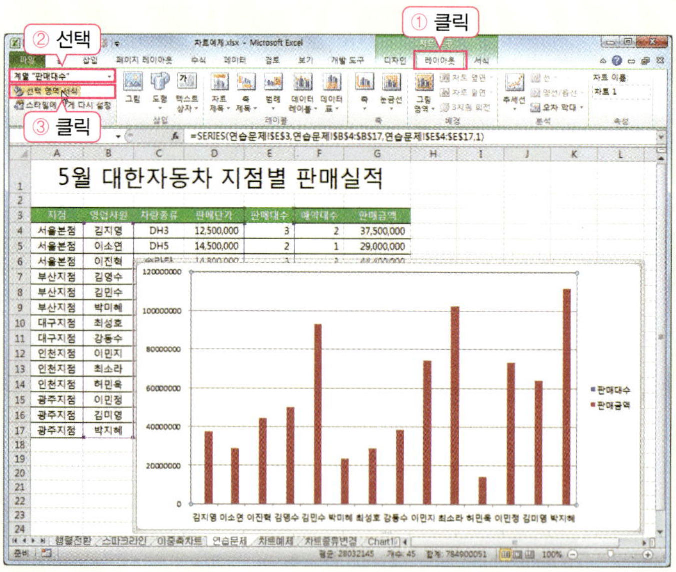

3. 판매액에 관한 차트를 나타내기 위해 ① [레이아웃] 탭의 ② [현재 선택 영역] 영역에서 [계열 "판매대수"]를 선택하고 ③ [선택 영역 서식]을 클릭한다.

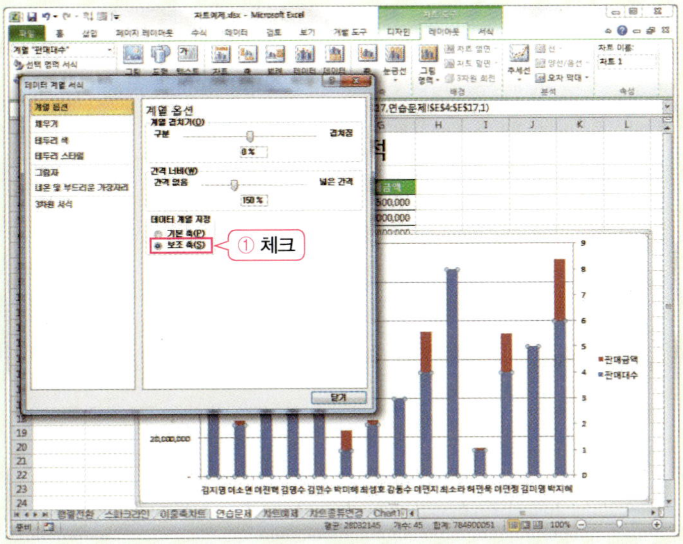

보조 축 삽입

4. 「데이터 계열 서식」 대화상자에서 ① [보조 축]을 체크한다.

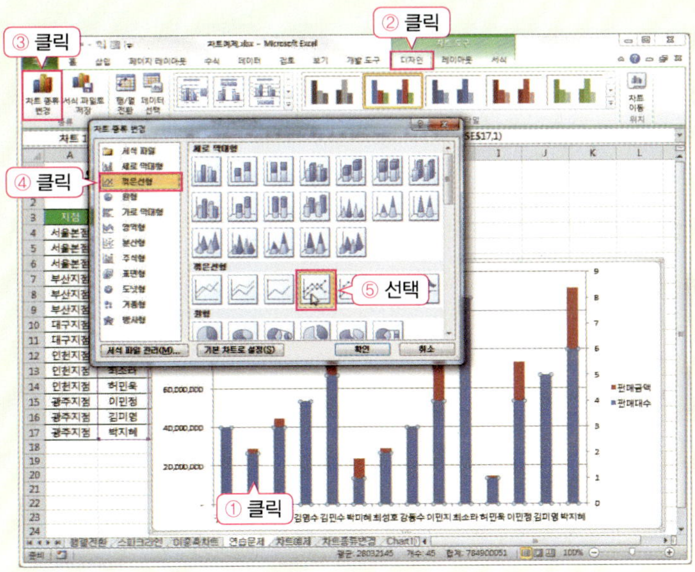

계열 차트 종류 변경

5. ① 판매 대수 계열 그래프를 클릭하고 ② [디자인] 탭의 [종류] 그룹에서 ③ [차트 종류 변경]을 클릭하고 「차트 종류 변경」 대화상자에서 ④ [꺾은선형]–⑤ [표식이 있는 꺾은선형]을 선택한다.

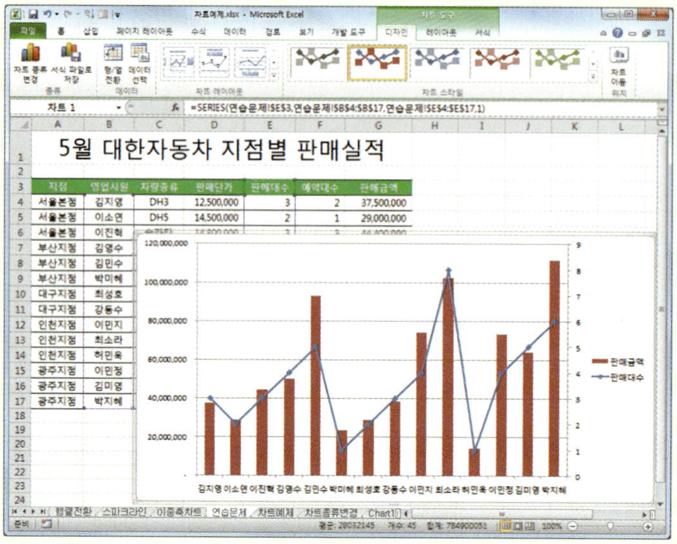

6. 최종 완성된 차트이다.

주식형 차트

워크시트의 여러 열이나 행에 특정 순서로 입력되어 있는 데이터를 이용하여 작성하는 차트로, 이름에서 알 수 있는 것처럼 주가 변동을 나타내는 데 주로 사용된다. 주식형 차트를 만들 때는 데이터의 개수나 순서에 따라 주식형 차트의 종류가 달라지게 된다. 따라서 주식형 차트의 종류에 따라 데이터를 올바른 순서로 구성하는 것이 가장 중요하다.

실습예제

6일 동안의 거래량, 시가, 고가, 저가, 종가 데이터를 가지고 주식형 차트를 만들어보자.

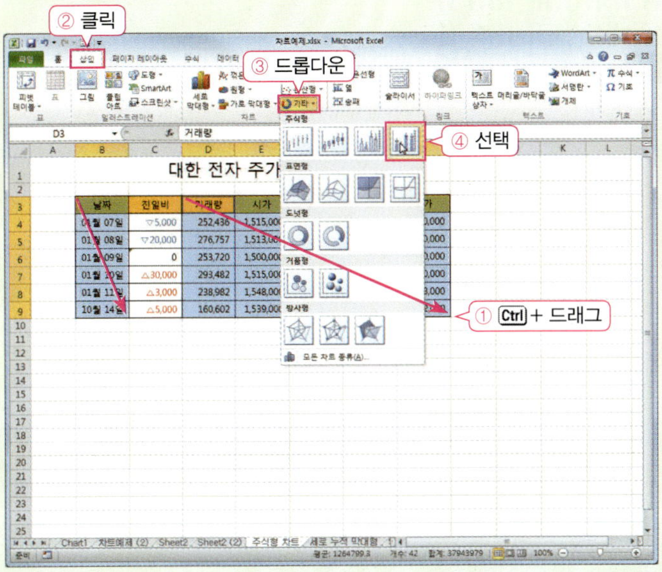

차트 삽입

1. ① 'B3:B9'를 드래그한 후, Ctrl키를 누르고 'D3:H9'를 드래그해서 차트를 그릴 범위를 설정한다. ② [삽입] 탭의 [차트] 그룹에서 ③ [기타]를 선택한 후, [주식형]-④ [거래량-시가-고가-저가-종가]를 클릭한다.

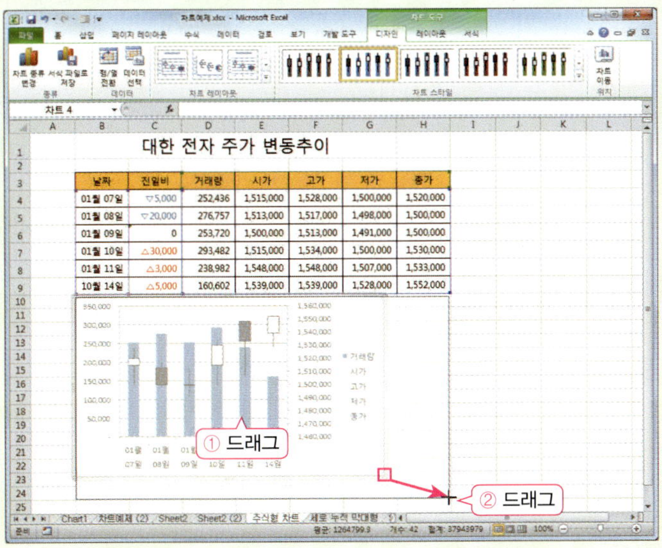

차트 위치 조정과 크기 조절

2. 차트가 그려지면, ① 차트를 드래그해서 적당한 위치로 옮기고, ② 크기 조절점을 드래그해서 크기를 조절한다.

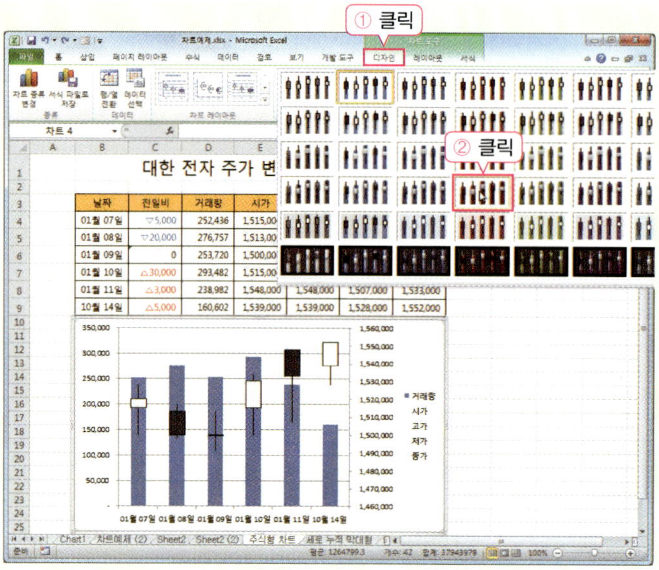

차트 스타일 변경

3. [차트 도구]-① [디자인] 탭의 [차트 스타일] 그룹에서 ② 스타일 28'을 선택한다.

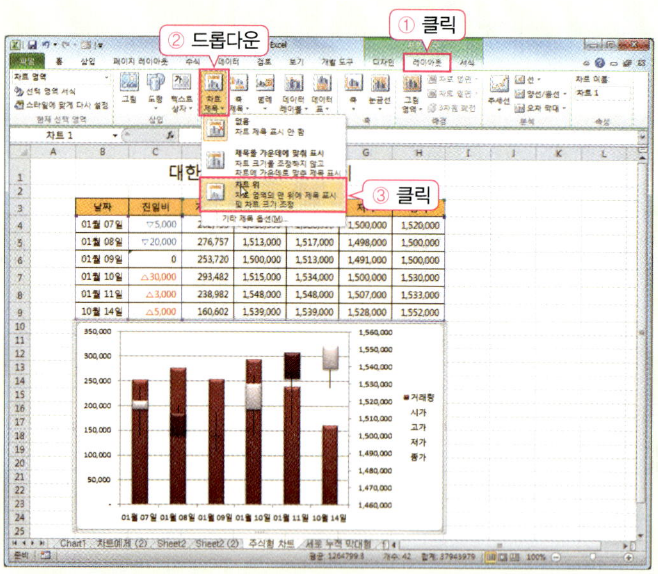

차트 제목 삽입

4. [차트도구]-① [레이아웃] 탭의 [레이블] 그룹에서 ② [차트제목]-③ [차트 위]를 클릭하고, 차트 제목을 입력한다.

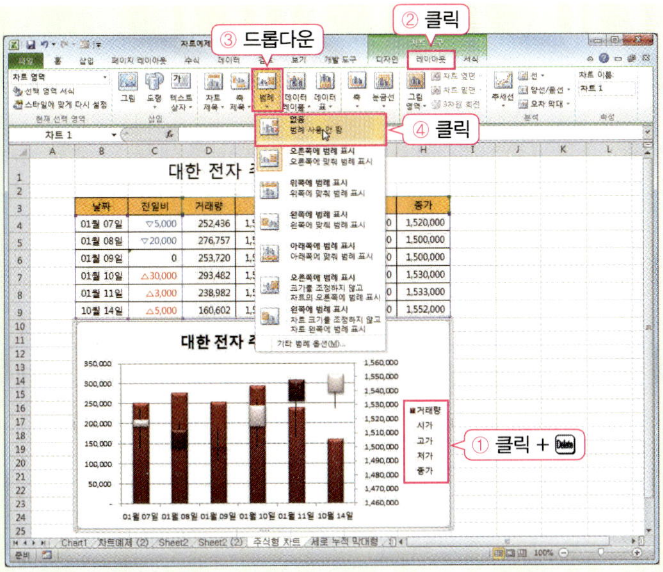

범례 삭제

5. ① 범례를 클릭하고 Delete 키를 눌러도 되고, ② [레이 아웃] 탭의 [레이블] 그룹에서 ③ [범례]-④ [없음]을 클릭한다.

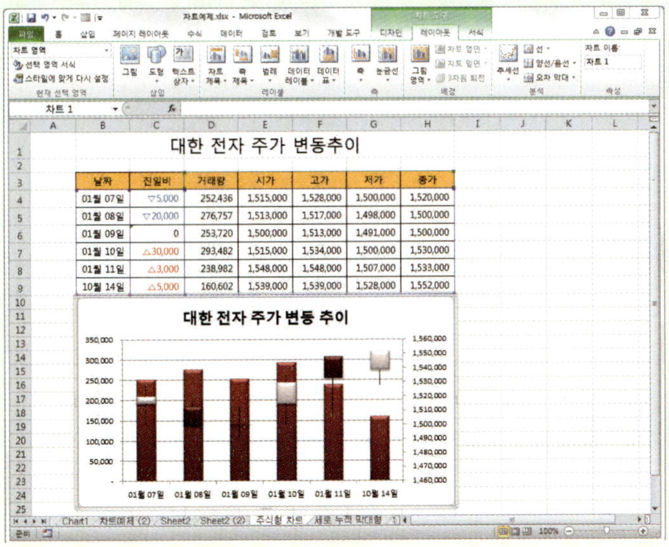

6. 그림과 같이 주식형 차트가 완성되었다.

Section 5. 스파크라인 만들기

스파크라인은 2010 버전에 추가된 기능이다. 스파크라인은 수치 데이터에 대한 추세를 파악할 수 있는 미니 차트이다. 간단히 말해 엑셀의 차트 기능을 간단히 셀에 표시할 수 있도록 만든 기능이다.

스파크라인 삽입하기

차트와 비교하여 스파크라인은 보다 쉽고 편하게 데이터의 변화추이를 살펴볼 수 있도록 도와준다. 개체형태가 아닌 셀에 삽입되는 미니차트 정도로 생각하면 된다.

Ex 실습예제

'월별 토익 성적'에서 학생들과 학과들의 토익 성적 추세를 파악할 수 있는 스파크라인을 삽입해보자.

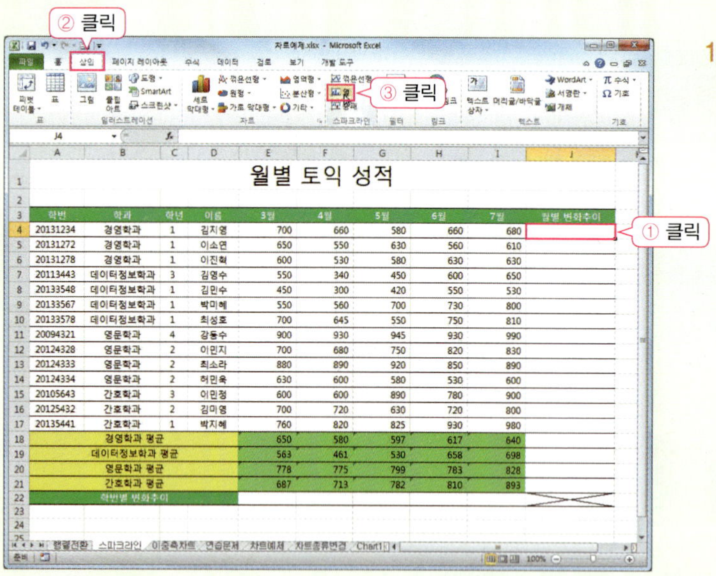

1. 스파크라인을 삽입할 ① J4셀을 클릭하고, ② [삽입] 탭의 [스파크라인] 그룹에서 ③ [열]을 클릭한다.

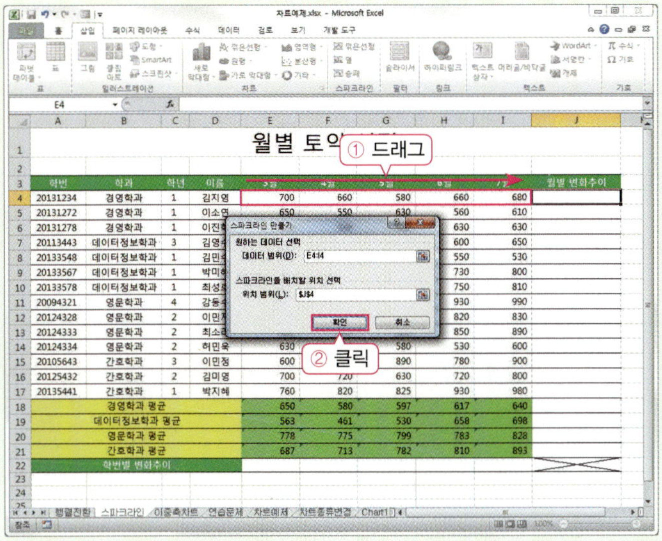

2. 「스파크라인 만들기」 대화상자에서 ① 데이터 범위를 선택하고, ② [확인]을 클릭한다.

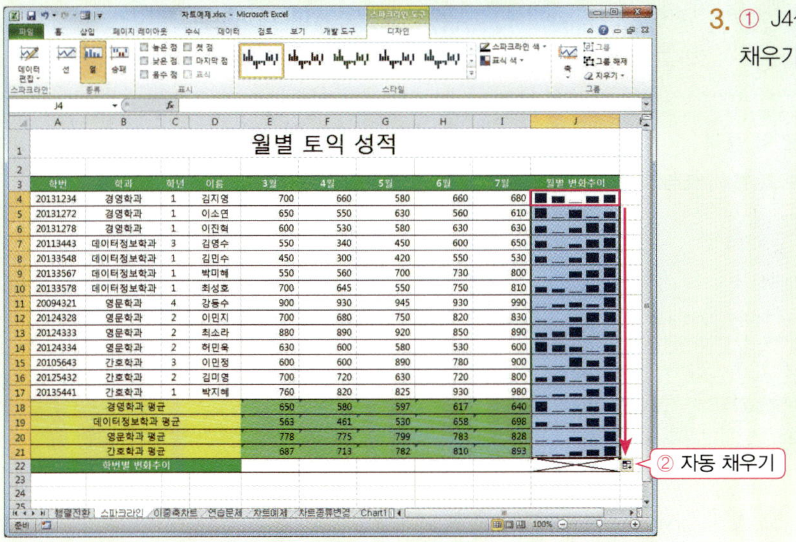

3. ① J4셀을 선택하고 J21셀까지 자동 채우기를 한다.

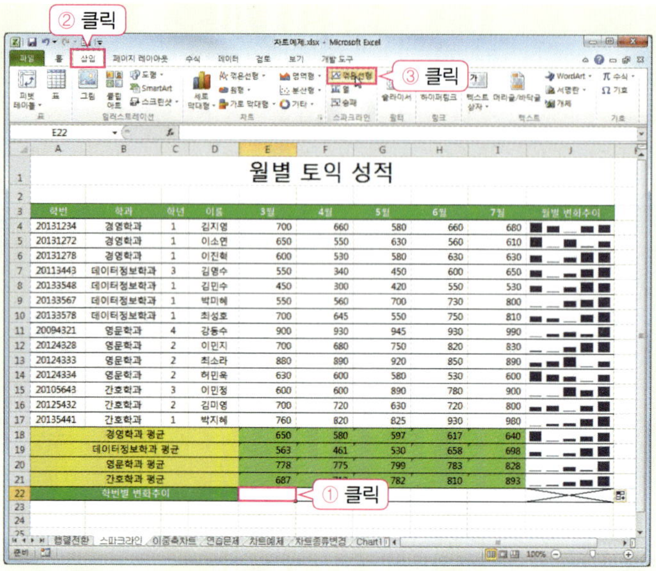

4. 동일한 방법으로 꺾은선형 학생들의 성적 변화추세를 스파크라인으로 삽입할 수 있다. 꺾은선형 스파크라인을 삽입할 ① E22셀을 클릭하고, ② [삽입] 탭의 [스파크라인] 그룹에서 ③ [꺾은선형]을 클릭한다.

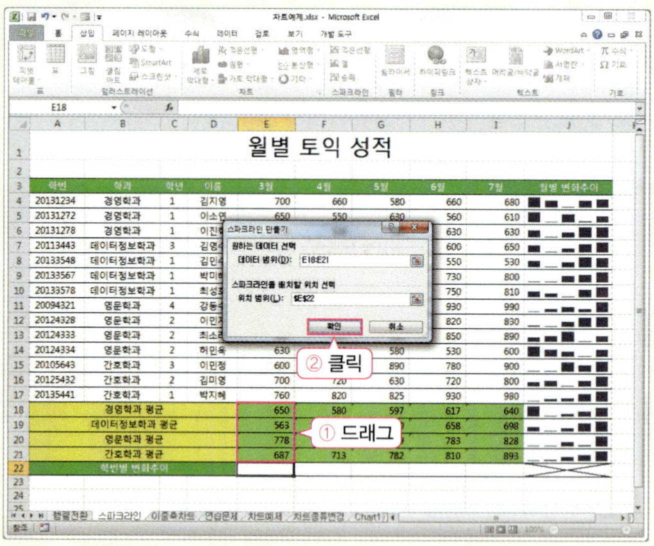

5. 「스파크라인 만들기」 대화상자에서 ① 데이터 범위를 선택하고, ② [확인]을 클릭한다.

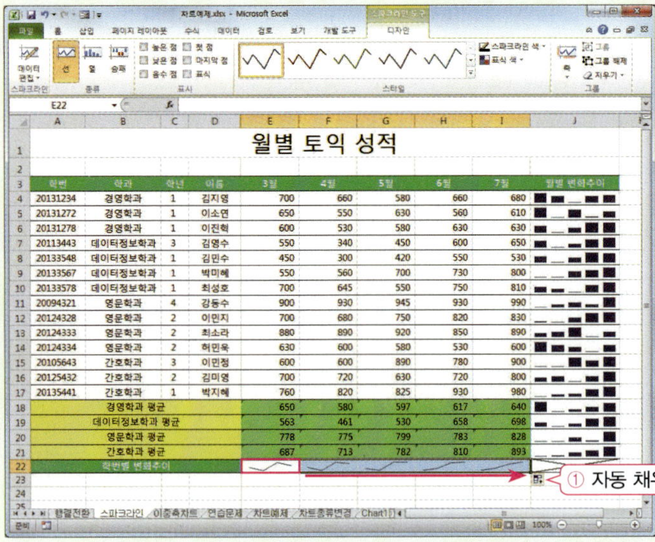

6. ① E22셀을 선택하고 I22셀까지 자동 채우기를 한다.

스파크라인 편집도구

스파크라인이 삽입된 셀을 선택하면 [스파크라인 도구]–[디자인] 탭이 나타난다. 여기서 셀에 삽입된 스파크라인을 편집할 수 있다.

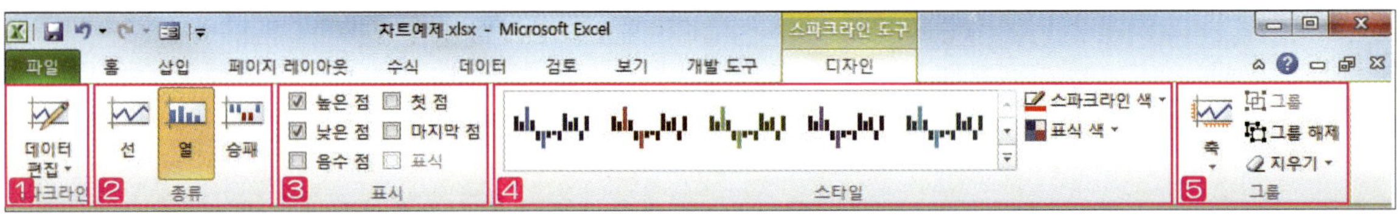

① 스파크라인 그룹

그룹의 위치 조정과 데이터를 편집할 때 사용한다.

② 종류 그룹

삽입된 스파크라인의 종류를 변경할 때 사용한다.

③ 표시 그룹

삽입된 스파크라인의 높은 점, 낮은 점 등을 나타낼 때 사용한다.

④ 스타일 그룹

스파크라인의 스타일을 빠르게 변경할 때 사용한다.

⑤ 그룹 그룹

삽입된 스파크라인의 축을 삽입하거나 그룹을 해제할 때 사용한다.

스파크라인 편집하기

스파크라인 편집도구를 이용해서, 스파크라인의 서식을 변경하거나 수정할 수 있다.

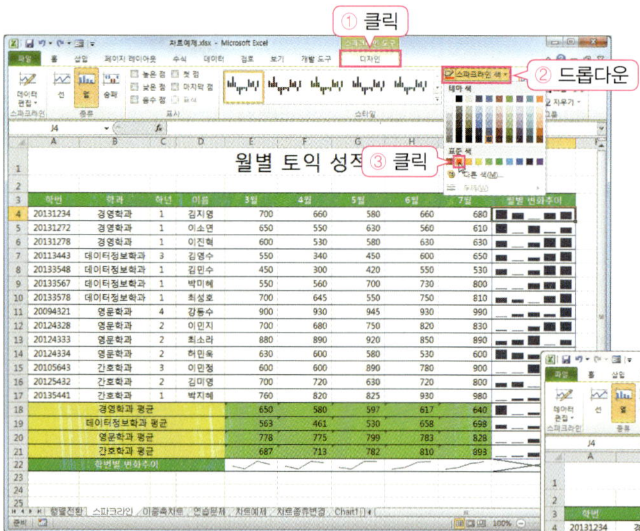

스파크라인 색 변경하기

1. ① [디자인] 탭의 [스타일] 그룹에서 ② [스파크라인 색]을 클릭해서 ③ 변경하고자 하는 색을 선택한다.

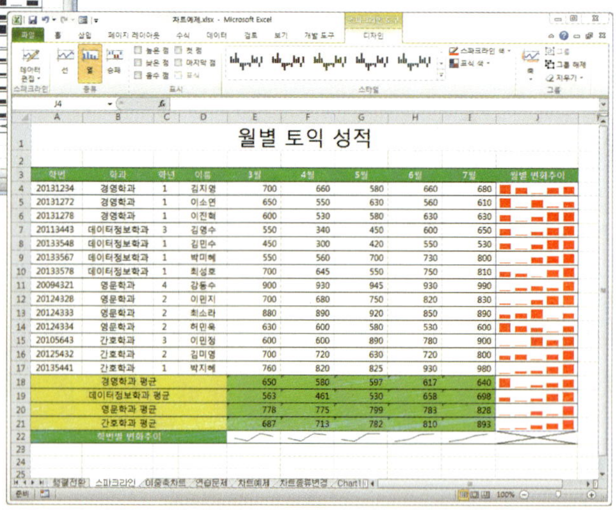

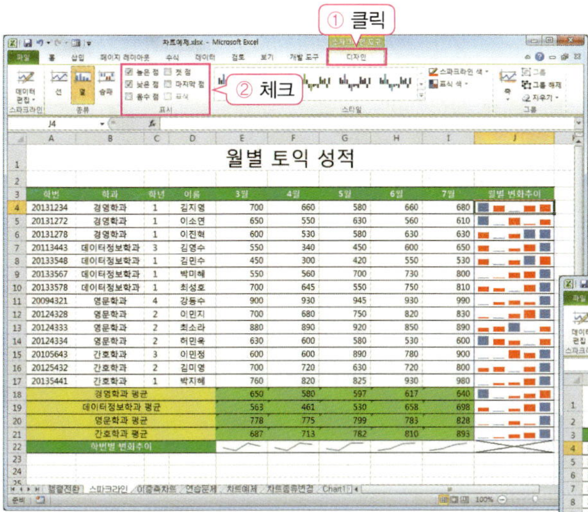

높은점, 낮은점 등 표시하기

1. ① [디자인] 탭의 [표시] 그룹에서 ② 표시하고자 하는 부분을 체크한다. 표시되는 색깔은 [스타일] 그룹의 ③ [표시 색]에서 ④ 변경할 수 있다.

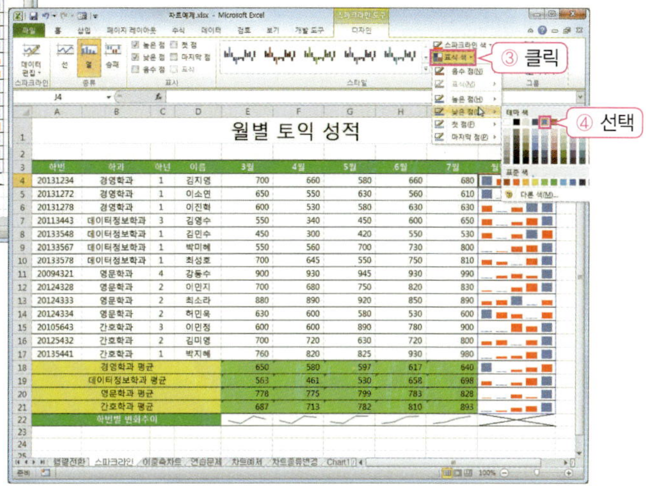

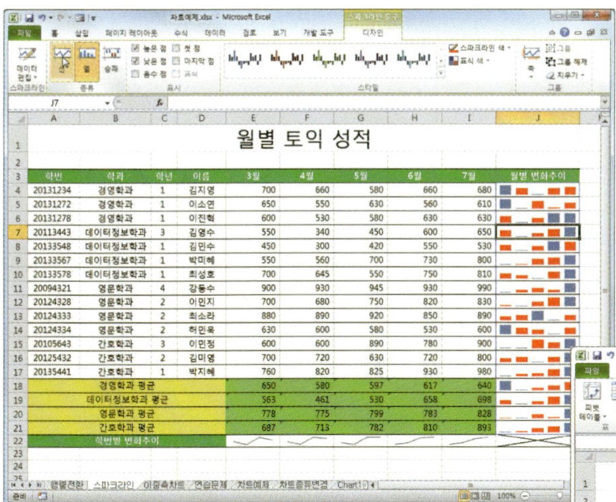

특정행의 스파크라인 종류 변경하기

1. 특정 셀의 스파크라인을 다른 종류의 스파크라인으로 변경하면 선택한 셀의 스파크라인만 변경되는 것이 아니라 모든 셀의 스파크라인의 종류가 변경된다. 그 이유는 각각 셀의 스파크라인이 그룹화되어 있기 때문이다.

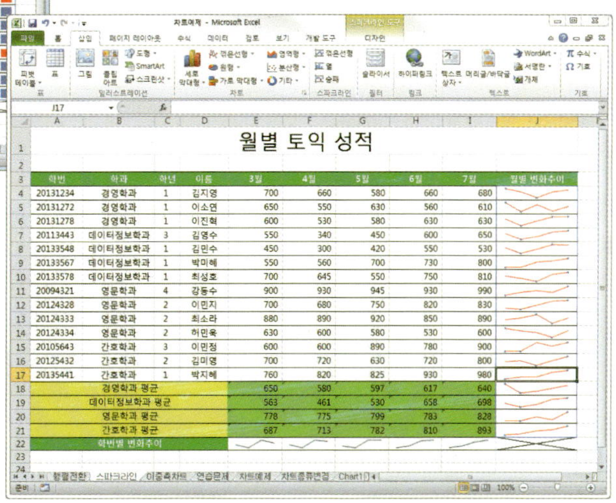

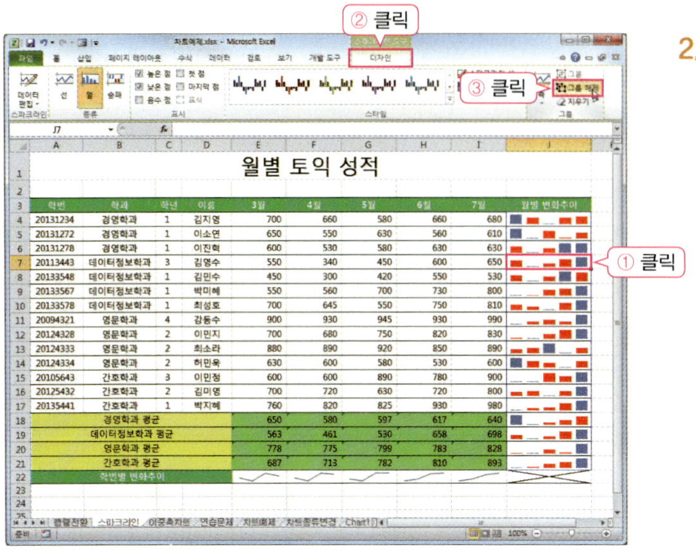

2. 그룹을 해제하고자 하는 ① J7셀에 클릭하고, [스파크라인 도구]-② [디자인] 탭의 [그룹] 그룹에서 ③ [그룹해제]를 클릭한다.

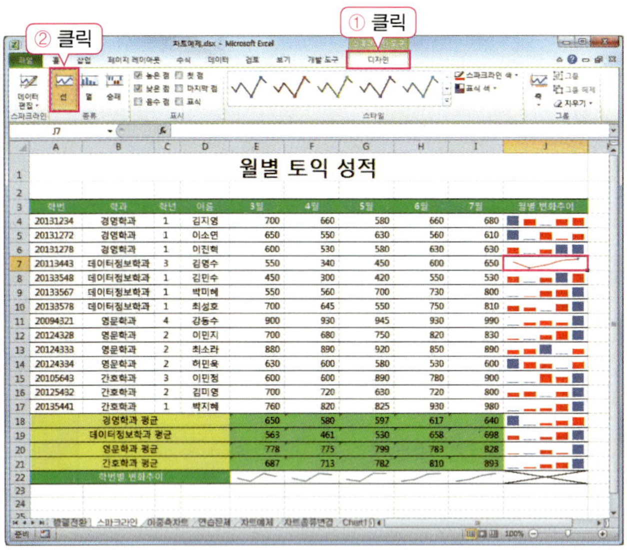

3. [스파크라인 도구]-① [디자인] 탭의 [종류]그룹에서 ② [선]을 클릭한다.

참고

스파크라인 그룹화

스파크라인들이 그룹화된 이유는 스파크라인을 삽입할 때 자동 채우기를 이용했기 때문이다.

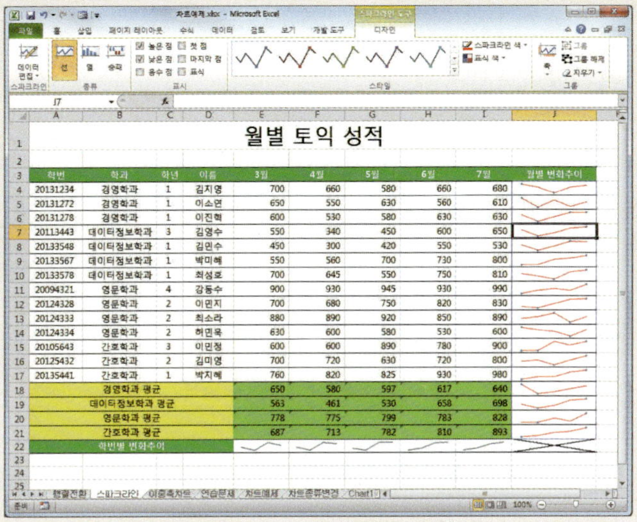

연습문제

EXERCISE

연습문제 ❶

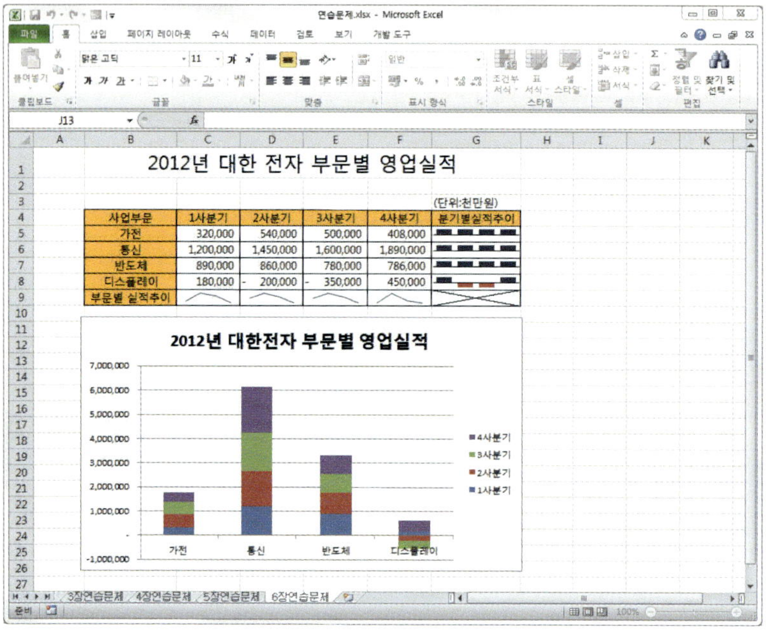

1 '부문별 실적추이'는 선 스파크라인을 삽입하고, '분기별 실적 추이'는 승패 스파크라인을 삽입하고, 축을 표시하시오.

2 그림과 같이 '누적 세로 막대형' 차트를 삽입하고, [행/열 전환] 명령을 이용해서 열과 행을 바꾼 다음 차트 제목을 삽입하시오.

연습문제 ❷

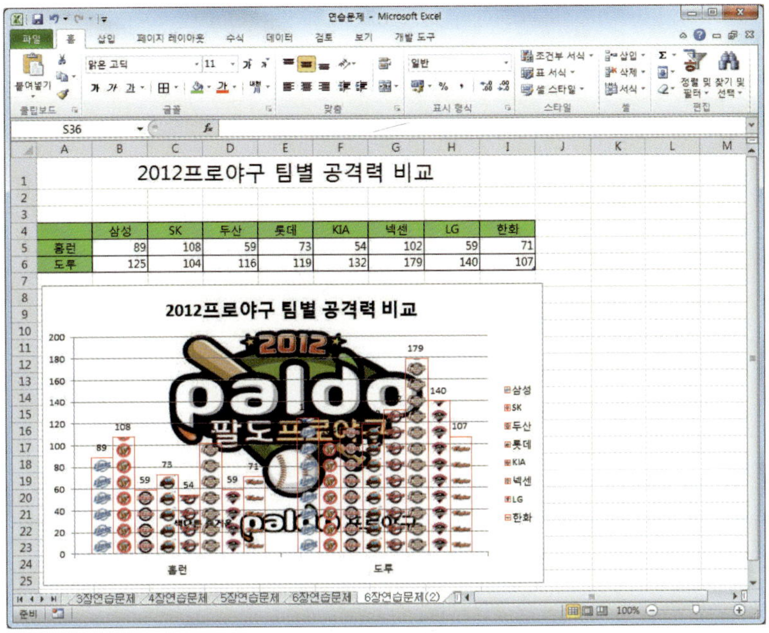

1 '2012프로야구 팀별 공격력 비교' 테이블을 이용해서 '2차원 묶은 세로 막대형' 차트를 삽입하시오.

2 각 계열요소에 8개 구단 마크를 삽입하시오.

3 '차트 영역'에 그림을 삽입하고, '그림 영역'의 채우기를 제거하시오.

07 CHAPTER

업무량을 줄이기 위한 데이터 관리

Section 1. 데이터베이스 이해하기

Section 2. 데이터 최적화하기

Section 3. 데이터 유효성 검사

Section 4. 데이터 통합

Section 5. 틀 고정

Section 6. 정렬

Section 7. 필터링

Section 8. 부분합

Section 9. 피벗 테이블과 피벗 차트

CHAPTER 07

업무량을 줄이기 위한 데이터 관리

많은 양의 데이터를 관리하다 보면 데이터를 좀 더 효과적으로 다룰 수 있는 기능이 필요하다. 엑셀 2010에서는 데이터를 효과적으로 관리할 수 있는 다양한 기능을 제공한다. 텍스트 나누기나 중복 데이터 제거 기능을 사용할 수 있고 데이터를 통합하며, 정렬 기능을 이용해서 데이터를 순서대로 정렬하거나 필터 기능을 이용해서 원하는 데이터만 추출할 수 있다.

Section 1. 데이터베이스 이해하기

데이터베이스란?

논리적으로 연관된 하나 이상의 데이터 모음으로 방대한 양의 데이터를 용도에 맞게 체계적으로 정리해 놓은 것을 말한다. 데이터베이스는 알게 모르게 우리 생활에 깊게 들어와 있다. 가장 쉽게는 스마트폰의 전화번호부도 데이터베이스이고, 학교 컴퓨터에 저장되어 있는 신상정보도 하나의 데이터베이스이다.

데이터베이스의 구성

데이터베이스를 작성하고 관리하려면 데이터를 일정한 형식에 맞춰 분류하고 구분해야 한다. 데이터베이스는 테이블, 필드와 레코드, 필드명, 데이터로 구성된다.

학과별 성적표

학번	학과	학년	이름	실용컴퓨터	영어회화	한문	총점	평균	등수
20131234	경영학과	1	김지영	85	75	86	246	82	9
20131272	경영학과	1	이소연	75	65	78	218	73	14
20131278	경영학과	1	이진혁	96	77	67	240	80	[illegible]
20113443	데이터정보학과	3	김영수	45	78	56	179	60	18
20133548	데이터정보학과	1	김민수	86	87	86	259	86	6
20133567	데이터정보학과	1	[illegible]미혜	100	92	96	288	96	3
20133578	데이터정보학과	1	최성호	87	95	92	274	91	4
20094321	영문학과	4	강동수	68	75	78	221	74	13
20124328	영문학과	2	이민지	99	86	86	271	90	5
20124333	영문학과	2	최소라	100	95	98	293	98	1
20124334	영문학과	2	허민욱	64	52	45	161	54	20
20105643	간호학과	3	이민정	78	88	78	244	81	10
20125432	간호학과	2	김미영	75	83	78	236	79	12
20135441	간호학과	1	박지혜	48	95	36	179	60	18
20116432	의용공학과	3	한혜란	92	78	48	218	73	14
20136743	의용공학과	1	김혜수	95	96	68	259	86	6
20136744	의용공학과	1	박미리	78	54	56	188	63	16
20137565	컴퓨터공학과	1	강수지	65	97	89	251	84	8
20137570	컴퓨터공학과	1	박명호	92	98	99	289	96	2
20137573	컴퓨터공학과	1	황민수	56	48	78	182	61	17

① 테이블

테이블은 필드와 레코드로 이루어져 있다. 쉽게 말해서 표 형태의 데이터 집합 전체를 테이블이라고 한다.

② 필드

같은 성격의 데이터 모임으로, 테이블에서 열에 해당한다.

③ 레코드

하나의 개체를 하나 이상의 필드로 구성하며, 테이블에서 행에 해당한다.

④ 필드명

각 필드를 구분하는 필드의 이름으로 테이블에서 열 제목에 해당한다.

⑤ 데이터

각 셀에 입력된 값이다.

데이터베이스 작성 규칙

엑셀의 데이터베이스 기능으로 관리할 데이터 목록이라면, 데이터 목록을 작성할 때 지켜야 할 몇 가지 규칙이 있다.

학과별 성적표

학번	학과	학년	이름	과목			총점	평균	등수
				실용컴퓨터	영어회화	한문			
20131234	경영학과(총무)	1	김지영	85	75	86	246	82	9
20131272	경영학과(부학회장)	1	이소연	75	65	78	218	73	13
20131278	경영학과(학회장)	1	이진혁	96	77	67	240	80	11
20113443	데이터정보학과(학회장)	3	김영수	45	78	56	179	60	17
20133548	데이터정보학과(총무)	1	김민수	86	87	86	259	86	6
20133567	데이터정보학과(부학회장)	1	박미혜	100	92	96	288	96	3
20133578	데이터정보학과(총대)	1	최성호	87	95	92	274	91	4
20094321	영문학과(학회장)	4	강동수	68	75	78	221	74	12
	영문학과(부학회장)	2	이민지	99	86	86	271	90	5
20124333	영문학과(총무)	2	최소라	100	95	98	293	98	1
20124334	영문학과(부학회장)	2	허민욱	64	52	45	161	54	18
20105643	간호학과(학회장)	3	이민정	78	88	78	244	81	10
20116432	의용공학과(학회장)	3	한혜란	92	78	48	218	73	13
20136743	의용공학과(부학회장)	1	김혜수	95	96	68	259	86	6
20136744	의용공학과(총대)	1	박미리	78	54	56	188	63	15
20137565	컴퓨터공학과(총대)	1	강수지	65	97	89	251	84	8
20137570	컴퓨터공학과(총무)	1	박영호	92	98	99	289	96	2
20137573	컴퓨터공학과(학회장)	1	황민수	56	48	78	182	61	16

① 필드명은 병합하지 않고 한 줄로 작성해야 한다. 그렇지 않으면 정렬 등의 작업에 문제가 발생한다.

② 하나의 필드에는 한 가지 데이터만 입력해야 한다. 이 또한 정렬 기준이 모호해서 정렬을 사용할 때 문제가 발생한다.

③ 데이터 목록에 빈 행이 없어야 한다. 빈 행이 발생할 경우 2개의 다른 데이터베이스로 인식하는 문제가 발생한다.

④ 기본키(primary key)는 반드시 입력되어야 한다. 학번 필드는 각 레코드를 구분하는 필드이므로 비어 있으면 안 된다.

데이터베이스를 표로 작성하기

엑셀에서 '표'는 다른 행 · 열의 데이터와는 별도로 관리되도록 정의된 데이터베이스이다. 데이터베이스를 작성할 때 표를 이용하면 데이터베이스의 규칙에 맞게 작성되고 새 레코드를 추가할 때 수식이나 서식이 지정된 셀은 자동으로 확장되어 편리하게 이용할 수 있다. 그럼 표를 이용해서 데이터베이스를 만들고, 일반적인 데이터 입력과의 차이점을 알아보자.

Ex 실습예제

표를 이용해서 아래와 같은 데이터베이스를 작성해보자.

학번	학과	학년	이름	실용컴퓨터	영어회화	한문	총점
20131234	경영학과	1	김지영	85	75	86	246
20131272	경영학과	1	이소연	75	65	78	218
20131278	경영학과	1	이진혁	96	77	67	240
20113443	데이터정보학과	3	김영수	45	78	56	179
20133548	데이터정보학과	1	김민수	86	87	86	259
20133567	데이터정보학과	1	박미혜	100	92	96	288
20133578	데이터정보학과	1	최성호	87	95	92	274
20094321	영문학과	4	강동수	68	75	78	221
20124328	영문학과	2	이민지	99	86	86	271
20124333	영문학과	2	최소라	100	95	98	293
20124334	영문학과	2	허민욱	64	52	45	161
20105643	간호학과	3	이민정	78	88	78	244
20125432	간호학과	2	김미영	75	83	78	236
20135441	간호학과	1	박지혜	48	95	36	179

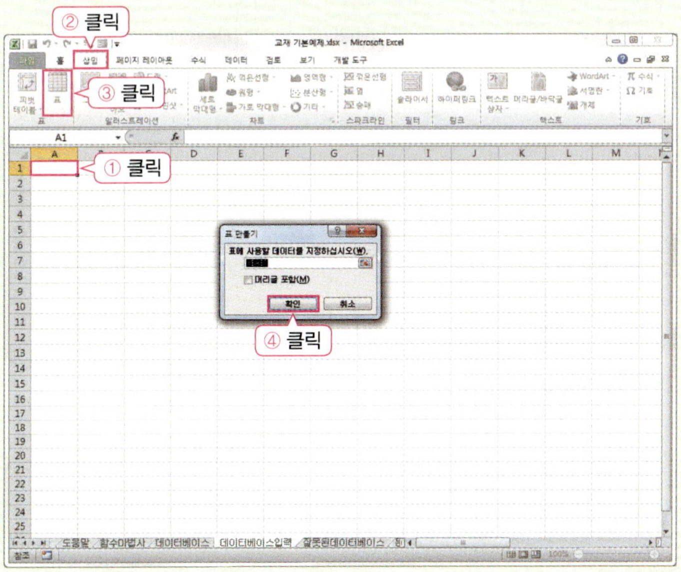

1. 데이터베이스가 시작될 부분인 ① A1 셀을 클릭하고, ② [삽입] 탭의 [표] 그룹에서 ③ [표]를 클릭한다. 「표 만들기」 대화상자에서 범위를 확인하고 ④ [확인]을 클릭한다.

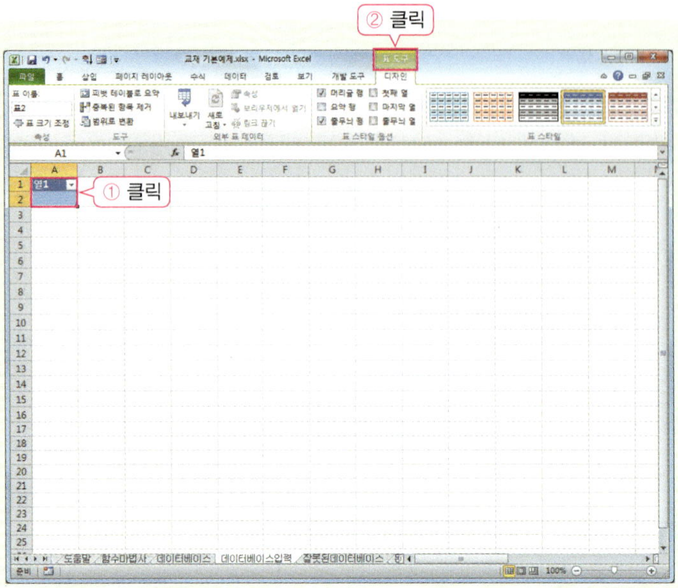

2. ① 선택한 A1셀을 기준으로 표 범위가 지정되며, ② 리본 메뉴에 [표 도구]-[디자인] 상황 탭이 나타난다.

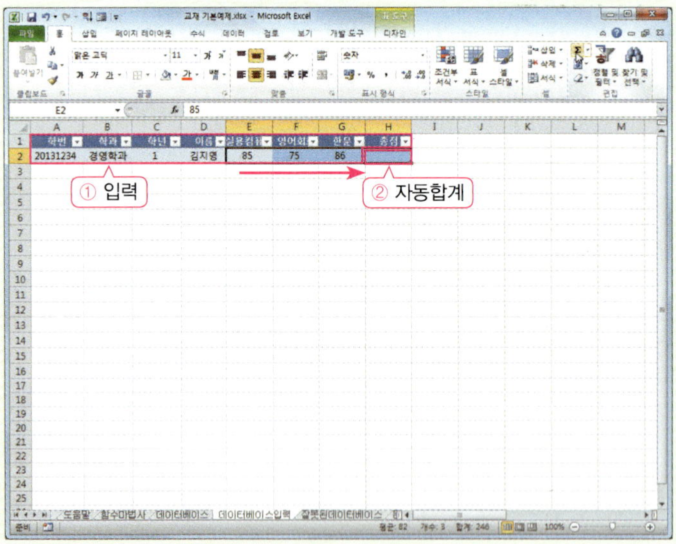

3. ① A1셀부터 학번, 학과 등을 입력하고, 해당 데이터를 입력한 다음 ② 총점은 자동합계를 이용해서 구한다.

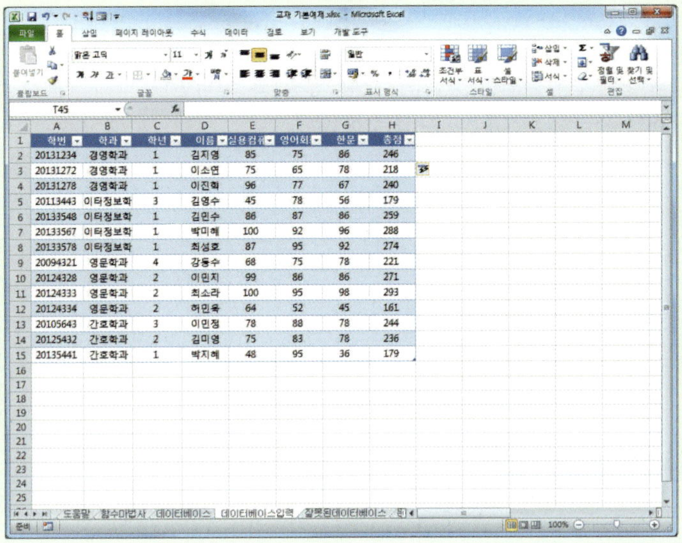

4. 나머지의 데이터들은 ① '한문점수'까지만 입력하면 총점은 자동으로 구해진다.

레코드 관리기능 사용하기

새로운 레코드를 추가하거나 삭제하고 수정할 때 직접 행을 삽입하고 셀에 데이터를 입력할 수 있지만 레코드 관리 기능을 이용하면 효율적으로 관리할 수 있다. 데이터베이스는 데이터를 효율적으로 관리하기 위한 것이 목적이므로 검색 기능 또한 필수적이다. 레코드 관리기능은 기존 메뉴에는 나와 있지 않다. 레코드 관리 기능을 사용하기 위해서는 빠른 실행 도구 모음에 레코드 관리 기능을 추가해야 한다.

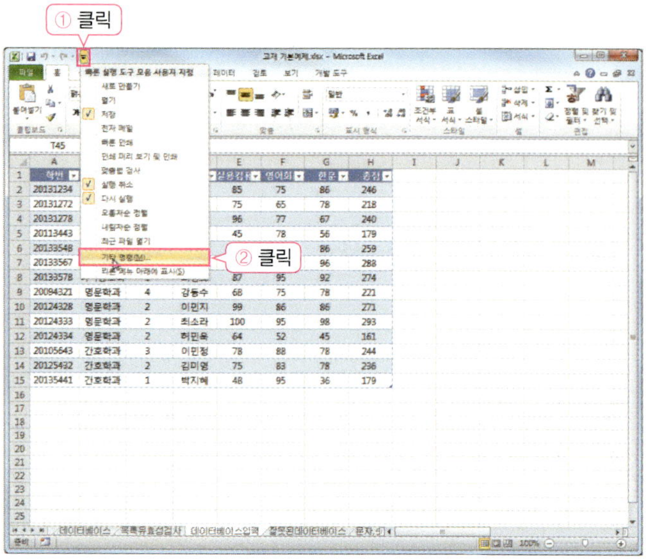

레코드 관리기능 추가

1. ① [빠른 실행 도구모음 사용자 지정 ▾]–② [기타 명령]을 클릭한다.

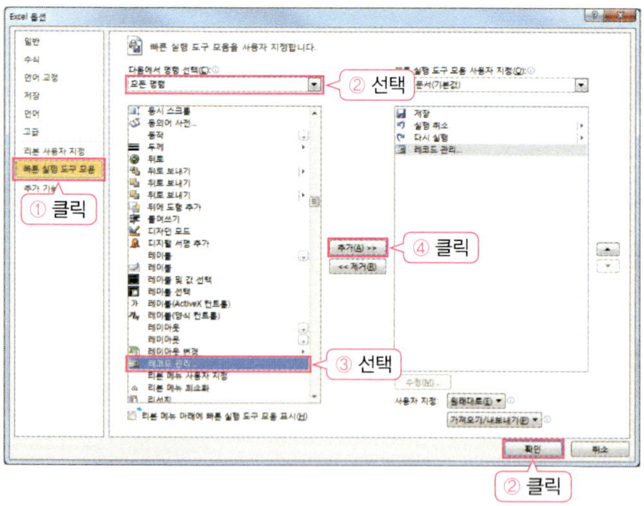

2. 「Excel 옵션」 대화상자에서 ① [빠른 실행 도구 모음]–[다음에서 명령 선택]에서 ② [모든 명령]–③ [레코드 관리]를 선택하고, ④ [추가]를 누른 다음 ⑤ [확인]을 클릭한다.

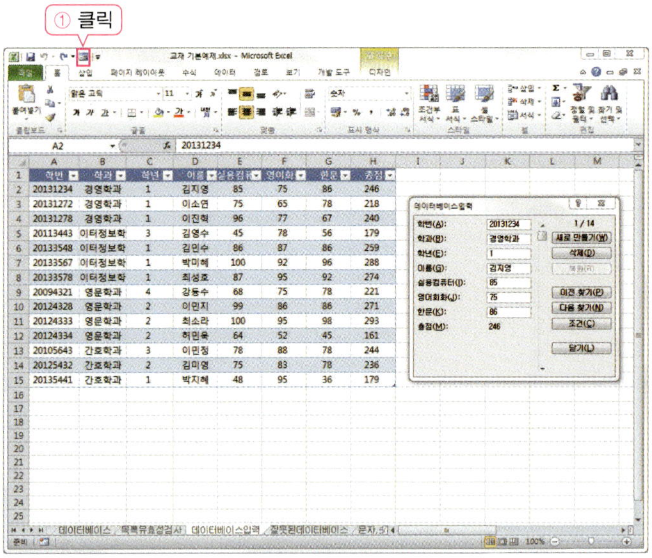

3. [빠른 실행 도구 모음]의 ① [레코드 관리] 아이콘을 클릭하면, 워크시트의 이름과 같은「데이터베이스입력」대화상자가 나타난다.

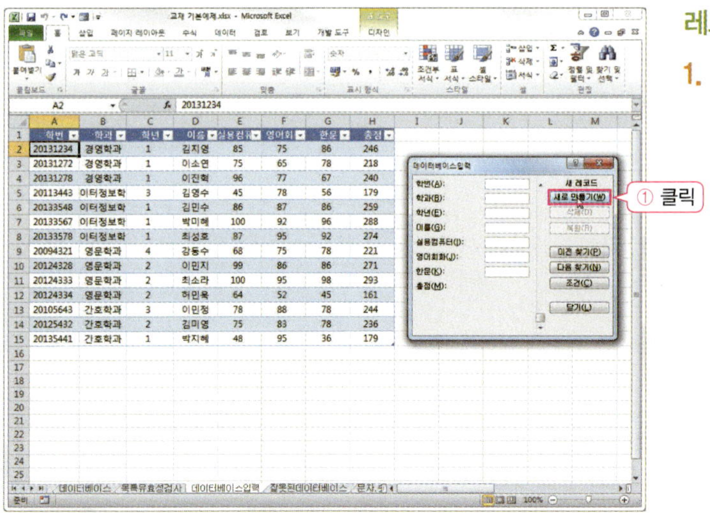

레코드 추가

1.「데이터베이스입력」대화상자에서 ① [새로 만들기]를 클릭한다.

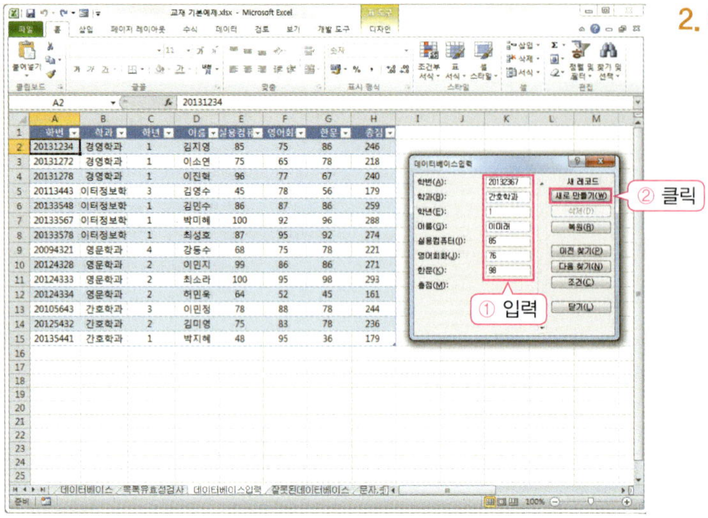

2. ① 추가할 레코드 내용을 입력하고, ② [새로 만들기]를 클릭한다.

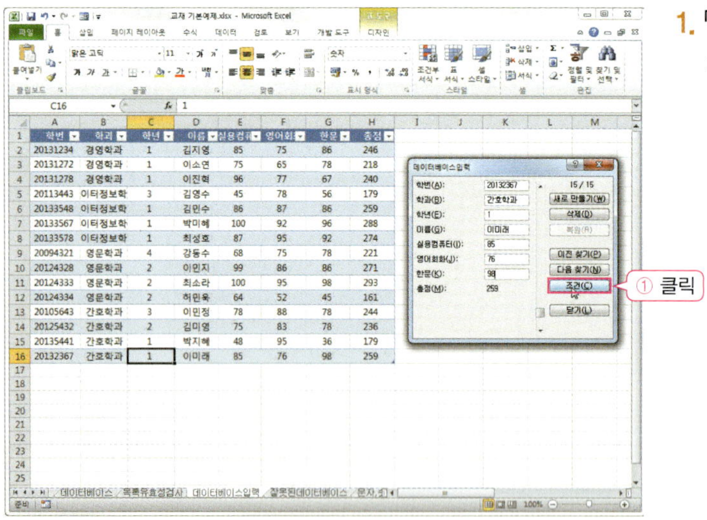

1. 「데이터베이스입력」 대화상자에서 ① [조건]을 클릭한다.

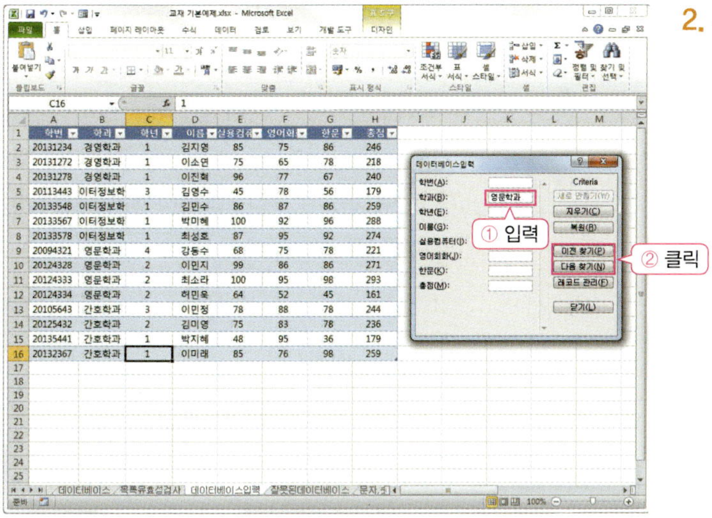

2. 검색할 조건인 ① [학과]에 '영문학과'를 입력하고, 현재 커서의 위치에 따라 ② [이전 찾기]와 [다음 찾기]를 클릭한다.

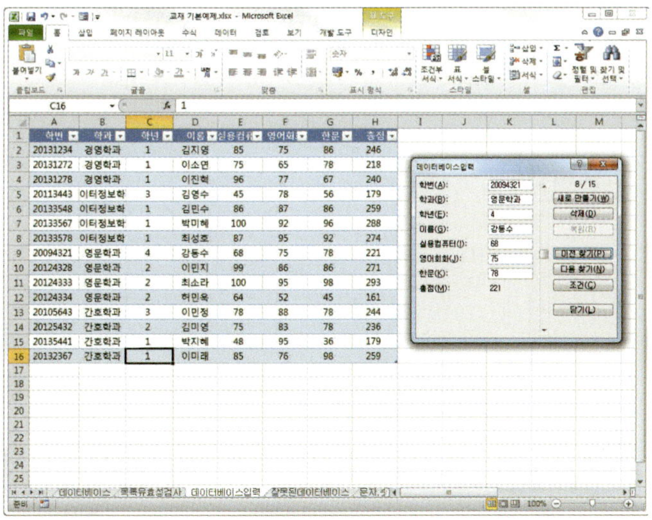

3. 그림과 같이 데이터가 검색된다.

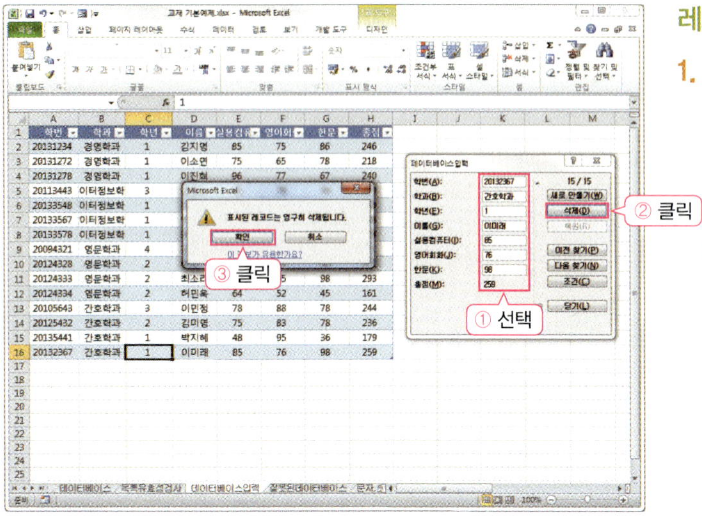

레코드 삭제

1. 레코드를 삭제하고자 할 때에는 ① 삭제할 레코드를 선택하고, 「데이터베이스입력」 대화상자에서 ② [삭제]를 클릭한다. 「Microsoft Excel」 대화상자가 나타나면 ③ [확인]을 클릭한다.

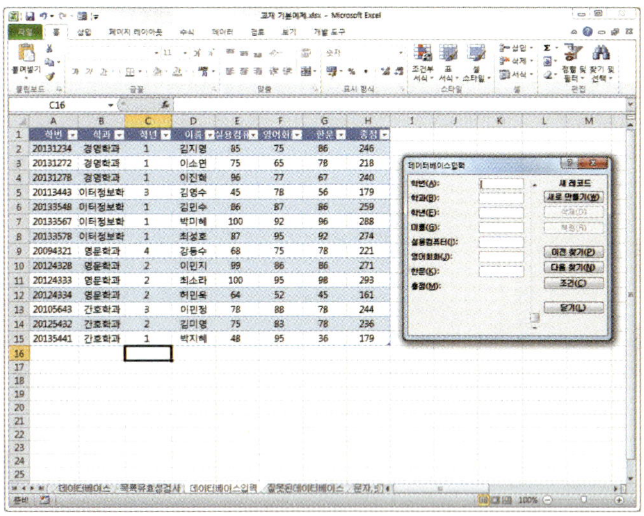

2. 그림과 같이 레코드가 삭제된다.

Section 2. 데이터 최적화하기

엑셀에서는 데이터를 최적화할 수 있도록 텍스트 나누기, 중복 데이터 제거하기, 데이터 유효성 검사, 데이터 통합하기 기능을 제공한다.

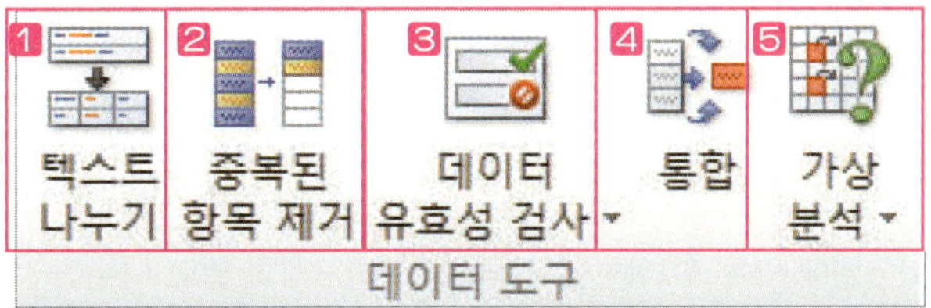

데이터 도구

[데이터] 탭의 [데이터 도구] 그룹에 있는 도구를 사용해서 데이터를 최적화할 수 있다.

① 텍스트 나누기

데이터를 구분 기호나 일정 너비를 기준으로 나눈다.

② 중복된 항목 제거

전체 또는 일부 열에서 중복된 데이터를 제거한다.

③ 데이터 유효성 검사

데이터 입력시 유효한 데이터만 입력할 수 있도록 한다.

④ 통합

여러 범위 또는 워크시트를 합쳐서 결과를 요약하고 집계한다.

⑤ 가상 분석

목표 값 찾기, 시나리오, 데이터 표 분석 기능을 제공한다.

텍스트 나누기

셀 하나에 여러 정보가 담긴 경우 각 정보를 한 개 셀에 들어가도록 나눠야 한다. 텍스트 나누기는 일정 너비나 기호를 기준으로 텍스트를 나누는 것이다. 텍스트 파일을 워크시트에 불러올 때 사용할 수도 있고, 워크시트에서 열 하나에 여러 정보가 담긴 데이터를 나눌 때 사용한다.

Ex 실습예제

'학과별 성적표' 테이블에서 B열에 있는 학과를 단과대학과 학과 2개의 열로 나누어 보자.

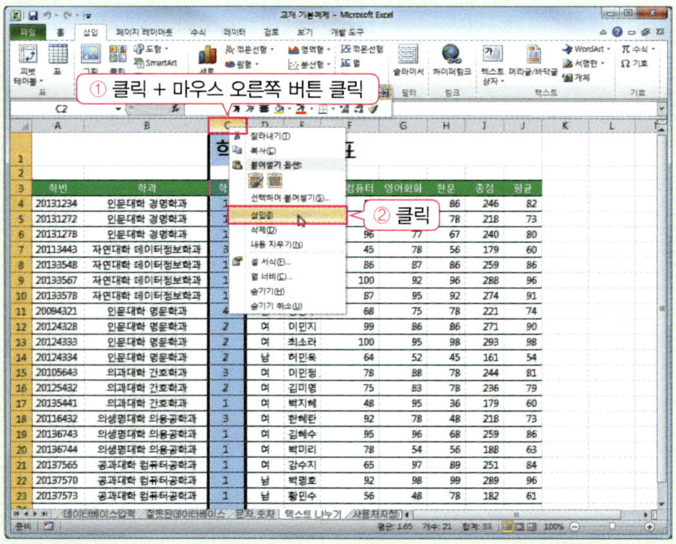

1. 학과가 들어갈 부분을 만들기 위해 ① C열을 클릭한 다음 마우스 오른쪽 버튼을 누르고, ② [삽입]을 클릭한다.

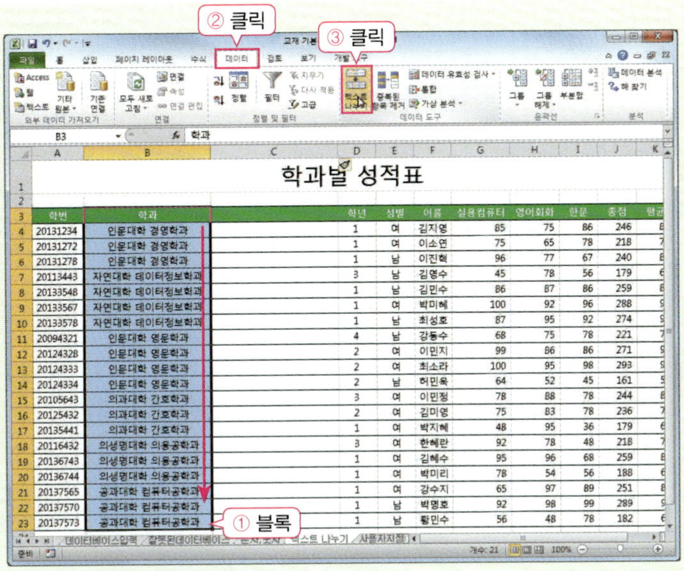

2. 단과대학, 학과 2개의 열로 나눌 ① 단과대학 부분에 블록을 설정한 다음 ② [데이터] 탭의 [데이터 도구] 그룹에서 ③ [텍스트 나누기]를 클릭한다.

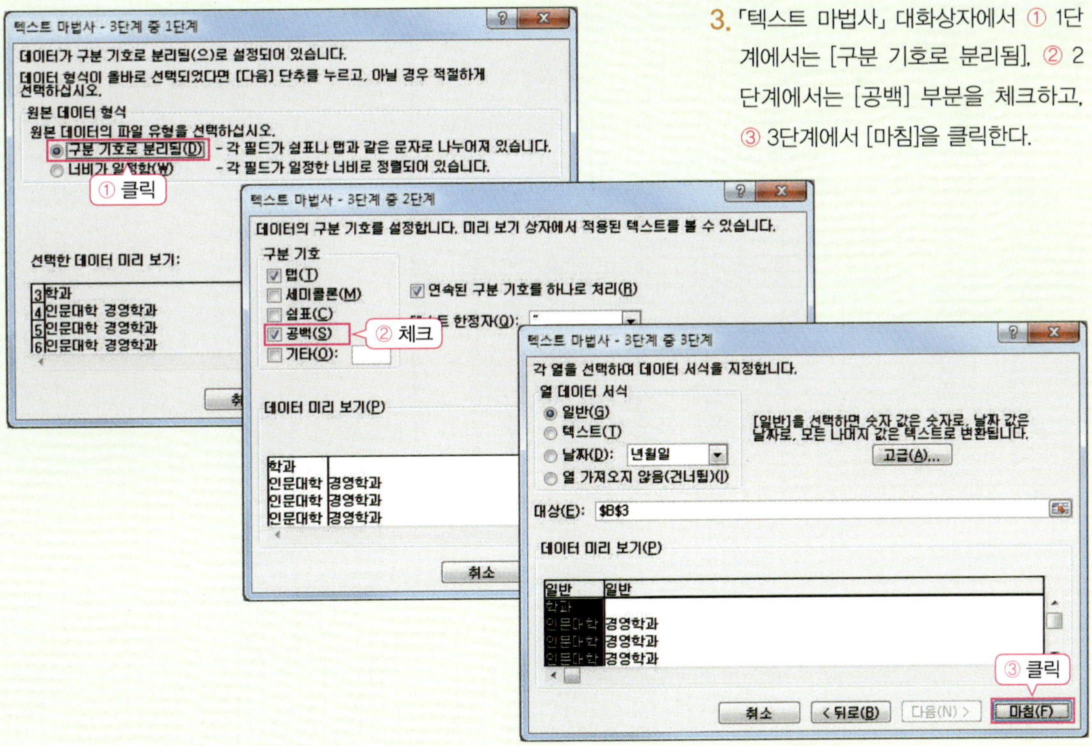

3. 「텍스트 마법사」 대화상자에서 ① 1단계에서는 [구분 기호로 분리됨], ② 2단계에서는 [공백] 부분을 체크하고, ③ 3단계에서 [마침]을 클릭한다.

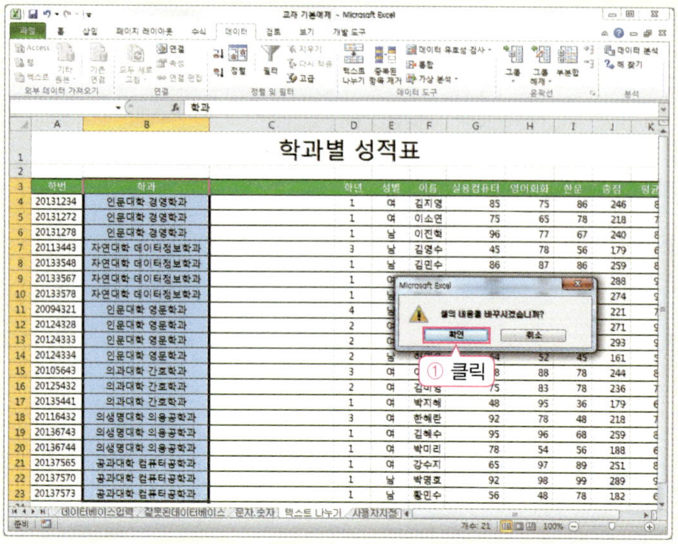

4. ① "셀의 내용을 바꾸시겠습니까?" 메시지가 나타나면 [확인]을 클릭한다.

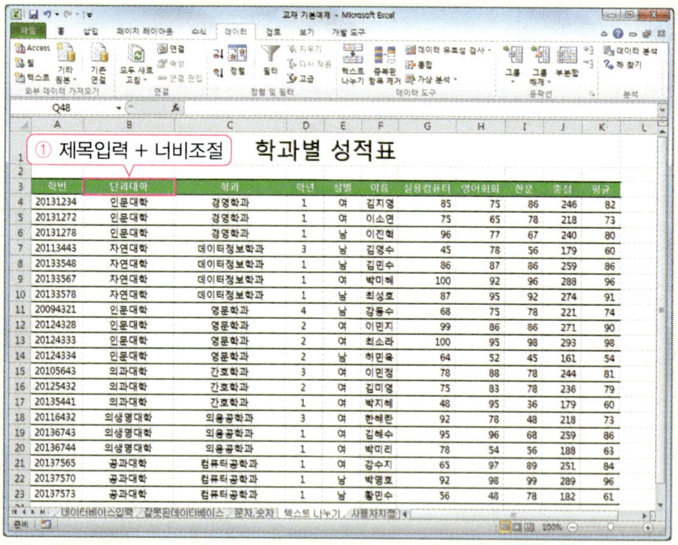

5. 최종적으로 ① 열 제목을 입력하고 열의 너비를 조절해준다.

중복된 항목 제거하기

데이터를 외부에서 불러온 경우 중복 데이터가 있는지 체크해야 한다. 또한 사용자가 실수로 중복 데이터를 입력하는 경우도 있다. 잘못된 분석 결과를 내지 않기 위해 반드시 중복항목이 있는지 체크하고 있다면 제거해야 한다.

Ex **실습예제**

중복된 항목 제거 기능을 이용해서 '학과별 성적표' 테이블에서 중복된 항목을 제거해보자.

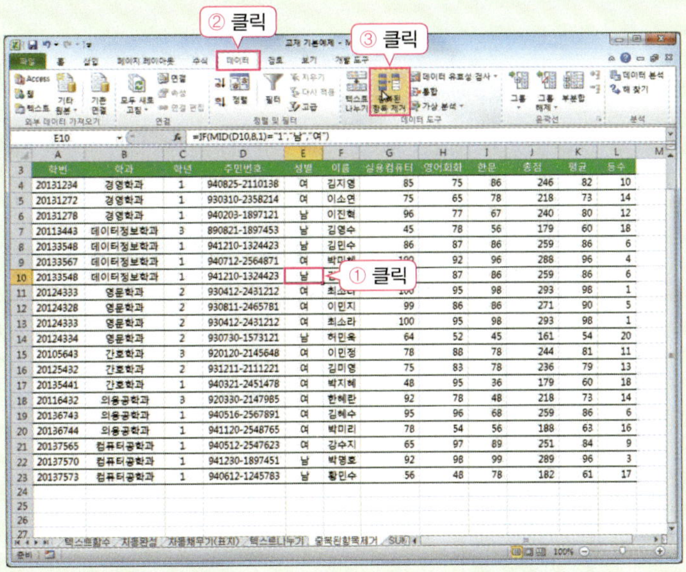

1. '학과별 성적표' 테이블에 ① 셀 포인터를 위치시킨 다음 ② [데이터] 탭의 [데이터 도구] 그룹에서 ③ [중복된 항목 제거]를 클릭한다.

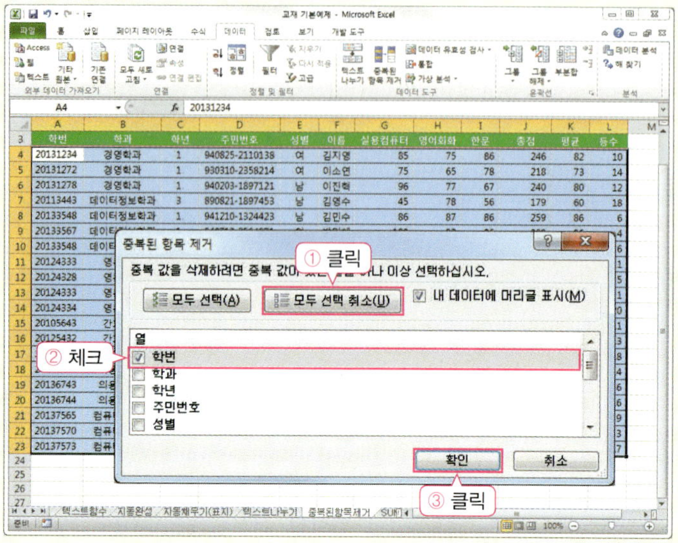

2. 「중복된 항목 제거」 대화상자에서 ① [모두 선택 취소]를 클릭하고, ② [학번]을 체크한 다음 ③ [확인]을 클릭한다.

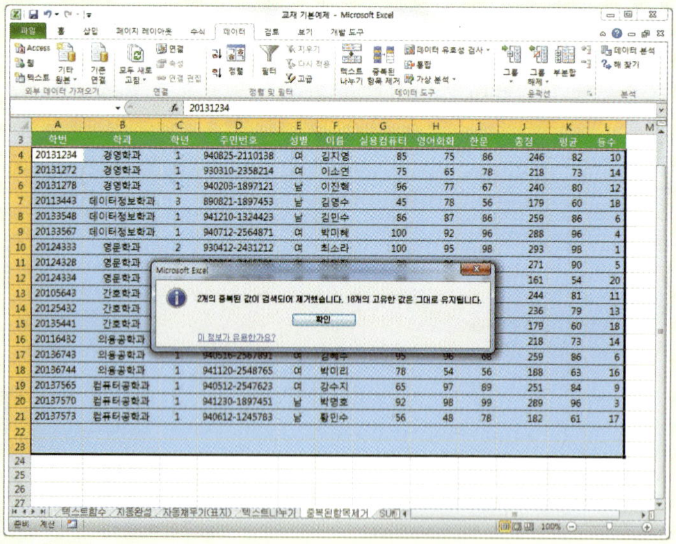

3. 중복된 열이 정상적으로 제거되었다는 창이 뜨면서 중복된 데이터가 제거된다.

Section 3. 데이터 유효성 검사

유효성 검사는 데이터 입력시 사용자가 잘못된 데이터를 입력할 때 자동으로 오류 메시지를 띄워 올바른 데이터를 입력할 수 있도록 돕는 기능이다. 정수, 실수를 포함하여 날짜, 시간, 텍스트에 관해서도 유효성 검사가 가능하다.

데이터 유효성 대화상자

데이터 유효성 검사를 설정할 때에는 [데이터] 탭의 [데이터 도구] 그룹에서 [데이터 유효성 검사]를 선택한다. 「데이터 유효성」 대화상자에서 유효성 조건, 설명 및 오류 메시지 등을 설정할 수 있다.

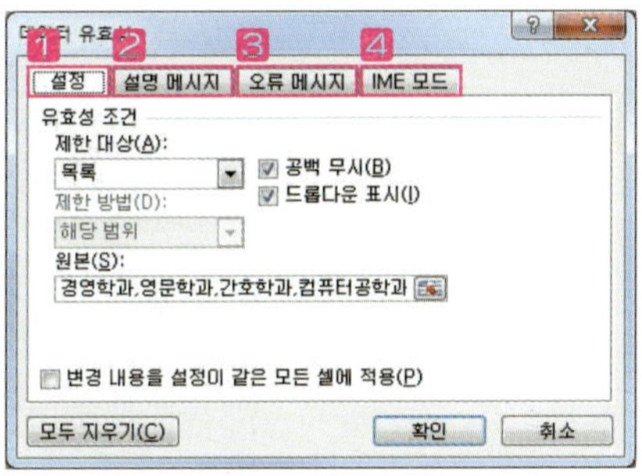

① 설정

특정 셀이나 범위에 유효한 데이터가 입력되도록 제한 대상과 제한 방법을 설정한다.

② 설명 메시지

셀을 선택하면 어떤 데이터를 넣을 것인지 메시지를 띄운다.

③ 오류 메시지

셀에 유효하지 않는 데이터를 입력할 경우 오류 메시지 창을 띄운다.

④ IME 모드

매번 입력할 때마다 한/영 키를 누르지 않도록 특정 셀이나 범위에 영문과 한글 모드를 설정한다.

목록 유효성 검사

실습예제

테이블에서 학과 항목에는 경영학과, 영문학과, 간호학과, 컴퓨터공학과만 입력이 가능하도록 유효성 검사를 해 보자. 본 예제에서는 표 데이터베이스를 이용해서 테이블을 작성하고 입력한다.

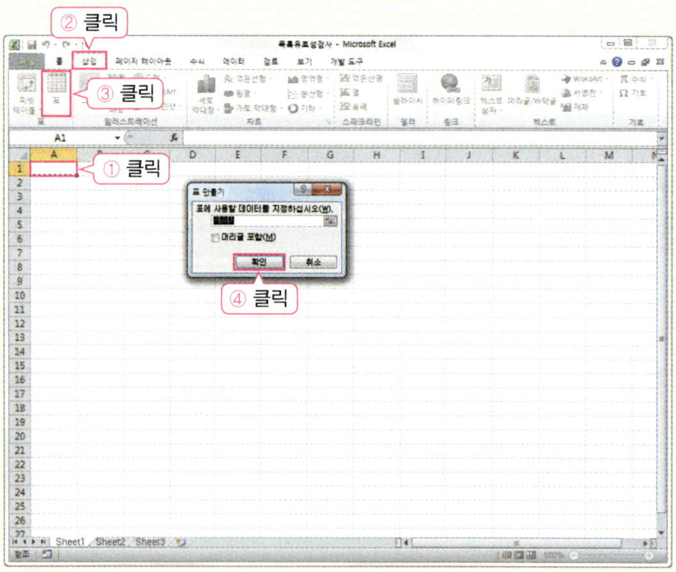

1. ① A1셀에 커서를 위치시키고, ② [삽입] 탭의 [표] 그룹에서 ③ [표]를 클릭한 후 「표 만들기」 대화상자에서 ④ [확인]을 클릭한다.

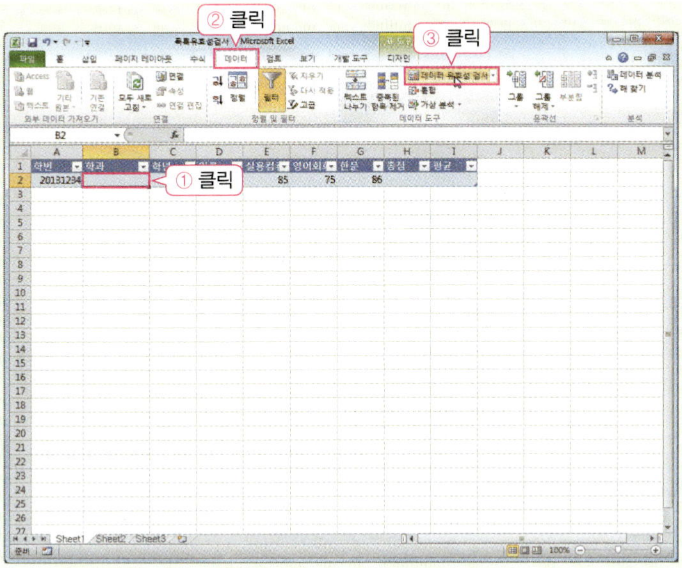

2. 그림과 같이 데이터를 입력하고, ① B2셀을 클릭한 다음 ② [데이터] 탭의 [데이터 도구] 그룹에서 ③ [데이터 유효성 검사]를 클릭한다.

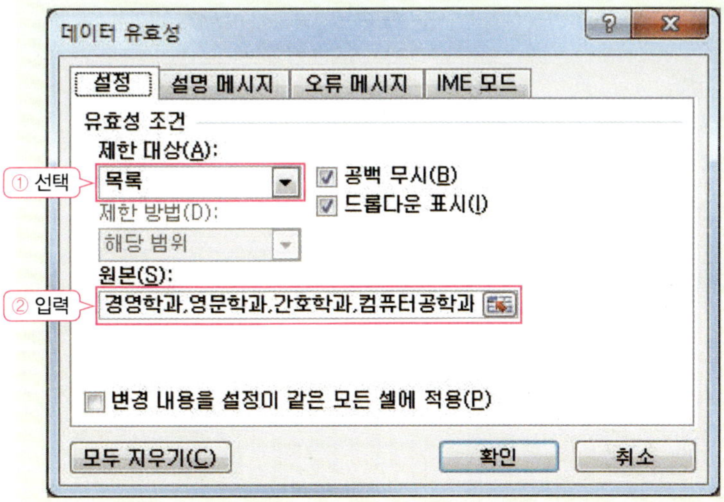

3. 「데이터 유효성」 대화상자가 나타난다. ① [설정] 탭의 [제한 대상-목록]을 선택하고, ② [원본] 항목에 제한할 값(경영학과, 영문학과, 간호학과, 컴퓨터공학과)을 직접 입력한다.

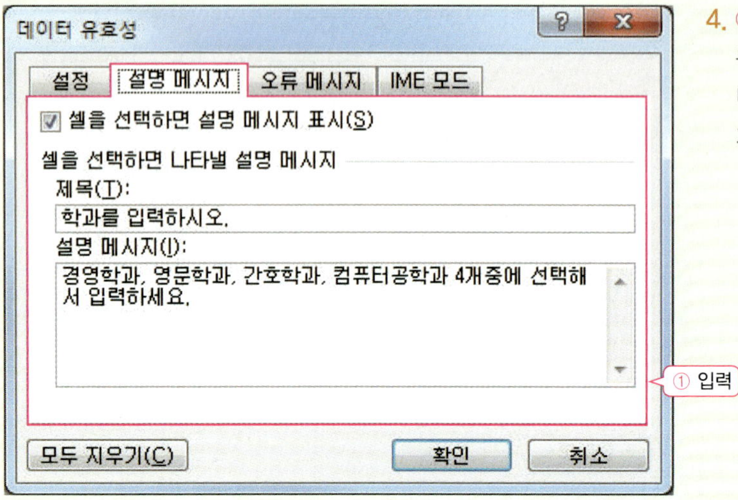

4. ① [설명 메시지]에서 데이터 입력시 유의사항을 입력한다. 여기에 입력된 내용은 풍선 도움말 형식의 안내 메시지로 나타난다.

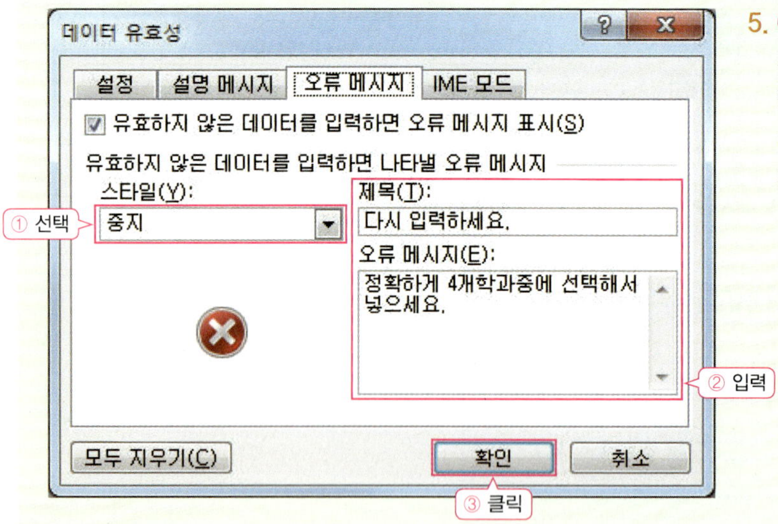

5. ① [오류 메시지]에서는 때의 오류메시지 스타일을 선택하고, ② 목록에 없는 데이터를 입력했을 때 표시될 에러 메시지를 입력하고 ③ [확인]을 클릭한다.

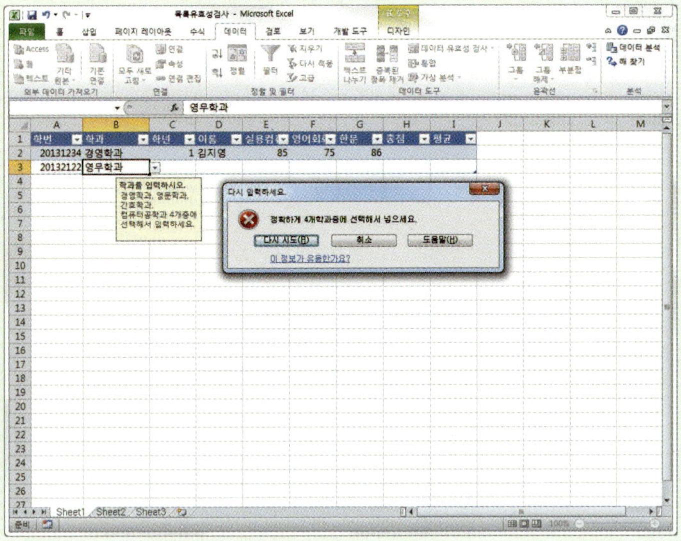

6. B2셀과 같이 목록 중에 선택해서 넣으면 데이터가 입력된다. 하지만, B3셀과 같이 '영무학과'로 잘못 입력할 경우 에러 메시지가 발생한다.

참고

목록 무시 옵션

설정창의 '공백무시'는 셀을 빈 셀로 두도록 허용한다는 것이다. 공백무시의 체크를 해제하고 셀에 데이터를 입력했다가 지울 경우 에러가 발생한다. 하지만, 처음부터 데이터를 입력하지 않았을 경우 에러가 발생하지 않는다.

Section 4. 데이터 통합

통합 기능은 여러 워크시트 혹은 여러 테이블에 분산되어 있는 데이터를 모아 통합해서 관리하고 분석하는 기능이다. 통합의 기준은 필드명을 사용하고, 통합 기능에서 사용하는 함수는 합계, 개수, 평균 등이 있다.

실습예제

'1분기자원봉사', '2분기자원봉사' 테이블을 '통합' 테이블에 통합시켜 보자. 이때 '학과별 자원봉사 총시간'을 구한다.

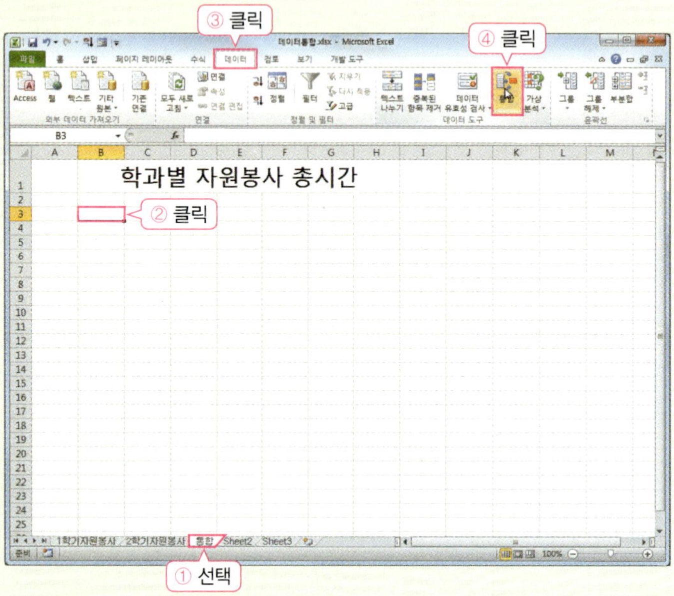

1. 통합된 데이터가 들어갈 ① '통합' 워크시트의 ② B3셀을 클릭하고, ③ [데이터]탭의 [데이터 도구]그룹에 있는 ④ [통합]을 클릭한다.

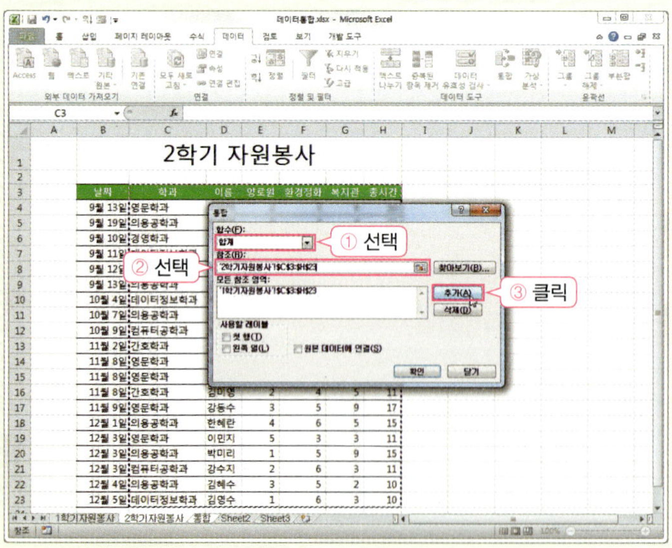

2. 「통합」대화상자의 ① [함수]에서 '합계'를 선택하고, ② [참조]에서 '1학기자원봉사'!$C$3:$H$23, '2학기자원봉사'!$C$3:$H$23 영역을 선택한 다음 ③ [추가]를 클릭한다.

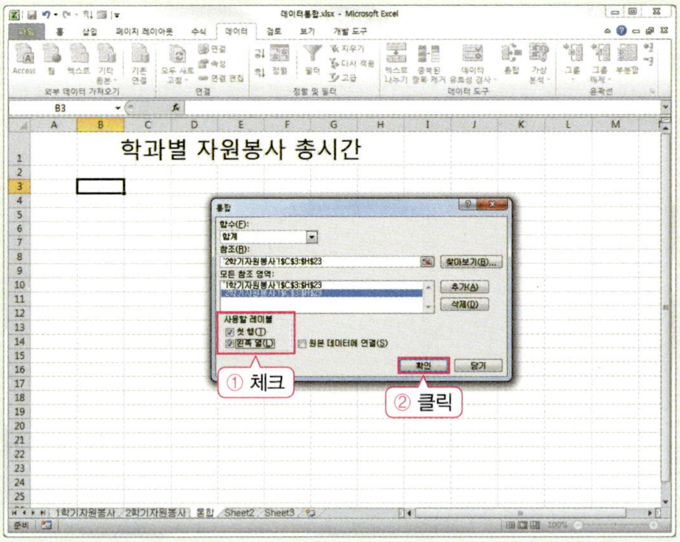

3. ① 사용할 레이블에 '첫행', '왼쪽열'에 체크하고 ② [확인]을 클릭한다.

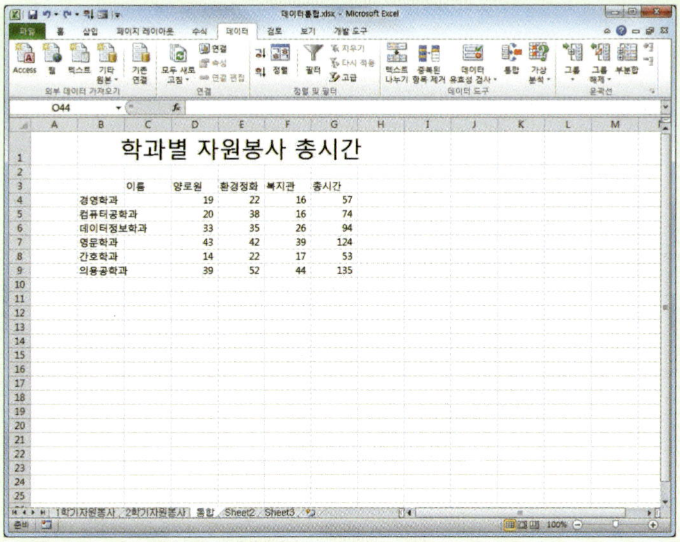

4. 통합된 결과가 나타난다. 이때 왼쪽 열 레이블의 이름이 비워진 채로 통합 결과가 표시된다.

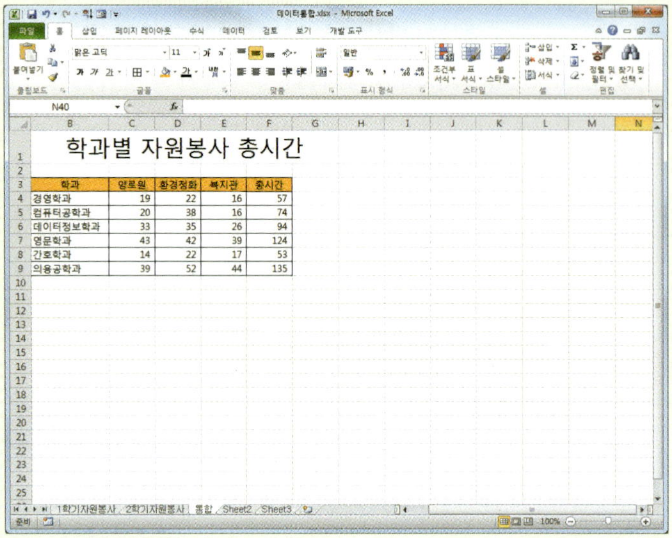

5. 열 레이블의 이름을 입력하고, 의미 없는 이름 필드를 제거하고, 열 너비를 조절해주면 완성된다.

Section 5. 틀 고정

하나의 시트에 많은 양의 데이터가 입력되어 있는 경우 아래쪽의 레코드를 보기 위해 셀의 위치를 이동하면 필드명이 무엇인지 알기 어렵다. 이와 같이 제한된 화면에 많은 양의 데이터가 들어 있을 때 데이터 입력을 편리하게 할 수 있도록 도와주는 기능이 틀 고정이다.

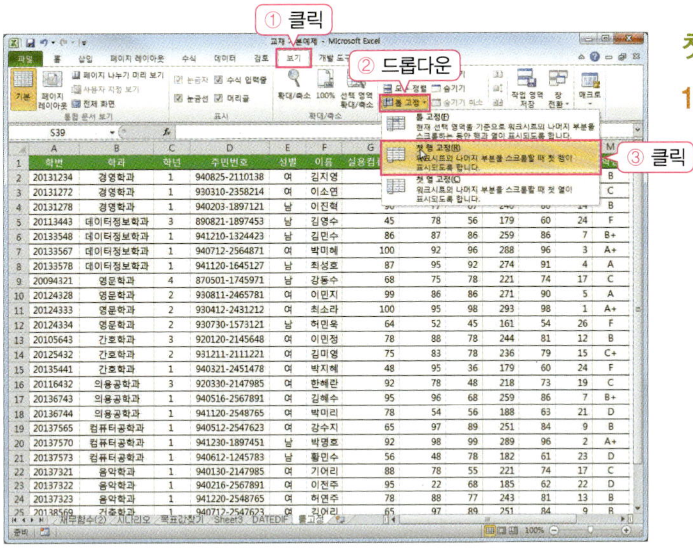

첫 행 고정

1. ① [보기] 탭의 [창] 그룹에서 ② [틀 고정]을 선택한 후 ③ [첫 행 고정]을 클릭한다.

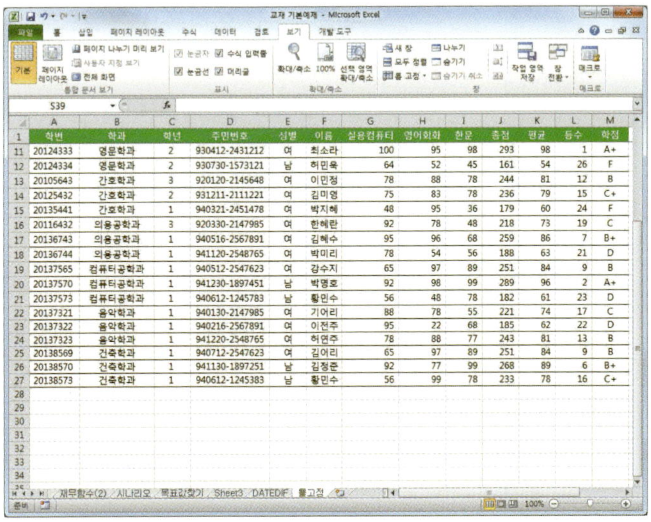

2. 수직 이동줄의 스크롤바를 아래쪽으로 드래그하여 화면을 아래로 이동시켜보면 첫 행이 고정되었음을 확인할 수 있다.

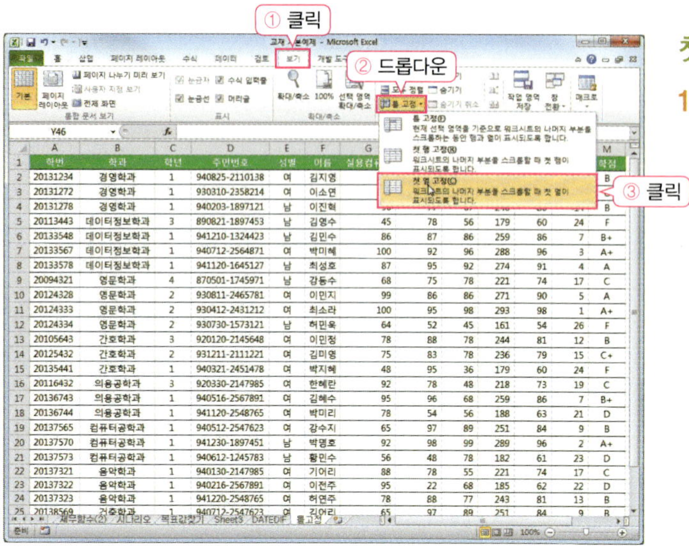

첫 열 고정

1. ① [보기] 탭의 [창] 그룹에서 ② [틀 고정]을 선택한 후 ③ [첫 열 고정]을 클릭한다.

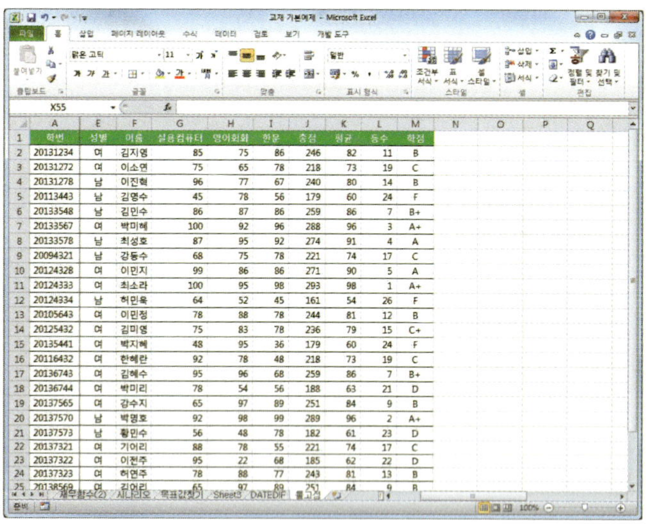

2. 수평 이동줄의 스크롤바를 오른쪽으로 드래그하여 화면을 오른쪽으로 이동시켜보면 첫 열이 고정되었음을 확인할 수 있다.

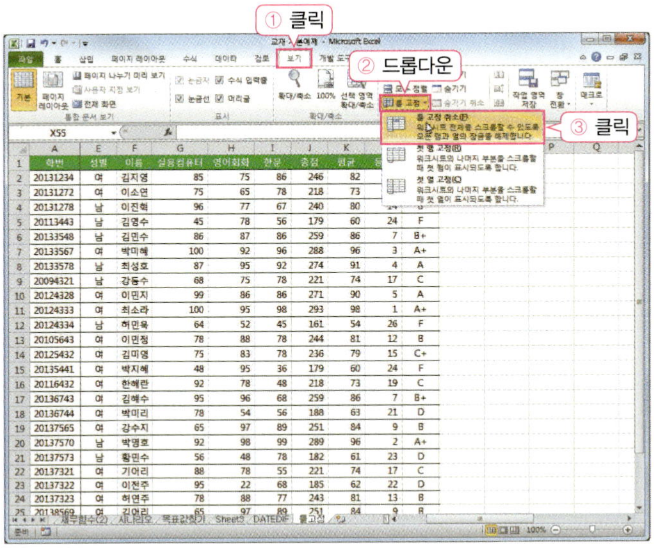

틀 고정 취소

1. ① [보기] 탭의 [창] 그룹에서 ② [틀 고정]을 선택한 후 ③ [틀 고정 취소]를 클릭한다.

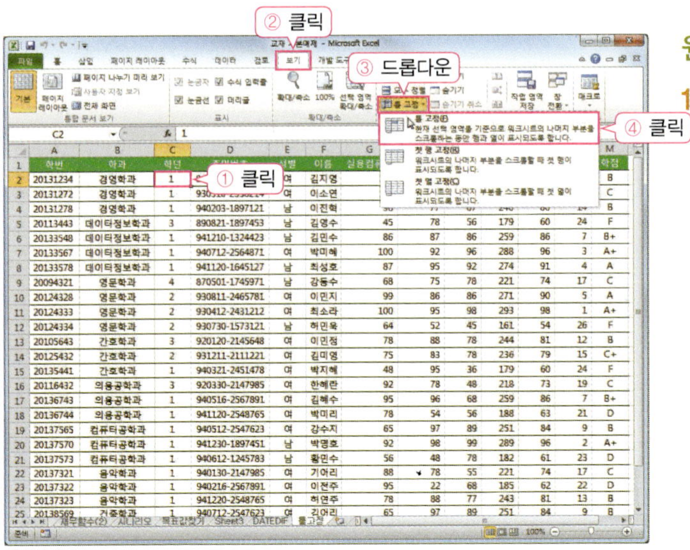

원하는 행/열을 동시에 고정

1. 1행과 A, B열을 동시에 고정하고 싶을 때는 만나는 지점인 ① C2셀을 클릭하고, ② [보기] 탭의 [창] 그룹에서 ③ [틀 고정]을 선택한 후 ④ [틀 고정]을 클릭한다.

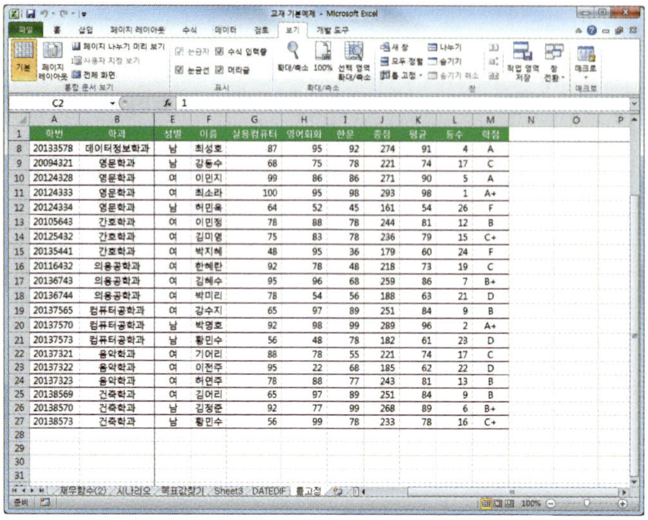

	A	B	E	F	G	H	I	J	K	L	M
1	학번	학과	성별	이름	실용컴퓨터	영어회화	한문	총점	평균	등수	학점
8	20133578	데이터정보학과	남	최성호	87	95	92	274	91	4	A
9	20094321	영문학과	남	강동수	68	75	78	221	74	17	C
10	20124328	영문학과	여	이민지	99	86	86	271	90	5	A
11	20124333	영문학과	여	최소라	100	95	98	293	98	1	A+
12	20124334	영문학과	남	허민욱	64	52	45	161	54	26	F
13	20105643	간호학과	여	이민정	78	88	78	244	81	12	B
14	20125432	간호학과	여	김미영	75	83	78	236	79	15	C+
15	20135441	간호학과	여	박지혜	48	95	36	179	60	24	F
16	20116432	의용공학과	여	한혜란	92	78	48	218	73	19	C
17	20136743	의용공학과	여	김혜수	95	96	68	259	86	7	B+
18	20136744	의용공학과	여	박미리	78	54	56	188	63	21	D
19	20137565	컴퓨터공학과	여	강수지	65	97	89	251	84	9	B
20	20137570	컴퓨터공학과	남	박명호	92	98	99	289	96	2	A+
21	20137573	컴퓨터공학과	남	황민수	56	48	78	182	61	23	D
22	20137321	음악학과	여	기어리	88	78	55	221	74	17	C
23	20137322	음악학과	여	이전주	95	22	68	185	62	22	D
24	20137323	음악학과	여	허연주	78	88	77	243	81	13	B
25	20138569	건축학과	여	김어리	65	97	89	251	84	9	B
26	20138570	건축학과	남	김정준	92	77	99	268	89	6	B+
27	20138573	건축학과	남	황민수	56	99	78	233	78	16	C+

2. 수평/수직 이동줄의 스크롤바를 이동시켜보면 A, B열과 1행이 고정되었음을 확인할 수 있다.

Section 6. 정렬

엑셀에서 정렬은 레코드를 특정 필드를 기준으로 나열하는 것을 말한다. 데이터 정렬은 데이터 분석에서 매우 중요한 역할을 한다. 이름 목록을 사전순으로 정렬하거나, 제품 재고 수준 목록을 최상위에서 최하위의 순서로 나열하거나, 색 또는 아이콘별로 행을 정렬할 수 있다. 데이터를 정렬하면 데이터를 빠르게 시각화하여 이해도를 높일 수 있을 뿐만 아니라 원하는 데이터만 구성하고 찾을 수 있으므로 보다 효과적인 결정을 내리는 데 많은 도움이 된다.

데이터를 정렬할 때, 한 가지 조건으로만 정렬할 때는 정렬의 조건이 되는 필드 제목을 선택하여 셀 포인터를 위치시키고, 표준 도구 모음의 [오름차순] 또는 [내림차순]을 선택하면 된다. 두 가지 이상의 조건으로 정렬하고자 할 때는 [홈] 탭의 [편집] 그룹에 있는 [정렬 및 필터]-[사용자 지정 정렬]을 선택하여 64가지 조건까지 지정할 수 있다. 정렬하려는 필드의 데이터가 동일한 데이터가 있는 경우, 그 동일한 데이터에도 순서를 지정하기 위해 사용한다.

정렬 기준

정렬에는 오름차순, 내림차순, 사용자 지정 순으로 정렬할 수 있다. 일반적인 정렬 기준으로 정렬할 때 오름차순 정렬은 숫자-문자-논리값-오류값-빈셀 순으로 정렬되며 내림차순은 오름차순의 역순으로 정렬된다.

종류	오름차순 정렬
숫자	음수부터 양수 순으로 정렬된다.
날짜	가장 이전 날짜에서 가장 최근 날짜의 순으로 정렬된다. (날짜도 일종의 숫자이므로 날짜와 숫자의 정렬은 숫자의 정렬 기준에 따른다.)
문자	특수문자-영어-한글 순으로 정렬되는데 영어와 한글의 경우 사전순으로 정렬되고, 동일한 알파벳의 경우 대문자-소문자 순으로 정렬된다.
논리값	FALSE가 TRUE 앞에 정렬된다.
오류값	#N/A, #VALUE! 등의 오류값은 정렬순서가 동일하다.

Ex 실습예제

'학과별 성적표' 테이블에서 총점이 높은 것에서 낮은 것 순으로 데이터 목록을 정렬해 보자.

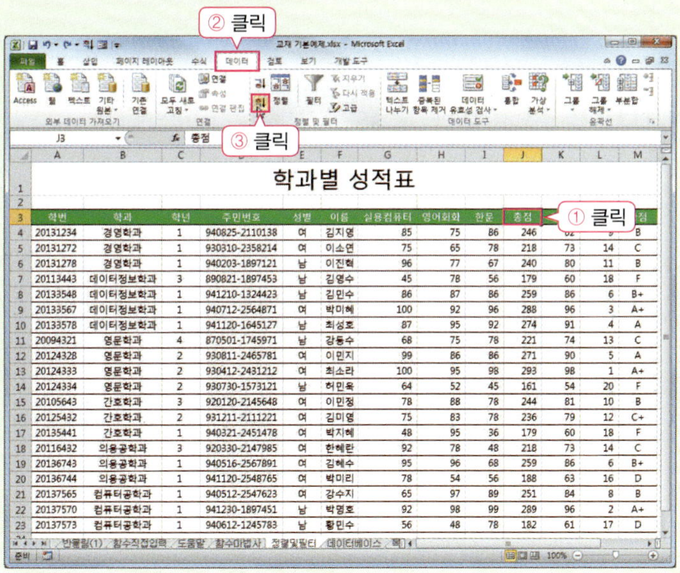

1. ① 셀 포인터를 '총점' 필드의 임의의 위치에 두고, ② [데이터] 탭의 [정렬 및 필터] 그룹에서 ③ [텍스트 내림차순 정렬]을 클릭한다.

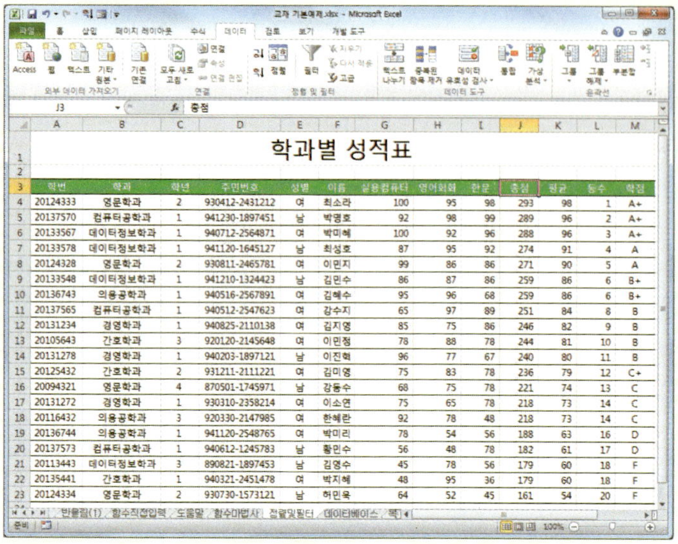

2. 총점에 대해서 내림차순 정렬한 결과이다.

실습예제

'학과별 성적표' 테이블에서 합계가 같을 때를 대비해서 합계가 같을 경우 '실용컴퓨터', 그리고 '실용컴퓨터'도 같을 경우 '영어회화', '한문' 성적이 높은 것에서 낮은 것 순으로 데이터 목록을 정렬해 보자.

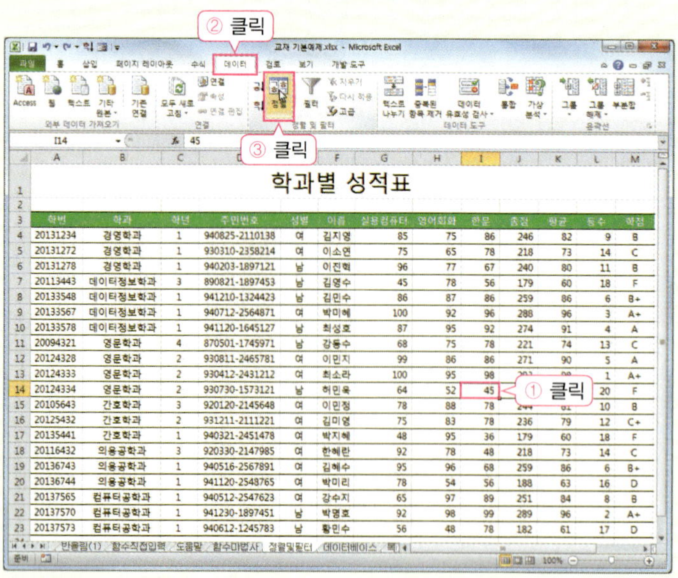

1. ① 셀 포인터를 데이터 테이블 안에 놓고, ② [데이터] 탭의 [정렬 및 필터] 그룹에 있는 ③ [정렬]을 클릭한다.

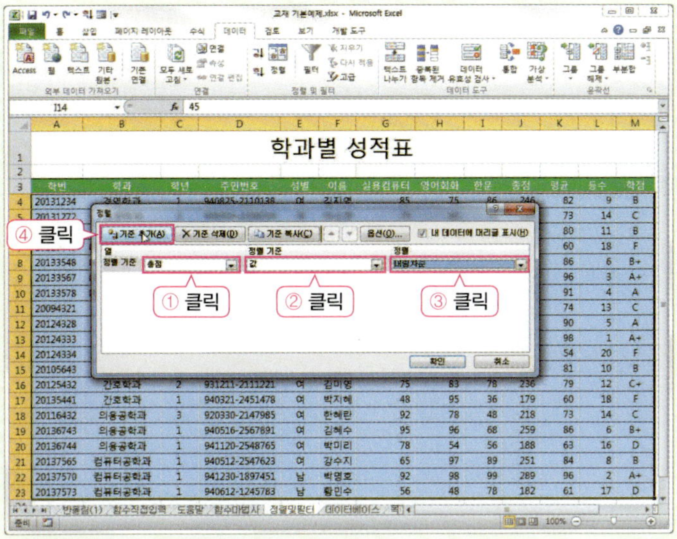

2. 「정렬」 대화상자가 생성되면서 데이터 테이블에 자동으로 블록이 지정된다. ① [열]은 [총점]으로 하고, ② [정렬 기준]은 [값], ③ [정렬]은 [내림차순]으로 하고 두 번째 기준을 정하기 위해 ④ [기준추가]를 클릭한다.

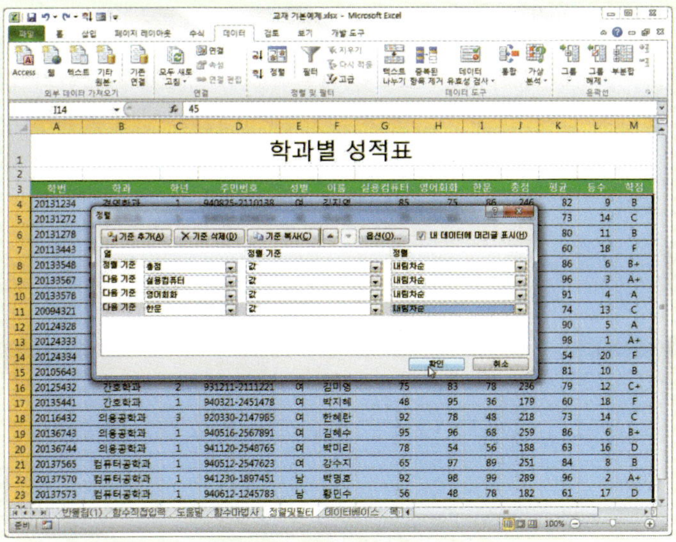

3. 동일한 방법으로 2번째, 3번째, 4번째 기준을 정한다.

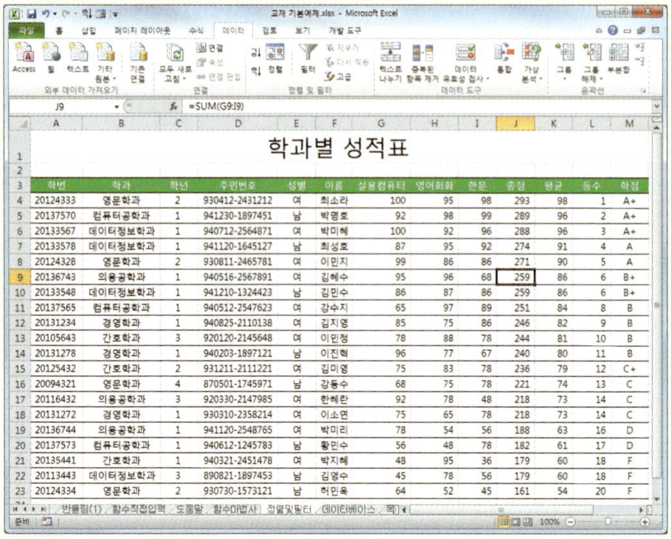

학과별 성적표

학번	학과	학년	주민번호	성별	이름	실용컴퓨터	영어회화	한문	총점	평균	등수	학점
20124333	영문학과	2	930412-2431212	여	최소라	100	95	98	293	98	1	A+
20137570	컴퓨터공학과	1	941230-1897451	남	박명호	92	98	99	289	96	2	A+
20133567	데이터정보학과	1	940712-2564871	여	박미혜	100	92	96	288	96	3	A+
20133578	데이터정보학과	1	941120-1645127	남	최성호	87	95	92	274	91	4	A
20124328	영문학과	2	930811-2465781	여	이민지	99	86	86	271	90	5	A
20136743	의용공학과	1	940516-2567891	여	김혜수	95	96	68	259	86	6	B+
20133548	데이터정보학과	1	941210-1324423	남	김민수	86	87	86	259	86	6	B+
20137565	컴퓨터공학과	1	940512-2547623	여	강수지	65	97	89	251	84	8	B
20131234	경영학과	1	940825-2110138	여	김지영	85	75	86	246	82	9	B
20105643	간호학과	3	920120-2145648	여	이민정	78	88	78	244	81	10	B
20131278	경영학과	1	940203-1897121	남	이진혁	96	77	67	240	80	11	B
20125432	간호학과	2	931211-2111221	여	김미영	75	83	78	236	79	12	C+
20094321	영문학과	4	870501-1745971	남	강동수	68	75	78	221	74	13	C
20116432	의용공학과	3	920330-2147985	여	한혜란	92	78	48	218	73	14	C
20131272	경영학과	1	930310-2358214	여	이소연	75	65	78	218	73	14	C
20136744	의용공학과	1	941120-2548765	여	박미리	78	54	56	188	63	16	D
20137573	컴퓨터공학과	1	940612-1245783	남	황민수	56	48	78	182	61	17	D
20135441	간호학과	1	940321-2451478	여	박지혜	48	95	36	179	60	18	F
20113443	데이터정보학과	3	890821-1897453	남	김영수	45	78	56	179	60	18	F
20124334	영문학과	2	930730-1573121	남	허민욱	64	52	45	161	54	20	F

4. 정렬이 완성된다. 그림에서 보는 바와 같이 9~10행, 17~18행, 21~22행이 동점이고 동점의 경우 정해준 조건에 의해서 정렬됨을 알 수 있다.

사용자 지정 정렬

일반적인 정렬 방식은 한글의 가나다 순, 영어의 알파벳 순으로 정렬된다. 하지만 아래 그림과 같이 직책순 정렬같은 경우에는 기존의 정렬 방식이 무의미하다. 이를 위해서 엑셀에서는 사용자가 원하는 기준으로 정렬할 수 있는 기능을 제공한다.

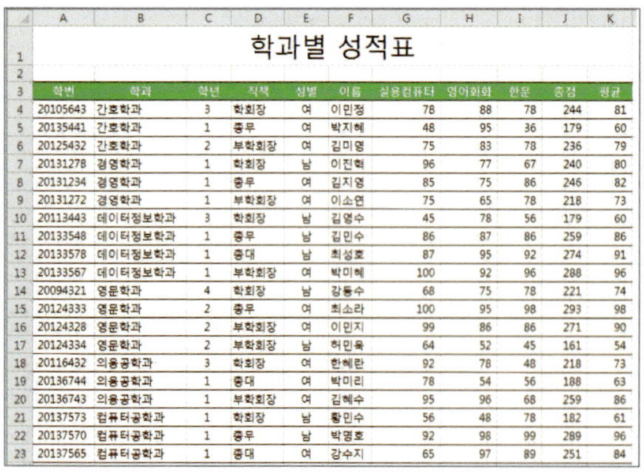

학과별 성적표

학번	학과	학년	직책	성별	이름	실용컴퓨터	영어회화	한문	총점	평균
20105643	간호학과	3	학회장	여	이민정	78	88	78	244	81
20135441	간호학과	1	총무	여	박지혜	48	95	36	179	60
20125432	간호학과	2	부학회장	여	김미영	75	83	78	236	79
20131278	경영학과	1	학회장	남	이진혁	96	77	67	240	80
20131234	경영학과	1	총무	여	김지영	85	75	86	246	82
20131272	경영학과	1	부학회장	여	이소연	75	65	78	218	73
20113443	데이터정보학과	3	학회장	남	김영수	45	78	56	179	60
20133548	데이터정보학과	1	총무	남	김민수	86	87	86	259	86
20133578	데이터정보학과	1	총대	남	최성호	87	95	92	274	91
20133567	데이터정보학과	1	부학회장	여	박미혜	100	92	96	288	96
20094321	영문학과	4	학회장	남	강동수	68	75	78	221	74
20124333	영문학과	2	총무	여	최소라	100	95	98	293	98
20124328	영문학과	2	부학회장	여	이민지	99	86	86	271	90
20124334	영문학과	2	부학회장	남	허민욱	64	52	45	161	54
20116432	의용공학과	3	학회장	여	한혜란	92	78	48	218	73
20136744	의용공학과	1	총대	여	박미리	78	54	56	188	63
20136743	의용공학과	1	부학회장	여	김혜수	95	96	68	259	86
20137573	컴퓨터공학과	1	학회장	남	황민수	56	48	78	182	61
20137570	컴퓨터공학과	1	총무	남	박명호	92	98	99	289	96
20137565	컴퓨터공학과	1	총대	여	강수지	65	97	89	251	84

학과별 성적표

학번	학과	학년	직책	성별	이름	실용컴퓨터	영어회화	한문	총점	평균
20105643	간호학과	3	학회장	여	이민정	78	88	78	244	81
20131278	경영학과	1	학회장	남	이진혁	96	77	67	240	80
20113443	데이터정보학과	3	학회장	남	김영수	45	78	56	179	60
20094321	영문학과	4	학회장	남	강동수	68	75	78	221	74
20116432	의용공학과	3	학회장	여	한혜란	92	78	48	218	73
20137573	컴퓨터공학과	1	학회장	남	황민수	56	48	78	182	61
20135441	간호학과	1	총무	여	박지혜	48	95	36	179	60
20131234	경영학과	1	총무	여	김지영	85	75	86	246	82
20133548	데이터정보학과	1	총무	남	김민수	86	87	86	259	86
20124333	영문학과	2	총무	여	최소라	100	95	98	293	98
20137570	컴퓨터공학과	1	총무	남	박명호	92	98	99	289	96
20133578	데이터정보학과	1	총대	남	최성호	87	95	92	274	91
20136744	의용공학과	1	총대	여	박미리	78	54	56	188	63
20137565	컴퓨터공학과	1	총대	여	강수지	65	97	89	251	84
20125432	간호학과	2	부학회장	여	김미영	75	83	78	236	79
20131272	경영학과	1	부학회장	여	이소연	75	65	78	218	73
20133567	데이터정보학과	1	부학회장	여	박미혜	100	92	96	288	96
20124328	영문학과	2	부학회장	여	이민지	99	86	86	271	90
20124334	영문학과	2	부학회장	남	허민욱	64	52	45	161	54
20136743	의용공학과	1	부학회장	여	김혜수	95	96	68	259	86

Ex 실습예제

'학과별 성적표' 테이블에서 직책을 학회장, 부학회장, 총무, 총대순으로 정렬해 보자.

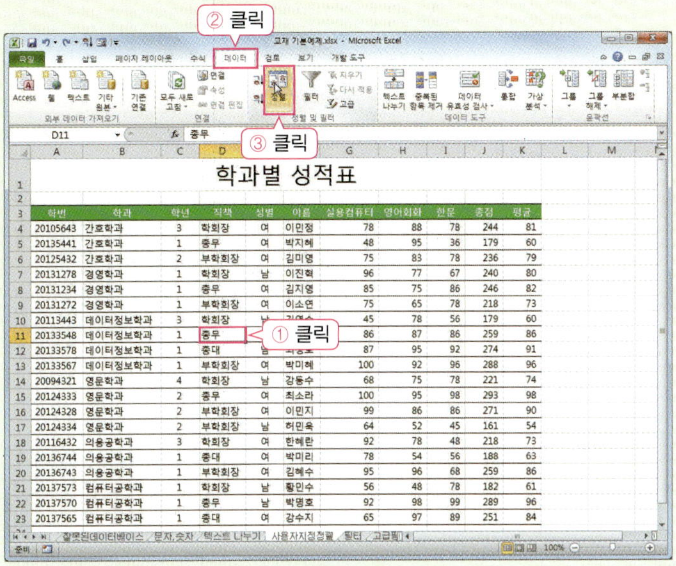

1. ① 셀 포인터를 테이블의 임의의 위치에 두고, ② [데이터] 탭에 있는 [정렬 및 필터] 그룹에서 ③ [정렬]을 클릭한다.

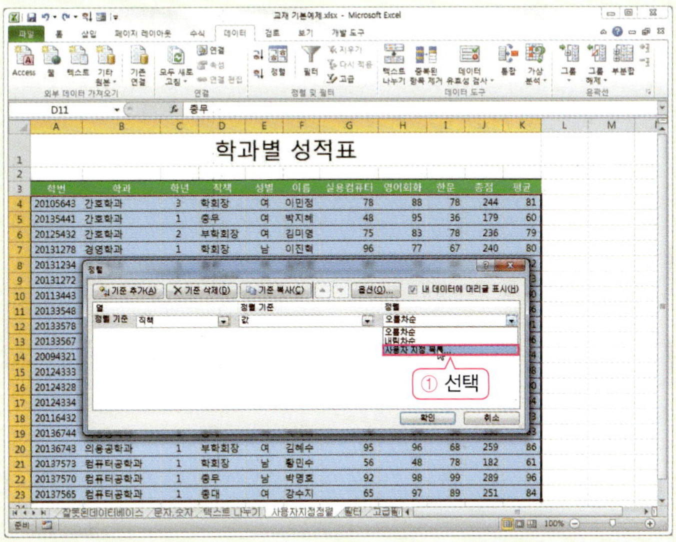

2. 「정렬」 대화상자가 생성되면서 데이터 테이블에 자동으로 블록이 지정된다. 이때 ① [정렬]에서 [사용자 지정 목록]을 클릭한다.

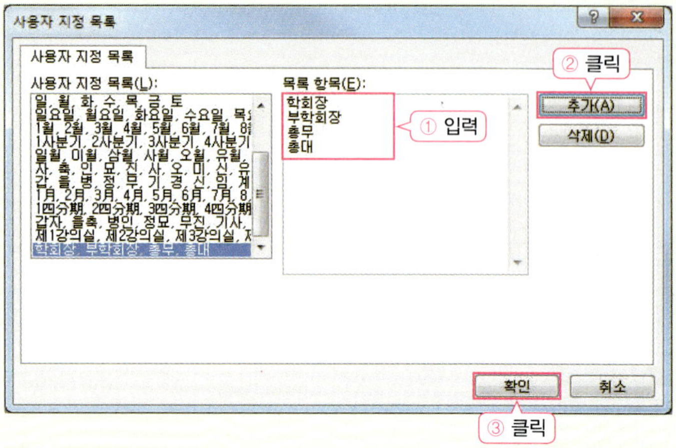

3. 「사용자 지정 목록」 대화상자의 ① [목록항목]에 '학회장, 부학회장, 총무, 총대'를 입력하고 ② [추가]를 누른 다음, ③ [확인]을 클릭한다.

학과별 성적표

학번	학과	학년	직책	성별	이름	실용컴퓨터	영어회화	한문	총점	평균
20105643	간호학과	3	학회장	여	이민정	78	88	78	244	81
20125432	간호학과	2	부학회장	여	김미영	75	83	78	236	79
20135441	간호학과	1	총무	여	박지혜	48	95	36	179	60
20131278	경영학과	1	학회장	남	이진혁	96	77	67	240	80
20131272	경영학과	1	부학회장	여	이소연	75	65	78	218	73
20131234	경영학과	1	총무	여	김지영	85	75	86	246	82
20113443	데이터정보학과	3	학회장	남	김영수	45	78	56	179	60
20133567	데이터정보학과	1	부학회장	여	박미혜	100	92	96	288	96
20133548	데이터정보학과	1	총무	남	김민수	86	87	86	259	86
20133578	데이터정보학과	1	총대	남	최성호	87	95	92	274	91
20094321	영문학과	4	학회장	남	강동수	68	75	78	221	74
20124328	영문학과	2	부학회장	여	이민지	99	86	86	271	90
20124334	영문학과	2	부학회장	남	허민욱	64	52	45	161	54
20124333	영문학과	2	총무	여	최소라	100	95	98	293	98
20116432	의용공학과	3	학회장	여	한혜란	92	78	48	218	73
20136743	의용공학과	1	부학회장	여	김혜수	95	96	68	259	86

4. 최종적으로 우리가 원하는 순서대로 정렬되었음을 볼 수 있다.

Section 7. 필터링

필터는 무엇인가를 걸러 내고 싶을 때 사용하는 도구다. 엑셀에서도 마찬가지로 필터 기능을 이용하면 데이터 순서를 변경시키지 않고도, 조건에 맞는 데이터만 찾아 워크시트에 나타낼 수 있다. 필터 기능으로 추출된 데이터는 기존 데이터와 같이 삭제나 편집이 가능하고, 데이터로 활용할 수도 있다.

자동 필터

자동 필터 기능을 사용하면 값, 서식 또는 조건 등을 사용해서 우리가 원하는 정보를 추출하는 기능이다. 단일 필드 내에서는 AND와 OR 조건을 사용해서 필터링할 수 있고, 여러 필드의 조건을 동시에 적용하여 필터링할 때에는 AND 조건으로 필터링된다. 추출하고자 하는 필드의 필드명을 드롭다운하여 조건을 입력할 수 있다.

Ex 실습예제

'학과별 성적표' 테이블에서 다른 데이터는 모두 걸러내고, '학회장'인 학생만 표시하자.

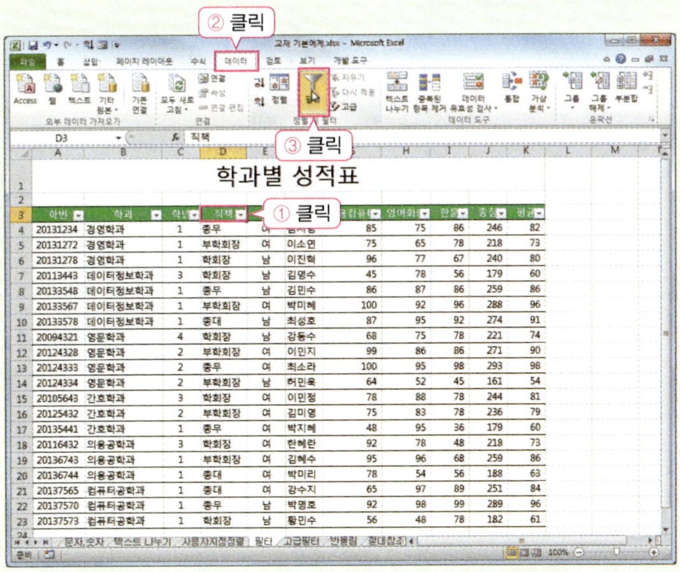

1. ① 셀 포인터를 데이터가 작성된 테이블에 위치시킨 다음 ② [데이터] 탭의 [정렬 및 필터] 그룹에 있는 ③ [필터]를 클릭한다. 각 필드명 오른쪽에 ▼ 모양의 드롭다운 목록이 표시된다.

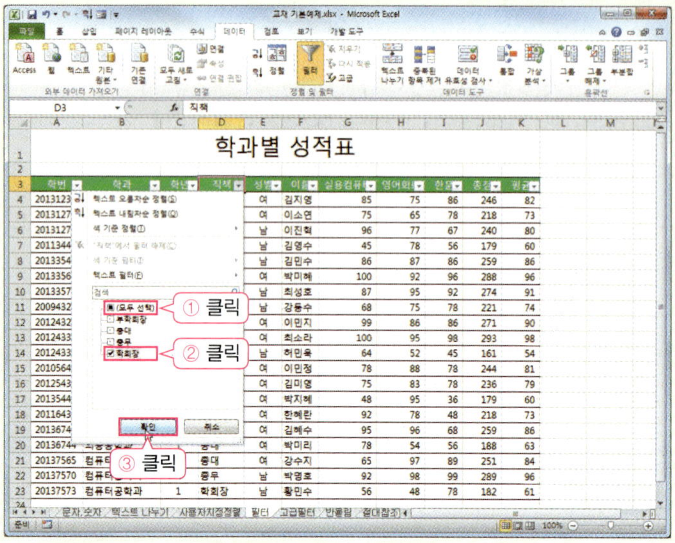

2. '텍스트 필터 목록에서 ① [모두 선택]을 클릭하여 체크해제한 후, ② [학회장]을 클릭하고 ③ [확인]을 클릭한다.

3. 그림과 같이 직책이 학회장인 학생들만 추출되고 목록의 ▼가 필터 아이콘으로 표시된다. 이때 필터를 해제하려면 ① [데이터] 탭의 [정렬 및 필터] 그룹의 ② [지우기]를 클릭한다.

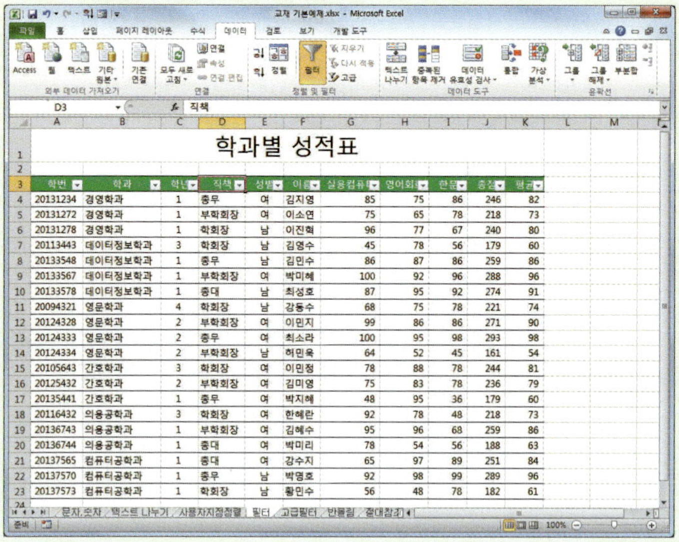

학과별 성적표

학번	학과	학년	직책	성별	이름	실용컴퓨터	영어회화	한문	총점	평균
20131234	경영학과	1	총무	여	김지영	85	75	86	246	82
20131272	경영학과	1	부학회장	여	이소연	75	65	78	218	73
20131278	경영학과	1	학회장	남	이진혁	96	77	67	240	80
20113443	데이터정보학과	3	학회장	남	김영수	45	78	56	179	60
20133548	데이터정보학과	1	총무	남	김민수	86	87	86	259	86
20133567	데이터정보학과	1	부학회장	여	박미혜	100	92	96	288	96
20133578	데이터정보학과	1	총대	남	최성호	87	95	92	274	91
20094321	영문학과	4	학회장	남	강동수	68	75	78	221	74
20124328	영문학과	2	부학회장	여	이민지	99	86	86	271	90
20124333	영문학과	2	총무	여	최소라	100	95	98	293	98
20124334	영문학과	2	부학회장	남	허민욱	64	52	45	161	54
20105643	간호학과	3	학회장	여	이민정	78	88	78	244	81
20125432	간호학과	2	부학회장	여	김미영	75	83	78	236	79
20135441	간호학과	1	총무	여	박지혜	48	95	36	179	60
20116432	의용공학과	3	학회장	여	한혜란	92	78	48	218	73
20136743	의용공학과	1	부학회장	여	김혜수	95	96	68	259	86
20136744	의용공학과	1	총대	여	박미리	78	54	56	188	63
20137565	컴퓨터공학과	1	총대	여	강수지	65	97	89	251	84
20137570	컴퓨터공학과	1	총무	남	박영호	92	98	99	289	96
20137573	컴퓨터공학과	1	학회장	남	황민수	56	48	78	182	61

4. 그림과 같이 필터가 해제된다.

사용자 지정 필터 : 숫자 필터

숫자나 날짜 데이터의 경우, 순위를 지정해서 순위 몇 위까지 또는 몇 퍼센트까지 필터링할 수 있다.

Ex 실습예제

'학과별 성적표' 테이블에서 평균이 70점 이상에서 90점 이하인 레코드만 표시해보자.

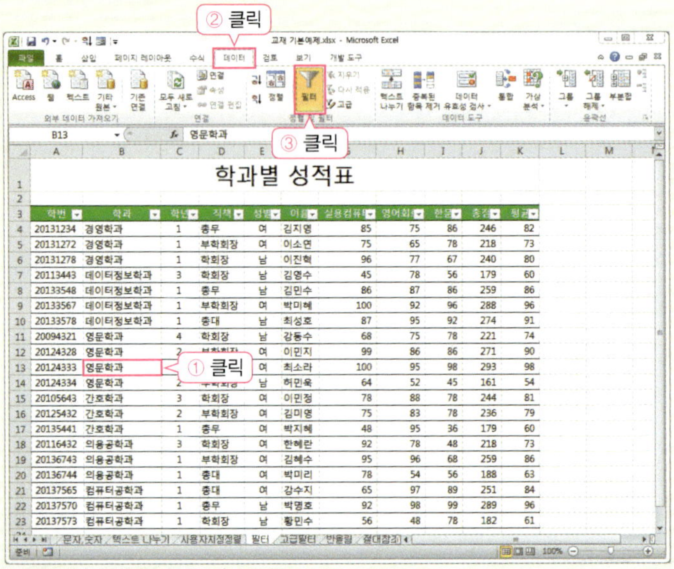

1. ① 셀 포인터를 데이터가 작성된 테이블에 위치시킨 다음 ② [데이터] 탭의 [정렬 및 필터] 그룹에 있는 ③ [필터]를 클릭한다. 각 항목명 오른쪽에 ▼ 모양의 드롭다운 목록이 표시된다.

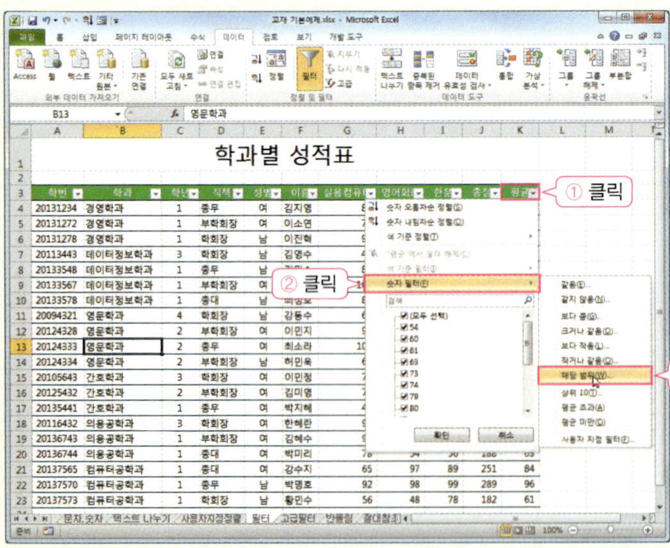

2. ① 평균 필드의 ▼ 을 클릭한 다음 ② [숫자 필터]에서 ③ [해당 범위]를 클릭한다.

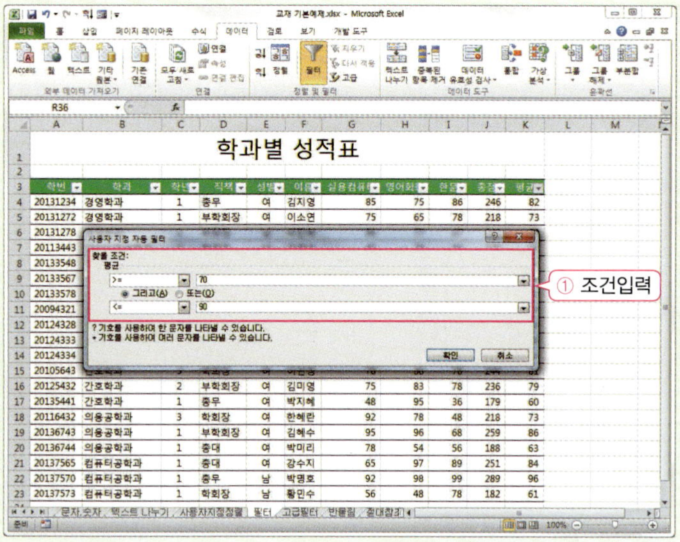

3. ① 「사용자 지정 자동 필터」 대화상자에 조건을 입력한다. AND 조건인지 OR 조건인지 유의해서 입력한다.

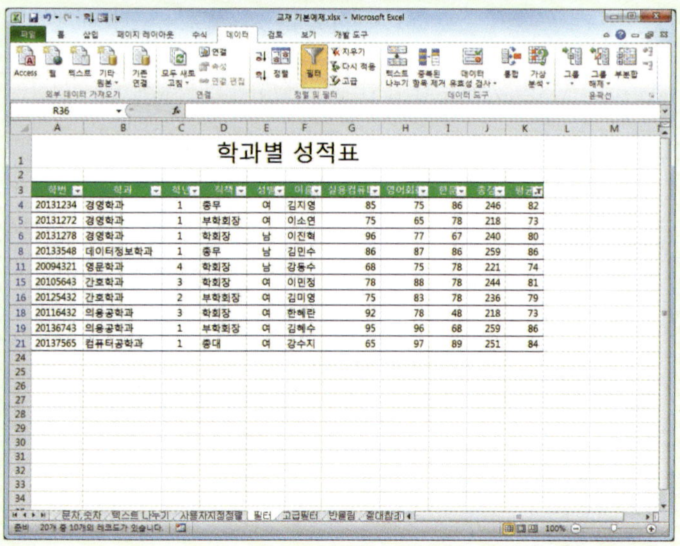

4. 그림과 같이 필터 결과가 출력된다.

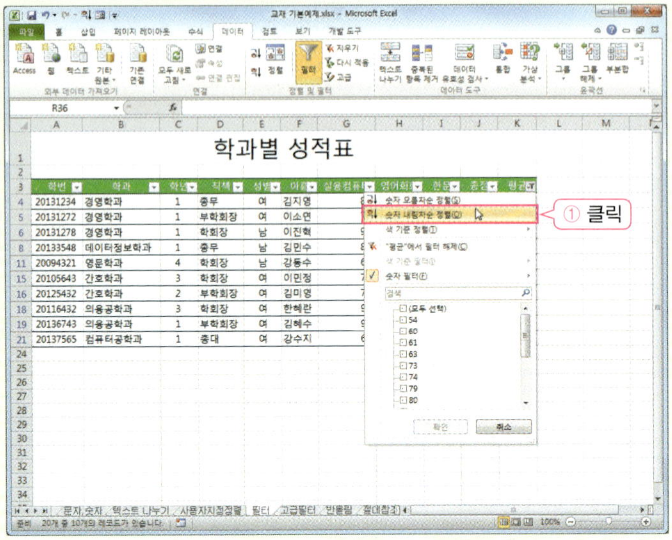

5. 필터된 목록을 높은 점수 순으로 정렬하고 싶으면, ① 숫자 필터 목록에서 [숫자 내림차순 정렬]을 클릭해서 내림차순 정렬한다.

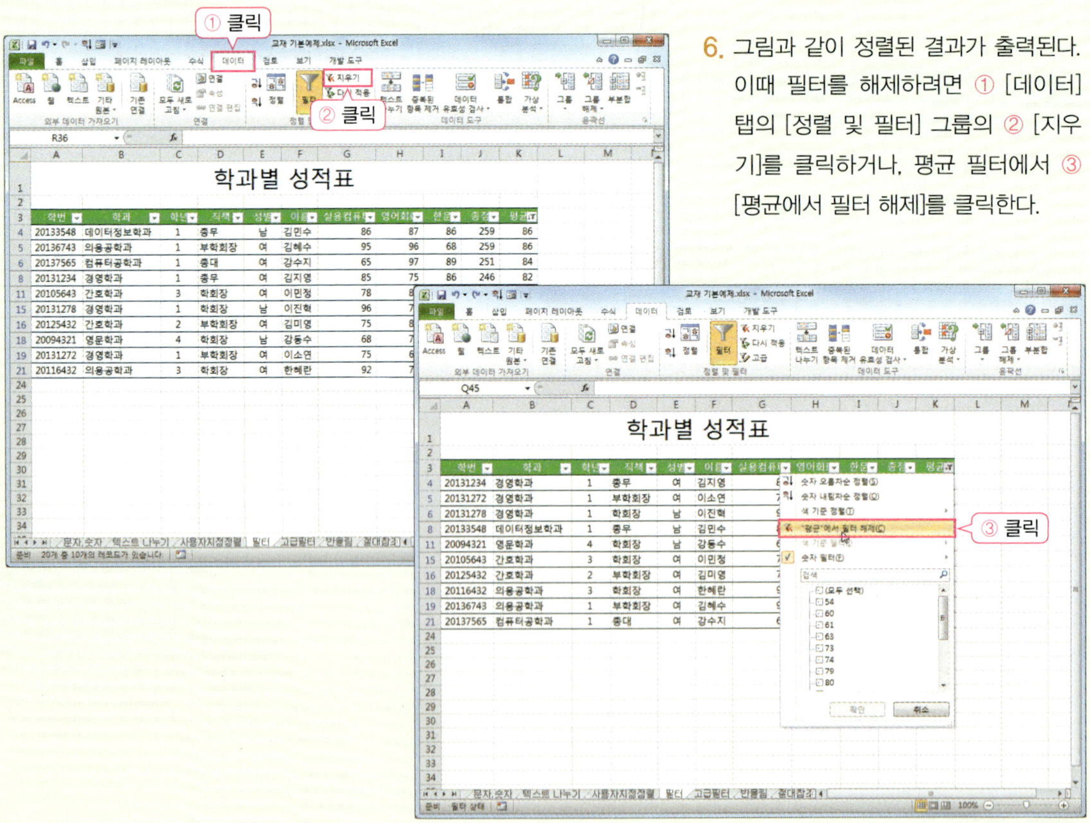

6. 그림과 같이 정렬된 결과가 출력된다. 이때 필터를 해제하려면 ① [데이터] 탭의 [정렬 및 필터] 그룹의 ② [지우기]를 클릭하거나, 평균 필터에서 ③ [평균에서 필터 해제]를 클릭한다.

Ex 실습예제

'학과별 성적표' 테이블에서 합계를 기준으로 상위 30%를 표시해보자.

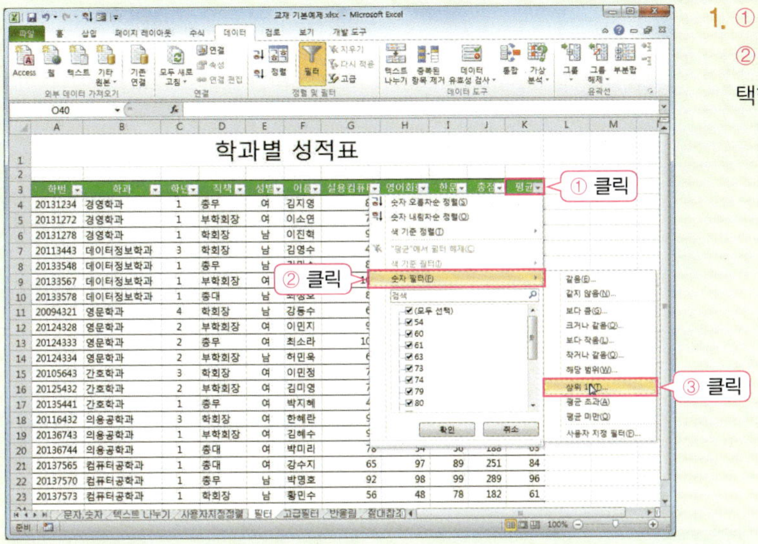

1. ① '총점' 필드에서 [필터]를 누른 후 ② [숫자 필터]–③ [상위 10] 항목을 선택한다.

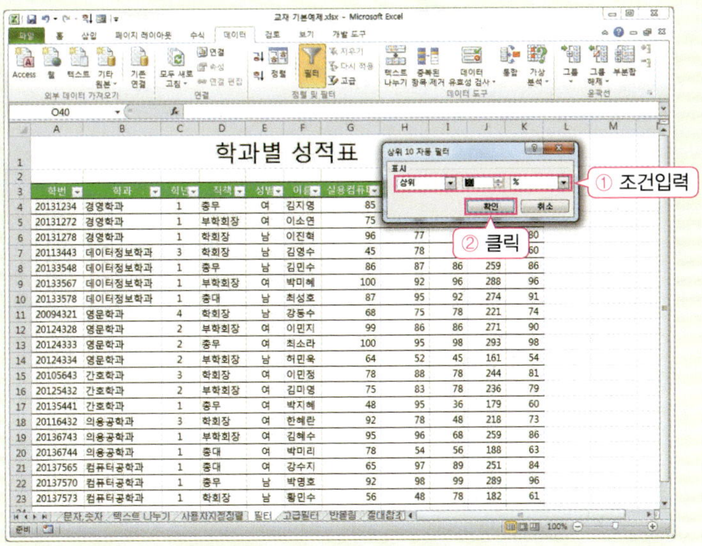

2. ① 「상위 10 자동 필터」 대화상자에 조건을 입력한다. 상위, 30, %를 선택하고 ② [확인]을 클릭한다.

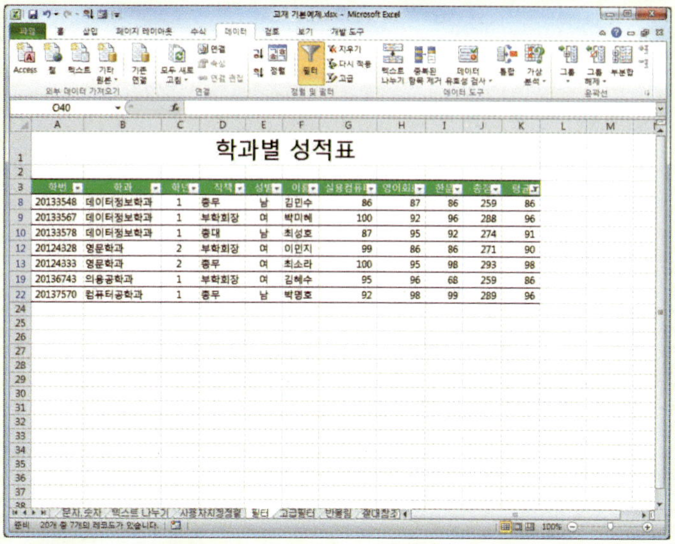

3. 총점을 기준으로 상위 30%만 표시된다.

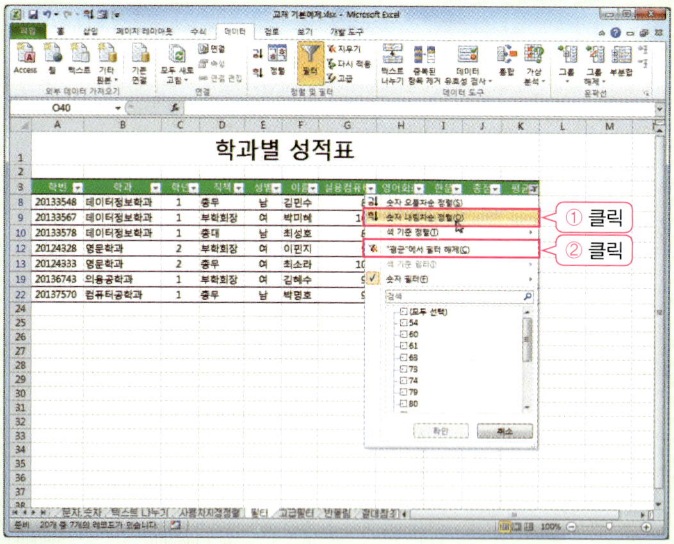

4. 필터된 목록을 높은 점수 순으로 정렬하고 싶으면, ① 숫자 필터 목록에서 [숫자 내림차순 정렬]을 클릭해서 내림차순 정렬한다. 그리고 필터를 해제하려면, ② [평균에서 필터 해제]를 클릭한다.

고급 필터

고급 필터는 조건이 복잡하거나, 여러 필드를 결합해서 조건을 지정할 때 사용한다. 그러나 필드명을 드롭다운하는 것이 아니라 데이터 테이블 외부에 조건을 직접 입력해서 사용한다.

Ex 실습예제

'학과별 성적표' 테이블을 이용해서 학과가 영문학과이고 평균이 90점 이상인 레코드와 2학년이고 평균이 85점 이하인 레코드를 필터링해보자

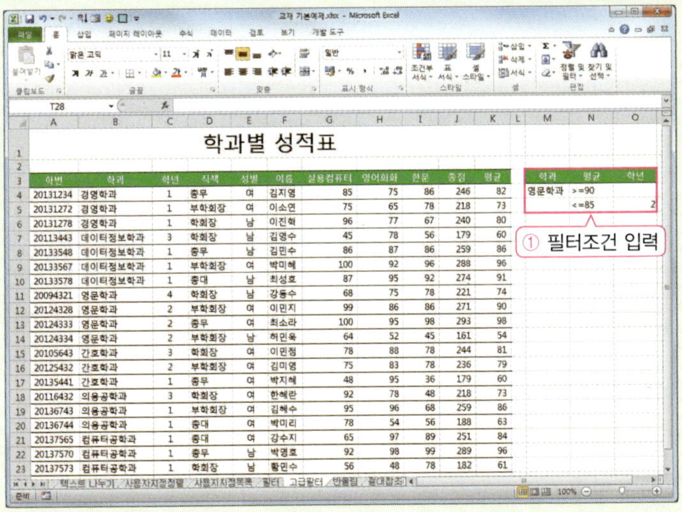

1. ① 데이터 테이블 외부에 조건 범위를 만든다. 조건 범위는 항목명을 꼭 포함시켜야 한다. 같은 행에 있을 경우 AND 연산으로 수행되고 행이 다를 경우 OR 연산으로 수행된다.

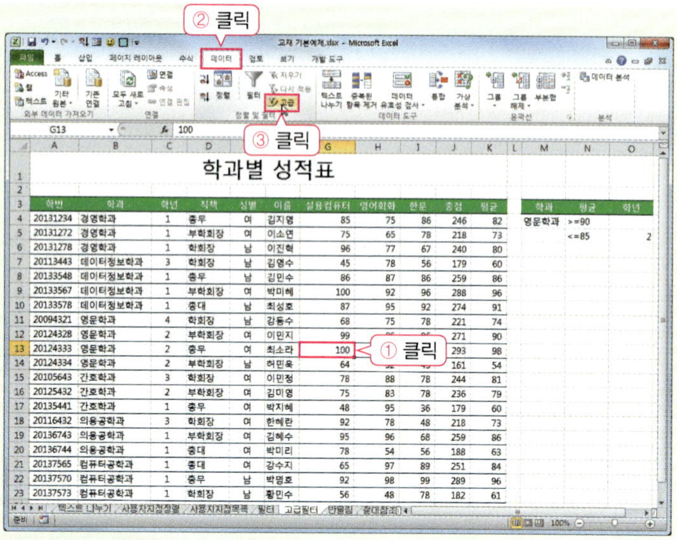

2. ① 표 안에 커서를 위치시키고 메인 메뉴의 ② [데이터] 탭의 [정렬 및 필터] 그룹에서 ③ [고급]을 클릭한다.

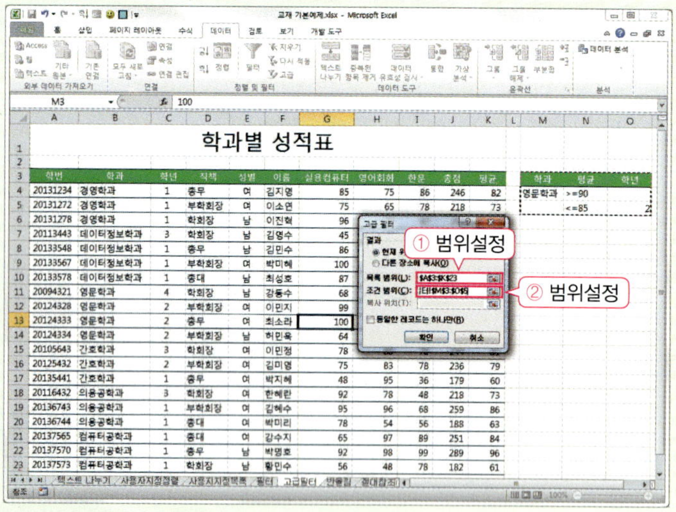

3. 고급 필터를 클릭하면, 「고급필터」 대화상자가 생성되고, ① [목록 범위]에는 데이터 테이블 전체를 설정하고, ② [조건 범위]에는 직접 만든 조건범위인 'M3:O5'를 선택한다.

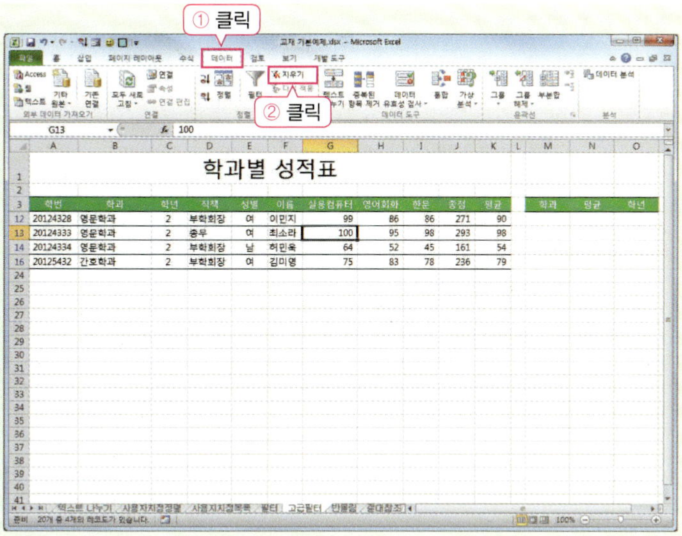

4. 고급 필터에 대한 결과는 그림과 같다. 모든 레코드를 다시 표현하려면 ① [데이터] 탭의 [정렬 및 필터] 그룹에서 ② [지우기]를 클릭한다.

Ex **실습예제**

'학과별 성적표' 테이블을 이용해서 학과가 영문학과이고 평균이 90점 이상인 레코드와 2학년이고 평균이 85점 이하인 레코드를 필터링해보자. 단, '학과, 학년, 이름' 필드만 추출해보자.

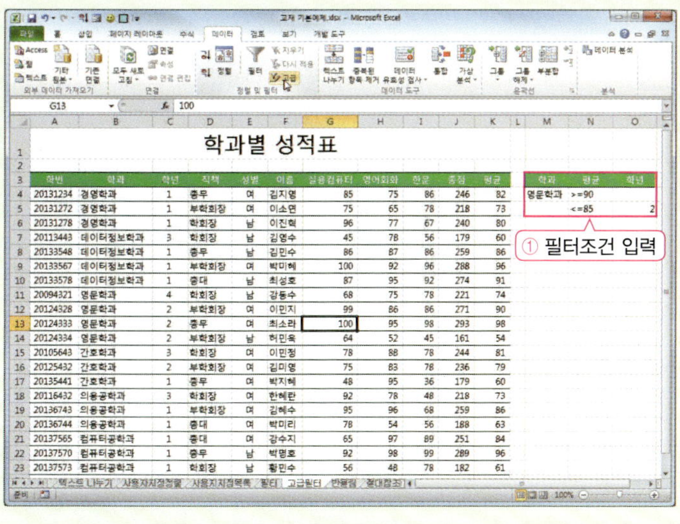

1. ① 데이터 테이블 외부에 조건 범위를 만든다. 조건 범위는 항목명을 꼭 포함시켜야 한다. 같은 행에 있을 경우 AND 연산으로 수행되고 행이 다를 경우 OR 연산으로 수행된다.

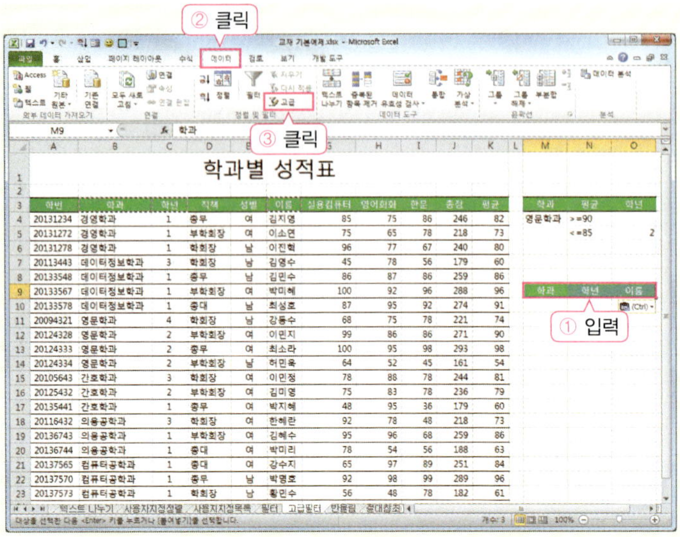

2. ① 필터링 결과가 추출될 셀인 'M9:O9'에 '학과, 학년, 이름'을 입력한다. 다음으로 표 안에 커서를 위치시키고 메인 메뉴의 ② [데이터] 탭의 [정렬 및 필터] 그룹에서 ③ [고급]을 클릭한다.

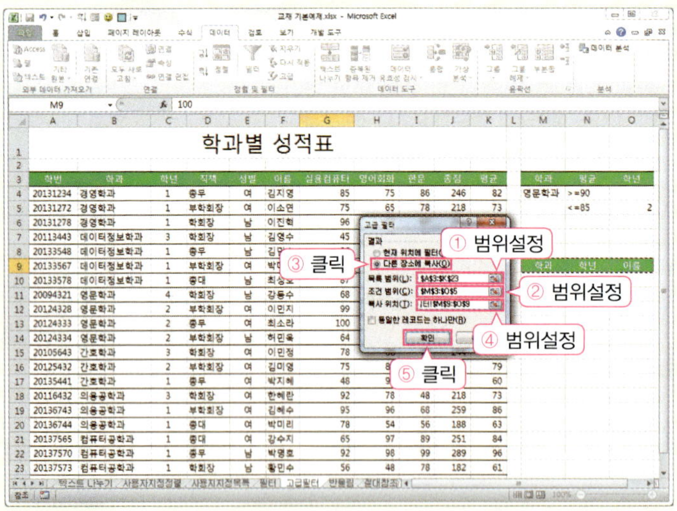

3. 고급 필터를 클릭하면, 「고급필터」 대화상자가 생성되고, ① [목록 범위]에는 데이터 테이블 전체를 설정하고, ② [조건 범위]에는 직접 만든 셀인 'M3:O5'을 선택한다. 다음으로 ③ [다른 장소에 복사]를 선택하고, ④ 복사 위치는 'M9:O9' 선택하고, ⑤ [확인]을 클릭한다.

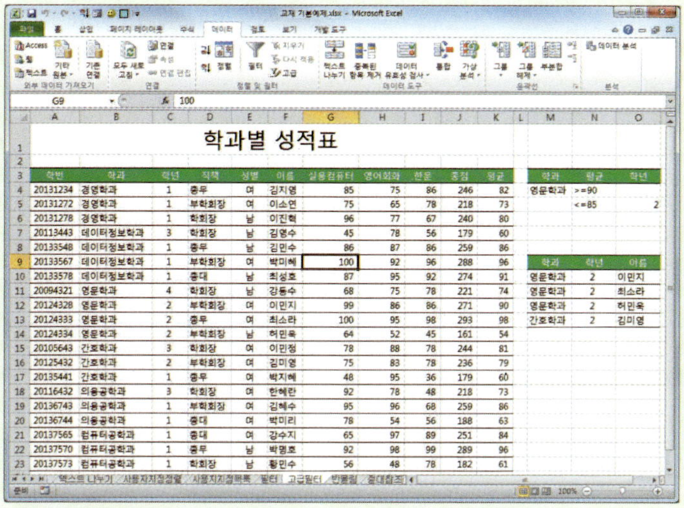

4. 그림과 같이 'M9:O13'에 추출 결과가 나타난다.

Section 8. 부분합

부분합은 데이터 범위 중 열 방향의 특정 항목을 기준으로 데이터별로 그룹화하고, 그룹화된 부문별로 합계, 평균, 개수, 최댓값, 최솟값 등을 자동으로 계산하여 요약해주는 기능이다.

부분합

부분합을 작성하려면 반드시 부분합을 구하고자 하는 열 방향의 항목이 정렬되어 있어야 한다. 정렬되어 있지 않으면 제대로 된 부분합의 결과를 얻을 수 없으므로 주의해야 한다. 또한 표가 편집 상태인 경우에 부분합 기능이 활성화되지 않으므로 [표 도구]-[디자인] 탭에서 [도구]-[범위로 변환]을 선택하여 표를 정상범위로 변환시킨 다음 부분합 기능을 활성화시켜야 한다.

Ex 실습예제

'학과별 성적표' 테이블에서 학년별 총점의 평균을 구해보자.

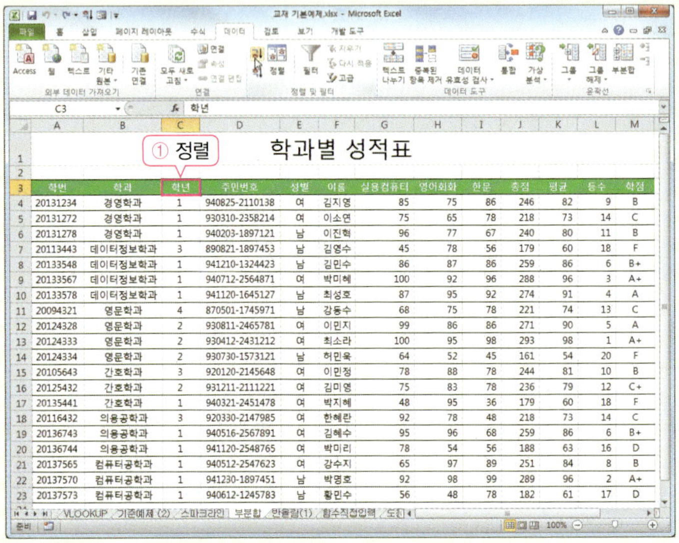

1. 부분합 기능을 사용하기 전에 먼저 ① '학년' 필드를 정렬한다. 정렬 기능을 사용하면 동일한 항목끼리 모아지고, 모아진 동일한 항목을 대상으로 부분합을 작성한다. 정렬되어 있지 않으면 제대로 된 부분합의 결과를 얻을 수 없으므로 주의한다.

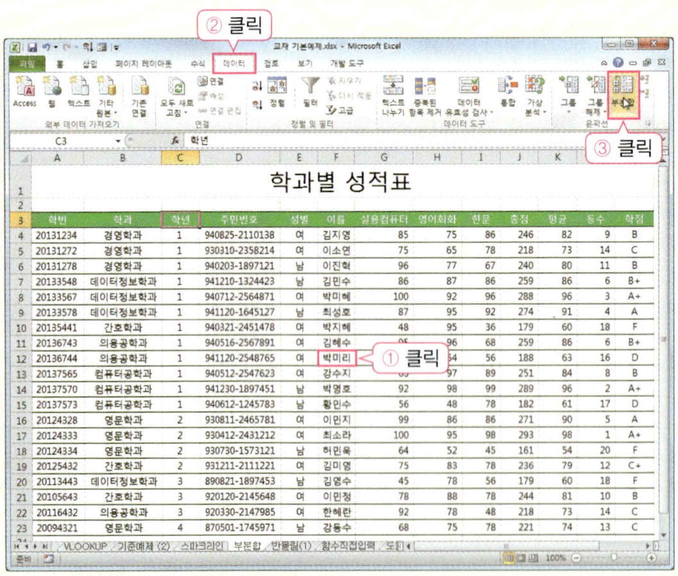

2. ① 데이터 목록의 임의의 위치에 셀 포인터를 두고, ② [데이터] 탭의 [윤곽선] 그룹에서 ③ [부분합]을 클릭한다.

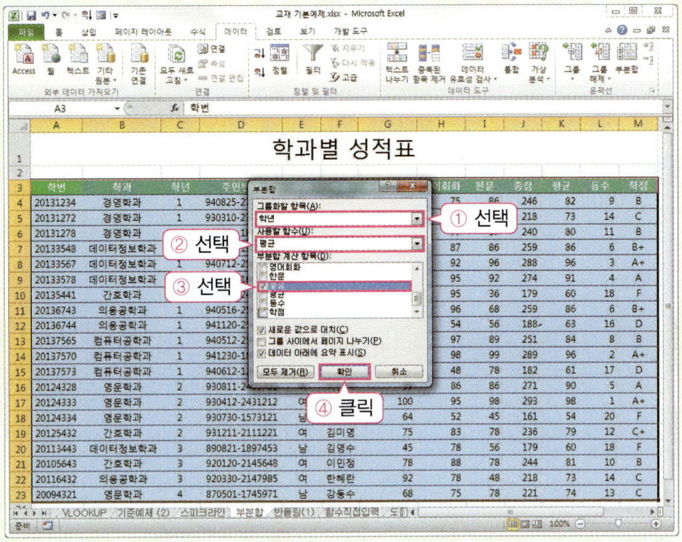

3. 「부분합」 대화상자에서 ① [그룹화할 항목]은 '학년', ② [사용할 함수]는 평균, ③ [부분합 계산 항목]은 총점을 선택하고 ④ [확인]을 클릭한다. 이때 기존에 체크되어 있는 [학점]은 해제한다.

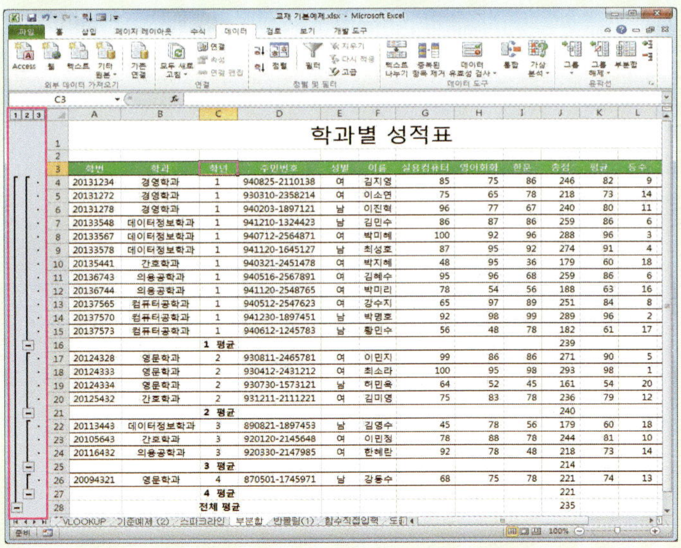

4. 학과별로 부분합이 작성되고, 워크시트의 왼쪽에 윤곽기호와 데이터 목록의 수준을 표시할 수 있는 버튼들이 나타난다.

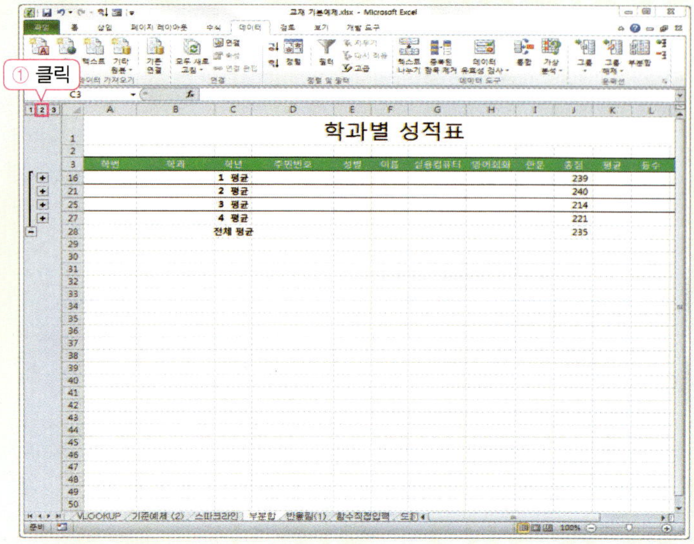

5. 윤곽 기호 중에서 ① [2단계] 수준기호를 클릭하면, 학년별 총점의 평균만 이 표시된다.

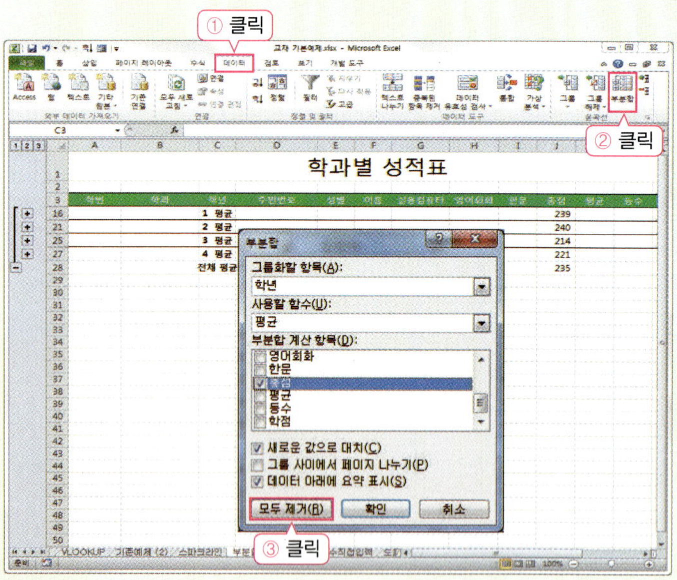

6. 부분합을 제거할 때는 ① [데이터] 탭의 [윤곽선] 그룹에서 ② [부분합]을 선택해서 「부분합」 대화상자를 연 다음 ③ [모두 제거]를 클릭한다.

중첩된 부분합

부분합 안에 또 다른 부분합을 사용하는 것도 가능하다.

Ex 실습예제

'학과별 성적표' 테이블에서 학년별 총점 평균을 구하고, 학년내의 학과별 총점 평균도 한 번 구해보자.

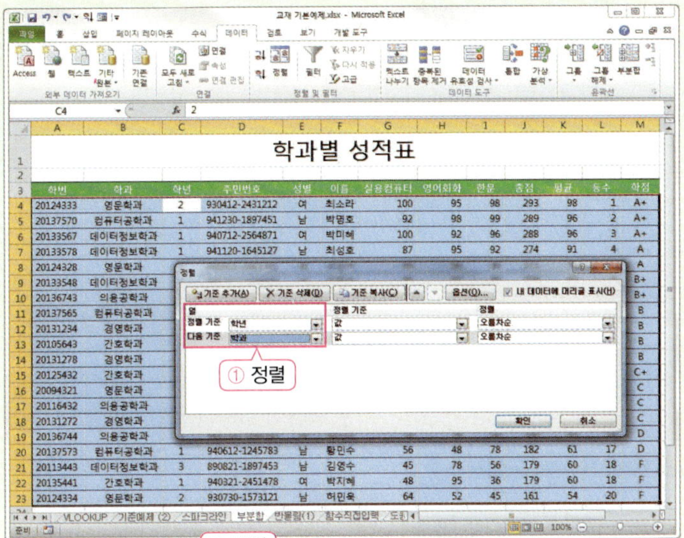

1. ① 외부 부분합인 '학년' 항목을 첫째 기준으로 하고, 내부 부분합인 '학과' 항목을 둘째 기준으로 정렬한다.

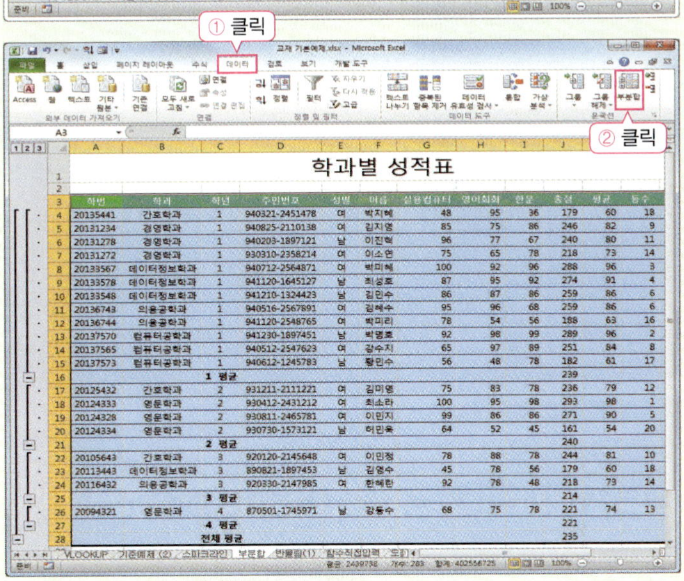

2. ① [데이터] 탭의 [윤곽선] 그룹에서 ② [부분합]을 클릭해서 외부 부분합을 만든다.

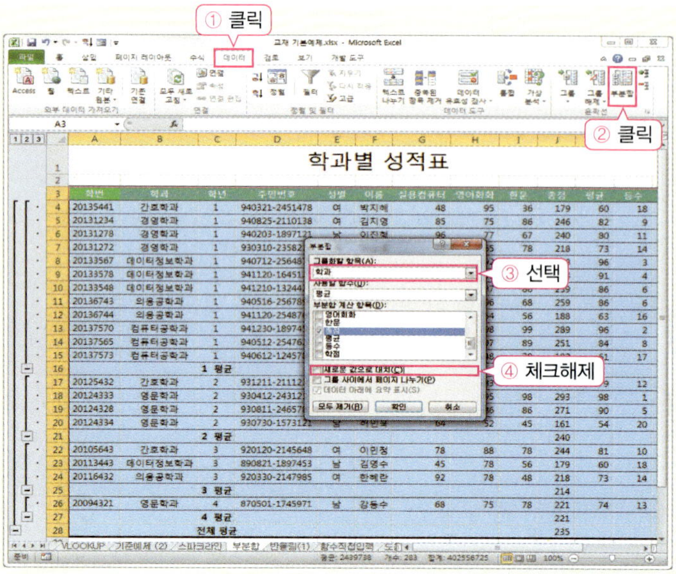

3. 외부 부분합이 실행된 상태에서 다시 ① [데이터] 탭의 [윤곽선] 그룹에서 ② [부분합]을 클릭해서, 내부 부분합을 실행하고 ③ [그룹화할 항목]을 '학과'로 바꾼다. 그리고 「부분합」 대화상자에서 ④ [새로운 값으로 대치]의 체크 표시를 없앤다.

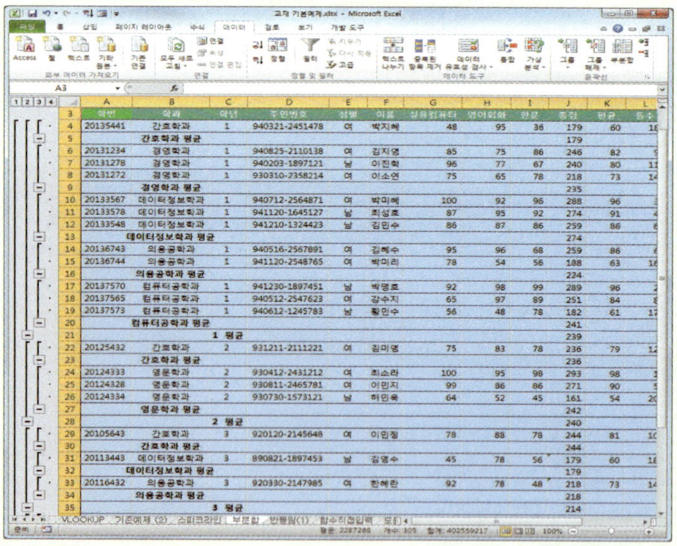

4. 학년별 총점 평균 안에 학과별로 새로운 평균이 구해짐을 알 수 있다.

Section 9. 피벗 테이블과 피벗 차트

피벗 테이블은 부분합 기능의 더 발전된 형태라고 볼 수 있다. 부분합은 하나의 필드에 대해서만 값을 구할 수 있지만 피벗 테이블은 여러 필드에 대해서 답을 구할 수 있다.

피벗 테이블은 원본 테이블에서 사용자가 관심 있는 2개 이상의 필드를 행과 열로 재구성하여 다른 항목으로 변경하거나, 하위수준 데이터를 첨가하여 표시할 수 있다. 이처럼 부분합에 비해 여러 가지의 기준으로 데이터를 즉각적인 대화형으로 분석하기가 용이하다.

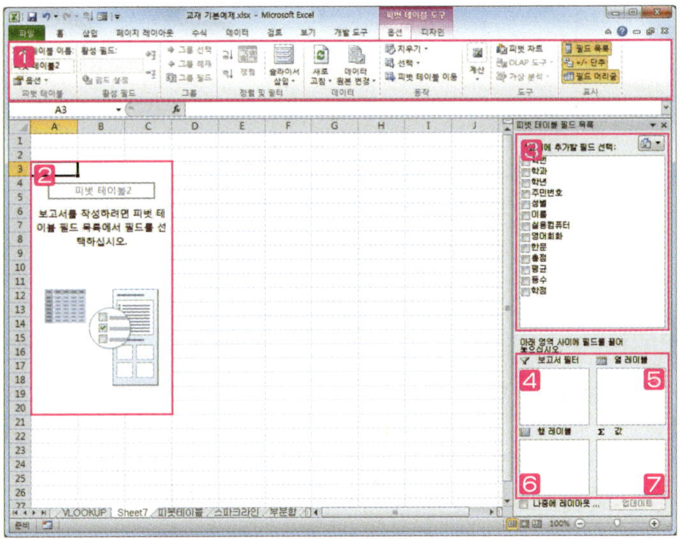

① 피벗 테이블 도구 메뉴

피벗 테이블이 선택되었을 때 나타나는 메뉴이다.

② 피벗 테이블

피벗 테이블이 실제 만들어지는 곳이다.

③ 보고서에 추가할 필드 선택

원본 테이블의 필드명으로 드래그하여 보고서 필터, 열레이블, 행레이블, Σ 값 영역으로 이동 가능하다.

④ 보고서 필터

이동된 필드에 따라 피벗 테이블 전체에 대한 필터이다.

⑤ 열 레이블

피벗 테이블에서 열로 구성되어 있다.

⑥ 행 레이블

피벗 테이블에서 행으로 구성되어 있다.

⑦ Σ 값

데이터에 대한 합계, 개수, 평균 등을 구할 때 사용한다.

피벗 테이블 만들기

피벗 테이블은 필드 단위로 데이터를 쉽게 재구성할 수 있게 한다. 필드 단위로 데이터를 재구성함으로써 많은 양의 데이터를 쉽게 요약할 수 있다.

Ex 실습예제

'학과별 성적표' 테이블을 이용해서 피벗테이블 보고서를 만들어보자.

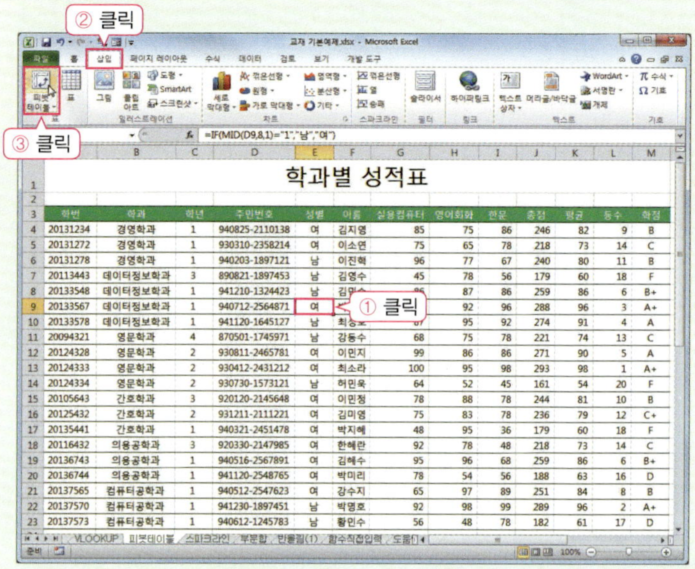

1. ① 데이터 목록 안에 셀 포인터를 두고, ② [삽입] 탭의 [표] 그룹에서 ③ [피벗 테이블]을 클릭한다.

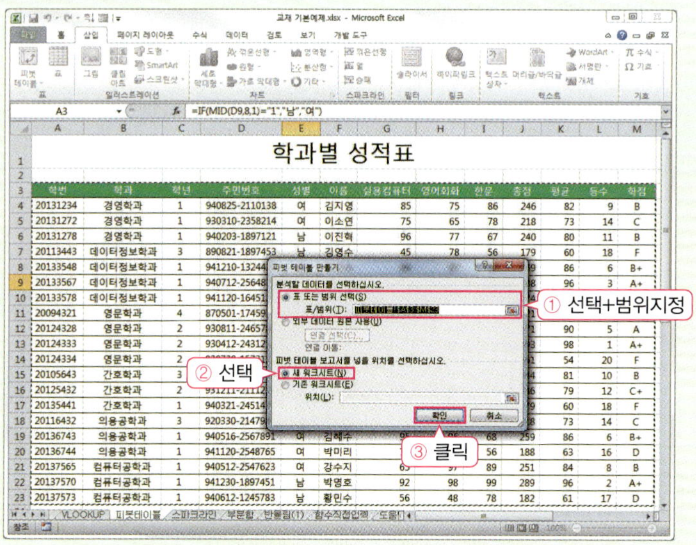

2. 「피벗 테이블 만들기」 대화상자에서 ① [표 또는 범위 선택]을 클릭하고, 표 범위가 피벗 테이블을 만들 데이터 범위로 잘 잡혔는지 확인하고, ② 피벗 테이블 보고서를 넣을 위치를 [새 워크시트]로 설정한 후 ③ [확인]을 클릭한다.

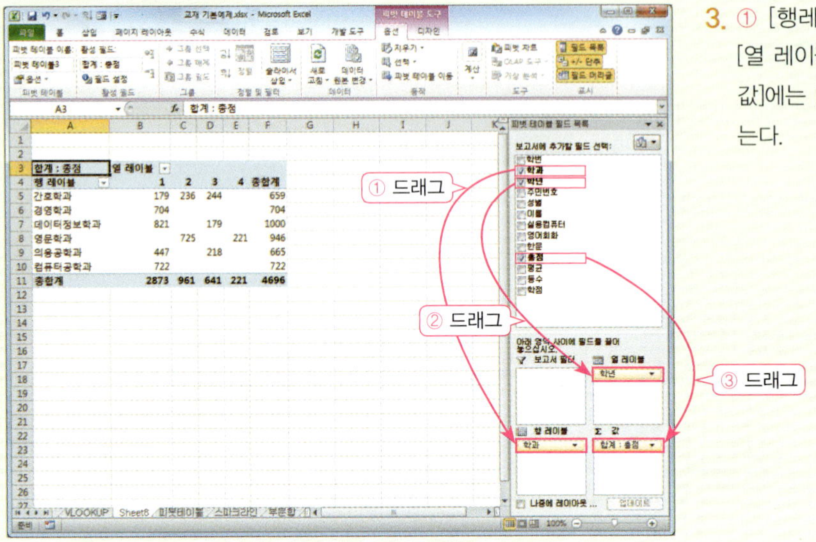

3. ① [행레이블]에는 [학과] 필드를 ② [열 레이블]에는 [학년] 필드를, ③ [Σ 값]에는 [총점] 필드를 드래그해서 놓는다.

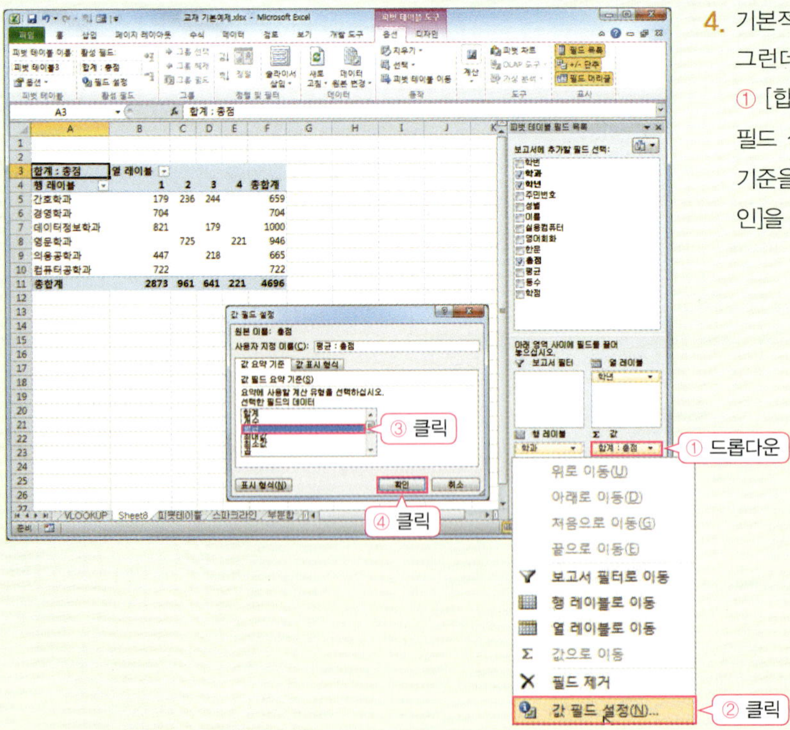

4. 기본적으로 Σ값은 합계가 계산된다. 그런데 만약 평균을 구하고 싶으면, ① [합계:총점]을 드롭다운하여 ② [값 필드 설정]을 클릭한다. 값 필드 요약 기준을 ③ '평균'으로 선택하고 ④ [확인]을 클릭한다.

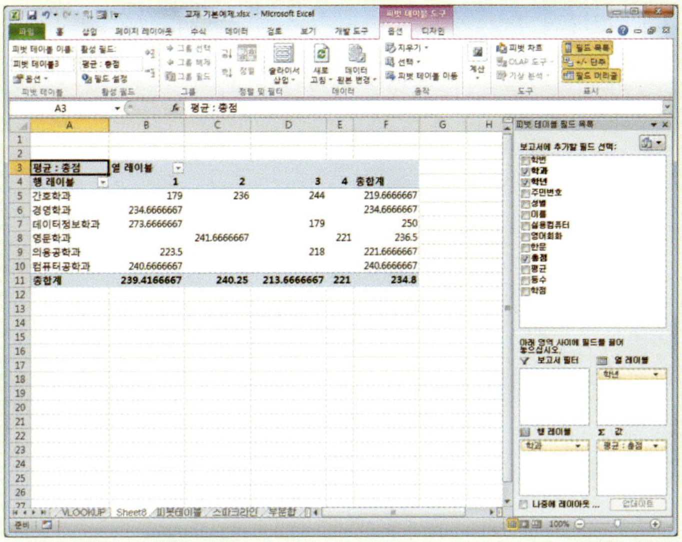

5. 그림과 같이 총점의 평균을 계산한 피벗 테이블이 완성된다.

피벗 테이블 필터링하기

피벗 테이블에서 열 레이블과 행 레이블에 있는 드롭다운 버튼을 이용하여 열 혹은 행 레이블에서 필요한 데이터만 추출할 수 있다. 드롭다운 버튼을 이용해 필터링을 수행해 보자.

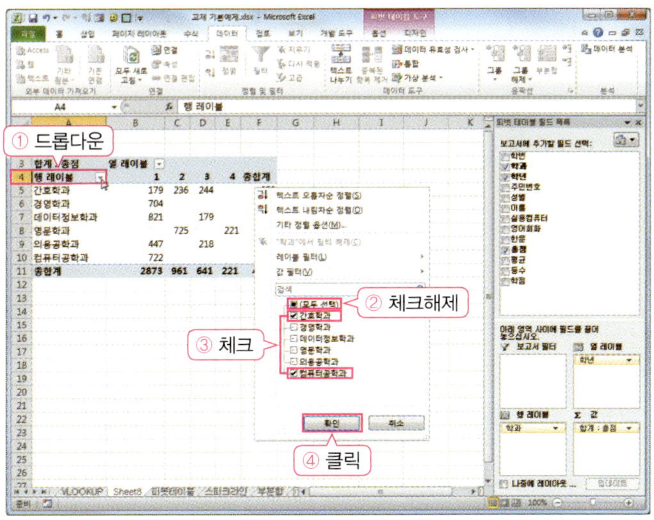

1. [간호학과]와 [컴퓨터공학과]에 대한 정보만 추출하기 위해 ① 행 레이블을 드롭다운하여, ② [모두 선택]을 취소하고, ③ [간호학과]와 [컴퓨터공학과]를 체크하고 ④ [확인]을 클릭한다.

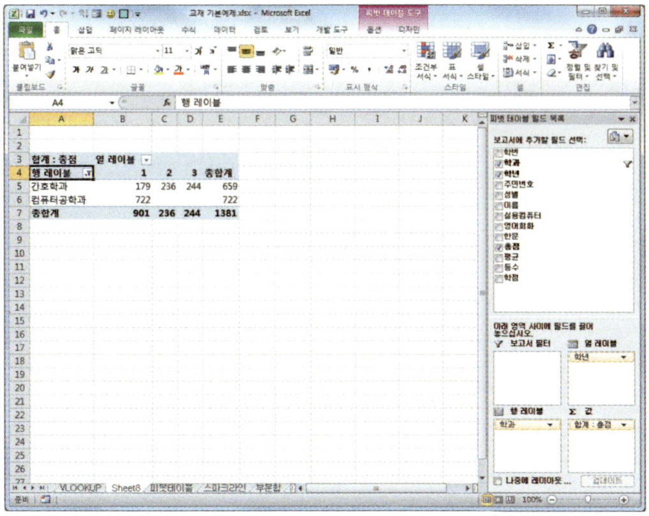

2. 그림과 같이 [간호학과]와 [컴퓨터공학과]에 대한 정보만 추출되었다.

엑셀 2010에서는 슬라이서를 이용해서 피벗 테이블을 필터링하는 기능이 추가되었다. 슬라이서는 별도의 창을 이용하여 보다 간편하게 필터링할 수 있도록 도와 준다. 슬라이서를 이용해서 피벗 테이블을 필터링해보자.

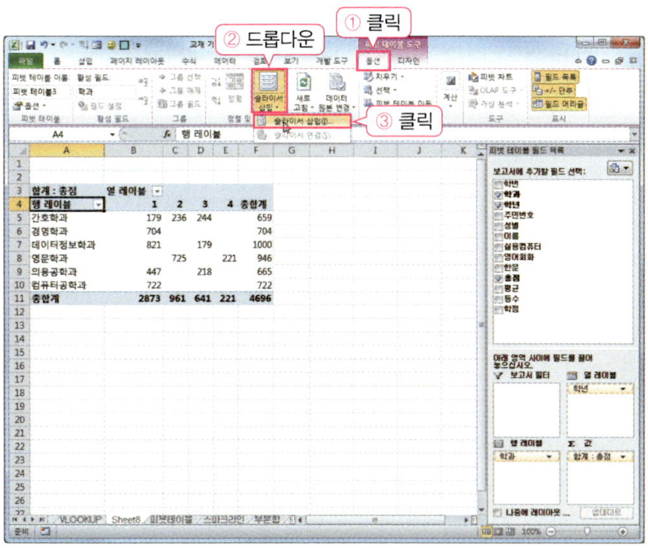

1. [피벗 테이블 도구]-① [옵션] 탭의 [정렬 및 필터] 그룹에서 ② [슬라이서 삽입]을 드롭다운해서 ③ [슬라이서 삽입]을 클릭한다.

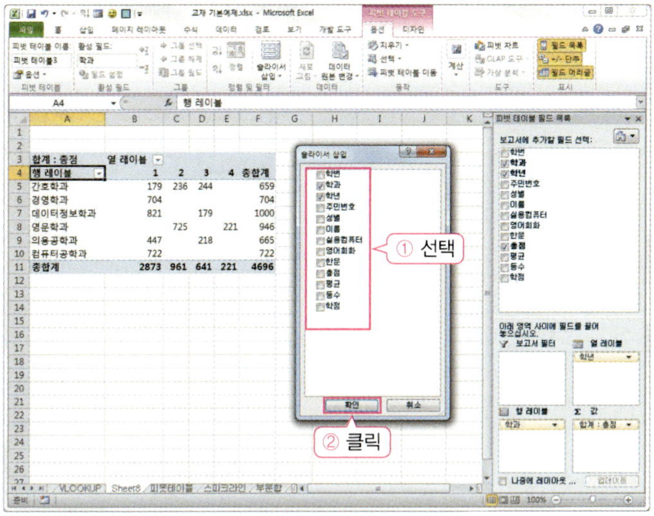

2. 「슬라이서 삽입」 대화상자에서 ① 필터링을 적용할 필드를 선택하고 ② [확인]을 클릭한다.

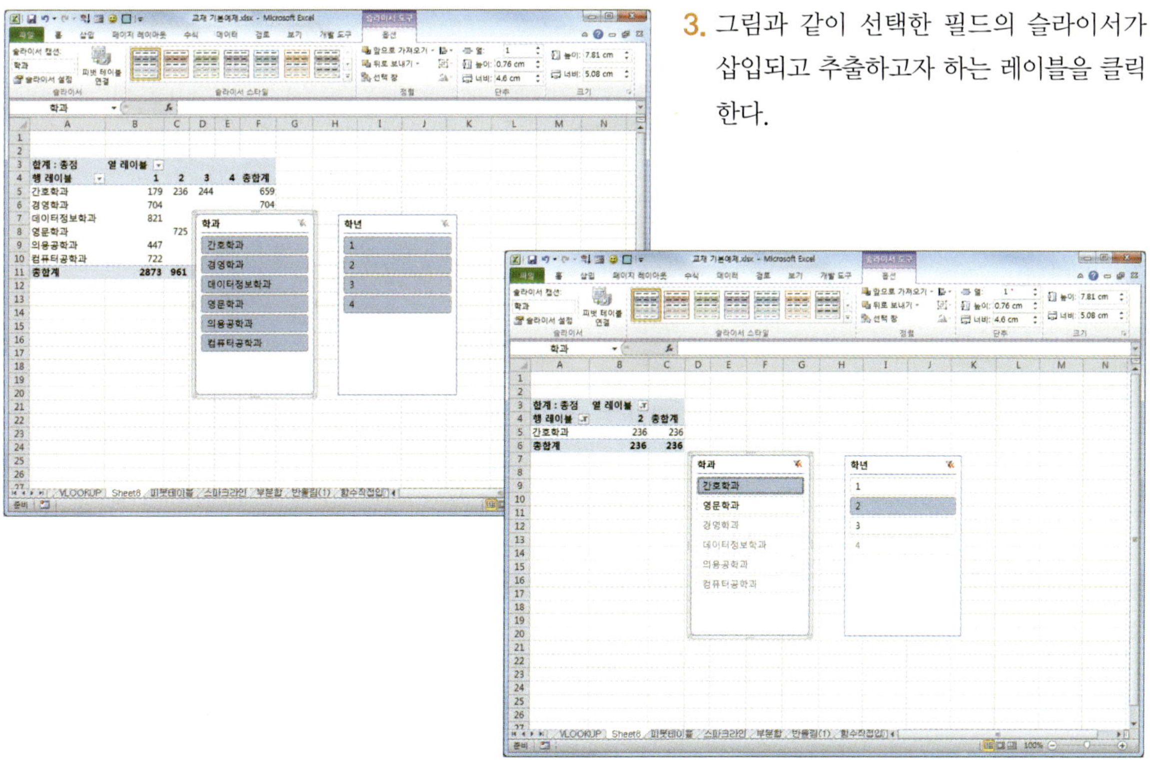

3. 그림과 같이 선택한 필드의 슬라이서가 삽입되고 추출하고자 하는 레이블을 클릭한다.

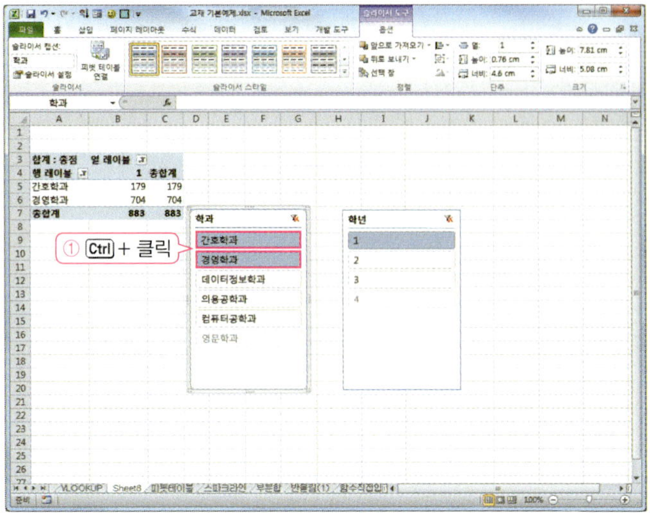

4. 동시에 여러 개의 레이블을 추출하고 싶을 때는 ① Ctrl 키를 누른 상태에서 추출할 레이블을 클릭하면 된다. 슬라이서 개체를 제거하고자 할 때에는 제거할 창을 클릭하고, Delete 키를 누르면 된다.

피벗 차트 그리기

피벗 차트는 만들어진 피벗 테이블을 이용해서 차트를 그리는 기능이다. 피벗 테이블을 이용해서 피벗 차트를 만들어 보자.

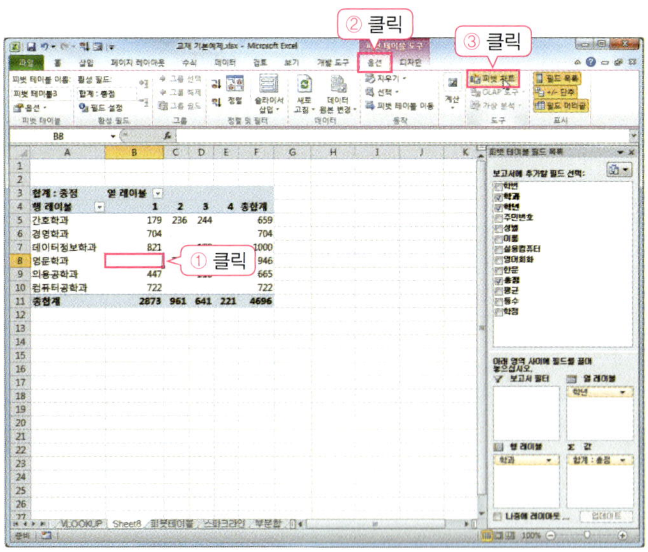

1. ① 피벗 테이블 안에 셀 포인터를 두고, [피벗 테이블 도구]–② [옵션] 탭의 [도구] 그룹에 있는 ③ [피벗 차트]를 선택한다.

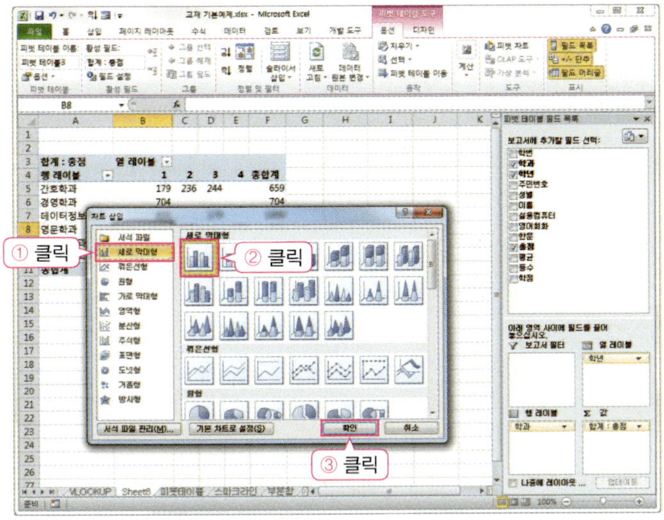

2. 「차트 삽입」 대화상자에서 ① [세로 막대형]–② [2차원 묶은 세로 막대형]차트 형태를 선택하고 ③ [확인]을 클릭한다.

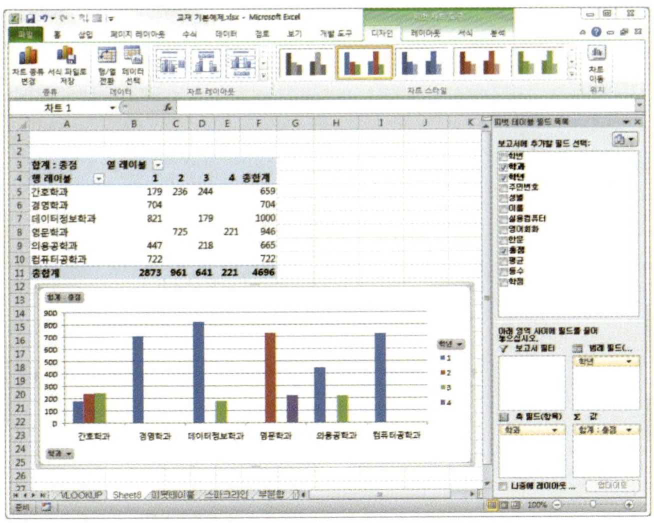

3. 차트가 나타나면 피벗 테이블 보고서 아래로 차트를 옮기고 크기도 적당히 조절한다.

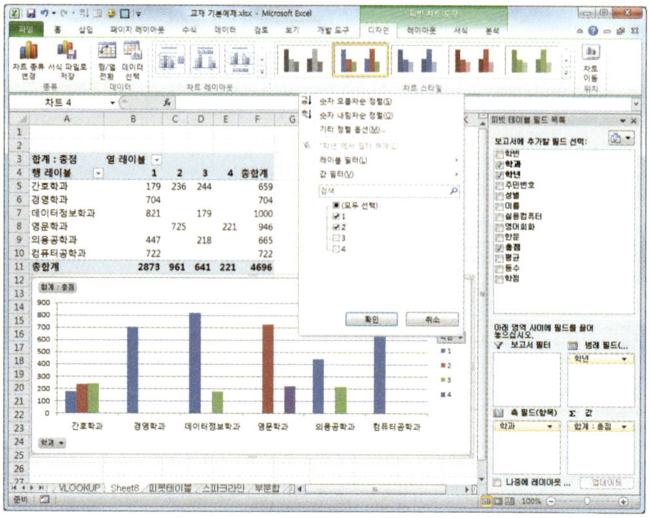

4. 피벗 차트에서도 피벗 테이블과 동일하게 필터링 기능을 수행할 수 있다.

연습문제

EXERCISE

연습문제 ①

한국생명 월별 영업실적

사번	영업소	직책	이름	입사경로	계약건수	3월 영업실적	4월영업실적
1988A323	서울 강남	소장	김지영	공채	3	1,000	1,230
2000A224	서울 강북	소장	이소연	공채	4	2,300	3,121
2000A224	서울 강북	소장	이소연	공채	4	2,300	3,121
2000C219	제주 서귀포	소장	이진혁	수시	2	850	180
2002C456	부산 연산	소장	김영수	수시	3	1,000	1,321
2003B212	부산 영도	소장	김민수	특채	5	3,000	2,345
2007B232	서울 강북	소장	박미혜	특채	7	5,632	7,656
2007B232	서울 강북	소장	박미혜	특채	7	5,632	7,656
2008A112	경북 구미	부소장	최성호	공채	3	3,360	2,123
2008A765	경북 울진	소장	강동수	공채	1	-	120
2009B221	서울 강남	부소장	이민지	특채	6	1,850	2,321
2010B447	강원 원주	소장	허민욱	특채	12	9,900	13,211
2010C231	경남 창원	팀장	이민정	수시	4	7,800	5,462
2011A199	경북 경산	소장	김미영	공채	6	9,000	7,890
2011A211	경남 창원	부소장	박지혜	공채	2	5,630	2,341
2011A284	전북 전주	소장	한혜란	공채	-	-	-
2011B123	경남 김해	팀장	김혜수	특채	2	3,640	540
2011C222	전남 완도	팀장	박미리	수시	1	560	230
2012A111	경기 일산	부소장	강수지	공채	3	6,350	654
2012A121	경남 김해	팀장	박명호	공채	4	7,250	1,230
2012B199	전북 익산	소장	황민수	특채	7	8,360	2,350

한국생명 월별 영업실적

사번	시/도	시/군	직책	이름	입사경로	계약건수	3월 영업실적	4월영업실적
1988A323	서울	강남	소장	김지영	공채	3	1,000	1,230
2000A224	서울	강북	소장	이소연	공채	4	2,300	3,121
2000C219	제주	서귀포	소장	이진혁	수시	2	850	180
2002C456	부산	연산	소장	김영수	수시	3	1,000	1,321
2003B212	부산	영도	소장	김민수	특채	5	3,000	2,345
2007B232	서울	강북	소장	박미혜	특채	7	5,632	7,656
2008A112	경북	구미	부소장	최성호	공채	3	3,360	2,123
2008A765	경북	울진	소장	강동수	공채	1	-	120
2009B221	서울	강남	부소장	이민지	특채	6	1,850	2,321
2010B447	강원	원주	소장	허민욱	특채	12	9,900	13,211
2010C231	경남	창원	팀장	이민정	수시	4	7,800	5,462
2011A199	경북	경산	소장	김미영	공채	6	9,000	7,890
2011A211	경남	창원	부소장	박지혜	공채	2	5,630	2,341
2011A284	전북	전주	소장	한혜란	공채	-	-	-
2011B123	경남	김해	팀장	김혜수	특채	2	3,640	540
2011C222	전남	완도	팀장	박미리	수시	1	560	230
2012A111	경기	일산	부소장	강수지	공채	3	6,350	654
2012A121	경남	김해	팀장	박명호	공채	4	7,250	1,230
2012B199	전북	익산	소장	황민수	특채	7	8,360	2,350

직책	입사경로	4월영업실적
소장	공채	
	수시	>=1000

직책	이름	입사경로
소장	김지영	공채
소장	이소연	공채
소장	김영수	수시
소장	강동수	공채
팀장	이민정	수시
소장	김미영	공채
소장	한혜란	공채

1. 영업점을 오른쪽 그림과 같이 '시/도'와 '시/군'으로 분할하시오.
2. 중복된 항목 제거 기능을 이용해서 중복된 데이터를 삭제하시오.
3. 고급 필터 기능을 이용해서 '직책이 소장이고 입사경로가 공채이거나 입사경로가 수시이고 4월 영업실적이 1000 이상'인 사원을 추출하시오. 단, 직책, 이름, 입사경로만 추출하시오.

연습문제 ②

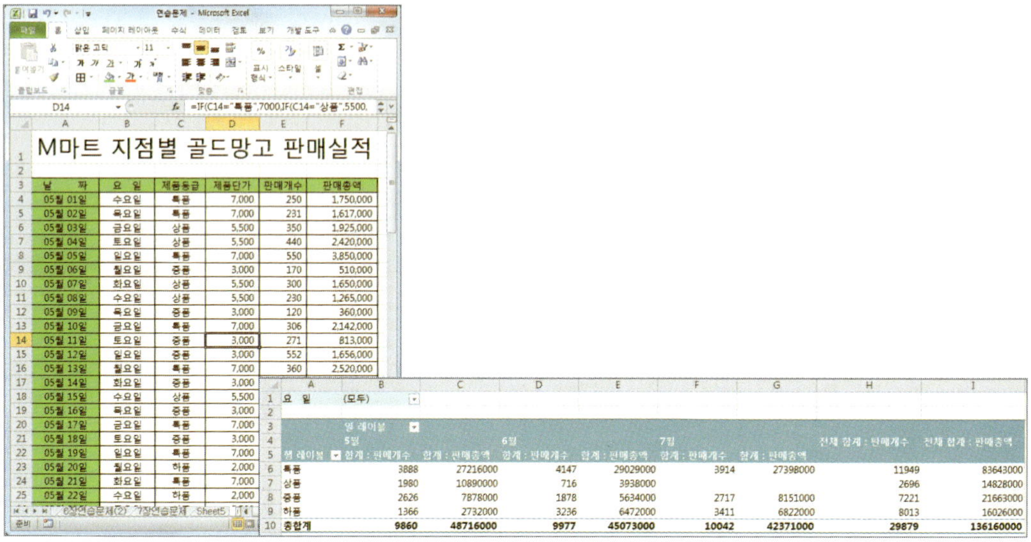

1 'M마트 지점별 골드망고 판매실적' 테이블을 그림과 같이 피벗테이블로 요약하시오.

2 '요일'을 보고서 필터에, '날짜'를 열 레이블에, '제품등급'을 행 레이블에 추가하고, '판매개수'와 '판매총액'을 값 영역에 추가하시오.

3 열 레이블에 추가한 '날짜' 필드에 대해서는 월별로 그룹을 설정하고, 피벗테이블 8행에 있는 특품을 6행으로 이동시키시오.

※ 날짜 필드를 그룹화하기 위해서는 '05월 01일'을 클릭하고, [피벗 테이블 도구]–[옵션] 탭의 [그룹] 그룹에서 [그룹선택]을 클릭하고, 「그룹화」 대화상자에서 [단위:월]을 클릭하시오. '특품'을 6행으로 옮기려면 '특품'을 클릭하고 마우스 오른쪽 버튼을 누른 다음, [이동]–[처음으로 '특품' 이동]을 클릭하시오.

08 CHAPTER

반복 작업을 확 줄여줄 해법 매크로

08 CHAPTER

반복 작업을 확 줄여줄 해법 매크로

우리의 일상은 언제나 반복의 연속이다. 우리가 하는 엑셀 작업 중에서도 매일 또는 매주 반복되는 작업들로 가득하다. 엑셀에서는 마우스나 키보드를 이용하여 작업하는 복잡하고 반복된 작업을 한번에 처리하는 매크로라는 기능을 제공하고 있다. 매크로 기능으로 반복적인 작업을 기록하여 바로 가기 키나 도형, 텍스트 상자, 사용자 정의 단추, 명령 등 컨트롤 도구를 일괄 처리하면 업무의 효율성을 높일 수 있다.

Section 1. 매크로 기록

매크로 기능은 반복적인 작업 내용을 매크로 기록 기능을 이용하여 기록하는 것으로, 녹음기에 음성을 녹음하는 방식과 비슷하다. 매크로 기록기를 작동시킨 후, 매크로로 작성하려는 업무 내용을 작업하여 기록한다.

매크로 기록 대화상자 구성요소 알아보기

[개발 도구] 탭의 [코드] 그룹에 있는 [매크로 기록]을 선택하면 매크로를 기록할 수 있다. 매크로를 기록하기에 앞서 「매크로 기록」 대화상자를 살펴보자.

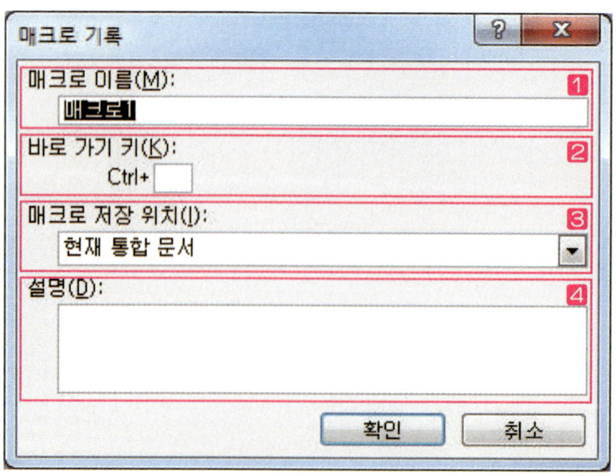

① 매크로 이름

자동 매크로로 기록할 매크로 이름을 입력한다. 매크로 이름의 첫 글자는 반드시 문자이어야 하며, 나머지는 문자, 숫자, 밑줄(_) 등을 사용할 수 있다. 공백을 사용할 수 없고, 특수문자(!, @, &, *)도 사용할 수 없다. 가능하면 매크로 사용 용도에 맞는 이름을 정하면 되고, 잘못된 이름을 사용하면 매크로 이름이 유효하지 않다는 오류 메시지가 나타난다.

② 바로 가기 키

나중에 기록된 매크로를 실행 시에 사용할 바로 가기 키를 설정한다. 바로 가기 키는 영문자 알파벳 소문자(a~z)와 대문자(A~Z) 모두 지정할 수 있다. 바로 가기 키를 실행할 때는 Ctrl키와 함께 해당 영문자 알파벳을 누른다.

③ 매크로 저장 위치

자동 매크로가 기록될 위치를 개인용 매크로 통합 문서, 새 통합 문서, 현재 통합 문서 중 선택할 수 있다.

④ 설명

현재 기록하는 매크로에 대한 상세한 설명을 입력하는 항목이다.

Ex 실습예제

매크로를 실행하기 위해 [개발 도구]탭의 [코드] 그룹에 있는 [매크로 기록]을 선택해야 한다. 엑셀 2010의 기본 리본 메뉴에는 매크로와 관련된 메뉴가 표시되어 있지 않다. 그래서 먼저 매크로와 관련된 작업을 수행할 수 있도록 매크로 명령들이 모여 있는 [개발 도구]탭이 나타나도록 설정해보자.

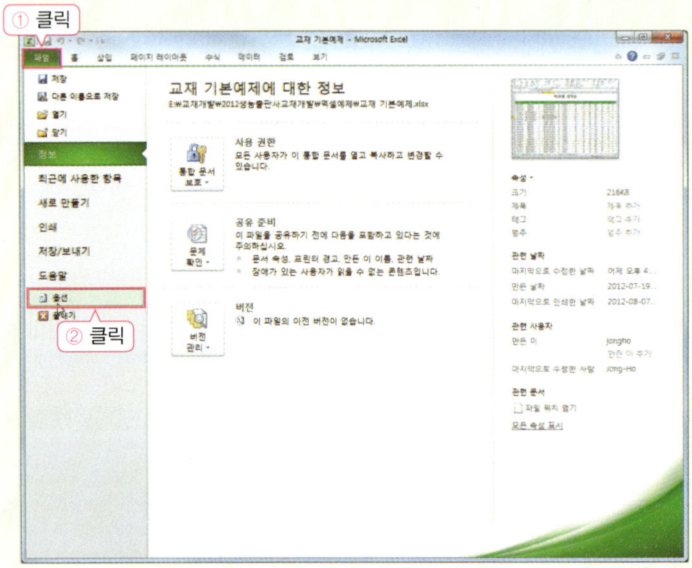

1. ① [파일]–② [옵션]을 클릭한다.

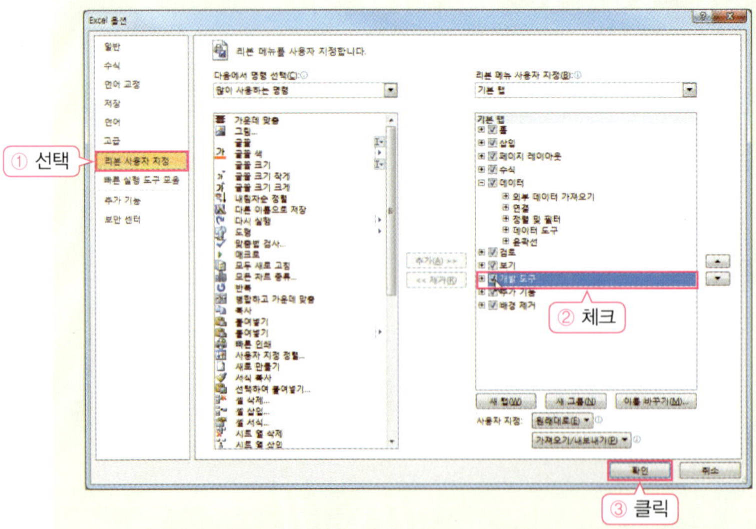

2. 「Excel 옵션」 대화상자의 왼쪽 범주에서 ① [리본 사용자 지정]을 선택하고 [리본 메뉴 사용자 지정]에서 ② [개발 도구]를 체크하고 ③ [확인]을 클릭한다.

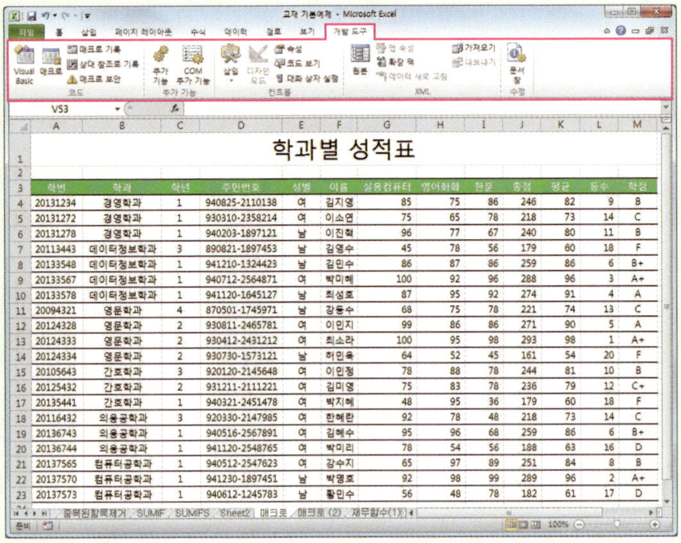

학번	학과	학년	주민번호	성별	이름	실용컴퓨터	영어회화	한문	총점	평균	등수	학점
20131234	경영학과	1	940825-2110138	여	김지영	85	75	86	246	82	9	B
20131272	경영학과	1	930310-2358214	여	이소연	75	65	78	218	73	14	C
20131278	경영학과	1	940203-1897121	남	이진혁	96	77	67	240	80	11	B
20113443	데이터정보학과	3	890821-1897453	남	김영수	45	78	56	179	60	18	F
20133548	데이터정보학과	1	941210-1324423	남	김민수	86	87	86	259	86	6	B+
20133567	데이터정보학과	1	940712-2564871	여	박미혜	100	92	96	288	96	3	A+
20133578	데이터정보학과	1	941120-1645127	남	최성호	87	95	92	274	91	4	A
20094321	영문학과	4	870501-1745971	남	강동수	68	75	78	221	74	13	C
20124328	영문학과	2	930811-2465781	여	이민지	99	86	86	271	90	5	A
20124333	영문학과	2	930412-2431212	여	최소라	100	95	98	293	98	1	A+
20124334	영문학과	2	930730-1573121	남	허민욱	64	52	45	161	54	20	F
20105643	간호학과	3	920120-2145648	여	이민정	78	88	78	244	81	10	B
20125432	간호학과	2	931211-2111221	여	김미영	75	83	78	236	79	12	C+
20135441	간호학과	1	940321-2451478	여	박지혜	48	95	36	179	60	18	F
20116432	의용공학과	3	920330-2147985	여	한혜란	92	78	48	218	73	14	C
20136743	의용공학과	1	940516-2567891	여	김혜수	95	96	68	259	86	6	B+
20136744	의용공학과	1	941120-2548765	여	박미리	78	54	56	188	63	16	D
20137565	컴퓨터공학과	1	940512-2547623	여	강수지	65	97	89	251	84	8	B
20137570	컴퓨터공학과	1	941230-1897451	남	박영호	92	98	99	289	96	2	A+
20137573	컴퓨터공학과	1	940612-1245783	남	황민수	56	48	78	182	61	17	D

3. 엑셀 화면에 [개발 도구] 탭과 매크로 관련 명령어가 나타난다.

Ex 실습예제

매크로 보안은 매크로를 통해 감염시킬 수 있는 바이러스로부터 파일을 보호하기 위해 설정하는 기능이다. 매크로 바이러스는 자신의 복사본을 컴퓨터 파일에 삽입해서 해당 파일을 감염시킬 수 있으므로 보안 기능을 설정하는 것이 중요하다. 매크로 보안을 선택해서 보안 수준을 설정해보자.

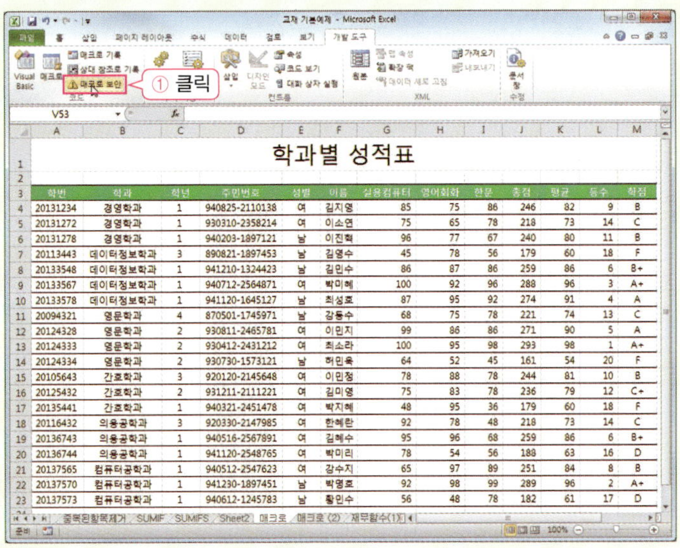

학번	학과	학년	주민번호	성별	이름	실용컴퓨터	영어회화	한문	총점	평균	등수	학점
20131234	경영학과	1	940825-2110138	여	김지영	85	75	86	246	82	9	B
20131272	경영학과	1	930310-2358214	여	이소연	75	65	78	218	73	14	C
20131278	경영학과	1	940203-1897121	남	이진혁	96	77	67	240	80	11	B
20113443	데이터정보학과	3	890821-1897453	남	김영수	45	78	56	179	60	18	F
20133548	데이터정보학과	1	941210-1324423	남	김민수	86	87	86	259	86	6	B+
20133567	데이터정보학과	1	940712-2564871	여	박미혜	100	92	96	288	96	3	A+
20133578	데이터정보학과	1	941120-1645127	남	최성호	87	95	92	274	91	4	A
20094321	영문학과	4	870501-1745971	남	강동수	68	75	78	221	74	13	C
20124328	영문학과	2	930811-2465781	여	이민지	99	86	86	271	90	5	A
20124333	영문학과	2	930412-2431212	여	최소라	100	95	98	293	98	1	A+
20124334	영문학과	2	930730-1573121	남	허민욱	64	52	45	161	54	20	F
20105643	간호학과	3	920120-2145648	여	이민정	78	88	78	244	81	10	B
20125432	간호학과	2	931211-2111221	여	김미영	75	83	78	236	79	12	C+
20135441	간호학과	1	940321-2451478	여	박지혜	48	95	36	179	60	18	F
20116432	의용공학과	3	920330-2147985	여	한혜란	92	78	48	218	73	14	C
20136743	의용공학과	1	940516-2567891	여	김혜수	95	96	68	259	86	6	B+
20136744	의용공학과	1	941120-2548765	여	박미리	78	54	56	188	63	16	D
20137565	컴퓨터공학과	1	940512-2547623	여	강수지	65	97	89	251	84	8	B
20137570	컴퓨터공학과	1	941230-1897451	남	박영호	92	98	99	289	96	2	A+
20137573	컴퓨터공학과	1	940612-1245783	남	황민수	56	48	78	182	61	17	D

1. ① [개발 도구] 탭의 [코드] 그룹에 있는 [매크로 보안]을 선택한다.

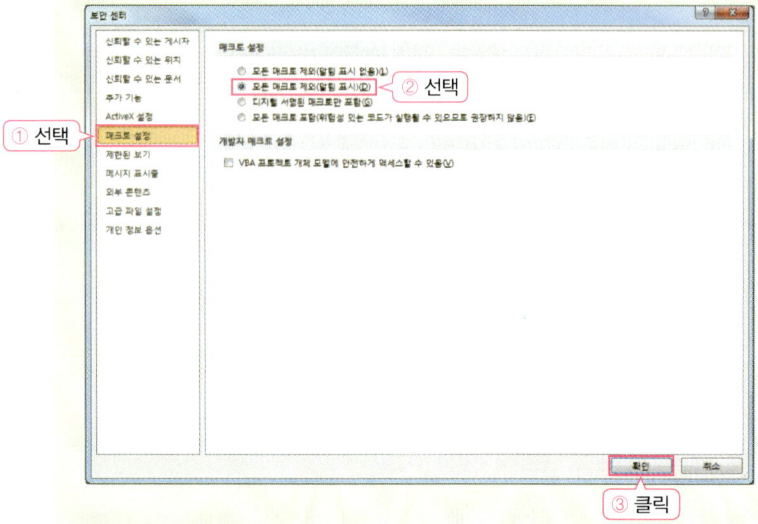

2. ① [매크로 설정]을 선택하고 매크로 설정에서 ② [모든 매크로 제외(알림 표시)]를 체크한 후 ③ [확인]을 클릭한다.

이 설정은 매크로가 포함된 문서를 열 때 매크로 기능을 제외하고 문서를 열지만 매크로 기능이 포함되어 있다는 보안 경고를 사용하며, 사용자가 매크로를 포함할지 하지 않을지를 결정한다.

실습예제

'학과별 성적표' 테이블에서 자동 필터 기능을 이용해서 '데이터 정보학과', '남학생'만 남기고 모두 걸러내는 매크로를 작성해 보자.

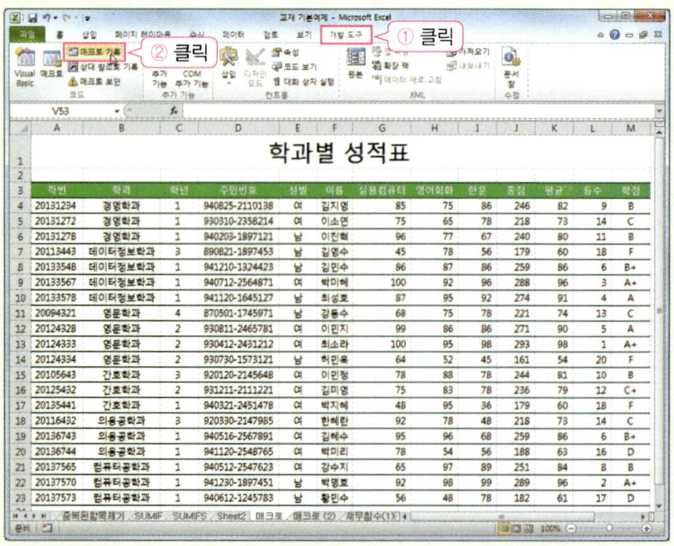

학과별 성적표

학번	학과	학년	주민번호	성별	이름	실용컴퓨터	영어회화	한문	총점	평균	등수	학점
20131234	경영학과	1	940825-2110138	여	김지영	85	75	86	246	82	9	B
20131272	경영학과	1	930310-2358214	여	이소연	75	65	78	218	73	14	C
20131278	경영학과	1	940203-1897121	남	이진혁	96	77	67	240	80	11	B
20113443	데이터정보학과	3	890821-1897453	남	김영수	45	78	56	179	60	18	F
20133548	데이터정보학과	1	941210-1324423	남	김민수	86	87	86	259	86	6	B+
20133567	데이터정보학과	1	940712-2564871	여	박미혜	100	92	96	288	96	3	A+
20133578	데이터정보학과	1	941120-1645127	남	최성호	87	95	92	274	91	4	A
20094321	영문학과	4	870501-1745971	남	강동수	68	75	78	221	74	13	C
20124328	영문학과	2	930811-2465781	여	이민지	99	86	86	271	90	5	A
20124333	영문학과	2	930412-2431212	여	최소라	100	95	98	293	98	1	A+
20124334	영문학과	2	930730-1573121	남	허민욱	64	52	45	161	54	20	F
20105643	간호학과	3	920120-2145648	여	이민정	78	88	78	244	81	10	B
20125432	간호학과	2	931211-2111221	여	김미영	75	83	78	236	79	12	C+
20135441	간호학과	1	940321-2451478	여	박지혜	48	95	36	179	60	18	F
20116432	의용공학과	3	920330-2147985	여	한혜란	92	78	48	218	73	14	C
20136743	의용공학과	1	940516-2567891	여	김혜수	95	96	68	259	86	6	B+
20136744	의용공학과	1	941120-2548765	여	박미리	78	54	56	188	63	16	D
20137565	컴퓨터공학과	1	940512-2547623	여	강수지	65	97	89	251	84	8	B
20137570	컴퓨터공학과	1	941230-1897451	남	박명호	92	98	99	289	96	2	A+
20137573	컴퓨터공학과	1	940612-1245783	남	황민수	56	48	78	182	61	17	D

1. ① [개발 도구] 탭의 [코드] 그룹에 있는 ② [매크로 기록]을 클릭한다.

2. 「매크로 기록」 대화상자에서 ① [매크로 이름]과 필요에 따라 ② [바로 가기 키]를 지정한다. 본 예제에서는 [매크로 이름]과 [바로 가기 키]를 아래와 같이 입력하였다. [매크로 이름]을 작성할 때 공백을 포함할 수 없다. 매크로는 함수형식으로 기억을 하며 매크로 이름이 함수 이름이 되므로 공백이 들어갈 수 없다. 공백을 포함시키고 [확인]을 클릭하면 오류메시지 창이 나타난다.

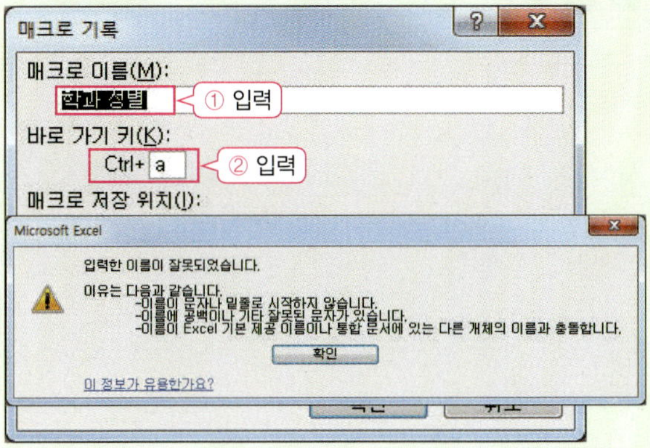

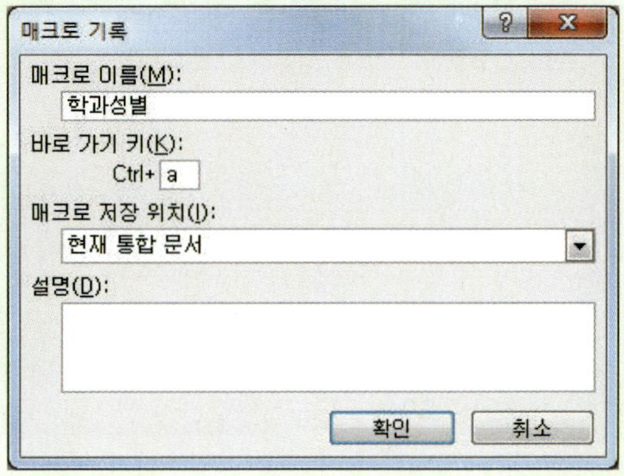

3. 매크로가 시작되면 ① [데이터] 탭의 [정렬 및 필터] 그룹에서 ② [필터]를 클릭한다. ③ [학과] 필터에서 [데이터정보학과]만 체크하고, [성별] 필터에서 [남]을 체크하고 ④ [확인]을 클릭한다.

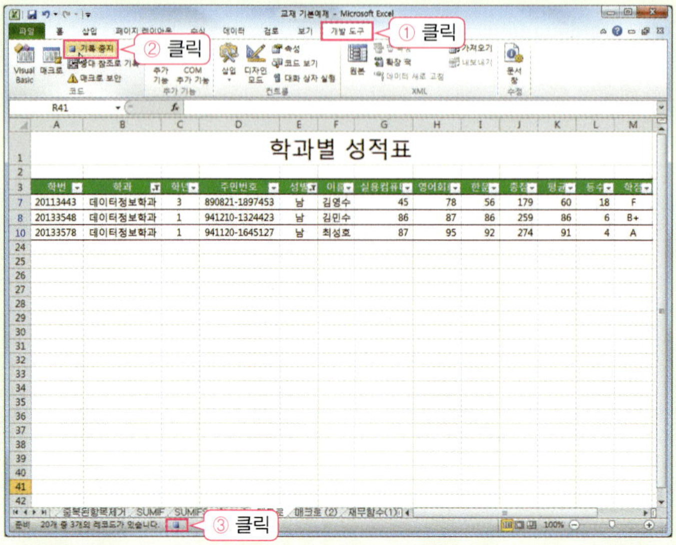

4. 모든 기록이 끝났으면 ① [개발 도구] 탭의 [코드] 그룹에서 ② [기록 중지]를 누르거나 화면 왼쪽 하단의 ③ [기록중지]를 클릭한다.

참고

매크로 보안 설정

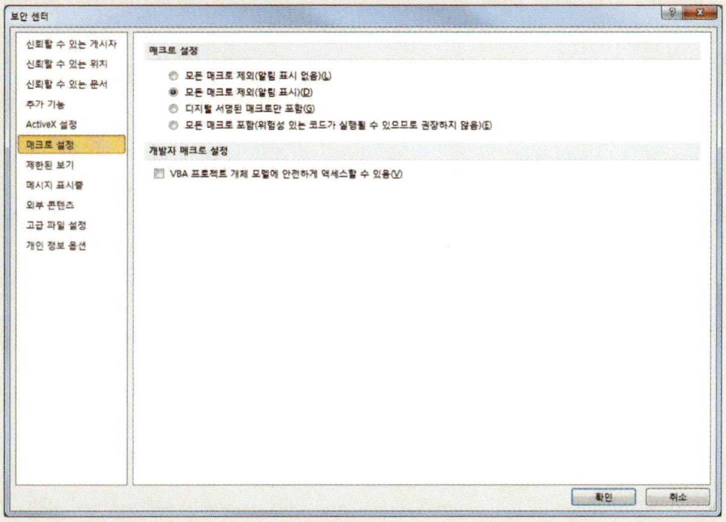

① 모든 매크로 제외(알림 표시 없음)

신뢰할 수 있는 위치에 등록되어 있지 않은 문서의 모든 매크로를 실행할 수 없으며 보안 경고 알림 메시지도 나타나지 않는다.

② 모든 매크로 제외(알림 표시)

기본 설정으로 가장 많이 사용한다. 매크로가 포함된 통합 문서를 열 때마다 보안 경고 알림 메시지가 나타나서 사용자로 하여금 현재 문서가 신뢰할 만한 문서인지 아닌지 선택해서 매크로 실행 여부를 결정한다.

③ 디지털 서명된 매크로만 포함

매크로가 포함된 문서에 디지털 서명이 있는 경우 매크로를 실행하고 없으면 실행하지 않는다. 보안 경고 알림 메시지는 나타나지 않는다.

④ 모든 매크로 포함(위험성 있는 코드가 실행될 수 있으므로 권장하지 않음)

매크로 보안 경고 없이 모든 매크로를 실행한다.

Section 2. 매크로 실행

매크로를 실행하는 방법에는 메뉴를 이용하는 방법, 바로 가기 키를 이용하는 방법, 메뉴나 도구 모음에 등록해서 이용하는 방법이 있다.

메뉴를 이용해서 매크로 실행하기

메뉴를 이용하는 방법은 매크로 대화상자에서 직접 매크로 이름을 선택해서 실행하는 방법이다. [개발 도구] 탭의 [코드] 그룹에서 [매크로]를 선택해서 나타난 「매크로」 대화상자에서 직접 매크로 이름을 선택하고 [실행]을 클릭하면 실행된다.

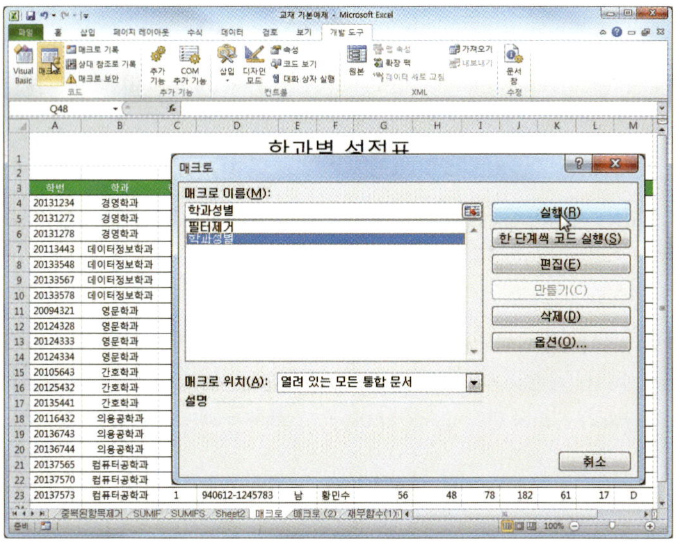

바로가기 키를 이용해서 매크로 실행하기

바로가기 키를 이용하려면 매크로를 처음 생성할 때 [바로가기 키]를 미리 지정해두면 된다. 바로가기 키로 단축키를 지정해두면 해당 문서에서 단축키 실행만으로도 매크로를 실행할 수 있다.

버튼 만들어서 매크로 연결하여 실행하기

Ex **실습예제**

'학과별 성적표' 테이블에서 버튼을 만들어 버튼을 누르면 매크로가 실행되도록 할 수 있다. '학과성별' 버튼을 만들어 그 버튼을 누르면 '학과성별' 매크로가 실행되도록 만들어보자.

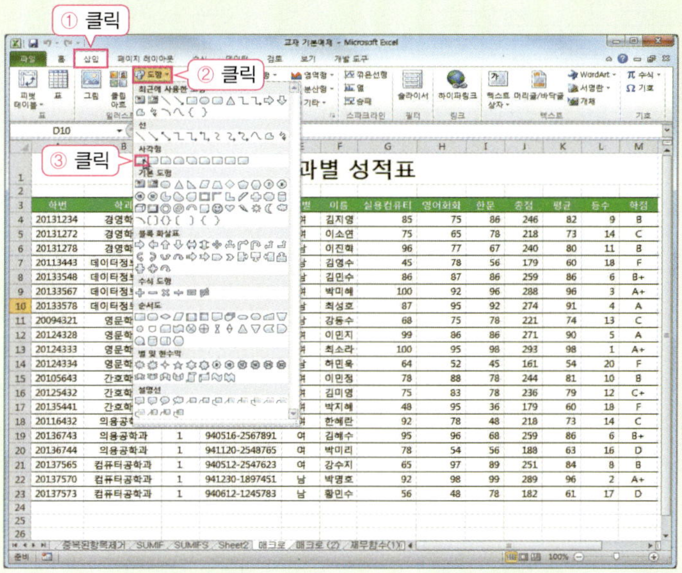

1. ① [삽입] 탭의 [일러스트레이션] 그룹에서 ② [도형]을 선택하여 [사각형]에 있는 ③ [모서리가 둥근 직사각형]을 클릭한다.

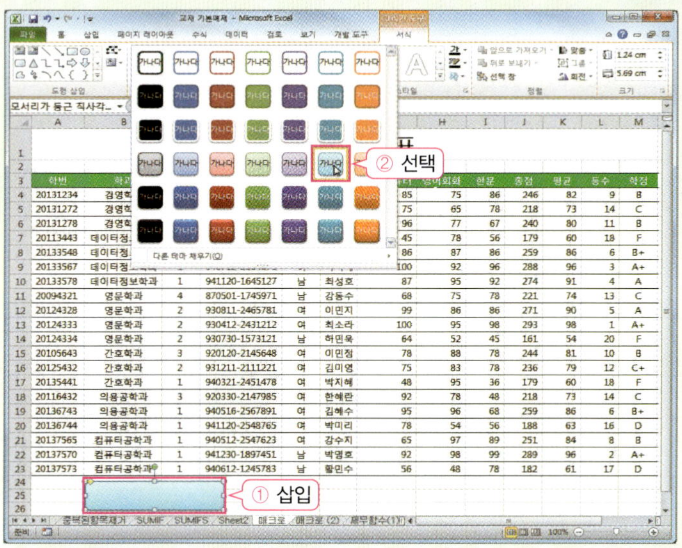

2. ① 적당한 크기로 그려준 다음 [도형 스타일] 그룹의 ② [자세히]를 이용해서 단추 모양을 꾸민다.

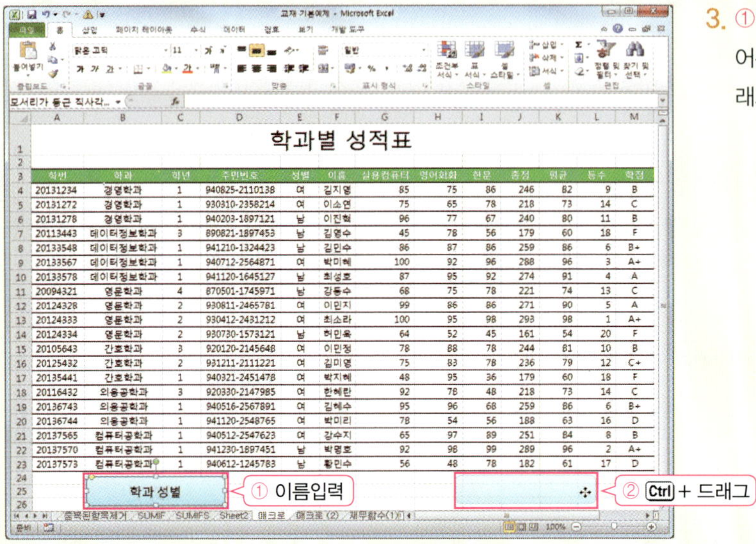

3. ① 버튼을 클릭해서 버튼의 이름을 넣어주고, ② Ctrl키를 누른 상태에서 드래그해서 버튼을 복사한다.

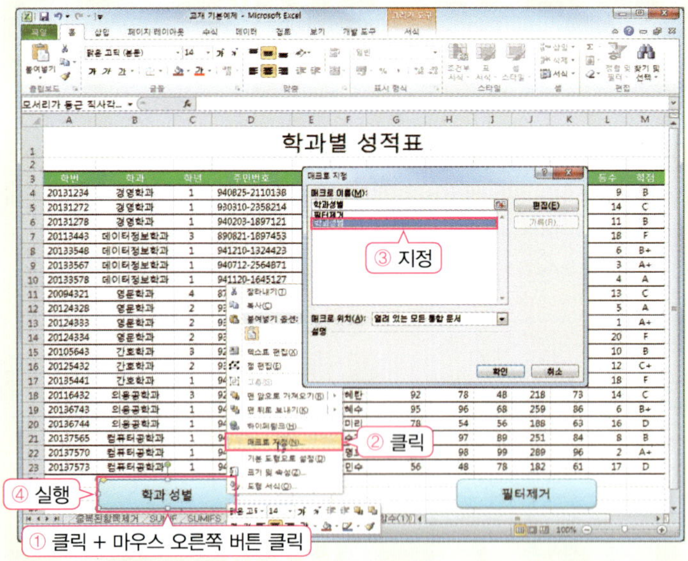

4. ① 버튼을 클릭하고 마우스 오른쪽 버튼을 누른 다음 ② 매크로 지정을 클릭하고, ③ 버튼과 연결할 매크로를 지정한다. ④ [학과성별] 매크로 버튼을 눌러 매크로를 실행한다.

메뉴나 도구 모음에 등록해서 매크로 실행하기

Ex 실습예제

메뉴나 도구 모음에 등록하여 매크로를 실행해보자.

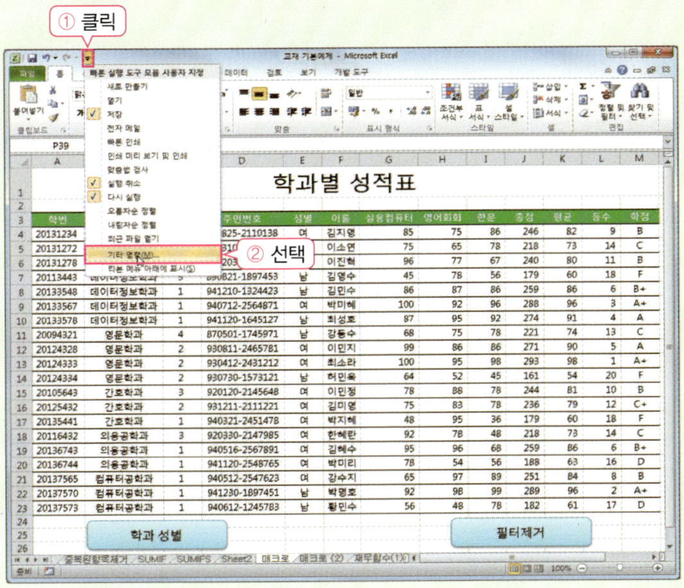

1. 사용자 정의 단추에 매크로를 지정하기 위해 빠른 실행 도구 모음 옆에 있는 ① [빠른 실행 도구모음 사용자 지정 ▾]을 클릭하고 ② [기타 명령]을 클릭한다.

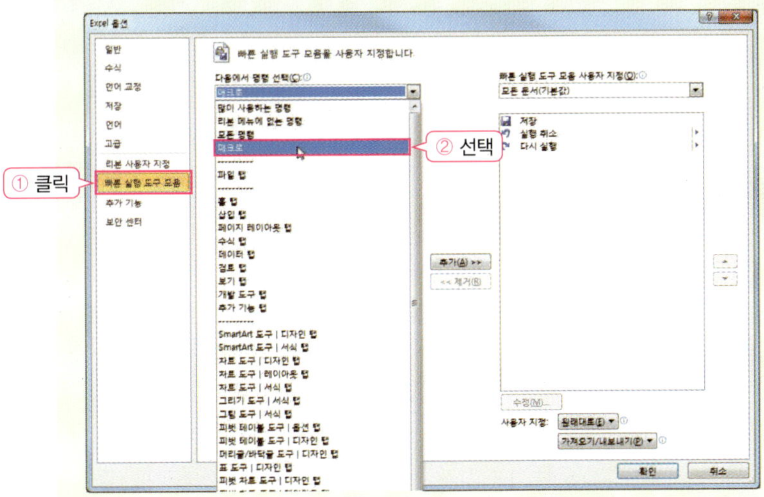

2. 「Excel 옵션」 대화상자에서 ① [빠른 실행 도구 모음]을 클릭하고 ② [다음에서 명령 선택]에서 드롭다운한 후 [매크로]를 클릭한다.

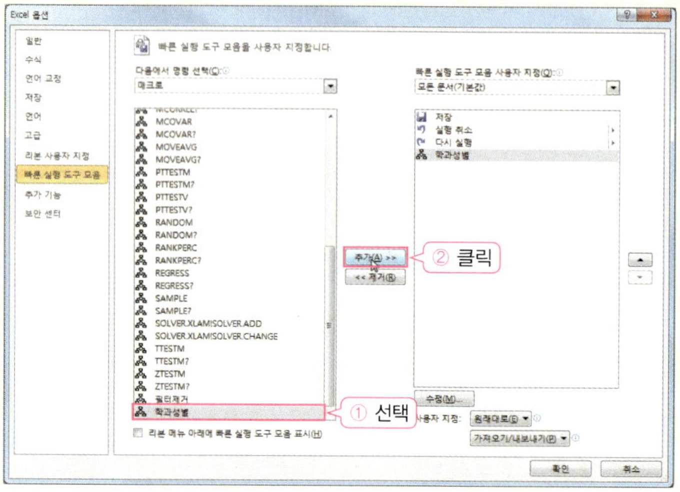

3. 매크로 창에서 빠른 실행 도구 모음으로 보낼 ① 매크로를 선택한 다음 ② [추가]를 클릭한다.

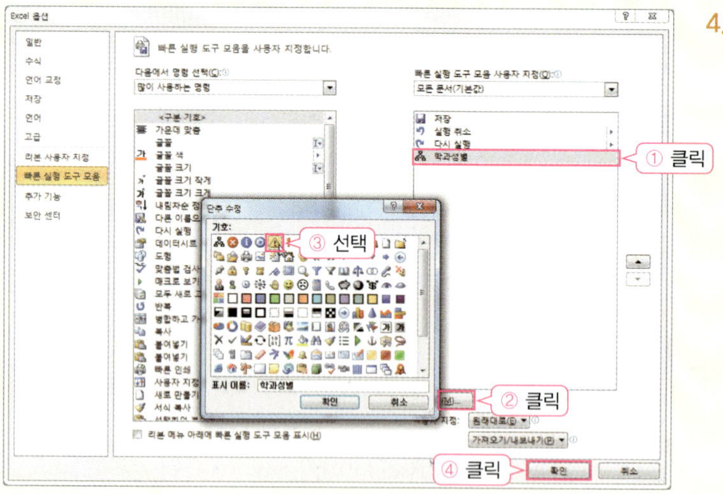

4. 매크로 아이콘의 종류를 바꾸려면, ① 바꿀 아이콘을 클릭한 다음, ② [수정]을 눌러 ③ 아이콘을 선택하고 ④ [확인]을 클릭한다.

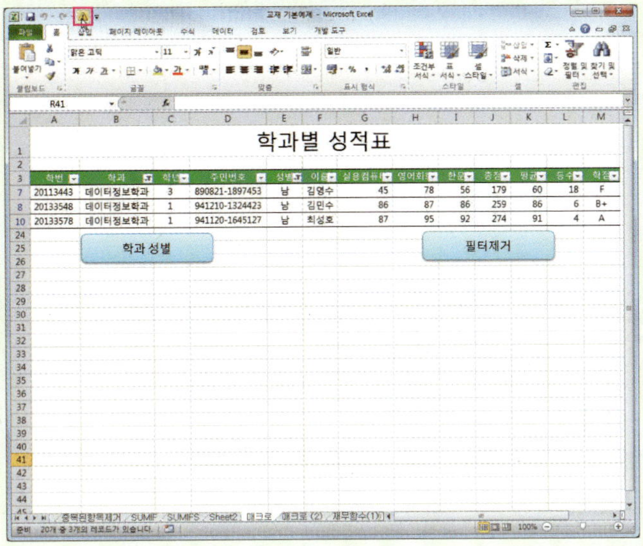

5. 빠른 실행 도구 모음 옆에 있는 빠른 실행 도구 모음에 추가된 [매크로 단추]를 클릭하면 매크로가 실행된다.

아이콘을 삭제하려면 아이콘에서 마우스 오른쪽 버튼을 클릭하고 [빠른 실행 도구 모음에서 제거]를 클릭하면 된다.

연습문제

EXERCISE

연습문제 ❶

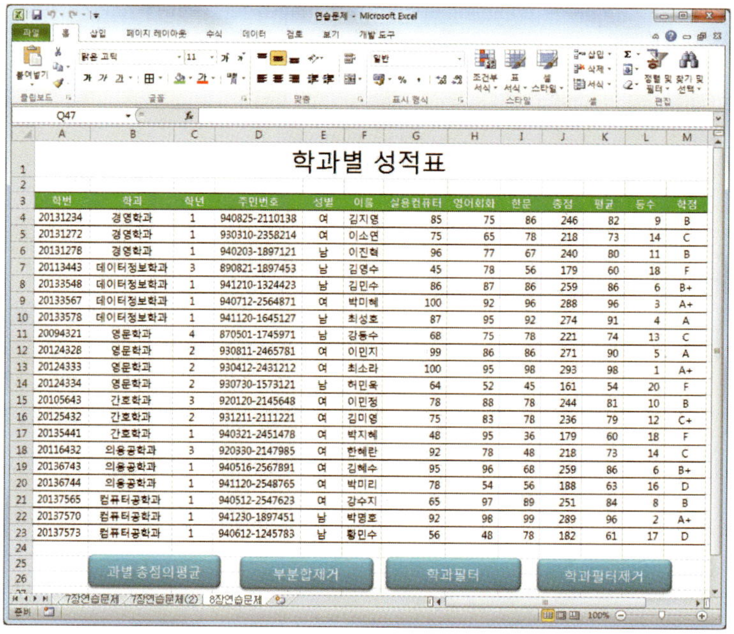

학과별 성적표

학번	학과	학년	주민번호	성별	이름	실용컴퓨터	영어회화	한문	총점	평균	등수	학점
20131234	경영학과	1	940825-2110138	여	김지영	85	75	86	246	82	9	B
20131272	경영학과	1	930310-2358214	여	이소연	75	65	78	218	73	14	C
20131278	경영학과	1	940203-1897121	남	이진혁	96	77	67	240	80	11	B
20113443	데이터정보학과	3	890821-1897453	남	김영수	45	78	56	179	60	18	F
20133548	데이터정보학과	1	941210-1324423	남	김민수	86	87	86	259	86	6	B+
20133567	데이터정보학과	1	940712-2564871	여	박미혜	100	92	96	288	96	3	A+
20133578	데이터정보학과	1	941120-1645127	남	최성호	87	95	92	274	91	4	A
20094321	영문학과	4	870501-1745971	남	강동수	68	75	78	221	74	13	C
20124328	영문학과	2	930811-2465781	여	이민지	99	86	86	271	90	5	A
20124333	영문학과	2	930412-2431212	여	최소라	100	95	98	293	98	1	A+
20124334	영문학과	2	930730-1573121	남	허민욱	64	52	45	161	54	20	F
20105643	간호학과	3	920120-2145648	여	이민정	78	88	78	244	81	10	B
20125432	간호학과	2	931211-2111221	여	김미영	75	83	78	236	79	12	C+
20135441	간호학과	1	940321-2451478	여	박지혜	48	95	36	179	60	18	F
20116432	의용공학과	3	920330-2147985	여	한혜란	92	78	48	218	73	14	C
20136743	의용공학과	1	940516-2567891	여	김혜수	95	96	68	259	86	6	B+
20136744	의용공학과	1	941120-2548765	여	박미리	78	54	56	188	63	16	D
20137565	컴퓨터공학과	1	940512-2547623	여	강수지	65	97	89	251	84	8	B
20137570	컴퓨터공학과	1	941230-1897451	남	박명호	92	98	99	289	96	2	A+
20137573	컴퓨터공학과	1	940612-1245783	남	황민수	56	48	78	182	61	17	D

1 위의 테이블처럼 '과별 총점의평균(부분합)', '부분합제거', '학과필터(경영학과)', '학과필터제거' 매크로 버튼을 만들고 버튼을 눌렀을 때 매크로가 실행되도록 해보시오.

02 PART POWER POINT 2010

01 CHAPTER

파워포인트 2010 알아보기

Section 1. 파워포인트 2010과 프레젠테이션

Section 2. 파워포인트 2010의 주요 기능

Section 3. 파워포인트 2010 작업화면 한눈에 살펴보기

Section 4. 파워포인트 2010 리본 살펴보기

Section 5. 파워포인트 2010 사용자 환경 설정하기

CHAPTER 01

파워포인트 2010 알아보기

정보화 시대에 접어들면서 컴퓨터와 다양한 멀티미디어를 활용한 프레젠테이션 방법이 필요하다. 파워포인트는 발표용 문서 제작을 지원하는 프로그램으로 청중들에게 효율적으로 정보를 전달할 수 있도록 다양한 스타일의 텍스트, 표, 그림과 동영상 등 멀티미디어 콘텐츠를 지원하여 보다 전문적인 프레젠테이션을 수행할 수 있도록 도와준다. 이 장에서는 프레젠테이션이 무엇인지 알아보고 파워포인트를 이용해서 발표 자료를 직접 만들어본다.

Section 1. 파워포인트 2010과 프레젠테이션

프레젠테이션이란 정해진 시간 내에 자신의 의견을 관철시키거나 상대방을 설득하기 위해 상대방에게 정보를 전달하는 의사소통 방법이다. 우리가 일반적으로 수업이나 발표 때 사용하는 파워포인트의 경우도 상대방에게 수업내용이나 발표 내용을 좀 더 명확하게 이해시키기 위해서 사용하는 프레젠테이션 수단이다. 프레젠테이션 자료 예로는 각종 홍보자료, 업무용 자료, 연구용 발표자료, 교육용 수업자료 등이 있다.

프레젠테이션에서 소기의 목적을 이루기 위해서는 몇 가지 요건이 필요하다.

첫째, 발표자는 발표하고자 하는 내용에 대해서 완벽하게 이해하고 있어야 한다.

둘째, 청중의 흥미를 유발할 수 있도록 발표를 진행해야 한다. 청중의 눈높이에 맞는 프레젠테이션 자료를 구성하여 청중을 설득할 수 있는 내용을 전달할 수 있도록 차별화된 동적인 도구들을 최대한 활용해야 한다.

셋째, 프레젠테이션 자료는 간결하고 의사전달이 명확하도록 작성되어야 한다. 프레젠테이션 자료는 복잡하거나 어려운 것이 좋은 것이 아니라 봤을 때 내용이 한눈에 들어오고 쉽게 이해되는 것이 좋은 자료이다.

Section 2. 파워포인트 2010의 주요 기능

효율적으로 정보를 전달할 수 있도록 도와주는 파워포인트 프로그램은 애니메이션, 차트, 스마트아트, 화면 전환, 동영상 삽입 등의 기능을 이용함으로써 보다 쉽고 간결한 자료를 작성할 수 있다.

텍스트 슬라이드 작성

파워포인트 2010은 다양한 기능들을 제공한다. 하지만 이런 기능 중에서 가장 기본이 되고, 중요한 기능이 텍스트 문서를 작성하는 기능이다. 프레젠테이션의 텍스트 자료는 간결하고 보기 좋게 작성해야 한다. 텍스트는 목록기능을 이용해서 작성할 수도 있고, 텍스트상자와 도형을 이용해 작성할 수도 있다. 그리고 워드아트를 이용하여 텍스트를 좀 더 예쁘게 꾸밀 수도 있다.

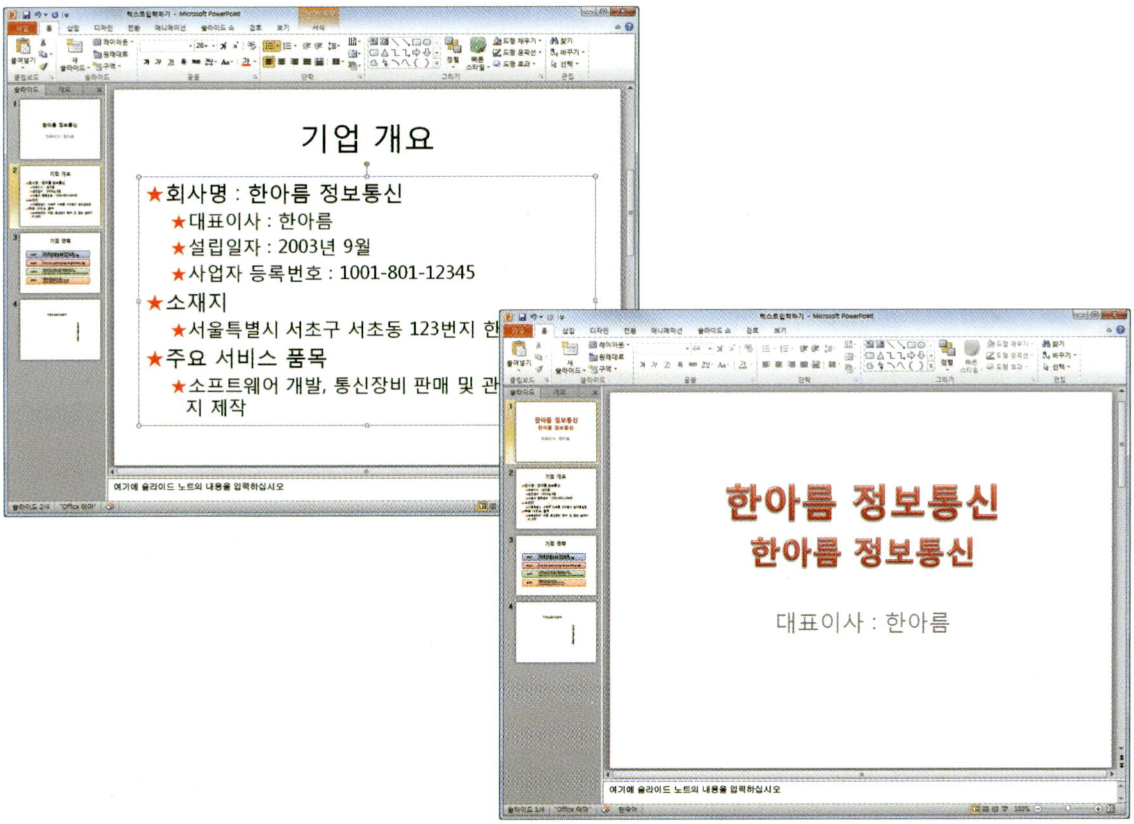

다양한 개체를 이용한 문서 작성

프레젠테이션 자료는 시각적으로 한눈에 파악할 수 있도록 만들어야 한다. 그러나 텍스트만을 이용한 문서 작성은 한계가 있다. 이를 위해 파워포인트 2010에서는 [도형], [차트], [표], [스마트아트], [그림], [클립아트] 기능들을 이용하여 다양한 개체를 삽입하여 품격 있는 문서를 작성할 수 있도록 해 준다.

동적인 슬라이드 작성

발표 시간이 길어지면 청중들은 지루해하고 집중도가 떨어진다. 청중의 흥미를 끌기 위해 살아있는 듯한 동적인 슬라이드를 작성해야 한다. 다양한 개체들에 [애니메이션] 기능을 이용하여 청중의 집중도를 높이는 문서를 작성할 수 있다.

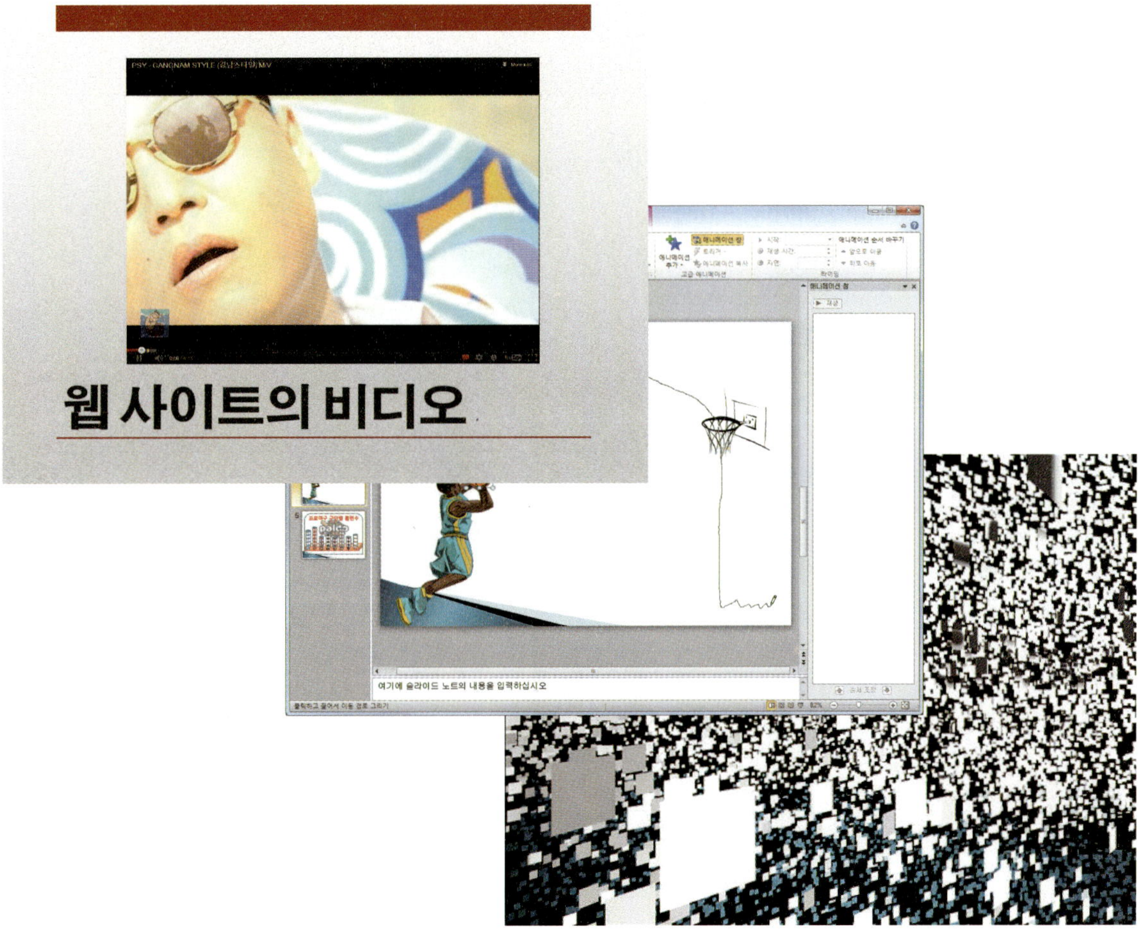

마스터 기능을 이용한 나만의 슬라이드 디자인 서식 작성

파워포인트 2010에서 슬라이드 디자인은 주어진 테마 기능을 사용할 수 있다. 하지만, 누구나 사용하는 테마가 아닌 자신만의 슬라이드 디자인은 청중을 더욱 매료시킬 수 있다. [슬라이드 마스터], [유인물 마스터] 등의 기능을 이용하여 효율적으로 자신만의 슬라이드를 디자인할 수 있다.

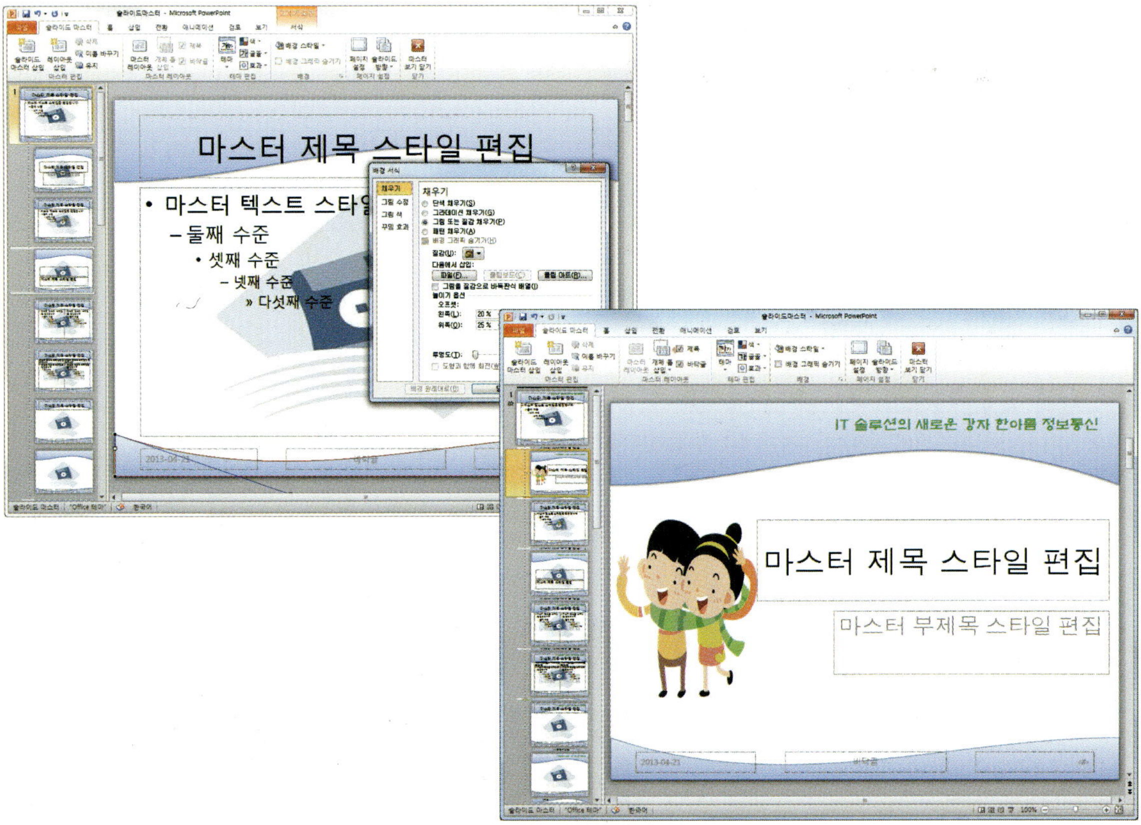

Section 3. 파워포인트 2010 작업화면 한눈에 살펴보기

파워포인트 2010에서 각 작업화면의 명칭과 기능을 살펴보자.

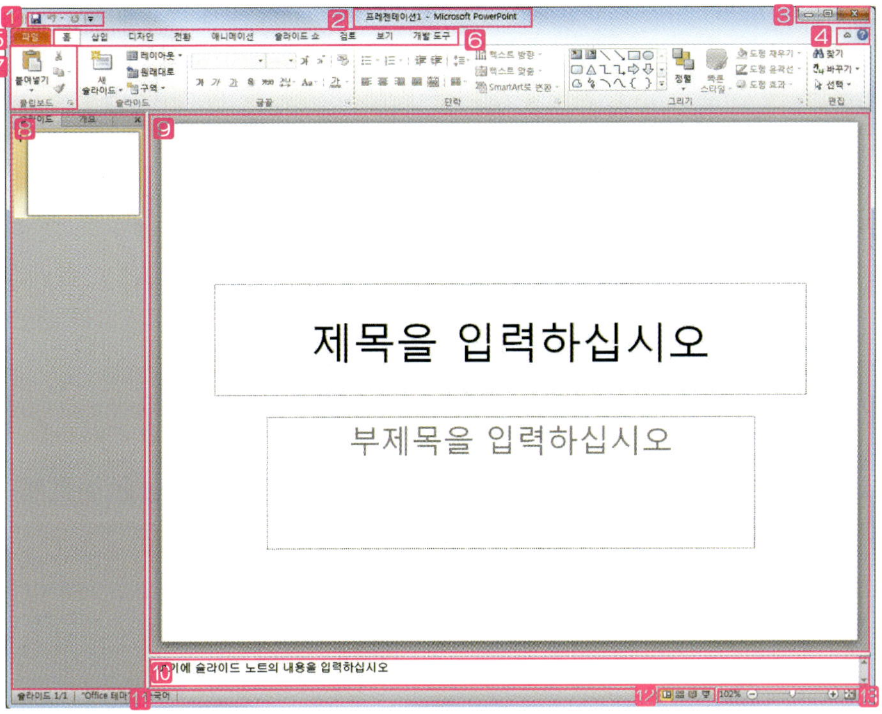

① 빠른 실행 도구 모음

자주 사용하는 기능을 바로 실행시킬 수 있도록 모아 놓은 곳으로 「PowerPoint 옵션」 대화상자에서 사용자의 편의에 따라 기능을 추가 또는 삭제할 수 있다.

② 제목 표시줄

현재 작업 중인 파일명이 표시되는 곳으로 처음 새 프레젠테이션을 열었다면 파일명은 '프레젠테이션 1'이다. 이후 [파일] 탭의 [다른 이름으로 저장]에서 사용자가 원하는 파일명으로 변경할 수 있다.

③ 창 조절 버튼

작업 화면의 크기를 축소하거나 확대할 때 사용하고, 파워포인트 프로그램 종료도 가능하다.

④ 리본 메뉴 확대/축소 버튼과 도움말 실행 버튼

리본 메뉴 확대/축소 버튼은 리본 메뉴를 확대/축소할 때 사용한다. 리본 메뉴를 축소함으로써 작업공간을 확보할 수 있다. 도움말 실행 버튼은 파워포인트에서 사용하고자 하는 기능에 대한 도움말이 필요할 때 사용하고, 단축키 F1 키를 눌러 같은 기능을 수행할 수 있다.

⑤ 파일 탭

문서의 [새로만들기], [저장], [열기] 등의 기능을 제공하고, [옵션]을 이용해서 파워포인트의 환경도 설정할 수 있다. 파워포인트 2007의 [office 단추] 기능과 유사하다.

⑥ 리본

파워포인트의 여러 가지 메뉴와 아이콘을 관련 탭에 그룹별로 기능을 모아놓은 실행 메뉴이다. 탭은 [홈], [삽입], [디자인], [전환], [애니메이션], [슬라이드 쇼], [검토], [보기], [개발 도구]인 기본탭과 상황에 따라 나타나는 상황탭으로 구성된다.

⑦ 그룹

리본은 탭집합이고, 탭은 그룹으로 나누어져 있다. 관련있는 기능을 묶어 놓았으므로 각 기능을 익힐 때 어느 그룹에 소속되어 있는지 확인해두면 기억하기 편하다.

⑧ 슬라이드 및 개요 창

슬라이드 탭은 사용자가 작성한 슬라이드 전체가 작은 사이즈로 표시된다. 이 탭에서는 여러 슬라이드의 선택과 삽입, 삭제, 복사, 복제, 이동이 가능하다. 개요 탭은 각 슬라이드마다 작성된 텍스트 개요를 보여준다.

⑨ 슬라이드 작업 창

실제 문서 편집 작업이 이루어지는 곳이며 간단한 방법으로 [표], [차트], [스마트아트], [그림], [클립아트], [비디오] 등의 삽입이 가능하다.

⑩ 슬라이드 노트 창

현재 슬라이드에 대한 설명 입력이 가능한 공간으로 발표자가 발표의 세부적인 내용을 텍스트로 입력할 수 있다.

⑪ 상태 표시줄

현재 작업 중인 슬라이드 정보가 나타나는 곳으로 선택한 슬라이드 표시, 슬라이드의 테마 이름, 맞춤법 검사, 현재 입력상태 언어 등이 표시된다.

⑫ 슬라이드 작업 창 보기 모드

슬라이드 작업 창의 보기를 바로 갈 수 있는 모드로 왼쪽부터 '기본', '여러 슬라이드', '읽기용 보기', '슬라이드 쇼'로 구분된다.

⑬ 화면 확대/축소

작업 영역의 크기를 %로 표시하고, 확대하거나 축소할 때 [확대/축소] 슬라이더를 사용한다. 또한 슬라이드를 현재 창 크기에 맞출 수 있는 바로가기 아이콘이 표시된다.

Section 4. 파워포인트 2010 리본 살펴보기

파워포인트 2010에서는 기존 메뉴와 도구 모음, 작업 창을 대체하는 새로운 사용자 인터페이스인 리본을 도입했다. 텍스트가 아닌 아이콘 형식 메뉴라 더 쉽게 명령을 실행할 수 있고, 탭 형식으로 배치되어 더 빠르게 명령을 찾을 수 있다.

8가지 기본 리본 탭

파워포인트 2010에서 자주 사용하는 명령은 리본 메뉴에 표시된다. 리본 메뉴는 [홈], [삽입], [디자인], [전환], [애니메이션], [슬라이드 쇼], [검토], [보기]의 8가지 기본 탭과 [개발도구] 탭으로 구성되어 있다. 각 탭을 클릭하면 작업 내용에 따라 실행할 수 있는 아이콘과 레이블로 표시된 명령 버튼이 나타나고, 명령 버튼은 기능별 그룹으로 나타난다.

① 홈

슬라이드를 삽입하거나 레이아웃을 변경하거나 입력한 데이터에 대하여 글꼴, 맞춤 등을 설정하기 위한 명령 도구 등이 있으며 파워포인트에서 가장 기본적인 탭이다.

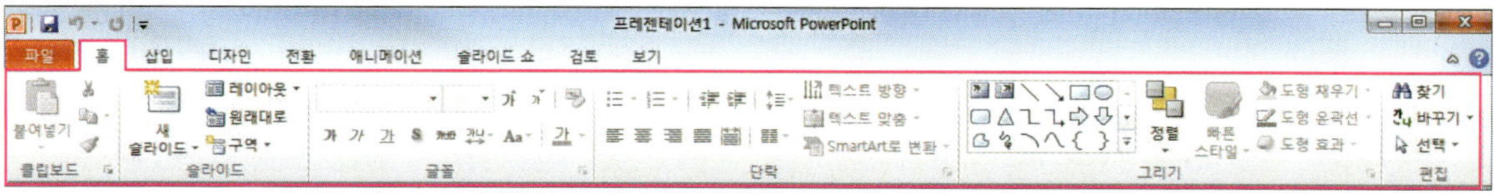

② 삽입

표, 그림, 클립아트, 도형, 스마트아트와 차트 등을 삽입할 수 있는 탭으로 슬라이드를 보다 시각적으로 만드는 데 주로 사용된다.

③ 디자인

슬라이드의 전반적인 디자인과 배경, 색상 등의 기능을 모아놓은 탭으로 주로 테마를 변경하거나 배경을 넣을 때 사용한다.

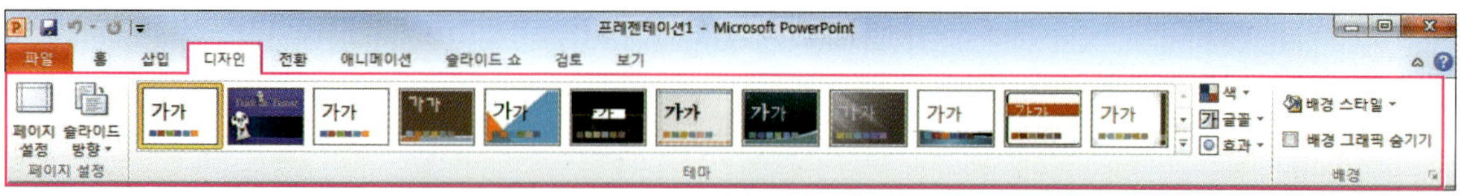

④ 전환

슬라이드 쇼를 할 때 화면 전환 효과를 넣을 수 있는 탭이다. 2010에서는 효과옵션 기능을 이용해서 보다 다양한 효과를 설정할 수 있다.

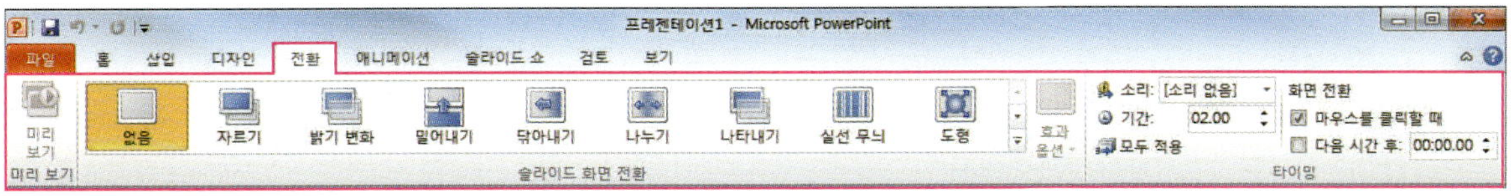

⑤ 애니메이션

애니메이션을 지정하거나 애니메이션 효과를 수정할 때 사용된다. 특히 트리거 기능을 이용하면 상황에 맞는 애니메이션 효과를 실행시킬 수 있다.

⑥ 슬라이드 쇼

작성된 문서를 프레젠테이션하는 것과 관련된 기능들이 모여 있는 탭으로 예행연습, 슬라이드 쇼 설정과 슬라이드 숨기기 기능 등이 제공된다.

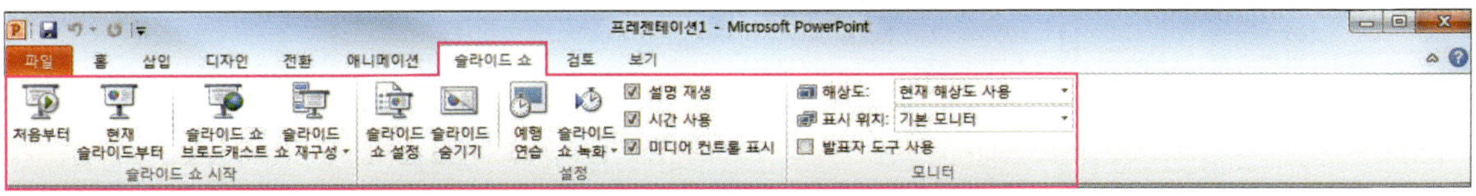

⑦ 검토

작성된 파일의 맞춤법을 검사하고 여러 가지 메모, 문서의 보호와 관련된 기능들이 모여 있는 탭이다.

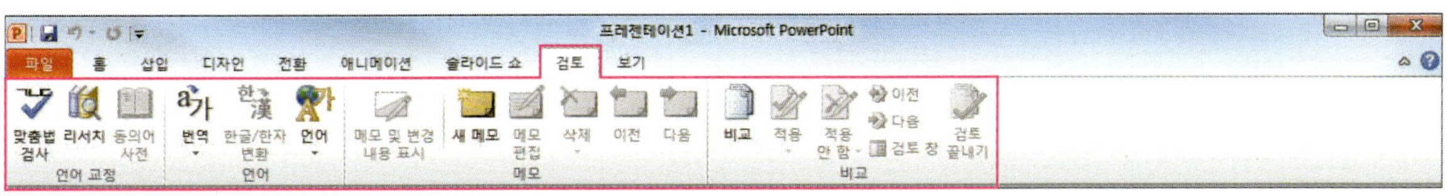

⑧ 보기

파워포인트에서 슬라이드나 각 창들을 보는 방법과 관련된 기능들이 모여 있는 탭이다.

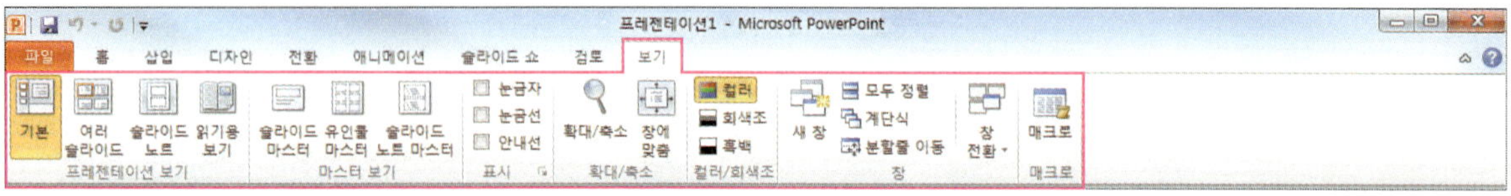

상황 탭

파워포인트 2010에서 자주 사용하는 명령은 일반 탭에 표시된다. 하지만 사용자가 작업하는 상황에 따라 나타나는 탭이 있다. 이것을 상황 탭이라 부르는데, 상황 탭은 사용자가 작업하는 상황에 필요한 명령 모음이 나타나기도 하고 사라지기도 한다. 표, 차트, 그림, 도형, 스마트아트 등을 선택하였을 때 나타나는 [표 도구], [차트 도구], [그림 도구], [그리기 도구], [SmartArt 도구] 탭 등이 있다. 다음 그림은 [SmartArt 도구]에 관한 예이다. 스마트아트를 선택했을 때 스마트아트 편집에 적용되는 기능이다.

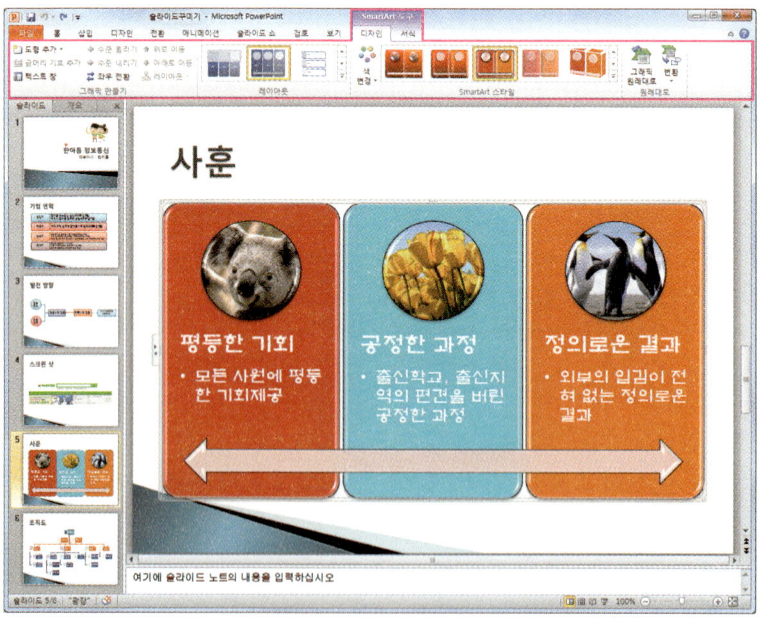

Section 5. 파워포인트 2010 사용자 환경 설정하기

파워포인트에서 작업을 효율적으로 진행하기 위해서는 사용자가 작업하기 편한 상태로 환경을 꾸미는 것이 중요하다. 빠른 실행도구 모음과 리본 메뉴를 사용자에 맞게 설정해 보자.

빠른 실행 도구모음 편집하기

'빠른 실행 도구 모음'은 사용자가 자주 사용하는 기능들을 언제든지 한번에 실행할 수 있도록 모아 놓은 장소를 말한다. 빠른 실행 도구 모음에 '복사' 기능을 추가해 보자.

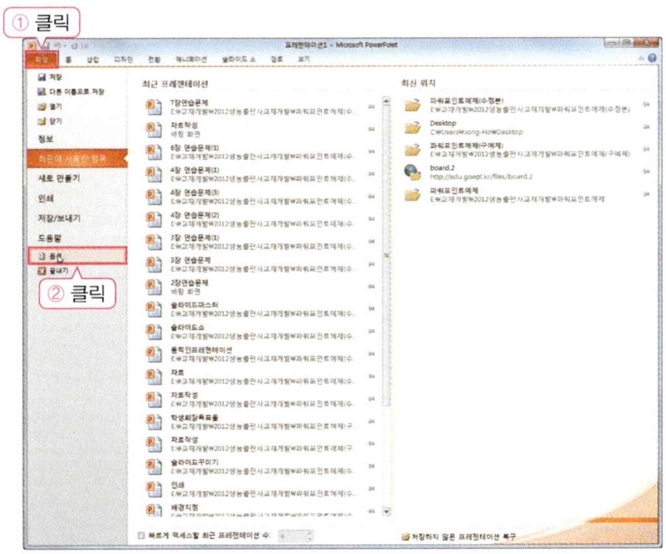

1. ① [파일] 탭의 ② [옵션]을 클릭한다.

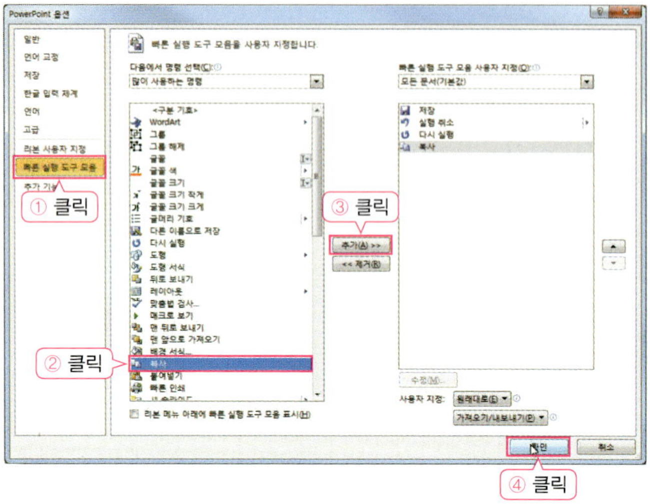

2. 「PowerPoint 옵션」 대화상자에서 ① [빠른 실행 도구 모음] 선으로 연결하고, ② [복사]를 클릭하고, ③ [추가]를 누른 다음 ④ [확인]을 클릭한다.

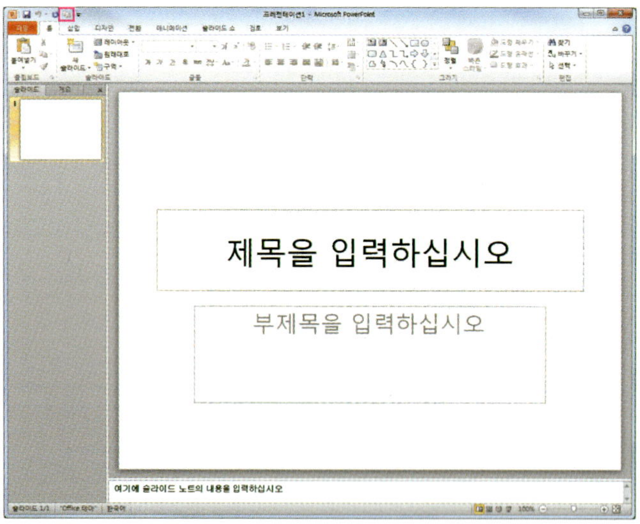

3. 그림과 같이 [복사] 기능이 빠른 실행 도구 모음에 추가되었다.

사용자 지정 리본 탭 만들기

파워포인트 2010 버전에서는 사용자가 직접 리본 메뉴를 편집할 수 있다. 자주 사용하는 기능들을 하나의 탭으로 묶어서 편리하게 사용할 수 있다.

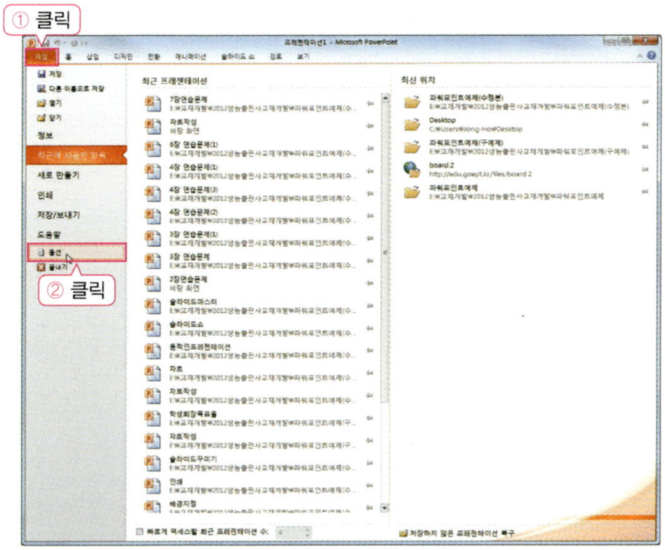

1. ① [파일] 탭의 ② [옵션]을 클릭한다.

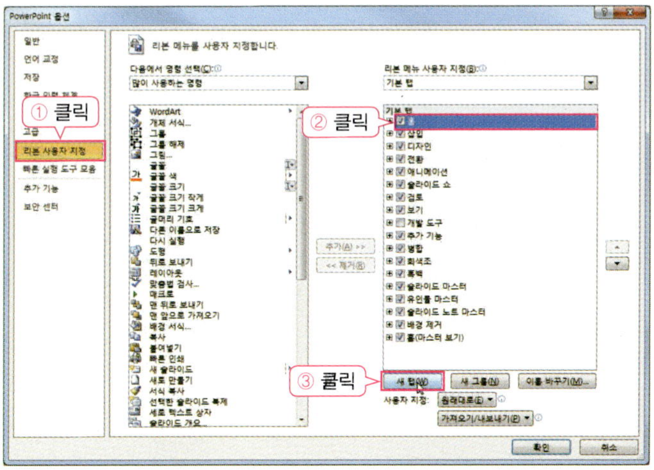

2. 「PowerPoint 옵션」 대화상자에서 ① [리본 사용자 지정]을 클릭하고, ② 추가할 위치를 선택한 후 ③ [새 탭]을 클릭한다.

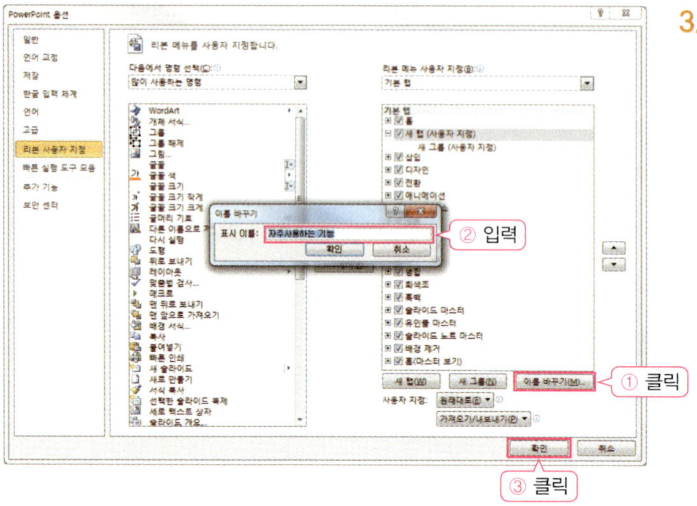

3. 그림과 같이 새로운 리본 탭이 생성된다. 탭의 이름을 바꾸려면 ① [이름 바꾸기]를 클릭하고, 「이름 바꾸기」 대화상자에서 ② 이름을 입력한 후 ③ [확인]을 클릭한다.

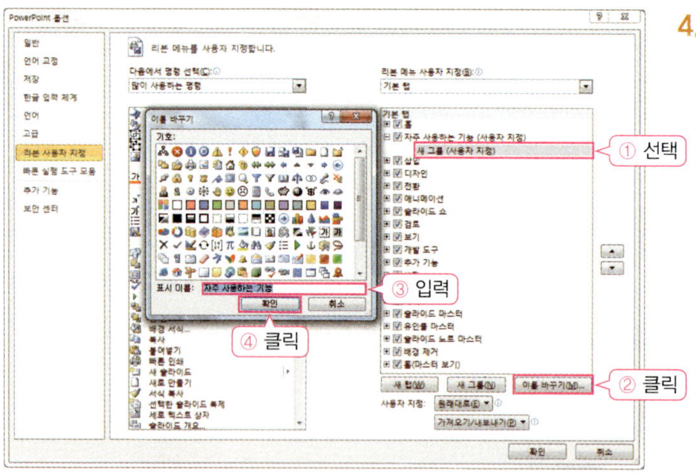

4. 그룹의 이름을 바꾸려면, ① 바꿀 그룹을 클릭한 후 ② [이름 바꾸기]를 클릭한다. 「이름 바꾸기」 대화상자에서 ③ 그룹의 이름을 지정한 후 ④ [확인]을 클릭한다. 그룹의 추가도 탭의 추가와 동일한 방법으로 추가할 수 있다.

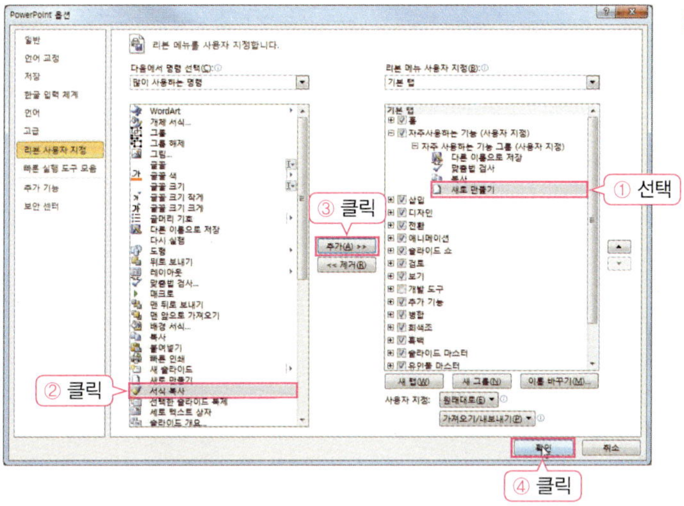

5. 그룹에 기능을 추가하려면 ① 추가된 그룹을 클릭하고, ② 추가할 기능들을 선택한 후 ③ [추가]를 클릭한 다음 ④ [확인]을 클릭한다.

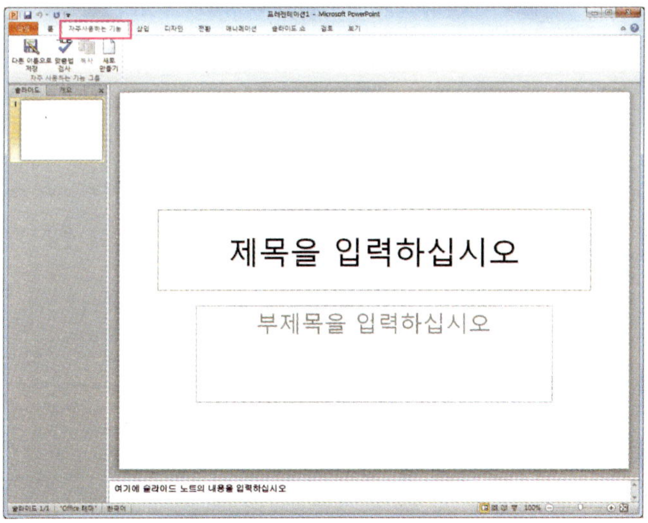

6. 그림과 같이 새로운 리본 탭이 추가되었다.

02 CHAPTER

기본적인 슬라이드 만들기

Section 1. 새 프레젠테이션 만들기

Section 2. 파워포인트 초보를 위한 새 프레젠테이션 만들기

Section 3. 프레젠테이션 저장하기

Section 4. 슬라이드 관리하기

02 CHAPTER

기본적인 슬라이드 만들기

파워포인트 프로그램을 처음 접하면서 어떻게 시작해야 할지 몰라서 고민하고 있다면 그런 고민은 이제 확 던져버리자. 이번 장을 마치고 나면 그런 고민은 확 날아가 버릴 것이다.

Section 1. 새 프레젠테이션 만들기

새 프레젠테이션을 만들 때에는 [빠른 실행 도구 모음]의 새로 만들기를 이용하거나, [파일] 탭의 [새로 만들기]를 이용하면 된다. 이때는 별도의 서식 지정 없이 기본적인 서식만 적용된 빈 슬라이드가 추가된다.

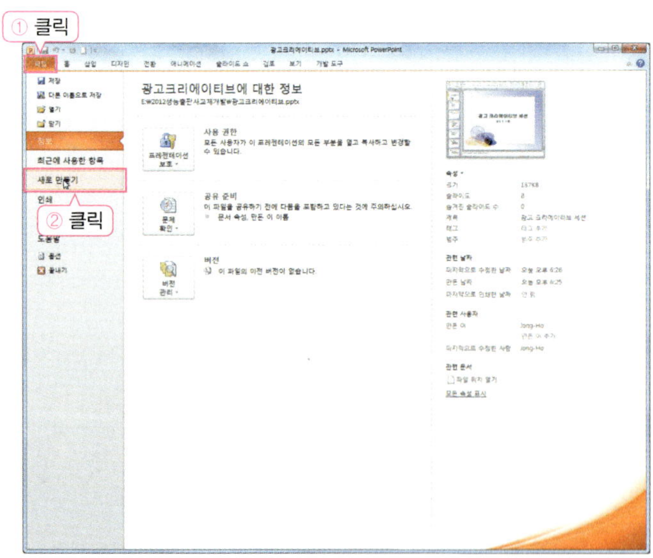

1. 파워포인트 프로그램이 열려있는 상태에서 ① [파일] 탭의 ② [새로 만들기]를 클릭한다.

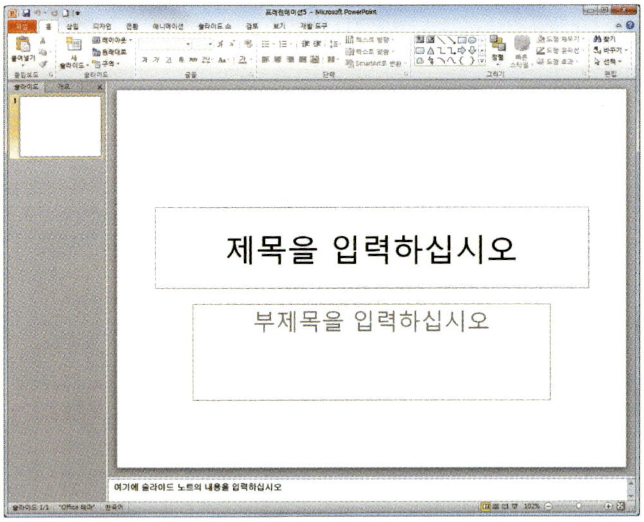

2. 흰색 바탕에 기본 서식이 적용된 프레젠테이션이 만들어진다.

Section 2. 파워포인트 초보를 위한 새 프레젠테이션 만들기

만약에 우리가 파워포인트에 대해서 전혀 알지 못하는 파워포인트 초보자라면 서식 파일과 마이크로소프트 오피스 온라인에서 제공하는 프레젠테이션 서식을 이용해서 멋진 발표 자료를 만들 수 있다.

서식 파일을 이용한 새 프레젠테이션 만들기

1. 파워포인트가 열려 있는 상태에서 ① [파일] 탭의 ② [새로 만들기]-③ [예제 서식 파일]을 클릭한다.

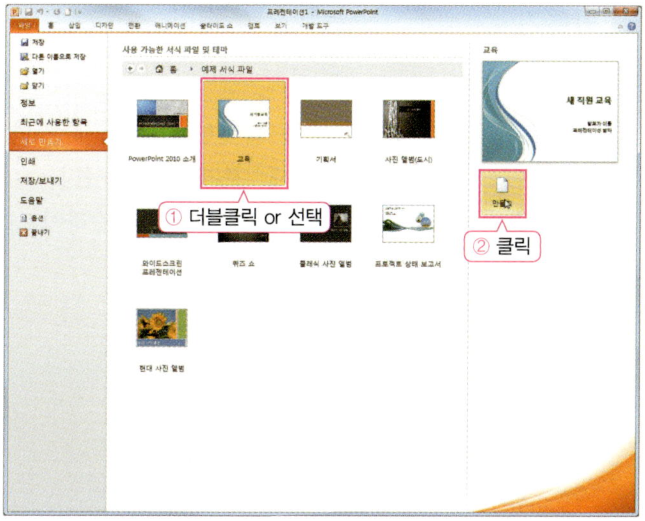

2. 사용 가능한 서식파일이 나타나고 원하는 서식파일을 ① 더블클릭하거나 ② [선택] 후 [만들기]를 클릭한다.

3. 그냥 빈 프레젠테이션 파일이 아닌 새로운 서식 파일이 열릴 것이다. 각 슬라이드에 어떤 내용을 넣어야 할지 제시되어 있기 때문에 필요한 내용만 삽입하여 작성한다.

온라인 서식 파일을 이용한 새 프레젠테이션 만들기

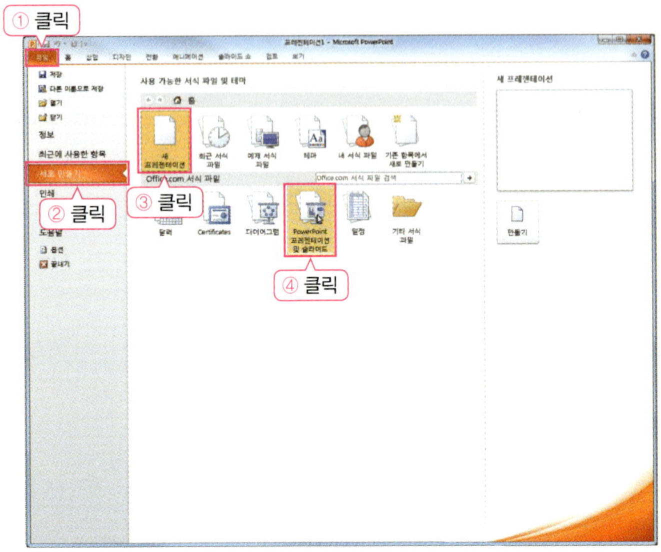

1. ① [파일] 탭을 클릭한 후 ② [새로 만들기] – ③ [새 프레젠테이션] – ④ [PowerPoint 프레젠테이션 및 슬라이드]를 클릭한다.

2. 여러 개의 서식 파일 폴더들이 주제별로 나타난다. 여기에서 ① [학술 프레젠테이션]을 클릭한다.

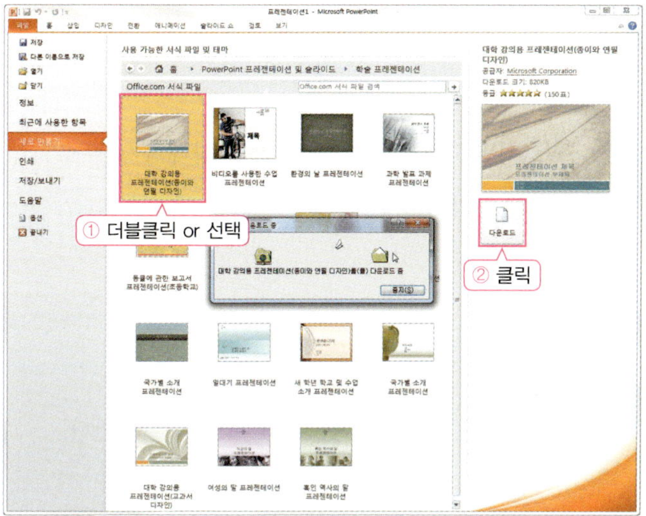

3. 선택한 주제에 해당하는 여러 프레젠테이션들이 나타난다. 여기에서 ① [대학 강의용…]을 더블클릭하거나 클릭하고 ② [다운로드]를 클릭하면 서식파일을 다운로드 받게 된다.

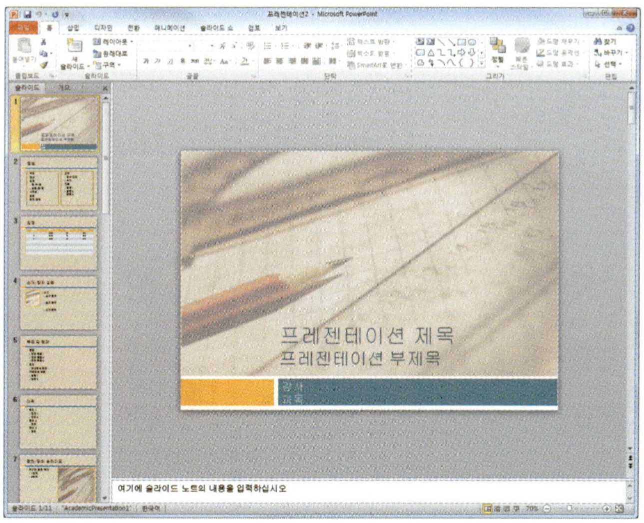

4. 새로운 서식파일 창이 열리고 필요한 내용만 추가하면 멋진 슬라이드가 완성된다.

Section 3. 프레젠테이션 저장하기

파워포인트뿐만 아니고 워드나 엑셀 작업 시에 누구나 한번쯤은 저장을 하지 않은 상태에서 프로그램이 종료되어서 난감했던 경험이 있었을 것이다. 그만큼 문서의 저장은 중요하다.

프레젠테이션 저장하기

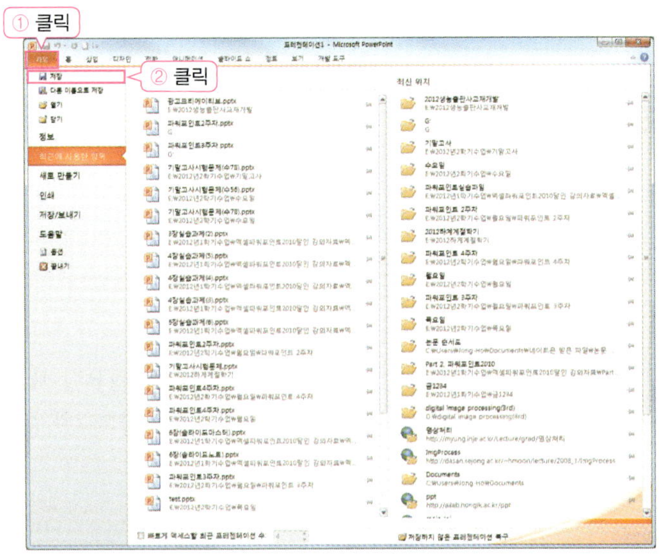

1. ① [파일] 탭의 ② [저장]을 클릭한다.

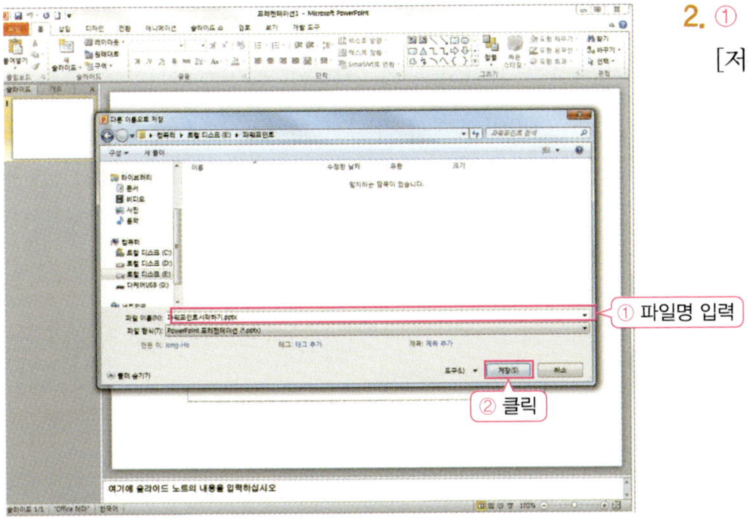

2. ① 저장할 위치와 파일명을 결정하고 ② [저장]을 클릭한다.

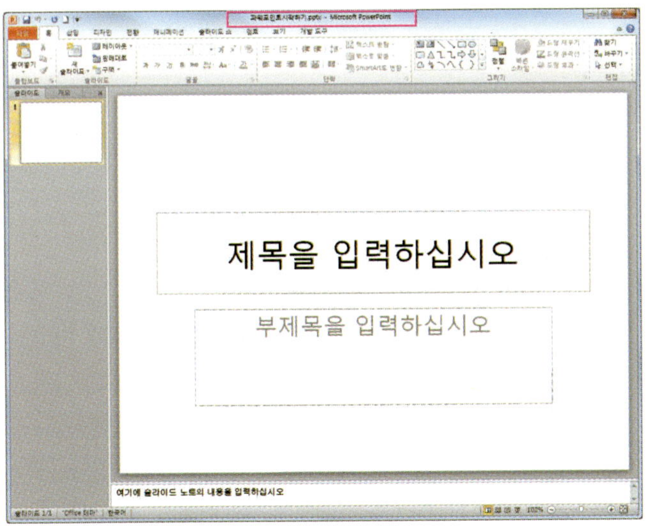

3. 제목 표시줄의 제목이 '프레젠테이션1'에서 지정해준 파일이름으로 바뀐다.

파워포인트 2003 이전 버전으로 프레젠테이션 저장하기

요즘 대부분의 PC에는 파워포인트 2007이나 2010이 설치되어 있다. 하지만 아직도 일부 PC에는 파워포인트 2003이나 그 이전 버전이 설치되어 있다. 2003버전에서 작업한 문서를 2010에서 열어서 프레젠테이션하는 것은 문제가 없지만, 반대의 경우에는 문제가 발생한다. 이를 위해서 저장시에 2003 버전으로도 저장하는 것이 필요하다.

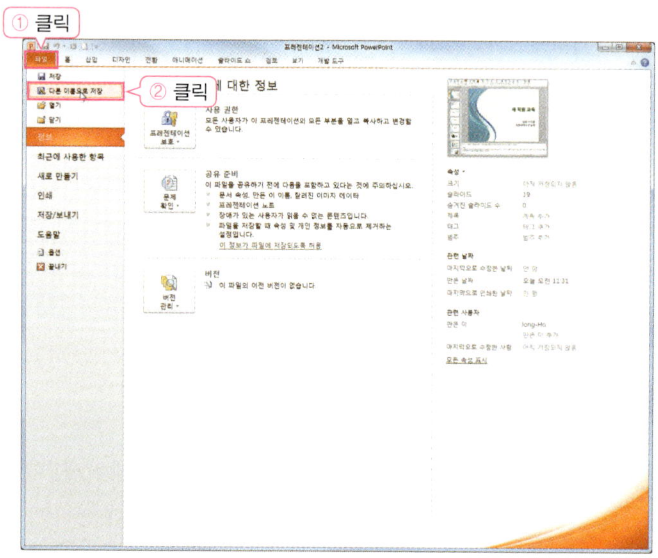

1. ① [파일]-② [다른 이름으로 저장]을 클릭한다.

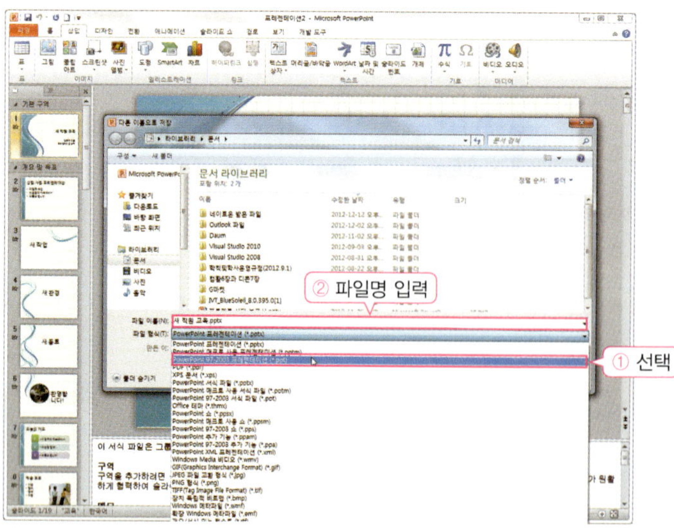

2. ① [파일형식 : PowerPoint 97…]을 선택하고, ② 파일이름을 정한다. 이때 확장자가 '.ppt'가 됨으로 2010과 동일한 이름을 사용해도 관계없다. 기존 파일이름과 구분하기 위해서 파일이름 뒤에 '(2003)'이라고 표시해주는 것도 좋을 듯하다. 문서이름을 지정했으면 [저장]을 클릭한다.

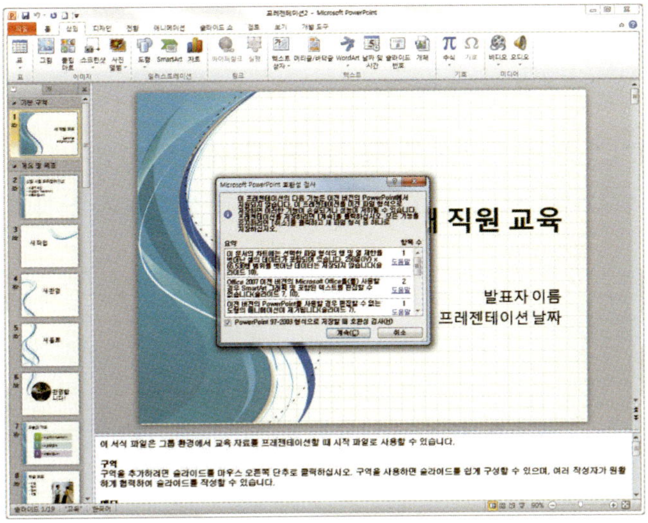

3. 자동으로 호환성 검사를 실시하고, 이때 'SmartArt' 등 2003 버전에서 없었던 기능의 경우 그림형식으로 저장되어서 더 이상 편집할 수 없게 된다.

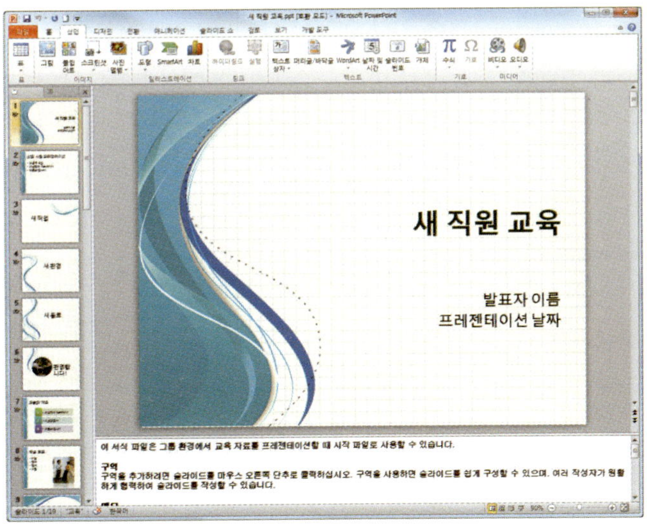

4. 파워포인트 2003 버전에 맞게 저장되고, 제목 표시줄에 '호환 모드'라고 표시된다.

Section 4. 슬라이드 관리하기

파워포인트를 실행하면 기본적으로 제목 슬라이드 한 장으로 이루어진 빈 프레젠테이션 화면이 나타난다. 여기에 작업 상황에 맞게 새로운 슬라이드를 추가하고, 필요 없는 슬라이드를 삭제하고, 상황에 따라 레이아웃을 변경할 수 있다.

새 슬라이드 추가하기

프레젠테이션을 만들기 위해서는 여러 장의 슬라이드가 필요하다. 새로운 프레젠테이션을 만들었을 때 나타나는 제목 슬라이드 외에 새로운 슬라이드를 추가하는 방법을 알아보자.

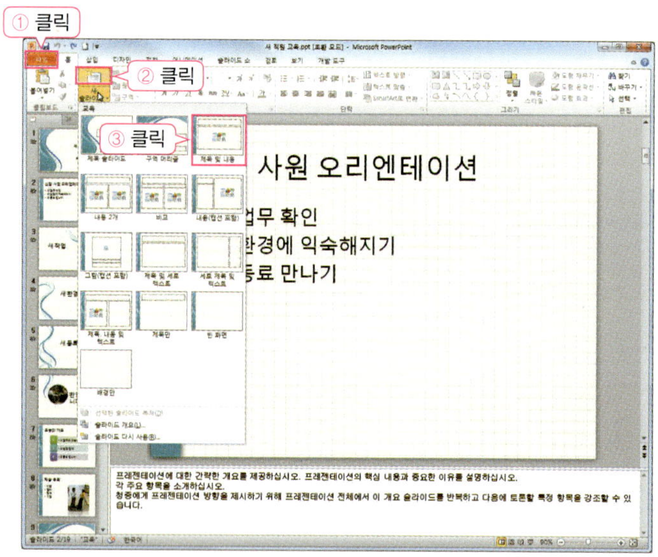

1. ① [홈] 탭의 [슬라이드] 그룹에서 ② [새 슬라이드]를 클릭하거나, ③ [새 슬라이드] 확장 버튼을 클릭해서 콘텐츠에 필요한 레이아웃을 가진 슬라이드를 삽입할 수 있다.

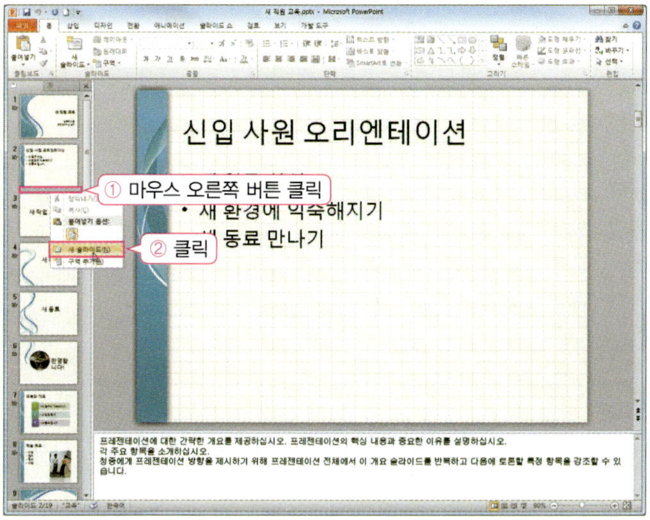

2. 왼쪽 슬라이드 개요 창의 [슬라이드] 탭에서 ① 마우스 오른쪽 버튼을 클릭한 후, ② [새 슬라이드]를 클릭한다.

또 다른 방법으로는 키보드에서 단축키 Ctrl+M키를 누르거나, 슬라이드를 선택하고 Enter↵키를 클릭해도 새로운 슬라이드가 삽입된다.

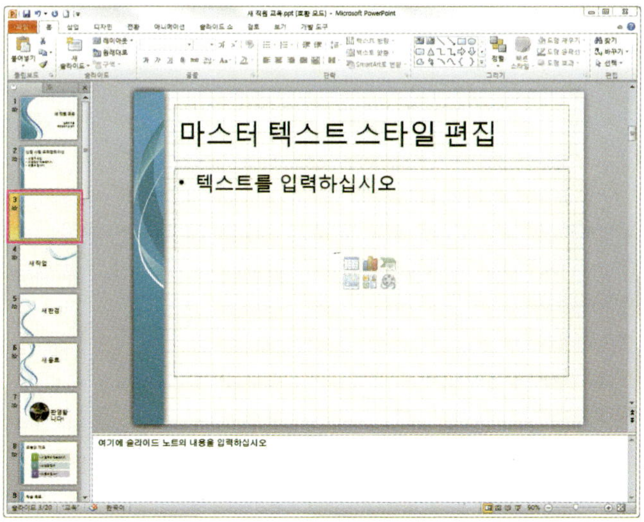

3. 그림과 같이 새로운 슬라이드가 삽입된다.

슬라이드 레이아웃 변경하기

프레젠테이션에 새로운 슬라이드를 추가하면 기본적으로 '제목 및 내용' 레이아웃이 적용된다. 이 기본 레이아웃을 슬라이드 내용에 맞게 다른 레이아웃으로 변경할 수 있다.

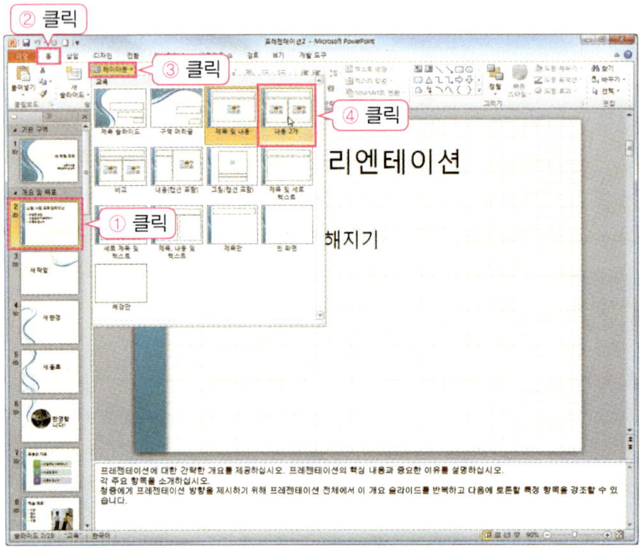

1. 왼쪽 슬라이드 개요창의 [슬라이드] 탭에서 기본 레이아웃이 적용된 ① 2번째 슬라이드를 클릭한 다음 ② [홈] 탭의 [슬라이드] 그룹에서 ③ [레이아웃]을 클릭한 다음 ④ '콘텐츠 2개'를 클릭한다.

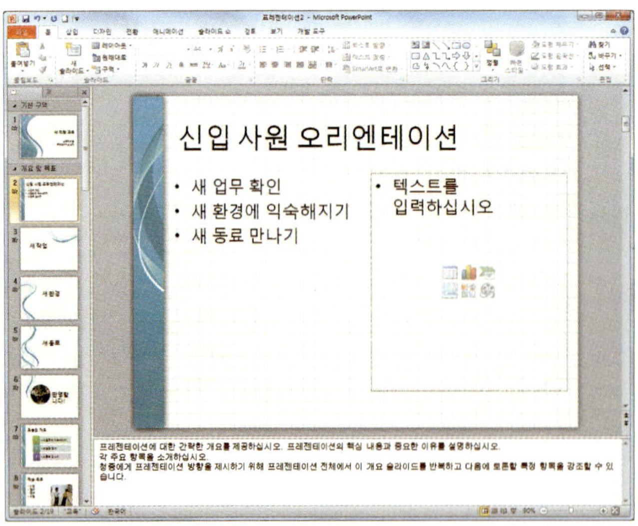

2. 하나의 제목에 2개의 콘텐츠가 배치된 레이아웃으로 변경되었다.

슬라이드 다루기

프레젠테이션 작업 시 슬라이드 양은 정해져 있지 않다. 상황에 따라 추가하거나 삭제할 필요도 있고, 상황에 따라 이전 슬라이드를 복사해서 쓰기도 한다. 슬라이드 삽입, 삭제, 복사, 복제, 붙여넣기에 대해서 살펴보자.

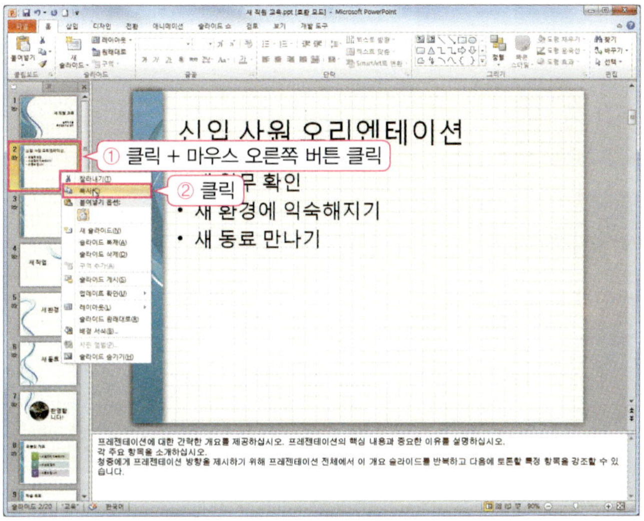

슬라이드 복사

1. 복사할 슬라이드인 ① 2번째 슬라이드를 클릭하고, ② 마우스 오른쪽 버튼을 누른 다음 [복사]를 클릭한다.

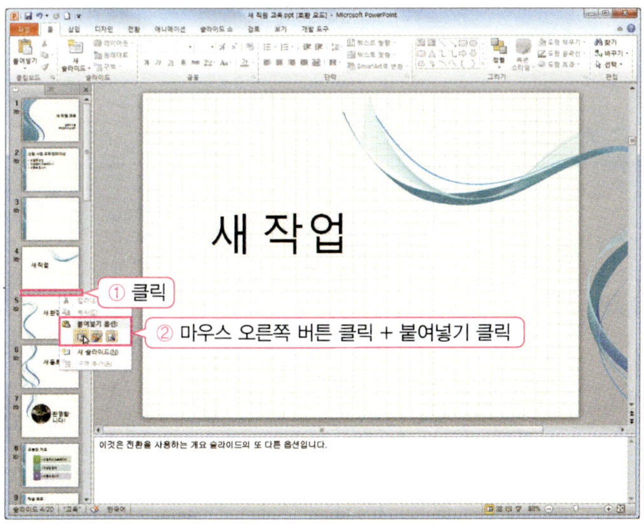

2. 붙여넣기할 부분인 ① 4번째 슬라이드 뒷부분을 클릭한 다음 ② 마우스 오른쪽 버튼을 누르고 [붙여넣기]를 클릭한다. 이때 [붙여넣기 옵션]에서 대상 테마를 사용할지, 원본 서식을 유지할지, 그림으로 붙여넣을지를 결정할 수 있다.

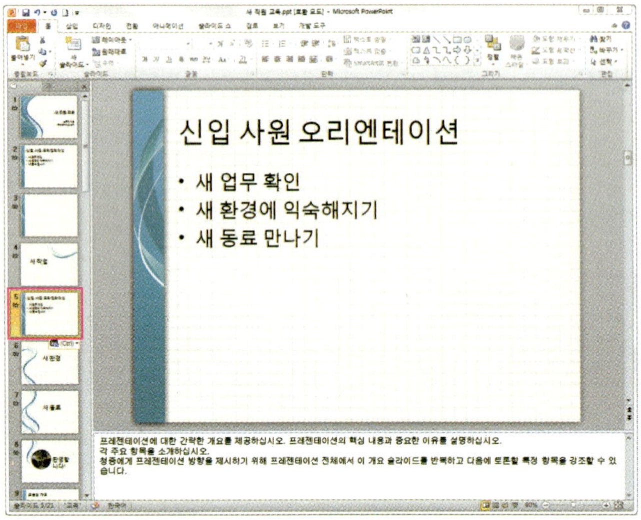

3. 그림과 같이 4번째 슬라이드 뒤에 복사된 슬라이드가 삽입된다.

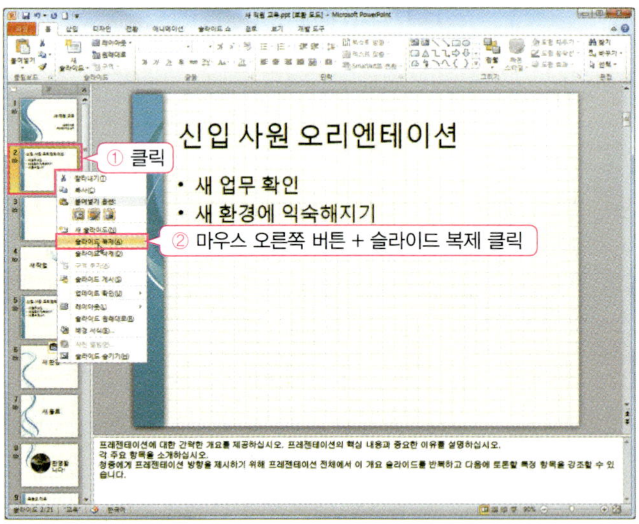

슬라이드 복제

1. 슬라이드 복제는 복사한 슬라이드 바로 다음에 붙여넣기까지 같이 되는 기능이다. ① 복제할 슬라이드를 클릭한 다음 ② 마우스 오른쪽 버튼을 누르고 [슬라이드 복제]를 클릭한다.

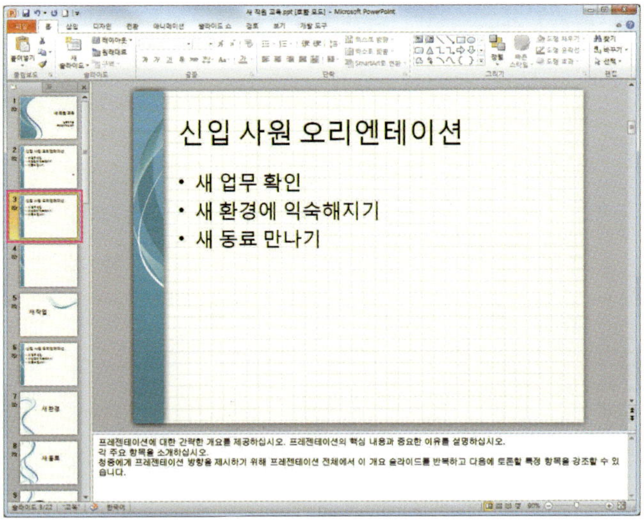

2. 그림과 같이 2번째 슬라이드 바로 다음에 2번째 슬라이드가 복제되었다.

슬라이드 삭제

1. ① 삭제할 슬라이드를 선택하고 Delete 키를 눌러 주거나 ② 마우스 오른쪽 버튼을 누르고 ③ [슬라이드 삭제]를 클릭하면 된다.

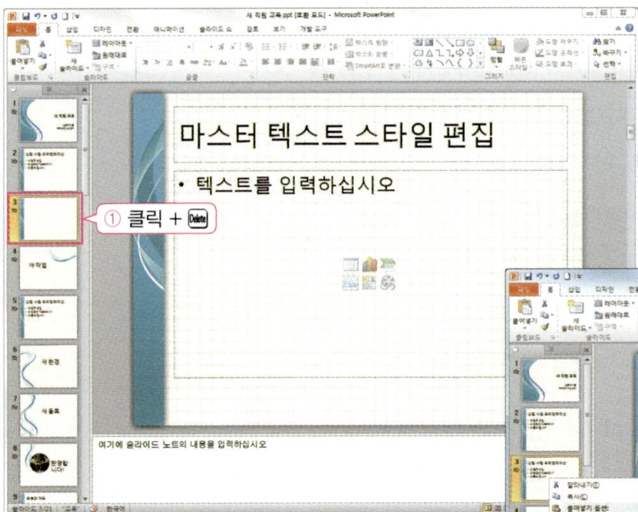

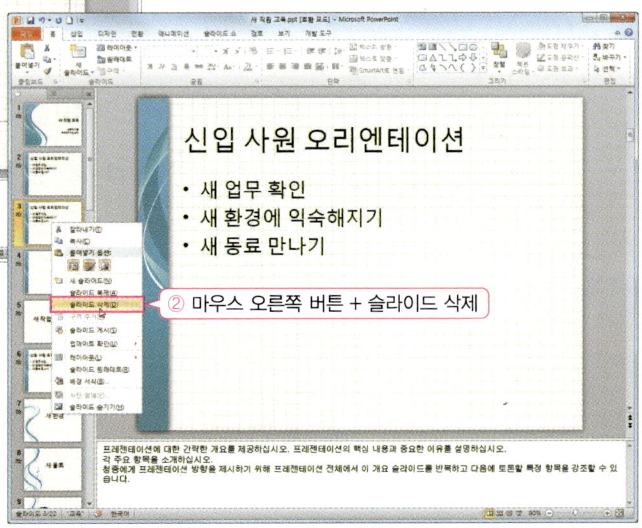

연습문제

EXERCISE

연습문제 ❶

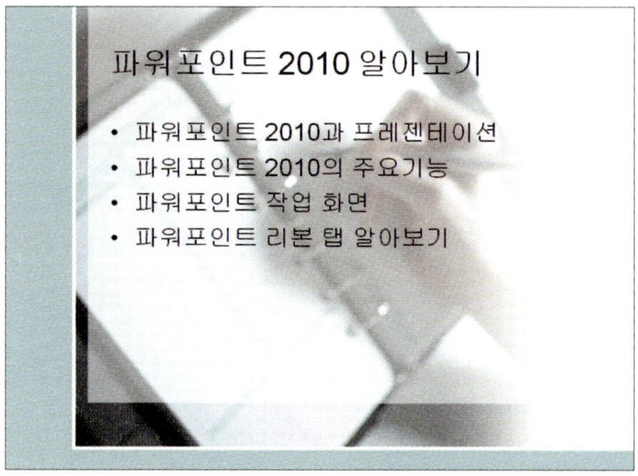

1 [파일]탭의 [새로 만들기]–[Office.com 서식 파일]–[PowerPoint 프레젠테이션 및 슬라이드]–[디자인 슬라이드]–[비지니스]에서 [필기 모습 디자인 서식 파일]을 다운로드하시오.

2 새로운 슬라이드를 삽입하고 그림과 같이 내용을 입력하시오.

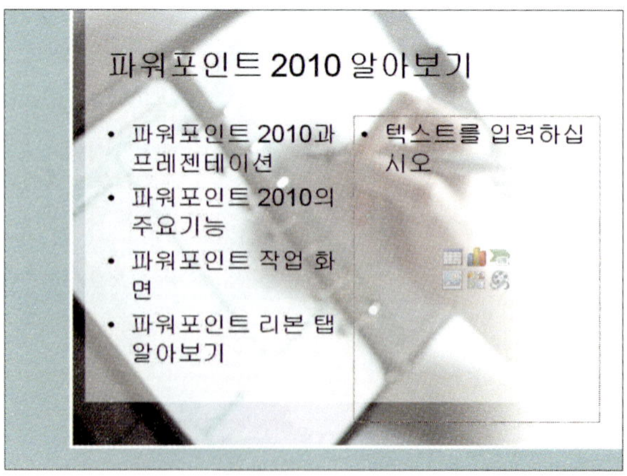

3 두 번째 슬라이드를 복제해서 세 번째 슬라이드를 만들고, [홈] 탭의 [슬라이드] 그룹에서 [레이아웃]을 클릭해서, 그림과 같이 [콘텐츠 2개] 슬라이드로 레이아웃을 변경하시오.

4 [파일] 탭의 [다른 이름으로 저장]에서 파워포인트 2003에서도 작업을 할 수 있도록 저장하시오.

03 CHAPTER

텍스트 기반 슬라이드 만들기

Section 1. 텍스트 입력과 편집하기

Section 2. 워드아트로 텍스트 꾸미기

Section 3. 슬라이드 테마와 배경 적용하기

CHAPTER 03

텍스트 기반 슬라이드 만들기

텍스트 슬라이드는 파워포인트를 처음 접하는 초보자도 쉽고 간단하게 만들 수 있다. 같은 텍스트라 하더라도 서식을 어떻게 적용시키느냐에 따라 내용을 더욱 강조하여 전달할 수 있다. 이 장에서는 텍스트를 삽입하고, 꾸미고, 배치하는 방법에 대해서 알아보자.

Section 1. 텍스트 입력과 편집하기

파워포인트에서 텍스트 삽입은 먼저 개체 틀, 글상자, 도형 등을 이용해서 텍스트가 입력될 공간을 먼저 만들어야 한다.

텍스트 입력하기

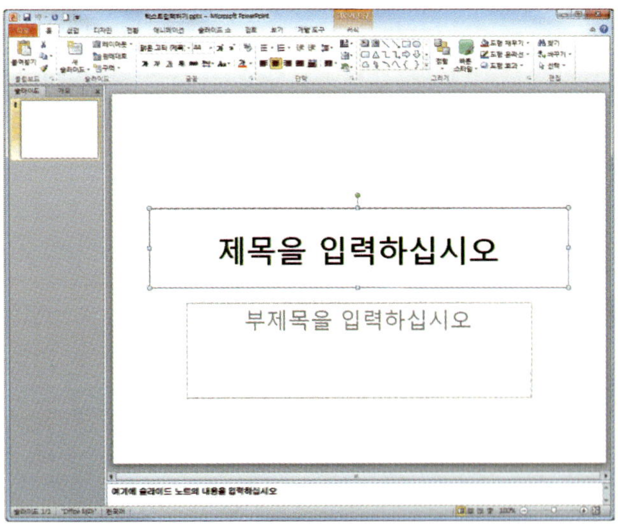

1. 새 프레젠테이션의 첫 슬라이드는 대부분 제목 슬라이드이다. 이 제목 슬라이드는 텍스트를 입력하기 위한 개체 틀로 되어 있다. 개체 틀에 내용을 입력하려면 개체 틀을 클릭한 다음 입력하면 된다. 개체 틀이 점선으로 이루어져 있는 경우 텍스트 입력이 가능한 모드이다.

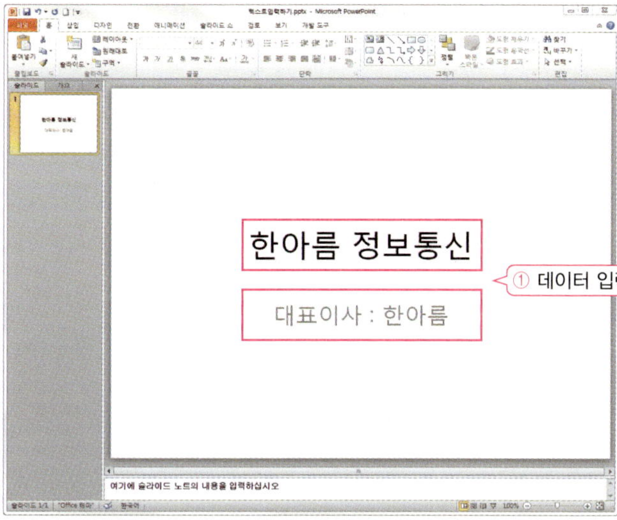

2. 개체 틀에 ① "한아름 정보통신", "대표이사 : 한아름"을 입력한다.

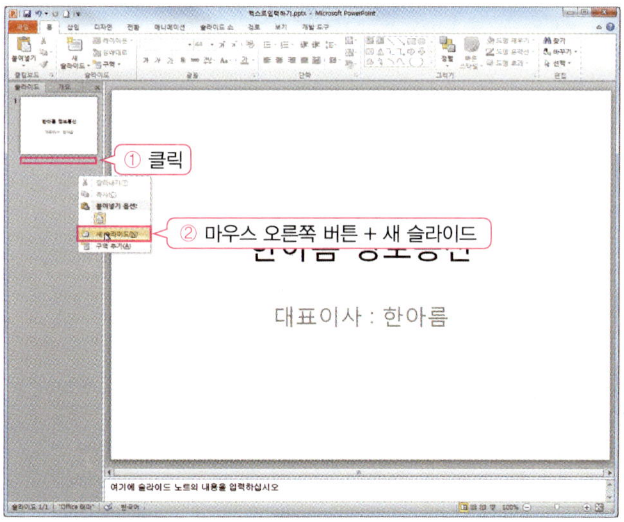

3. 본문 내용을 입력할 슬라이드를 삽입하기 위해 ① 삽입할 부분을 클릭하고 ② 마우스 오른쪽 버튼을 누르고 [새 슬라이드]를 클릭한다.

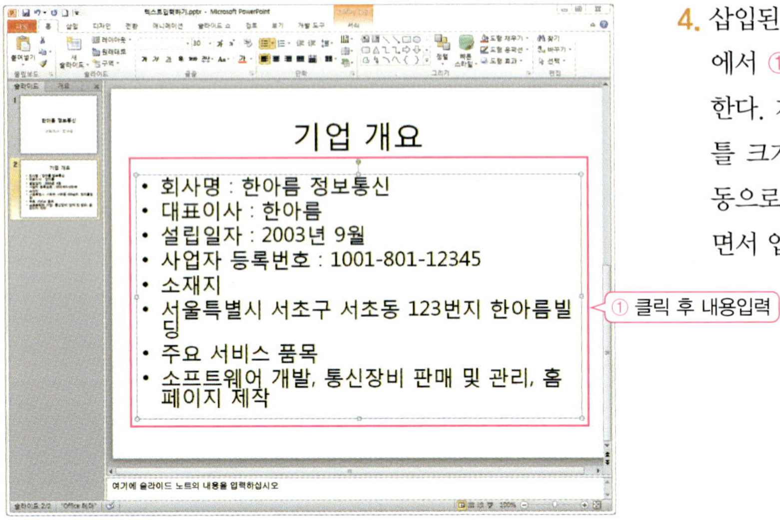

4. 삽입된 '제목 및 내용' 레이아웃 슬라이드에서 ① 개체 틀을 클릭하고 내용을 입력한다. 개체 틀에 텍스트를 입력할 때 개체 틀 크기보다 많은 텍스트가 입력되면 자동으로 텍스트의 크기는 조정되어 작아지면서 입력된다.

도형에 텍스트 입력하기

오피스 프로그램에서는 도형 삽입 후 클릭한 다음 바로 텍스트를 입력하면 도형 위에 텍스트가 입력된다. 또한 Enter↵ 키를 누른 후 텍스트 입력모드에서 텍스트를 입력할 수 있다.

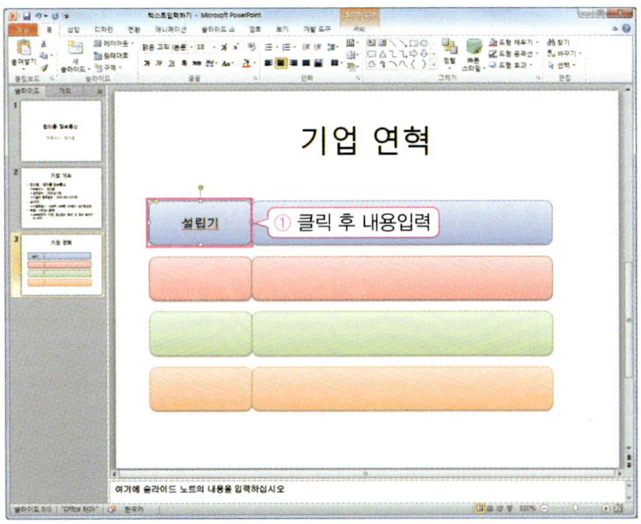

1. ① 입력할 도형을 클릭한 다음 내용을 입력한다. 나머지 도형에도 동일한 방법으로 텍스트를 입력할 수 있다.

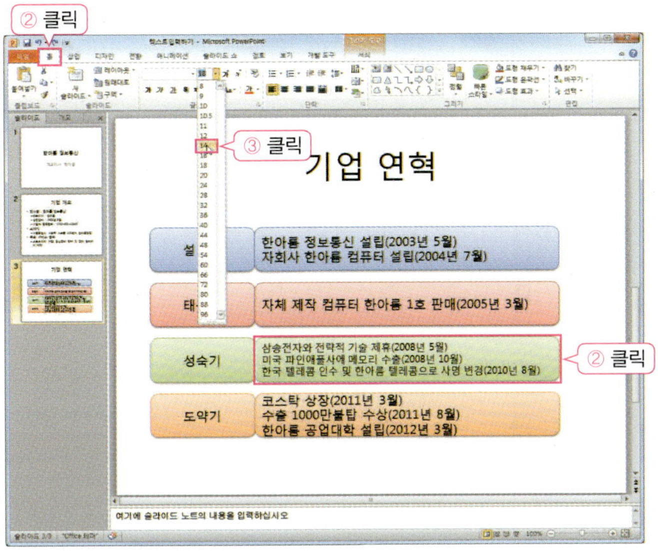

2. 텍스트 내용을 입력하고 나면 기본 글꼴 크기 텍스트가 입력된다. 텍스트 크기를 조정할 경우, ① 도형을 클릭한 다음 ② [홈] 탭의 [글꼴] 그룹에서 ③ 글자 크기를 수정한다.

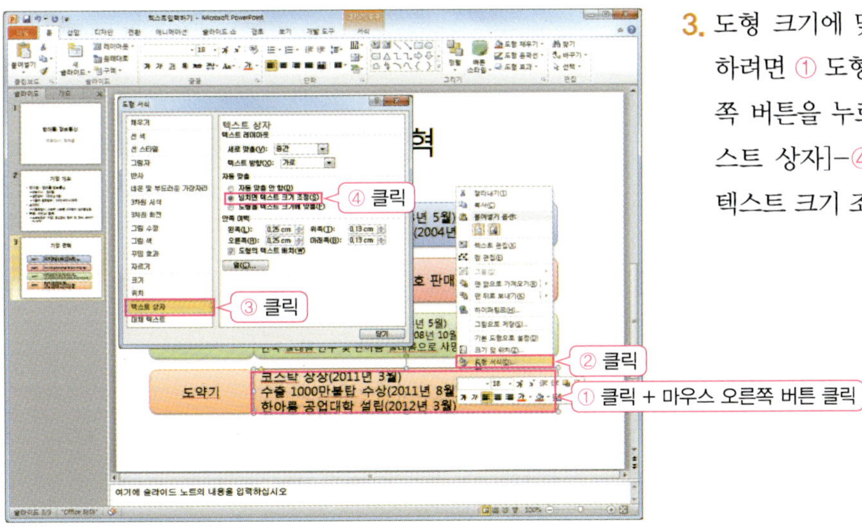

3. 도형 크기에 맞추어 텍스트 크기를 조정하려면 ① 도형을 클릭한 후, 마우스 오른쪽 버튼을 누르고 ② [도형 서식]–③ [텍스트 상자]–④ [자동 맞춤]에서 '넘치면 텍스트 크기 조정'을 선택한다.

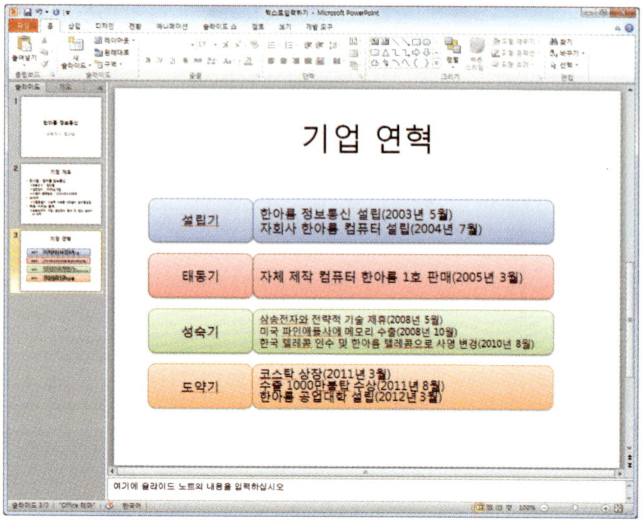

4. 그림과 같이 도형에 텍스트 입력하기가 완성되었다.

글상자에 텍스트 입력하기

텍스트 상자를 이용해서 텍스트를 입력하면 편리하다. 텍스트는 [가로 텍스트 상자]와 [세로 텍스트 상자]가 있는데 내용에 따라 적절한 텍스트 상자와 그 내용을 입력할 수 있다.

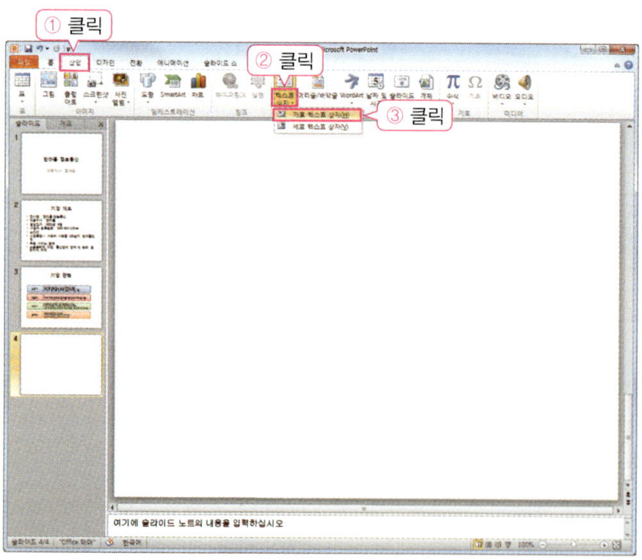

1. ① [삽입] 탭의 [텍스트] 그룹에서 ② [텍스트 상자]- ③ [가로 텍스트 상자]를 클릭한다.

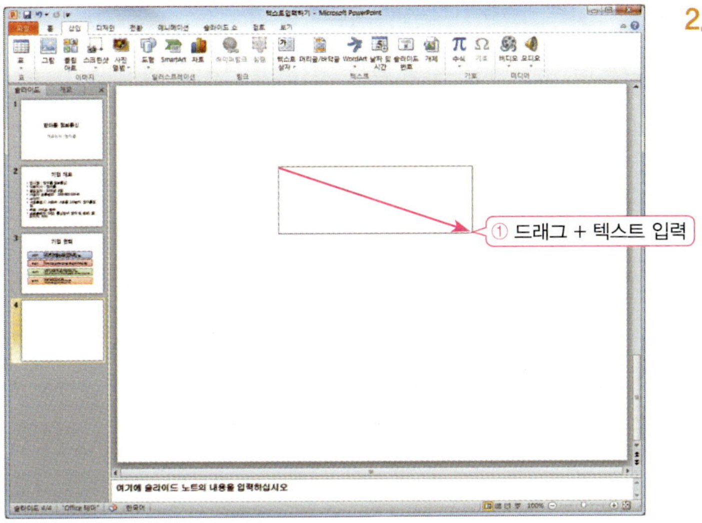

2. ① 마우스를 이용해서 텍스트 상자를 그리고 텍스트를 입력한다. 이 때 [가로 텍스트 상자]일 경우 높이를 아무리 높게 그려도 기본적인 텍스트 크기에 따라 높이가 자동 조정된다.

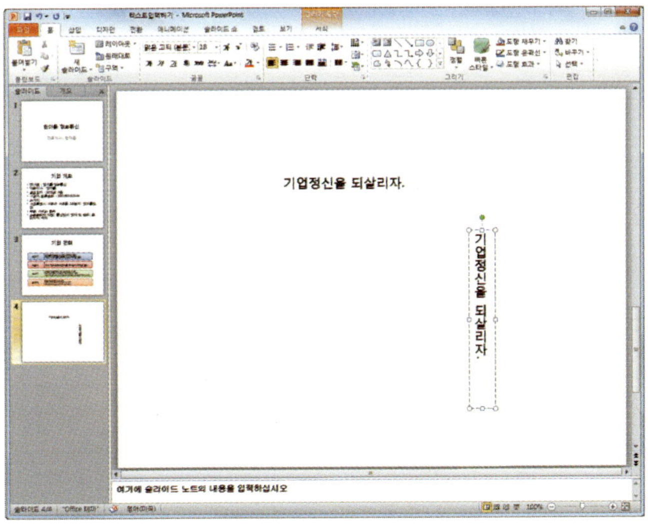

3. [세로 텍스트 상자]도 동일한 방법을 이용해서 그리고 텍스트를 입력할 수 있다.

단락 속성 지정하기

슬라이드에서 텍스트 개체 틀에 텍스트를 입력하면 자동으로 기본적인 글머리 기호가 붙는다. 특히, 슬라이드에 테마를 지정하면 해당 테마에 맞게 글머리 기호가 자동으로 결정된다. 하지만, 상황에 따라 글머리 기호를 삭제하거나 다른 기호 또는 그림으로 바꾸어야 될 때도 있다. 때에 따라서는 들여쓰기와 내어쓰기를 하여 목록 수준이 다르게 해야 할 경우가 있다. 이 단원에서는 내용 상황에 따라 목록 수준을 변경하는 방법과 글머리 기호를 변경하는 방법에 대해서 알아본다.

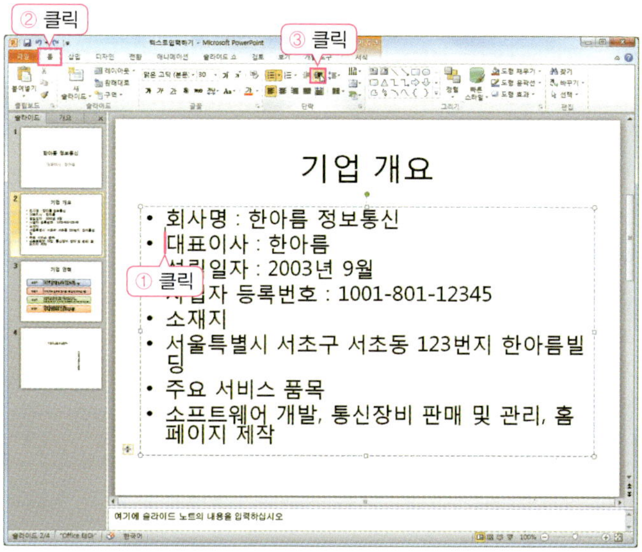

목록 수준 늘임

1. 목록 수준을 늘일 ① 둘째 줄의 첫 번째 칸을 클릭한 다음 ② [홈] 탭의 [단락] 그룹에서 ③ [목록 수준 늘임]을 클릭하거나 Tab 키를 누른다.

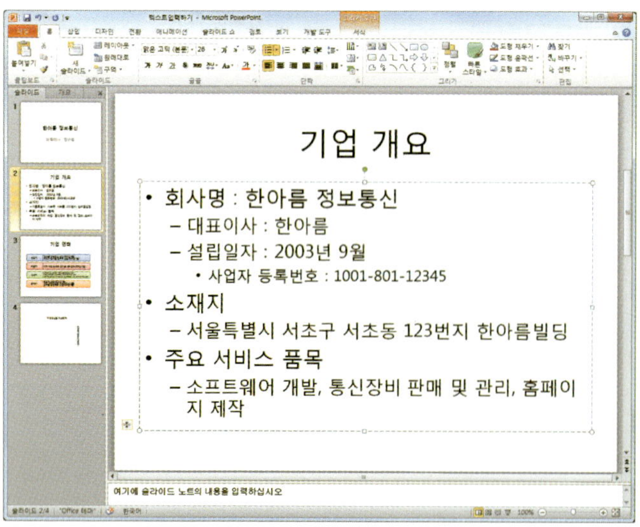

2. 동일한 방법으로 나머지 부분도 그림과 같이 [목록 수준 늘임]을 해보자. 이 때 여러 줄에 동시에 적용하고 싶을 때는 블록을 설정한 다음 [목록 수준 늘임]을 클릭한다.

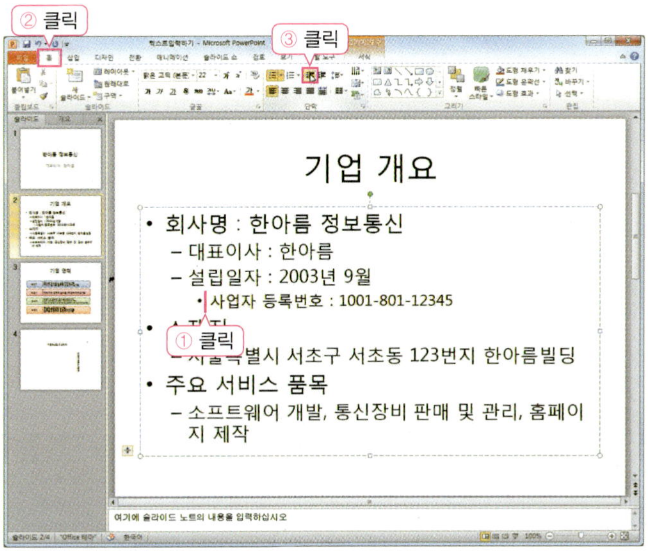

목록 수준 줄임

1. 목록 수준을 줄일 ① 넷째 줄의 첫 번째 칸을 클릭한 다음 ② [홈] 탭의 [단락] 그룹에서 ③ [목록 수준 줄임]을 클릭하거나 Shift+Tab 키를 누른다.

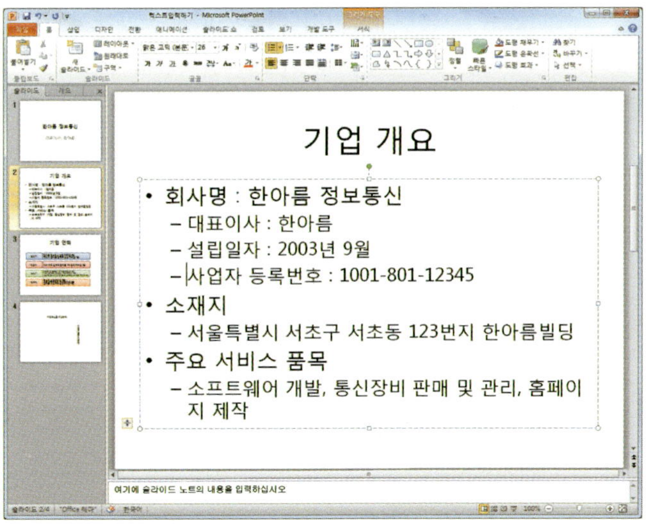

2. 오른쪽으로 2단계 늘었던 '사업자 등록 번호'가 왼쪽으로 1단계 줄었음을 확인할 수 있다.

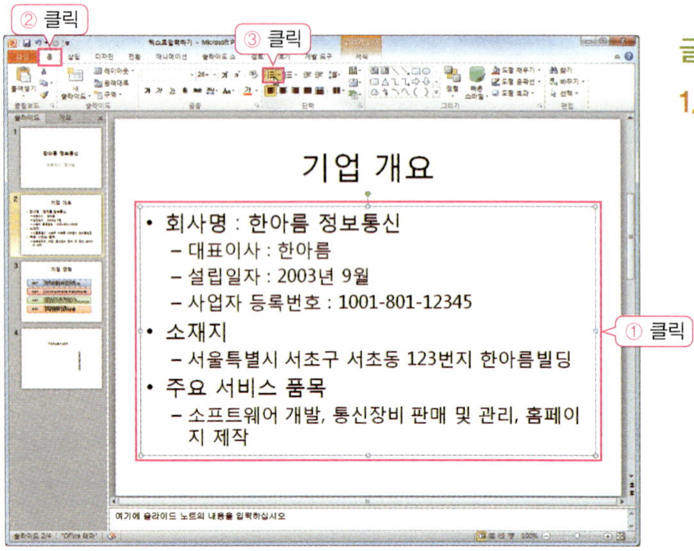

글머리 기호

1. 특정 개체 틀 전체의 글머리 기호를 바꿀 때는 ① 개체 틀을 클릭하고, ② [홈] 탭의 [단락] 그룹에서 ③ [글머리 기호]를 클릭한다.

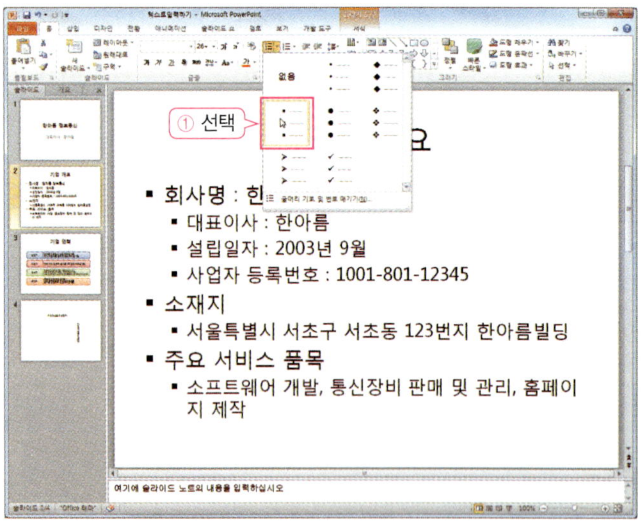

2. 열린 [글머리 기호] 목록 상자에서 ① 원하는 글머리 기호를 선택한다.

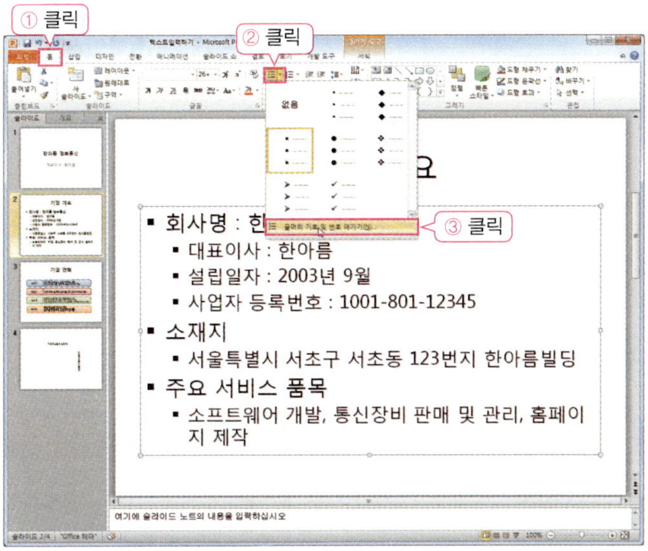

3. 글머리 기호의 색상을 바꾸고 싶을 때는 ① [홈] 탭의 [단락] 그룹에서 ② [글머리 기호]를 클릭한 다음 [글머리 기호] 목록 상자에서 ③ [글머리 기호 및 번호 매기기]를 클릭한다.

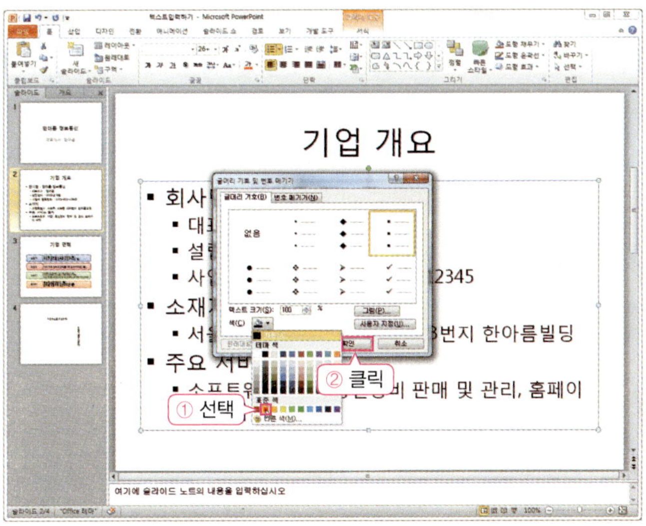

4. 「글머리 기호 및 번호 매기기」 대화상자에서 ① [색: 빨강]을 선택하고 ② [확인]을 클릭한다.

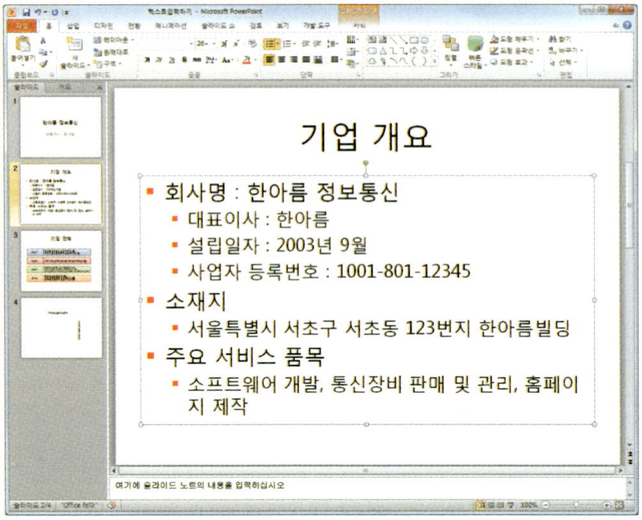

5. 글머리 기호가 빨강으로 변경되었음을 확인할 수 있다.

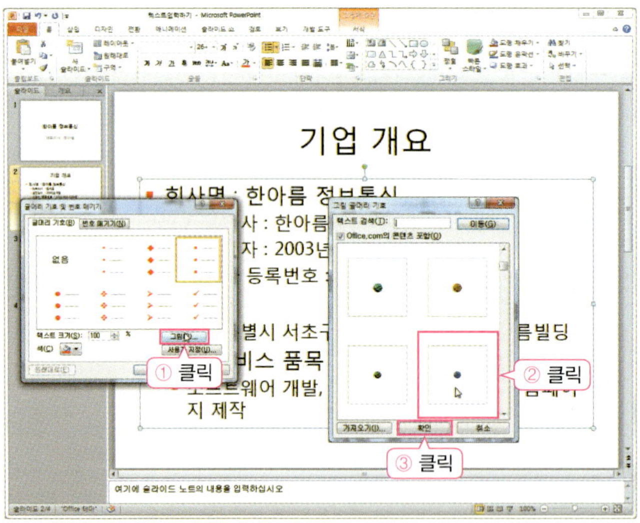

6. 글머리 기호를 그림으로 바꾸고 싶을 때는 「글머리 기호 및 번호 매기기」 대화상자에서 ① [그림]을 클릭하고, 「그림 글머리 기호」 대화상자에서 ② 원하는 그림을 선택한 다음 ③ [확인]을 클릭한다.

7. 다른 그림으로 바꾸고 싶을 때는 「글머리 기호 및 번호 매기기」 대화상자에서 ① [그림]을 클릭하고, 「그림 글머리 기호」 대화상자에서 ② [가져오기]를 클릭한 다음 ③ 원하는 그림을 선택하고, ④ [추가]를 클릭한다.

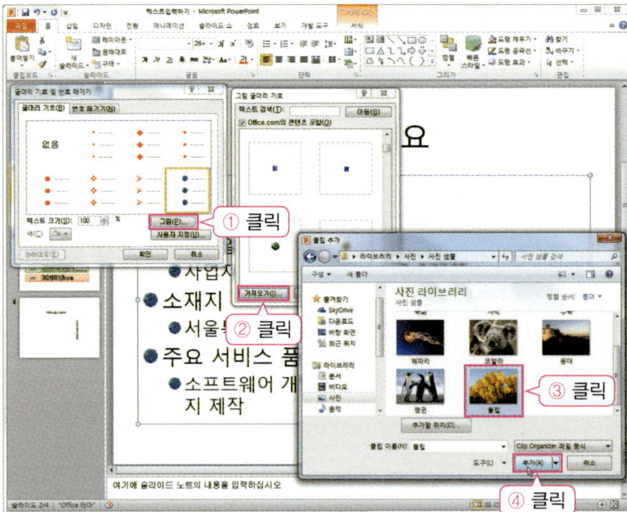

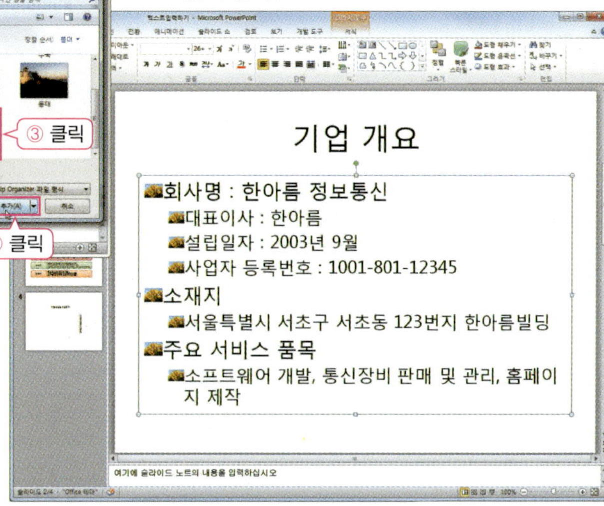

8. 글머리 기호를 특수 문자로 바꾸고 싶을 때는 「글머리 기호 및 번호 매기기」 대화상자에서 ① [사용자 지정]을 클릭하고 ② 원하는 특수 문자를 선택한 다음 ③ [확인]을 클릭한다.

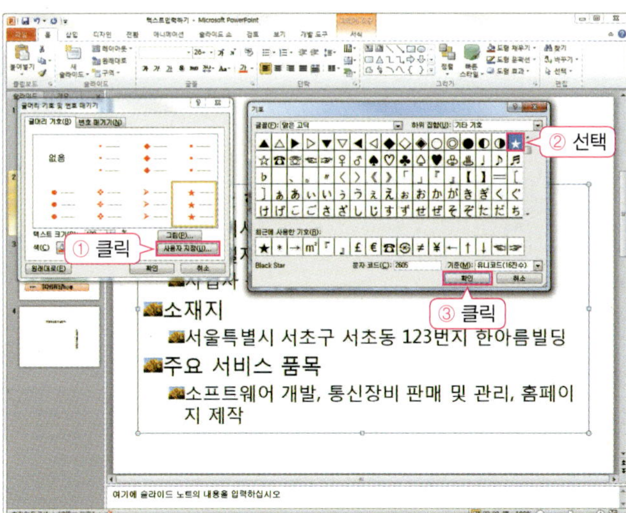

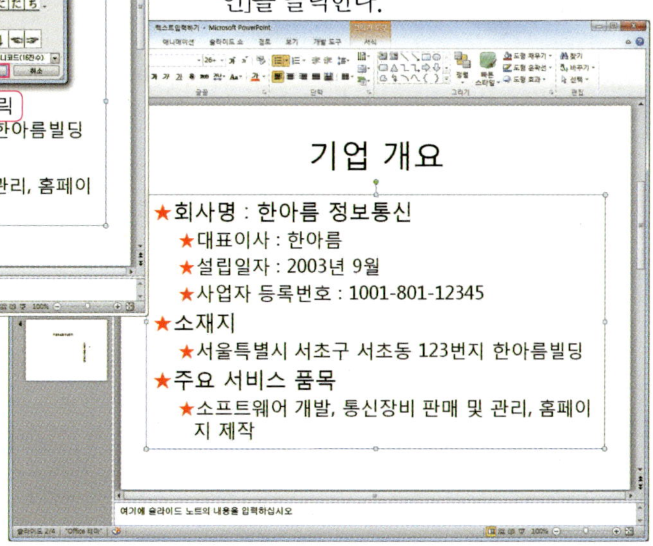

Section 2. 워드아트로 텍스트 꾸미기

워드아트는 주로 표지 제목이나 슬라이드의 제목처럼 그래픽 효과를 주고자 하는 문자열에 사용한다. 글씨에 특수효과를 줌으로써 일반 문자열과 달리 색, 무늬, 그림과 같은 채우기 효과, 그림자 효과, 3차원 효과를 모두 적용할 수 있다. 문자열을 예쁘고 멋있게 꾸미기 위해서 여러 가지 그래픽 효과를 지정하는 기능이다.

워드아트 삽입

워드아트 삽입은 두 가지 방법이 있다. 첫 번째 방법은 기존의 문자열을 워드아트 형식으로 변형시키는 것이고, 두 번째 방법은 워드아트를 직접 삽입하는 방법이다.

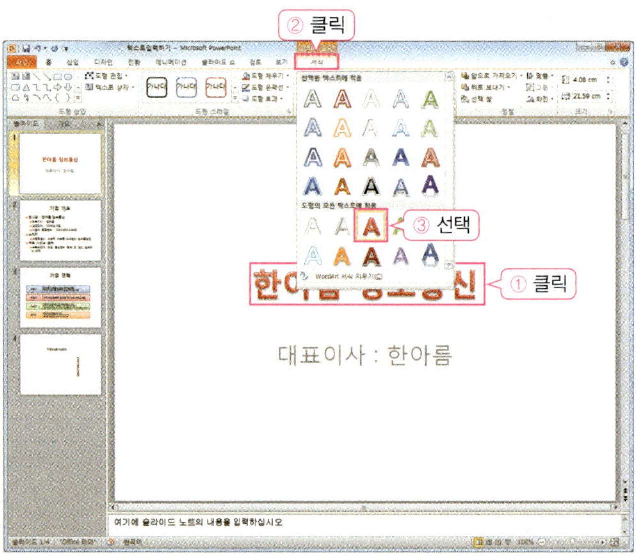

기존 문자열을 워드아트로

1. ① 기존의 문자열을 클릭하고, ② [서식] 탭의 [WordArt 스타일] 그룹에서 [자세히 ▾]버튼을 누르고 변경하고자 하는 ③ 워드아트 스타일을 지정한다.

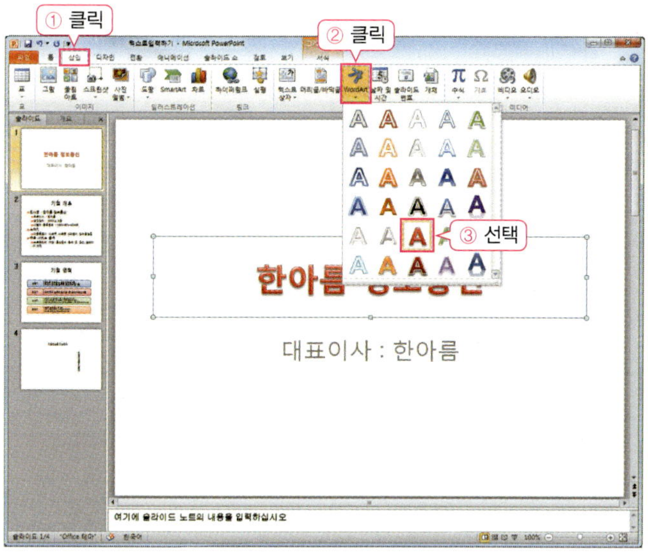

워드아트 직접 삽입

1. ① [삽입] 탭의 [텍스트] 그룹에서 ② [WordArt]를 클릭하고 ③ 원하는 형태의 워드아트를 선택하고 내용을 입력한다.

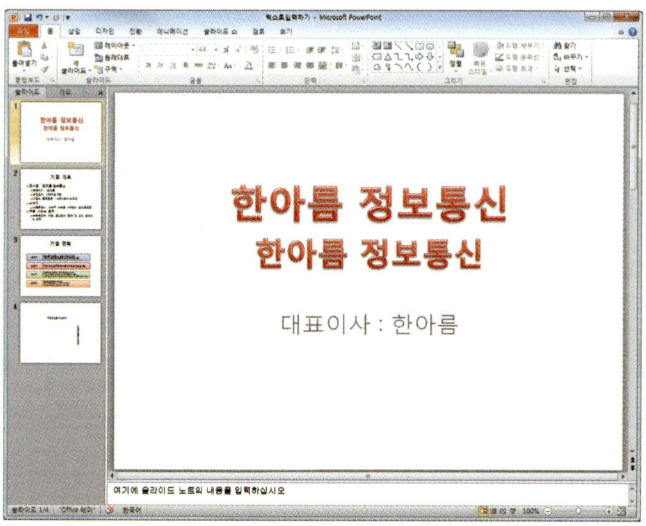

2. 그림과 같이 워드아트가 삽입된다.

워드아트 편집도구

삽입된 워드아트를 선택하면 리본 메뉴에 상황탭인 [그리기 도구]-[서식] 탭이 나타난다. 워드아트의 편집 도구는 [그리기 도구]-[서식] 탭의 [WordArt 스타일] 그룹에 있다.

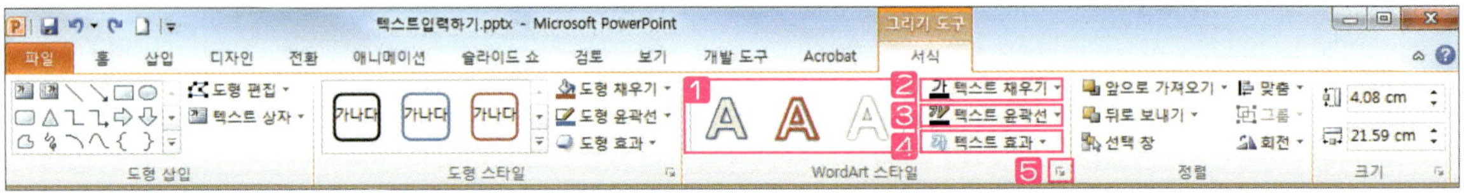

① 빠른 워드아트 스타일 적용

드롭다운 버튼을 눌러 나타나는 워드아트 스타일 목록에서 원하는 워드아트 스타일을 설정한다.

② 텍스트 채우기

선택한 워드아트의 내부에 색, 그림, 그라데이션 등으로 다양하게 채우기를 할 수 있다.

③ 텍스트 윤곽선

선택한 워드아트의 외부 윤곽선 색, 두께, 선의 종류 등을 설정할 수 있다.

④ 텍스트 효과

선택한 워드아트에 그림자, 반사, 네온, 입체효과, 3차원 회전 등을 설정할 수 있다.

⑤ 텍스트 효과 서식 대화상자

WordArt 스타일 그룹 하단 오른쪽의 버튼 을 누르면「텍스트 효과 서식」대화상자가 그림과 같이 나타나고, 텍스트 효과를 좀 더 자세히 설정할 수 있다.

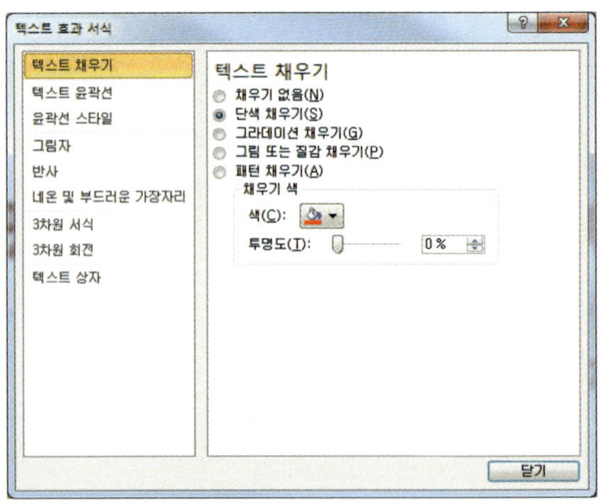

워드아트 편집

워드아트는 텍스트처럼 보이지만 실제 편집 속성은 도형과 유사하다. 그래서 글꼴이나 크기, 색 정도만 수정할 수 있는 텍스트와 달리, 워드아트 편집은 기존의 문자열을 워드아트 형식으로 채우기색, 테두리색, 그림자 효과, 3차원 회전 등 다양한 효과를 적용할 수 있다.

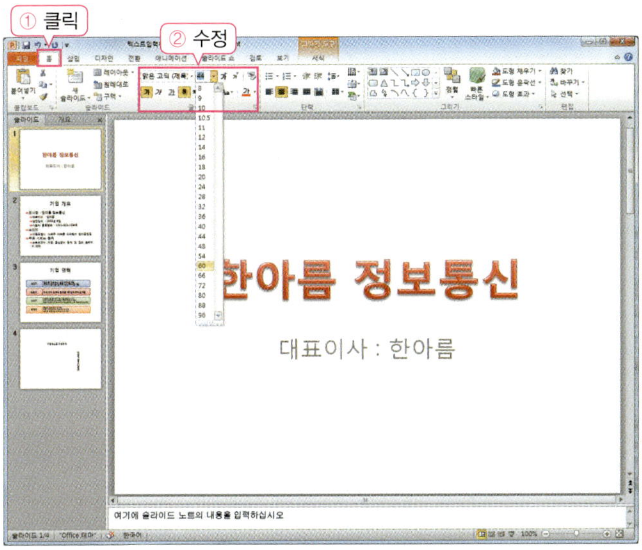

1. 일반 텍스트와 마찬가지로 워드아트도 ① [홈] 탭의 [글꼴] 그룹에서 ② 글자체, 글자크기 등 다양한 속성을 수정할 수 있다.

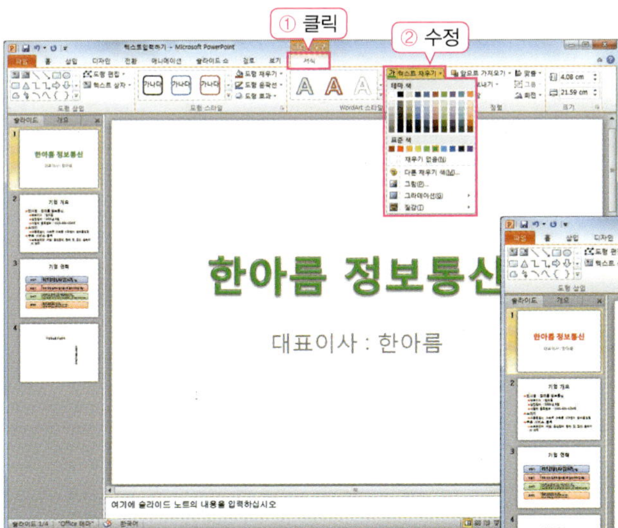

2. 일반 텍스트와 달리 워드아트에서는 ① [서식] 탭의 [WordArt 스타일] 그룹에서 ② 텍스트 채우기 색이나 윤곽선 등을 수정할 수 있다.

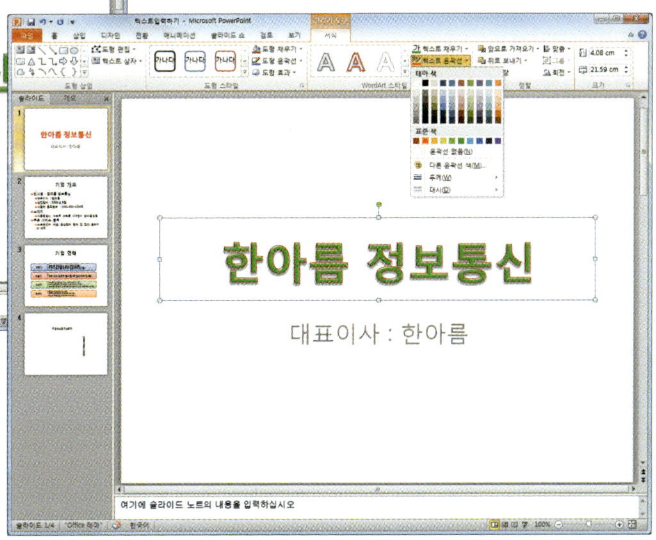

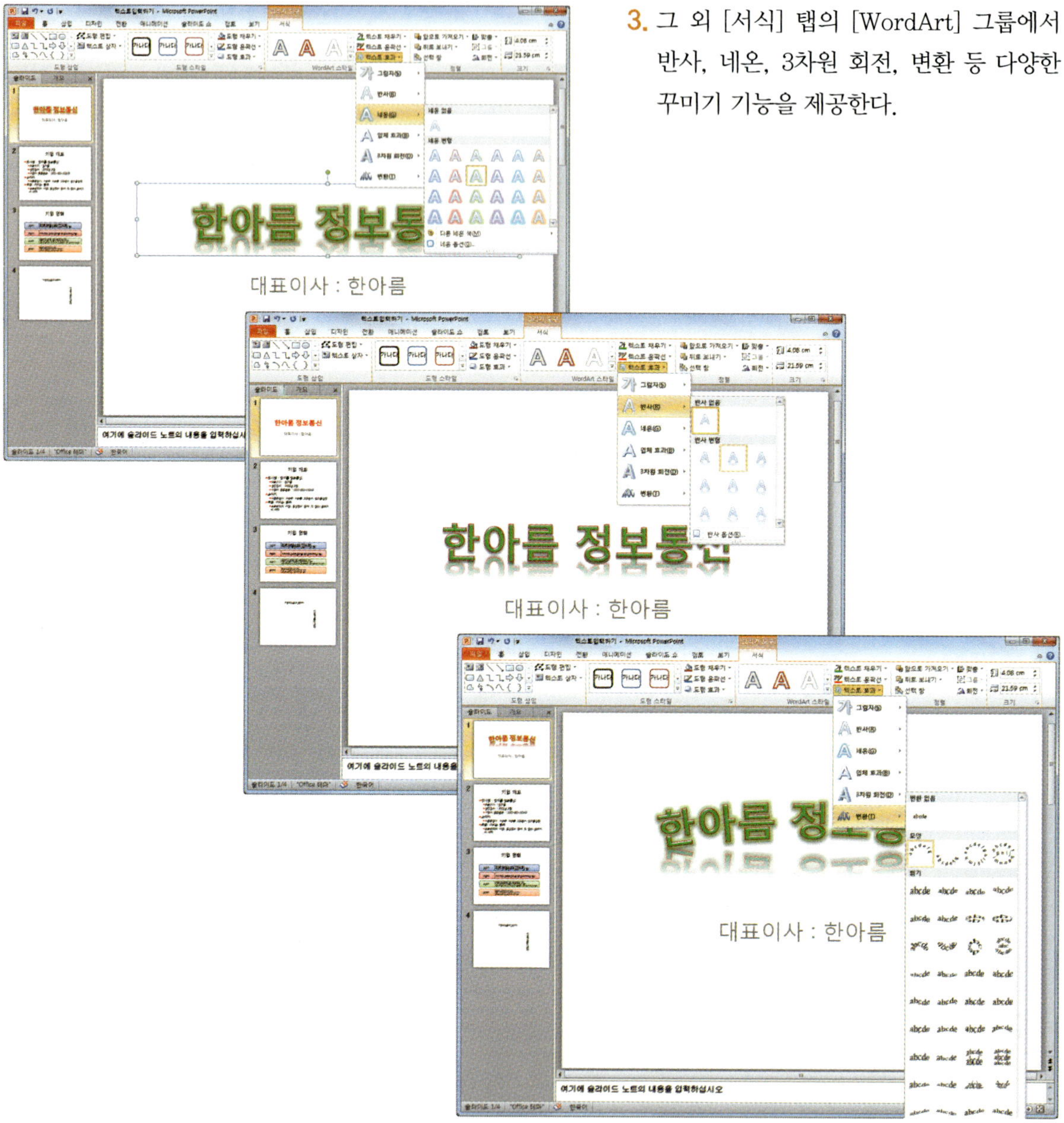

3. 그 외 [서식] 탭의 [WordArt] 그룹에서 반사, 네온, 3차원 회전, 변환 등 다양한 꾸미기 기능을 제공한다.

Section 3. 슬라이드 테마와 배경 적용하기

지금까지 텍스트를 삽입하고 편집하고, 글머리 기호를 붙이는 방법을 알아보았다. 그리고 글상자를 삽입하고 워드아트를 이용해서 텍스트를 꾸며보기도 하였다. 그러나 아직까지 슬라이드 배경이 흰색이어서 허전하다. 슬라이드 테마와 배경을 이용해서 슬라이드를 꾸며 보자.

슬라이드 테마 설정 도구

[디자인] 탭의 [테마] 그룹에서 슬라이드 테마를 설정할 수 있다.

① 빠른 슬라이드 테마 적용

제공하는 테마 서식 중에서 선택하여 빠르게 적용할 수 있다.

② 색

텍스트와 배경색, 강조색, 하이퍼링크 색을 변경할 수 있다.

③ 글꼴

영어와 한글의 제목과 본문에 대한 글꼴을 변경할 수 있다.

④ 효과

프레젠테이션의 스타일에 맞게 지원되는 여러 가지 다른 효과를 지정할 수 있다.

슬라이드에 테마 적용하기

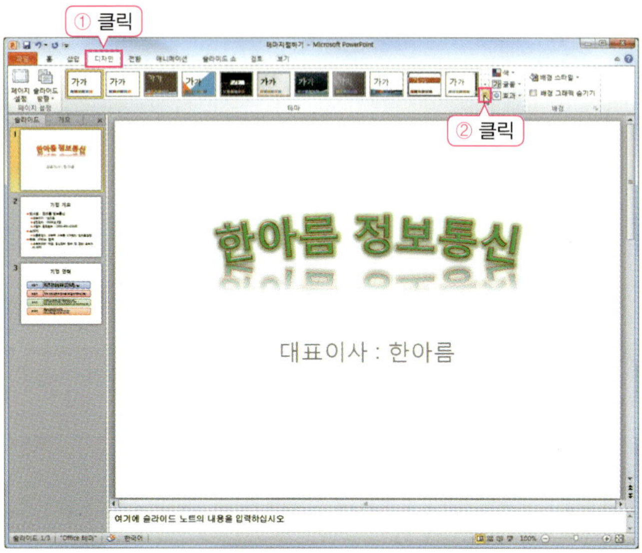

1. ① [디자인] 탭의 [테마] 그룹에서 ② [자세히 ▾]를 클릭한다.

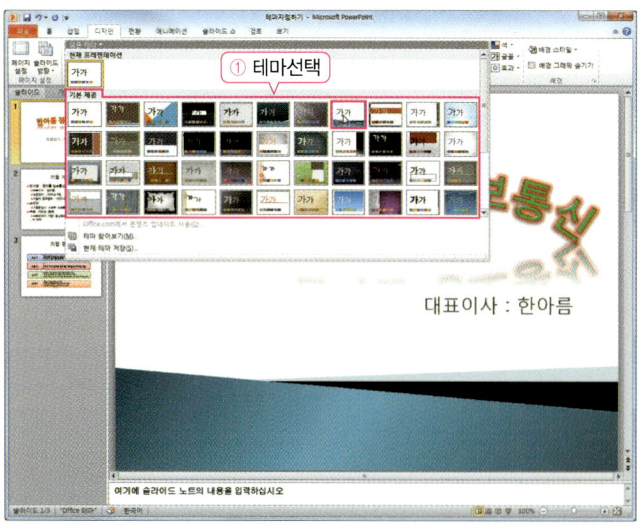

2. 확장된 테마창의 [모든 테마]–[기본 제공]에서 ① 원하는 테마를 클릭한다. 예제에서는 '광장' 테마를 클릭한다.

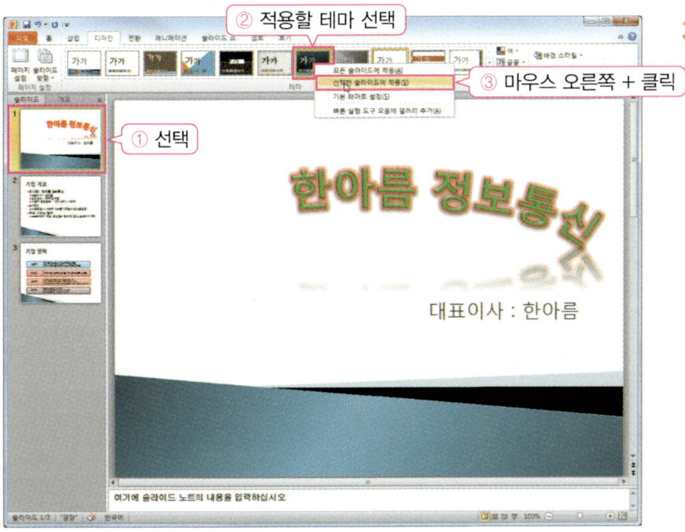

3. 그림과 같이 모든 슬라이드에 테마가 적용된다. 특정 슬라이드만 다른 테마를 적용하려면, ① 새로운 테마를 적용할 슬라이드를 선택하고, ② 적용할 테마에서 마우스 ③ 오른쪽 버튼을 누르고 [선택한 슬라이드에 적용]을 클릭한다. 예제에서는 '고려청자' 테마를 선택하였다.

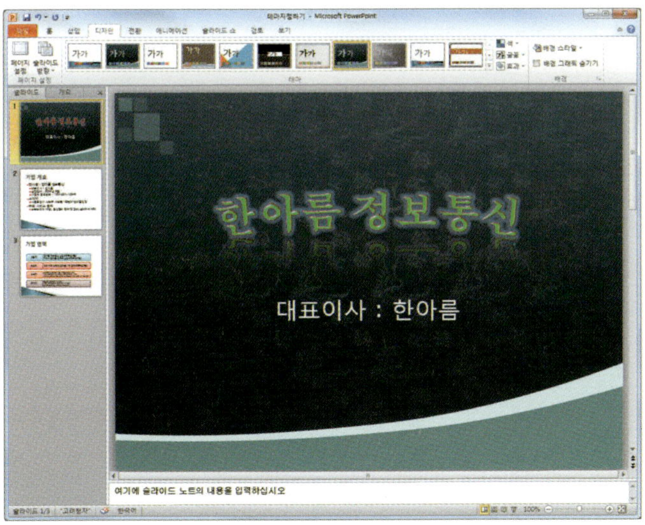

4. 그림과 같이 선택한 제목 슬라이드만 '고려청자' 테마로 변경되었다.

테마의 색, 글꼴 변경하기

테마를 적용하면 기본적으로 설정된 색과 글꼴이 적용된다. [디자인] 탭의 [색]과 [글꼴], [효과]를 이용하면 테마의 속성을 다양하게 변경할 수 있다.

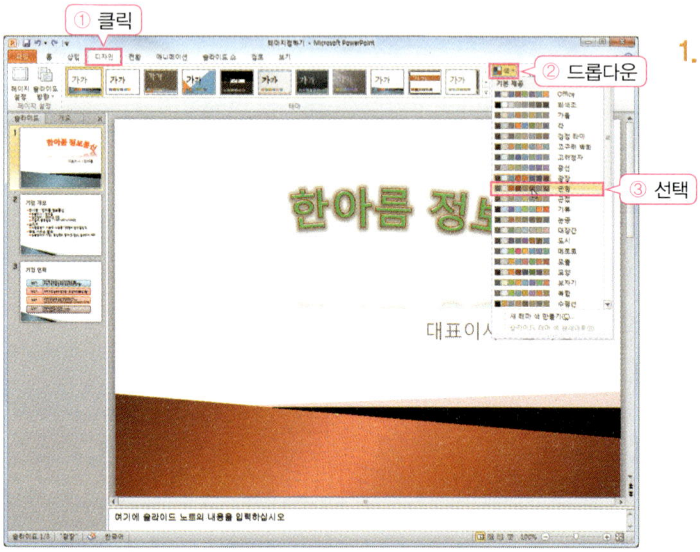

1. 테마의 색을 변경하려면 ① [디자인] 탭의 [테마] 그룹에서 ② [색]을 드롭다운해서 ③ 변경하고자 하는 테마 색을 선택한다.

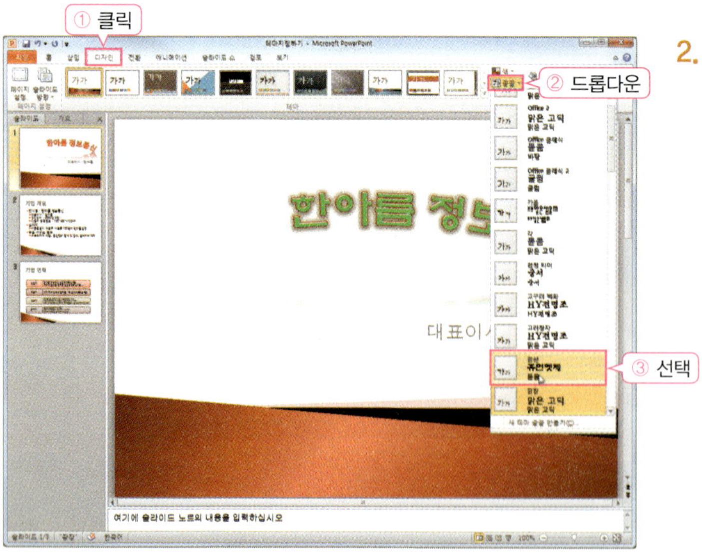

2. 테마의 글꼴을 변경하려면 ① [디자인] 탭의 [테마] 그룹에서 ② [글꼴]을 드롭다운해서 ③ 변경하고자 하는 글꼴을 선택한다.

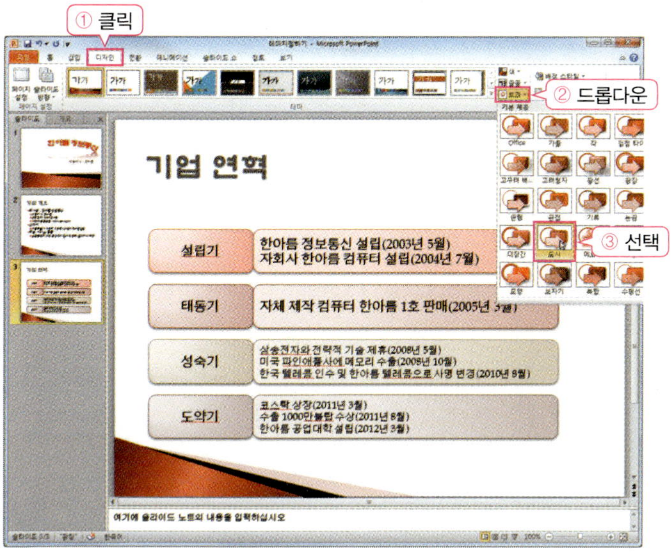

3. 테마의 효과를 변경하려면 ① [디자인] 탭의 [테마] 그룹에서 ② [효과]를 드롭다운해서 ③ 변경하고자 하는 효과를 선택한다.

배경 지정하기

테마를 적용해서 배경을 만드는 방법과 함께 사용자가 직접 배경을 지정할 수 있다.

1. ① [디자인] 탭의 [배경] 그룹에서 ② [배경 스타일]을 드롭다운해서 ③ 변경하고자 하는 배경 스타일을 클릭한다.

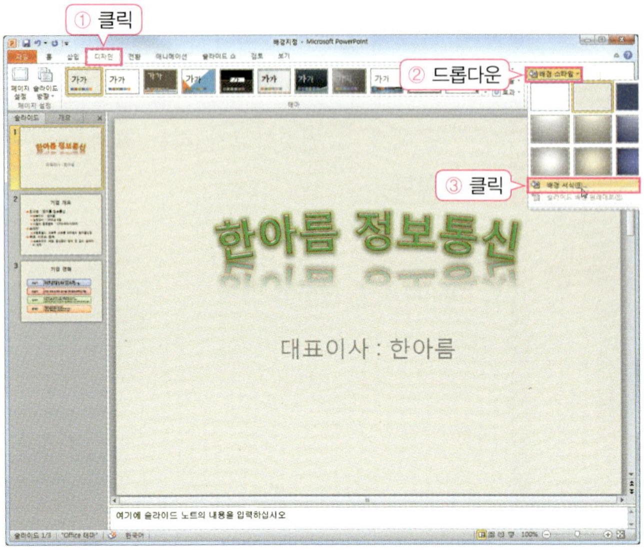

2. 질감이나 그림을 이용해서 배경을 만들려면 ① [디자인] 탭의 [배경] 그룹에서 ② [배경 스타일]–③ [배경 서식]을 클릭한다.

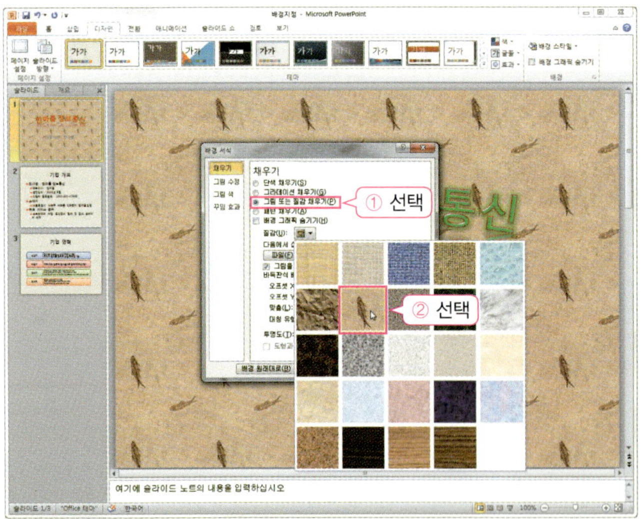

3. 배경을 질감으로 설정하려면「배경 서식」대화상자에서 ① [그림 또는 질감 채우기]를 선택하고, ② 원하는 질감을 클릭한다. 전체 슬라이드에 질감을 적용하려면「배경 서식」대화상자 하단의 [모두 적용]을 클릭한다.

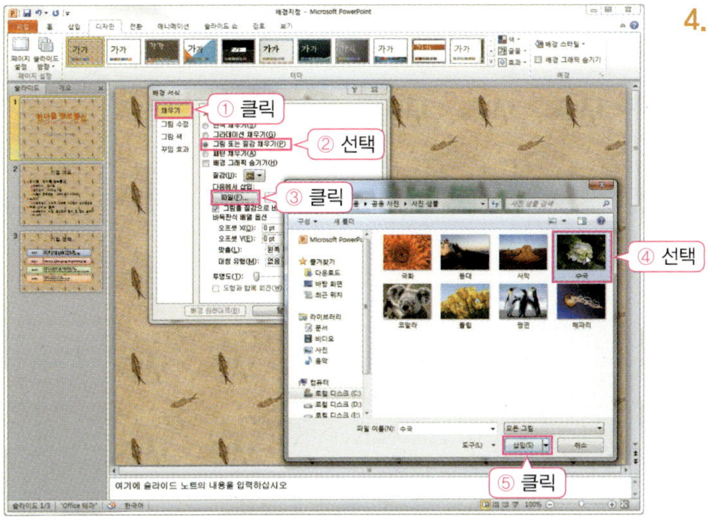

4. 배경을 그림으로 설정하려면 「배경 서식」 대화상자에서 ① [채우기]-② [그림 또는 질감 채우기]-③ [파일]을 클릭하고, ④ 원하는 그림을 선택한 다음 ⑤ [삽입]을 클릭한다.

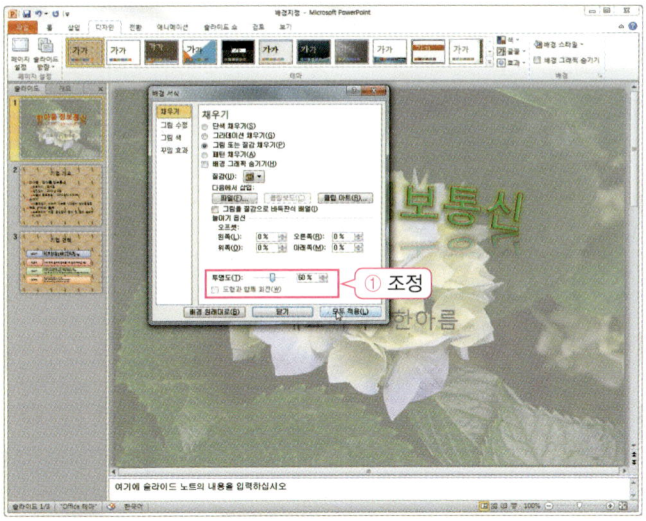

5. 윤곽이 선명한 그림이 배경으로 삽입된 경우, 「배경 서식」 대화상자 하단의 ① [투명도]를 조정하여 텍스트를 명확하게 표시되게 한다.

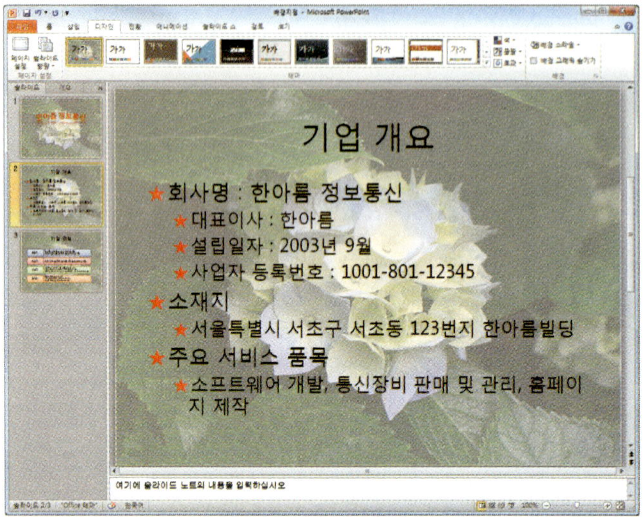

6. 그림과 같이 배경을 위한 그림이 삽입되었다.

연습문제

EXERCISE

연습문제 ①

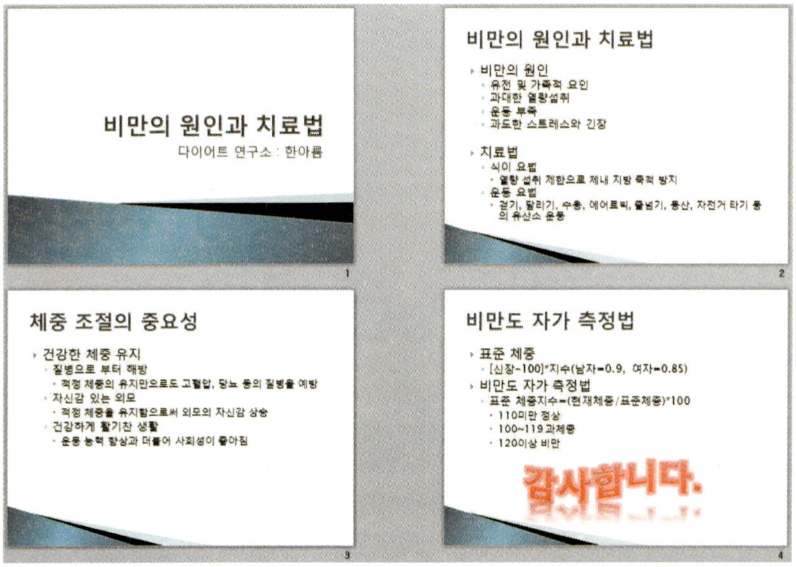

1 [파일] 탭의 [새로 만들기]를 이용해서 빈 문서를 만드시오.

2 그림과 같이 데이터를 입력하고, [목록 수준 늘임/줄임] 기능을 이용해 목록 수준을 조절하시오.

3 테마 변경 기능을 이용해서 '광장'으로 테마를 변경하시오.

4 워드아트를 삽입하고, [서식]–[WordArt 스타일] 그룹에서 [텍스트 효과]를 클릭하고, [반사]–[반사변형]–[1/2반사, 터치], [네온]–[네온변형]–[빨강, 11pt 네온, 강조색 2], [변환]–[휘기]–[물결 2]를 선택하시오.

연습문제 2

1 다음은 파워포인트 2010을 개발한 마이크로소프트에 대한 설명이다. 요약 정리하여 제목 슬라이드를 포함하여 6장 이하의 슬라이드로 프레젠테이션 자료를 만드시오.

마이크로소프트는 1975년 빌 게이츠(Bill Gates)가 폴 앨런(Paul Allen)과 함께 설립한 다국적 기업이다. 본사는 미국 워싱턴 주(州) 레드먼드 시에 있으며, 컴퓨터 기기용 소프트웨어 및 하드웨어를 개발 · 판매하는 기업이다. 주요 사업분야는 윈도 운영체계, 윈도 서버 시스템, 온라인 서비스, 비즈니스용 소프트웨어, 엔터테인먼트 및 모바일 디비전 등이다.

1975년 4월 4일 하버드 대학교를 다니다 중퇴한 빌 게이츠는 21살의 폴 앨런과 함께 뉴멕시코 주 앨버커키에서 자본금 1500달러로 마이크로소프트를 공동 설립했다. 1986년 나스닥에 주식을 상장하였고, 다우존스지수와 S&P500 지수를 구성하는 기업이다. 이 기업은 2011년 현재 세계 6개 지역본부, 107개 국가에서 약 9만명의 직원이 근무하며, 매출은 약 700억 달러이다. 1990년대 이후 매년 20~30%의 성장률을 기록하며 세계에서 가장 영향력 있는 IT 기업으로 성장했다. 창업자 빌게이츠는 2000년 1월 최고경영자 직책에서 퇴임하였고, 현재 마이크로소프트의 최고경영자는 그의 대학 친구였던 스티브 발머(Steve Ballmer)이다.

1981년 IBM이 개발한 개인용 컴퓨터(PC)에 탑재되는 운영체제인 엠에스 도스(MS-DOS)를 개발하여 대중적인 인기를 얻었고, 1990년 이후 그래픽 유저 인터페이스(GUI) 기반의 윈도(Windows) 3.0을 시작으로 윈도 95(1995년), 윈도 98(1998년), 윈도 2000(2000년), 윈도 ME(2000년), 윈도 XP(2001년), 윈도 비스타(2007), 윈도 7(2009), 윈도우 8(2012) 등을 차례로 출시하였다. 현재 전세계 개인용 컴퓨터 시장에서 윈도 운영체제의 시장 점유율은 세계적으로 약 90%이다.

현재 마이크로소프트는 윈도 등 컴퓨터 운영체제뿐만 아니라 웹 브라우저, 사무용 소프트웨어, 온라인 서비스, 엔터테인먼트 및 모바일 비즈니스에서도 시장 지배력을 넓혀가고 있다. 1995년 인터넷의 대중화와 함께 출시된 웹 브라우저인 인터넷 익스플로러(Internet Explorer, IE)를 출시하였고, 윈도 운영체제에 기본으로 제공되었다. 1999년 이후로는 선발업체인 넷스케이프, 모자이크 등을 제치고 세계에서 가장 널리 쓰이는 웹 브라우저가 되었고, 2004년에는 세계 90%에 육박하는 시장점유율을 보였다. 또, 1989년부터 사무용 소프트웨어인 마이크로소프트 오피스를 개발하였고, 포털 MSN, 윈도 라이브, Xbox, 윈도폰, 스카이프 등의 다양한 온라인 서비스 및 이동통신 · 모바일 분야 등으로 사업 영역을 확장하고 있다.

[출처] 마이크로소프트 | 두산백과

04 CHAPTER

이미지와 일러스트레이션을 이용한 슬라이드 만들기

CHAPTER 04

이미지와 일러스트레이션을 이용한 슬라이드 만들기

텍스트만으로 슬라이드를 작성할 수도 있지만 단순히 텍스트로만 이루어진 슬라이드는 화면이 단순하고, 청중의 집중도를 이끌어내기 힘들어 의도한 만큼의 내용 전달이 쉽지 않다. 청중의 시선을 끌기 위해서는 그림, 클립아트, 도형, 스마트아트 등 시각적 개체를 이용해 슬라이드를 작성하는 것이 필요하다.

Section 1. 도형 삽입하고 편집하기

길게 쓰인 텍스트의 경우 한눈에 내용을 파악하기가 힘들다. 텍스트로 내용을 전달하는 것보다는 주요 단어를 추출한 후 시각적인 도형을 이용해서 체계적으로 문서를 작성하면 한눈에 내용을 쉽게 파악할 수 있다.

사각형과 타원 그리기

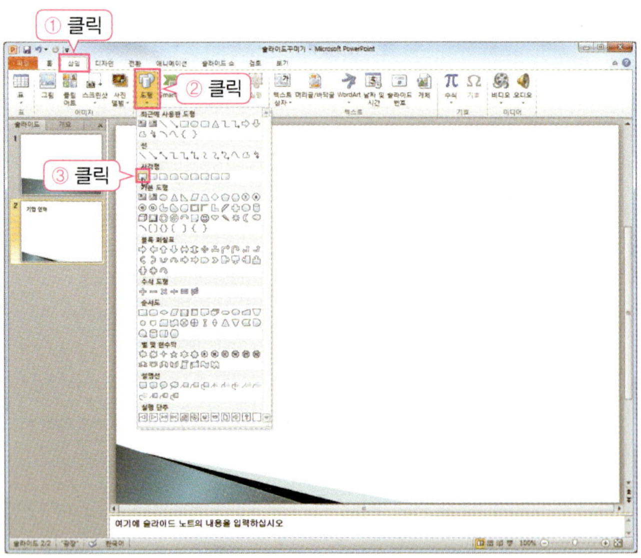

1. 사각형 삽입은 ① [삽입] 탭의 [일러스트레이션] 그룹에서 ② [도형]을 클릭한 후 ③ [직사각형]을 선택한다.

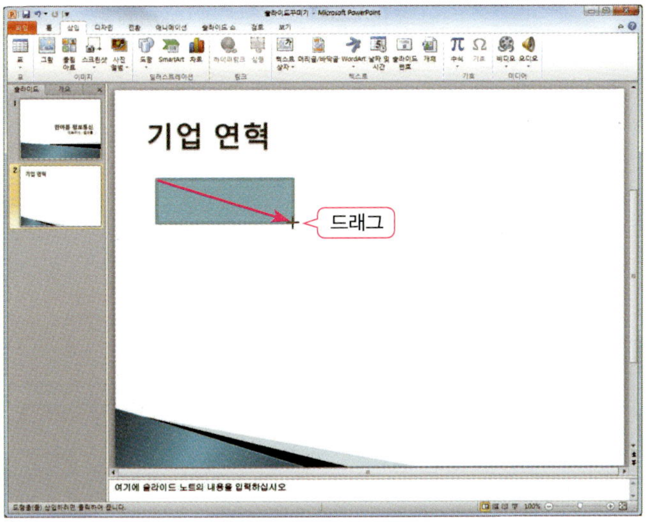

2. 마우스 포인트가 '+' 모양으로 바뀌면 마우스를 클릭하고 드래그하여 원하는 크기로 그릴 수 있다.

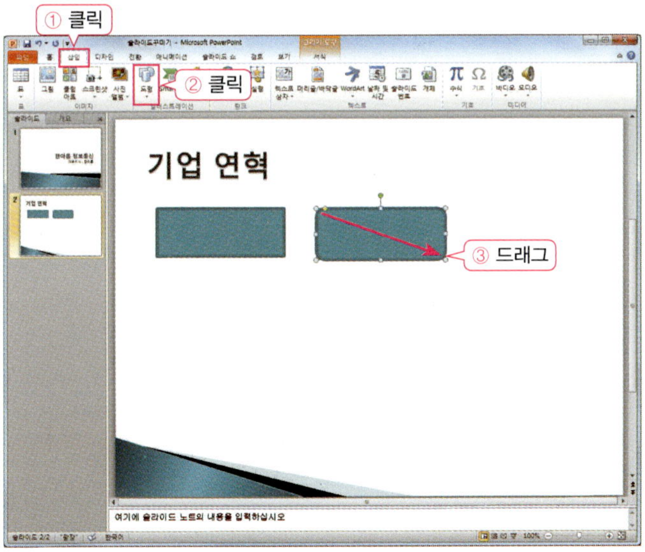

3. 동일한 방법으로 ① [삽입] 탭의 [일러스트레이션] 그룹에서 ② [도형]을 클릭한 후 ③ 드래그해서 [모서리가 둥근 직사각형]을 삽입한다. 사각형의 경우 8개의 크기 조절점을 이용해서 크기를 조절할 수 있으며, [모서리가 둥근 직사각형]의 경우 모양 조절 핸들을 이용해서 모서리의 곡률 정도를 조절할 수 있다.

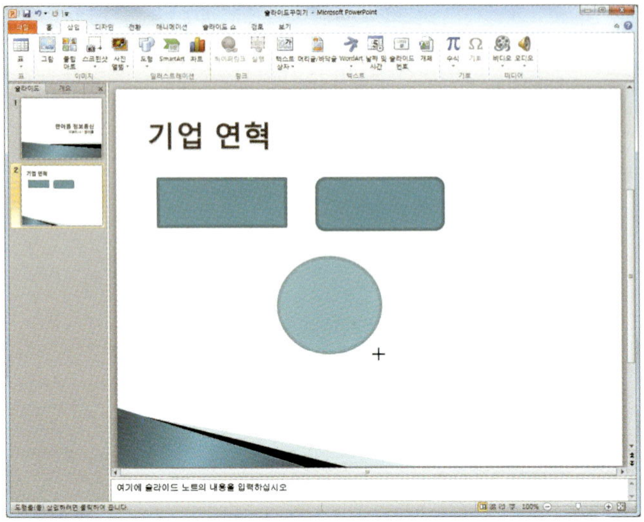

4. 타원의 경우도 동일한 방법으로 삽입할 수 있다.

참고

도형 조절을 위한 핸들

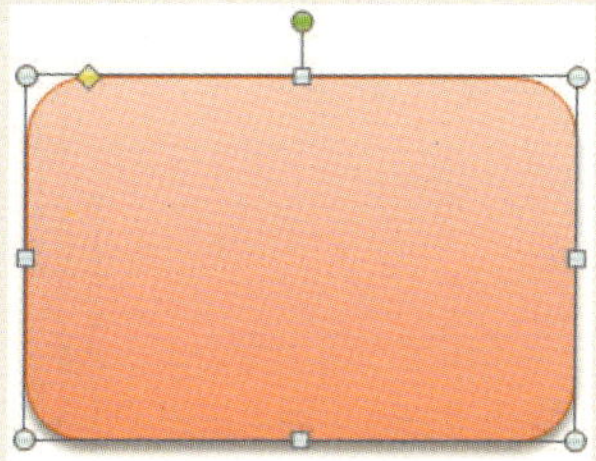

① 크기 조절 핸들(연한 하늘색 원과 사각형) : 점이 위치한 곳을 기준으로 도형의 크기를 조절한다.

② 모양 조절 핸들(노란색 마름모) : 도형의 곡률을 조정할 수 있다.

③ 회전 핸들(초록색 원) : 도형을 회전한다.

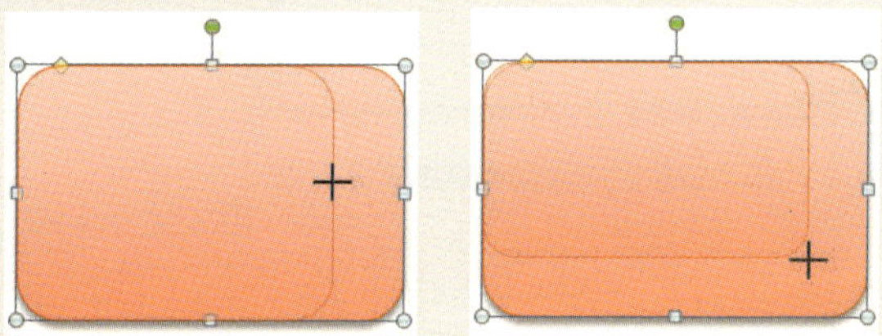

④ 크기 조절 핸들을 이용해서 도형의 크기를 바꿀 수 있다.

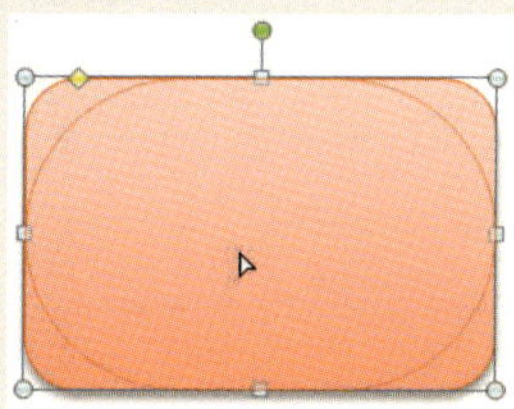

⑤ 모양 조절 핸들을 이용해서 도형의 곡률을 조절할 수 있다.

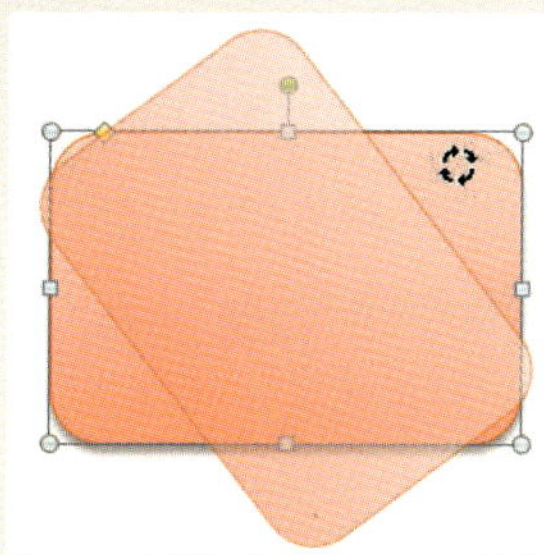

⑥ 회전 핸들을 이용해서 도형을 회전시킬 수 있다.

참고

도형 삽입시 Ctrl or Shift 키 사용 방법

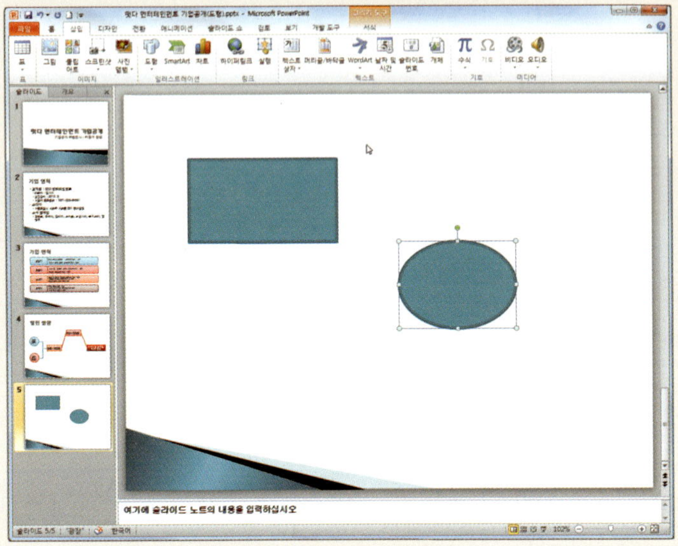

파워포인트에서 사각형이나 원을 그리면 일반적으로 직사각형이나 타원이 그려진다.

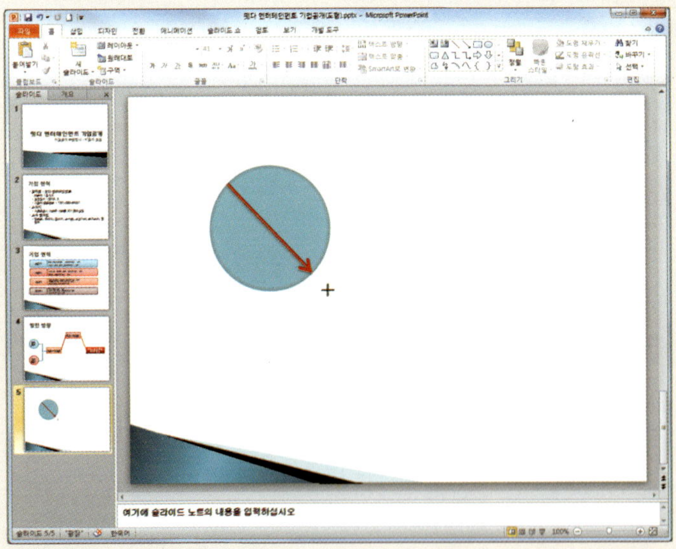

만약에 직사각형이나 타원이 아닌 정사각형이나 구 형태의 원을 그리려면 Shift 키를 누른 상태에서 드래그한다.

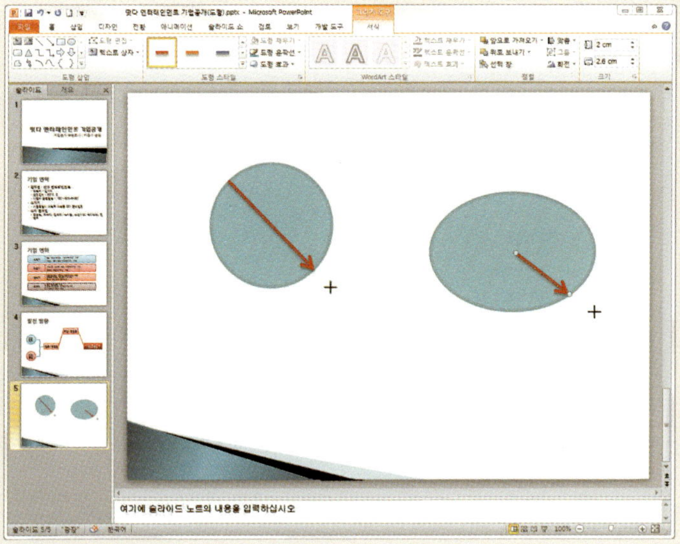

Ctrl키를 누른 상태에서 도형을 그리면 원래 커서의 위치가 도형의 중심이 되어 그려진다.

도형 편집도구

도형을 선택하면 리본 메뉴에 상황탭인 [그리기 도구]–[서식] 탭이 나타난다.

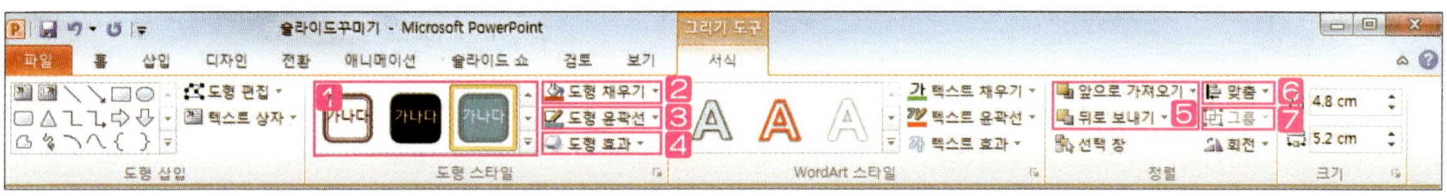

① 빠른 도형 스타일 적용

드롭다운하여 나타나는 목록에서 선택하여 도형의 스타일을 빠르게 지정한다.

② 도형 채우기

선택한 도형의 내부에 색상 또는 질감, 그림 등을 채울 수 있다.

③ 도형 윤곽선

도형 윤곽선의 색, 두께, 선의 종류 등을 지정한다.

④ 도형 효과

도형의 그림자, 반사, 입체효과 등을 지정할 수 있다.

⑤ 앞으로 가져오기/뒤로 보내기

겹쳐져 있는 도형을 앞뒤로 순서를 조절할 때 사용한다.

⑥ 맞춤

여러 개의 도형에 대한 정렬을 수행한다.

⑦ 그룹

여러 개의 도형을 묶거나 해제할 수 있다.

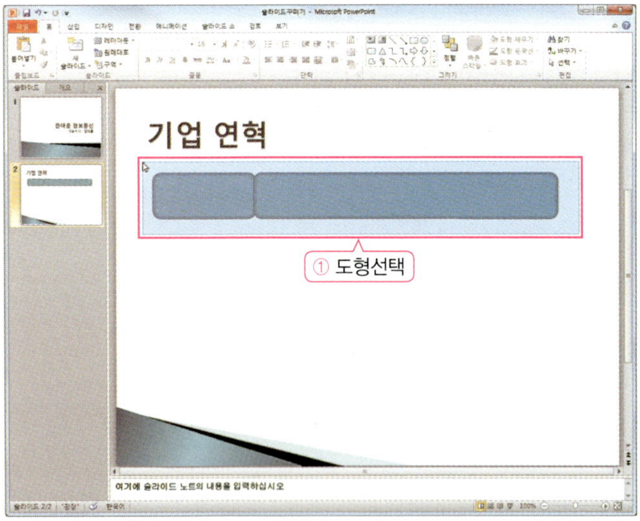

도형을 이용한 텍스트 상자 만들기

1. [모서리가 둥근 직사각형] 2개를 그려서 그림과 같이 붙여 주고, 2개의 도형에 동일한 서식을 지정해 주기 위해 ① 2개의 도형을 덮을 수 있을 만큼 영역을 그려서 2개의 도형을 선택한다.

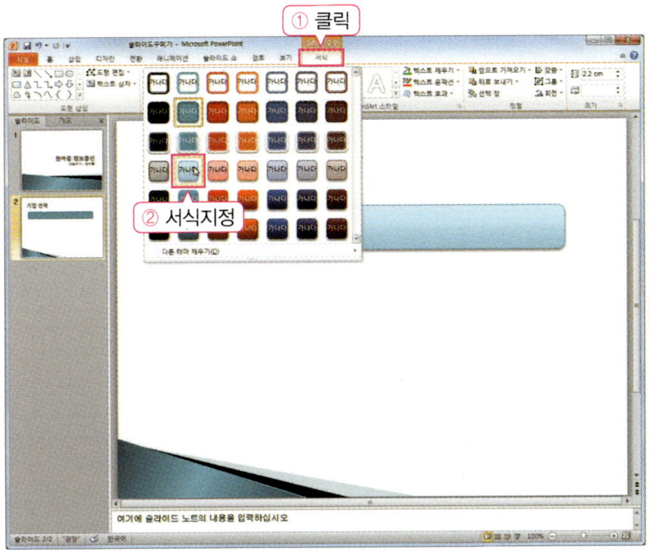

2. ① [서식] 탭의 [도형 스타일] 그룹에서 ② 도형 서식을 지정해 준다.

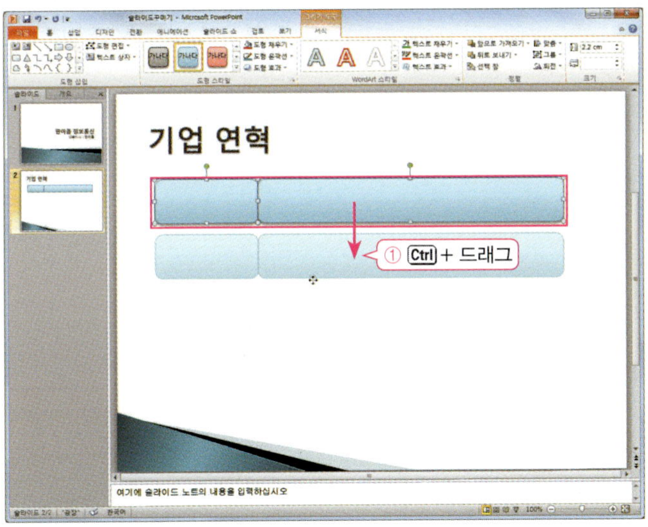

3. 2개의 도형이 선택된 상태에서 도형을 복사하기 위해 ① Ctrl 키를 누르고 드래그 한다.

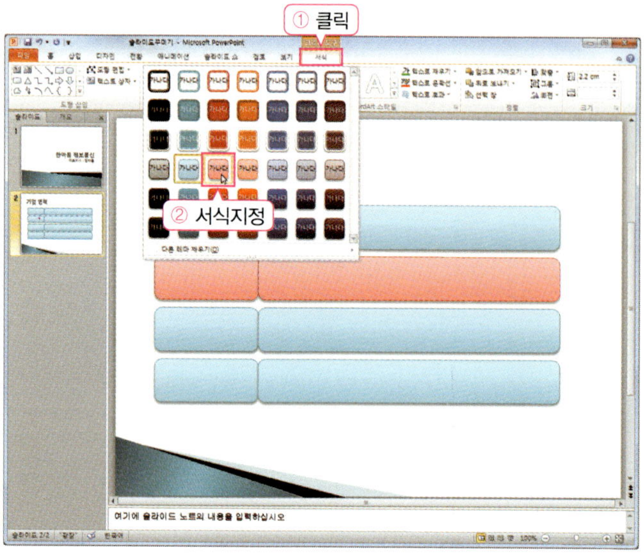

4. ① [서식] 탭의 [도형 스타일] 그룹에서 ② 도형 서식을 각각 지정해 준다.

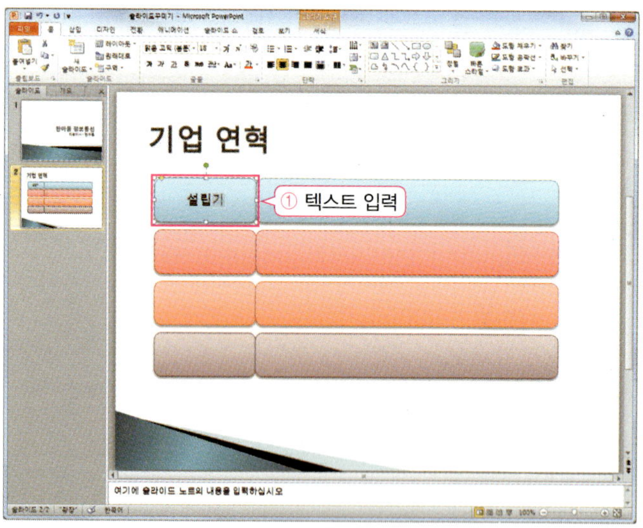

5. ① 도형을 클릭하고 텍스트를 입력해준다.

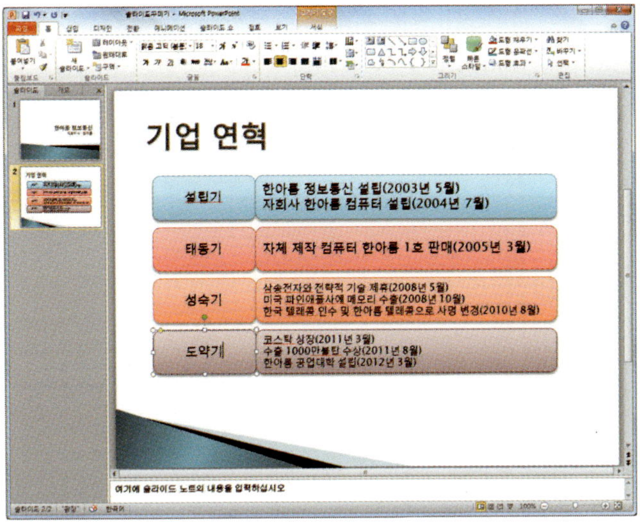

6. 그림과 같이 나머지 도형에도 텍스트를 입력하고, 글자크기와 줄간격을 조절해준다.

선 그리기

도형과 도형을 연결하는 선을 그려보자. 도형 개체 간의 관계를 선으로 표현하면 좀 더 깔끔한 관계도를 만들 수 있다. 선에는 직선과 곡선, 자유곡선 등이 있으며 필요에 따라 실선, 점선 등으로 선의 모양을 바꿀 수 있고, 선의 굵기나 색도 바꿀 수 있다. 선을 그리는 가장 기본적인 방법은 선의 시작 부분을 클릭한 후 끝부분까지 드래그하는 것이다.

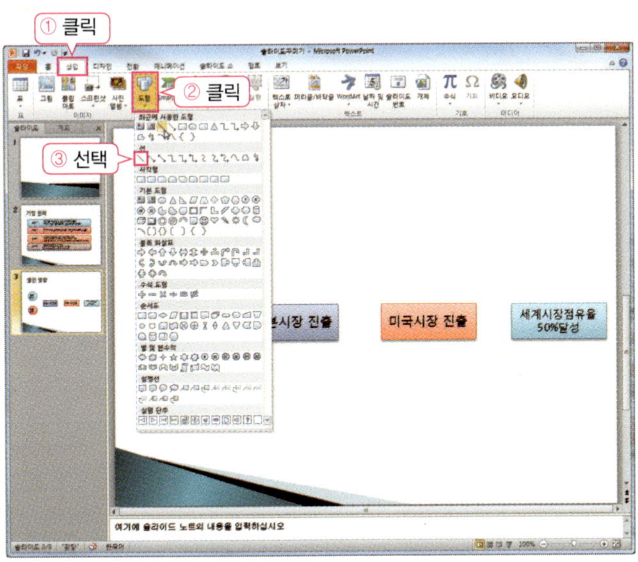

1. ① [삽입] 탭의 [일러스트레이션] 그룹에서 ② [도형]을 클릭한 후 ③ 선을 선택한다.

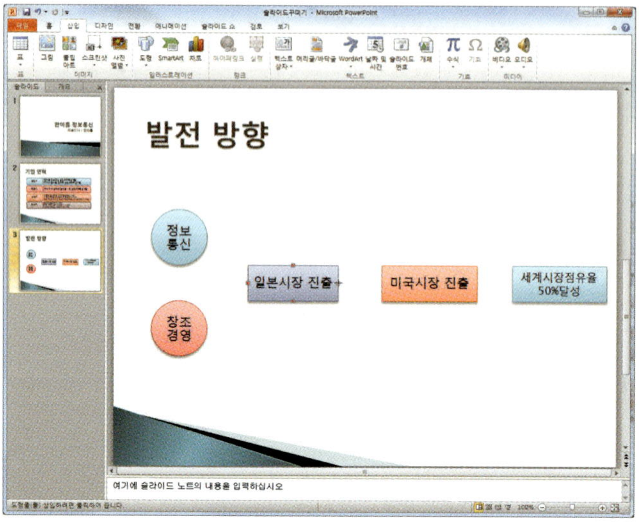

2. 선을 시작할 부분인 '일본시장진출' 도형에 커서를 옮기면 사각형의 중심위치에 빨간색 안내점이 나타난다. 이 빨간색 안내점을 이용하면 선을 좀 더 쉽게 그릴 수 있다.

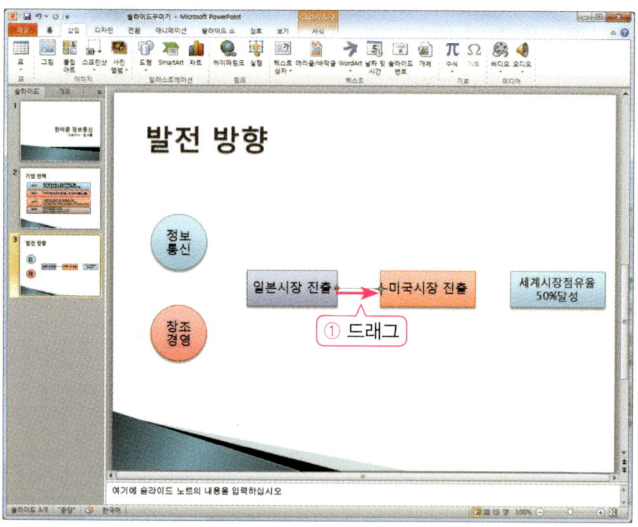

3. ① 시작부분인 '일본시장진출' 도형에서 '유럽시장진출' 도형까지 마우스를 드래그 한다.

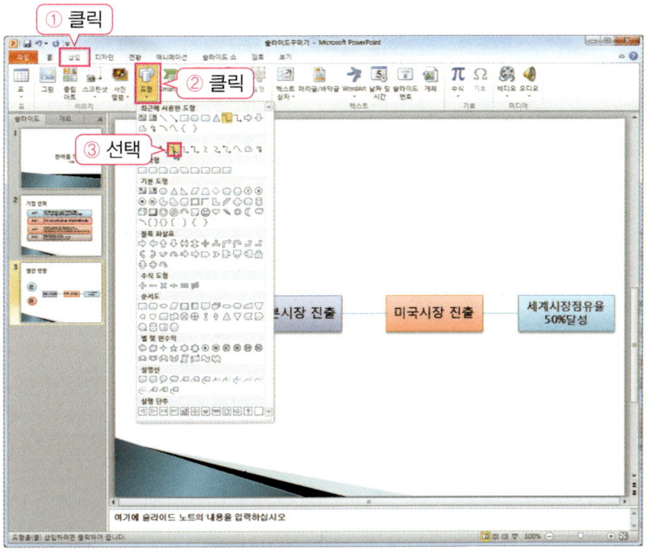

4. 동일한 방법으로 다른 도형들 간에도 선으로 연결할 수 있고, 이번에는 타원인 '정보 통신' 도형과 '일본시장진출' 도형을 연결해주기 위해 ① [삽입] 탭의 [일러스트레이션] 그룹의 ② [도형]에서 ③ [꺽인 연결선]을 선택한다.

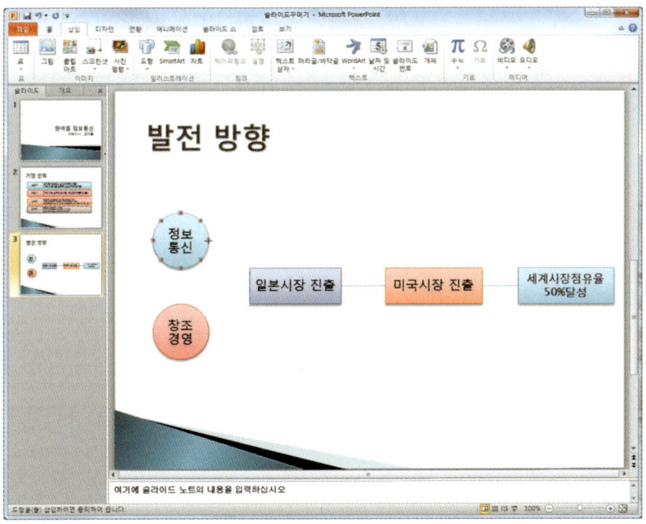

5. 도형을 그리기 위해 '정보 통신' 도형에 커서를 올리면 사각형 도형과 동일하게 빨간색 안내점이 표시되고 이 안내점을 이용해서 좀 더 편하게 선을 연결할 수 있다.

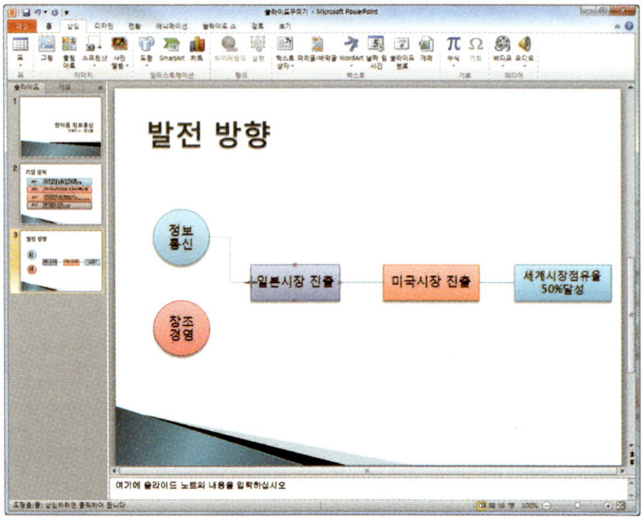

6. 그림과 같이 '정보 통신' 도형과 '일본시장진출' 도형을 쉽게 선으로 연결할 수 있다.

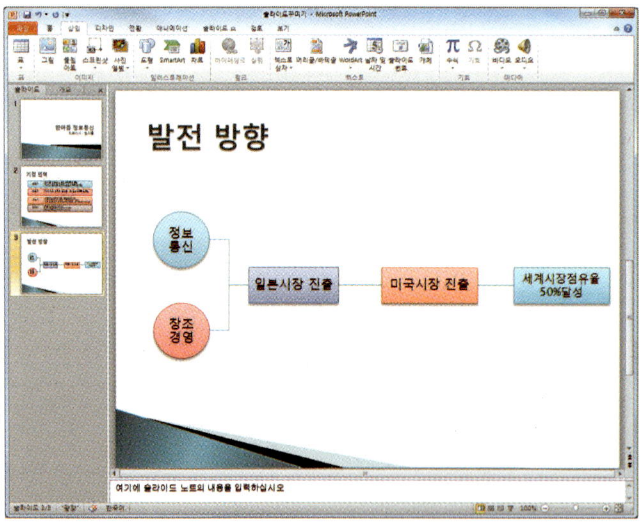

7. '창조 경영' 도형과 '일본시장진출' 도형 간에도 동일한 방법으로 선을 연결할 수 있다.

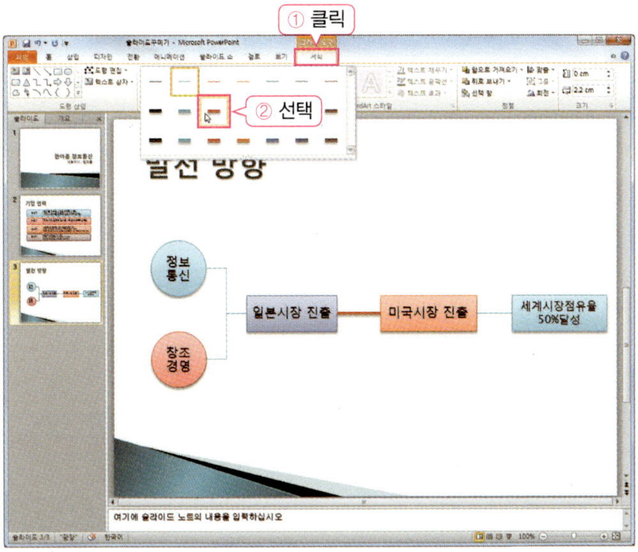

8. ① [서식] 탭의 [도형스타일] 그룹에서 ② 선의 굵기나 선의 색을 바꿀 수도 있다.

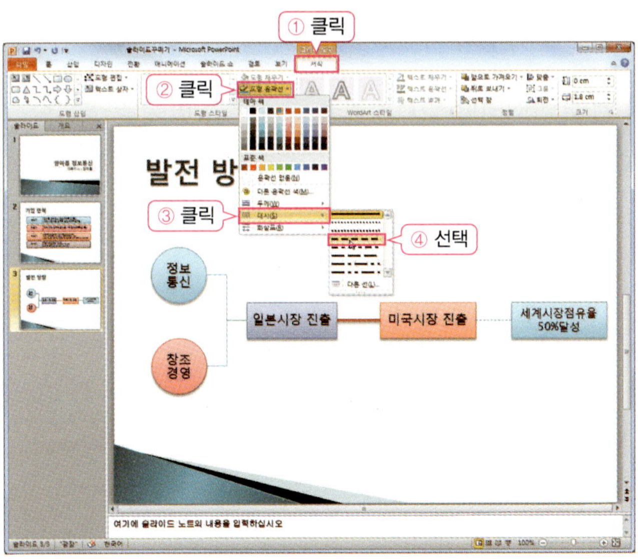

9. ① [서식] 탭의 [도형 스타일] 그룹의 ② [도형 윤곽선]–③ [대시]에서 ④ 선의 모양을 바꿀 수도 있다.

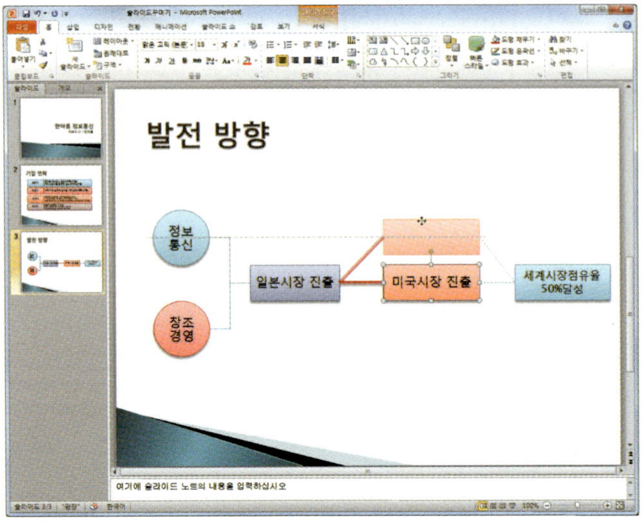

10. 도형과 도형을 연결하는 선은 도형의 위치가 옮겨지더라도 선을 자동으로 늘이거나 줄이고 위치를 바꾸면서 계속 연결하고 있다.

Section 2. 그림과 클립아트 삽입하기

파워포인트에서는 클립아트뿐만 아니라, 직접 찍은 사진이나 인터넷에서 검색한 그림 등을 삽입하거나 인터넷 화면을 바로 캡처해서 넣을 수도 있다. 이미지를 삽입함으로써 내용을 더욱 효율적으로 전달할 수 있다.

그림 삽입하기

그림을 삽입함으로써 텍스트 위주의 슬라이드보다 더욱 효율적으로 내용을 전달할 수 있다.

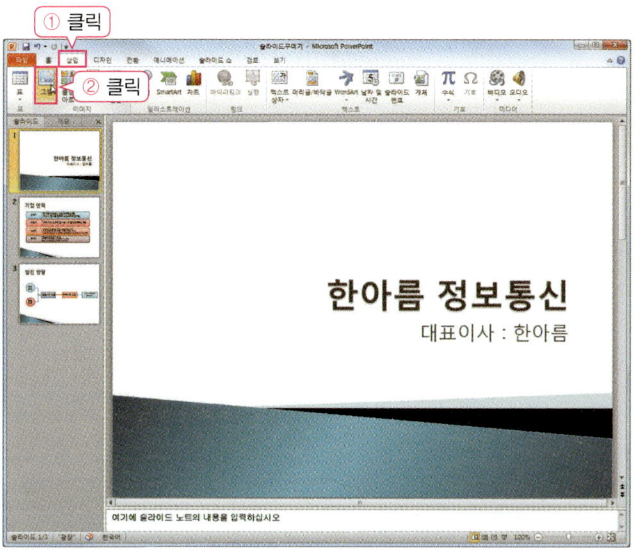

1. ① [삽입] 탭의 [이미지] 그룹에서 ② [그림]을 클릭한다.

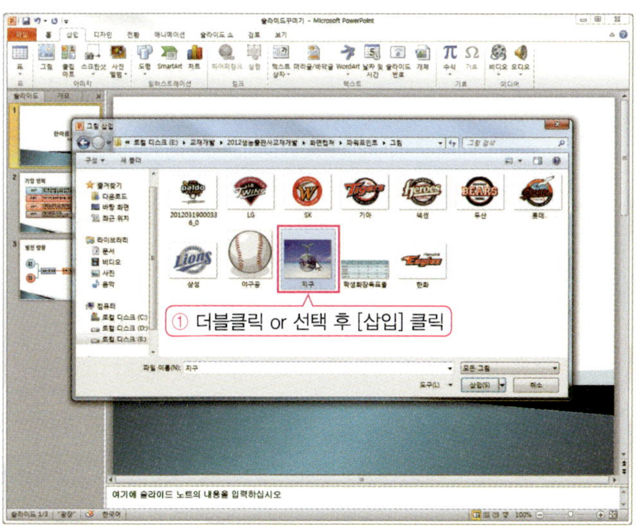

2. 그림이 위치한 폴더를 찾아가서 삽입하고자 하는 그림 파일을 ① 더블클릭하거나 그림을 선택한 후 [삽입]을 클릭한다.

3. 슬라이드 한 가운데 그림이 삽입된다. 삽입된 그림은 크기 조절점을 이용해서 크기를 조절할 수 있고, 원하는 곳으로 이동할 수도 있다

그림 편집도구

그림을 선택하면 리본 메뉴에 상황탭인 [그림 도구]-[서식] 탭이 나타난다.

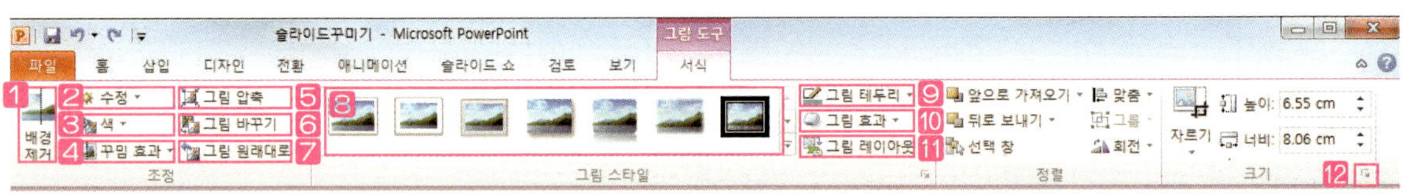

① 배경 제거

그림의 배경을 제거해서 배경을 투명화한다.

② 수정

그림의 선명도와 밝기를 설정한다.

③ 색

색채도, 색조, 다시 칠하기 등을 이용해서 다양한 색을 설정할 수 있다.

④ 꾸밈 효과

시멘트, 수채화, 스펀지 등 다양한 꾸밈효과를 이용해서 내용에 맞게 그림을 수정할 수 있다.

⑤ 그림 압축

그림의 해상도를 조정해서 그림의 크기를 늘리고 줄일 수 있다.

⑥ 그림 바꾸기

현재 그림을 다른 그림으로 변경한다.

⑦ 그림 원래대로

삽입된 그림의 효과라든지 크기를 원본 상태로 돌릴 수 있다.

⑧ 빠른 그림 스타일 적용

다양한 종류의 효과를 한번에 쉽게 적용할 때 사용한다.

⑨ 그림 테두리

도형에서의 윤곽선과 마찬가지로 그림 테두리의 선색, 선 굵기 등을 설정한다.

⑩ 그림 효과

그림에 그림자, 반사, 네온, 입체효과 등을 설정할 수 있다.

⑪ 그림 레이아웃

그림을 스마트아트 그래픽 효과로 변환할 수 있다.

⑫ 그림 서식 대화상자

[그림 스타일] 그룹이나 [크기] 그룹의 오른쪽 하단에 있는 버튼 을 누르면 「그림 서식」 대화상자가 그림과 같이 나타나고, 그림 효과를 좀 더 자세히 설정할 수 있다.

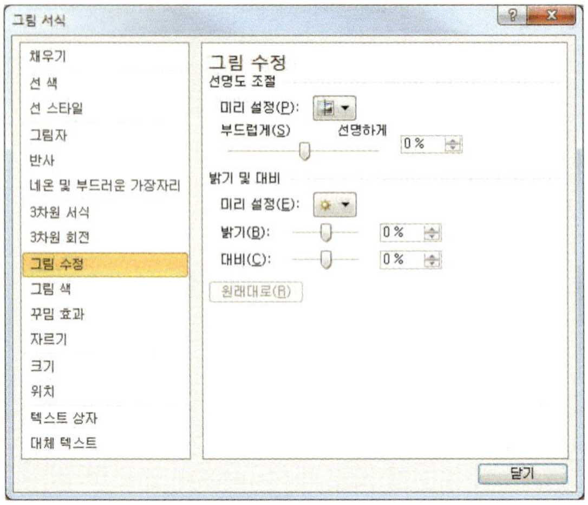

그림 편집하기

우리가 삽입하고자 하는 그림이 항상 슬라이드 환경에 맞지는 않다. 필요에 따라 그림의 필요 없는 부분을 잘라내거나 그림의 밝기를 조절하거나 때로는 배경을 투명화할 필요가 있다.

그림 자르기

1. 삽입된 그림을 클릭하면 [서식] 탭이 활성화된다. 이때 ① [서식] 탭의 [크기] 그룹에서 ② [자르기]– ③ [자르기]를 선택한다.

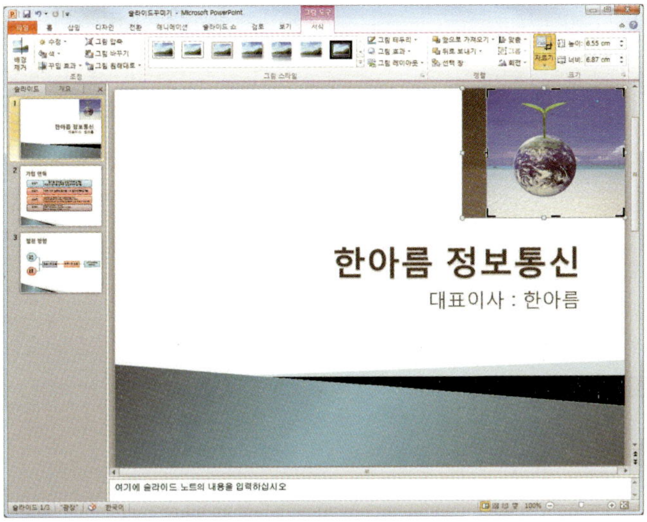

2. 그림 주변에 검은색 실선인 자르기 핸들이 나타난다. 이 실선을 끌어 옮기면서 그림의 필요 없는 부분을 잘라낼 수 있다. 잘라내기 작업이 끝났으면 화면의 빈 곳을 클릭하거나 자르기를 한번 더 클릭하면 자르기 명령이 종료된다. 자르기 명령의 실행은 그림을 영원히 자른 것을 의미하지는 않는다. 필요에 따라 자르기를 다시 클릭해서 원상 복구시킬 수 있다.

배경제거

1. ① [서식] 탭의 [조정] 그룹에서 ② [배경제거]를 클릭한다.

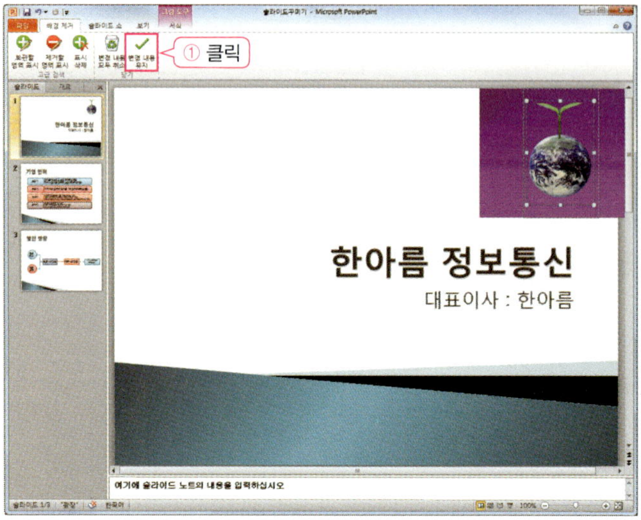

2. 가운데 그림을 객체로 인식하고 주변영역을 배경으로 인식해서 그림과 같이 배경이 제거된다. 배경제거가 끝났으면 ① [변경 내용 유지]를 클릭한다. 본 예제에서는 비교적 쉽게 배경영역이 제거된다. 하지만 수정할 그림에 따라서 [보관할 영역 표시], [제거할 영역 표시] 명령을 이용해서 배경을 제거해야 될 때도 있다.

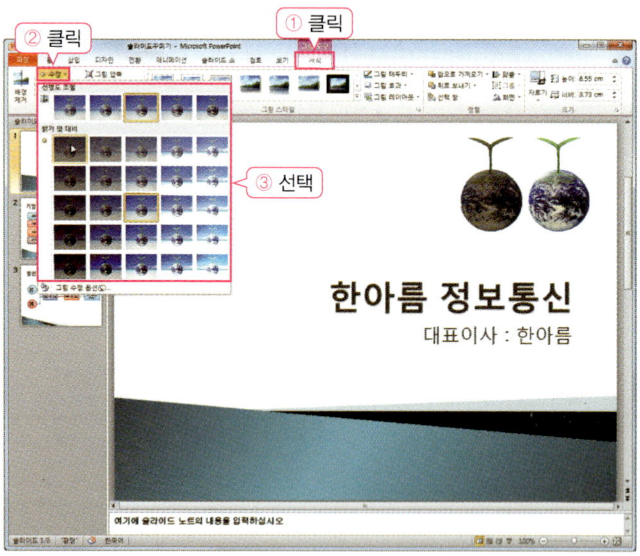

수정

1. ① [서식] 탭의 [조정] 그룹에 있는 ② [수정] 기능을 이용해서 그림의 ③ 선명도와 밝기를 조절할 수 있다.

색

1. ① [서식] 탭의 [조정] 그룹에 있는 ② [색] 기능을 이용해서 ③ 삽입된 그림의 색상을 바꿀 수 있다.

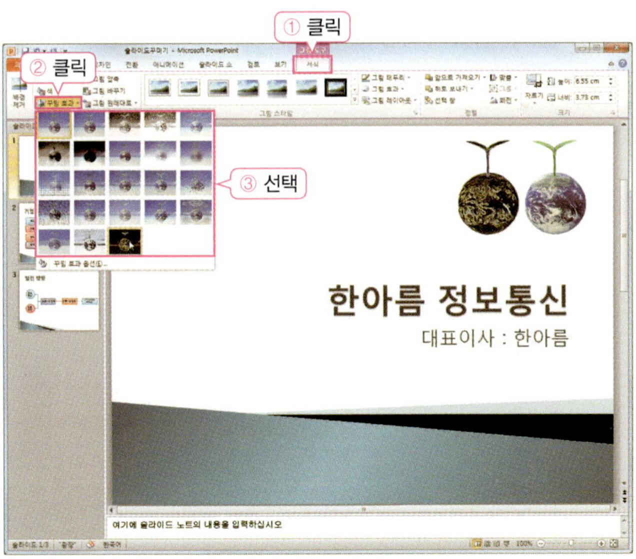

꾸밈 효과

1. ① [서식] 탭의 [조정] 그룹에 있는 ② [꾸밈 효과] 기능을 이용해서 그림에 ③ 다양한 꾸미기 효과를 줄 수도 있다.

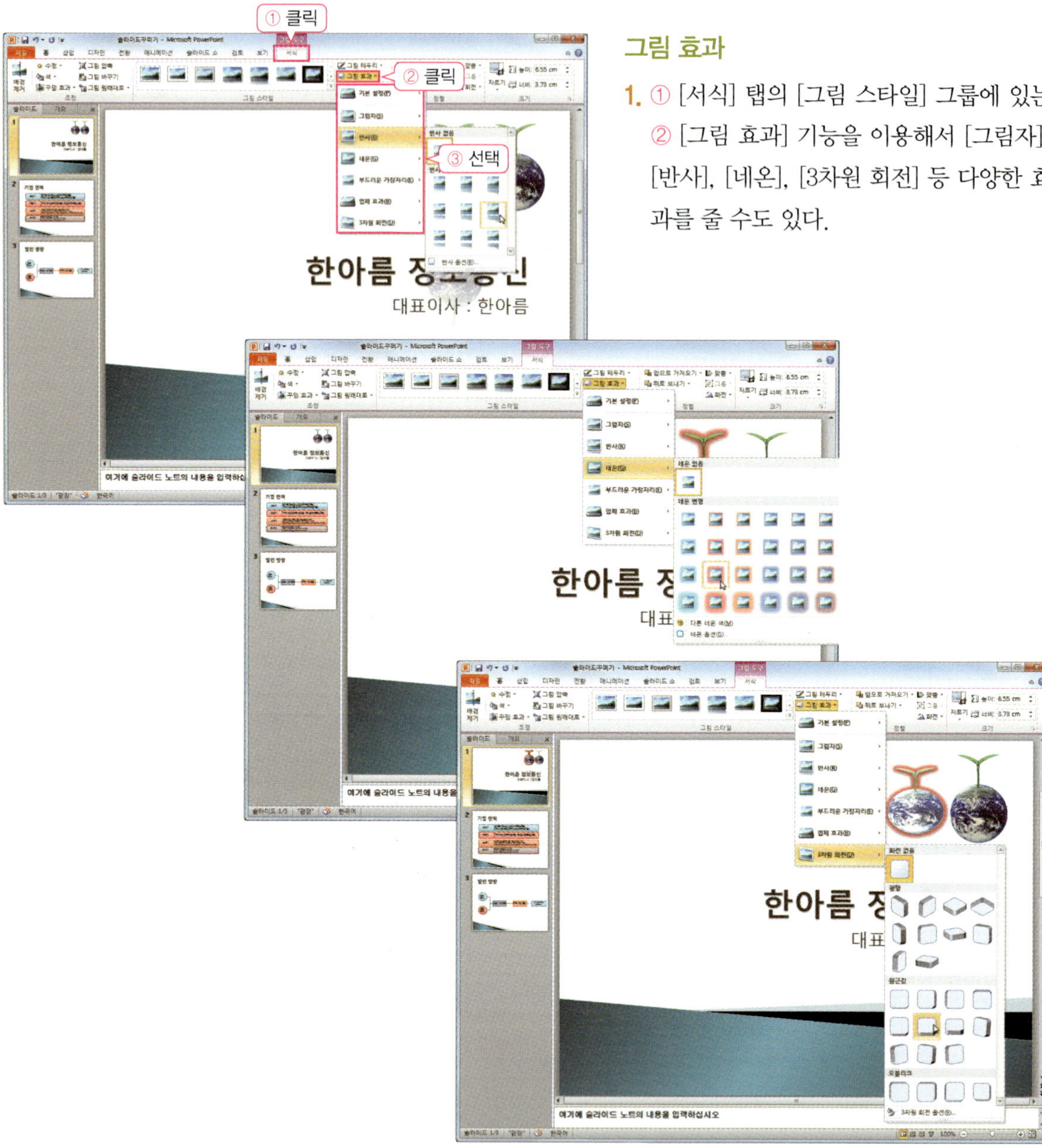

그림 효과

1. ① [서식] 탭의 [그림 스타일] 그룹에 있는 ② [그림 효과] 기능을 이용해서 [그림자], [반사], [네온], [3차원 회전] 등 다양한 효과를 줄 수도 있다.

클립아트 삽입하기

클립아트는 오피스 프로그램 사용자가 문서를 작성할 때 편리하게 이용할 수 있도록 이미지, 일러스트레이션 등 각종 조각 그림들을 만들어 저장해 놓은 것을 말한다. 마이크로소프트에서 제공하는 각종 문서 프로그램에서는 대부분 클립아트를 지원하여 문서를 만드는 데 필요한 여러 가지 조각 그림을 제공한다. 여러 그림을 일률적으로 나열해 놓은 클립아트부터 그림을 각 목록별로 찾기 쉽게 정리해 놓은 것, 사용자가 자주 사용하는 그림들을 자신의 목록으로 만들어 사용하거나 어떤 전문 분야에만 사용할 수 있도록 한 전문가용 등 다양하다. 이미지 파일로 배포되는 조각 그림과 아이콘을 모두 포함하는데, 사용자는 클립아트가 저장된 파일에서 원하는 그림을 불러와 문서에 넣어 구성하면 경제적으로 그림을 만들 수 있다.

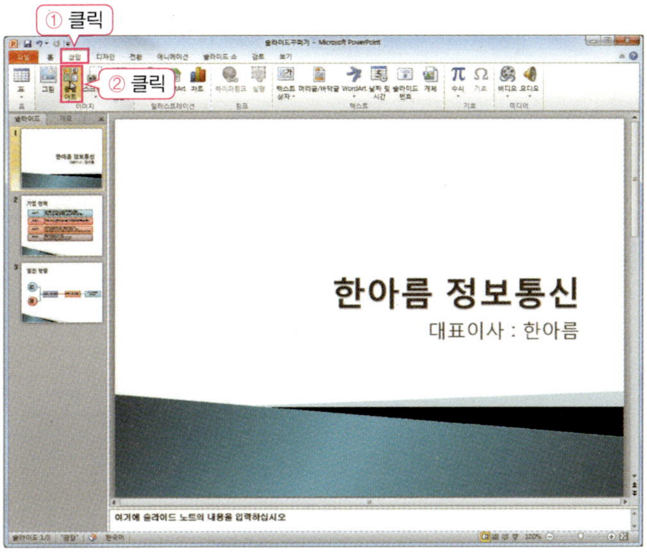

클립아트 삽입하기

1. ① [삽입] 탭의 [이미지] 그룹에서 ② [클립아트]를 클릭한다.

2. 오른쪽에 [클립아트] 창이 나타난다. 맨 위의 검색 대상에 ① '사랑'을 입력한 후 ② [이동]을 클릭한다. 클릭과 동시에 '사랑'과 관련된 클립아트들이 나타난다. 이 중에서 ③ 원하는 클립아트를 더블클릭 한다.

3. 클립아트 창에서 클릭함과 동시에 슬라이드의 중앙에 클립아트가 삽입된다. 삽입된 클립아트는 ① 클릭 후 이동이 가능하다. 또한 ② 8개의 크기 조절점을 이용해서 크기를 수정할 수도 있다.

4. 슬라이드의 내용에 맞게 ① 클립아트의 상하좌우를 뒤집을 수도 있다. 클립아트의 오른쪽 크기조절점을 끌어서 반대편으로 넘겨주면 클립아트가 뒤집어진다. 상하로 뒤집을 때도 동일한 방법을 사용하면 된다.

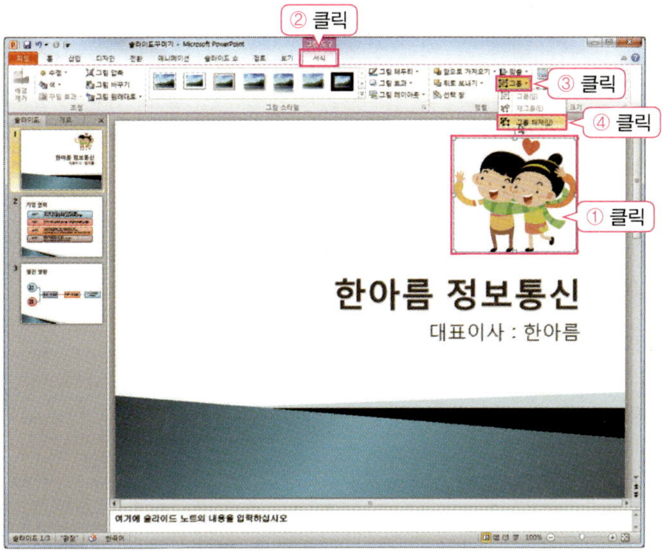

클립아트 편집

1. 클립아트 종류에 따라 다르지만 여러 가지 조각으로 이루어진 클립아트의 경우 그룹을 해제해서 조각을 사용할 수도 있다. ① 클립아트를 클릭하고, ② [서식] 탭의 [정렬] 그룹에서 ③ [그룹]-④ [그룹 해제]를 클릭한다.

2. "그리기 개체로 변환하겠느냐"는 메시지 창이 뜨면 편집 가능한 클립아트이다. 이때 [예]를 클릭한다.

3. 그룹을 해제하면 그림과 같이 여러 개의 조각으로 나누어진다. 클립아트 종류에 따라 [그룹 해제]를 두 번 실행해야 그룹이 해제되는 경우도 있다.

4. '하트' 그림이 필요하다면 '하트' 그림만 떼어내어 이용할 수도 있다.

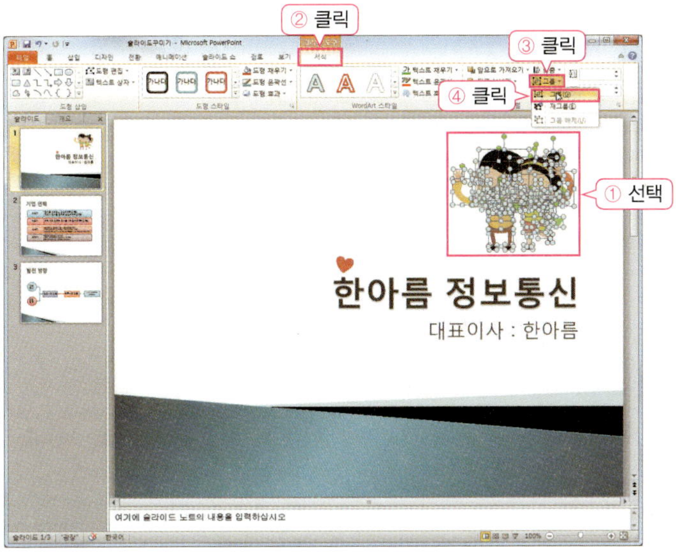

5. 그룹에 해제된 클립아트는 다시 그룹화해서 하나의 클립아트로 만들 수 있다. ① 그룹화할 클립아트 전체에 블록을 씌운 다음 ② [서식] 탭의 [정렬] 그룹에서 ③ [그룹]-④ [그룹]을 클릭한다.

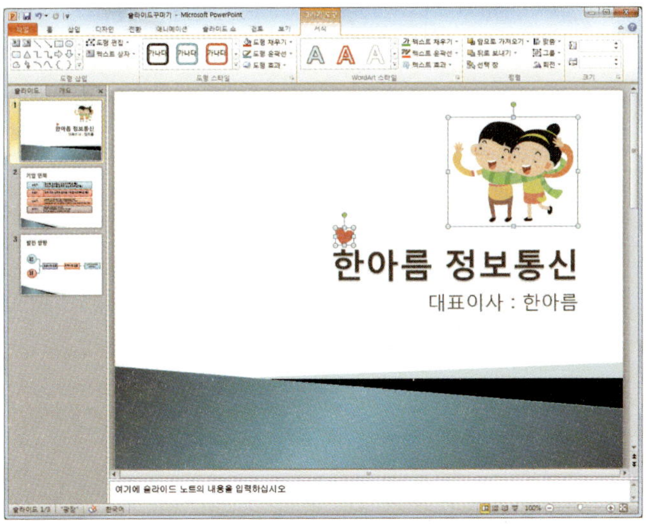

6. 그림과 같이 두 개의 그룹화된 클립아트로 나누어진 것을 확인할 수 있다.

Section 3. 스크린 샷 기능으로 화면 캡처하기

스크린 샷 기능은 파워포인트 2010에서 추가된 기능으로 캡처 프로그램 없이 활성화되어 있는 프로그램들의 화면을 캡처하는 기능이다. 화면 캡처하는 방법은 활성화된 창 전체를 캡처하는 방법과 활성화된 창의 일부만 캡처하는 방법이 있다.

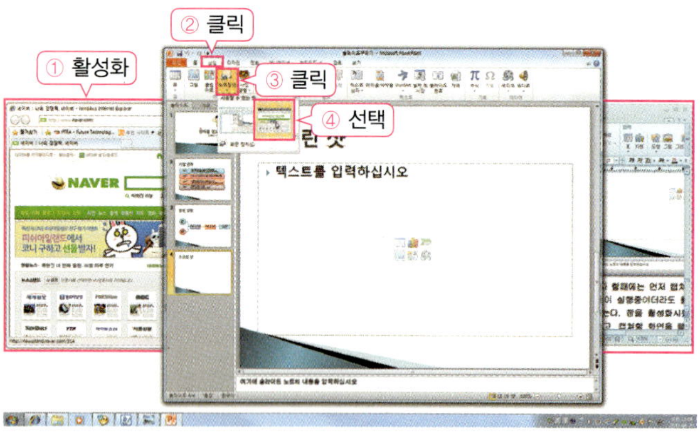

활성화된 창 캡처

1. 스크린 샷 기능을 사용하고자 할 때에는 먼저 ① 캡처할 프로그램을 활성화시켜야 한다. 그림과 같이 프로그램이 실행중이더라도 활성화가 되어 있지 않을 경우 캡처할 부분에 나타나지 않는다. 창을 활성화시켰으면 ② [삽입] 탭의 [이미지] 그룹에서 ③ [스크린 샷]을 클릭하고, ④ 캡처할 화면을 선택한다.

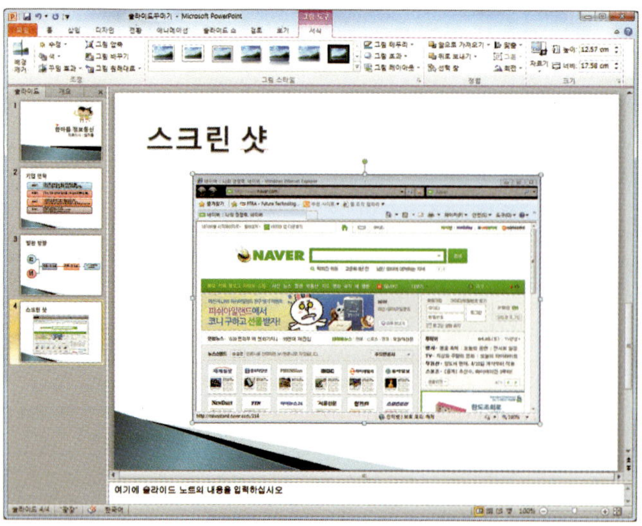

2. 그림과 같이 활성화되어 있었던 인터넷 익스플로러 화면이 캡처되었다.

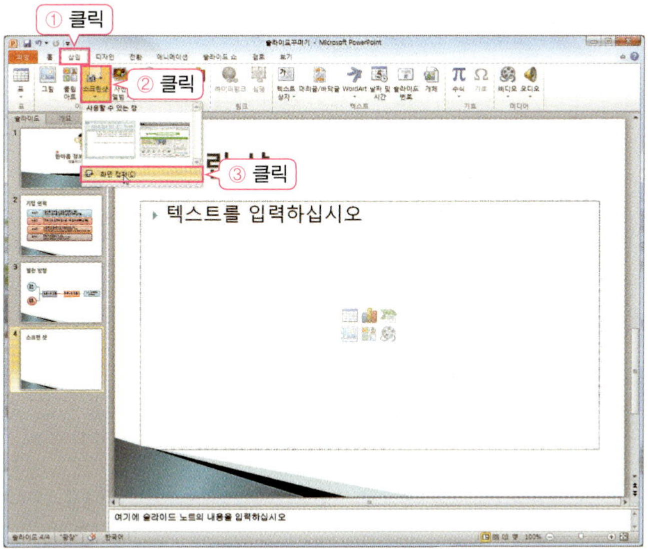

영역 선택하여 캡처하기

1. ① [삽입] 탭의 [이미지] 그룹에서 ② [스크린 샷]-③ [화면캡처]를 클릭한다.

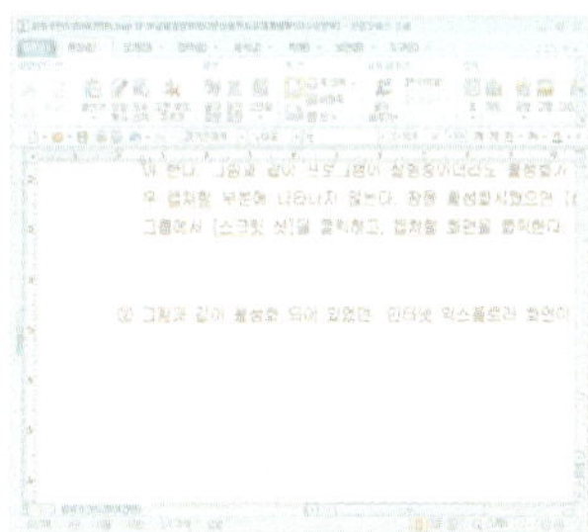

2. 그림과 같이 전체 영역이 흐리게 나타나고, 필요한 부분만 드래그하면 드래그한 영역만 밝아진다.

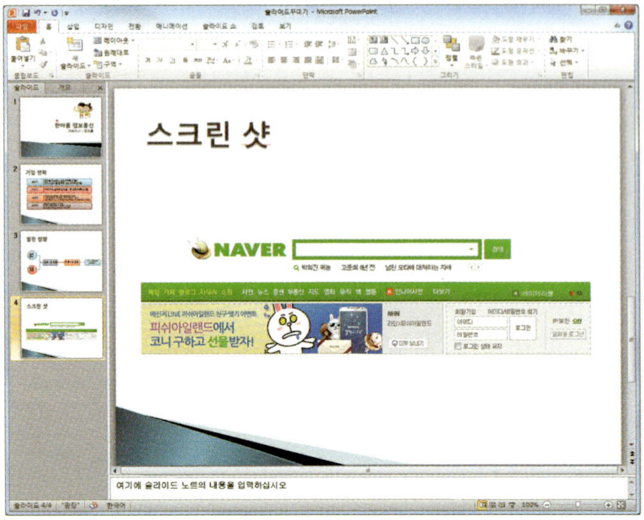

3. 마우스 버튼을 놓는 순간 슬라이드에 캡처한 화면이 삽입된다.

Section 4. 스마트아트 삽입하기

스마트아트는 정보(개체)들의 관계를 시각적인 다이어그램으로 표시하여 지원하는 모음을 지칭한다. 스마트아트를 사용하여 내용을 더욱 효율적으로 전달할 수 있다. 지원되는 스마트아트 그래픽 종류는 목록형, 프로세스형, 주기형, 계층구조형, 관계형, 행렬형, 피라미드형 등이 있으며 2010버전에서는 더욱 다양하고 화려한 그래픽들이 지원된다.

스마트아트 삽입하기

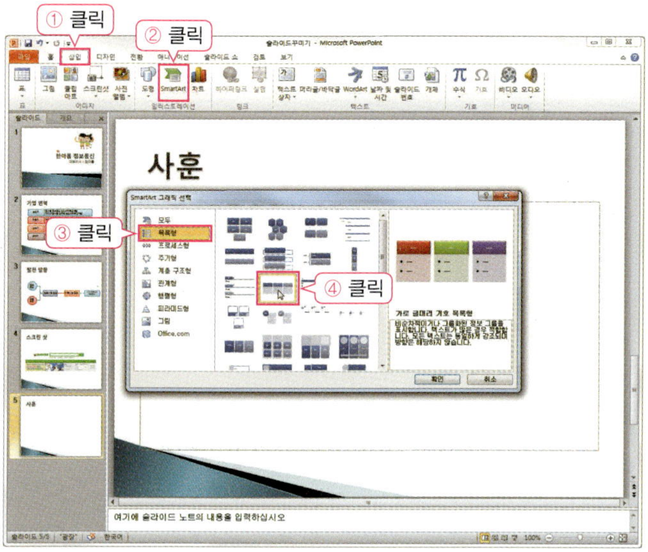

1. ① [삽입] 탭의 [일러스트레이션] 그룹에서 ② [SmartArt]를 클릭하고, 「SmartArt 그래픽 선택」 대화상자에서 ③ [목록형]-④ [가로 글머리 기호 목록형]을 선택한다.

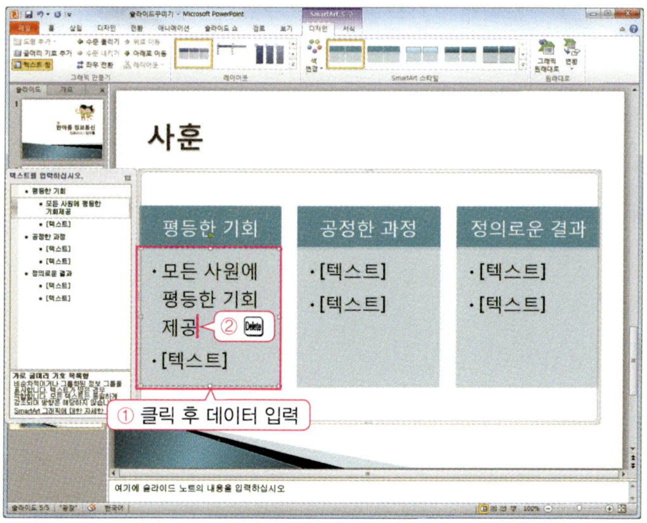

2. 슬라이드에 선택한 스마트아트 개체가 삽입된다. ① 내용의 입력은 스마트아트의 도형을 클릭하고 입력한다. 더 이상 필요 없는 하위 목록이 있으면 ② Delete 키를 눌러서 제거한다.

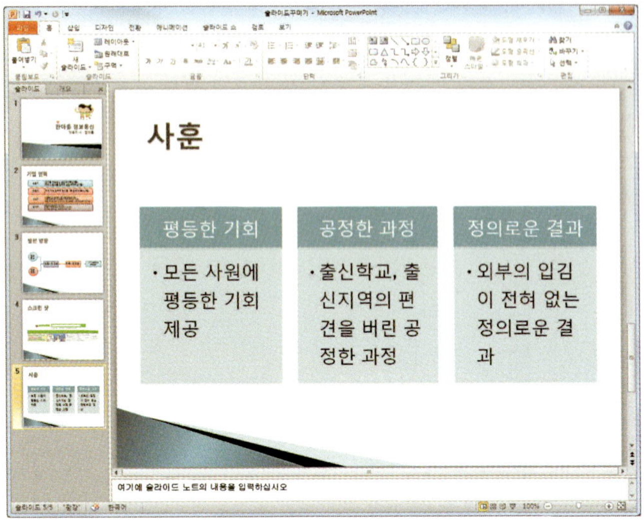

3. 동일한 방법으로 나머지 데이터도 입력한다.

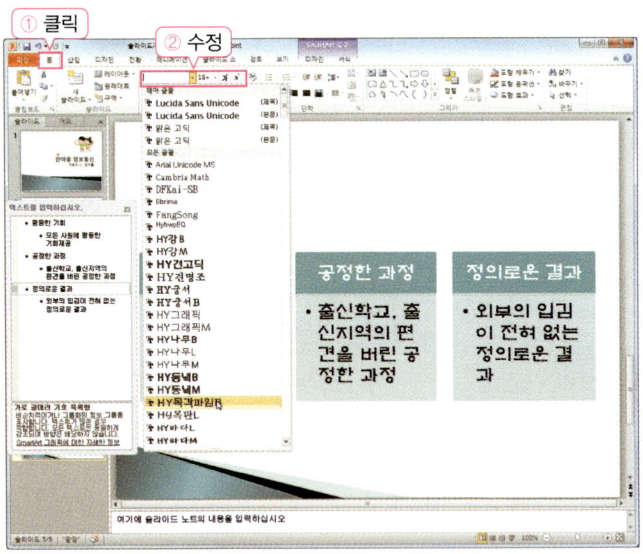

4. 삽입된 스마트아트를 클릭하고, ① [홈] 탭의 [글꼴] 그룹에서 ② 글자체와 글자크기를 수정할 수 있다.

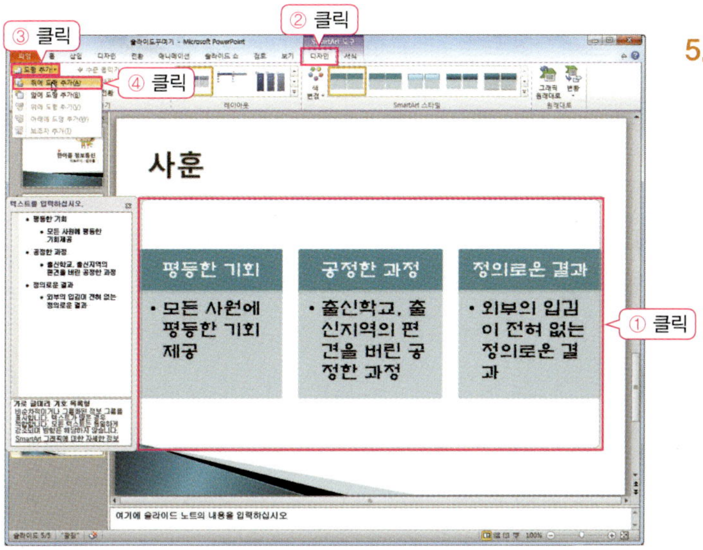

5. 삽입된 스마트아트에 도형이 더 필요할 경우 ① 삽입된 스마트아트를 클릭하고 ② [디자인] 탭의 [그래픽 만들기] 그룹에서 ③ [도형추가]–④ [뒤에 도형 추가]를 이용해서 도형을 추가한다.

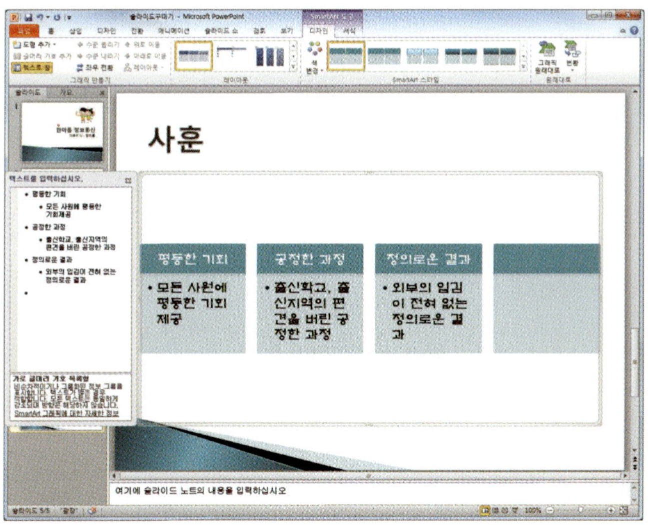

6. 그림과 같이 도형이 추가된 것을 확인할 수 있다.

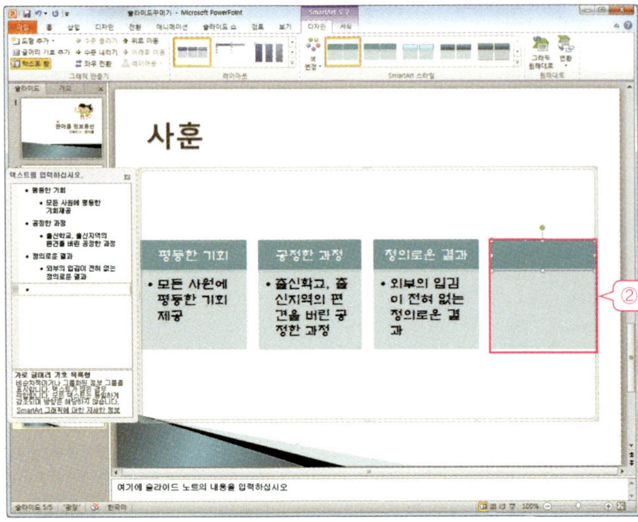

7. 필요 없는 도형을 삭제할 때에는 ① 도형을 클릭하고, Delete 키를 누른다.

스마트아트 편집도구

스마트아트를 선택하면 리본 메뉴에 상황탭인 [SmartArt 도구]–[디자인]과 [서식] 탭이 나타난다. [디자인] 탭에는 스마트아트 그래픽을 생성하고 빠르게 스타일을 변경하는 기능들이 있고, [서식] 탭에는 스마트아트를 꾸미는 기능들이 들어 있다.

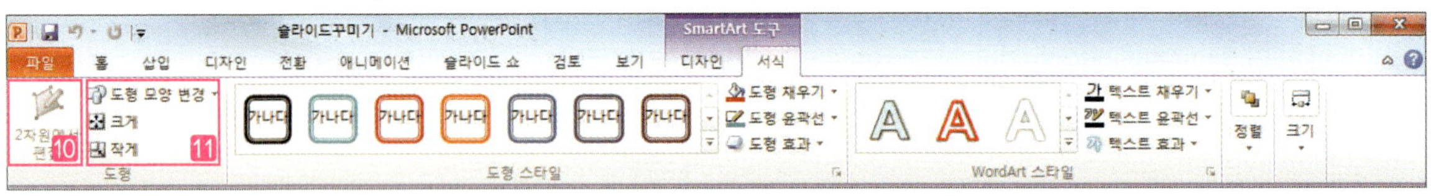

① 도형 추가

스마트아트에 새로운 도형을 추가할 때 사용한다. 도형의 추가 위치는 뒤, 앞, 아래, 위, 보조자 위치에 추가할 수 있다.

② 글머리 기호 추가

스마트아트 내 텍스트의 글머리 기호를 추가할 때 사용한다.

③ 텍스트 창

텍스트 창을 표시하거나 숨길 때 사용한다.

④ 수준 올리기, 수준 내리기, 좌우 전환

스마트아트 내의 도형들의 위치를 이동시키거나 서열을 바꿀 때 사용한다.

⑤ 레이아웃

스마트아트의 레이아웃을 변경할 때 사용한다.

⑥ 색 변경

스마트아트 도형에 적용된 색을 변경할 때 사용한다.

⑦ 빠른 SmartArt 스타일 적용

스마트아트에 빠르게 스타일을 적용할 수 있다.

⑧ 그래픽 원래대로

스마트아트에 적용된 모든 서식을 취소한다.

⑨ 변환

스마트아트를 원래의 텍스트나 도형으로 변환할 때 사용한다. 텍스트를 스마트아트로 변경했을 경우 텍스트 상태로 돌아간다.

⑩ 2차원에서 편집

3차원 서식이 적용된 경우 편집을 용이하게 하기 위해 2차원 상태로 변환시킬 때 사용한다.

⑪ 도형 모양 변경/크게/작게

도형의 모양과 크기를 변경할 때 사용한다.

스마트아트 편집하기

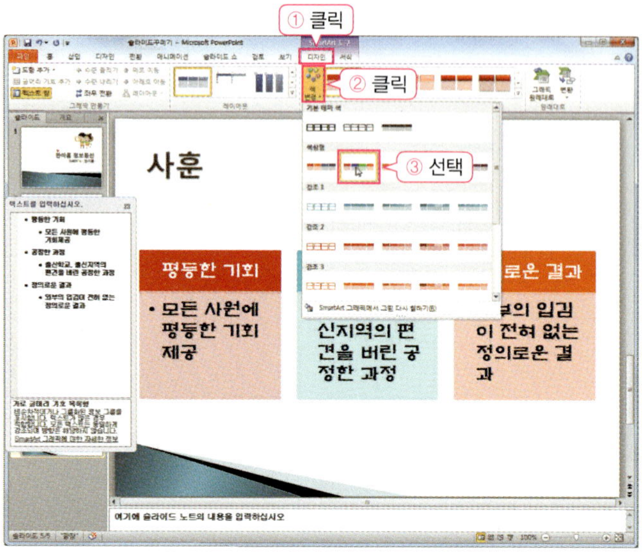

1. 삽입된 스마트아트의 색을 바꿀수 있다. ① [디자인] 탭의 [SmartArt 스타일] 그룹에서 ② [색 변경]을 클릭하고, ③ 원하는 색을 선택한다.

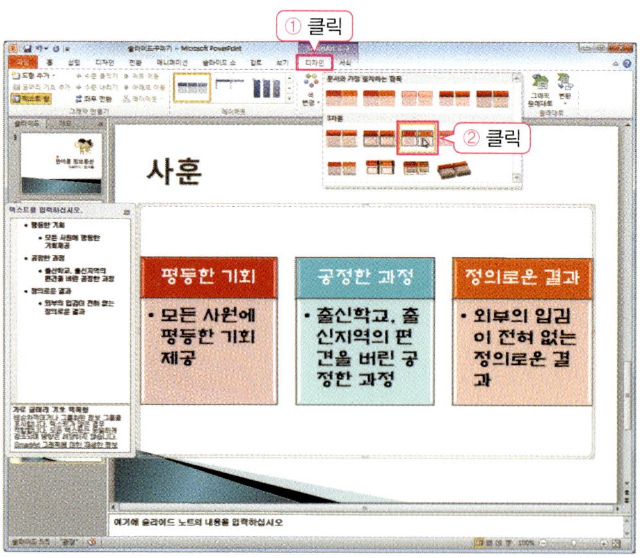

2. 삽입된 스마트아트를 3차원 서식으로 바꿀 수 있다. ① [디자인] 탭의 [SmartArt 스타일] 그룹에서 ② 원하는 3차원 서식 스마트아트 스타일을 선택한다.

스마트아트 종류 변경

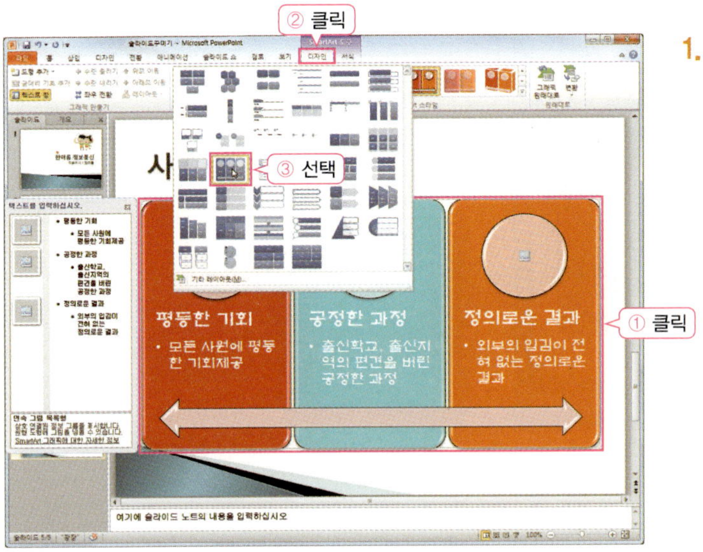

1. 삽입된 스마트아트의 종류를 변경할 수도 있다. ① 스마트아트를 클릭하고, ② [디자인] 탭의 [레이아웃] 그룹에서 ③ '연속 그림 목록형'을 선택한다.

2. 스마트아트 모양이 변경되고, '연속 그림 목록형' 스마트아트의 경우 그림을 삽입할 수도 있다. 그림이 들어가는 부분을 클릭하고 그림을 삽입한다.

3. '연속 그림 목록형' 스마트아트가 완성되었다.

스마트아트로 조직도 그리기

회사나 단체 소개 프레젠테이션에서 빠질 수 없는 것이 조직도이다. 스마트아트가 지원되지 않았을 때에는 도형과 선을 이용해서 조직도를 그렸었다. 하지만, 스마트아트의 조직도를 이용하면 쉽고 간단하게 만족스러운 조직도를 그릴 수 있다.

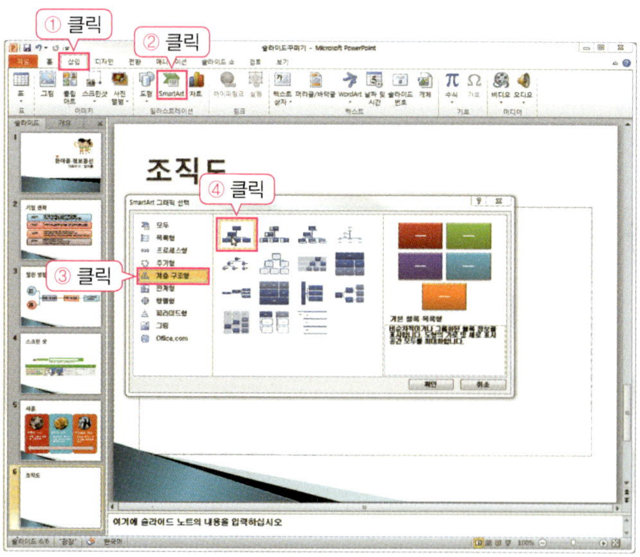

조직도 삽입하기

1. ① [삽입] 탭의 [일러스트레이션] 그룹에서 ② [SmartArt]를 클릭하고, 「SmartArt 그래픽 선택」 대화상자에서 ③ [계층 구조형]-④ [조직도형]을 더블클릭한다.

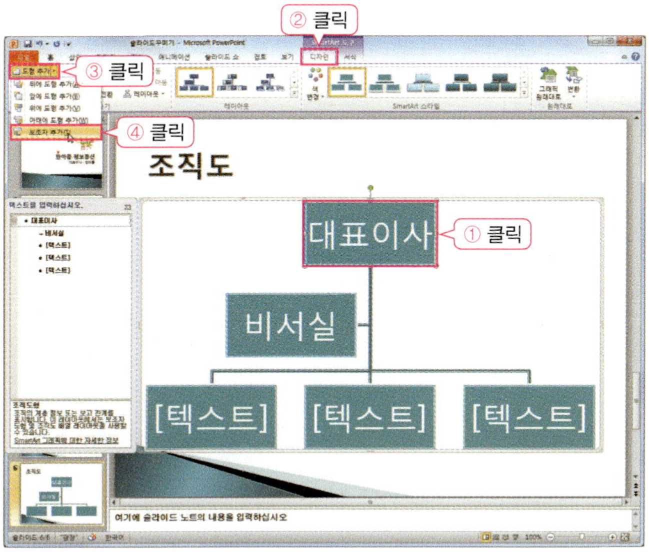

2. 삽입된 기본 조직도형에서 최상위에 '대표이사'를 입력하고, 하위조직이 아닌 '비서실'과 '감사'를 입력하는데, '감사'를 입력할 도형은 추가되어야 한다. 우선 ① '대표이사'를 클릭하고, ② [디자인]탭의 [그래픽 만들기] 그룹에서 ③ [도형 추가]–④ [보조자 추가]를 클릭한다.

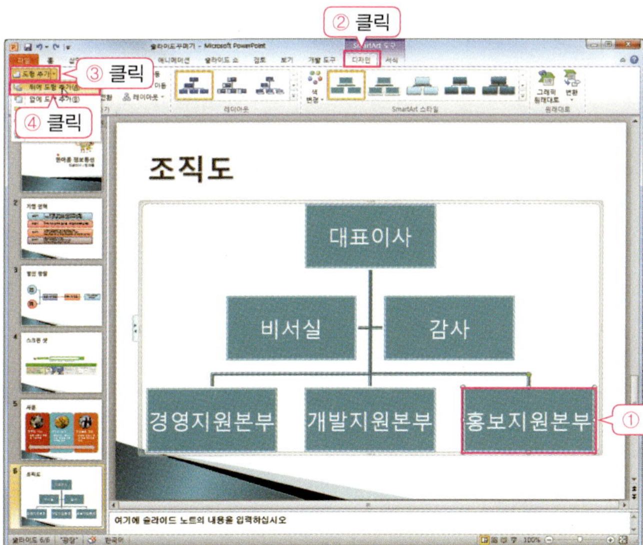

3. ① '경영지원본부', '개발지원본부', '홍보지원본부'를 입력하고 ② [디자인] 탭의 [그래픽 만들기] 그룹에서 ③ [도형추가]–④ [뒤에 도형추가]를 클릭하고 ⑤ '고객지원본부'를 입력한다.

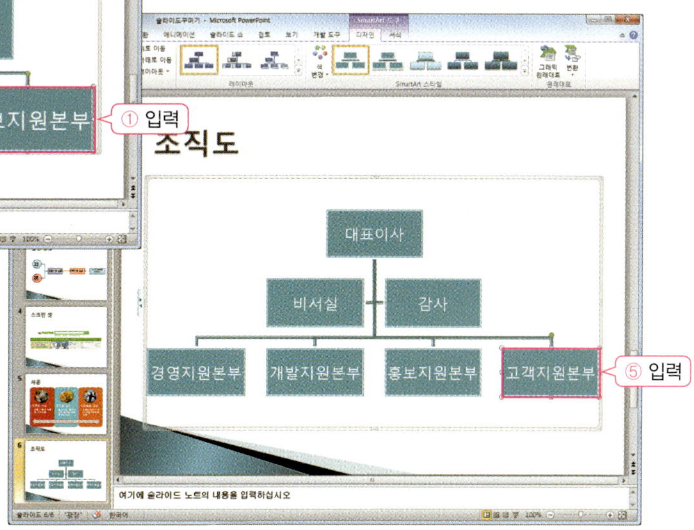

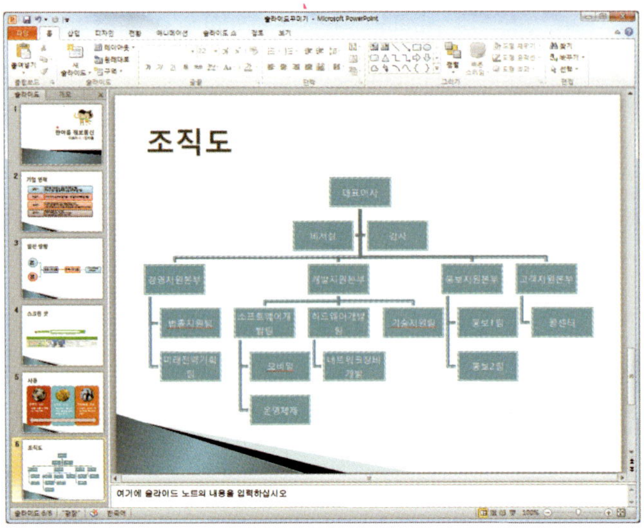

4. 그림과 같이 기본적인 조직도가 완성된 것을 확인할 수 있다.

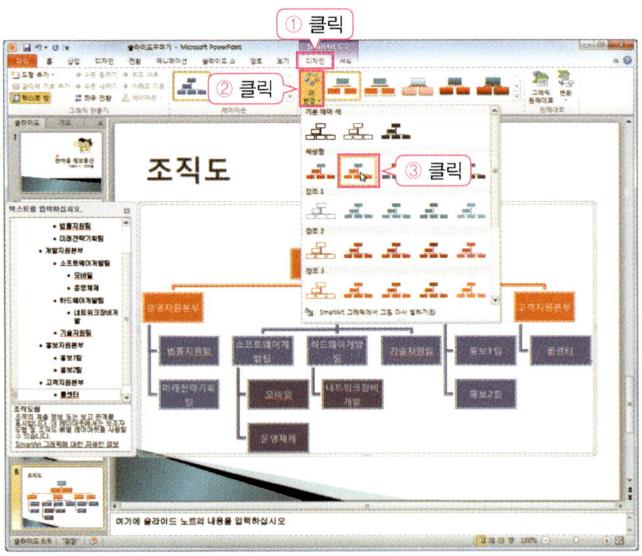

5. 완성된 조직도를 꾸며주기 위해 삽입된 조직도의 색을 바꿀 수 있다. ① [디자인] 탭의 [SmartArt 스타일] 그룹에서 ② [색 변경]을 클릭하고, ③ 원하는 색을 선택한다.

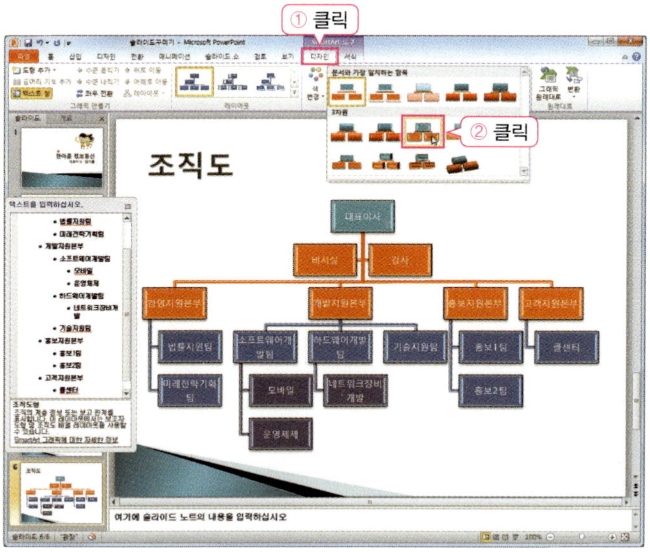

6. 삽입된 조직도를 3차원 서식으로 바꿀 수 있다. ① [디자인] 탭의 [SmartArt 스타일] 그룹에서 ② 원하는 스마트아트 스타일을 선택한다.

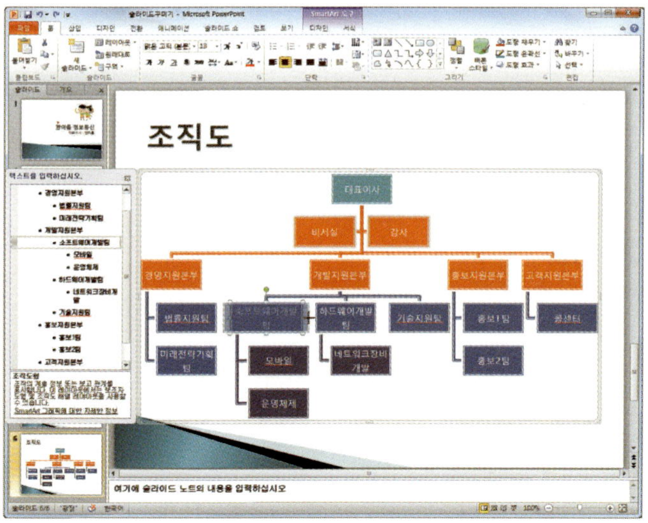

7. 조직도 작업을 하다보면 '소프트웨어개발팀' 등과 같이 도형의 넓이에 비해 글자수가 많은 경우가 있다. 이때는 도형을 클릭해서 글자크기를 줄여주거나 도형 크기를 조금 넓혀준다.

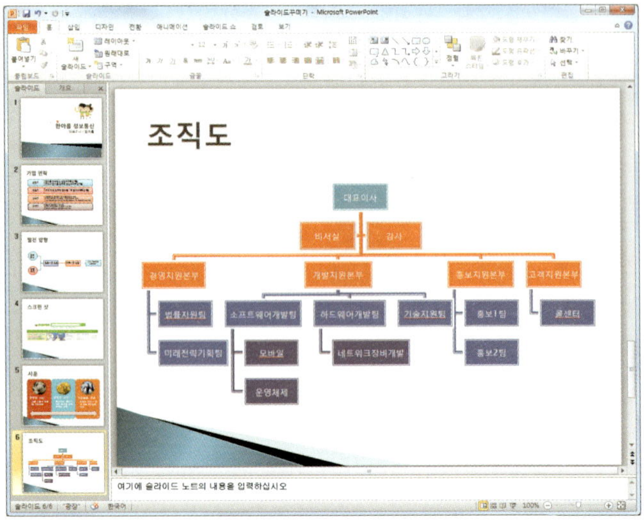

8. 그림과 같이 조직도가 완성된 것을 확인할 수 있다.

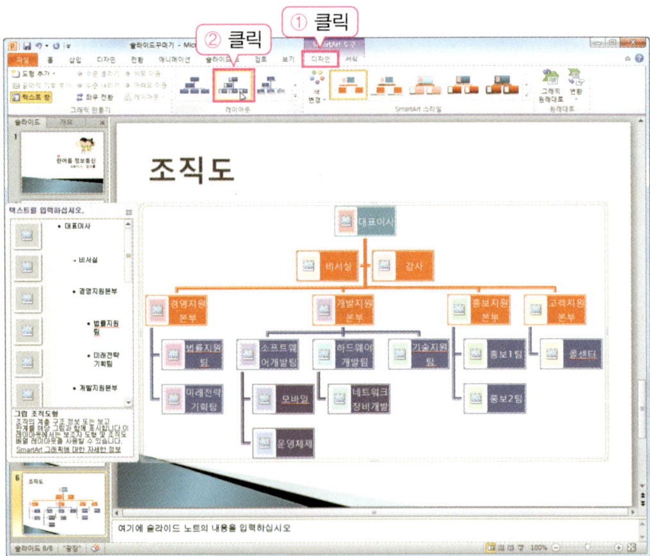

조직도 레이아웃 변경하기

1. 다른 조직도 형태로 변경할 수도 있다. ① [디자인] 탭의 [레이아웃] 그룹에서 ② [그림 조직도 형]으로 변경한다. [그림 조직도 형]의 경우 도형을 클릭해서, 사진이나 그림을 삽입할 수도 있다.

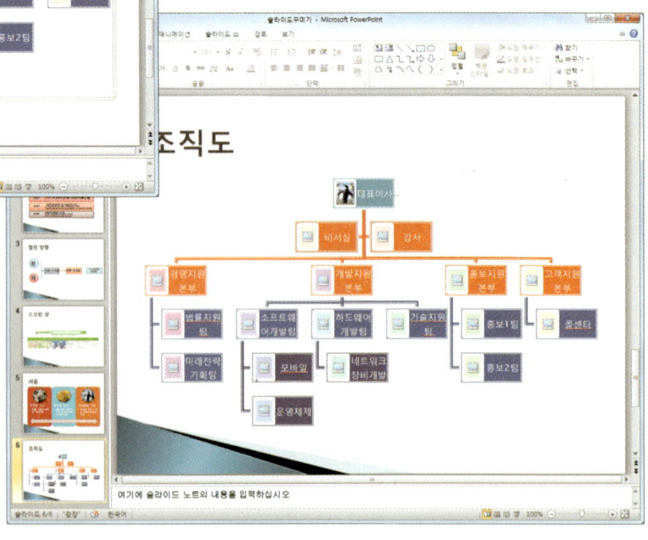

연습문제 EXERCISE

연습문제 ❶

1 [삽입] 탭의 [이미지] 그룹에서 [클립아트]를 클릭하고, [검색대상: 운동]을 입력한 다음, '덤벨을 들고 운동하는 남자' 그림을 삽입한 다음 그림과 같이 배경을 제거하시오.

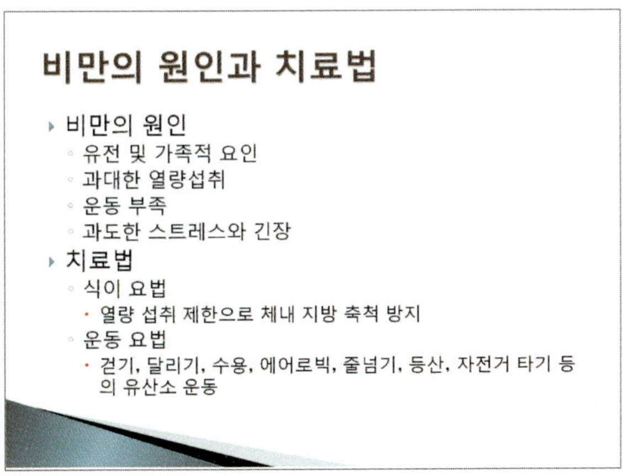

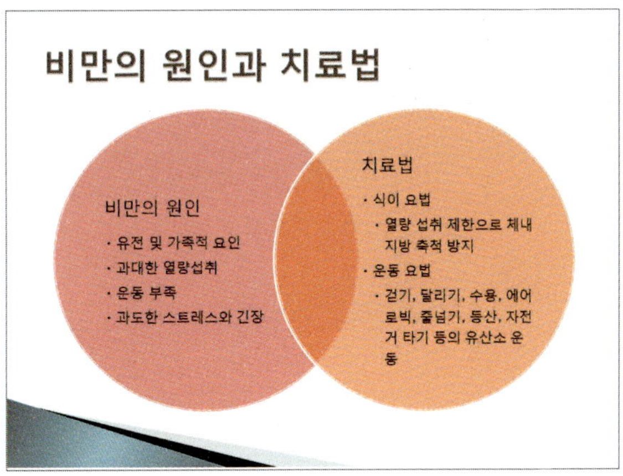

2 '비만의 원인과 치료법' 슬라이드의 텍스트를 '기본 벤형' 스마트아트 스타일로 변경하시오.

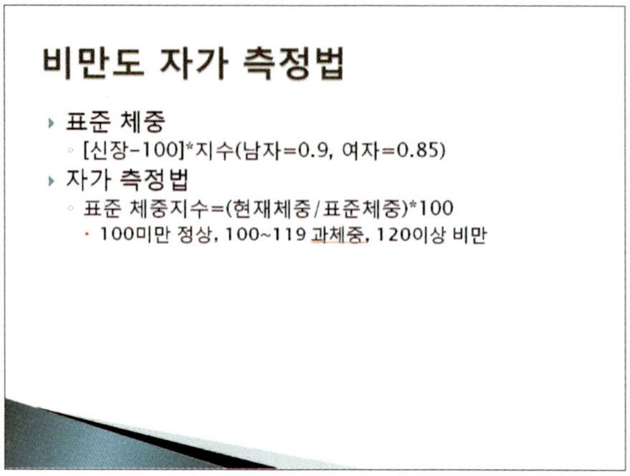

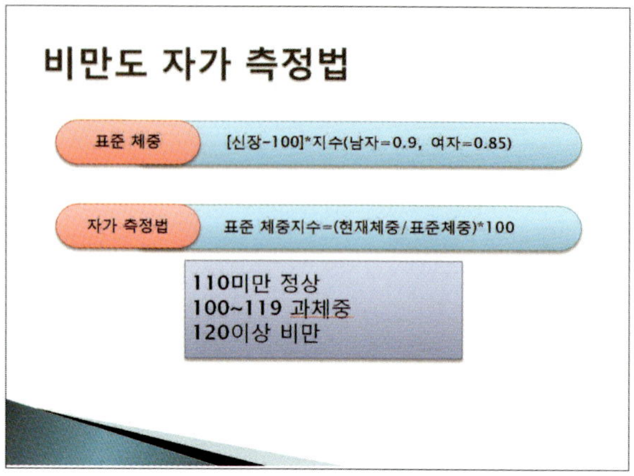

3 '비만도 자가 측정법' 슬라이드에 위의 그림과 같이 도형을 삽입하고 텍스트를 입력하시오.

연습문제 ❷

1 슬라이드 레이아웃을 '빈 화면' 슬라이드로 변경하시오.

2 '직사각형'도형을 제목 부분에 삽입하고, [그리기 도구]–[서식] 탭의 [도형 스타일] 그룹에서 [보통 효과–바다색, 강조 5]를 클릭한 다음 텍스트를 입력하시오.

3 '숭례문.jpg'를 삽입하고, [그리기 도구]–[서식] 탭의 [조정] 그룹에서 [색]–[다시칠하기]–[희미하게]에서 그림을 희미하게 하시오.

4 '모서리가 둥근 직사각형'을 삽입하고, 텍스트를 입력하시오.

5 워드아트를 이용해서 텍스트를 입력하고, [그리기 도구]–[서식] 탭의 [WordArt 스타일] 그룹에서 [그라데이션 채우기–파랑, 강조1, 윤곽선–흰색, 네온–강조2] 효과를 지정하고, [변환]에서 [둥글게] 효과를 지정하시오.

05 CHAPTER

자료 기반의 슬라이드 만들기

Section 1. 표 삽입하고 편집하기

Section 2. 차트 삽입하고 편집하기

Section 3. 도형을 이용해 차트 흉내내기

CHAPTER 05

자료 기반의 슬라이드 만들기

슬라이드의 내용이 복잡하고 텍스트 위주의 슬라이드라면 프레젠테이션의 내용은 한눈에 들어오지 않는다. 이때 표와 차트를 이용해서 일목요연하게 정리한다면 슬라이드의 내용을 한눈에 파악할 수 있을 것이다.

Section 1. 표 삽입하고 편집하기

표는 행과 열로 구성되며, 서로 비교하거나 항목별로 묶을 필요가 있는 텍스트나 수치데이터를 요약하는 데 적합하다. 자료를 표 형태로 정리하면 내용을 쉽게 파악할 수 있다.

파워포인트 2010에서의 표 삽입 방법은 빠르게 표 삽입하기, 「표 삽입」 대화상자, [표 그리기 도구], [엑셀 스프레드시트]로 삽입하기의 4가지 방법이 있다.

표 삽입하기

표를 삽입하기 전에 몇 행 몇 열의 표를 삽입할지를 결정해야 한다. 본 예제에서는 5행 4열 표를 삽입해 보자.

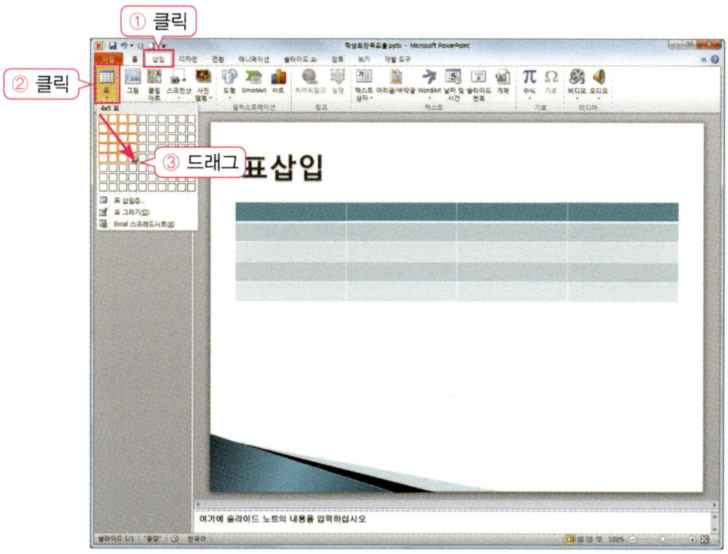

1. ① [삽입] 탭의 [표] 그룹에서 ② [표]를 클릭하고 ③ 모눈종이 모양의 상자를 이용해서 원하는 크기의 표를 삽입한다.
   본 예제에서는 마우스로 4열 5행을 드래그하여 표를 삽입한다.

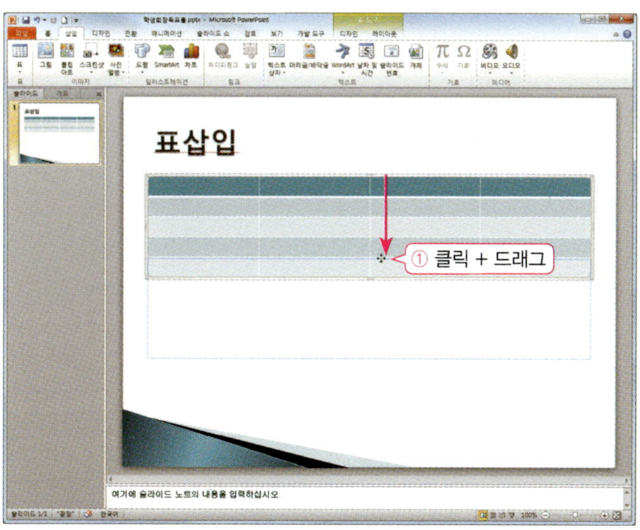

2. ① 표를 클릭하면 표 개체 주위의 테두리선이 나타나는데 이 선을 클릭하고 드래그해서 표를 이동할 수 있다.

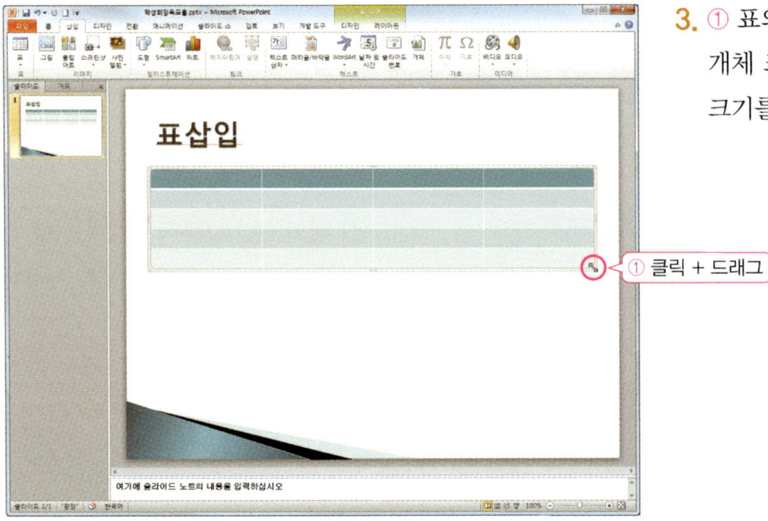

3. ① 표의 크기가 크거나 너무 작을 때는 표 개체 크기 조절점을 클릭하고 드래그해서 크기를 조절할 수 있다.

표 편집도구

표를 선택하면 리본 메뉴에 상황탭인 [표 도구]–[디자인], [레이아웃] 탭이 나타난다.
[디자인] 탭에는 표 스타일, 테두리 그리기 등을 통해서 차트 전체 모양을 변경할 때 사용되는 기능들이 모여 있고, [레이아웃] 탭에는 행 · 열 삽입, 삭제 및 병합, 맞춤 등의 기능들이 있다.

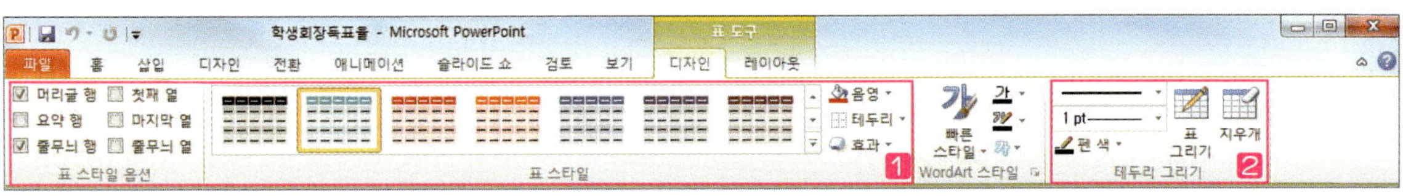

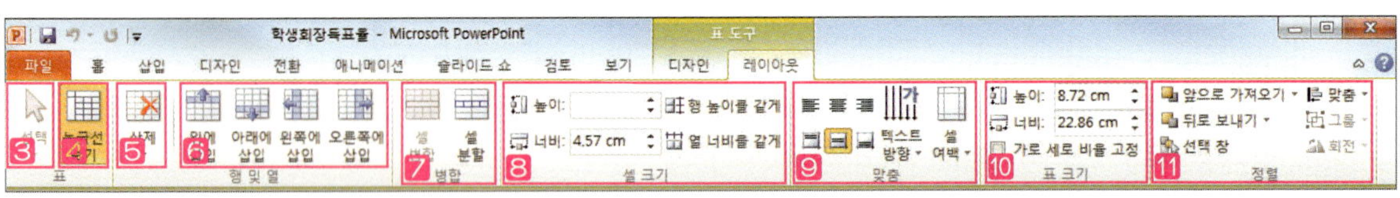

① 표 스타일 및 표 스타일 옵션

표 전체 스타일을 빠르게 설정하고, 표의 스타일에 여러 옵션들을 설정할 수 있다.

② 테두리 그리기

표의 테두리 선모양이나 색을 바꾸거나 새로운 선을 삽입하거나 삭제할 수 있다.

③ 선택

표의 커서가 있는 위치에서 행 또는 열을 선택하거나 표 전체를 선택할 수 있다.

④ 눈금선 보기

표 안의 눈금선을 표시하거나 숨긴다.

⑤ 삭제

표의 커서가 있는 위치에서 행 또는 열을 삭제하거나 표를 삭제할 수 있다.

⑥ 삽입

표의 커서가 있는 위치에서 행 또는 열을 삽입할 수 있다.

⑦ 병합

선택한 셀을 하나의 셀로 병합하거나 여러 개의 행 또는 열로 분할할 수 있다.

⑧ 셀 크기

행 너비 또는 열의 높이를 조절할 수 있다.

⑨ 맞춤

선택한 셀에 입력된 텍스트를 셀을 기준으로 가로와 세로의 정렬형태를 지정하거나 입력되는 텍스트의 방향을 설정할 수 있다. 셀 여백 기능을 이용해서 셀 내의 여백을 조절할 수도 있다.

⑩ 표 크기

표 전체에 대한 크기를 조절할 수 있다.

⑪ 정렬

표의 앞, 뒤 순서를 지정하거나 표에 대해서 맞춤, 그룹, 회전을 지정할 수 있다.

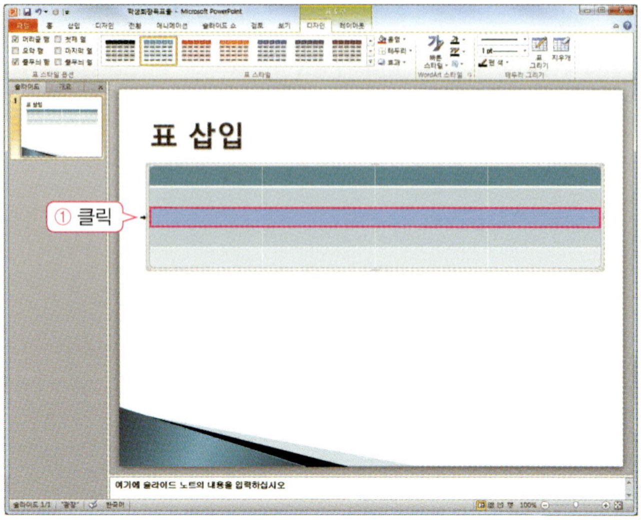

행 · 열 · 셀 선택

1. 행 전체를 블록 설정할 때는 설정하고자 하는 ① 행의 왼쪽 가장자리로 마우스 포인터를 가져가면 마우스 포인터가 화살표 모양으로 바뀐다. 이때 클릭하면 행 전체에 블록이 설정된다.

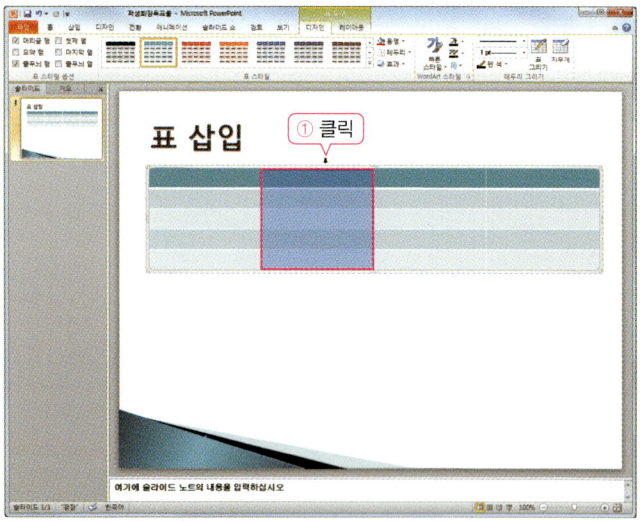

2. 열전체를 블록 설정할 때는 설정하고자 하는 ① 열의 위쪽 가장자리로 마우스 포인터를 가져가면 마우스 포인터가 화살표 모양으로 바뀐다. 이때 클릭하면 열전체에 블록이 설정된다.

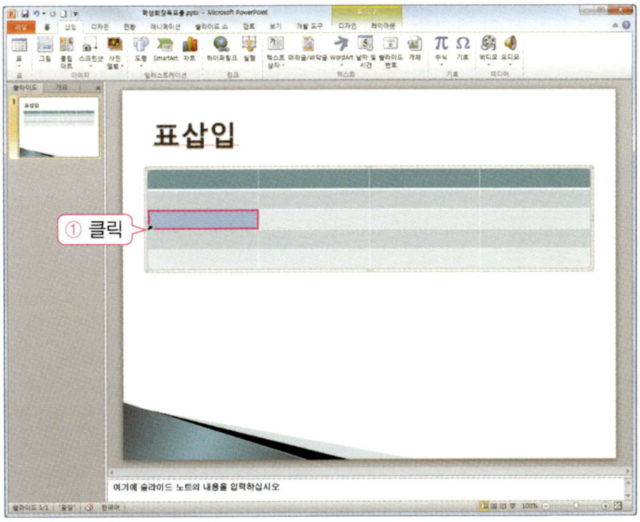

3. 특정 셀 한 칸만 블록으로 설정할 때에는 ① 셀 왼쪽 아래 모서리로 마우스를 옮긴 뒤 마우스 포인터가 화살표로 바뀌는 순간 클릭한다.

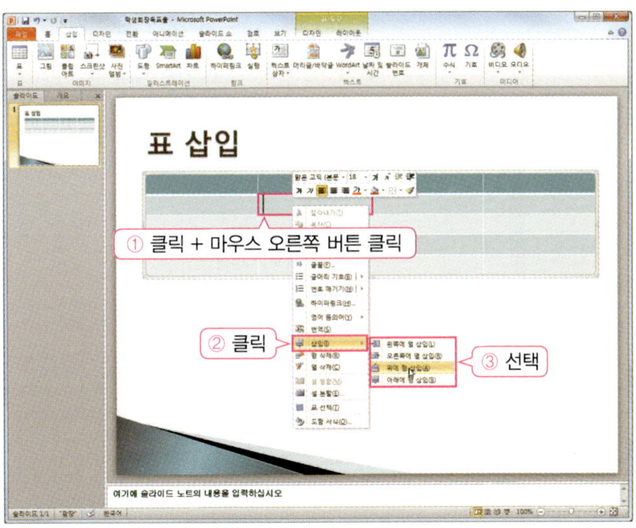

행 · 열 삽입 및 삭제

1. ① 셀을 클릭하고 마우스 오른쪽 버튼을 누른 다음 ② [삽입]을 클릭하고, ③ [왼쪽에 열 삽입], [오른쪽에 열 삽입], [위에 행 삽입], [아래에 행 삽입]을 선택하여 행이나 열을 삽입한다.

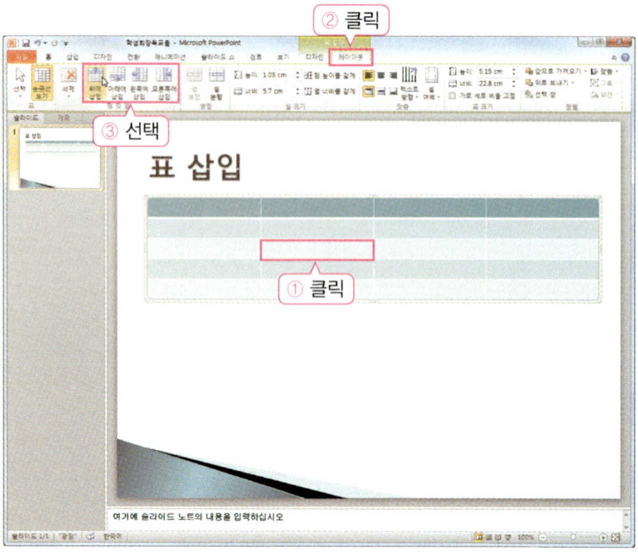

2. ① 셀을 클릭하고 ② [레이아웃] 탭의 [행 및 열] 그룹에서 ③ [위에 삽입], [아래에 삽입], [왼쪽에 삽입], [오른쪽에 삽입]을 선택하여 행이나 열을 삽입한다.

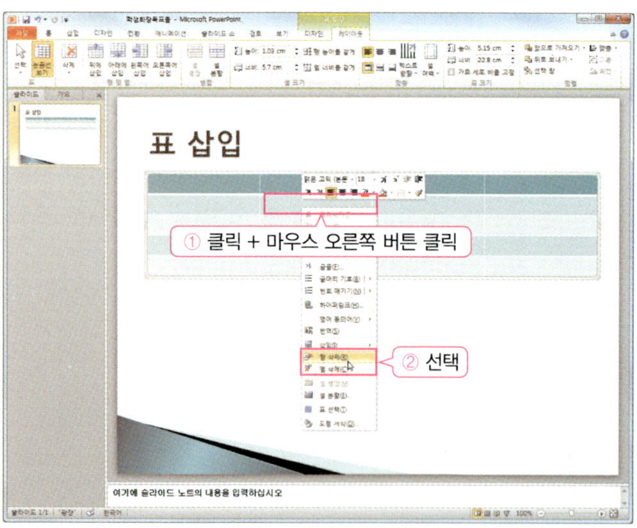

3. 셀을 삭제할 때는 ① 삭제할 행이나 열에 있는 셀을 선택한 다음 마우스 오른쪽 버튼을 누르고 ② [행 삭제]나 [열 삭제]를 클릭한다.

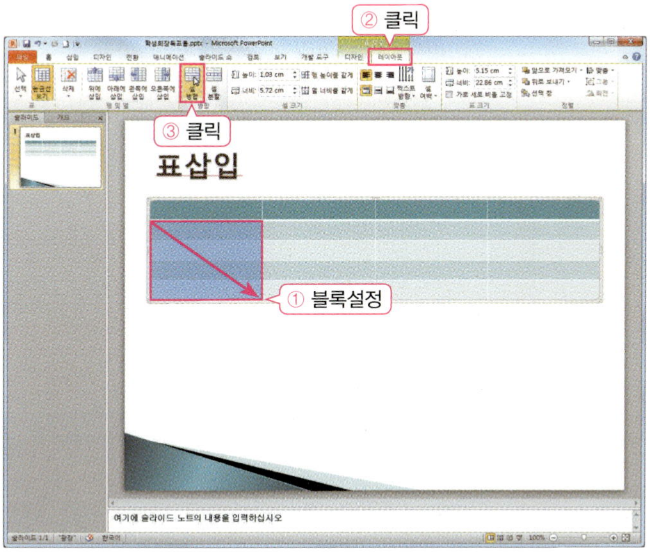

셀 합치기와 나누기

1. 둘 이상의 셀을 하나로 합칠 수 있다. 셀을 합칠 때에는 ① 합칠 셀에 블록을 설정하고 ② [레이아웃] 탭의 [병합] 그룹에서 ③ [셀 병합]을 클릭한다.

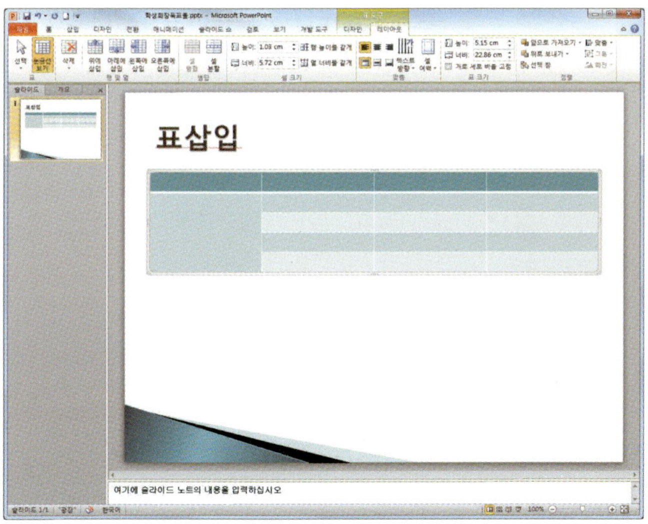

2. 블록으로 설정했던 셀들이 모두 합쳐져 하나의 셀로 표시된다.

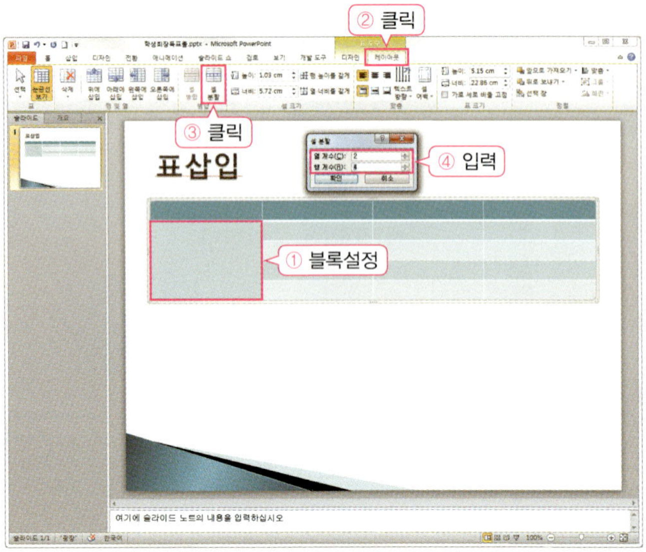

3. 하나로 합쳐진 셀을 다시 원상태로 분할 시켜보자. ① 셀 분할할 탭에 블록을 설정하고, ② [레이아웃] 탭의 [병합] 그룹에서 ③ [셀 분할]을 클릭한다. 이때 「셀 분할」 대화상자에서 ④ 열 개수 '2', 행 개수 '4'로 입력한다.

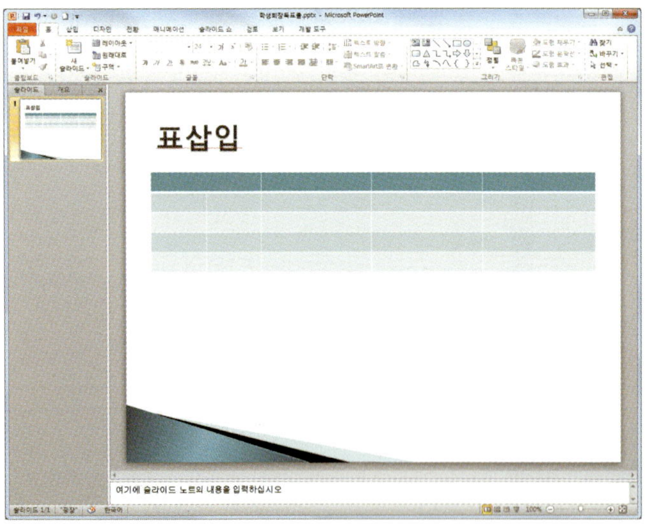

4. 블록을 설정했던 셀들이 2열 4행으로 나누어진 것을 확인할 수 있다.

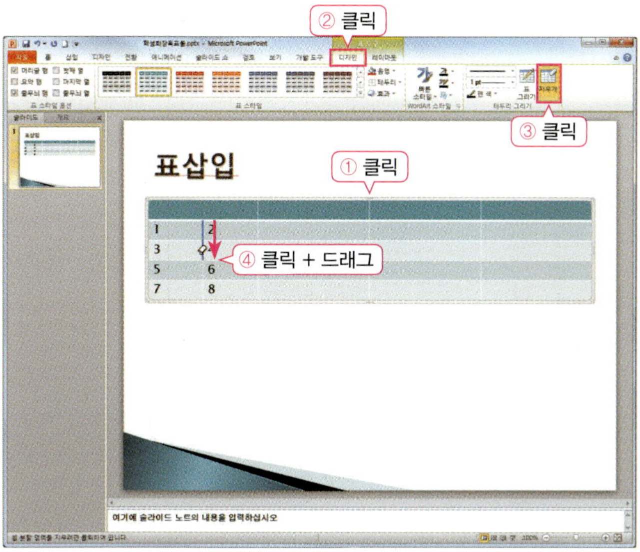

표 그리기와 지우개

1. 표에서 [표 그리기]와 [지우개]는 셀 병합과 셀 분할 기능과 동일하다. ① 표를 클릭하고 ② [디자인] 탭의 [테두리 그리기] 그룹에서 ③ [지우개]를 클릭해서, ④ 그림과 같이 특정 선을 지우개 기능을 이용해서 지운다.

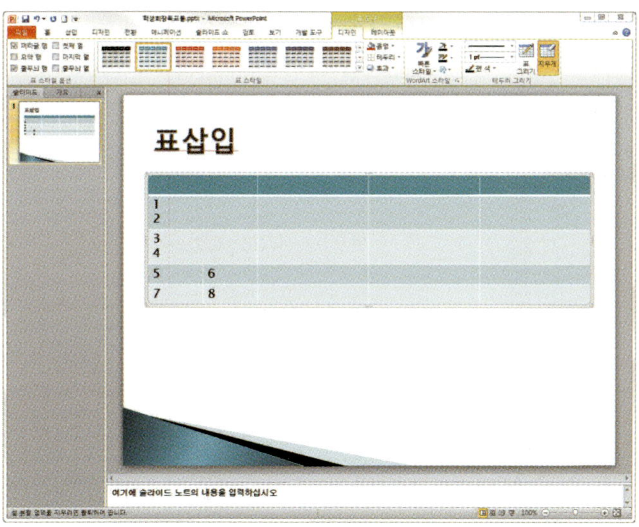

2. [지우개] 기능을 이용하면 그림과 같이 단순히 선만 지워지는 것이 아니라 2개의 열이 하나로 합쳐진다. 즉, 셀 병합과 동일한 효과를 가진다.

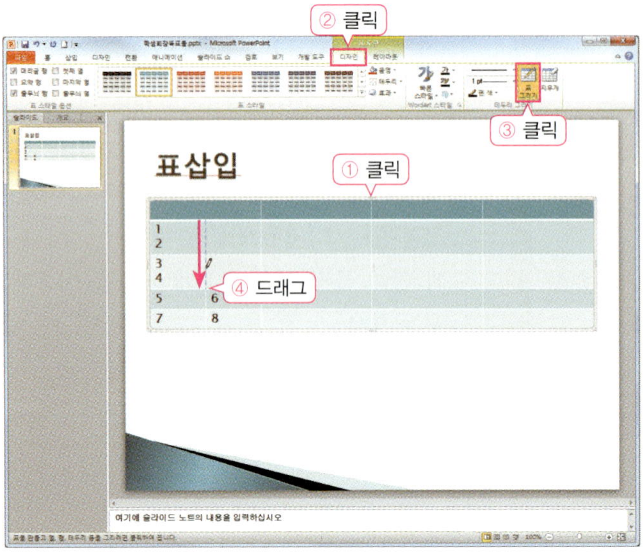

3. [표 그리기] 기능은 셀 분할 효과를 가진다. ① 표를 클릭하고, ② [디자인] 탭의 [테두리 그리기] 그룹의 ③ [표 그리기]를 선택하고 ④ 드래그해서 선을 그려준다.

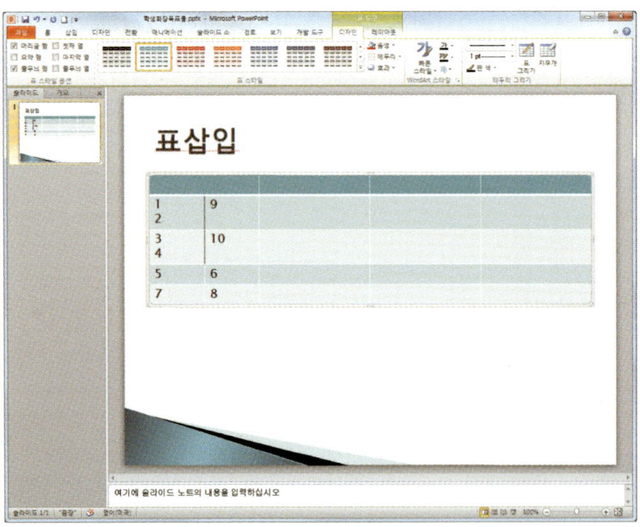

4. 그림과 같이 1개의 열이 2개의 열로 나누어진 것을 확인할 수 있다.

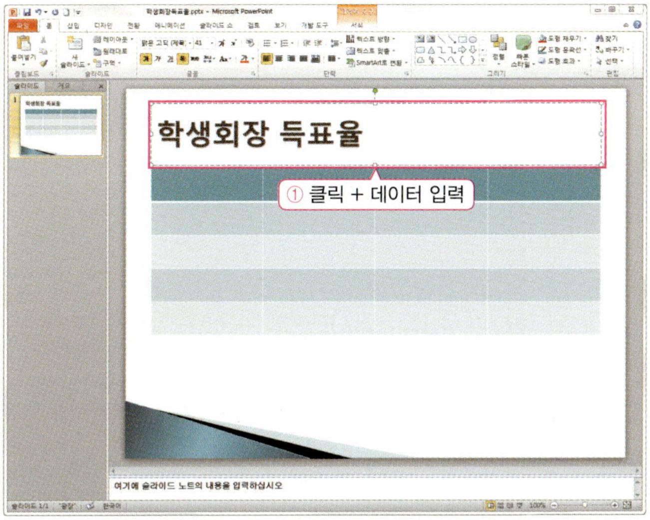

데이터 입력하기

1. 슬라이드에 데이터를 입력해보자. 데이터를 입력할 때에는 입력할 부분의 ① 개체 틀을 클릭하고 데이터를 입력한다. 슬라이드 제목 부분에 '학생회장 득표율'을 입력한다.

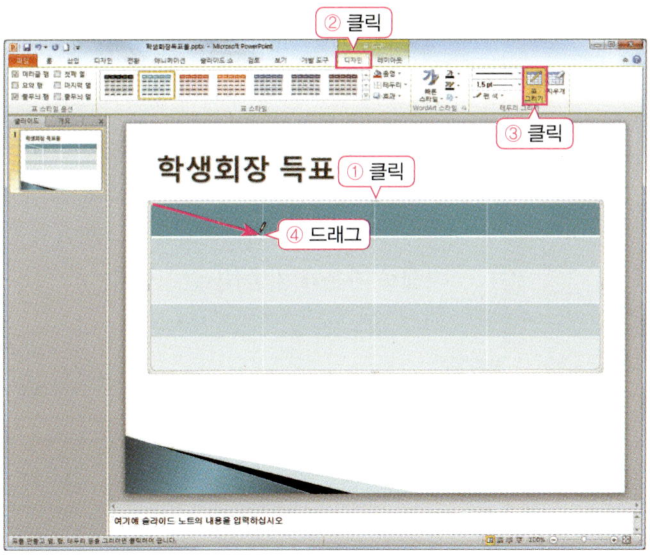

2. 표의 첫 번째 셀에 대각선을 그려 주기 위해 ① 표를 클릭하고, ② [디자인] 탭의 [테두리 그리기] 그룹의 ③ [표 그리기]를 선택한 다음 ④ 드래그해서 대각선을 그린다. 대각선의 경우 셀을 나누는 개념이 아니라 단순한 안내선이라고 생각하면 된다.

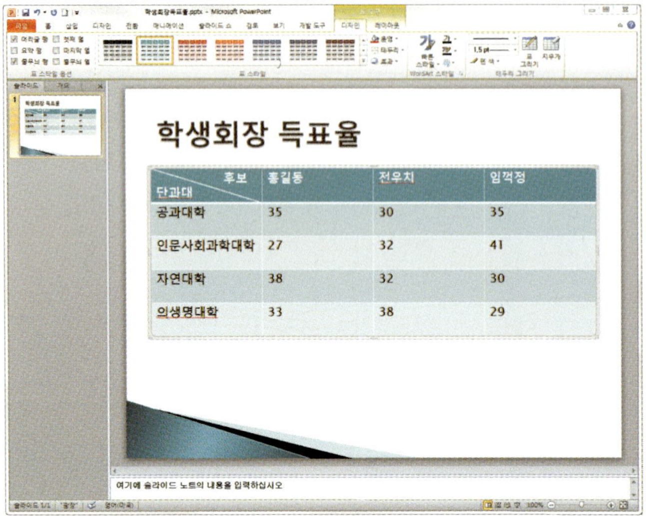

3. 그림과 같이 셀에 데이터를 입력한다. 기본적으로 왼쪽 맞춤, 위쪽 맞춤하여 데이터가 입력된다.

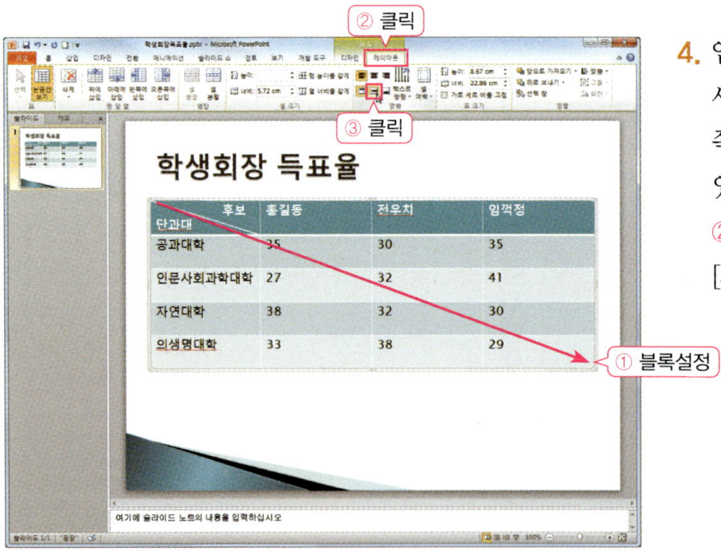

4. 입력된 표의 셀 내용을 보면 텍스트들이 세로는 윗부분에 맞춰져 있고, 가로는 왼쪽에 맞춰져서 정렬되어 있는 것을 볼 수 있다. ① 전체 영역을 블록 설정한 다음 ② [레이아웃] 탭의 [맞춤] 그룹에서 ③ [세로 가운데 맞춤]을 클릭한다.

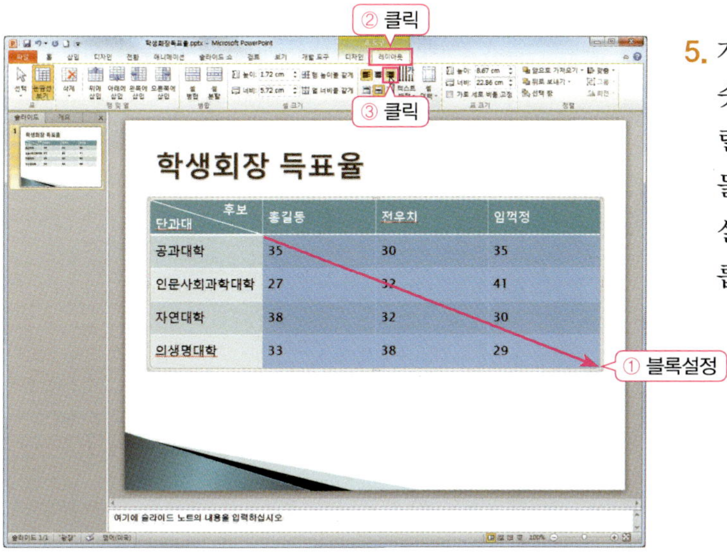

5. 가로 정렬도 동일한 방법으로 할 수 있다. 숫자 같은 경우 왼쪽 정렬이나 가운데 정렬보다는 오른쪽 정렬이 훨씬 눈에 쉽게 들어온다. ① 수치데이터 부분에 블록을 설정한 다음 ② [레이아웃] 탭의 [맞춤] 그룹에서 ③ [오른쪽 맞춤]을 클릭한다.

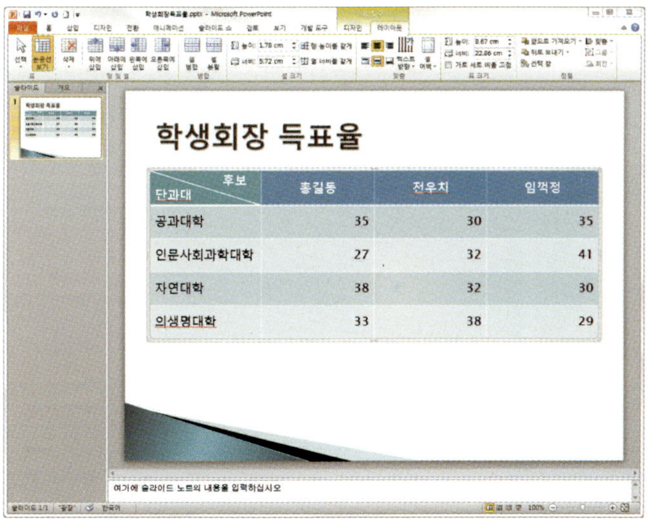

6. 동일한 방법으로 첫 번째 머리글 행의 이름 영역은 블록을 설정하여 가운데로 정렬한다.

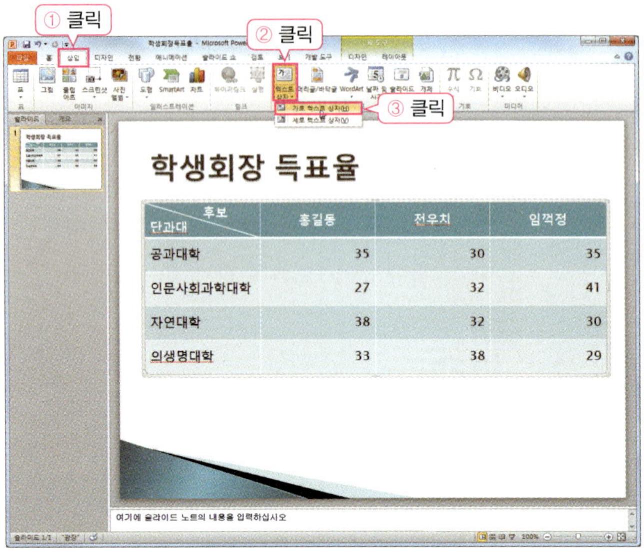

7. 데이터의 내용을 보다 명확히 해주기 위해 단위를 표시해 보자. ① [삽입] 탭의 [텍스트] 그룹에서 ② [텍스트 상자]-③ [가로 텍스트 상자]를 클릭한다.

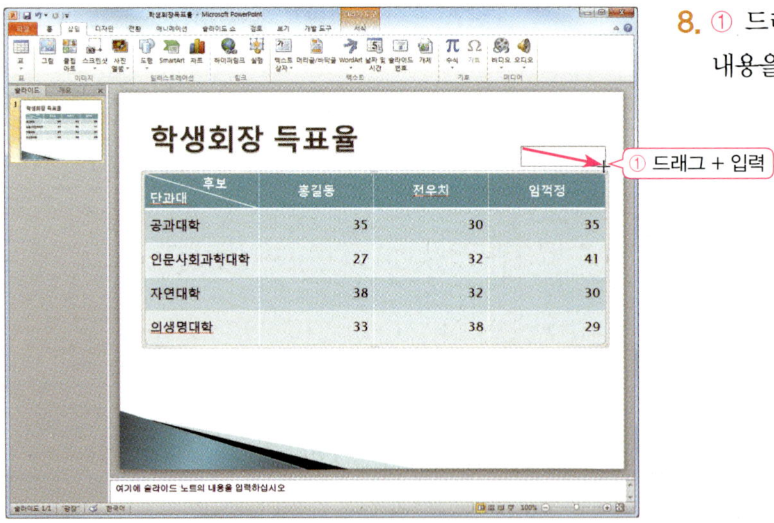

8. ① 드래그해서 텍스트 상자를 그려주고 내용을 입력한다.

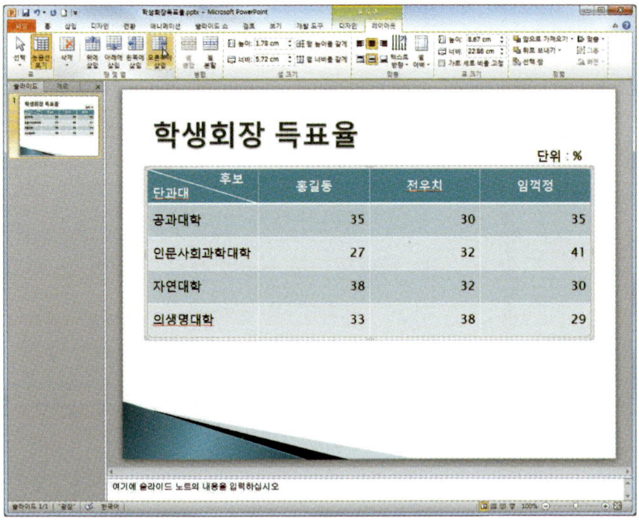

9. 그림과 같이 표가 완성되었다.

Section 2. 차트 삽입하고 편집하기

차트는 수치데이터를 시각적으로 표현할 수 있는 도구이다. 수치데이터를 표로 나타내는 경우는 내용의 상관관계 파악이 어렵고 증가나 감소 추이 등 변화를 쉽게 파악하기 어렵다. 차트를 이용하면 데이터의 변화 정도를 한눈에 파악하기 쉽다.

차트 삽입하기

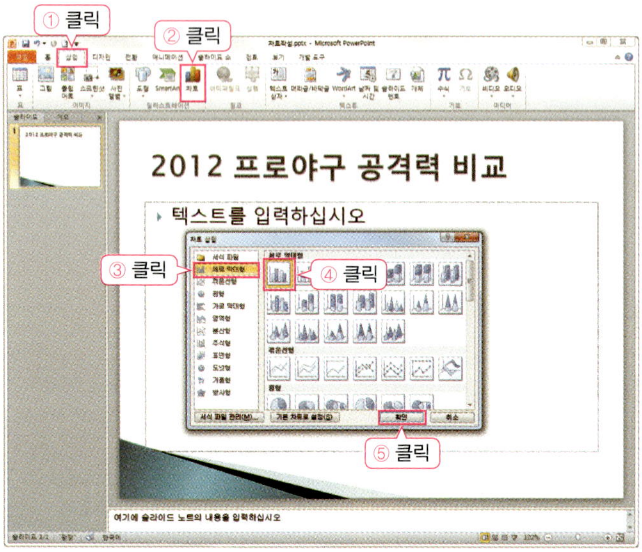

1. ① [삽입] 탭의 [일러스트레이션] 그룹에서 ② [차트]를 클릭하면 그림과 같이 「차트 삽입」 대화상자가 열린다. 여기서 ③ [세로 막대형]–④ [묶은 세로 막대형]을 선택하고 ⑤ [확인]을 클릭한다.

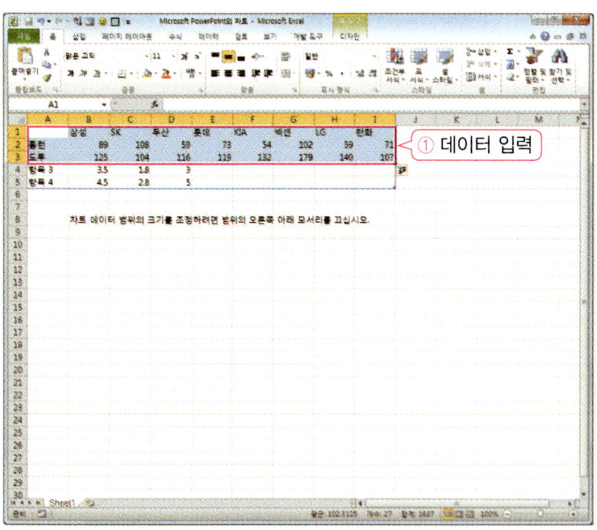

2. 엑셀이 실행되면서 스프레드시트가 나타난다. 기본적으로 '계열 1~계열 3'과 '항목 1~항목 4' 형태로 파란선이 표시된다. ① 데이터 입력할 셀을 클릭한 다음 그림과 같이 사용자의 데이터를 입력한다.

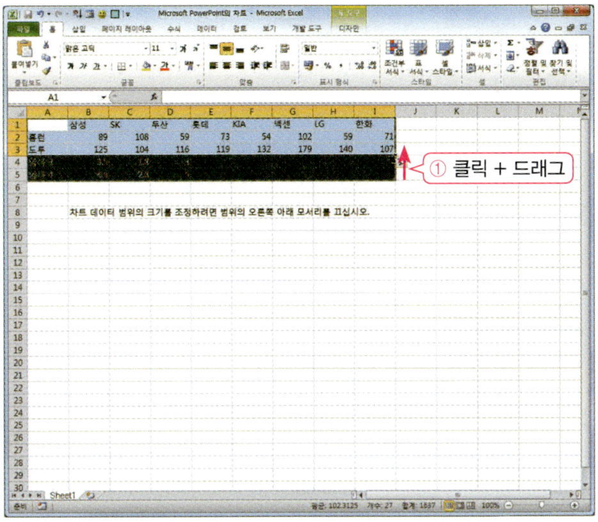

3. 데이터를 입력하면 '항목 3, 항목 4'가 남게 된다. 이때 불필요한 부분을 제거하기 위해 ① 파란선의 오른쪽 하단을 클릭하고 3행까지 드래그하여 항목 3, 항목 4를 제외시킨다.

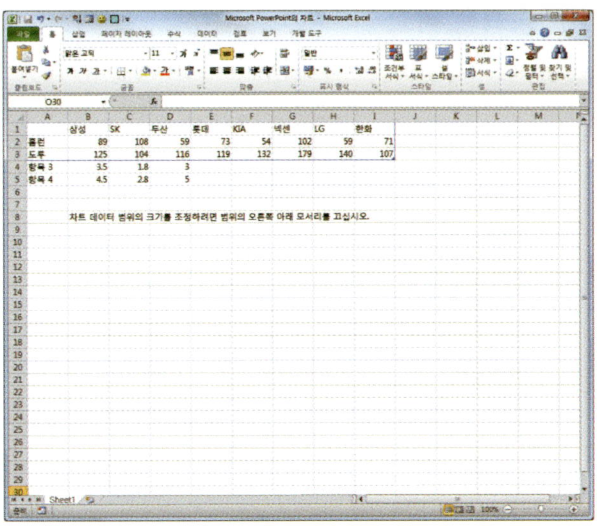

4. 그림과 같이 직접 입력한 내용 외에는 파란색 테두리선 밖에 있고 파란색 테두리선 안의 내용만 차트에 적용된다.
입력이 끝났으면 [닫기]를 클릭하여 엑셀 스프레드시트 창을 닫는다.

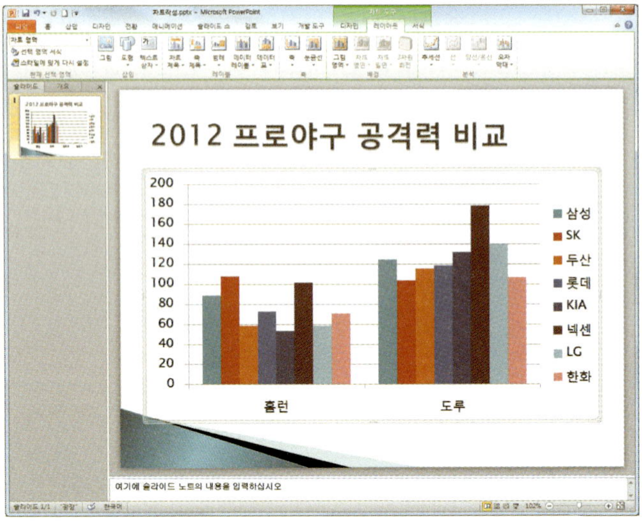

5. 그림과 같이 차트가 완성된 것을 확인할 수 있다.

차트 구성요소 이해하기

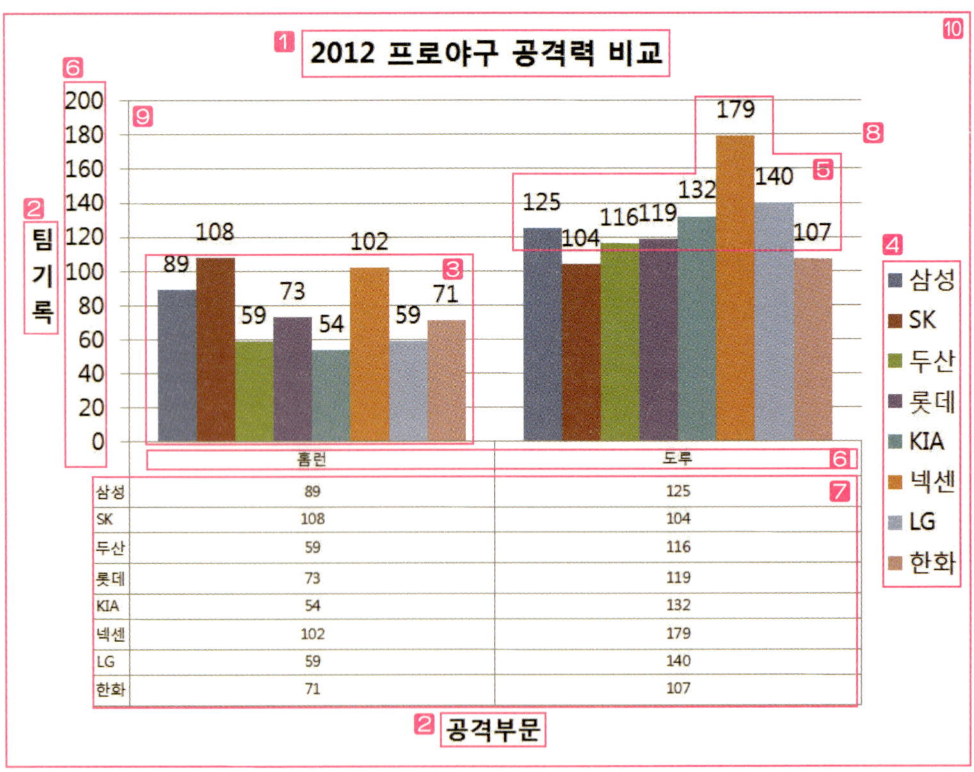

① 차트 제목

차트 제목을 입력할 수 있다.

② 가로/세로 축 제목

차트의 가로 축/세로 축, 축 제목을 입력할 수 있다.

③ 데이터 계열

차트의 데이터 수치를 시각적으로 나타낸다.

④ 범례

데이터 계열을 식별할 수 있도록 나타낸다.

⑤ 데이터 레이블

데이터 계열의 수치 값을 데이터 계열 그림에 나타낸다.

⑥ 가로/세로 축

차트의 가로와 세로에 데이터 단위나 항목을 나타낸다.

⑦ 데이터 표

엑셀에 입력된 데이터 표 내용 전체를 나타낸다.

⑧ 주 눈금선/보조 눈금선

그림 영역에 표시되는 축 단위의 눈금선이다.

⑨ 그림 영역

차트에 데이터 계열이 표시되는 영역이다.

⑩ 차트 영역

차트 전체 영역이다.

차트 편집도구

차트를 선택하면 리본 메뉴에 상황탭인 [차트 도구]-[디자인], [레이아웃], [서식] 탭이 나타난다. [디자인] 탭에는 차트종류 변경, 행/열 전환, 차트 레이아웃 등을 통해서 차트 전체 모양을 변경할 때 사용되는 기능들이 모여 있고, [레이아웃] 탭에는 차트의 개별 요소들을 편집하는 기능들이 있다. [서식] 탭은 차트 개별 요소들의 스타일 등을 조절할 수 있다.

① 차트 종류 변경

현재 차트를 다른 종류의 차트로 변경할 수 있다.

② 행/열 전환

데이터의 가로 축과 세로 축을 변경할 수 있다.

③ 데이터 선택

차트에 반영할 데이터 영역을 지정할 수 있다.

④ 데이터 편집

차트의 데이터 값을 변경할 수 있다.

⑤ 차트 레이아웃

다양한 종류의 레이아웃을 빠르게 설정할 수 있다.

⑥ 빠른 차트 스타일 적용

차트 전체 스타일을 빠르게 설정할 수 있다.

⑦ 현재 선택 영역

차트의 개별 구성요소를 선택해서 선택한 구성요소의 서식을 변경하거나 다시 원래 스타일로 바꿀 수 있다.

⑧ 레이블

차트의 제목, 축의 제목, 범례, 데이터 레이블, 데이터 표 등을 삽입하거나 수정할 수 있다.

⑨ 축

각 축의 서식을 지정하거나 눈금선의 옵션을 설정할 수 있다.

⑩ 배경

차트 그림 영역에 채우거나 3차원 차트의 옆면과 밑면에 서식 등을 추가할 수 있다.

⑪ 분석

차트에 추세선, 하강선 또는 최고/최저 연결선 등 통계 분석 데이터를 나타낼 때 추가적인 표현을 할 수 있다.

차트 편집하기

기본 차트를 그냥 사용해도 되지만 청중의 시선을 집중시키거나 데이터 내용을 좀 더 쉽게 전달하기 위해서 차트를 꾸미는 것이 필요하다. [디자인] 탭의 [차트 레이아웃] 그룹을 통해 한번에 쉽게 꾸밀 수도 있고, [레이아웃] 탭에서 내용에 맞게 각 구성요소들을 변경할 수 있다.

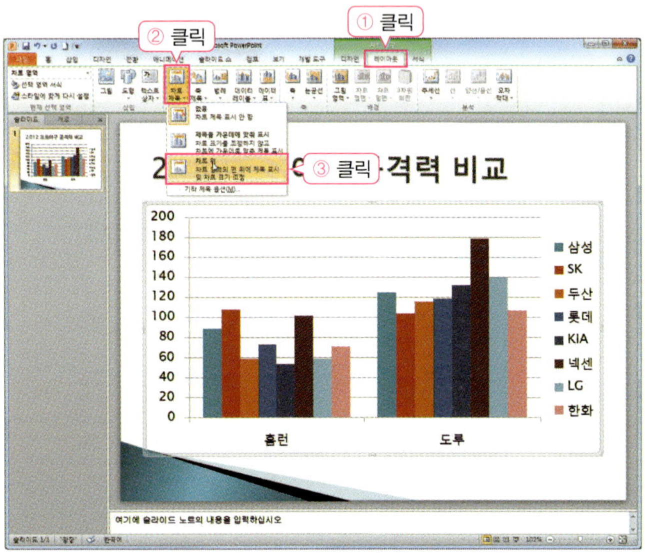

차트 제목 삽입하기

1. ① [레이아웃] 탭의 [레이블] 그룹에서 ② [차트 제목]을 드롭다운하여 ③ [차트 위]를 클릭한다. 삽입된 차트 제목 영역을 클릭하고 차트 제목을 입력한다.

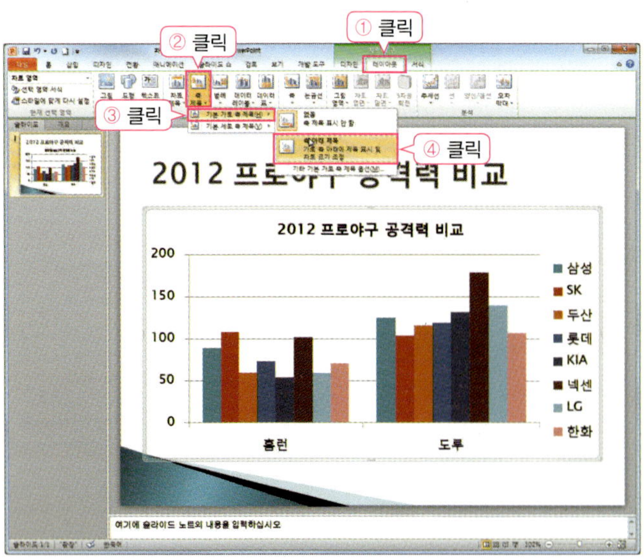

축 제목 달기

1. 가로축에 제목을 삽입하기 위해 ① [레이아웃] 탭의 [레이블] 그룹에서 ② [축 제목]을 드롭다운하여 ③ [기본 가로 축 제목]–④ [축 아래 제목]를 클릭한다. 입력된 가로 축 제목 영역을 클릭하고 축 제목을 입력한다.

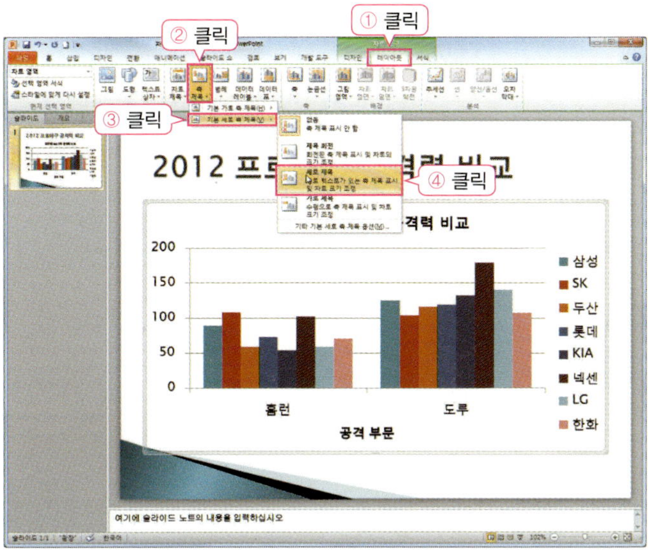

2. 세로축에 제목을 삽입하기 위해 ① [레이아웃] 탭의 [레이블] 그룹에서 ② [축 제목]을 드롭다운하여 ③ [기본 세로 축 제목]-④ [세로 제목]을 클릭한다. 입력된 세로축 제목 영역을 클릭하고 축 제목을 입력한다.

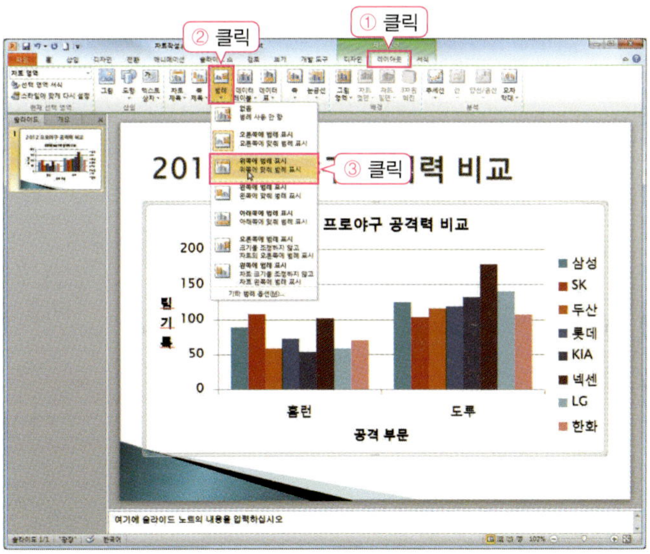

범례

1. ① [레이아웃] 탭의 [레이블] 그룹에서 ② [범례]를 드롭다운하여 ③ [위쪽에 범례 표시]를 클릭한다.

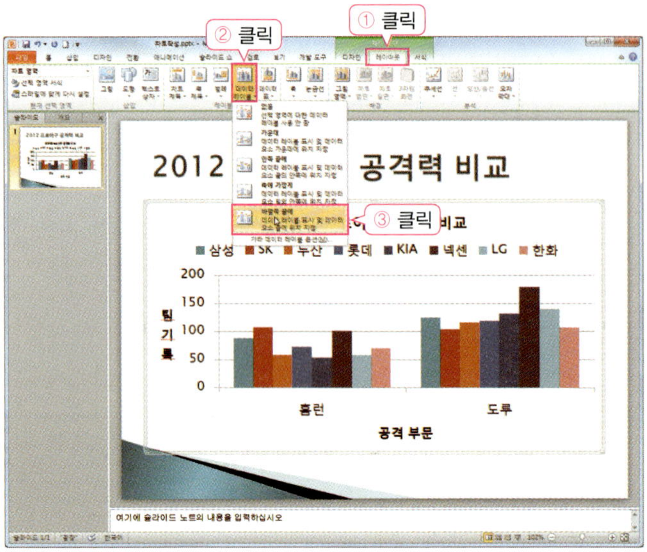

데이터 레이블

1. ① [레이아웃] 탭의 [레이블] 그룹에서 ② [데이터 레이블]을 드롭다운하여 ③ [바깥쪽 끝에]를 클릭한다.

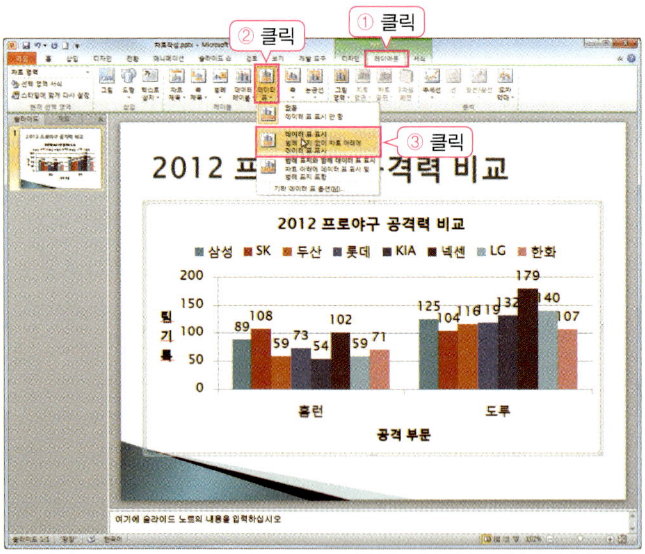

데이터 표

1. ① [레이아웃] 탭의 [레이블] 그룹에서 ② [데이터 표]를 드롭다운하여 ③ [데이터 표 표시]를 클릭한다.
   차트의 각 구성요소들이 차트영역에 조화롭게 배치되기 위해 텍스트, 글꼴 등의 크기를 변경할 수 있다.

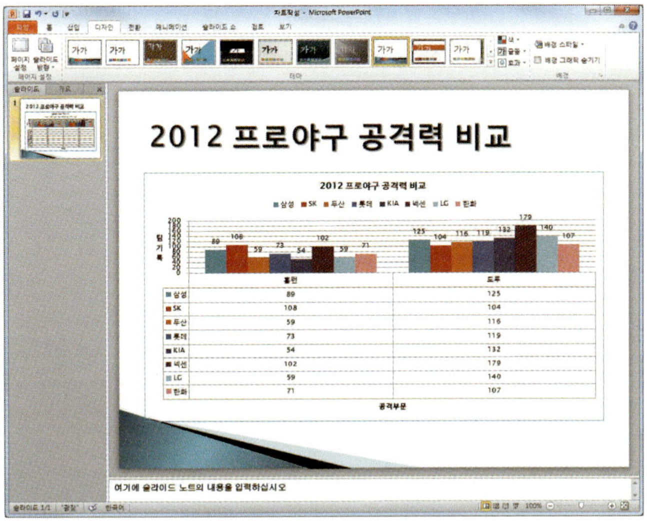

2. 그림과 같이 차트 꾸미기가 완성된 것을 확인할 수 있다.

차트 종류 변경하고 서식 꾸미기

항상 처음 만든 차트가 데이터 내용을 잘 반영하는 것은 아니다. 상황에 따라서 차트 종류를 변경하고 서식을 꾸밀 필요도 있다.

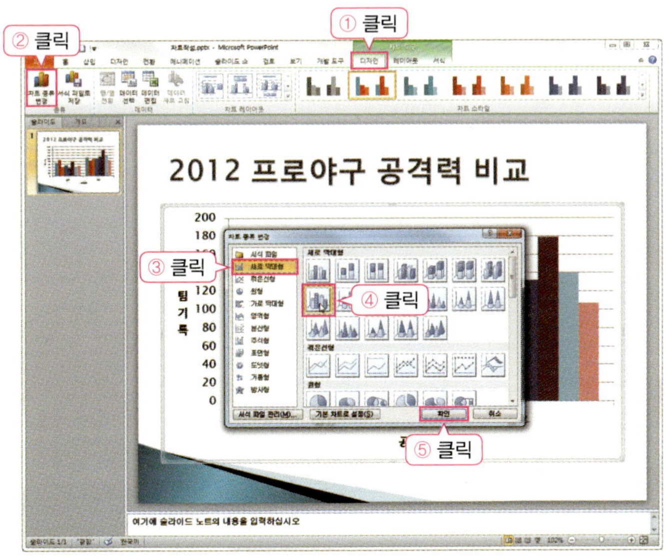

1. 삽입된 묶은 세로 막대형 차트의 종류를 변경시켜 보자. ① [디자인] 탭의 [종류] 그룹에서 ② [차트 종류 변경]을 클릭한다. 「차트 종류 변경」 대화상자에서 ③ [세로 막대형]–④ [묶은 원통형]을 클릭하고 ⑤ [확인]을 클릭한다.

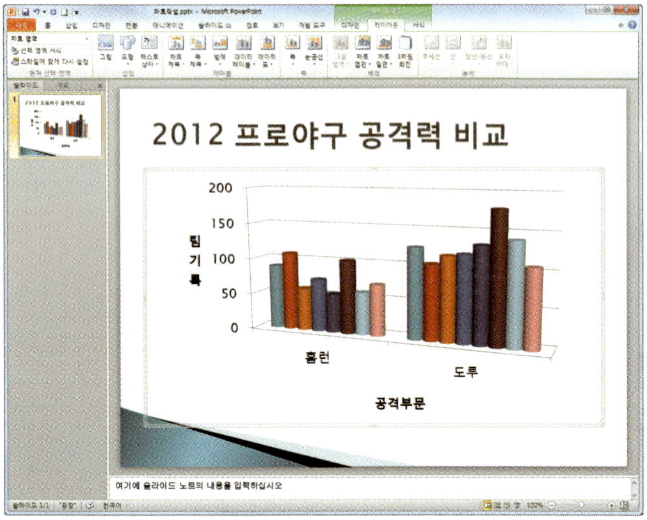

2. 차트 종류가 묶은 원통형으로 변경된 것을 확인할 수 있다.

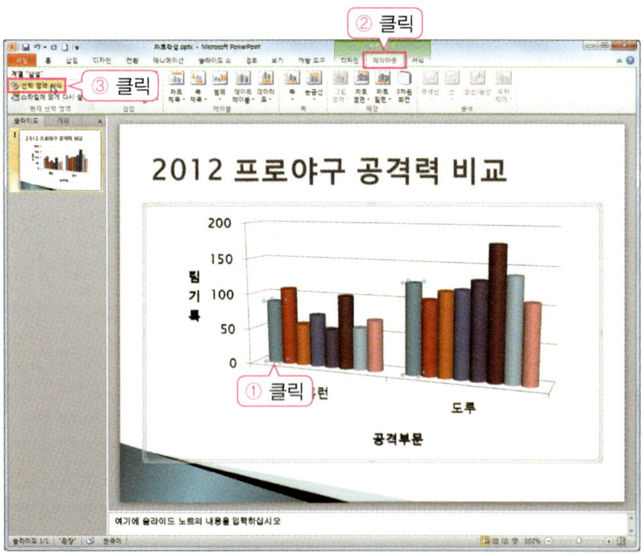

3. 막대계열을 단색이 아닌 그림으로 바꾸어 보자. ① 삼성 계열을 클릭하고, ② [레이아웃] 탭의 [현재 선택영역] 그룹에서 ③ [선택 영역 서식]을 클릭한다.

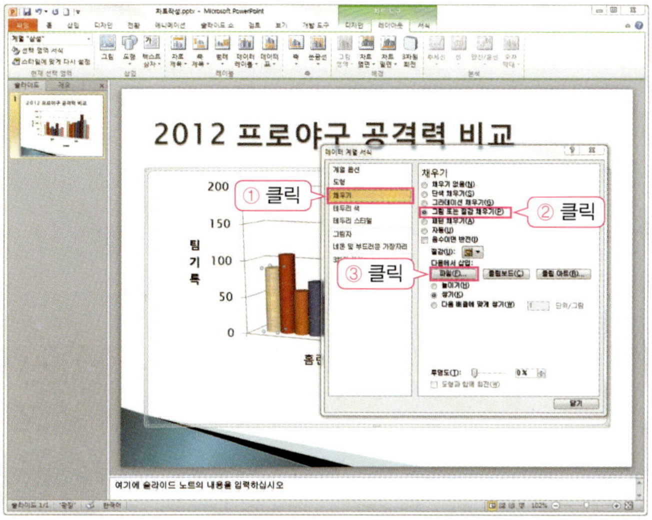

4. 「데이터 계열 서식」 대화상자에서 ① [채우기]-② [그림 또는 질감 채우기]를 선택하고, ③ [파일]을 클릭한다.

5. ① 삽입할 그림파일을 선택하고 ② [삽입]을 클릭한다.

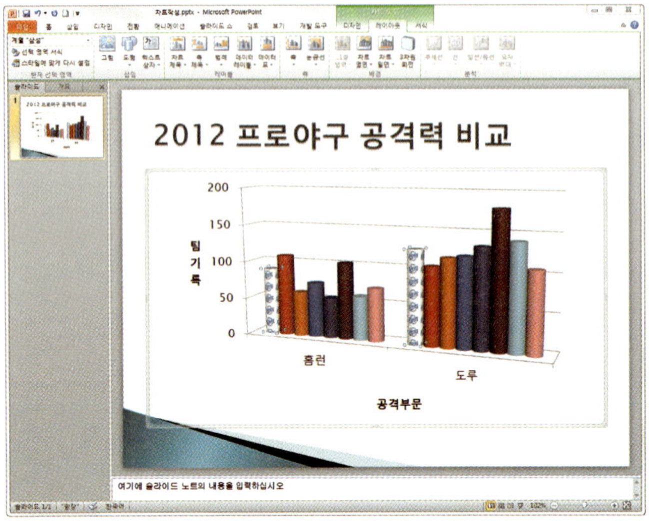

6. 그림과 같이 단색이 그림으로 변경된 것을 확인할 수 있다.

참고

데이터 계열 채우기

「데이터 계열 서식」 대화상자 [채우기]에서 그림을 삽입할 때 옵션으로 [늘리기]와 [쌓기]가 있다. [늘리기]는 차트의 크기에 맞게 그림을 크게 늘리는 것이고, [쌓기]는 차트의 크기에 맞게 그림을 여러 개 쌓는 옵션이다.

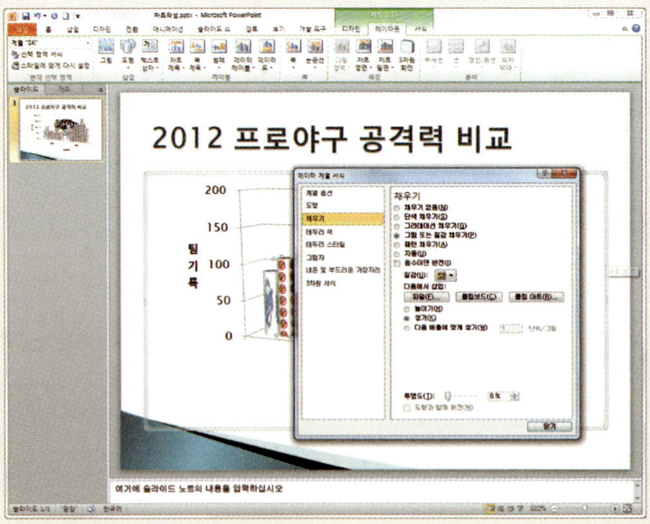

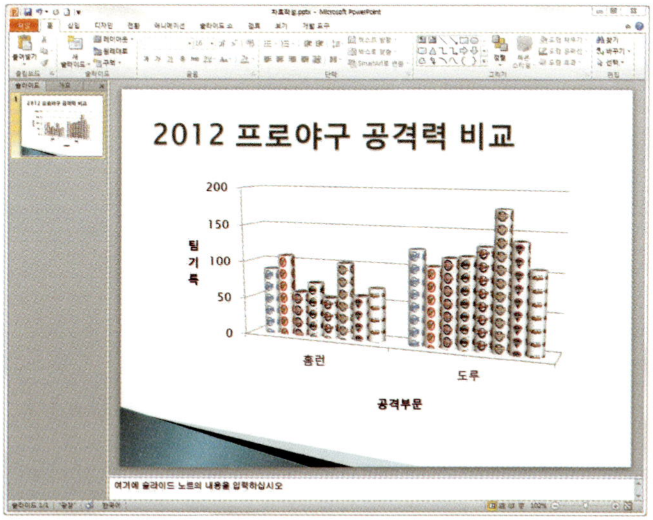

7. 나머지 계열들도 단색 대신 그림으로 채울 수 있다.

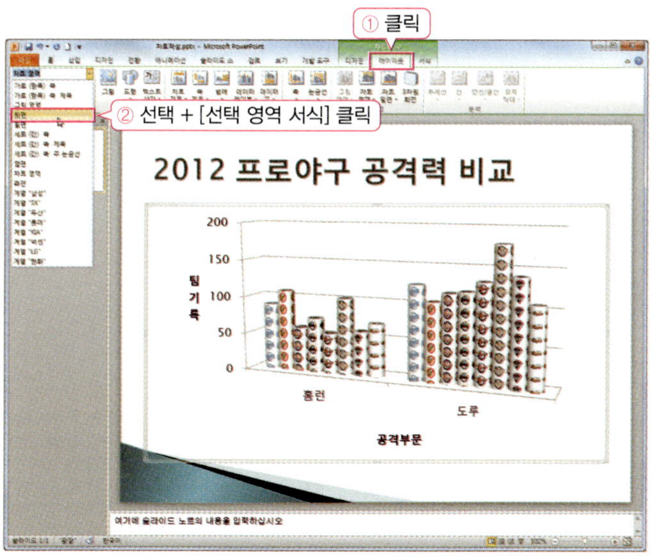

8. 차트 뒷면에 그림을 넣어보자. ① [레이아웃] 탭의 [현재 선택 영역] 그룹에서 ② [뒷면]을 선택하고, [선택 영역 서식]을 클릭한다.

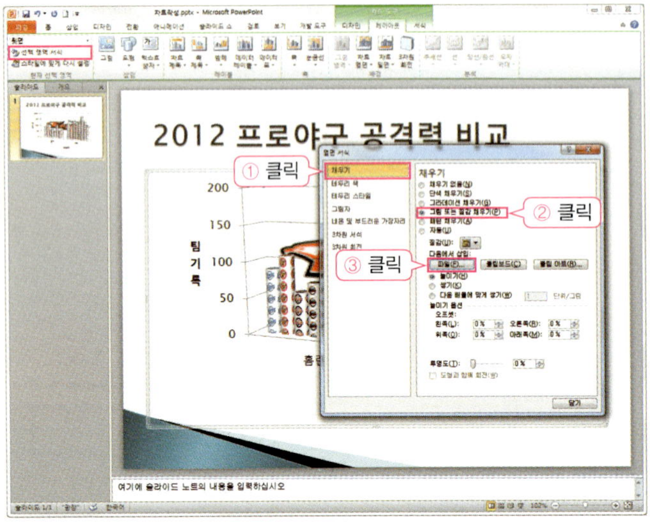

9. 「옆면 서식」 대화상자에서 ① [채우기]-② [그림 또는 질감 채우기]를 선택하고, ③ [파일]을 클릭한다.

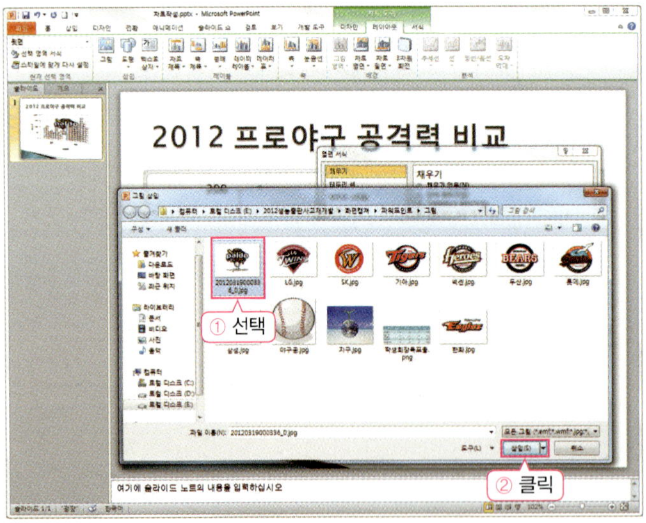

10. ① 삽입하고자 하는 그림을 클릭하고, ② [삽입]을 클릭한다.

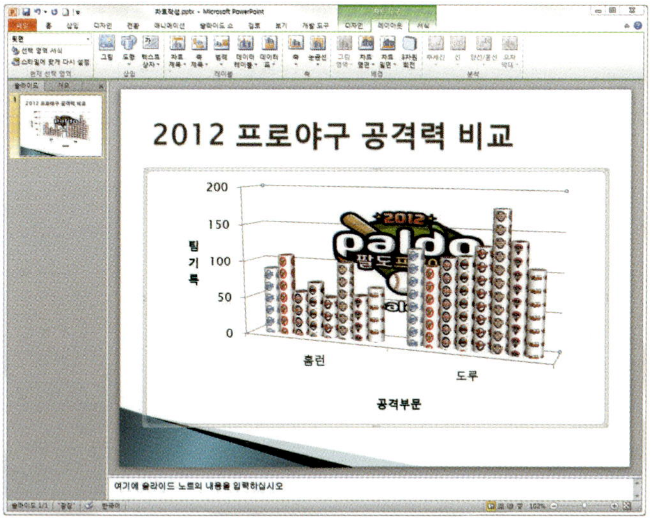

11. 그림과 같이 '묶은 원통형' 차트가 완성된 것을 확인할 수 있다.

원형 차트 삽입하기

전체 100% 중 일부를 나타내거나 하나의 계열만을 나타낼 경우 원형 차트를 사용한다. 원형 차트를 삽입하고 서식을 변경하는 방법을 알아보자.

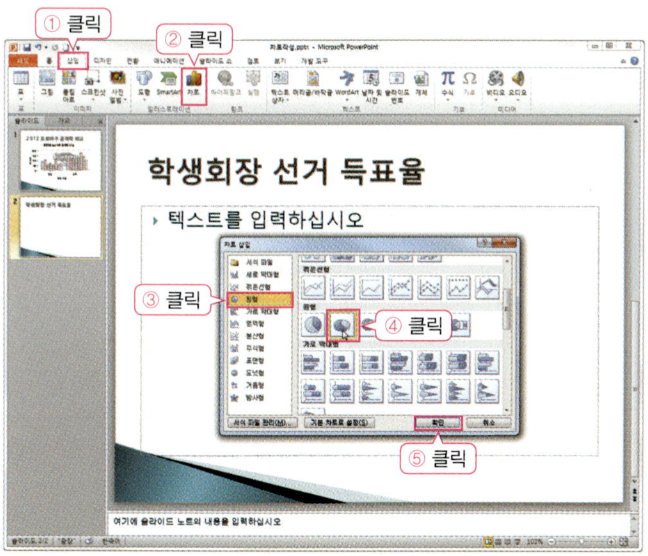

1. ① [삽입] 탭의 [일러스트레이션] 그룹에서 ② [차트]를 클릭한다. 「차트 삽입」 대화상자가 나타나고, ③ [원형]–④ [3차원 원형]을 선택하고, ⑤ [확인]을 클릭한다.

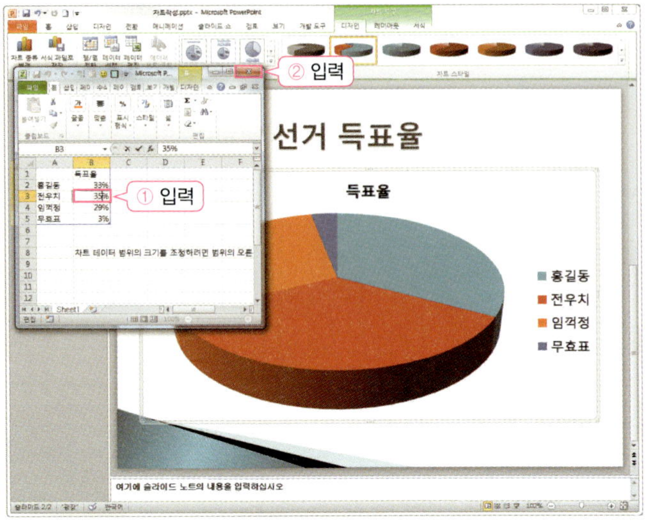

2. 엑셀이 실행되면서 스프레드시트가 나타난다. ① 데이터를 입력하고, ② [닫기]를 클릭한다.

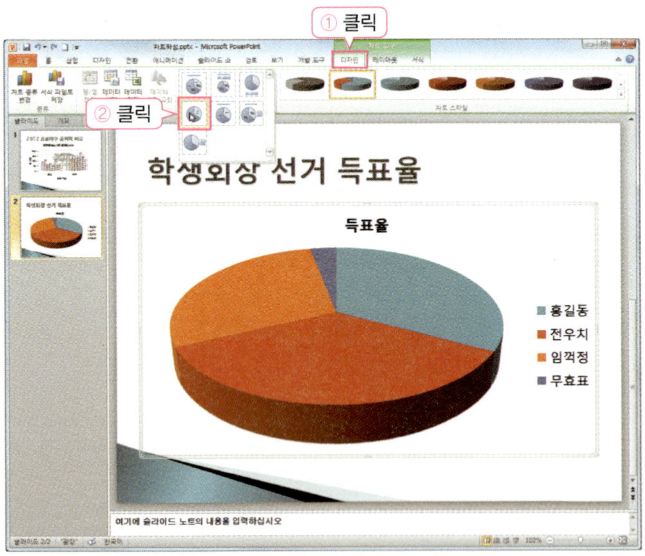

3. ① [디자인] 탭의 [차트 레이아웃] 그룹에서 ② [레이아웃 4]를 적용한다.

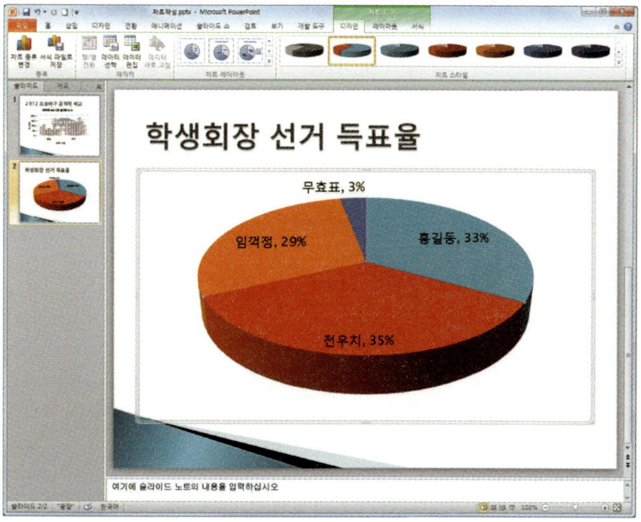

4. 그림과 같이 [레이아웃 4]가 적용되었다.

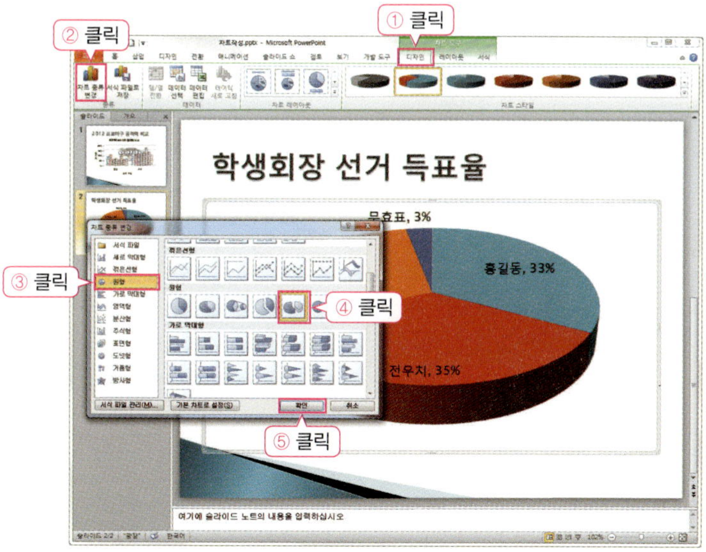

차트 종류 변경

1. ① [디자인] 탭의 [종류] 그룹에서 ② [차트 종류 변경]을 클릭한다. 「차트 종류 변경」 대화상자에서 ③ [원형]-④ [3차원 쪼개진 원형]을 선택하고 ⑤ [확인]을 클릭한다.

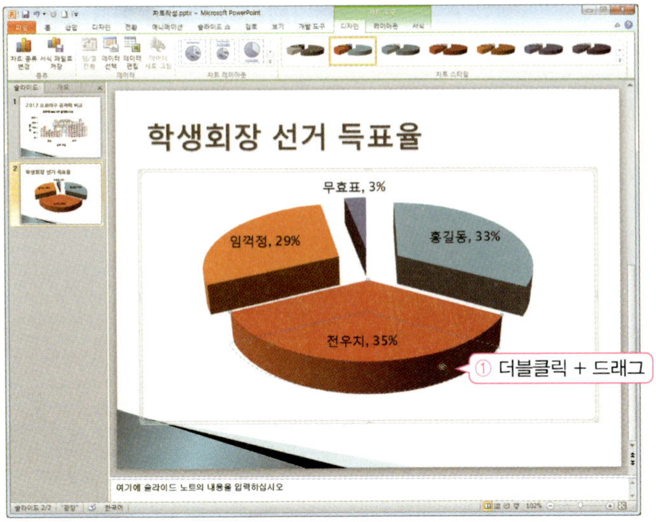

2. 3차원 쪼개진 원형 차트로 변경되었다. 여기에서는 ① 특정 계열을 더블 클릭하고 위치를 이동시켜서 강조할 수도 있다.

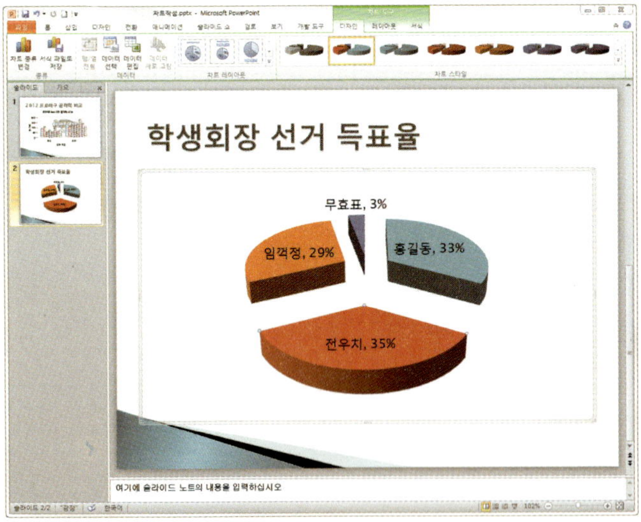

3. 그림과 같이 완성된 원형 차트를 확인할 수 있다.

Section 3. 도형을 이용해 차트 흉내내기

여러 도형을 이용해서 차트를 흉내낼 수 있다. 차트도구의 한계를 벗어나 나만의 차트를 만들 수 있다.

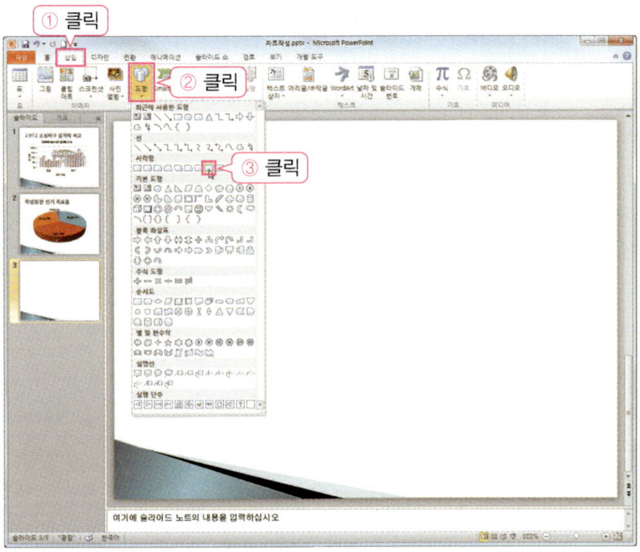

도형으로 차트 배경 만들기

1. ① [삽입] 탭의 [일러스트레이션] 그룹에서 ② [도형]을 클릭하고, ③ '양쪽 모서리가 둥근 사각형'을 클릭한다.

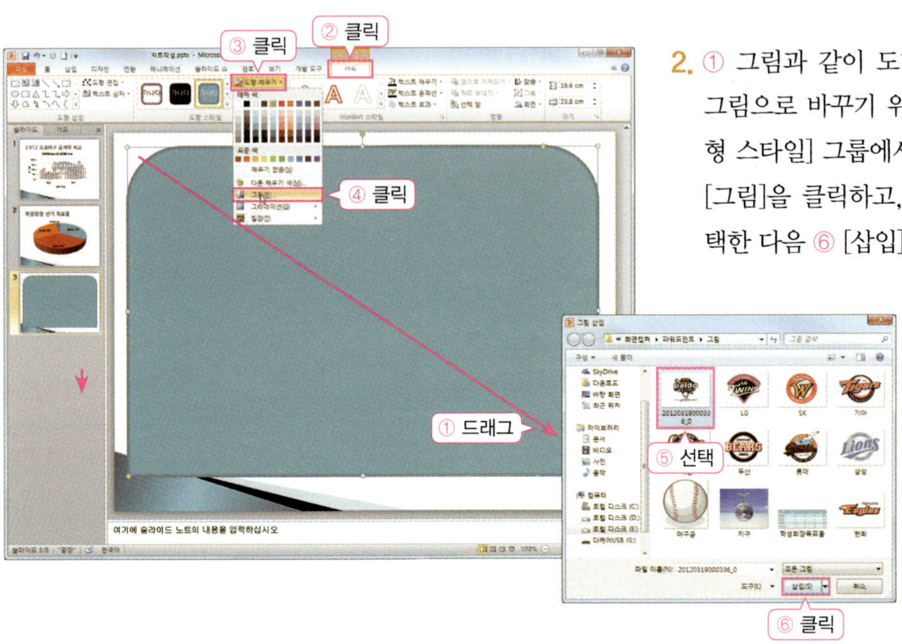

2. ① 그림과 같이 도형을 그리고 배경색을 그림으로 바꾸기 위해 ② [서식] 탭에 [도형 스타일] 그룹에서 ③ [도형 채우기]-④ [그림]을 클릭하고, 원하는 ⑤ 그림을 선택한 다음 ⑥ [삽입]을 클릭한다.

3. 그림과 같이 배경에 원하는 그림이 삽입된 것을 확인할 수 있다.

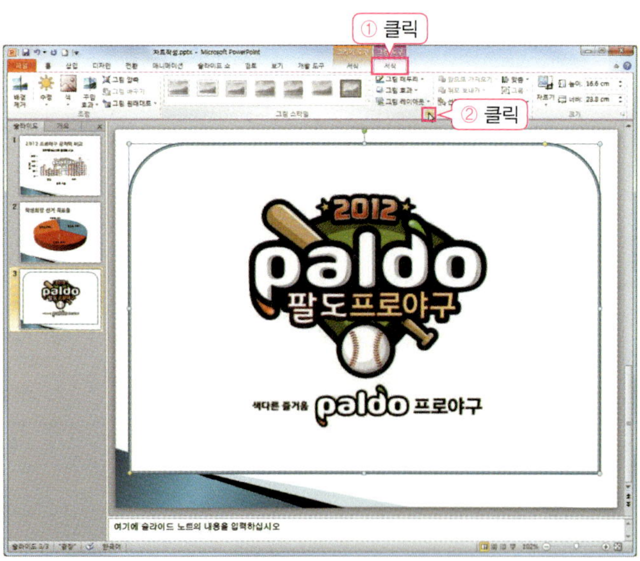

4. ① [그림도구]-[서식] 탭을 클릭하고, [그림 스타일] 그룹의 ② [도형 서식] 대화상자를 클릭한다.

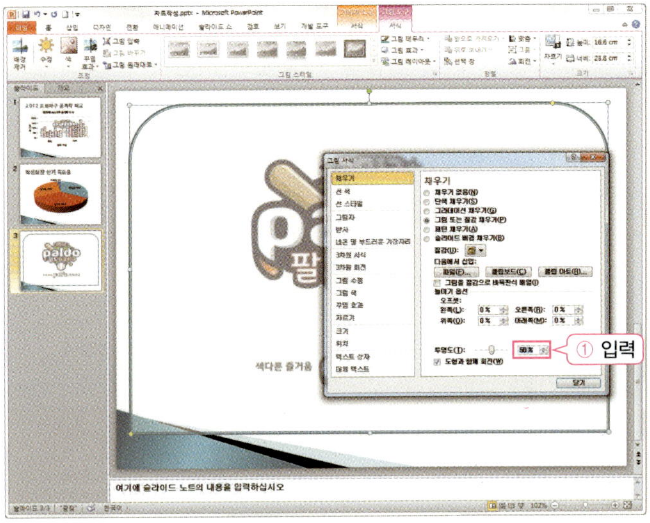

5. 「그림 서식」 대화상자의 ① [채우기]에서 투명도를 '70%'로 입력하여 도형 배경 그림을 흐리게 변경한다.

6. ① [삽입] 탭의 [일러스트레이션] 그룹에서 ② [도형]을 클릭하고, ③ '정육면체' 도형을 클릭한다.

7. 그림과 같이 도형을 삽입하고, ① 모양 조절 핸들을 이용해서 그림과 같은 도형으로 변경한다.

8. [그리기 도구]-① [서식] 탭의 [도형 스타일] 그룹에서 ② 적용하고자 하는 도형 스타일을 적용한다.

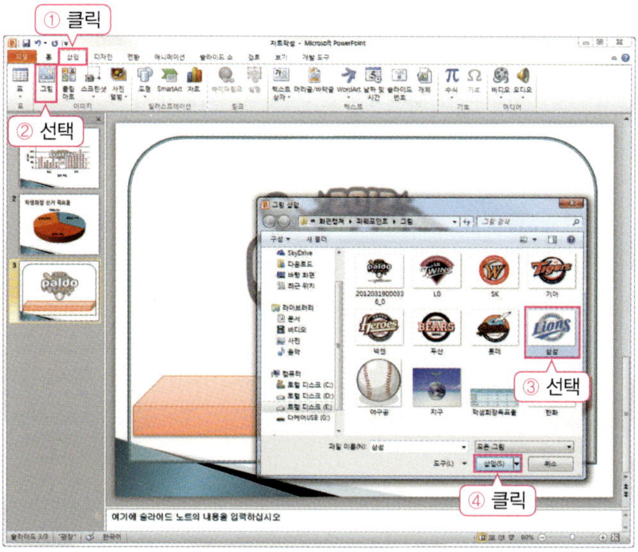

9. ① [삽입] 탭의 [이미지] 그룹에서 ② [그림]을 클릭한 다음 ③ '삼성'을 선택하고 ④ [삽입]을 클릭한다.

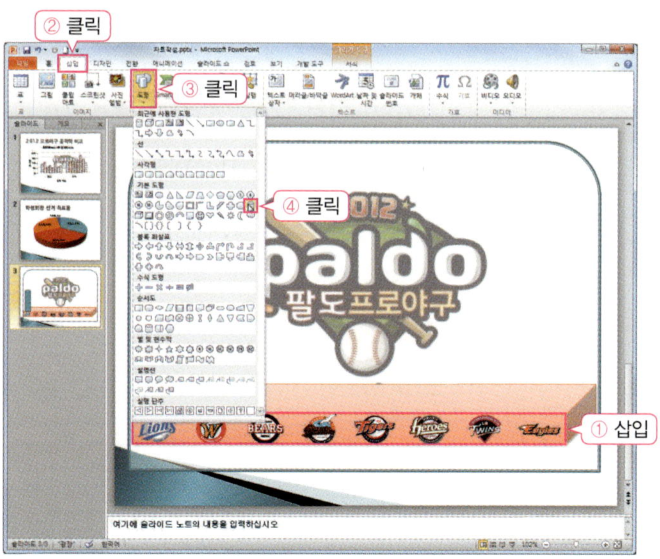

10. ① 나머지 7개의 그림도 삽입하고, ② [삽입] 탭의 [일러스트레이션] 그룹에서 ③ [도형]을 클릭하고, ④ '원통' 도형을 클릭한다.

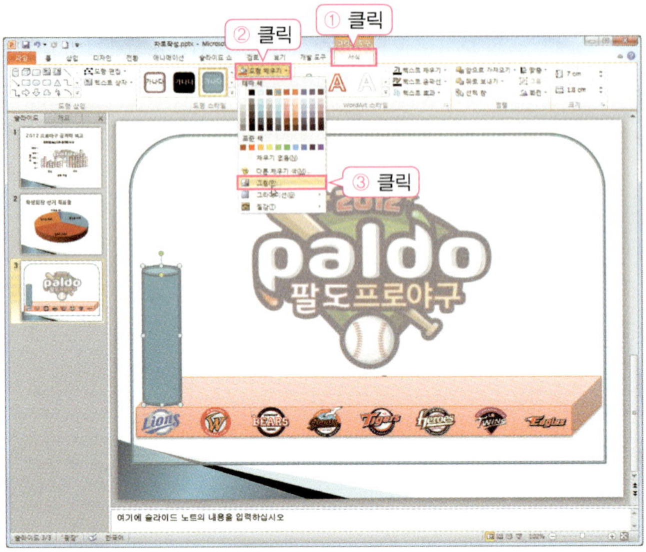

11. 원통을 적당한 크기로 조정하고, ① [서식] 탭의 [도형 스타일] 그룹에서 ② [도형 채우기]-③ [그림]을 클릭해서 원통에 그림을 삽입한다.

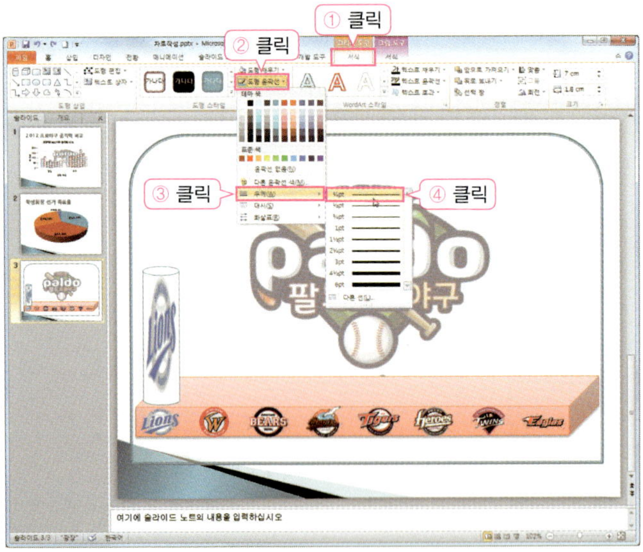

12. 도형 테두리선의 굵기도 조정해준다. ① [서식] 탭의 [도형 스타일] 그룹에서 ② [도형 윤곽선]-③ [두께]에서 ④ 선의 굵기를 가늘게 바꿔준다.

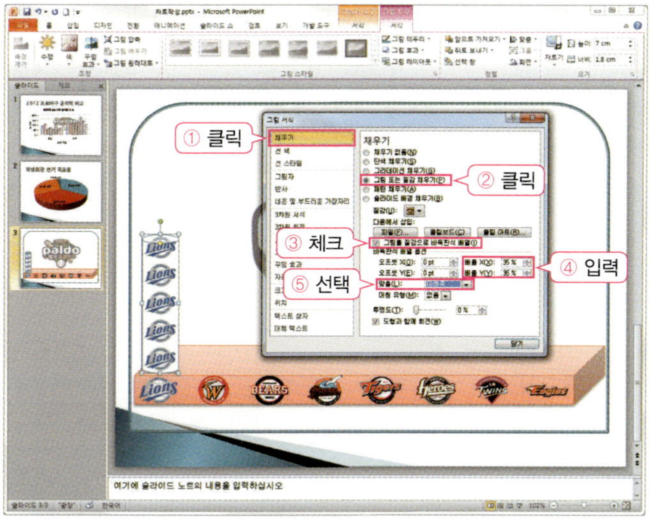

13. 기본적으로 그림은 늘리기가 적용되어 있다. 「그림 서식」 대화상자를 열고, ① [채우기]-② [그림 또는 질감 채우기]에서 ③ [그림을 질감으로 바둑판식 배열]을 체크하고, ④ 배율 X, Y를 각각 '35%'로 입력하고 ⑤ '맞춤: 아래쪽'으로 설정해 준다.

14. 나머지 계열들을 위한 그림에도 동일하게 적용한다.

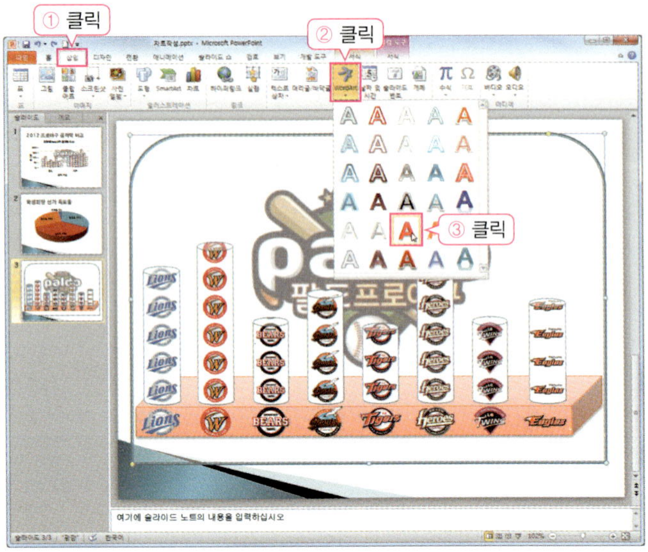

15. 해당 차트의 제목을 표시하기 위해서 워드아트를 삽입한다. ① [삽입] 탭의 [텍스트] 그룹에서 ② [WordArt]를 선택하고, ③ 원하는 워드아트 형태를 클릭한다.

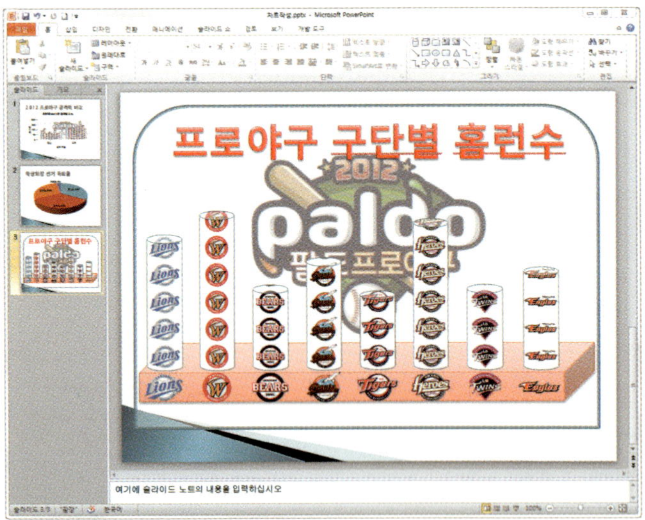

16. 워드아트 내용을 입력하여 도형으로 구성한 차트를 확인할 수 있다.

연습문제

EXERCISE

연습문제 ①

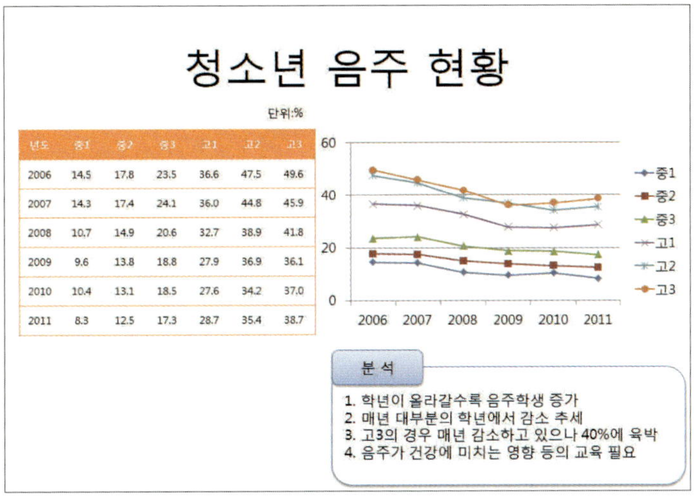

년도	중1	중2	중3	고1	고2	고3
2006	14.5	17.8	23.5	36.6	47.5	49.6
2007	14.3	17.4	24.1	36.0	44.8	45.9
2008	10.7	14.9	20.6	32.7	38.9	41.8
2009	9.6	13.8	18.8	27.9	36.9	36.1
2010	10.4	13.1	18.5	27.6	34.2	37.0
2011	8.3	12.5	17.3	28.7	35.4	38.7

1 표를 이용해서 음주 현황표를 작성하시오.

2 음주 현황표와 차트 기능을 이용해서 '표식이 있는 꺾은선형' 차트를 작성하시오.

3 도형을 이용해서 분석 내용을 입력하시오.

06 CHAPTER

동적인 프레젠테이션을 위한 슬라이드 만들기

Section 1. 멀티미디어 삽입하고 편집하기

Section 2. 하이퍼링크

Section 3. 애니메이션

Section 4. 화면 전환 효과

CHAPTER 06

동적인 프레젠테이션을 위한 슬라이드 만들기

프레젠테이션 상황에 따라 동영상을 이용해서 시청각 자료를 보여주거나 오디오 효과를 추가해준다면 청중을 이해시키는 데 보다 효과적일 것이다. 그리고 하이퍼링크로 관련 정보를 연결하거나 애니메이션을 사용하면 청중의 흥미와 집중도 향상에 더욱 효과적일 것이다.

Section 1. 멀티미디어 삽입하고 편집하기

프레젠테이션을 구성할 때 비디오나 오디오 사용은 중요한 역할을 담당한다. 비디오나 오디오 파일을 사용하여 동적인 프레젠테이션을 구성함으로써 청중의 집중도와 이해도를 높여보자.

동영상 삽입하기

슬라이드에 동영상 파일을 삽입하는 방법은 동영상 파일을 직접 삽입하는 방법과 문서에 파일을 연결시키는 방법이 있다. 파일을 문서에 직접 삽입하는 경우 다른 컴퓨터에서 프레젠테이션할 때 동영상을 가지고 다녀야 하는 불편을 해결할 수 있지만 프레젠테이션 문서 파일의 크기가 동영상의 크기만큼 커지는 단점이 있다.

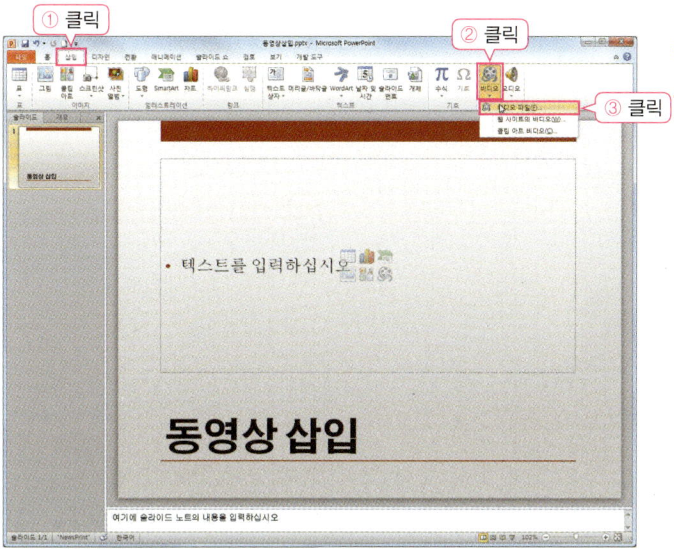

직접삽입

1. ① [삽입] 탭의 [미디어] 그룹에서 ② [비디오]–③ [비디오 파일]을 클릭한다.

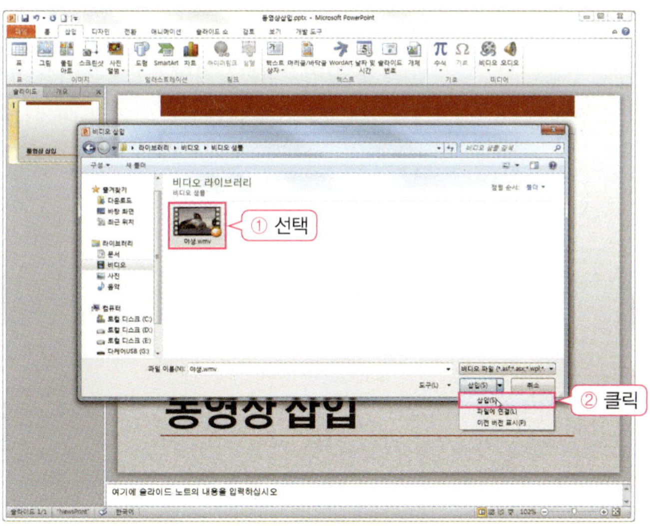

2. 「비디오 삽입」 대화상자에서 ① 삽입할 비디오 파일을 선택하고 ② [삽입]을 클릭한다.

3. 그림과 같이 동영상이 삽입된 것을 확인할 수 있다.

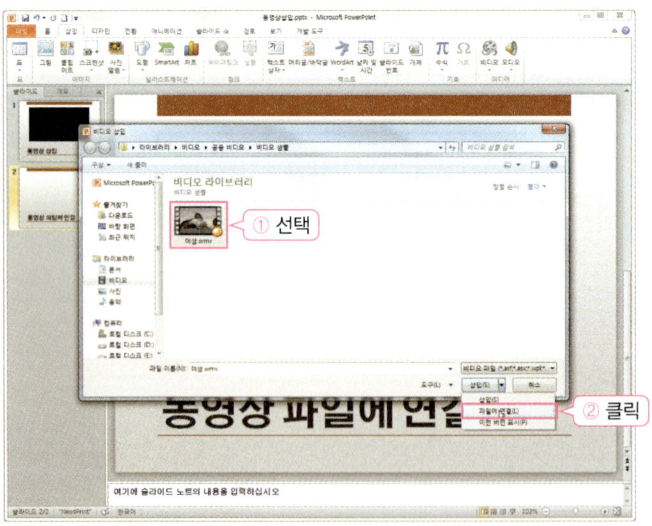

파일에 연결하여 삽입하기

1. 「비디오 삽입」 대화상자에서 ① 삽입할 비디오 파일을 선택하고 ② [파일에 연결]을 클릭한다.

2. 그림과 같이 동영상이 삽입된 것을 확인할 수 있다.

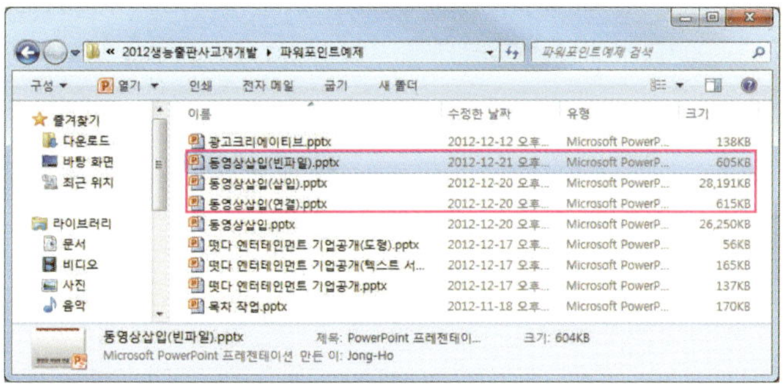

3. 앞과 같이 2가지 방법으로 동영상을 삽입할 때 [파일에 연결] 방법으로 동영상을 삽입할 경우, 파일의 크기가 거의 커지지 않지만, [삽입]을 사용할 경우 동영상의 크기만큼 파일의 크기가 늘어남을 알 수 있다.

동영상 편집도구

파워포인트 2007에서는 슬라이드 쇼에서 동영상을 자동 시작하는 정도만 있었다. 그러나 파워포인트 2010으로 오면서 그림과 같이 동영상을 편집하고, 동영상의 시작부분과 끝부분을 지정해 주는 등 많은 기능이 추가되었다. 동영상을 선택하면 리본 메뉴에 상황탭인 [비디오 도구]-[서식]과 [재생] 탭이 나타난다.

[서식] 탭에는 동영상의 색, 모양, 포스터 틀 등 동영상의 모양과 색에 관한 기능들이 있고, [재생] 탭에는 동영상의 재생과 관련된 기능들이 있다.

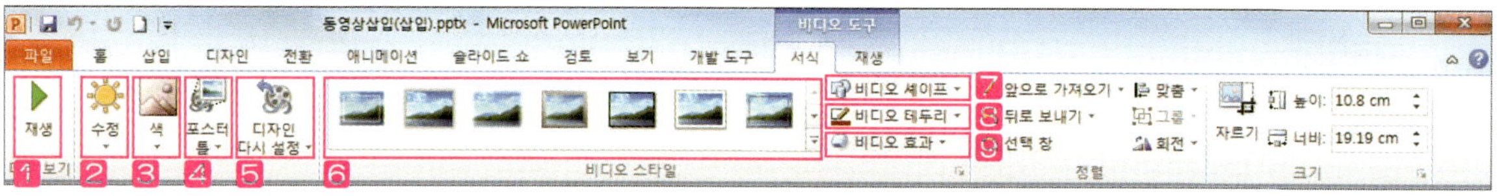

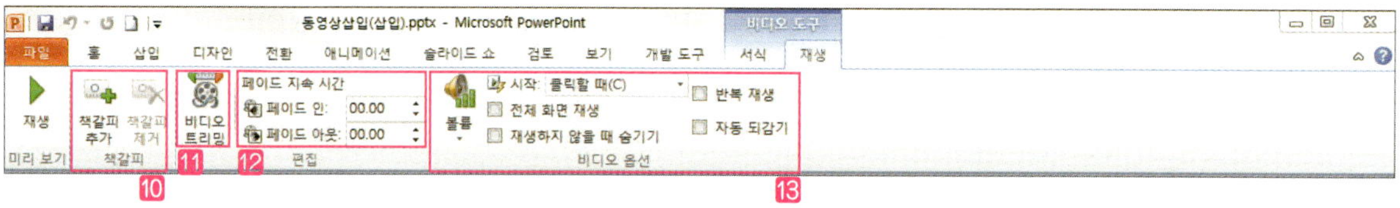

① 재생

슬라이드에 삽입된 동영상을 재생할 때 사용한다.

② 수정

그림의 밝기와 대비를 설정한다.

③ 색

동영상의 색조를 설정한다.

④ 포스터 틀

삽입된 동영상이 재생되기 전에 미리보기 화면을 설정할 수 있다. 동영상의 일부분을 미리보기 화면으로 사용할 수도 있고, 일반적인 사진이나 그림을 미리보기 화면으로 사용할 수도 있다.

⑤ 디자인 다시 설정

선택한 동영상에 지정된 서식을 취소할 때 사용한다.

⑥ 빠른 비디오 스타일 적용

다양한 종류의 효과를 한번에 쉽게 적용할 때 사용한다.

⑦ 비디오 셰이프

동영상 개체 형태를 여러 도형 모양으로 변경할 때 사용한다.

⑧ 비디오 테두리

동영상 개체의 테두리선의 색, 모양, 두께 등을 설정할 때 사용한다.

⑨ 비디오 .효과

동영상 개체에 그림자, 네온, 3차원 회전 등 효과를 지정할 때 사용한다.

⑩ 책갈피(추가, 제거)

동영상의 특정 위치를 쉽게 찾게 하기 위해 책갈피를 꽂을 때 사용한다.

⑪ 비디오 트리밍

삽입된 동영상 전체를 재생하는 것이 아니고 임의 시작 위치와 끝 위치를 지정하여 특정 위치만 재생되게 할 때 사용한다.

⑫ 페이드 지속 시간(인, 아웃)

동영상의 시작부분과 끝부분에 페이드 효과를 지정할 때 사용한다.

⑬ 비디오 옵션

시작은 동영상 시작 방법을 지정하는 기능으로 클릭으로 동영상을 실행할 것인지 자동으로 실행될 것인지를 설정할 때 사용한다. 이외에 전체화면으로 재생할 것인지, 반복재생할 것인지 등 설정을 선택할 수 있다.

동영상 편집하기

파워포인트 2010 버전에는 동영상을 편집할 수 있는 기초적인 기능이 추가되었다. 동영상의 밝기 값을 조절하거나 색을 변경시키거나 포스터 틀을 삽입하거나 비디오 트리밍, 페이드 인·아웃 기능을 삽입할 수 있다.

1. ① [서식] 탭의 [조정] 그룹에서 ② [수정]을 드롭다운하여 ③ 동영상의 밝기 및 대비를 조절할 수 있다.

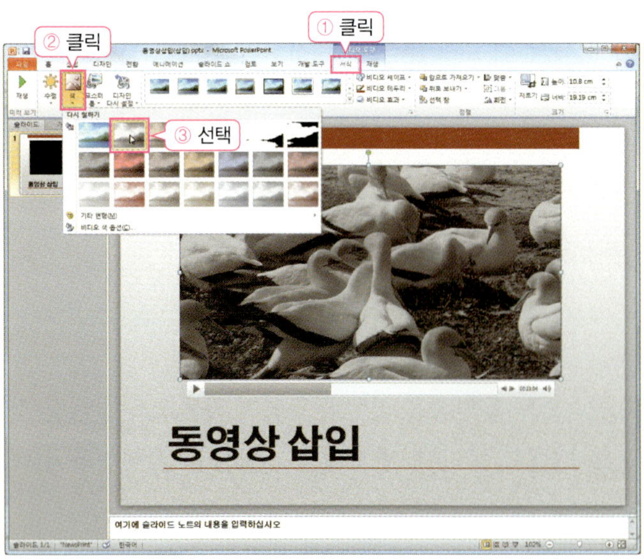

2. ① [서식] 탭의 [조정] 그룹에서 ② [색]을 드롭다운하여 ③ 동영상의 색상 값을 조절할 수 있다.

3. ① [서식] 탭의 [비디오 스타일] 그룹에서 ② 동영상 개체의 외형을 빠르게 변형시킬 수 있다.

4. ① [서식] 탭의 [비디오 스타일] 그룹에서 ② [비디오 셰이프]를 이용해서 ③ 동영상 개체의 모양을 원하는 도형 모양으로 변경시킬 수 있다.

포스터 틀 설정하기

동영상을 삽입하면 동영상의 미리보기 화면은 보통 검은색으로 나온다. 이럴 경우 동영상을 실행하기 전에는 이 동영상이 어떤 동영상인지 알 수가 없다. 이 때 포스터 틀 기능을 이용하면 동영상의 미리보기 화면을 우리가 원하는 화면으로 변경할 수 있다.

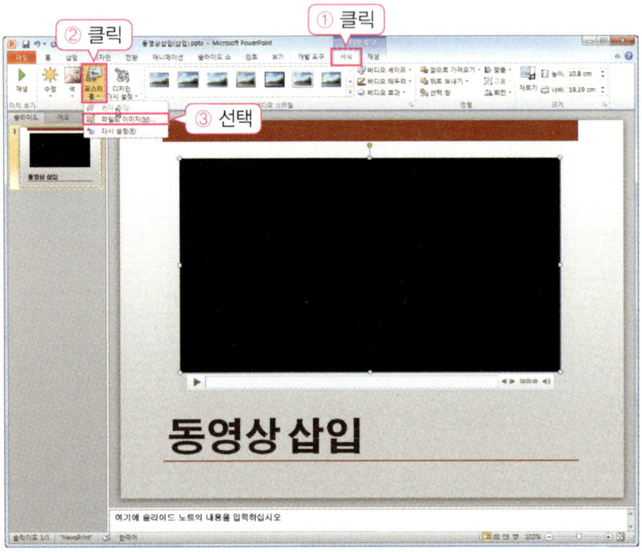

이미지로 포스터 틀 삽입

1. ① [서식] 탭의 [조정] 그룹에서 ② [포스터 틀]을 클릭하고, ③ [파일의 이미지]를 선택한다.

   ※ 포스터 틀을 지정하기 전에는 검은색 화면으로 표시된다. 그리고 동영상을 재생시키지 않으면, [현재 틀]이 활성화되지 않는다.

2. ① 원하는 이미지를 선택한 후 ② [열기]를 클릭한다.

3. 그림과 같이 동영상의 미리보기 화면은 검은색 화면이 아닌 지정한 이미지 화면으로 변경된 것을 확인할 수 있다.

동영상의 일부를 포스터 틀로 사용하기

1. 먼저 ① 동영상을 실행하고 포스터 틀로 지정할 부분에서 일시 정지를 클릭한다. ② [서식] 창의 [조정] 그룹의 ③ [포스터 틀] ④ – [현재틀]을 클릭한다.

2. 그림과 같이 동영상 내용이 미리보기 화면으로 설정된 것을 확인할 수 있다.

비디오 트리밍

트리밍이란 '불필요한 부분을 잘라낸다'는 의미를 가지고 있다. 필요에 따라 삽입된 동영상의 시작지점을 바꾼다든지 동영상의 전체 상영시간을 조절할 필요가 있다. 전문적인 동영상 편집도구를 사용해서 할 수도 있지만 파워포인트 2010에서 지원되는 비디오 트리밍 기능을 이용하면 쉽고 간단하게 필요한 부분의 동영상만을 상영할 수 있다.

1. ① [재생] 탭의 [편집] 그룹에서 ② [비디오 트리밍]을 클릭한다.

2. 「비디오 맞추기」 대화상자가 나타나고, ① 초록색 막대와 빨간색 막대를 이용해서 동영상의 시작지점과 종료지점을 설정할 수 있다. ② 시작시간과 종료시간을 숫자로 직접 설정할 수도 있다.

페이드 지속시간

페이드 인 또는 페이드 아웃 지속시간은 동영상의 시작지점이나 종료지점에서 상영되는 동영상의 페이드 효과 시간을 설정하는 기능이다.

1. ① [재생] 탭의 [편집] 그룹에서 [페이드 지속시간]–② [페이드 인], [페이드 아웃]에서 지속시간을 입력한다.

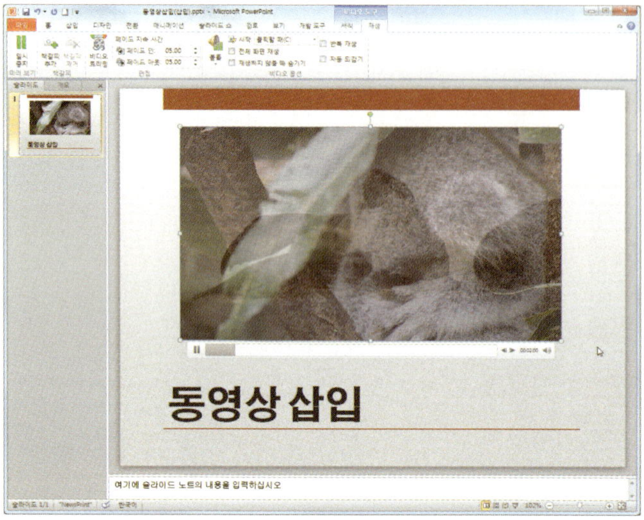

2. 그림과 같이 입력된 지속시간만큼 종료지점에서 상영되는 동영상이 오버랩되는 것을 확인할 수 있다.

책갈피

책갈피는 동영상의 특정부분에 표시를 해 놓는 기능이다. 책을 읽다가 중요한 부분을 표시하거나, 접어 두는 것과 같이 동영상에서 특정부분을 표시해둘 수 있다.

1. 동영상 재생 중에 ① [재생] 탭의 [책갈피] 그룹에서 ② [책갈피 추가]를 클릭한다. 아래 그림과 같이 노란색 원으로 책갈피가 추가되었다. 책갈피를 제거할 때에는 지정한 책갈피 부분을 클릭하고 [책갈피 제거]를 클릭한다.

비디오 옵션

슬라이드를 실제 쇼로 보여줄 때 동영상 재생의 옵션들을 설정하는 기능이다.

1. 일반적으로 슬라이드 쇼에서 동영상은 동영상 부분을 클릭해야 실행된다. 만약, 시작과 함께 동영상을 시작하려면, ① [재생] 탭에 [비디오 옵션] 그룹에서 [시작]-② [자동 실행]을 선택한다. 전체 화면으로 재생할지, 반복하여 재생할지 등의 옵션들도 설정할 수 있다.

웹에 있는 동영상 연결하기

프레젠테이션에 삽입하고자 하는 동영상을 상황에 맞게 직접 제작해서 사용하면 프레젠테이션의 효용성을 높일 수는 있지만 제작하는 데 많은 시간이 소요되고 제작 기술이 필요하다. 웹에 있는 동영상을 연결해서 사용하면 네트워크가 연결된 곳이면 어디에서나 동영상을 사용할 수 있고, 파일을 삽입할 경우 발생하는 용량문제도 해결할 수 있다.

1. ① 먼저 유튜브 홈페이지에 접속해서 ② 검색창에 삽입할 동영상의 제목을 클릭한 후 [검색]을 클릭한다.

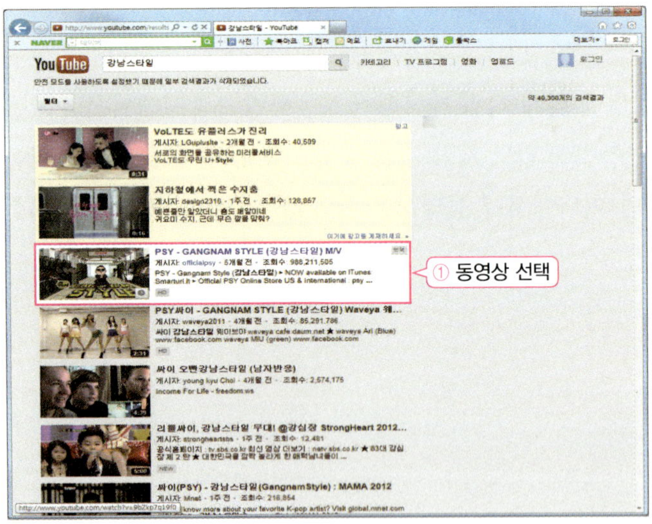

2. 검색결과가 그림과 같이 나타나고, ① 삽입할 동영상을 선택한다.

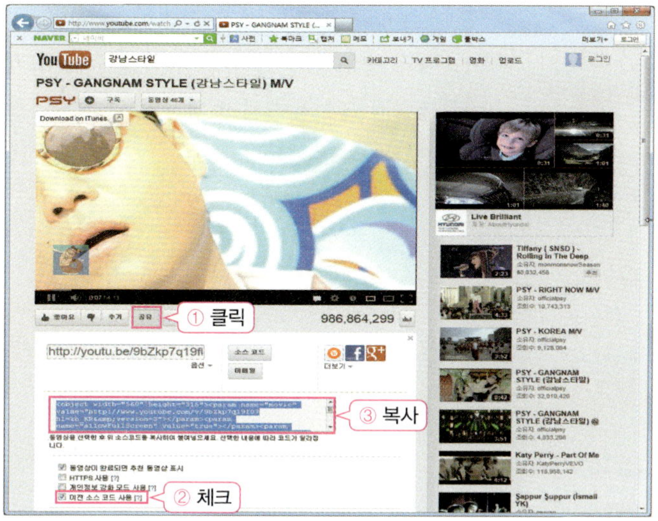

3. 삽입할 동영상에서 ① [공유]를 클릭하고, ② [이전 소스 코드 사용]을 꼭 체크한 다음, ③ 동영상 소스코드를 복사한다.

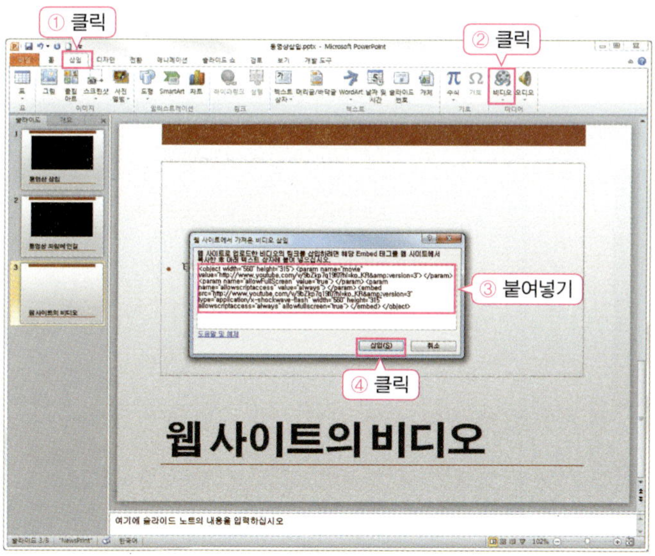

4. ① [삽입] 탭의 [미디어] 그룹에서 ② [비디오]–[웹 사이트의 비디오]를 클릭한 다음「웹 사이트..」대화상자에 ③ 복사한 소스코드를 붙여넣기하고 ④ [삽입]을 클릭한다.

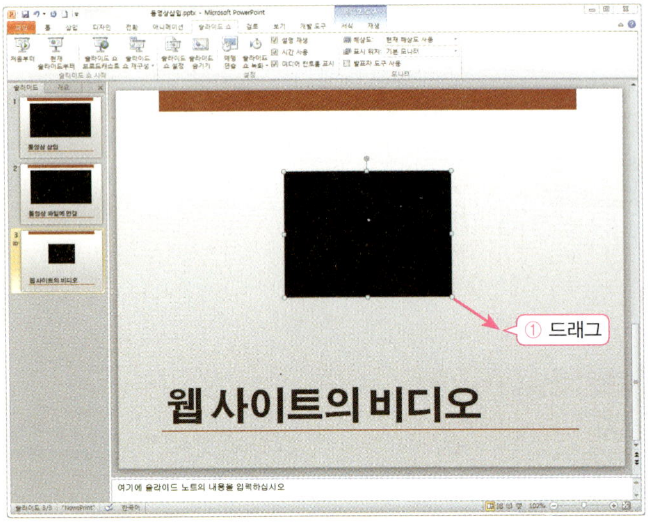

5. 동영상이 입력된 것을 확인할 수 있다. 입력된 동영상의 크기가 작을 경우 ① 크기 조절점을 이용해서 동영상의 크기를 조절한다.

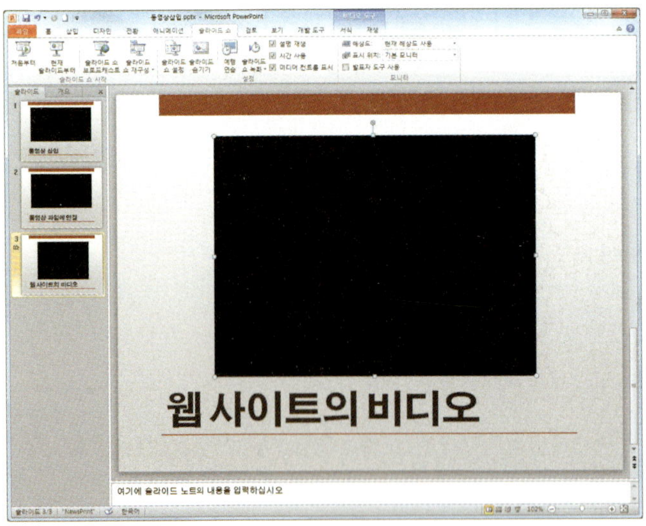

6. 웹 사이트에 연결한 동영상의 경우 미리 보기 화면이 지원되지 않는다.

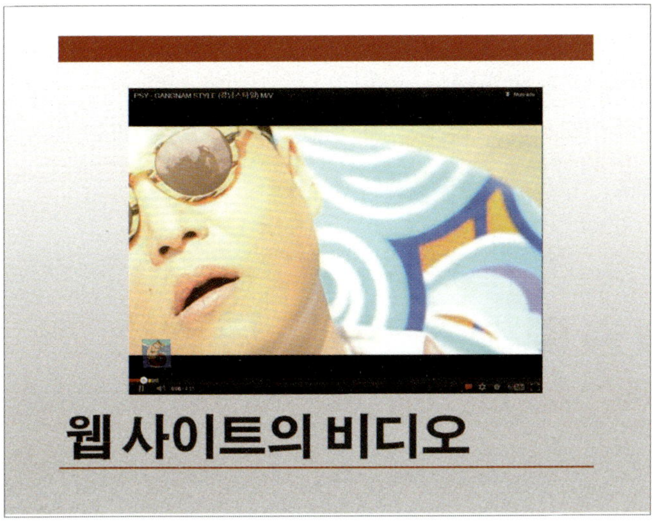

7. 슬라이드 쇼 또는 재생 기능을 이용해서 동영상을 상영할 수 있다.

참고

유튜브 다운로더를 이용한 유튜브 동영상 다운로드

검색엔진에서 "유튜브 다운로드"라는 검색어를 입력하면 프로그램을 쉽게 다운로드 받을 수 있다(공식사이트: http://www.youtubedownloaderhd.com).

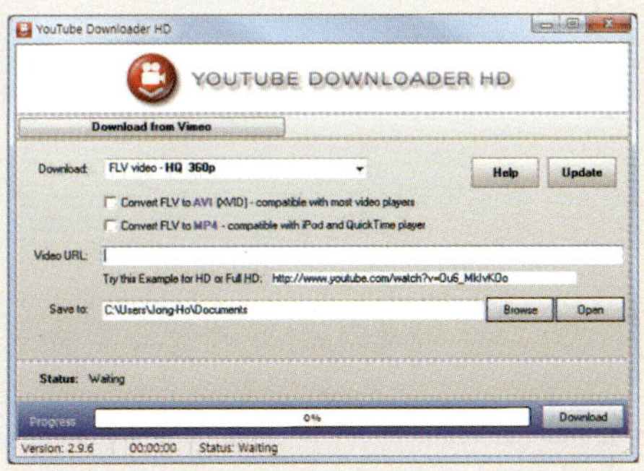

다운로더 프로그램을 실행하고, [Video URL] 부분에 다운받을 동영상의 주소를 입력하고, 오른쪽 하단의 [Download]를 클릭하면 된다.

다운로드 받을 동영상의 주소는 유튜브에서 실행한 다음 [공유]를 클릭하면 나타난다.

오디오 도구

오디오 아이콘을 선택하면 리본 메뉴에 상황탭인 [오디오 도구]-[서식]과 [재생]탭이 나타난다. [서식]탭에는 오디오 아이콘에 효과를 지정하거나 아이콘을 다른 그림으로 바꾸는 기능들이 있고, [재생]탭에는 오디오 재생과 관련된 기능들이 있다.

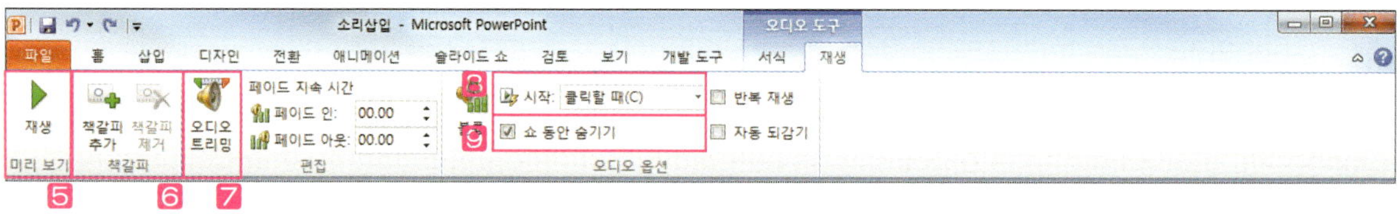

① 조정

오디오 아이콘의 색을 지정하거나 꾸밈 효과를 줄 수 있다.

② 그림 스타일

오디오 아이콘에 그림 효과를 지정할 수 있다.

③ 정렬

오디오 아이콘과 다른 개체의 순서 지정과 맞춤 등을 지정할 수 있다.

④ 크기

오디오 아이콘의 크기를 지정할 수 있다.

⑤ 재생

슬라이드에 삽입된 오디오를 재생할 때 사용한다.

⑥ 책갈피(추가, 제거)

오디오의 특정 위치를 쉽게 찾게 하기 위해 책갈피를 꽂을 때 사용한다.

⑦ 오디오 트리밍

삽입된 오디오 전체를 재생하는 것이 아니고 임의 시작 위치와 끝 위치를 지정하여 특정위치만 재생되게 할 때 사용한다.

⑧ 시작

오디오의 시작 방법을 지정하는 기능으로 오디오 아이콘 클릭으로 오디오를 실행할 것인지 자동으로 실행될 것인지를 설정할 때 사용한다.

⑨ 쇼 동안 숨기기

슬라이드 쇼 진행시 오디오 아이콘을 숨길 때 사용한다.

소리 삽입하고 편집하기

슬라이드를 만들 때 특정 상황에서 청중의 시선을 끌고 싶다면, 효과음을 사용할 수도 있고 배경음악을 넣을 수도 있다. 하지만, 너무 많은 효과음과 배경음악은 오히려 역효과를 낼 수 있다. 청중의 집중도를 높이고, 프레젠테이션에 활기를 불어주는 효과음을 넣는 방법을 알아보자.

1. ① 소리를 삽입할 슬라이드를 선택한 다음 ② [삽입] 탭의 [미디어] 그룹에서 ③ [오디오]–④ [클립아트 오디오]를 선택한다.

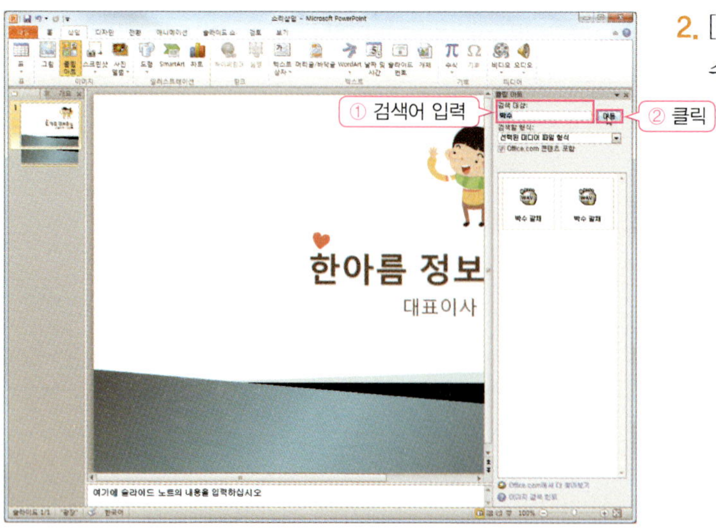

2. [클립아트] 작업창의 ① [검색대상]에 '박수'를 입력하고 ② [이동]을 클릭한다.

3. 검색된 오디오를 삽입하기 위해 원하는 ① 클립아트 오디오 파일을 더블클릭한다.

4. 그림과 같이 스피커 모양의 아이콘이 표시되어 원하는 클립아트 오디오가 삽입된 것을 확인할 수 있다. 슬라이드 쇼를 진행하거나 재생명령을 선택하면 효과음이 실행된다.

5. 삽입된 클립아트 오디오는 슬라이드 쇼진행 시 클릭해야 효과음이 나오는데 자동으로 실행되게 하려면 ① [재생] 탭의 [오디오 옵션] 그룹에서 [시작]-② [자동실행]을 선택하면 된다. 그리고 슬라이드 쇼진행 시 효과음 삽입 아이콘이 뜨는데 이는 ③ [쇼 동안 숨기기]를 체크하면 없어진다.

Section 2. 하이퍼링크

하이퍼링크는 삽입된 개체를 같은 문서 안에서 다른 슬라이드로 연결하거나, 특정 프로그램을 실행시키거나, 외부 사이트를 연결할 때 사용하는 기능이다.

하이퍼링크 사용하기

하이퍼링크로 인터넷 연결하기

1. 슬라이드의 하트그림을 클릭했을 때 MBC 방송 홈페이지가 열리도록 해보자. ① '하트그림'을 클릭한 후 ② [삽입] 탭의 [링크] 그룹에서 ③ [하이퍼링크]를 클릭한다.

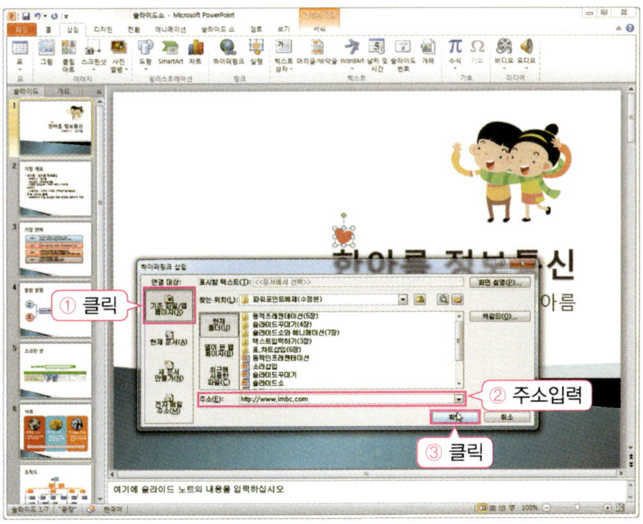

2. 「하이퍼링크 삽입」 대화상자에서 ① [연결 대상: 기존파일/웹페이지]의 ② [주소]에 'http://www.imbc.com'을 입력하고 ③ [확인]을 클릭한다.

3. 슬라이드 쇼 진행시 ① 하트그림을 클릭하면 그림과 같이 연결된 MBC 홈페이지가 열린다.

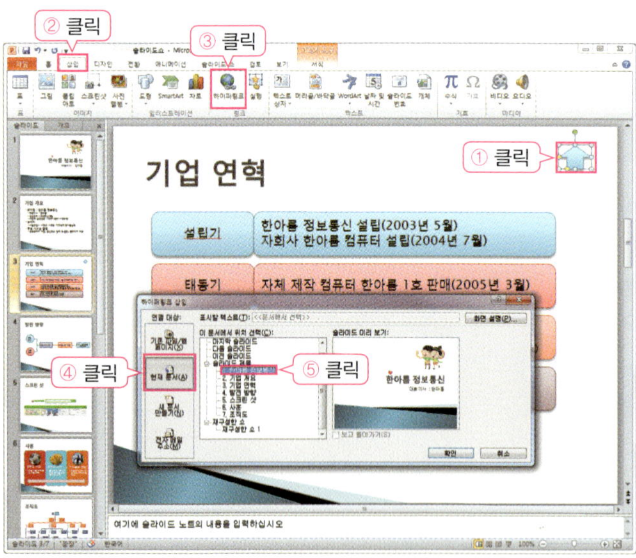

문서 내에서 페이지 이동

4. 도형을 삽입하고 도형을 클릭했을 때 문서의 첫 번째 페이지로 이동하도록 하려한다. 먼저 ① 도형을 클릭하고 ② [삽입] 탭의 [링크] 그룹에서 ③ [하이퍼링크]를 클릭한다. 「하이퍼링크 삽입」 대화상자에서 ④ [연결대상: 현재 문서]를 클릭하고 ⑤ 이동할 첫 페이지를 지정해준다.

Section 3. 애니메이션

애니메이션은 슬라이드에 삽입되어 있는 텍스트, 그림, 도형, 차트, 클립아트 등에 동적인 효과를 주어 역동적인 슬라이드를 구성할 수 있다. 프레젠테이션에 있어서 슬라이드에 모든 개체가 한꺼번에 나오는 게 아니라 순차적으로 표시되어 청중의 이해와 집중도를 높일 수 있다. 특히, 파워포인트 2010에서는 트리거 기능을 이용해서 원하는 순서대로 애니메이션을 진행함으로써 프레젠테이션 시에 발생할 수 있는 돌발 사태에 대해서도 대비할 수 있다.

애니메이션 편집도구

[애니메이션] 탭에는 애니메이션을 지정하고, 수정하는 데 필요한 기능들을 제공한다. 애니메이션 창을 이용해서 원하는 순서대로 애니메이션을 편집할 수도 있다.

① 미리보기

현재 슬라이드에 적용된 애니메이션에 대한 미리보기 기능을 제공한다.

② 애니메이션

선택한 개체에 애니메이션을 지정할 때 사용한다. 애니메이션의 종류는 크게 '나타내기', '강조', '끝내기', '이동경로'가 있으며, 내용에 따라 지정하거나 해제할 수 있다.

③ 효과 옵션

적용된 개체와 애니메이션 종류에 따라 다양한 효과를 지정할 때 사용한다.

④ 애니메이션 추가

애니메이션이 적용된 개체에 추가적으로 애니메이션을 지정할 때 사용한다.

⑤ 애니메이션 창

적용된 애니메이션을 표시하는 창이며, 기존에 적용된 애니메이션의 순서를 바꾸거나 지정된 속성을 변경할 때 사용한다.

⑥ 트리거

애니메이션이 시작되는 순서를 지정한다. 트리거 기능을 이용함으로써 순차적인 애니메이션이 아닌 원하는 순서대로의 애니메이션을 지정할 수 있다.

⑦ 애니메이션 복사

한 개체에 적용된 애니메이션을 다른 개체에 적용할 때 사용한다. 클릭하면 한번만 복사할 수 있고, 더블클릭하면 한꺼번에 여러 개체에 복사할 수 있다.

⑧ 시작

애니메이션에 대한 시작 조건을 지정할 때 사용한다. '클릭할 때', '이전효과와 함께', '이전효과 다음에' 등이 있다.

⑨ 재생시간

선택한 개체에 적용된 애니메이션의 총 시간을 지정한다.

⑩ 지연

선택한 개체에 적용된 애니메이션의 시작을 사용자가 지정한 시간 후에 실행되도록 지정할 수 있다.

⑪ 애니메이션 순서 바꾸기

애니메이션이 여러 개 지정되어 있을 경우 이들의 순서를 조정할 때 사용한다.

텍스트에 애니메이션 지정하기

텍스트 개체 틀에 애니메이션 효과를 지정할 수 있다.

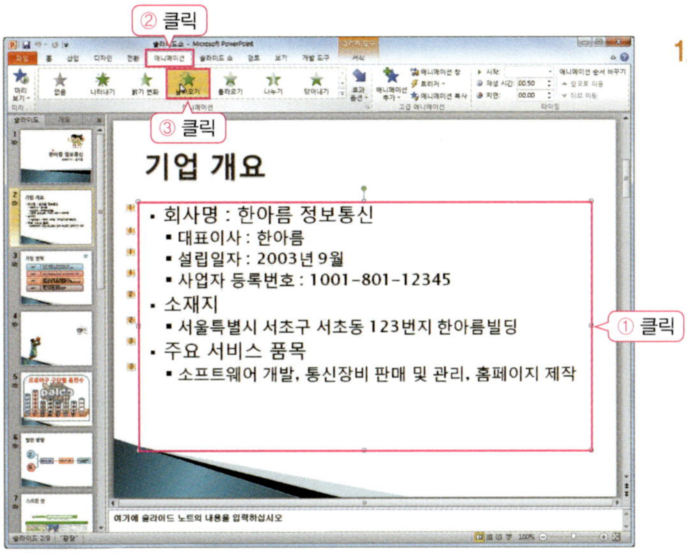

1. 먼저 ① 개체 틀을 선택하고, ② [애니메이션] 탭의 [애니메이션] 그룹에서 적용하고자 하는 애니메이션인 ③ 나타내기 효과의 [날아오기]를 클릭한다.

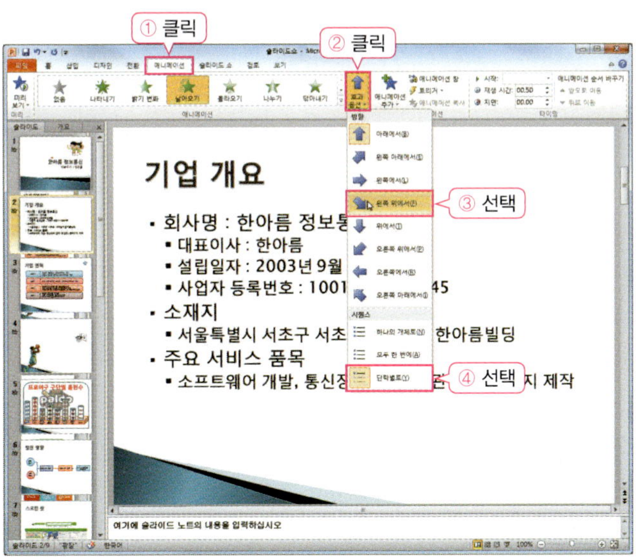

2. 기본적인 애니메이션의 옵션 효과는 단락별로 아래에서 위로 올라온다. ① [애니메이션] 탭의 [애니메이션] 그룹에서 ② [효과 옵션]을 클릭해서 ③ [방향] 종류에서 애니메이션이 올라오는 방향, ④ [시퀀스] 종류에서 애니메이션이 올라오는 단위를 지정할 수 있다.

도형에 애니메이션 지정하기

도형에도 애니메이션 효과를 지정할 수 있다.

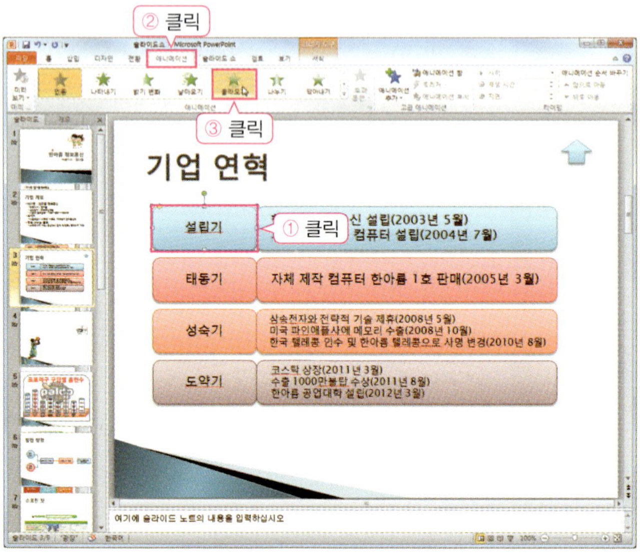

1. 삽입된 도형에 애니메이션 효과를 삽입할 수 있다. ① 애니메이션 효과를 삽입할 도형을 선택하고 ② [애니메이션] 탭의 [애니메이션] 그룹에서 ③ 나타내기 효과의 [올라오기]를 클릭한다. 더 많은 효과를 적용시키려면 [추가 나타내기 효과]를 이용해서 텍스트 형식으로 메뉴에서 찾아 적용시킬 수 있다.

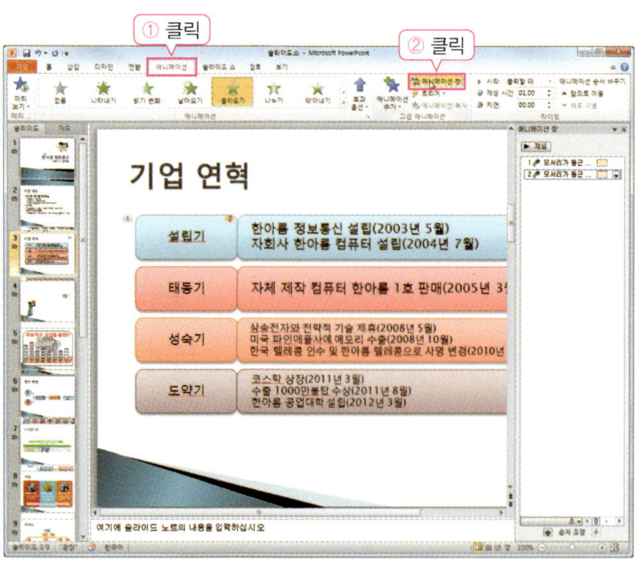

2. 삽입된 애니메이션 효과를 확인하고 편집할 경우 ① [애니메이션] 탭의 [고급 애니메이션] 그룹에서 ② [애니메이션 창]을 클릭한다. [애니메이션 창]이 표시된 것을 확인할 수 있다.

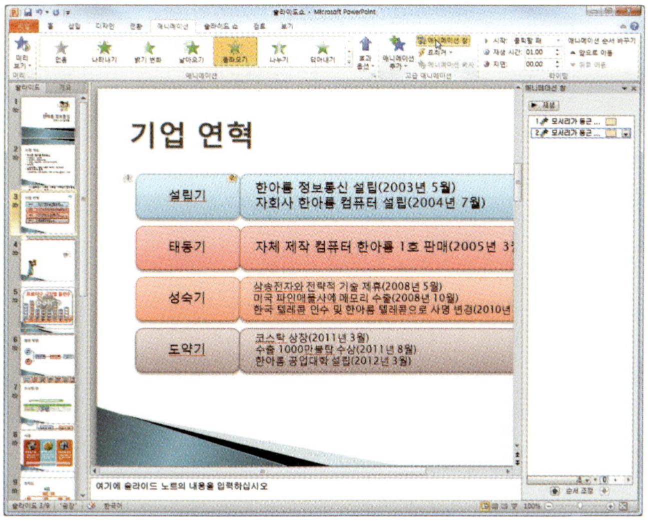

3. 삽입된 애니메이션의 순서를 조정할 때는 작업창 아래쪽의 [순서 조정]을 이용해서 조정할 수 있다.

애니메이션 복사하기

동일한 애니메이션 효과를 삽입하면서 매번 동일한 작업을 반복할 필요는 없다. 이때는 애니메이션 복사 기능을 이용하면 한번 적용했던 애니메이션 효과를 쉽게 복사할 수 있다.

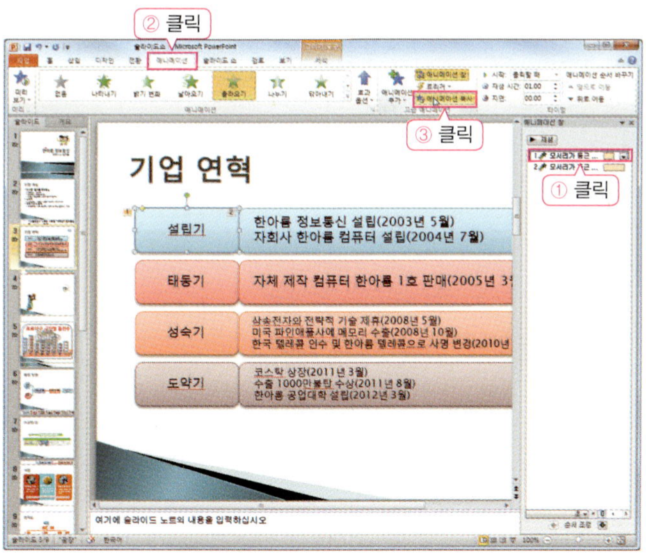

1. ① 복사할 애니메이션 효과를 클릭하고 ② [애니메이션] 탭의 [고급 애니메이션] 그룹에서 ③ [애니메이션 복사]를 클릭한다.

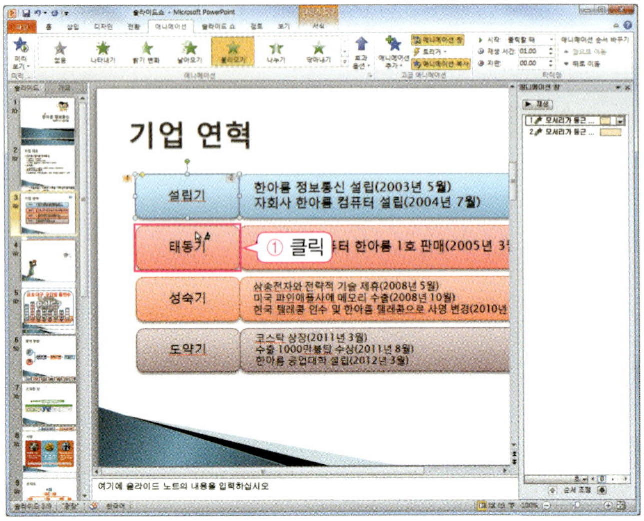

2. 커서 모양이 빗자루 모양으로 바뀐 것이 보일 것이다. 이 상태에서 ① 복사할 애니메이션을 적용시킬 도형을 선택한다.

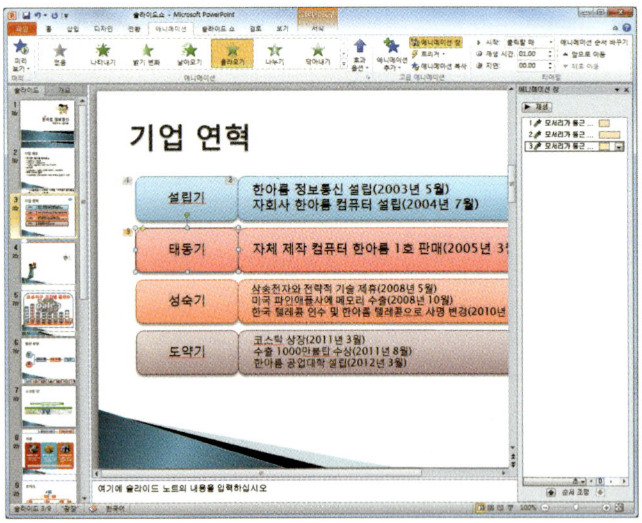

3. [애니메이션 창]에서 보는 바와 같이 적용시킨 도형에 애니메이션 효과가 추가된 것을 확인할 수 있다.

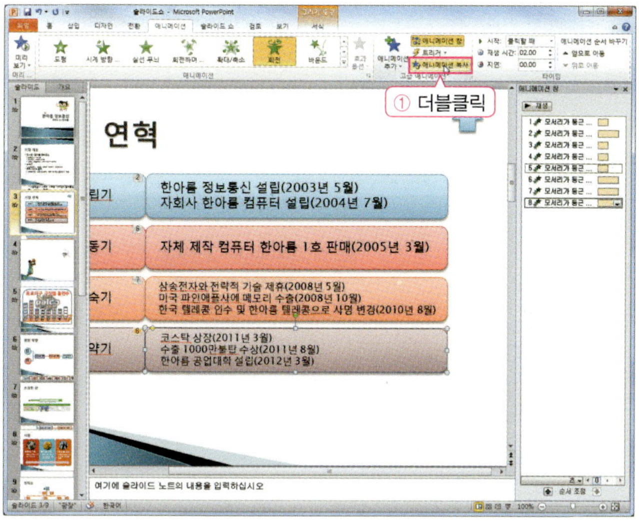

4. 다른 도형에 여러 번 복사하여 적용시킬 수 있다. 한 번 복사하고 여러 번 붙여넣기를 하려면 ① [애니메이션 복사]를 더블클릭하면 된다.

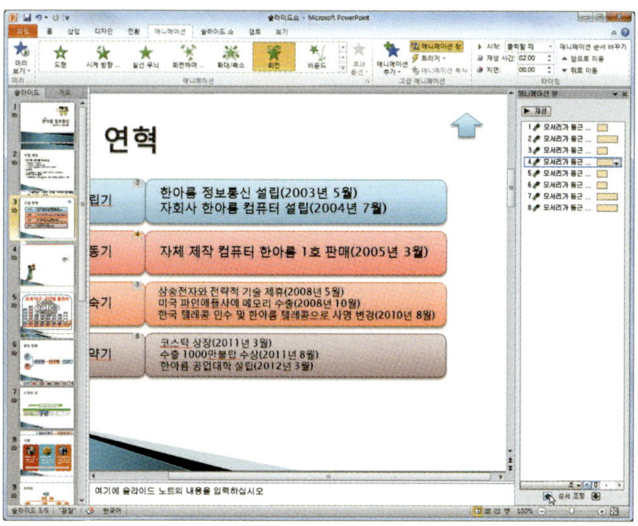

5. 애니메이션 복사가 끝났으면, 발표순서에 따라 애니메이션 순서를 조정해 준다.

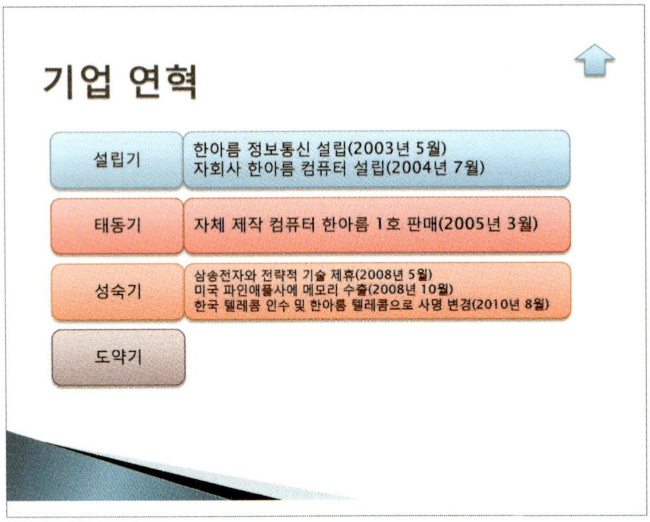

6. [슬라이드 쇼]를 이용해서 애니메이션 효과를 확인한다.

차트에 애니메이션 지정하기

차트에도 애니메이션 효과를 지정할 수 있다.

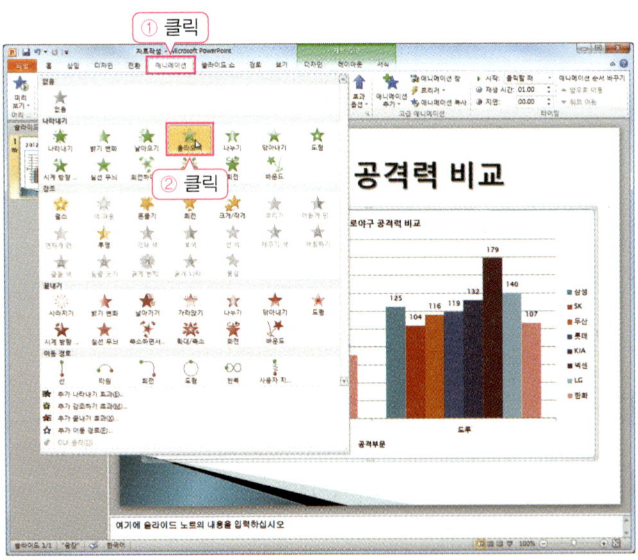

1. 삽입된 차트에 애니메이션 효과를 삽입할 수 있다. 애니메이션 효과를 삽입할 차트를 선택하고 ① [애니메이션] 탭의 [애니메이션] 그룹에서 ② [올라오기]를 클릭한다.

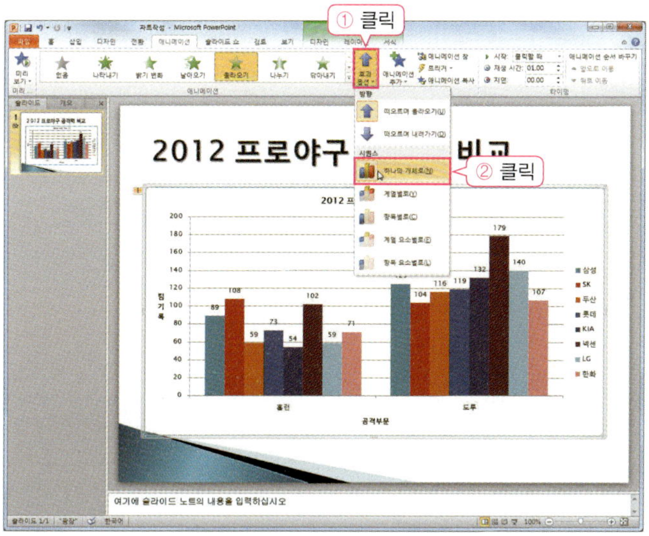

2. 차트에 애니메이션 효과를 적용할 경우 [애니메이션] 그룹에서 ① [효과 옵션]을 드롭다운하여 ② [시퀀스]에서 차트의 데이터 계열의 나타내기 효과를 지정할 수 있다.

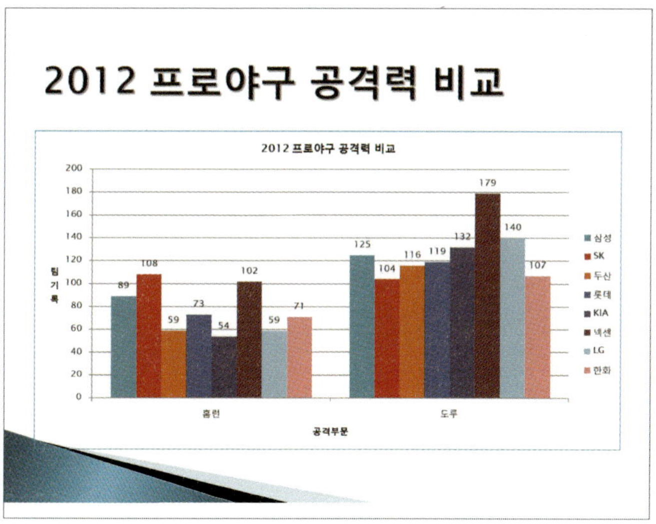

3. [하나의 개체로]를 선택하면 차트의 모든 영역에서 한꺼번에 애니메이션 효과가 나타난다.

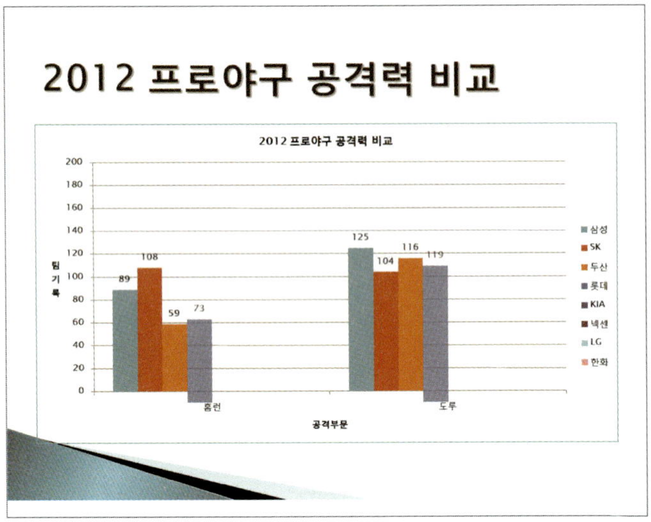

4. [계열별로]를 선택하면 각 팀별로 애니메이션 효과가 나타난다.

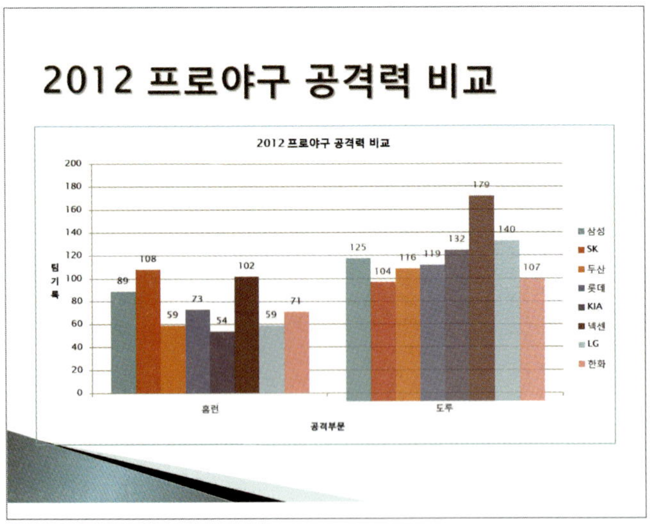

5. [항목별로]를 선택하면 '홈런', '도루' 순의 항목별로 애니메이션 효과가 나타난다.

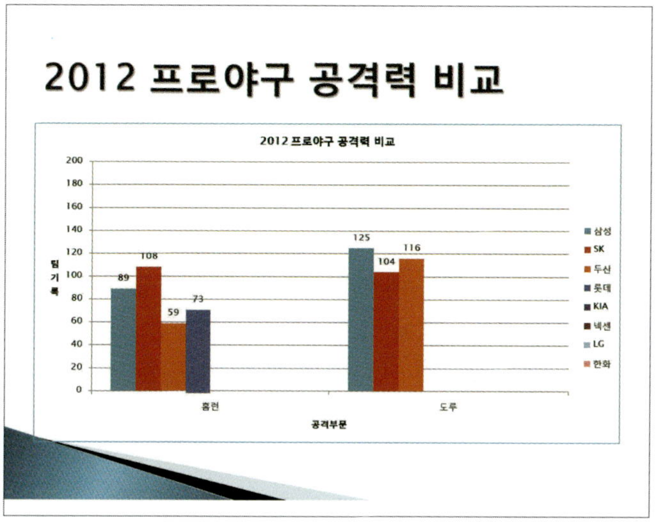

6. [계열 요소별로]를 선택하면 각 항목에서 계열요소가 번갈아 가면서 애니메이션 효과를 나타낸다.

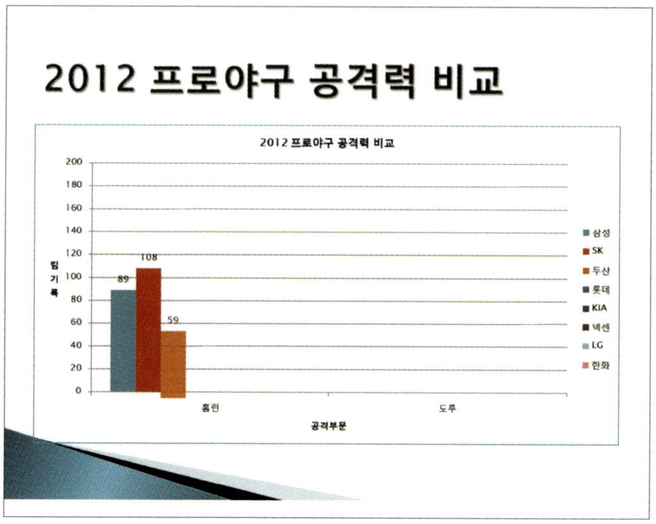

7. [항목 요소별로]를 선택하면 각 항목 내에서 계열별로 애니메이션 효과가 나타난다.

이동경로 애니메이션

이동경로 애니메이션은 개체가 슬라이드 내에서 원하는 위치로 이동하도록 애니메이션 효과를 설정하는 것이다. 선, 도형, 사용자 지정 등 많은 효과를 기본적으로 제공한다. 그럼 농구공이 골대에 들어가는 것을 사용자 지정 경로 애니메이션 효과를 이용해서 만들어 보자.

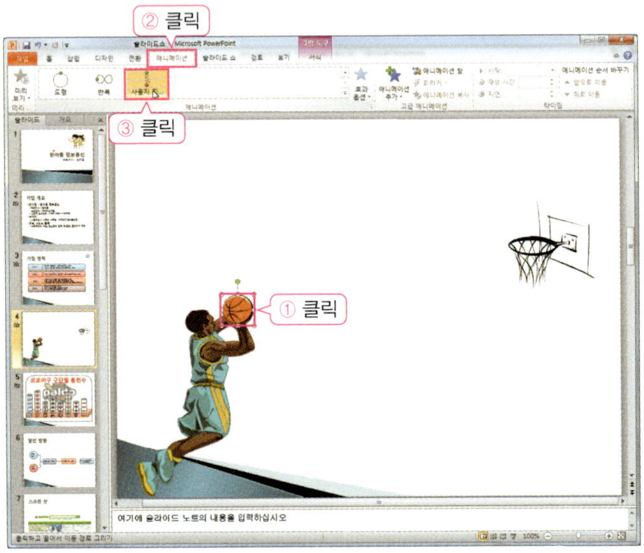

1. ① 애니메이션 효과를 지정할 개체인 농구공을 클릭하고, ② [애니메이션] 탭의 [애니메이션] 그룹에서 [이동경로]-③ [사용자 지...]을 클릭한다.

2. 마우스를 이용해서 농구공이 날아갈 위치를 그려준다.

3. [슬라이드 쇼]를 이용해서 애니메이션 효과를 확인한다.

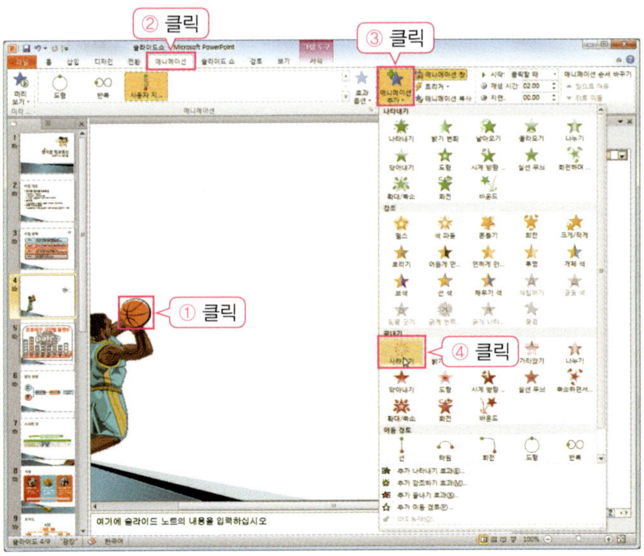

4. 끝내기 효과를 이용해서 공을 사라지게 해보자. ① 끝내기 효과를 줄 농구공을 선택하고, ② [애니메이션] 탭의 [고급 애니메이션] 그룹에서 ③ [애니메이션 추가]를 드롭다운하여 [끝내기]-④ [사라지기]를 클릭한다.

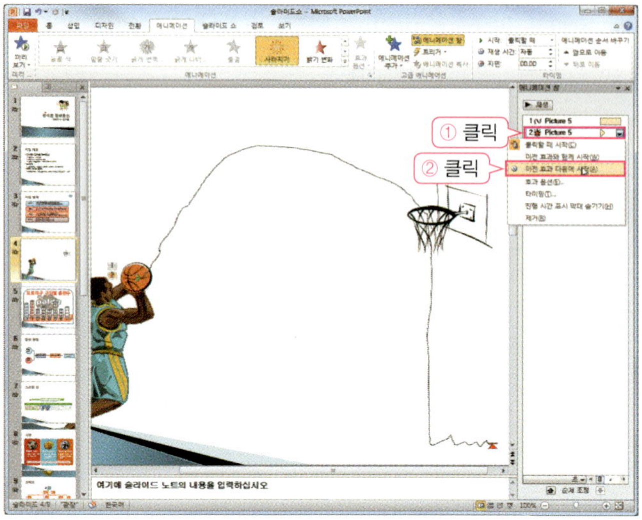

5. [애니메이션 창]에서 ① 추가한 끝내기 효과를 선택하고, ② [자세히]를 드롭다운해서 [이전 효과 다음에 시작]을 클릭한다.

트리거 지정하기

일반적인 애니메이션 효과의 경우 미리 지정된 순서에 따라 애니메이션 효과가 실행된다. 하지만 프레젠테이션 시 돌발적으로 발생하는 상황에 따라서 애니메이션 순서가 바뀌어야할 때도 있다. 이 때 파워포인트의 트리거 기능을 사용하면 부드럽게 프레젠테이션을 진행할 수 있다. 트리거는 특정 개체를 클릭했을 때 설정된 특정 애니메이션 기능이 실행되게 하는 기능이다.

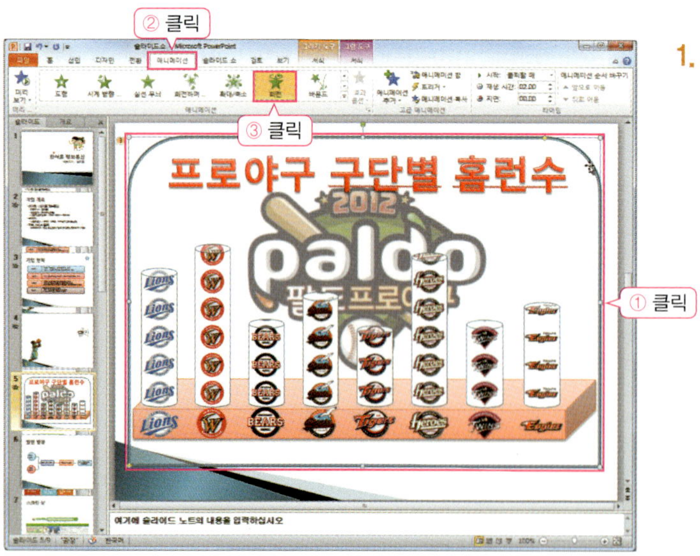

1. ① 배경에 해당하는 양쪽모서리가 둥근 사각형과 그림, 정육면체 개체 그룹을 선택하고 ② [애니메이션] 탭의 [애니메이션] 그룹에서 [나타내기]-③ [회전]을 클릭해서 애니메이션 효과를 지정한다.

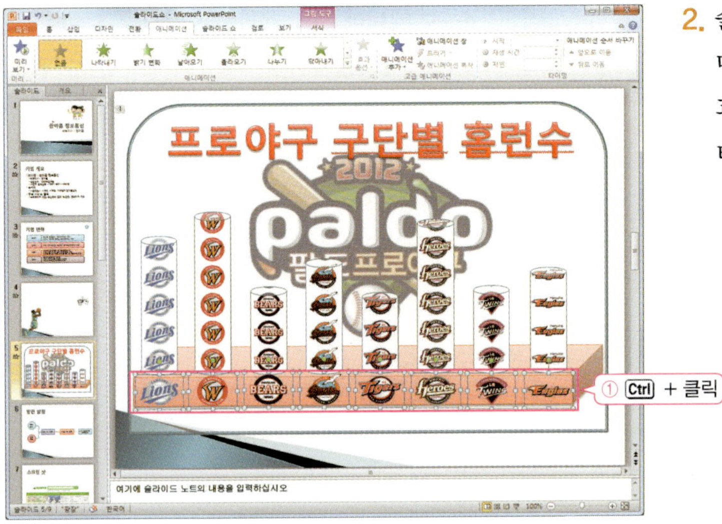

2. 슬라이드 아래쪽의 8개 팀 아이콘에 애니메이션을 동시에 지정하기 위해서 ① 효과를 삽입할 아이콘들을 Ctrl키를 누른 상태에서 각각 선택한다.

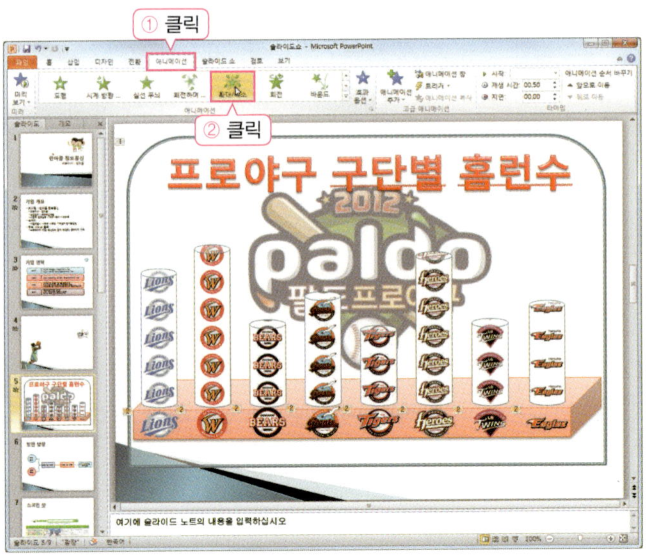

3. ① [애니메이션] 탭의 [애니메이션] 그룹에서 [나타내기]-② [확대/축소]를 클릭해서 애니메이션 효과를 지정한다.

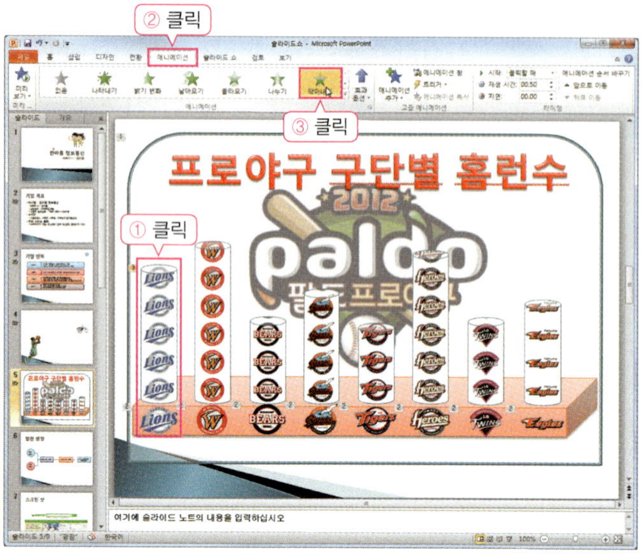

4. ① 애니메이션 효과를 줄 '삼성 라이온스' 원통을 클릭하고, ② [애니메이션] 탭의 [애니메이션] 그룹에서 [나타내기]-③ [닦아내기]를 클릭해서 애니메이션 효과를 지정한다.

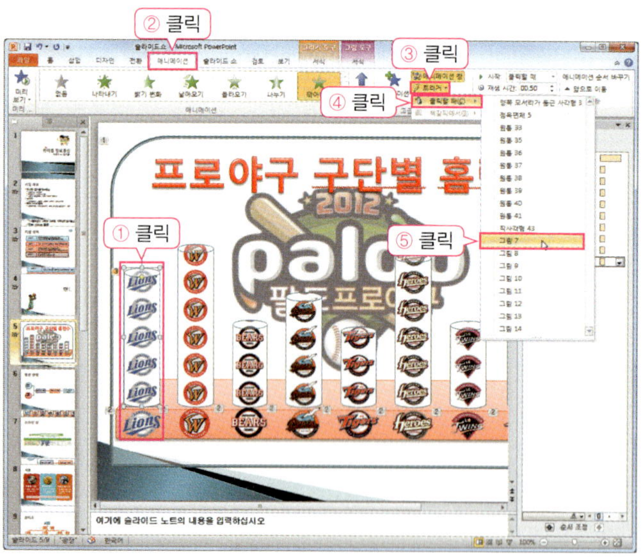

5. 이제 트리거 기능을 지정해 보자. ① 애니메이션 효과를 삽입한 원통을 클릭하고, ② [애니메이션] 탭의 [고급 애니메이션] 그룹에서 ③ [트리거]-④ [클릭할 때]를 클릭하고, ⑤ 삼성 라이온스 아이콘에 해당되는 [그림 7]을 클릭한다. 트리거에서 구단 아이콘을 쉽게 찾기 위해서는 애니메이션 창을 연 상태에서 각 아이콘을 클릭하면 애니메이션창에 해당 번호가 표시된다.

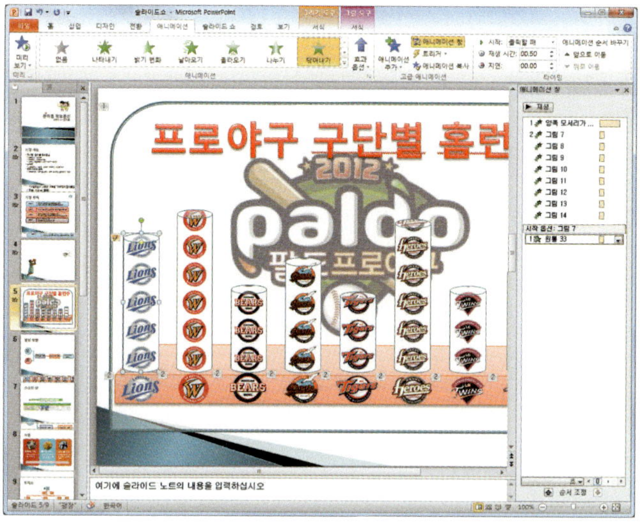

6. 그림과 같이 [그림 7]과 [원통 33]이 묶여져 있고 [그림 7]을 클릭하면 [원통 33]의 애니메이션 효과가 나타난다.

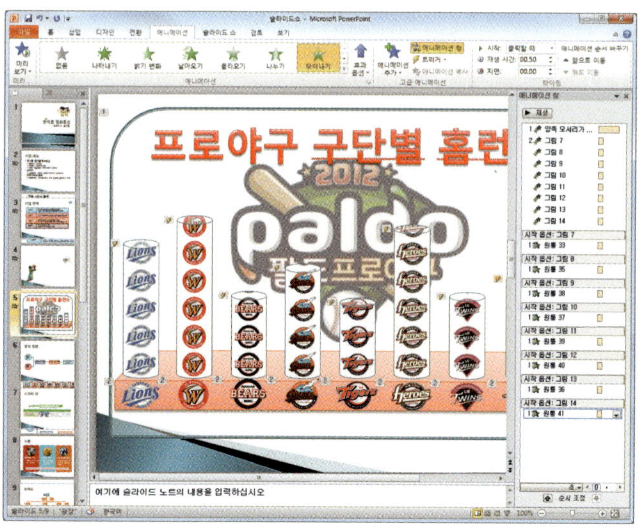

7. 동일한 방법으로 다른 각 구단 아이콘에도 트리거 기능을 부여한다.

8. 슬라이드 쇼를 이용해서 트리거 애니메이션 효과를 확인한다.

Section 4. 화면 전환 효과

화면 전환 효과는 다른 슬라이드에서 현재 슬라이드로 넘어올 때 전환되는 효과를 지정하는 것이다. 슬라이드에 어울리는 효과를 선정하여 지정하고, 전환 효과의 방향, 타이밍 등의 옵션이나 화면 전환 시간 등을 설정하여 좀 더 자연스럽고 매끄러운 슬라이드 쇼를 만들 수 있다. 또한 슬라이드 각 장마다 서로 다른 화면 전환 효과를 적용할 수도 있고, 전체 슬라이드에 일괄적으로 화면 전환 효과를 넣을 수도 있다.

화면 전환 효과 편집도구

[전환] 탭을 클릭해서 선택한 슬라이드에 전환 효과를 삽입하고 수정할 수 있다.

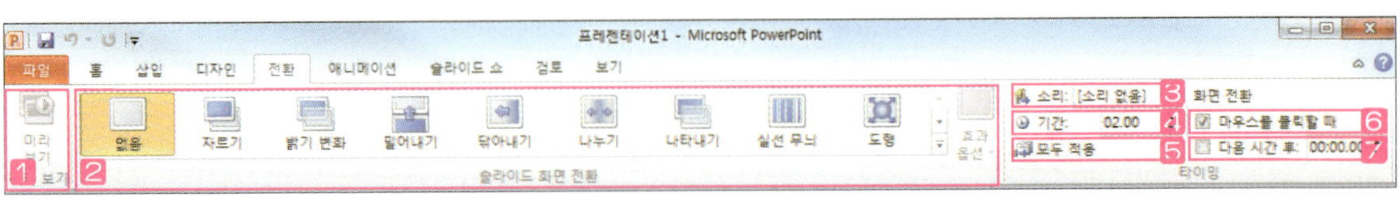

① 미리 보기

현재 슬라이드에 적용된 화면 전환 효과를 미리 볼 수 있다.

② 빠른 슬라이드 화면 전환 적용

선택한 슬라이드의 화면 전환 효과를 빠르게 지정할 수 있고, 효과 옵션을 이용해서 여러 가지 옵션을 지정할 수도 있다. 효과 옵션은 지정된 전환 효과에 따라 다르게 나타난다. 파워포인트 2010은 은은한 효과, 화려한 효과, 동적 콘텐츠로 분류하여 다양한 효과를 지원한다.

③ 소리

화면 전환 시에 소리를 추가할 때 사용한다.

④ 기간

화면 전환 효과의 수행시간을 조정할 때 사용한다.

⑤ 모두 적용

화면 전환 효과를 전체 슬라이드에 적용할 때 사용한다.

⑥ 마우스를 클릭할 때

현재 슬라이드에서 다른 슬라이드로의 화면 전환 시 마우스를 클릭할 때 전환하도록 지정하거나 해제할 수 있다.

⑦ 다음 시간 후

사용자가 지정한 시간 후에 다른 슬라이드로 넘어간다.

화면 전환 효과 지정하기

화면 전환 효과는 다른 슬라이드에서 현재 슬라이드로 넘어올 때 나타나는 효과를 말한다. 단순 화면 전환 효과만을 넣을 수도 있고, 상황에 따라서 효과 옵션을 통해 더 화려하거나 부드럽게 만들 수도 있다.

1. ① 화면 전환 효과를 삽입할 슬라이드를 선택한 다음 ② [전환] 탭의 [슬라이드 화면 전환] 그룹에서 [화려한 효과]-③ [소용돌이]를 클릭한다.

2. 화면 전환 효과가 적용된 슬라이드에 효과 옵션을 추가할 수 있다. ① [전환] 탭의 [슬라이드 화면 전환] 그룹에서 ② [효과 옵션]-③ [아래에서]를 클릭한다.

3. 지정한 슬라이드에 화면 전환 효과가 삽입되었다. 전체 슬라이드에 동일한 효과를 삽입하고 싶으면, ① [전환] 탭의 [타이밍] 그룹에서 ② [모두 적용]을 클릭한다. 슬라이드 쇼를 통해 전체 슬라이드의 전환 효과를 확인할 수 있다.

연습문제

EXERCISE

연습문제 ①

1 유튜브에서 동영상을 다운로드 받으시오(조용필–바운스).

2 [삽입] 탭의 [미디어] 그룹에서 비디오 파일을 삽입하시오.

3 이미지 파일로 포스터 틀을 설정하시오(임의의 이미지).

4 '2분 30초' 지점에 책갈피를 삽입하시오.

5 페이드 인 · 아웃 지속시간을 '10초'로 지정하시오.

07 CHAPTER

슬라이드 마스터와 슬라이드 쇼

07 CHAPTER

슬라이드 마스터와 슬라이드 쇼

슬라이드 마스터는 슬라이드, 슬라이드 노트, 유인물에 도형 및 글꼴 서식, 테마, 레이아웃 등을 지정하여 문서를 일관되게 구성하는 기능이다. 텍스트 등 각종 개체의 크기, 위치, 배경, 색 테마, 효과, 애니메이션 등의 정보가 일괄적으로 저장되는 서식 파일의 일부이다. 마스터 기능을 통해 지정된 서식은 모든 페이지에 적용되어 일관성을 유지할 수 있다. 슬라이드 마스터 기능을 이용하여 나만의 디자인을 일관성 있게 직접 구성할 수 있다.

Section 1. 나만의 슬라이드 마스터 서식 만들기

슬라이드 마스터 기능을 잘 사용하면 슬라이드 내용에 맞는 나만의 테마를 꾸밀 수 있고, 간편하게 문서 전체에 통일감을 줄 수 있다. 그리고 로고 같이 모든 슬라이드에 들어가야 할 그림이나 내용이 있다면 슬라이드 마스터를 통해 쉽게 삽입할 수 있다.

슬라이드 마스터 편집도구

[보기] 탭의 [마스터 보기] 그룹에서 [슬라이드 마스터]를 클릭하면 [슬라이드 마스터] 탭이 나타난다. [슬라이드 마스터] 탭에는 마스터 레이아웃을 변경하거나 테마, 색, 글꼴 등을 변경하는 기능을 제공한다.

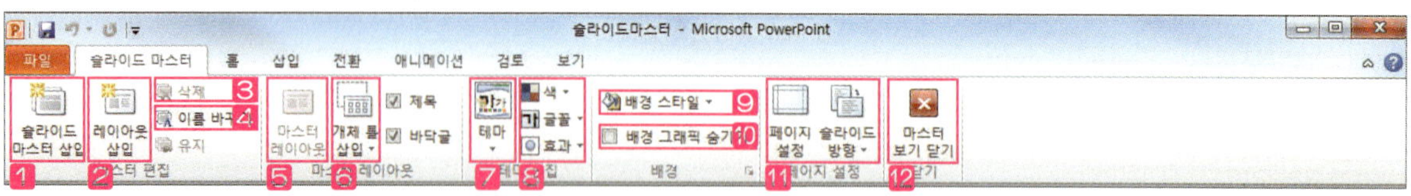

① 슬라이드 마스터 삽입

기존의 슬라이드 마스터 외에 새로운 슬라이드 마스터를 삽입할 수 있는 기능으로 2가지 이상의 슬라이드 마스터를 지정할 수 있다.

② 레이아웃 삽입

슬라이드 마스터에 기본적인 레이아웃 이외에 사용자가 디자인한 레이아웃을 삽입할 수 있다.

③ 삭제

선택한 슬라이드 마스터 레이아웃을 삭제할 수 있다.

④ 이름 바꾸기

사용자가 지정한 레이아웃의 이름을 변경할 수 있다.

⑤ 마스터 레이아웃

클릭하면 나타나는 마스터 레이아웃창에서 슬라이드의 구성요소 중 삭제된 개체 틀을 다시 추가할 수 있다.

⑥ 개체 틀 삽입

사용자가 직접 특정 종류의 내용을 포함할 수 있는 개체들을 삽입할 수 있다.

⑦ 테마

슬라이드 전체에 빠르게 테마를 지정할 수 있다.

⑧ 색/글꼴/효과

현재 테마의 색, 글꼴, 효과를 지정할 수 있다.

⑨ 배경 스타일

슬라이드의 배경을 지정하거나 배경 서식을 이용하여 다양한 채우기 효과를 지정할 수 있다.

⑩ 배경 그래픽 숨기기

선택한 테마에 포함된 배경 그래픽을 표시하거나 숨길 수 있다.

⑪ 페이지 설정/슬라이드 방향

페이지 설정 대화상자를 불러와서 페이지에 대한 크기, 슬라이드 방향 등을 설정할 수 있다.

⑫ 마스터 보기 닫기

마스터 보기 모드에서 슬라이드 작성 모드로 돌아갈 때 사용한다.

슬라이드 마스터 작업창

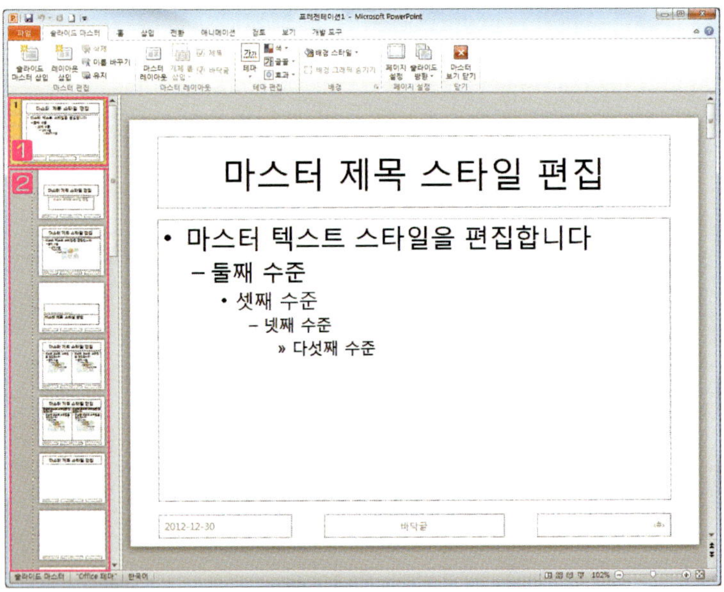

① Office 테마 슬라이드 마스터

가장 기본이 되는 슬라이드 마스터로 이 레이아웃에서 디자인하거나 데이터를 입력하면 전체 레이아웃에 동일하게 적용된다.

② 기본 레이아웃 슬라이드 마스터

각각의 레이아웃에서 디자인하면 해당 레이아웃에 해당되는 슬라이드만 적용된다.

슬라이드 마스터로 나만의 슬라이드 만들기

슬라이드 마스터 기능은 전체 슬라이드에 통일성을 부여하고 사용자 고유의 서식으로 디자인할 수 있다.

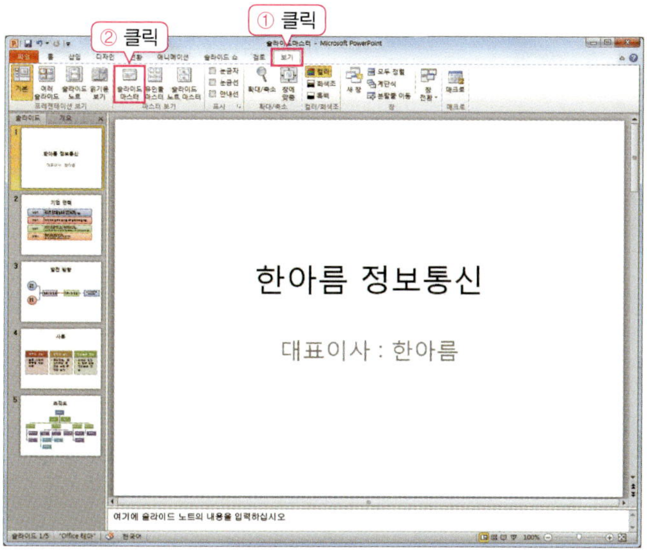

1. 슬라이드 마스터를 실행하려면 ① [보기] 탭의 [마스터 보기] 그룹에서 ② [슬라이드 마스터]를 클릭한다.

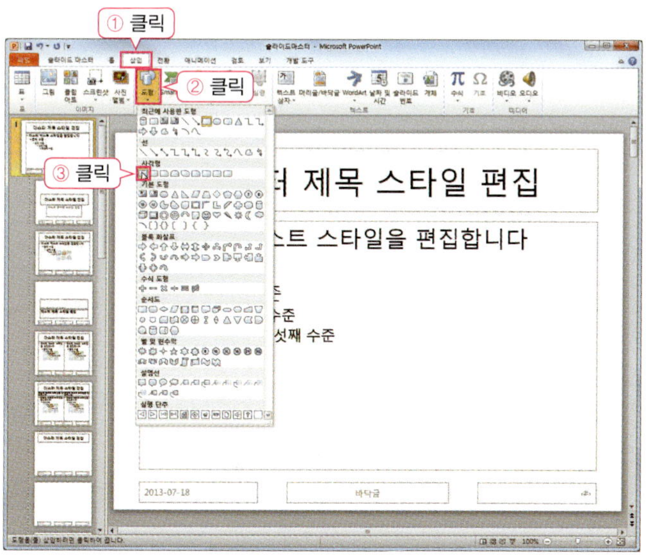

2. 도형을 삽입해서 슬라이드 마스터를 꾸며 보자. ① [삽입] 탭의 [일러스트레이션] 그룹의 ② [도형]에서 ③ [직사각형]을 삽입한다.

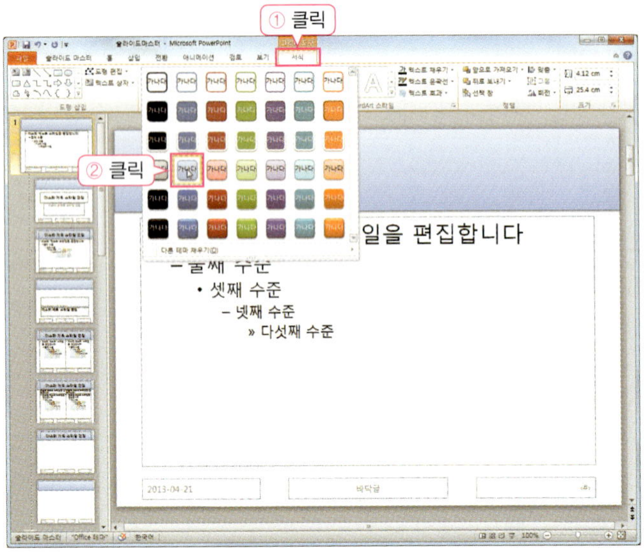

3. ① [서식] 탭의 [도형 스타일] 그룹에서 ② 도형 스타일을 지정한다.

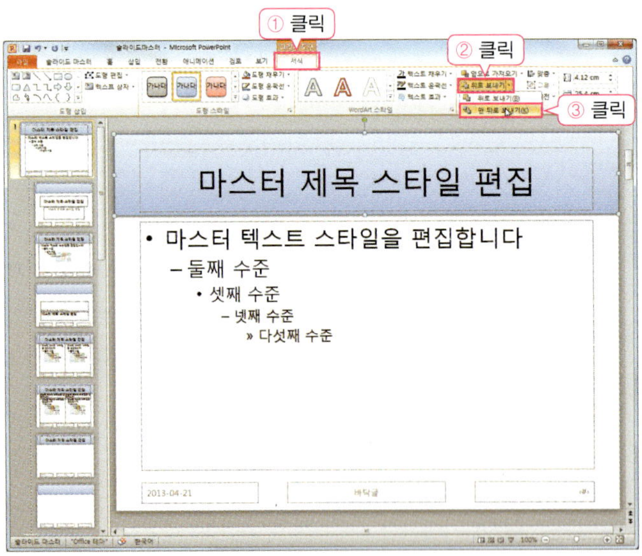

4. 삽입된 도형으로 인해 제목 부분의 글자가 가리는 것을 방지하기 위해 ① [서식] 탭의 [정렬] 그룹에서 ② [뒤로 보내기]–③ [맨뒤로 보내기]를 이용해서 도형을 제목 뒤로 보낸다.

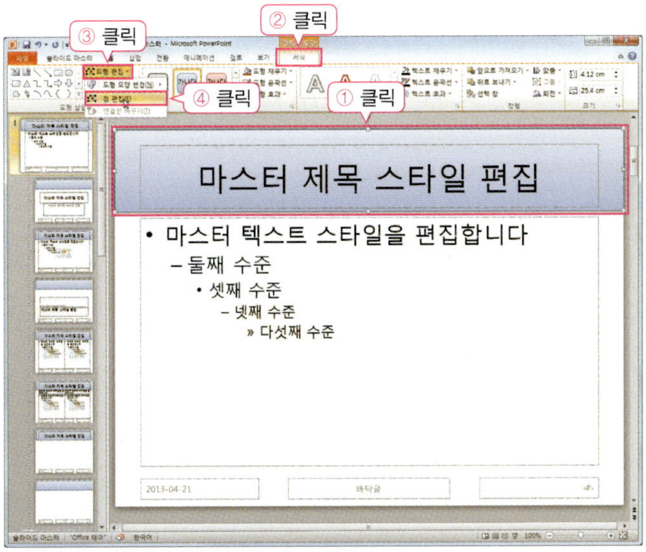

5. 직사각형 도형을 [점 편집] 기능을 사용하여 곡선이 있는 도형으로 편집해 보자. ① 도형을 클릭하고, ② [서식] 탭의 [도형 삽입] 그룹에서 ③ [도형 편집]–④ [점 편집]을 클릭한다.

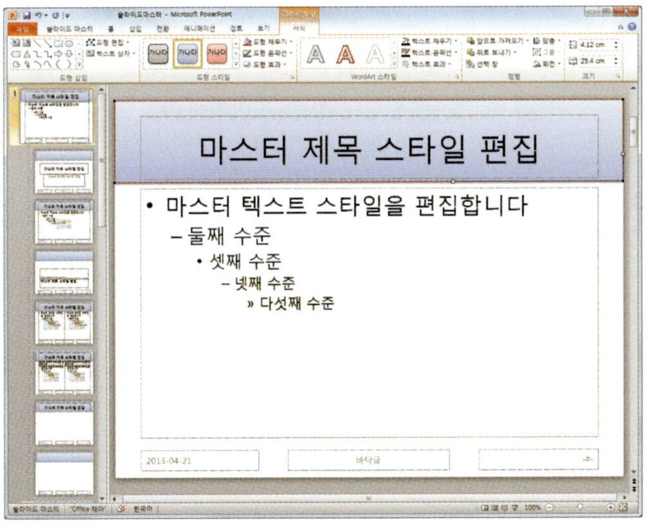

6. 도형 테두리선이 빨간색으로 바뀌고 모서리에 4개의 점이 나타난다. 이때 오른쪽 하단의 점을 클릭하면, 클릭한 점 좌측과 위쪽에 흰 점이 2개 생긴다. 이 2개의 점을 이용해서 둥근 물결 무늬를 만든다. 검은색 점은 직선, 흰 점은 곡선을 편집할 수 있다.

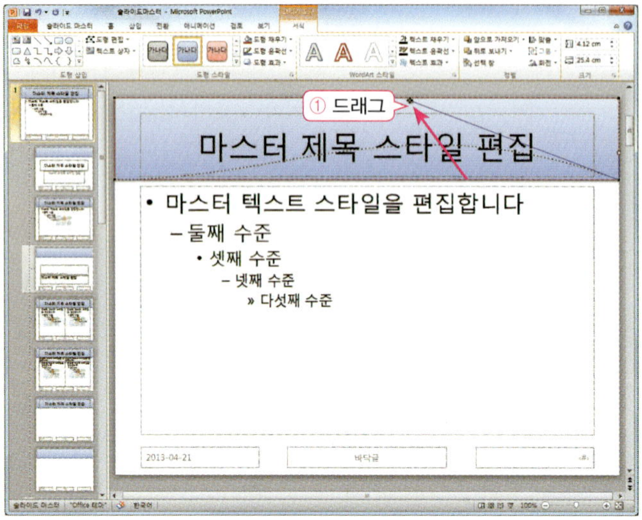

7. 둥근 물결 무늬를 만들기 위해 ① 아래쪽의 흰점을 위쪽으로 드래그한다.

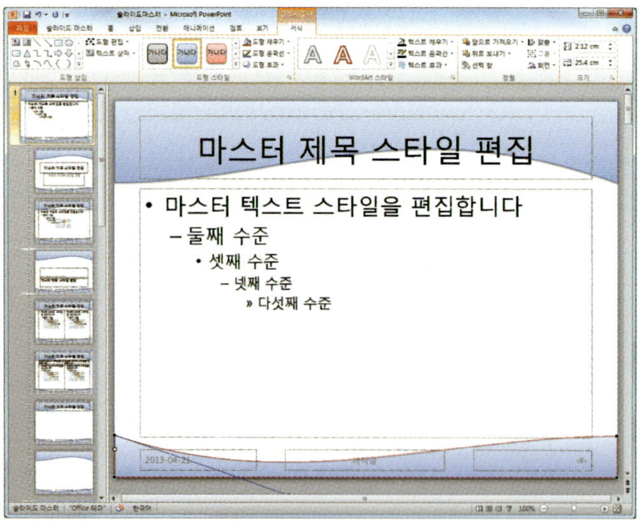

8. 동일한 방법으로 화면 아래쪽에도 사각형 도형을 삽입하고, [점 편집]을 이용해서 물결 무늬 형태로 변경한다.

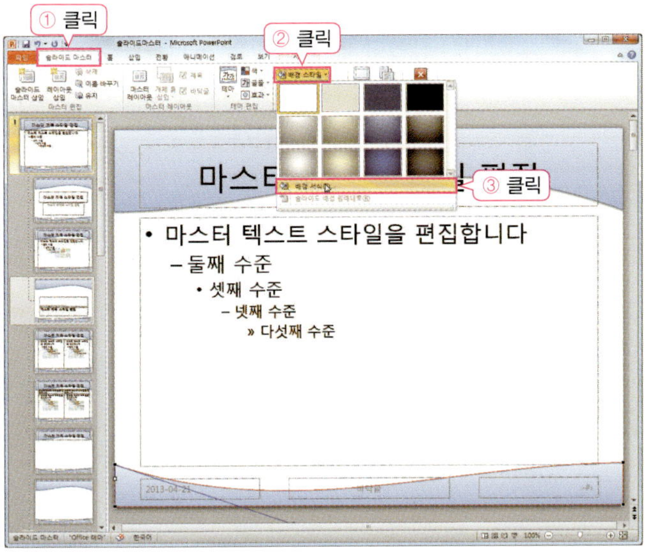

9. ① [슬라이드 마스터] 탭의 [배경] 그룹에서 ② [배경 스타일]-③ [배경서식]을 클릭한다.

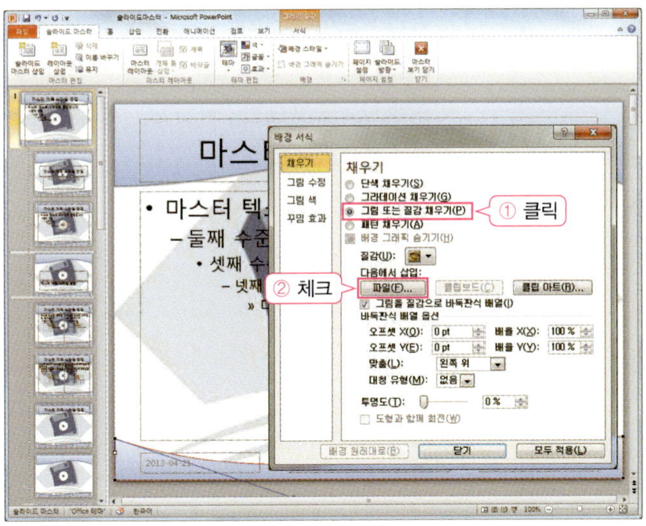

10. 「배경 서식」 대화상자에서 ① [그림 또는 질감 채우기]-② [파일]를 클릭해서 배경 그림을 삽입한다.

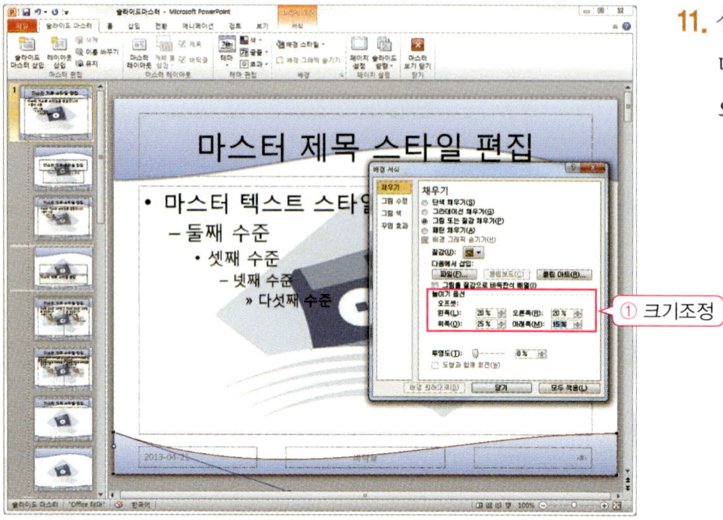

11. 삽입된 배경 그림의 크기가 크거나 작을 때는 ① [늘리기 옵션]을 이용해서 그림의 크기를 조정한다.

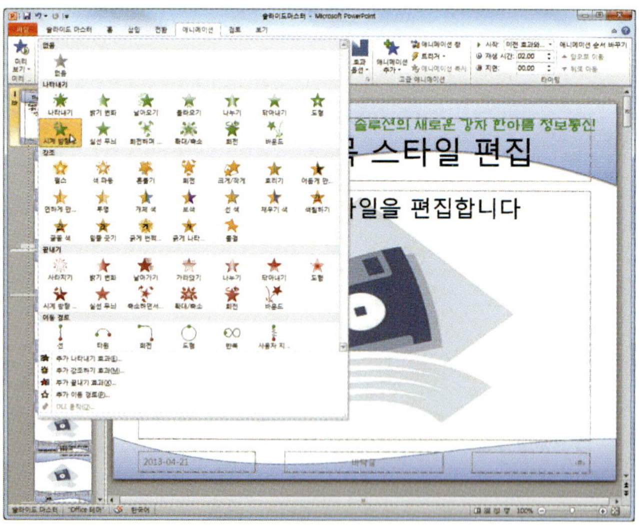

12. 슬라이드에 광고 문구를 삽입하기 위해 [텍스트 상자]를 이용해서 텍스트를 삽입하고, 글자크기, 글자체, 애니메이션 효과를 삽입한다.

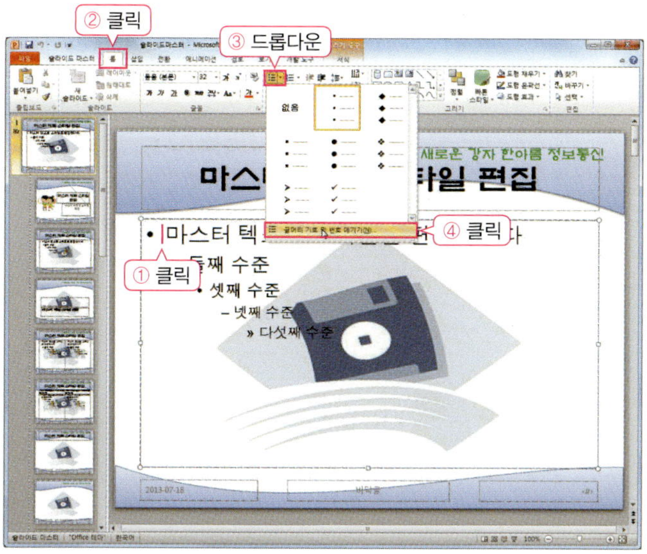

13. 글머리 기호를 변경할 수 있다. 글머리 기호를 변경하기 위해 ① 첫째 수준에 커서를 놓고 ② [홈] 탭의 [단락] 그룹에서 ③ [글머리 기호]를 드롭다운하여 ④ [글머리 기호 및 번호 매기기]를 클릭한다.

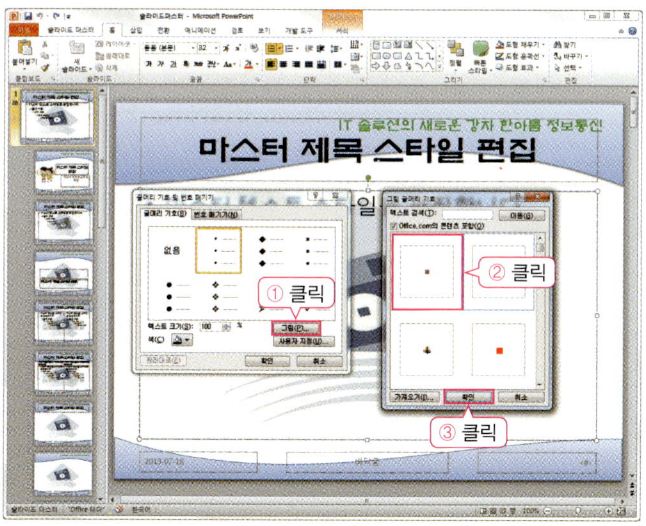

14. 「글머리 기호 및 번호 매기기」 대화상자에서 ① [그림]을 클릭하고, ② 원하는 글머리 기호를 선택한 후 ③ [확인]을 클릭한다.

15. 동일한 방법으로 다른 하위수준의 글머리 기호도 변경한다.

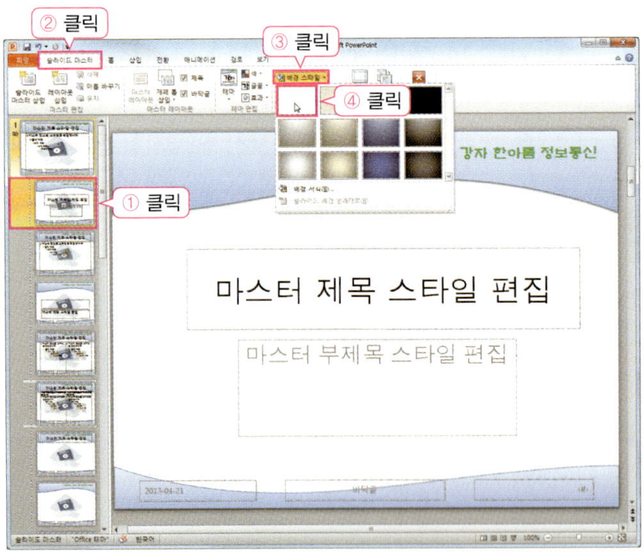

16. 제목 슬라이드 레이아웃 부분에서는 기존의 배경을 변경한다. ① [제목 슬라이드 레이아웃]을 선택하고, ② [슬라이드 마스터] 탭의 [배경] 그룹에서 ③ [배경 스타일]-④ [스타일 1]을 클릭한다.

17. [슬라이드 제목]의 위치와 크기를 조정하고 그림을 삽입한다.

18. 최종적으로 나만의 슬라이드 마스터가 완성되었다.

Section 2. 슬라이드 쇼

슬라이드 쇼 기능은 모든 장면의 슬라이드를 완성한 뒤 그 결과를 보여주는 것으로 실제 발표 시 사용하는 기능들이 있다. 또한 발표 전 시간을 측정하여 예행 연습을 하거나 슬라이드를 재구성하는 기능들도 있다.

슬라이드 쇼 편집도구

[슬라이드 쇼] 탭에는 어떻게 슬라이드 쇼를 진행할지, 발표를 위한 슬라이드 쇼 형식과 표시 옵션, 쇼 재구성 기능, 슬라이드를 숨기는 기능 등이 있다.

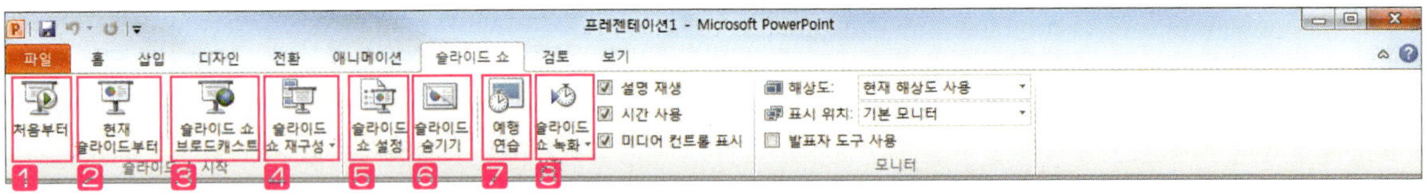

① 처음부터

슬라이드의 첫 페이지부터 슬라이드 쇼를 진행할 때 사용한다.

② 현재 슬라이드부터

현재의 슬라이드부터 슬라이드 쇼를 진행할 때 사용한다.

③ 슬라이드 쇼 브로드캐스트

슬라이드를 웹 브라우저에서 원격으로 보는 사람에게 브로드캐스트하여 공유할 수 있다. Windows Live ID가 필요하다. 공유하는 사람이 상대방에게 메일을 이용하여 URL을 보낸다.

④ 슬라이드 쇼 재구성

작성된 슬라이드를 실제 발표 시 진행 순서를 달리하거나 발표시간을 고려하여 일부 슬라이드만 재구성할 수 있다.

⑤ 슬라이드 쇼 설정

「쇼 설정」 대화상자에서 쇼 형식, 발표진행 시 슬라이드 표시 방법, 화면 전환 등 자세한 쇼 설정을 할 수 있다.

⑥ 슬라이드 숨기기

슬라이드 쇼 진행 시 슬라이드를 숨기도록 지정하거나 해제할 수 있다.

⑦ 예행 연습

슬라이드 쇼에서 예행 연습을 수행할 수 있는데, 각 슬라이드별로 연습시간이 기록된다.

⑧ 슬라이드 쇼 녹화

슬라이드 쇼의 설명과 시간을 녹화할 수 있다.

슬라이드 쇼 진행하며 펜 기능 사용하기

일반적으로 슬라이드 쇼를 진행할 때 포인터를 사용해서 설명하는 부분을 표시한다. 하지만, 단순히 포인터만을 사용하면 특정부분을 표시하거나 메모하기가 어렵다. 이런 문제점은 펜 기능을 이용하면 해결할 수 있다.

슬라이드 쇼 실행하기

1. ① [슬라이드 쇼] 탭의 [슬라이드 쇼 시작] 그룹에서 ② [처음부터]를 클릭하거나 단축키 F5키를 누른다.

2. 슬라이드 쇼가 진행되고, 마우스로 클릭하거나 Enter↵키를 클릭하면 다음 슬라이드로 넘어간다.

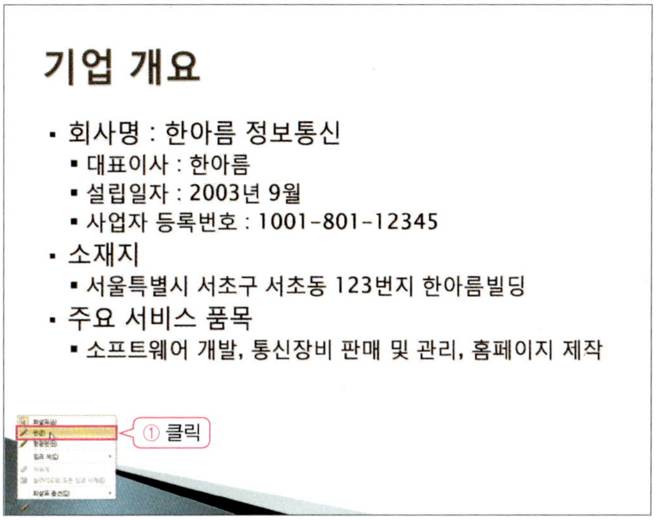

펜 기능 이용하기

3. 슬라이드 쇼 화면 ① 왼쪽 아래에 희미하게 보이는 도구모음에서 펜을 클릭하면 팝업창이 표시된다.

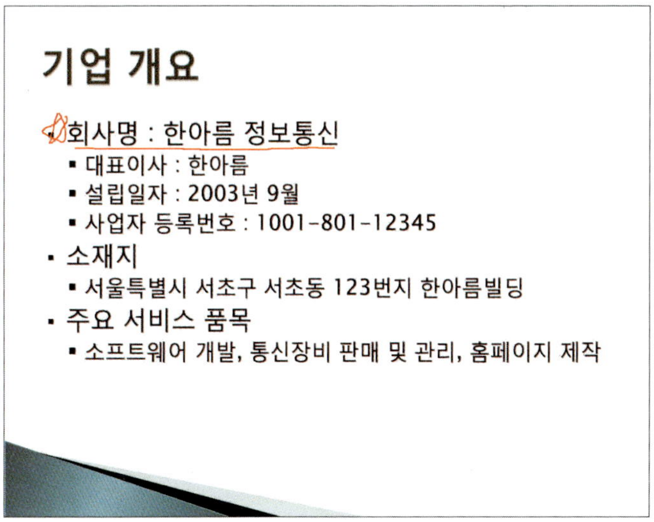

4. 일반적인 사인펜을 사용하듯이 슬라이드 쇼 화면에 그려준다.

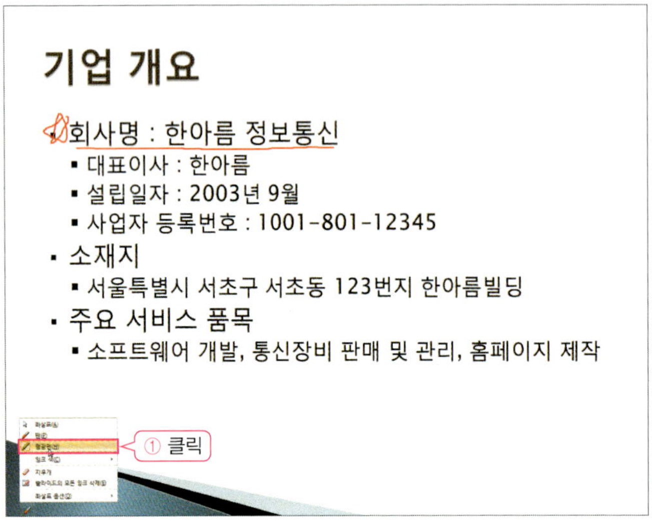

5. 펜을 형광펜으로 바꿀 수도 있다. 도구모음에서 ① [형광펜]을 클릭하고 그려준다.

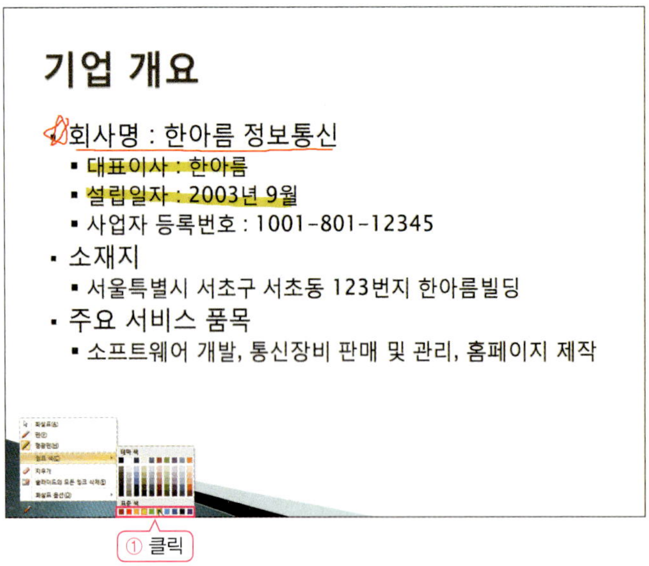

6. 실제 사용하는 형광펜 같이 두껍게 그려진다. 펜의 색을 다른 색으로 바꾸려면 도구 모음에서 펜 색을 바꿀 수도 있다. ① [잉크색]을 클릭하여 원하는 색상을 선택한다.

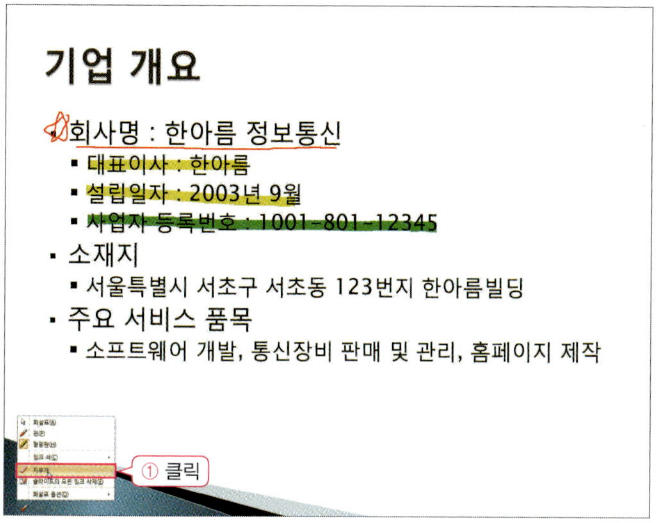

7. 싸인펜과 형광펜으로 여러 표시를 할 수 있다. 만약 필요 없는 부분이 있다면 지우개로 지울 수도 있다. ① [지우개]를 클릭한다.

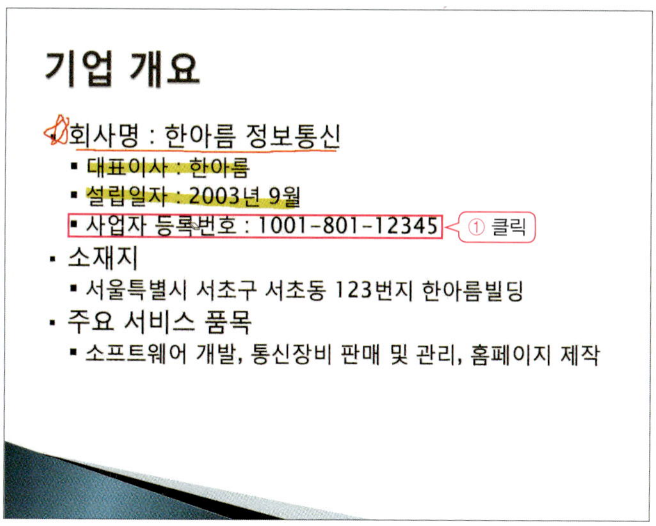

8. [지우개]를 선택한 후 ① 지울 부분에 클릭만 해주면 필요 없는 표시를 지울 수도 있다.

9. 펜 기능을 사용하고 슬라이드 쇼를 종료하면 "잉크주석을 유지하겠습니까?" 메시지 창이 표시된다. ① '예'를 클릭하면 슬라이드에 그림 개체로 남게 된다.

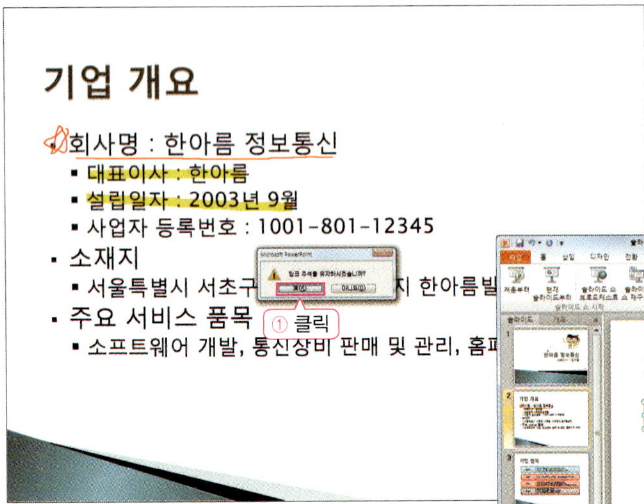

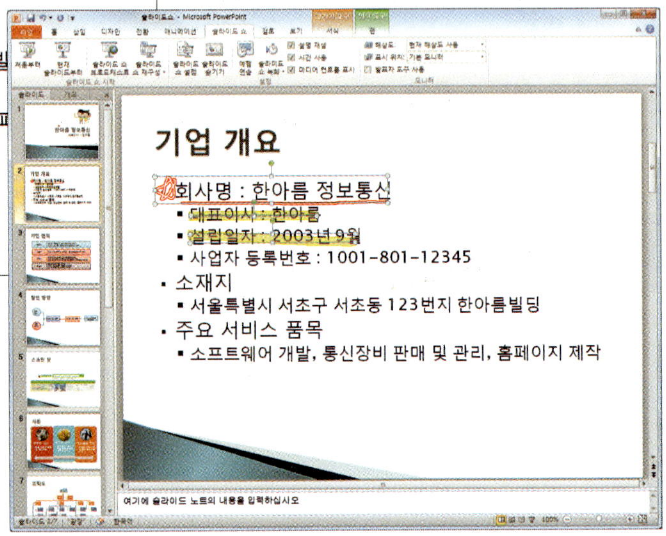

슬라이드 쇼 재구성

발표 상황에 따라 제작한 슬라이드를 재구성할 수도 있다. 예행 연습을 한 후 발표시간에 따라 특정 슬라이드를 제외하거나 순서를 변경할 수 있다.

1. ① [슬라이드 쇼] 탭의 [슬라이드 쇼 시작] 그룹에서 ② [슬라이드 쇼 재구성]-③ [쇼 재구성]을 클릭한다.

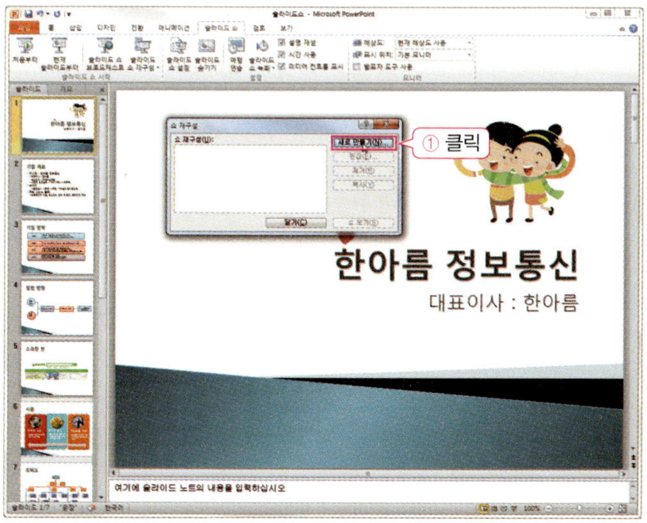

2. 「쇼 재구성」 대화상자에서 ① [새로 만들기]를 클릭한다.

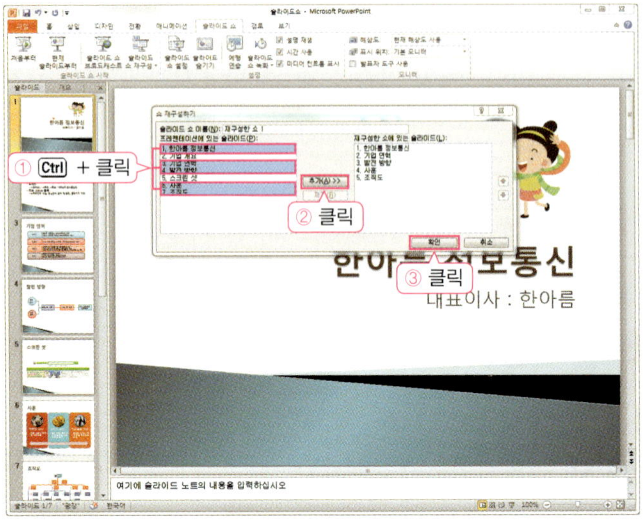

3. 「쇼 재구성하기」 대화상자에서 ① Ctrl을 이용해서 슬라이드 쇼를 진행할 슬라이드만 클릭한 다음 ② [추가]–③ [확인]을 클릭한다. 필요하다면 재구성한 쇼에 있는 슬라이드의 순서를 ⬆⬇를 이용하여 조정할 수 있다.

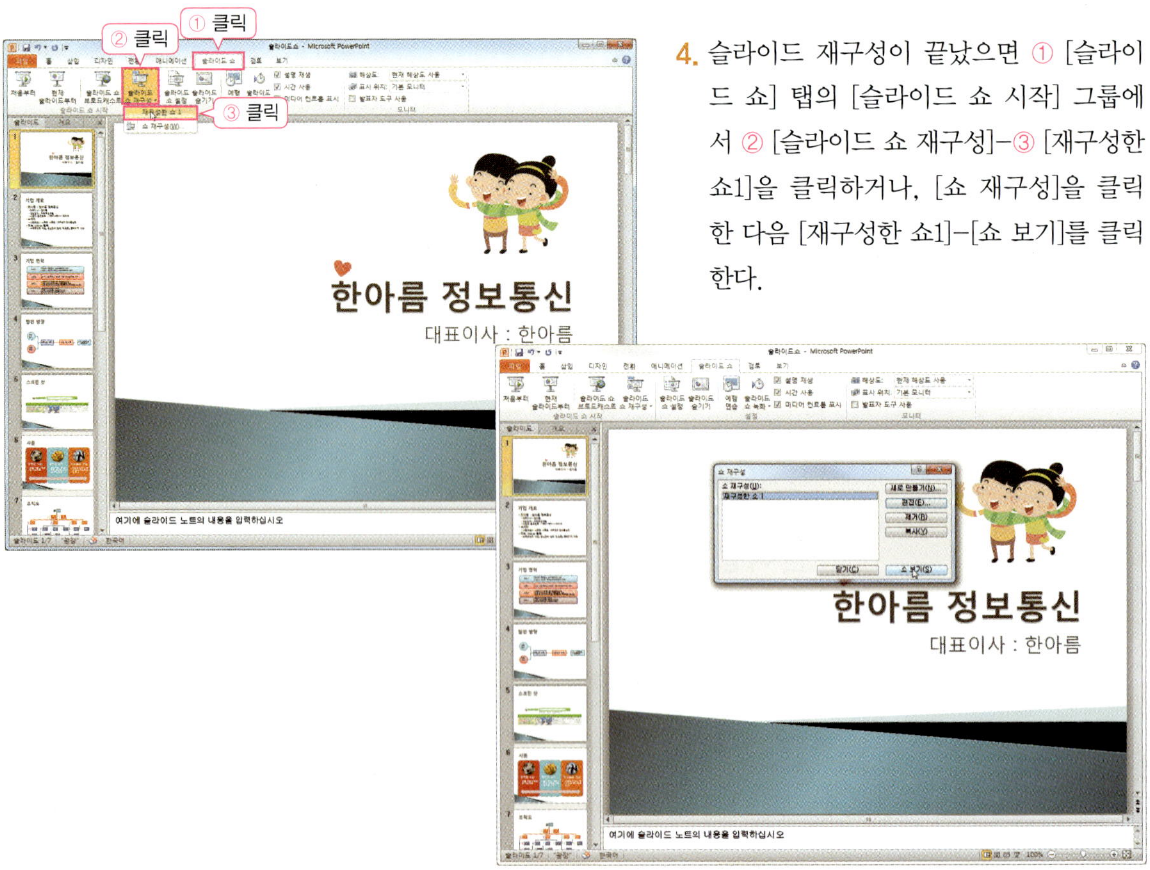

4. 슬라이드 재구성이 끝났으면 ① [슬라이드 쇼] 탭의 [슬라이드 쇼 시작] 그룹에서 ② [슬라이드 쇼 재구성]–③ [재구성한 쇼1]을 클릭하거나, [쇼 재구성]을 클릭한 다음 [재구성한 쇼1]–[쇼 보기]를 클릭한다.

슬라이드 숨기기

슬라이드 쇼 진행 시 특정 슬라이드를 숨기도록 지정하거나 해제할 수 있다.

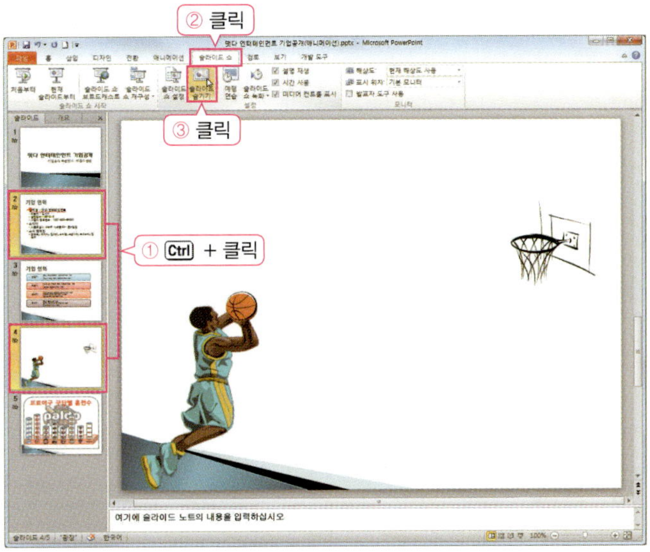

1. 여러 개의 슬라이드 중에서 ① Ctrl을 이용해서 숨기려고 하는 슬라이드를 선택한 다음 ② [슬라이드 쇼] 탭의 [설정] 그룹에서 ③ [슬라이드 숨기기]를 클릭한다.

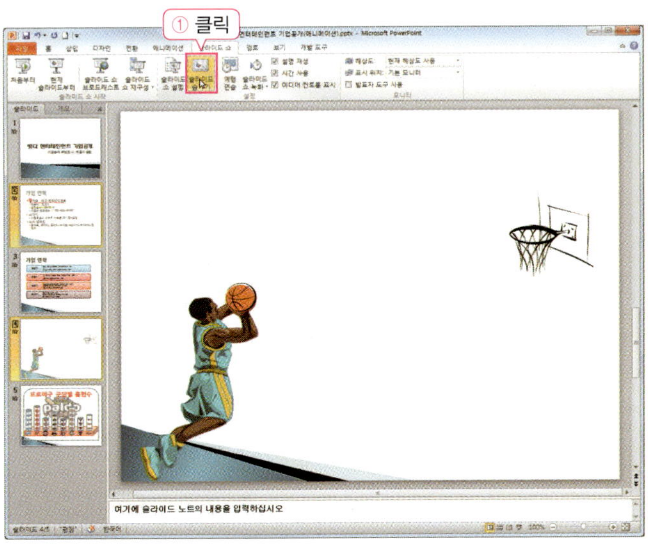

2. 숨긴 슬라이드를 숨기기 취소할 때에는 동일한 방법으로 선택해서 ① [슬라이드 숨기기]를 한번 더 클릭한다.

Section 3. 문서 인쇄

파워포인트 2010에서는 다양한 방법의 인쇄 메뉴를 제공한다. 슬라이드를 인쇄하는 방법을 알아보자.

슬라이드 인쇄 메뉴 살펴보기

[파일] 탭의 [인쇄] 메뉴에서 수행할 수 있다.

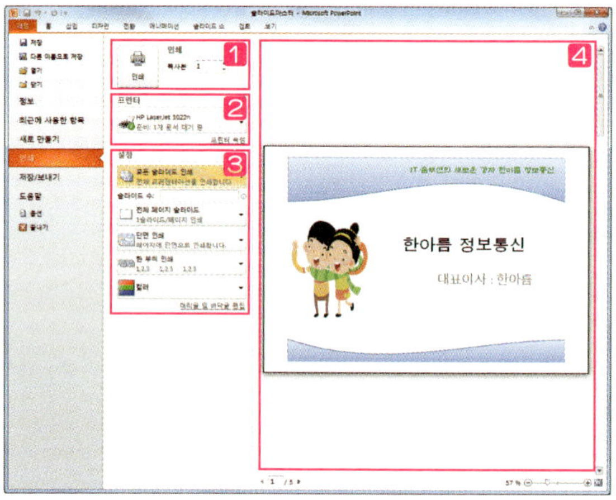

① 인쇄 그룹

사용자가 지정한 설정대로 슬라이드를 인쇄하고 인쇄할 매수를 설정할 수 있다.

② 프린터

인쇄할 프린터를 지정한다. [프린터 속성]에서 인쇄 옵션을 설정할 수 있다.

③ 설정 그룹

인쇄할 슬라이드 지정, 페이지 당 인쇄할 슬라이드 지정 등 인쇄 방법을 지정할 수 있다.

④ 인쇄 미리보기

인쇄할 페이지에 대한 미리보기가 나타난다.

슬라이드 인쇄하기

1. 슬라이드의 인쇄범위를 지정하려면 [설정] 그룹의 ① [모든 슬라이드 인쇄]를 드롭다운하여 ② [범위 지정]을 클릭한다.

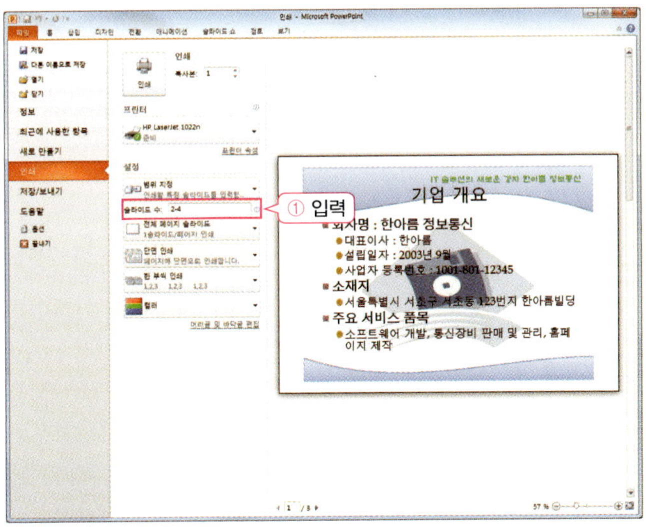

2. 인쇄할 범위가 2~4 페이지라면 [설정] 그룹의 ① [슬라이드 수]에 '2-4'를 입력한다.

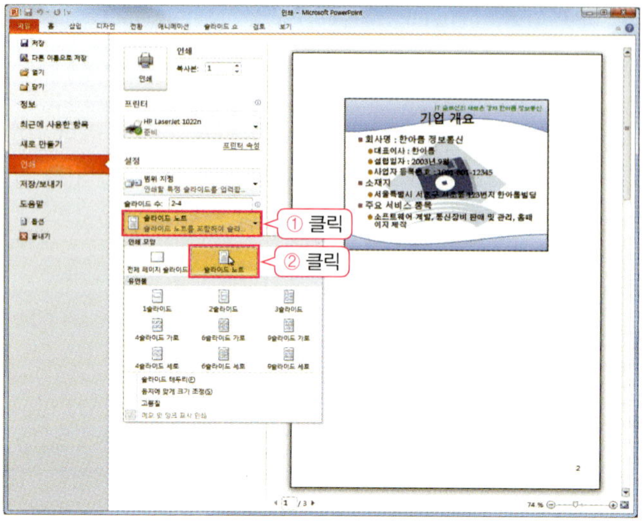

3. [설정] 그룹에서 ① [전체 페이지 슬라이드]를 클릭해서 [인쇄 모양]-② [슬라이드 노트]를 클릭하면 슬라이드 노트 형식으로 인쇄할 수 있다.

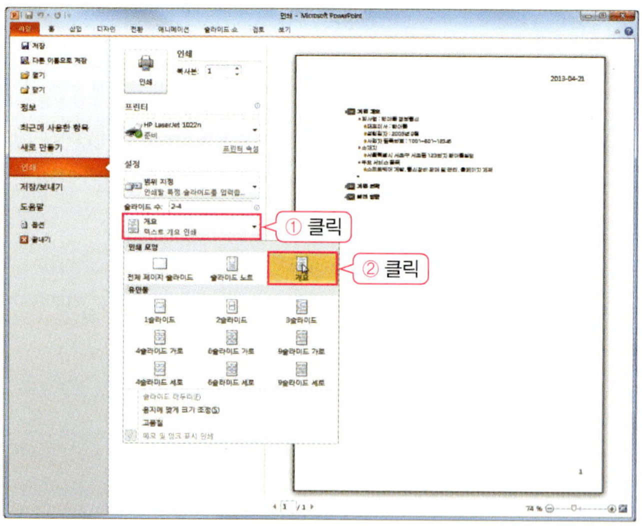

4. 동일한 방법으로 [설정] 그룹에서 ① [전체 페이지 슬라이드]를 클릭해서, [인쇄 모양]-② [개요]를 클릭하면 개요 화면 형식으로 인쇄할 수 있다.

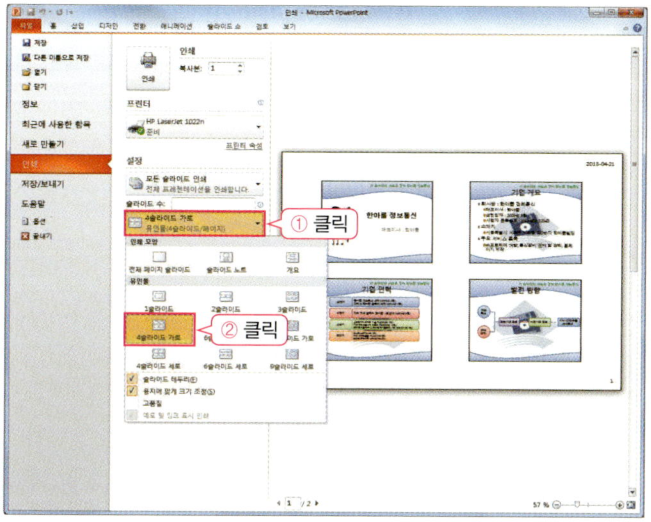

5. [설정] 그룹에서 ① [전체 페이지 슬라이드]를 클릭하고 ② [유인물] 메뉴에서 페이지 당 인쇄할 슬라이드의 수를 설정할 수 있다.

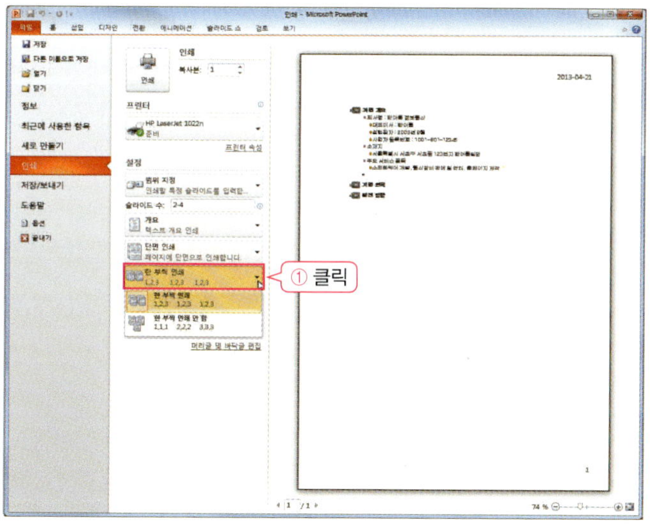

6. [설정] 그룹의 ① [한 부씩 인쇄] 메뉴에서 여러 장을 인쇄할 경우 한 부씩 인쇄할지 아니면 한 장씩 인쇄할지 설정할 수 있다.

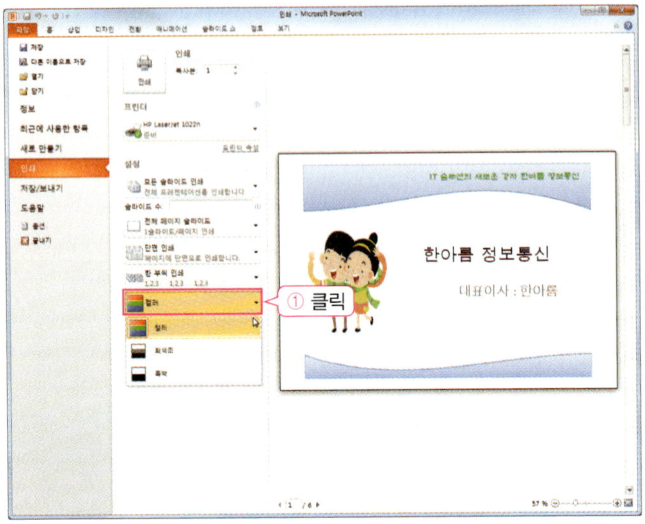

7. [설정] 그룹의 ① [컬러] 메뉴에서 '컬러'로 인쇄할지, '회색조'로 인쇄할지 '흑백'으로 인쇄할지 설정할 수 있다.

연습문제
EXERCISE

연습문제 1

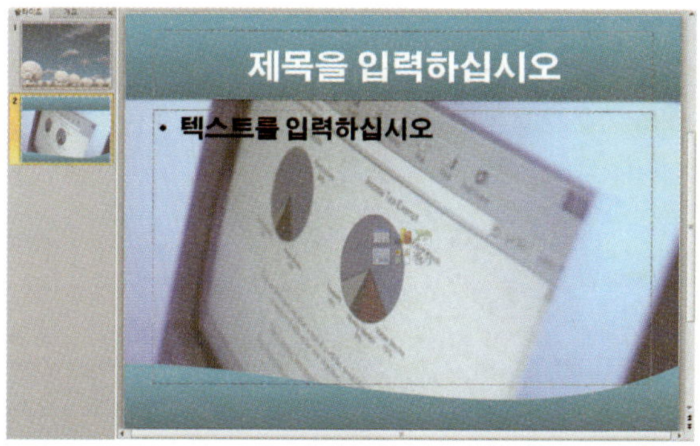

1 위의 그림과 같이 슬라이드 마스터를 작성하시오. 표지 슬라이드에는 배경으로 '하늘.jpg'를 삽입하고, 그 외 슬라이드는 '컴퓨터.jpg'를 삽입하시오(단, 투명도를 30%로 조정하시오).

2 글꼴은 'HY견고딕'으로 변경하고, 슬라이드의 제목은 '흰색'으로 변경하시오.

3 슬라이드 상단과 하단에 직사각형을 삽입하고, 하단의 직사각형은 점편집을 이용해서 물결형태로 편집하시오.

찾아보기

INDEX

저자약력

박경환

서울대학교 컴퓨터공학과 공학박사
University of California, Irvine 방문교수
현재 동아대학교 컴퓨터공학과 교수

〈관심분야〉
데이터베이스, 멀티미디어

홍순구

University of Nebraska-Lincoln 경영정보 박사
Texas A&M International University 조교수
현재 동아대학교 경영대학 경영정보학과 교수

〈관심분야〉
경영정보, IT 평가, 웹 접근성

신행자

동아대학교 컴퓨터공학과 공학박사
동아대학교 전기전자컴퓨터공학부 BK21 교수
동아대학교 공학교육혁신센터 전문연구원
현재 동아대학교 교양교육원 조교수

〈관심분야〉
E-Learning, Knowledge Processing

엑셀과 파워포인트 2010

박경환 · 홍순구 · 신행자 지음

초판발행 : 2013. 8. 29
제1판3쇄 : 2017. 1. 23
발 행 인 : 김 승 기
발 행 처 : (주)생능출판사
신고번호 : 제406-2005-000002호
신고일자 : 2005. 1. 21
ISBN : 978-89-7050-785-9(93000)

413-120
경기도 파주시 광인사길 143
대표전화 : (031)955-0761, FAX : (031)955-0768
홈페이지 : http://www.booksr.co.kr

* 파본 및 잘못된 책은 바꾸어 드립니다.

정가 23,000원